आर॰ गुप्ता® कृत

पॉपुलर मास्टर गाइड

मध्य प्रदेश, जेल विभाग

जेल प्रहरी

भर्ती परीक्षा

- उत्कृष्ट अध्ययन सामग्री एवं 1000+ वस्तुनिष्ठ प्रश्नोत्तर
- पूर्व प्रश्न-पत्र (हल सहित)

RPH संपादक मंडल

द्वारा संपादित

2027
EDITION

रमेश पब्लिशिंग हाउस, नई दिल्ली

प्रकाशक
ओ॰पी॰ गुप्ता, **रमेश पब्लिशिंग हाउस**
प्रशासनिक कार्यालय
12-H, न्यू दरियागंज रोड, ऑफिसर्स मेस के सामने,
नई दिल्ली-110002 ✆ 23275224, 23245124

E-mail: info@rameshpublishinghouse.com
For Online Shopping: www.rameshpublishinghouse.com

विक्रय केन्द्र
• बालाजी मार्किट, नई सड़क, दिल्ली-110006 ✆ 23282525 📱 9354373464
• 4457, नई सड़क, दिल्ली-110006

Book Code: R-1782

ISBN: 978-93-5012-701-8

मूल्य: 330

मुद्रक: बी.के. ऑफसैट, दिल्ली

विषय-सूची

परीक्षा पद्धति

लिखित परीक्षा का पाठ्यक्रम

कुल अंक : 100

भाग-1	सामान्य ज्ञान	100 अंक
भाग-2	सामान्य हिन्दी	
भाग-3	सामान्य अंग्रेजी	
भाग-4	सामान्य गणित	
भाग-5	सामान्य विज्ञान	

नोट – माध्यमिक शिक्षा मण्डल, मध्य प्रदेश की 10 + 2 प्रणाली के अंतर्गत हाईस्कूल परीक्षा (कक्षा दसवीं) स्तर का पाठ्यक्रम होगा।

मध्य प्रदेश शासन, जेल विभाग

जेल प्रहरी भर्ती परीक्षा-2023

(Exam held on 25-05-2023)

भाग-A : सामान्य ज्ञान

1. किस देश ने UNFCCC (COP 27) के पक्षकारों के 27वें सम्मेलन की मेजबानी की है?

A. फ्रांस B. भारत
C. मिस्र D. ब्राजील

2. 1974 में संविधान संशोधन द्वारा संविधान में एक नई अनुसूची 12 जोड़ी गई, जिसके अंतर्गत कितनी नगरपालिका विषयों को शामिल किया गया?

A. 12 B. 14
C. 16 D. 18

3. भारत का सबसे बड़ा राष्ट्रीय उद्यान कौन-सा है?

A. गिर राष्ट्रीय उद्यान
B. जिम कॉर्बेट नेशनल पार्क
C. इंद्रावती राष्ट्रीय उद्यान
D. हेमिस राष्ट्रीय उद्यान

4. केशवराव कृष्णराव दाते का जन्म मध्य प्रदेश के किस शहर में हुआ था?

A. सीहोर B. रायसेन
C. जबलपुर D. सागर

5. _______ उन राज्यों में एक नहीं था जिन्हें 1956 में मध्य प्रदेश बनाने के लिए विलय कर दिया गया था।

A. मुम्बई B. विंध्य प्रदेश
C. भोपाल D. मध्य भारत

6. _______ एक महान नाटककार थे, जो अपने नाटक उत्तररामचरित (राम के जीवन का उत्तरार्द्ध) के लिए बहुत विख्यात है।

A. भवभूति B. सूरदास
C. कालिदास D. जयदेव

7. भारत के किस राज्य को चीनी का कटोरा कहा जाता है?

A. उत्तर प्रदेश B. मध्य प्रदेश
C. पंजाब D. हिमाचल प्रदेश

8. दक्षिण एशियाई क्षेत्रीय सहयोग संगठन (साकी) के कितने सदस्य देश हैं?

A. 8 B. 25
C. 20 D. 12

9. ''द इलियड'' और ''द ओडिसी'' पुस्तकों के लेखक कौन हैं?

A. होमर B. हेरोडोटस
C. हेसियोड D. स्मिथ

10. निम्नलिखित में से कौन-सा जूल्स वर्ने द्वारा लिखा गया उपन्यास नहीं है?

A. जर्नी टू सेंटर ऑफ द अर्थ
B. द इनविजिबल मैन
C. ट्वेंटी थाउजेंड लीग्स अंडर द सी
D. अराउंड द वर्ल्ड इन एटी डेज

1. C	2. D	3. D	4. C	5. A	6. A	7. A	8. A	9. A	10. B

11. भारतीय वायु सेना और फ्रांसीसी वायु और अंतरिक्ष बल (FASF) के बीच फ्रांस में मोंट-डे-मार्सन एयरबेस में शुरू हुई द्विपक्षीय सैन्य ड्रिल को क्या नाम दिया गया है?

A. ओरियन B. विजय-23
C. जेनिथ D. शफल

12. वन प्रवेश बिंदुओं पर FASTag प्रणाली को सक्षम करने के लिए किस टाइगर रिजर्व ने भारतीय राष्ट्रीय राजमार्ग प्राधिकरण (NHAI) के साथ समझौता ज्ञापन पर हस्ताक्षर किए हैं?

A. पेंच टाइगर रिजर्व
B. नागार्जुनसागर-श्रीशैलम टाइगर रिजर्व
C. बांधवगढ़ राष्ट्रीय उद्यान
D. कूनो राष्ट्रीय उद्यान

13. बृहस्पति के चंद्रमाओं 2023 का अध्ययन करने के लिए यूरोपीय अंतरिक्ष एजेंसी के मिशन को क्या नाम दिया गया है?

A. बृहस्पति 22 B. सुपर (Juice) 2020
C. जूस (Juice) D. एक्सेल-23

14. निम्नलिखित में से किस नृत्य का नाम कुचेलपुरम गांव के नाम पर रखा गया है?

A. कुचिपुड़ी B. कथक
C. मणिपुरी D. यक्षगान

15. हैदराबाद में चारमीनार का निर्माण किसने करवाया था?

A. फिरोज शाह तुगलक
B. बाबर
C. इल्तुतमिश
D. मुहम्मद कुली कुतुब शाह

16. ______ लगातार दो बार निर्वाचित होने वाले एकमात्र राष्ट्रपति हैं।

A. डॉ. जाकिर हुसैन B. डॉ. राजेंद्र प्रसाद
C. बी.आर. अम्बेडकर D. हामिद अंसारी

17. राज्यसभा के लिए मनोनीत पहली महिला फिल्म स्टार कौन थी?

A. हेमा मालिनी B. स्मृति ईरानी
C. शबाना आजमी D. नरगिस दत्त

18. मतदान की आयु को ______ में 21 वर्ष से घटाकर 18 वर्ष कर दिया गया।

A. 1992 B. 1989
C. 1970 D. 1994

19. निम्नलिखित में से कौन-सा शासक चंगेज खान का वंशज था?

A. लोदी B. तुगलक
C. मुगल D. राजपूत

20. 'काला नमक' किस फसल की किस्म है?

A. गेहूँ B. चावल
C. मक्का D. बाजरा

भाग-B : GENERAL ENGLISH

21. Identify the segment in the sentence which contains the grammatical error from the given options.

That grizzly bears eat worms and grasses may surprise people, but the bears, actually eat a huge range in things.

A. That grizzly bears eat
B. worms and grasses
C. but the bears actually
D. a huge range in things

22. Select the antonym of the given word.

Compliant

A. Defiant
B. Mistrust
C. Discrete
D. Tolerant

11. A	**12.** B	**13.** C	**14.** A	**15.** D	**16.** B
17. D	**18.** B	**19.** C	**20.** B	**21.** D	**22.** A

23. In the following question, out of the four alternatives, select the word similar in meaning to the given word.

Bunkum

A. Baloney B. Humdrum

C. Invention D. Lucre

24. In the sentence identify the part which contains a grammatical error.

We always thought that he was a cowardly man until he saved a girl from getting drown.

A. We always thought that

B. He was a cowardly man until he saved

C. A girl from getting drown.

D. No error

25. Out of the four alternatives, choose the one which can be substituted for the given words/ sentences.

Someone or something that is an indicator of future trends.

A. Beacon B. Flaxen

C. Bellwether D. Blond

Directions (Qs. No. 26 to 31): *In the below question, sentence/passage is split into four parts and named P, Q, R & S. These four parts are not given in their proper order. Read the sentence/passage and find out which of the four combinations is correct.*

26. P. Could Cartwright possibly find a messenger to send round with those papers?

Q. He lifted the receiver, dialed the number, and asked for Cartwright's extension.

R. He had begun to write, when he remembered that he had not yet picked up the papers he had left with Cartwright.

S. He would be very grateful.

A. RQPS B. PSRQ

C. RPSQ D. RSQP

27. P. His first feeling was disappointment.

Q. It was not the fallen-on-evil-times look of the house - although that was evident; it was the sheer ugliness of it.

R. Either it had been built too late to share in the grace of a graceful period, or the builder had lacked an architect's eye.

S. He had used the idiom of the time, but it had apparently not been native to him.

A. PQRS

B. QRSP

C. RQSP

D. SPQR

28. P. He was tired and beginning to be out of temper with Kevin.

Q. He got up to help himself to more whisky, holding out his other hand for Robert's glass.

R. He shook his head without lifting his gaze from the fire.

S. But Robert was in no mood for conviviality.

A. QRSP B. QSRP

C. QSPR D. QPRS

29. P. As Indians, we are conditioned to save even the most unused items in our homes for imaginary 'just in case' scenarios.

Q. The benefits of getting rid of such unnecessary things, and stripping down to real necessities are many, but most importantly, you will in an instant, reap the benefits of a much more efficient food prep space.

R. Somewhere deep within, we are all hoarders.

S. And, being the heart of any home, kitchen becomes the first place to quickly turn into a breeding ground for most number of unnecessary possessions.

A. PRQS B. QSRP

C. RPSQ D. SQPR

23. A	24. C	25. C	26. A	27. A	28. B	29. C

30. P. In the daytime we see them in the fields, on the trees and hedges, or on the cliffs.
Q. Where are all the birds at night?
R. But in the evening, when the sun sets, we hear them singing as if they were saying "good-night," and then they disappear.
S. They feed in the garden, the orchard, and the wood.
A. SQRP B. QPSR
C. QSRP D. QPRS

31. P. In spite of the struggle for survival, they cherish their language and culture deeply.
Q. Their lives are governed by the land but their hearts are governed by a yearning for identity.
R. The question of independence has hung over the Moldovan region of Gagauzia for decades.
S. Its people are desperately poor and rely on agriculture to survive.
A. RSPQ B. RPQS
C. SRPQ D. SPQR

Directions (Qs. No. 32 and 33): *In the following question, a sentence has been given in Active voice/passive voice. Out of the four alternatives suggested, select the one which best expresses the same sentence in passive/active voice and mark your answer.*

32. It is time to expedite tangible policy interventions.
A. It is time for the tangible policy interventions to expedite.
B. It is time for the tangible policy interventions to be expedited.
C. It is being time for the tangible policy interventions are expedited.
D. It is going to be expedite time for the tangible policy interventions.

33. The Earth's natural resources are destroyed by global warming, deforestation, and pollution.
A. Global warming, deforestation an[d] pollution destroy the earth's natur[al] resources.
B. Global warming, deforestation an[d] pollution destroyed the earth's natur[al] resources.
C. Global warming, deforestation an[d] pollution can destroy the earth's natur[al] resources.
D. Global warming, deforestation an[d] pollution are destroyed in the earth['s] natural resources.

Directions (Qs. No. 34 and 35): *In the followin[g] question, a sentence has been given in Direc[t/] Indirect Speech. Out of the four alternative[s] suggested, select the one which best expresse[s] the same sentence in Indirect/Direct Speech an[d] select your answer.*

34. I wondered how many discoveries wen[t] unheeded.
A. I said, "How many discoveries have gon[e] unheeded?"
B. I said, "How many discoveries wen[t] unheeded?"
C. I said, "Do discoveries go unheeded?"
D. I said, "How many discoveries g[o] unheeded?"

35. Rahul said, "I will do it now or never".
A. Rahul said that he will do it now o[r] never.
B. Rahul said that he will now or never d[o] it.
C. Rahul said that he would do it then o[r] never.
D. Rahul said that he would now never d[o] it.

36. Select the most appropriate antonym of th[e] given word.
EXTRAVAGANT
A. generous B. deficit
C. pauper D. thrifty

30. B	31. A	32. B	33. A	34. D	35. C	36. D

37. Select the word which means the same as the following group of the words.

To destroy completely

A. hector B. thunder
C. hang fire D. extirpate

38. Select the most appropriate synonym of the given word.

Hasty

A. Locked B. Restricted
C. Laidback D. Expeditious

39. Select the most appropriate option to fill in the blank.

Students of St. Xavier's ______ away all the prizes.

A. bears B. bore
C. borne D. bearing

40. Select the most appropriate antonym of the given word.

VICIOUS

A. Gentle B. Poor
C. Privileged D. Influential

भाग-C : सामान्य विज्ञान

41. निम्नलिखित में से कौन-सी SI में जोर (थ्रस्ट) की इकाई है?

A. सीमेंस B. न्यूटन
C. रेडियन D. बेकरेल

42. निम्नलिखित में से किसके मुख्य घटक के रूप में हाइपोथैलेमिक डाउन ग्रोथ और तंत्रिका ऊतक है?

A. पश्च पिट्यूटरी B. पूर्वकाल पिट्यूटरी
C. अधिवृक्क D. थाइमस

43. ईंधन के प्रमुख घटक हैं:

A. कार्बन और हाइड्रोजन
B. ऑक्सीजन और हाइड्रोजन
C. सल्फर और ऑक्सीजन
D. सल्फर और हाइड्रोजन

44. निम्नलिखित में से कौन-सा पारिस्थितिक निकेत को प्रभावित करने वाला कारक नहीं है?

A. ताप
B. पोषक तत्व
C. शिकारियों की उपस्थिति
D. द्रव्यमान चर

45. अनुमत कार्बन उत्सर्जन और उत्सर्जित कार्बन के बीच क्या अंतर ज्ञात है?

A. कार्बन क्रेडिट
B. कार्बन अंतर
C. कार्बोनिका
D. कार्बन उत्सर्जन

46. वायरस के बारे में निम्नलिखित में से कौन-सा कथन सही हैं?

A. वायरस की अपनी चयापचय प्रणाली होती है
B. सभी विषाणुओं में RNA और DNA दोनों होते हैं
C. विषाणु बाध्यकारी परजीवी होते हैं
D. विषाणुओं के न्यूक्लिक अम्ल को कैप्सिड कहते हैं

47. फैलोपियन ट्यूब के उंगली जैसे सिरे कहलाते हैं:

A. फिम्ब्रिए B. सिस्ट
C. पपीली D. लेबिया

48. शब्द गुणसूत्र ______ द्वारा पेश किया गया था।

A. ब्रिजेज B. वल्डेयर
C. बलबीयनी D. फ्लेमिंग

37. D	**38.** D	**39.** B	**40.** A	**41.** B	**42.** A
43. A	**44.** D	**45.** A	**46.** C	**47.** A	**48.** B

49. निम्न में से किस गैस में वायुमंडल में सबसे अधिक सांद्रता होती है?

A. ऑक्सीजन

B. नाइट्रोजन

C. ऑर्गन

D. कार्बन डाइऑक्साइड

50. किस तत्व का रासायनिक प्रतीक Sb है?

A. सिलिकॉन B. सैमरियम

C. स्कैंडियम D. एंटीमनी

51. किस गैस को लाफिंग गैस के नाम से जाना जाता है?

A. ऑक्सीजन

B. नाइट्रोजन

C. कार्बन डाईऑक्साइड

D. नाइट्रस ऑक्साइड

52. एक गोली जिसका द्रव्यमान 0.05 kg है उसे 150 ms^{-1} वेग से बंदूक से दागा गया है। बंदूक का द्रव्यमान 2 kg है। बंदूक के प्रतिक्षेप वेग है:

A. 2.25 ms^{-1} B. 3.00 ms^{-1}

C. 3.75 ms^{-1} D. 4.25 ms^{-1}

53. जनसंख्या की विशेषता इसके माध्यम से स्पष्ट हो सकती है:

1. जनसंख्या घनत्व
2. परिक्षेपण

सही कोड का चयन करें:

A. केवल 1 B. केवल 2

C. 1 और 2 दोनों D. न तो 1 और न ही 2

54. आणविक आकर्षण जिस अवस्था में मजबूत होते हैं, वह ______ अवस्था है।

A. ठोस

B. द्रव्य

C. गैस

D. दिए गए विकल्पों में से कोई नहीं

55. निम्नलिखित में से किसे 2-प्रोपेनोन या डाइमिथाइल कीटोन के रूप में भी जाना जाता है?

A. ऐसीटोन B. सोडियम फॉस्फेट

C. फॉर्मेल्डीहाइड D. एथेनॉल

56. निम्नलिखित में से कौन-सा प्रथम पोषी स्तर की विशेषता नहीं है?

A. वे अपना भोजन स्वयं बना सकते हैं

B. वे सौर ऊर्जा को रासायनिक ऊर्जा में बदल सकते हैं

C. अन्य ट्राफिक स्तरों में उनकी ऊर्जा सबसे कम है

D. इस स्तर में ज्यादातर पौधे होते हैं

57. प्रति सेकंड दोलनों की संख्या को दोलन का ______ कहा जाता है।

A. तरंग दैर्ध्य B. आवृत्ति

C. आयाम D. प्रबलता

58. एक नैनोसेकंड एक सेकंड का ______ भाग होता है।

A. एक लाखवाँ

B. एक अरबवाँ

C. सौवां

D. एक दसवां

59. निम्नलिखित में से कौन-सी गैस हमारे वायुमंडल का लगभग 78% हिस्सा बनाती है?

A. ऑक्सीजन B. कार्बन डाईऑक्साइड

C. नाइट्रोजन D. गंधक

60. ओजोन परत में एक छेद ______ के ऊपर पाया गया।

A. ऑस्ट्रेलिया

B. अंटार्कटिका

C. अफ्रीका

D. ग्रीनलैंड

49. B	**50.** D	**51.** D	**52.** C	**53.** C	**54.** A
55. A	**56.** C	**57.** B	**58.** B	**59.** C	**60.** B

भाग-D : सामान्य गणित

61. शराब का एक पीपा जिसमें पाँच लीटर शराब होती है, खाली होती है और इसके स्थान पर पानी डाला जाता है। इस संयोजन को फिर हटा दिया जाता और पांच लीटर की मात्रा में पानी से भर दिया जाता है। यदि शराब और पानी का अनुपात 16 : 9 था तो पीपे में कितनी शराब थी?

A. 55 B. 15
C. 25 D. 10

62. निम्नलिखित प्रश्न में प्रश्नवाचक चिह्न (?) के स्थान पर क्या आना चाहिए?

840 का 40% $- 18^2 = \sqrt{?} - \sqrt[3]{216}$

A. 144 B. 132
C. 256 D. 324

63. उस वस्तु पर प्रतिशत लाभ क्या होगा जो वस्तु 20% छूट पर बेची जायें जबकि पहले उसी वस्तु को 40% लाभ पर बेचा गया था?

A. 12% B. 20%
C. 14% D. 16%

64. एक दुकानदार पेन के अंकित मूल्य पर 10% छूट देने के पश्चात 12% लाभ कमाता है, तो पेन के क्रय मूल्य तथा अंकित मूल्य का अनुपात ज्ञात करें।

A. 99 : 125
B. 25 : 36
C. 50 : 51
D. 45 : 56

65. ABCD एक समानांतर चतुर्भुज है जिसमें विकर्ण AD और BC परस्पर O पर काटते है। AE और DF, BC के E और F पर लंबवत हैं। निम्नलिखित में से कौन-सा सही नहीं है?

A. $\Delta ABC \cong \Delta DCB$
B. $\Delta AOE \cong \Delta DOF$
C. $\Delta AEB \cong \Delta DFC$
D. $\Delta ADC \cong \Delta ABD$

66. यदि 40 वस्तु का विक्रय मूल्य, 50 वस्तु के क्रय मूल्य के बराबर है, तो प्रतिशत हानि या लाभ ज्ञात करें।

A. 25% लाभ B. 25% हानि
C. 20% लाभ D. 20% हानि

67. Z तीन अंकों की सबसे बड़ी संख्या है, जिसे 3, 4 और 5 से विभाजित करने पर क्रमशः 2, 3 और 4 शेष बचता है। Z को 23 से विभाजित करने पर शेषफल क्या होगा?

A. 1 B. 0
C. 4 D. 6

68. दो बर्तन A और B में दूध और पानी क्रमशः 4 : 3 और 5 : 3 के अनुपात में हैं। इन दोनों मिश्रणों को किस अनुपात में मिलाया जाए कि एक नया मिश्रण प्राप्त हो जिसमें 60% दूध हो।

A. 1 : 1 B. 3 : 5
C. 5 : 2 D. 5 : 7

69. तीन व्यक्ति P, Q और R एक ही बिंदु से एक ही दिशा में क्रमशः 4 किमी/घंटा, 5 किमी/घंटा और 6 किमी/घंटा की गति से क्रमशः 8 पूर्वाह्न, 9 पूर्वाह्न और 10 पूर्वाह्न पर चलना प्रारंभ करते हैं। Q, P से मिलता है और R के लिए एक संदेश देता है और फिर P अपने मूल स्थान पर वापस चला जाता है। तो P और R किस समय मिलेंगे?

A. 12:30 pm B. 12:12 pm
C. 1:30 pm D. 1:12 pm

70. 3.8 + (8.2 ÷ 4.1 × 2) − 4 × 3 ÷ 1. 2 का मान है:

A. 2.2 B. −1.2
C. 1.2 D. −2.2

61. C	62. D	63. A	64. D	65. D	66. A	67. B	68. A	69. D	70. D

71. एक वर्गाकार फर्श की प्रत्येक भुजा 6 मी. इसमें 60 सेमी. भुजा वाले कितने वर्ग समायोजित किए जा सकते हैं?

A. 1000 B. 100
C. 10 D. 500

72. एक व्यक्ति की आयु, उसकी 8 वर्ष पहले की आयु का 125% परंतु 10 वर्ष बाद की आयु का 80% है। उसकी वर्तमान आयु कितनी है?

A. 45 वर्ष
B. 24 वर्ष
C. 40 वर्ष
D. 32 वर्ष

73. 16 पुरुष 29 दिनों में एक काम पूरा कर सकते हैं, 20 महिलाएं वही काम 58 दिनों में पूरा कर सकती हैं। 8 पुरुष और 20 महिलाएं मिलकर 20 दिनों तक काम करते हैं। यदि 5 दिनों में शेष काम केवल महिलाओं को पूरा करना है। कितनी महिलाओं की आवश्यकता होगी?

A. 70 B. 71
C. 72 D. 73

74. नीचे दिए गए अभिव्यक्ति में '*k*' का मान कितना है? 12000 का 28% का 8% का 36% = 15 का 90% का 7*k*%।

A. 102.4 B. 98.6
C. 114.8 D. 88.2

75. 15% चक्रवृद्धि ब्याज की दर पर ₹ 3698 की दो समान अर्धवार्षिक किस्तों में वापस की जाने वाली ब्याज की कितनी धनराशि का भुगतान किया जाता है?

A. ₹ 664
B. ₹ 756
C. ₹ 692
D. ₹ 728

76. P और Q एक साथ 20 दिनों में एक कार्य को पूरा कर सकते हैं और Q, R से 20% अधिक कुशल है जो कार्य का 40%, 24 दिनों में पूरा कर सकता है। लगभग कितने समय में P और R एक साथ कार्य का 3/8 हिस्सा पूरा करेंगे?

A. 8 दिन B. 9 दिन
C. 6 दिन D. 10 दिन

77. प्रश्नवाचक चिह्न (?) के स्थान पर लगभग कौन-सा मान आएगा?

$(15.96)^2$ + 285 का 75% = ?

A. 435 B. 485
C. 440 D. 470

78. X और Y के बीच की दूरी 1440 कि.मी. है। दो व्यक्ति A और B एक साथ X से Y की ओर चलना शुरू करते हैं। B, A से Y तक पहुँचने में 6 घंटे कम लेता है। इसके बजाय, यदि A अपनी गति से दोगुनी गति से यात्रा करता है, तो वह B से 6 घंटे पहले Y पर पहुँचता है। B की गति ज्ञात कीजिए (कि.मी. प्रति घंटे में)।

A. 56 कि.मी./घंटा B. 60 कि.मी./घंटा
C. 64 कि.मी./घंटा D. 80 कि.मी./घंटा

79. धातु एक अर्धवृत्ताकार शीट, जिसका व्यास 42 सेमी. है, को शंकुधारी कटोरे के आकार में मोड़ा जाता है। कटोरे की गहराई है:

A. 12 सेमी. B. $10.5\sqrt{3}$ सेमी.
C. $21\sqrt{3}$ सेमी. D. $\frac{21}{2}$ सेमी.

80. निम्नलिखित समीकरण में प्रश्नवाचक चिह्न (?) के स्थान पर क्या मान आएगा?

$(0.4)^{\frac{17}{16}} \div (0.16)^{\frac{3}{32}} \times (0.3)^{\frac{5}{4}} \div (0.09)^{\frac{3}{16}} = (0.12)^{?}$

A. $\frac{7}{8}$ B. $\frac{1}{5}$
C. $\frac{7}{5}$ D. $\frac{9}{13}$

71. B	**72.** C	**73.** C	**74.** A	**75.** B	**76.** A	**77.** D	**78.** D	**79.** C	**80.** A

भाग-E : सामान्य हिन्दी

81. निम्नलिखित में से यौगिक शब्द का चयन कीजिए:

A. दिन B. सामाजिक
C. दशरथ D. महावीर

82. निम्नलिखित शब्द-समूहों में से कौन-सा विकल्प विदेशज शब्दों का सही उदाहरण है?

A. खुरपा, डिबिया, ढांचा
B. स्कूल, कॉलेज, अस्पताल
C. कौड़ी, तेंदुआ, काया
D. पैसा, मास, हुक्का

83. निम्नलिखित में से शब्द-युग्म ''नाड़ी-नारी'' के सही अर्थ भेद का चयन कीजिए:

A. वीर–स्त्री B. फीस–स्त्री
C. श्वजन–स्त्री D. शिरा या नब्ज–स्त्री

84. ''लता भवन ते प्रकट भे, तेहि अवसर दोउ भाय।
मनु निकसे जुग बिमल बिधु, जलद पटल बिलगाय।।''
उपर्युक्त पंक्तियों में निम्नलिखित में से कौन-सा अलंकार है?

A. श्लेष अलंकार B. रूपक अलंकार
C. उपमा अलंकार D. उत्प्रेक्षा अलंकार

85. निम्नलिखित में से किस वाक्य में विस्मयादिबोधक चिह्न का प्रयोग किया गया है?

A. सुभाष ने अपने माल को बचाने के लिए अनेक उपाय किए; परंतु वे सब निष्फल हुए।
B. हां, मैं क्रिकेट खेलूँगा।
C. भारत की राजधानी दिल्ली से पहले क्या थी?
D. वाह! वाह! फिर साइकिल चलाइए।

86. वाक्य ''वह कल देर से लौटा था, शायद दफ्तर में देर तक बैठा रहा हो।'' निम्न में से किस काल का उदाहरण है?

A. हेतुहेतुमद् भविष्यकाल
B. हेतुहेतुमद् भूतकाल
C. आसन्न भूतकाल
D. संभाव्य भविष्यकाल

87. निम्नलिखित में से सामान्य वर्तमानकाल का सही उदाहरण कौन-सा है?

A. यदि साइकिल रहती है तो वह बाजार जाता है।
B. वह बाजार जाता यदि साइकिल होती।
C. साइकिल रहने पर वह बाजार जाए।
D. कल से वर्षा बहुत तेज हो रही है।

88. वाक्य ''यदि अध्यापक आते, तो बच्चें पढ़ते।'' निम्न में से किस काल का उदाहरण है?

A. हेतुहेतुमद् भूतकाल
B. संभाव्य भूतकाल
C. हेतुहेतुमद् भविष्यकाल
D. आसन्न भूतकाल

89. निम्नलिखित में से कौन-सा शब्द द्विगु समास का सही उदाहरण है?

A. श्यामसुन्दर B. तिमाही
C. पापपुण्य D. गिरहकट

90. निम्नलिखित में से ''कनिष्ठ'' का विलोम शब्द क्या है?

A. ज्येष्ठ B. प्रसारण
C. विरक्त D. विनयशील

91. निम्नलिखित में से ''कुत्सा'' का विलोम शब्द क्या है?

A. मंडन B. कंटक
C. पीन D. प्रशंसा

92. निम्नलिखित में से असंगत/बेमेल का चयन कीजिए:

A. चमू B. सेना
C. अज्ञ D. फौज

81. B	**82.** B	**83.** D	**84.** D	**85.** D	**86.** D
87. A	**88.** A	**89.** B	**90.** A	**91.** D	**92.** C

93. नीचे दी गई पंक्तियों में निम्न में से कौन-सा अलंकार है?

"विहग-विहग फिर चहक उठे ये पुंज-पुंज कल-कूजित कर उर का निंकुज चिर सुभग-सुभग।"

A. वीप्सा अलंकार/पुनरुक्ति प्रकाश अलंकार
B. यमक अलंकार
C. श्लेष अलंकार
D. अनुप्रास अलंकार

94. निम्न में से प्रयोग के आधार पर विभक्ति रहित संबंधबोधक अव्ययों का चयन कीजिए:

A. यथा, पास, लिए, द्वारा, बिना
B. द्वारा, बिना
C. रहित, सहित
D. यथा, पास, लिए

95. निम्नलिखित में से कौन-सा वाक्य कर्म कारक का सही उदाहरण है?

A. हे भगवान्! इस सड़ी गर्मी में भी लोग कैसे जी रहे हैं।
B. वह रोटी खाता है।
C. मनुष्य अपने घर में भी सुरक्षित कहाँ रहता है।
D. करीम मियाँ ने दो-दो जवाब बेटों को अपने हाथों दफनाया।

96. संयुक्त व्यंजन 'क्ष' निम्न में से कौन-से दो वर्णों से मिलकर बना है?

A. क् + ष   B. ग् + य
C. त् + र   D. श् + र

97. निम्नलिखित में से मुहावरा "हाथ को हाथ न सूझना" का क्या अर्थ है?

A. काठ का उल्लू   B. बहुत घना अँधेरा
C. जाति से निकालना   D. बहुत अनुभवी

98. निम्नलिखित में से कौन-सा शब्द द्वंद्व समास का सही उदाहरण है?

A. पंचतत्व   B. हाथी-घोड़ा
C. अन्नदान   D. मुँहचोर

99. निम्नलिखित में से कौन-सा शब्द "प्रतिज्ञा" का पर्यायवाची शब्द नहीं है?

A. प्रण   B. वचन
C. वायदा   D. फुनगी

100. निम्नलिखित में से कौन-सा एक टवर्ग नहीं है?

A. ढ   B. ठ
C. ण   D. घ

व्याख्यात्मक उत्तर

1. (C): मिस्र ने UNFCCC (COP 27) के पक्षकारों के 27वें सम्मेलन की मेजबानी की। यह सम्मेलन नवंबर 2022 में शर्म अल-शेख में आयोजित किया गया था। इस सम्मेलन का उद्देश्य वैश्विक जलवायु परिवर्तन से निपटने के लिए विश्व स्तर पर समन्वित प्रयास को बढ़ावा देना था।

2. (D): 1974 में संविधान का 74वां संशोधन किया गया था जिसमें नगरपालिकाओं के संचालन के लिए 18 विषयों को शामिल करने वाली बारहवीं अनुसूची जोड़ी गई। यह संशोधन नगरपालिकाओं को अधिक स्वायत्तता और जिम्मेदारियाँ प्रदान करने के लिए किया गया था।

3. (D): हेमिस राष्ट्रीय उद्यान भारत का सबसे बड़ा राष्ट्रीय उद्यान है जो लद्दाख में स्थित है। इसका क्षेत्रफल लगभग 4400 वर्ग किलोमीटर है। यह उद्यान विशेष रूप से स्नो लेपर्ड की संरक्षण के लिए प्रसिद्ध है।

4. (C): केशवराव कृष्णराव दाते का जन्म मध्य प्रदेश के जबलपुर शहर में हुआ था। जबलपुर मध्य प्रदेश के प्रमुख शहरों में से एक है और ऐतिहासिक तथा सांस्कृतिक महत्व का केंद्र है।

5. (A): 1956 में भारतीय राज्य पुनर्गठन अधिनियम के तहत मध्य प्रदेश का निर्माण किया गया था, जिसमें मुंबई राज्य शामिल नहीं था। मुंबई उस समय एक

93. A	**94.** C	**95.** B	**96.** A	**97.** B	**98.** B	**99.** D	**100.** D

स्वतंत्र राज्य था और बाद में यह महाराष्ट्र में विलीन हो गया।

6. (A): भवभूति एक प्रसिद्ध नाटककार थे जिन्होंने ''उत्तररामचरित'' नामक नाटक लिखा जो भगवान राम के जीवन में उत्तरार्द्ध पर आधारित है। इस नाटक के माध्यम से उन्होंने राम के चरित्र और धर्म को समझाई एवं इसकी गहराई को दर्शाया है।

7. (A): उत्तर प्रदेश को अक्सर ''चीनी का कटोरा'' कहा जाता है क्योंकि यह भारत में सबसे ज्यादा चीनी का उत्पादन करने वाला राज्य है। यहाँ की जलवायु और मिट्टी गन्ने की खेती के लिए अनुकूल हैं, जिससे यह चीनी उत्पादन में अग्रणी रहता है।

8. (A): सार्क के कुल 8 सदस्य देश हैं। इस संगठन का गठन 1985 में हुआ था और इसका मुख्य उद्देश्य क्षेत्रीय विकास और आर्थिक सहयोग को बढ़ावा देना है। सदस्य देशों में भारत, पाकिस्तान, नेपाल, श्रीलंका, भूटान, बांग्लादेश, मालदीव और अफगानिस्तान शामिल हैं।

9. (A): ''द इलियड'' और ''द ओडिसी'' दोनों महाकाव्य होमर द्वारा लिखित हैं। ये काव्य ग्रीक मिथकों पर आधारित हैं और प्राचीन ग्रीक साहित्य के सबसे महत्वपूर्ण और प्रभावशाली कार्यों में से माने जाते हैं।

10. (B): ''द इनविजिबल मैन'' जूल्स वर्ने द्वारा नहीं लिखा गया था, बल्कि यह उपन्यास एच.जी. वेल्स ने लिखा था। जूल्स वर्ने ने ''जर्नी टू द सेंटर ऑफ द अर्थ'', ''ट्वेंटी थाउजेंड लीग्स अंडर द सी'' और ''अराउंड द वर्ल्ड इन एटी डेज'' जैसे वैज्ञानिक फंतासी पर आधारित उपन्यास लिखे हैं।

11. (A): भारतीय वायु सेना और फ्रांसीसी वायु और अंतरिक्ष बल (FASF) के बीच फ्रांस में मोंट-डे-मार्सन एयरबेस पर आयोजित द्विपक्षीय सैन्य ड्रिल को ''ओरियन'' नाम दिया गया है। यह नाम रक्षा और सहयोग के महत्व को दर्शाता है और यह ड्रिल दोनों देशों के बीच सामरिक सहयोग को मजबूत करने के लिए आयोजित की गई थी।

12. (B): नागार्जुनसागर-श्रीशैलम टाइगर रिजर्व ने वन प्रवेश बिंदुओं पर FASTag प्रणाली को सक्षम करने के लिए भारतीय राष्ट्रीय राजमार्ग प्राधिकरण के साथ समझौता ज्ञापन पर हस्ताक्षर किए। यह पहल पर्यटन को सुगम बनाने और प्रवेश प्रक्रिया को अधिक कुशल बनाने के उद्देश्य से की गई है।

13. (C): बृहस्पति के चंद्रमाओं का अध्ययन करने के लिए यूरोपीय अंतरिक्ष एजेंसी के मिशन का नाम ''जूस (Juice)'' है। यह मिशन बृहस्पति के चंद्रमाओं की संरचना, वातावरण और संभावित जीवन की संभावनाओं का अध्ययन करने के लिए निर्धारित है।

14. (A): कुचिपुड़ी नृत्य शैली का नाम आंध्र प्रदेश के कुचेलपुरम गांव के नाम पर रखा गया है। यह नृत्य शैली विशेष रूप से इस गांव में विकसित हुई और इसकी जुड़ें भारतीय नाट्य शास्त्र में गहराई से निहित है।

15. (D): हैदराबाद में चारमीनार का निर्माण मुहम्मद कुली कुतुब शाह ने करवाया था। उन्होंने इस भव्य स्मारक का निर्माण 1591 में शहर के केंद्र में करवाया, जिसे व्यापार और धार्मिक गतिविधियों का केंद्र बनाया गया था।

16. (B): डॉ. राजेंद्र प्रसाद भारत के पहले राष्ट्रपति थे और उन्हें लगातार दो कार्यकालों के लिए चुना गया था। वे 1950 से 1962 तक इस पद पर रहे, जिससे वे लगातार दो बार निर्वाचित होने वाले एकमात्र राष्ट्रपति बने।

17. (D): नरगिस दत्त भारतीय राज्यसभा के लिए मनोनित होने वाली पहली महिला फिल्म स्टार थीं। उन्हें 1980 में इस सदन के लिए मनोनीत किया गया था और वे अपनी सामाजिक सेवाओं के लिए जानी जाती हैं।

18. (B): मतदान की आयु को 1989 में 21 वर्ष से घटाकर 18 वर्ष कर दिया गया। यह निर्णय युवा नागरिकों को अधिक राजनीतिक रूप से सक्रिय बनाने और उनकी भागीदारी को बढ़ावा देने के उद्देश्य से लिया गया था।

19. (C): मुगल चंगेज खान के वंशज थे। मुगल साम्राज्य के संस्थापक बाबर था। जो चंगेज खान के वंशजों में से एक था। बाबर का जन्म मंगोलियाई तुर्क-मंगोलियन खानाबदोश समुदाय में हुआ था।

20. (B): 'काला नमक' चावल की एक प्रमुख किस्म है जो उत्तर प्रदेश के कुछ विशेष क्षेत्रों में उगाई जाती

है। यह चावल अपने अनूठे स्वाद और सुगंध के लिए प्रसिद्ध है और इसे भारतीय व्यंजनों में विशेष तौर पर पसंद किया जाता है।

21. **(D):** The correct phrase should be "a huge range of things." The preposition "in" is incorrectly used here; "of" is the appropriate preposition to indicate that the bears eat a wide variety of items.

22. **(A):** The word "compliant" means willing to agree with others or obey rules, thus its antonym is "defiant," which means showing resistance and not agreeing to conform or obey.

23. **(A):** "Bunkum" refers to nonsense or foolish talk. "Baloney" is a direct synonym as it also means nonsensical or deceptive talk, closely matching the meaning of "bunkum."

24. **(C):** The error in this segment is grammatical. The correct form should be "drowned" as it is the past participle needed after the preposition "from," forming the phrase "from getting drowned."

25. **(C):** A "bellwether" is someone or something that serves as an indicator of future trends, fitting the description perfectly as opposed to "beacon", "flaxen" or "blond" which do not align with the definition provided.

26. **(A):** R starts with the realization that he had not yet picked up the papers from Cartwright. Q continues as he takes action by dialing Cartwright's extension. P shows him considering whether Cartwright could find a messenger to deliver the papers. S concludes with an expression of gratitude for the help.

27. **(A):** P expresses a first feeling of disappointment. Q elaborates on the disappointment being due to the ugliness of the house. R explains whether the ugliness stemmed from a lack of architectural grace or the builder's lack of vision. S comments on the misuse of the architectural idiom by the builder.

28. **(B):** Q describes the action of getting up to get more whisky and offering to refill Robert's glass. S indicates Robert's mood, showing his disinterest in conviviality. R follows with Robert shaking his head, a response to the offered interaction. P concludes by setting the mood of the interaction, revealing the underlying tension with Kevin.

29. **(C):** R introduces the idea that people are hoarders at heart. P elaborates on the conditioned behaviour of saving unused items. S explains the consequence of this behaviour in the kitchen. Q concludes by stating the benefits of decluttering, especially in the kitchen area.

30. **(B):** Q poses a question about where the birds go at night. P provides details of where birds are seen in the daytime. S extends this observation to other places birds feed. R describes their evening behaviour as they prepare to disappear, answering the initial question.

31. **(A):** The logical sequence begins with R, introducing the longstanding issue of independence in Gagauzia. S follows by describing the local people's poverty and dependence on agriculture. P comments on their deep connection to their culture despite their hardships. Q concludes by expressing how their desire for identity governs their emotions, tying back to the theme of cultural and national identity initiated in R.

32. **(B):** This sentence correctly shifts the active voice "It is time to expedite tangible policy interventions" into passive voice by focusing on the necessity for action on the policy interventions.

33. **(A):** This option correctly translates the passive voice of the original sentence into active voice, maintaining the present tense and the agents (global warming, deforestation, and pollution) directly performing the action.

35. (C): This option correctly shifts Rahul's direct statement into reported speech, changing "will" to "would" and adjusting "now" to "then" to reflect the change in time perspective from direct to reported speech.

36. (D): "Extravagant" means spending much more than is necessary or wise; thus, its antonym is "thrifty," which means using money and other resources carefully and not wastefully.

37. (D): To "extirpate" means to destroy completely, making it synonymous with the given phrase. It involves removing or destroying something thoroughly.

38. (D): "Hasty" implies doing something with excessive speed or urgency, often carelessly. "Expeditious" is the best synonym among the options as it also refers to acting quickly and efficiently.

39. (B): In this sentence, "bore" is the correct past tense of "bear", fitting the context of past achievement at an event, i.e., students of St. Xavier's won all the prizes at a past event.

40. (A): The word "vicious" implies being deliberately cruel or violent. "Gentle" is the most suitable antonym as it denotes mildness and kindness, the direct opposite of being vicious.

41. (B): जोर या थ्रस्ट की SI इकाई न्यूटन है। न्यूटन बल की माप होती है, और जोर बल का एक रूप होता है जो किसी वस्तु की गति या दिशा को बदल सकता है।

42. (A): पश्च पिटयूटरी ग्रंथि हाइपोथैलेमस से उत्पन्न एक नीचे की ओर वृद्धि होती है और यह मुख्य रूप से तंत्रिका ऊतक से बनी होती है। इसे न्यूरोहाइपोफिसिस भी कहा जाता है और यह विभिन्न हार्मोन्स को स्टोर और सीक्रेट करता है।

43. (A): ईंधन के प्रमुख घटक कार्बन और हाइड्रोजन होते हैं। ये दोनों तत्व जलने की प्रक्रिया में महत्वपूर्ण भूमिका निभाते हैं और ऊर्जा उत्पन्न करने में सहायक होते हैं।

44. (D): पारिस्थितिक निकेत को प्रभावित करने वाले कारकों में ताप, पोषक तत्व और शिकारियों की उपस्थिति शामिल हैं, लेकिन 'द्रव्यमान चर' पारिस्थितिकी संबंधी एक प्रमुख कारक नहीं है।

45. (A): अनुमत कार्बन उत्सर्जन और उत्सर्जित कार्बन के बीच का अंतर 'कार्बन क्रेडिट' के रूप में जाना जाता है। यह वह यूनिट होती है जो उत्सर्जन को ऑफसेट करने के लिए खरीदी और बेची जा सकती है।

46. (C): विषाणु अन्य जीवित कोशिकाओं के अंदर ही गुणन कर सकते हैं और इसके लिए उन्हें मेजबान कोशिका की जैविक प्रणालियों की आवश्यकता होती है। यह उन्हें बाध्यकारी परजीवी बनाता है क्योंकि वे स्वतंत्र रूप से जीवित नहीं रह सकते।

47. (A): फैलोपियन ट्यूब उंगली जैसे सिरे को फिम्ब्रिए कहते हैं। ये फिम्ब्रिए अंडाणु को अंडाशय से फैलोपियन ट्यूब में प्रवेश करने में मदद करते हैं।

48. (B): गुणसूत्र शब्द को पहली बार वल्डेयर ने पेश किया था। वह एक जीव विज्ञानी थे जिन्होंने कोशिका विभाजन के दौरान कोशिका के केंद्र में स्थित इन संरचनाओं का अध्ययन किया था।

49. (B): वायुमंडल में नाइट्रोजन की सांद्रता सबसे अधिक होती है, जो लगभग 78% है। यह वायुमंडलीय गैसों में सबसे प्रचुर मात्रा में मौजूद है।

50. (D): तत्व एंटीमनी का रासायनिक प्रतीक Sb है। यह एक धातु है जो प्राकृतिक रूप से पृथ्वी की पपड़ी में पाई जाती है और विभिन्न औद्योगिक अनुप्रयोगों में उपयोग होती है।

51. (D): नाइट्रस ऑट्रक्साइड को लाफिंग गैस के नाम से जाना जाता है। इसका उपयोग चिकित्सा क्षेत्र में एक सामान्य संज्ञाहरण के रूप में किया जाता है और यह हंसी उत्पन्न करने के प्रभाव के लिए प्रसिद्ध है।

53. (C): जनसंख्या की विशेषताएँ जनसंख्या घनत्व के माध्यम से स्पष्ट होती हैं जो एक क्षेत्र में प्रति इकाई क्षेत्रफल पर जनसंख्या की संख्या दर्शाता है और परिक्षेपण जो भविष्य में जनसंख्या बदलाव के अनुमानों को दर्शाता है।

54. (A): आणविक आकर्षण ठोस अवस्था में सबसे मजबूत होते हैं क्योंकि अणु एक-दूसरे के नजदीक स्थित होते हैं और उनमें आणविक बल के कारण स्थायित्व होता है।

55. (A): 2-प्रोपेनन या डाइमिथाइल कीटोन को ऐसीटोन के रूप में जाना जाता है। यह एक रंगहीन तेजी से वाष्पित होने वाला तरल है जिसका उपयोग विलायक और कई रासायनिक प्रक्रियाओं में किया जाता है।

56. (C): प्रथम पोषी स्तर की विशेषता नहीं है कि उनकी ऊर्जा अन्य ट्राफिक स्तरों में सबसे कम होती है। इसके विपरीत, प्रथम पोषी स्तर पर सबसे अधिक ऊर्जा उपलब्ध होती है क्योंकि वे सीधे सौर ऊर्जा का उपयोग करते हैं।

57. (B): प्रति सेकंड दोलनों की संख्या को दोलन का आवृत्ति कहा जाता है। आवृत्ति यह दर्शाती है कि किसी दोलन या तरंग के कितने चक्र प्रति सेकंड होते हैं।

58. (B): एक नैनोसेकंड एक सेकंड का एक अरबवाँ भाग होता है। नैनोसेकंड का प्रयोग विशेष रूप से बहुत तीव्र और छोटी अवधि के समय मापन में किया जाता है।

59. (C): वायुमंडल का लगभग 78% हिस्सा नाइट्रोजन गैस बनाती है। नाइट्रोजन वायुमंडलीय गैसों में सबसे अधिक प्रचुर मात्रा में पाई जाती है और यह जीवन के लिए महत्वपूर्ण रासायनिक प्रक्रियाओं में शामिल होती है।

60. (B): ओजोन परत में एक छेद अंटार्कटिका के ऊपर पाया गया है। यह छेद मुख्यतः क्लोरोफ्लोरोकार्बन्स (CFCs) और अन्य ओजोन-क्षयकारी रसायनों के प्रभाव के कारण उत्पन्न हुआ है और यह सबसे अधिक अंटार्कटिक स्प्रिंग के दौरान प्रमुख होता है।

62. (D): 840 का $40\% - 18^2 = \sqrt{?} - \sqrt[3]{216}$

$\Rightarrow \quad 840 \times \frac{40}{100} - 324 = \sqrt{?} - \sqrt[3]{6^3}$

$\Rightarrow \quad 84 \times 4 - 324 = \sqrt{?} - 6$

$\Rightarrow \quad 336 - 324 + 6 = \sqrt{?}$

$\Rightarrow \quad 342 - 324 = \sqrt{?}$

$\Rightarrow \quad 18 = \sqrt{?}$

$\Rightarrow \quad ? = (18)^2 \Rightarrow ? = 324.$

63. (A): माना वस्तु का क्रय मूल्य = ₹ 100

तब, 40% लाभ पर वस्तु का विक्रय मूल्य = ₹ 140

इसी वस्तु को 20% छूट पर बेचने से वस्तु का विक्रय मूल्य

$= 140 \times \frac{100-20}{100} = 140 \times \frac{80}{100}$

= ₹ 112

∴ लाभ = विक्रय मूल्य – क्रय मूल्य

= 112 – 100 = ₹ 12

∴ अभीष्ट लाभ % = 12%.

64. (D): माना पेन का क्रय मूल्य ₹ 100 है तथा पेन का अंकित मूल्य ₹ x है।

तब, $x \times \frac{100-10}{100} = 112$

$\Rightarrow \quad x \times \frac{9}{10} = 112$

$\Rightarrow \quad x = \frac{112 \times 10}{9}$

∴ क्रय मूल्य : अंकित मूल्य $= 100 : \frac{112 \times 10}{9}$

$= 900 : 1120 = 45 : 56$

अतः अभीष्ट अनुपात = 45 : 56.

66. (A): दिया है,

40 वस्तु का विक्रय मूल्य = 50 वस्तु का क्रय मूल्य

माना 1 वस्तु का क्रय मूल्य = ₹ 1

तब, 40 वस्तु का क्रय मूल्य = ₹ 40

और 40 वस्तु का विक्रय मूल्य

= 50 वस्तु के विक्रय मूल्य = ₹ 50

∴ लाभ = विक्रय मूल्य – क्रय मूल्य

= 50 – 40 = ₹ 10

$\therefore$ लाभ % = $\frac{\text{लाभ} \times 100}{\text{क्रय मूल्य}} = \frac{10 \times 100}{40} = 25\%.$

67. (B): यहाँ 3 – 2 = 1, 4 – 3 = 1

और 5 – 4 = 1

अब, 3, 4 और 5 का ल.स. = 60

∵ 3 अंकों की सबसे बड़ी संख्या = 999

∴ 60 से विभाज्य 3 अंकों की सबसे बड़ी संख्या = 960

अतः $z = 960 - 1 = 959$
$= 23 \times 41 + 16$

अतः अभीष्ट शेषफल = 16.

0. (D): $3.8 \times (8.2 \div 4.1 \times 2) - 4 \times 3 \div 1.2$

$$= 3.8 + (2 \times 2) - 4 \times 3 \times \frac{1}{1.2}$$

$$= 3.8 + 4 - \frac{12}{1.2}$$

$$= 3.8 + 4 - 10 = 7.8 - 10 = -2.2.$$

1. (B): एक वर्गाकार फर्श का क्षेत्रफल
= 6 मी. × 6 मी.
= 600 सेमी. × 600 सेमी.

और 60 सेमी. भुजा वाले एक वर्ग का क्षेत्रफल
= 60 सेमी. × 60 सेमी.

$\therefore$ फर्श में समायोजित किए जाने वाले वर्गों की संख्या

$$= \frac{600 \text{ सेमी.} \times 600 \text{ सेमी.}}{60 \text{ सेमी.} \times 60 \text{ सेमी.}}$$

$$= 10 \times 10 = 100.$$

72. (C): माना एक व्यक्ति की वर्तमान आयु x वर्ष है। तब, उसकी 8 वर्ष पहले की आयु = $(x - 8)$ वर्ष और 10 वर्ष बाद की आयु = $(x + 10)$ वर्ष

प्रश्नानुसार,

$$(x-8) \times \frac{125}{100} = (x+10) \times \frac{80}{100}$$

$$\Rightarrow \quad 25(x - 8) = 16(x + 10)$$

$$\Rightarrow \quad 25x - 200 = 16x + 160$$

$$\Rightarrow \quad 9x = 360$$

$$\Rightarrow \quad x = 40$$

अतः उस व्यक्ति की वर्तमान आयु = 40 वर्ष।

74. (A): 12000 का 28% का 8% का 36%
= 15 का 90% का $7k$%

$$\Rightarrow 12000 \times \frac{28}{100} \times \frac{8}{100} \times \frac{36}{100} = 15 \times \frac{90}{100} \times \frac{7k}{100}$$

$$\Rightarrow 120 \times 28 \times 8 \times 36 = 15 \times 90 \times 7k$$

$$\Rightarrow 12 \times 4 \times 8 \times 4 = 15 \times k$$

$$\Rightarrow 4 \times 4 \times 8 \times 4 = 5k$$

$$\Rightarrow 64 \times 8 = 5k$$

$$\Rightarrow \quad k = \frac{64 \times 8}{5} = 64 \times 1.6$$

$$\Rightarrow \quad k = 102.4.$$

76. (A): (P + Q) का 1 दिन का कार्य $= \frac{1}{20}$ ...(*i*)

कार्य कुशलता का अनुपात

$\Rightarrow$ Q : R = 120 : 100 = 6 : 5

दिन का अनुपात, Q : R = 5 : 6

अब R का 24 दिनों का कार्य $= \frac{40}{100} = \frac{2}{5}$

$\Rightarrow$ R का 1 दिन का कार्य

$$= \frac{2}{5 \times 24} = \frac{1}{60} \quad ...(ii)$$

$$\therefore \quad \frac{1}{6x} = \frac{1}{60} \Rightarrow x = 10$$

$\therefore$ Q का दिन का कार्य $= \frac{1}{5x} = \frac{1}{50}$ ...(*iii*)

(*i*) और (*iii*) से,

P का 1 दिन का कार्य $= \frac{1}{20} - \frac{1}{50}$

$$= \frac{5-2}{100} = \frac{3}{100} \quad ...(iv)$$

(*ii*) और (*iv*) को जोड़ने से

(P + R) का 1 दिन का कार्य $= \frac{3}{100} + \frac{1}{60}$

$$= \frac{9+5}{300} = \frac{14}{300} = \frac{7}{150}$$

$\therefore$ (P + R) को 1 कार्य में $\frac{150}{7}$ दिन लगेगा

$\Rightarrow$ (P + R) को $\frac{3}{8}$ कार्य करने में $\frac{150}{7} \times \frac{3}{8}$ दिन लगेगा

$$= \frac{225}{28} = 8.03 \text{ दिन} = 8 \text{ दिन लगभग।}$$

77. (D): $(15.96)^2 + 285 \times \frac{75}{100}$

$$= (16)^2 + 285 \times \frac{3}{4}$$

$$= 256 + 71.25 \times 3 = 256 + 213.75$$

$$= 256 + 214 = 470.$$

81. (B): ''सामाजिक'' शब्द यौगिक शब्द है, जिसे ''समाज'' और ''इक'' से मिलकर बनाया गया है, जिसका अर्थ होता है समाज से संबंधित या समाज का भाग।

82. (B): ये शब्द विदेशज हैं, जिन्हें अंग्रेजी और अन्य यूरोपीय भाषाओं से अपनाया गया है। स्कूल, कॉलेज और अस्पताल शब्दों का प्रयोग भारत में शिक्षा और स्वास्थ्य सेवाओं के संदर्भ में होता है।

83. (D): ''नाड़ी'' का अर्थ होता है शिरा या नब्ज, जिसे पल्स या धमनियों में रक्त की गति मापने के लिए प्रयोग किया जाता है। ''नारी'' का अर्थ होता है स्त्री।

84. (D): दिए गए पंक्तियों में ''मनु निकसे जुग बिमल बिधु, जलद पटल बिलगाय'' उत्प्रेक्षा अलंकार का प्रयोग है जहां मनु (चांद) को निकलने पर बादलों के छंटने की कल्पना की गई है, जो वास्तविकता से संभव नहीं है।

85. (D): इस वाक्य में विस्मयादिबोधक चिह्न का प्रयोग किया गया है। ''वाह! वाह!'' के प्रयोग से उत्साह और प्रशंसा का भाव व्यक्त होता है, जो आमतौर पर विस्मयादिबोधक चिह्न के साथ प्रदर्शित किया जाता है।

86. (D): वाक्य ''वह कल देर से लौटा था, शायद दफ्तर में देर तक बैठा रहा हो।'' में संभाव्य भविष्यकाल का प्रयोग है, जहाँ भूतकाल में घटित एक घटना के लिए संभावित कारण का वर्णन किया जा रहा है।

87. (A): वाक्य ''यदि साइकिल रहती है तो वह बाजार जाता है'' सामान्य वर्तमानकाल का उदाहरण है, जो सामान्य स्थितियों या नियमित घटनाओं का वर्णन करता है।

88. (A): वाक्य ''यदि अध्यापक आते, तो बच्चे पढ़ते।'' में हेतुहेतुमद् भूतकाल का प्रयोग है, क्योंकि इसमें एक घटना के होने पर दूसरी घटना के होने की संभावना व्यक्त की गई है और यह संबंध भूतकाल में है।

89. (B): ''तिमाही'' शब्द द्विगु समास का सही उदाहरण है, जहाँ ''तीन'' और ''माह'' को मिलाकर ''तिमाही'' बनता है, जिसका अर्थ होता है तीन महीने की अवधि।

90. (A): ''कनिष्ठ'' का विलोम शब्द ''ज्येष्ठ'' है, जो बड़े भाई या वरिष्ठ को दर्शाता है जबकि कनिष्ठ छोटे या जूनियर को दर्शाता है।

91. (D): ''कुत्स'' का विलोम शब्द ''प्रशंसा'' है कुत्सा का अर्थ निन्दा या बदनामी होता है और का अर्थ होता है तारीफ।

92. (C): ''अज्ञ'' का अर्थ है, ''जिसे ज्ञान न हो यह सेना या फौज से संबंधित नहीं है। जबकि और ''सेना'' का संबंध सेना से है, इसलिए ' इस संदर्भ में असंगत/बेमेल है।

93. (A): दी गई पंक्तियों में ''विहग-विहग'' ''सुभग-सुभग'' जैसे शब्दों का पुनरावृत्ति के वीप्सा अलंकार या पुनरुक्ति प्रकाश अलंकार का है, जो एक ही शब्द को बार-बार दोहराकर क प्रभाव उत्पन्न करता है।

94. (C): ''रहित'' और ''सहित'' प्रयोग के आध विभक्ति रहित संबंधबोधक अव्यय हैं, जो वा किसी चीज के साथ होने या न होने को दर्शा

95. (B): यह वाक्य कर्म कारक का सही उदाहरण है ''रोटी'' को कर्म के रूप में दर्शाया गया है औ क्रिया ''खाता है'' का सीधा उद्देश्य है।

96. (A): संयुक्त व्यंजन 'क्ष' क् और ष से मिलकर है। इसमें क् का उच्चारण और ष का संयोजन ह है, जिससे यह संयुक्त व्यंजन बनता है।

97. (B): मुहावरा ''हाथ को हाथ न सूझना'' का अ घना अँधेरा। इसका प्रयोग उस स्थिति में किया जात है जब इतनी अधिक अंधकार हो कि पास की वस्तु भी दिखाई न दें।

98. (B): ''हाथी-घोड़ा'' द्वंद्व समास का उदाहरण है, जिस दोनों शब्द समान रूप से महत्व रखते हैं और मिलक एक नया अर्थ देते हैं, जैसे हाथी और घोड़ा दोनों क समावेश।

99. (D): ''फुनगी'' का अर्थ पौधों के शीर्ष या ऊपरी भाग से संबंधित होता है और यह ''प्रतिज्ञा'' क पर्यायवाची शब्द नहीं है। प्रतिज्ञा के पर्यायवाची शब्दों में प्रण, वचन और वायदा शामिल हैं।

100. (D): ''घ'' टवर्ग का वर्ण नहीं है। टवर्ग के वर्णों मे ट, ठ, ड, ढ और ण शामिल हैं, जबकि ''घ'' क कवर्ग का वर्ण है।

पिछले प्रश्न-पत्र (हल सहित)

मध्य प्रदेश शासन, जेल विभाग
जेल प्रहरी भर्ती परीक्षा-2020*

भाग – A : सामान्य ज्ञान

1. निम्नलिखित में से कौन-सी गुजरात और मध्य प्रदेश क्षेत्रों में रहने वाली जनजातियों द्वारा प्रचलित एक प्राचीन गुफा चित्र है?

A. मधुबनी पेंटिंग B. पिथौरा पेंटिंग
C. फड़ पेंटिंग D. कलमकारी पेंटिंग

2. मौर्य काल में वस्तुओं के बाजार को .... के नाम से जाना जाता था।

A. पण्यपत्तन B. प्रदेसा
C. वाहीकपथा D. खार्वटिक

3. मध्य प्रदेश में "मुख्यमंत्री ग्राम सड़क योजना" कब लागू की गई थी?

A. 2000-2001 B. 2005-2006
C. 2010-2011 D. 2006-2007

4. मध्य प्रदेश का गठन 1956 में विभिन्न प्रांतों के विलय के बाद हुआ था। निम्नलिखित में से कौन-सा गठन का हिस्सा **नहीं** है?

A. भोपाल राज्य B. उज्जैन राज्य
C. विंध्य प्रदेश D. मध्य भारत

5. भारत में कौन-सा राज्य खुशहाली विभाग स्थापित करने वाला प्रथम राज्य बना?

A. बिहार B. महाराष्ट्र
C. मध्य प्रदेश D. उत्तर प्रदेश

6. ईस्ट इंडिया कंपनी की स्थायी बंदोबस्त प्रणाली वर्ष .... में अस्तित्व में आई।

A. 1793 B. 1858
C. 1677 D. 1808

7. सोलह कृषि वस्तुओं के लिए न्यूनतम समर्थन मूल्य तय करने वाला पहला भारतीय राज्य कौन-सा है?

A. मध्य प्रदेश B. केरल
C. उत्तर प्रदेश D. तमिलनाडु

8. निम्नलिखित में से किस गुप्त सम्राट को ल्यूट या वीणा बजाने के रूप में उसके सिक्कों पर दर्शाया गया है?

A. चन्द्रगुप्त द्वितीय B. चंद्रगुप्त प्रथम
C. स्कन्दगुप्त D. समुद्रगुप्त

9. शंकर दयाल शर्मा स्वतंत्र भारत के .... राष्ट्रपति थे।

A. नौवे B. तीसरे
C. पहले D. ग्यारहवें

10. निम्नलिखित में से किसे 'भारत का बिस्मार्क' के रूप में जाना जाता है?

A. जवाहरलाल नेहरू
B. लाला लाजपत राय
C. सरदार वल्लभभाई पटेल
D. महात्मा गांधी

11. पीएम मोदी द्वारा अक्टूबर, 2020 को केवड़िया में स्टेच्यू ऑफ यूनिटी के पास उद्घाटन की गई परियोजना का नाम बताएं, जहां पर्यटक एक ही छत के नीचे विभिन्न राज्यों से संबंधित हथकरघा और हस्तशिल्प उत्पाद खरीद सकते हैं?

A. एकता मॉल B. यूनिटी महोत्सव
C. यूनिटी मॉल D. एकता उत्सव

12. रीवा सौर परियोजना में, प्रत्येक 250 मेगावाट की .... सौर उत्पादक इकाइयाँ शामिल होती हैं।

*Exam held on 11/12/2020.

A. दस B. पांच
C. तीन D. चार

13. बोस्टन-2020 के तीसरे भारत अंतर्राष्ट्रीय फिल्म समारोह में किसे लाइफटाइम अचीवमेंट पुरस्कार से सम्मानित किया गया है?

A. धर्मेंद्र B. ऋषि कपूर
C. ओम पुरी D. अमिताभ बच्चन

14. मार्च 2019 में, केंद्र सरकार ने ग्वालियर, एमपी में .... की स्थापना के प्रस्ताव को मंजूरी दे दी है।

A. मेगा फूड पार्क B. विकलांगता खेल केंद्र
C. राष्ट्रीय कौशल केंद्र D. ई-वाहन विनिर्माण इकाई

15. मंदसौर स्तंभ शिलालेख में किस शासक की विजय अंकित है?

A. प्रकाशधर्म B. यशोधर्मन
C. समुद्रगुप्त D. कनिष्क

16. भारत सरकार ने .... आयोग को प्रतिस्थापित करने के लिए 2015 में नीति आयोग का गठन किया।

A. लोक सेवा B. वित्त
C. सांख्यिकीय D. योजना

17. कौन-सा राष्ट्रीय राजमार्ग मध्य प्रदेश से **नहीं** गुजरता है?

A. NH-44 B. NH-43
C. NH-4 D. NH-59

18. निम्नलिखित में से कौन-सा राष्ट्रीय उद्यान मध्य प्रदेश के सीधी जिले में स्थिति है?

A. माधव राष्ट्रीय उद्यान B. सतपुड़ा राष्ट्रीय उद्या[न]
C. संजय राष्ट्रीय उद्यान D. वन विहार राष्ट्रीय उद्या[न]

19. भारतीय वन्यजीव ट्रस्ट की एक रिपोर्ट के अनुसार, भारत का कौन-सा राज्य घड़ियाल की सबसे अधिक संख्या वाला राज्य बन गया है?

A. मध्य प्रदेश B. उत्तर प्रदेश
C. अरुणाचल प्रदेश D. आंध्र प्रदेश

20. जम्मू और कश्मीर पुनर्गठन अधिनियम वर्ष .... में पारित किया गया था।

A. 2019 B. 2018
C. 2017 D. 2020

भाग – B : सामान्य हिन्दी

21. निम्नलिखित में से कौन-सा शब्द अशुद्ध है?

A. व्यथा B. बन
C. व्यय D. व्रत

22. 'मृगनयन' में कौन-सा समास है?

A. तत्पुरुष समास B. कर्मधारय समास
C. द्विगु समास D. द्वंद्व समास

23. 'धर्मात्मा' शब्द में प्रयुक्त संधि है :

A. अयादि संधि B. यण संधि
C. गुण संधि D. दीर्घ संधि

24. 'श्रोता भाषण सुन रहे हैं'– वाक्य में कौन-सा काल है?

A. अपूर्ण वर्तमान काल B. सामान्य वर्तमान काल
C. पूर्ण वर्तमान काल D. संदिग्ध वर्तमान काल

25. नीचे दिए गए शब्द का विपरीतार्थक शब्द बताइए :

'आद्याकर'

A. परिमित B. वास्तविक
C. अंत्याक्षर D. पद्माकर

26. जिन वाक्यों से कार्य न होने का भाव प्रकट होता है, कहलाता है :

A. संकेतवाचक वाक्य B. निषेधवाचक वाक्य
C. विधानवाचक वाक्य D. संदेहवाचक वाक्य

27. निम्न में से 'संचारी भाव' किसका अवयव है?

A. अलंकार B. रस
C. छंद D. समास

28. निम्नलिखित में से कौन-सा शब्द अशुद्ध है?

A. प्रशंसा B. वेषभूषा
C. संकट D. परिभाषा

29. तात तथा जनक किस शब्द के पर्यायवाची हैं?

A. राजा B. पुत्र
C. पिता D. पंडित

30. 'ईश्वर में विश्वास रखने वाला' के लिए एक शब्द क्या होगा?

A. आजानुबाहु
B. आस्तिक
C. नास्तिक
D. आदिवासी

31. नीचे दिए गए शब्द का विलोम शब्द बताइए :

'अमित'

A. प्रचुर
B. परिमित
C. अतीव
D. सुमित

32. पट, परिधान तथा चीर किस शब्द के पर्यायवाची हैं?

A. वस्त्र
B. पानी
C. हंस
D. रात

33. संज्ञा शब्द .... होते हैं।

A. विकारी
B. व्यक्तिवाचक
C. अविकारी
D. अपरिवर्तनीय

34. निम्नलिखित में से कौन-सा एक मुहावरे का युक्तियुक्त अर्थ नहीं है?

A. अपने पैरों पर खड़ा होना – पराधीन होना
B. अंधे की लकड़ी – एकमात्र सहारा
C. आग में कूद पड़ना – खतरा मोल लेना
D. अड़चन डालना – बाधा उपस्थित करना

35. 'जिसके लोचन (आँख) सुंदर हो' उसे क्या कहा जाता है?

A. सुरभि
B. सुनंदा
C. सुलभ
D. सुलोचन

36. 'उपमा' का शाब्दिक अर्थ क्या होता है?

A. असामान्य
B. सौन्दर्य
C. चमत्कार
D. सादृश्य

37. 'गिरीश' शब्द का सही संधि-विच्छेद है :

A. गिर् + ईश
B. गिरि + ईश
C. गिर + ईश
D. गिरि + इश

38. 'दुर्गा पूजा के लिए जब हम चन्दा लेने निकले तो बहुतों ने हमें टका-सा जवाब दे दिया।'

उपर्युक्त वाक्य में प्रयुक्त मुहावरे का उचित अर्थ बताइए।

A. सवाल-जवाब करना
B. जली-कटी सुना देना
C. अधिक बात करना
D. साफ इंकार कर देना

39. निम्नलिखित में से किस शब्द में उपसर्ग का प्रयोग हुआ है?

A. लेखक
B. पूजनीय
C. दुर्गम
D. वेदना

40. 'बहुतायत' शब्द में कौन-सा प्रत्यय प्रयुक्त हुआ है?

A. आयत
B. तायत
C. त
D. यत

भाग – C : सामान्य अंग्रेजी

41. Choose the CORRECT option to fill in the blank in the given sentence:

According to the media reports no one could have investigated the matter ______ they did.

A. the most thoroughly
B. thorough enough
C. so thoroughly that
D. as thoroughly as

42. Fill in the blanks with the correct option in the given sentence:

______ and ______ a pandemic starts, everyone around the world is at risk.

A. Wherever, whenever
B. Whenever, whoever
C. Whenever, whatever
D. However, wherever

43. Choose the CORRECT option to fill in the blank in the given sentence:

Electricity rates are higher these days, ______ most office goers are consuming the power extensively due to their work from home.

A. yet
B. for
C. so
D. and

44. Choose the CORRECT word to fill in the blank in the given sentence:

The recipe requires you to add ______ garlic.

A. minced B. miced
C. mints D. minutes

45. Choose the CORRECT option.

'Flaunt' is most opposite to: ______.

A. sink B. hide
C. propose D. show off

46. Which of the following sentences is CORRECT?

A. We caught the latest train back home.
B. We caught the late train back home.
C. We caught the lastest train back home.
D. We caught the last train back home.

47. Choose the word with the CORRECT spelling in the given sentence:

The agents were searching for ______ cargo on the flight.

A. illicit B. elicitt
C. ellicit D. illicet

48. Choose the CORRECTLY punctuated sentence.

A. I thought the dog lost its tail when the door's was slammed!
B. I thought the dog lost it's tail: when the door was slammed.
C. I thought the dog lost its tail when the door was slammed.
D. I thought the dog lost it's tail when the door's was slammed.

49. Fill in the blanks with the CORRECT pronoun in the given sentence:

The host greeted ______ guests as ______ entered the party venue.

A. me, I B. she, her
C. his, they D. he, his

50. Fill in the blanks with suitable preposition in the given sentence:

Due ______ Covid 19, the race ______ France has been cancelled and will now be held next year.

A. to, while B. to, on
C. to, across D. at, on

51. Fill in the blanks with the suitable article in the given sentence:

You must drink ______ water after running ______ long race.

A. the, the
B. the, a
C. no article required, a
D. a, a

52. Fill up the blank with the CORRECT option to complete the sentence:

The children should wear a thick coat in this cold weather, ______?

A. shan't they B. shall they
C. should they D. shouldn't they

53. Fill in the blank with the appropriate modal in the given sentence:

This delay in sending the invoice ______ cost you ₹ 5,000.

A. would B. may
C. should D. must

54. Choose the phrasal verb that best fits the blank in the given sentence:

The meeting ______ uneventfully.

A. passed off B. passed away
C. passed on D. passed out

55. Fill in the blanks with the suitable article in the given sentence:

She forgot ______ password to access ______ website on ______ internet and had to ask her friend to help her.

A. a, an, the B. the, the, the
C. a, the, a D. the, the, an

56. Choose the CORRECT prefix to complete the sentence.

Keeping a gun in your house is considered ______ legal in most countries.

A. dis- B. in-
C. il- D. un-

57. Fill in the blanks with the suitable tense in the given sentence:

The Smiths ______ to buy a house for years, and finally, they ______ enough money to do so.

A. hoped, have been saving
B. were hoping, are saving
C. have been hoping, have saved
D. hope, saved

58. Fill in the blanks with suitable preposition in the given sentence:

They built a beautiful cottage ______ the river and had a white picket fence all ______ it.

A. near, around
B. through, around
C. across, around
D. for, around

59. Choose the CORRECT option:

The word 'momentous' is most similar in meaning to:

A. small B. inspirational
C. significant D. comforting

60. Fill in the blanks with the CORRECT option in the given sentence:

______ students missed their school today on account of ______ Ganesh festival yesterday.

A. Much, the B. Much, a
C. Most, a D. Many, the

भाग – D : सामान्य गणित

61. मैरी, y वर्ष पहले x वर्ष की थी। z वर्षों में वह कितने साल की हो जाएगी?

A. $x - y - z$ B. $x - y + z$
C. $y - x - z$ D. $x + y + z$

62. (3 मी. × 5 मी. × 3 मी.) आयामों वाले तख्तों की संख्या ज्ञात करें, जिन्हें 45 मीटर लंबे, 18 मीटर चौड़े और 12 मीटर गहरे एक गड्ढे में संग्रहित किया जा सकता है :

A. 220 B. 240
C. 200 D. 216

63. यदि तीन बिन्दु A(0, 0), B(4, 2) और C(4, k) एक समबाहु त्रिभुज बनाते हैं, तो k = ?

A. –3 B. –5
C. 4 D. –2

64. 3 सेमी. माप वाले किनारों के दो घन आमने-सामने जुड़े हुए हैं; घनाभ का परिणामी क्षेत्रफल ज्ञात कीजिए?

A. 90 वर्ग सेमी. B. 45 वर्ग सेमी.
C. 108 वर्ग सेमी. D. 54 वर्ग सेमी.

65. छोटी से छोटी संख्या जो 1 से 5 तक सभी संख्याओं (दोनों समावेशी) द्वारा विभाज्य है :

A. 100 B. 120
C. 105 D. 115

66. संलग्न चित्र में, ΔPQR की क्रमशः भुजाओं PQ और PR पर S एवं T बिंदु इस प्रकार हैं कि PS = 3 सेमी., SQ = 6 सेमी. और ST || QR हैं। ΔPST एवं ΔPQR के क्षेत्रफलों का अनुपात ज्ञात करें।

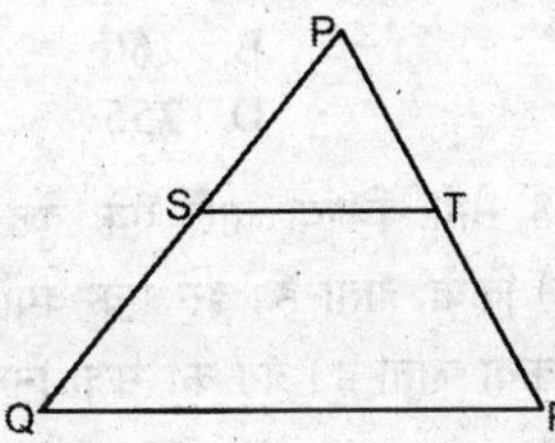

A. 3 : 9 B. 3 : 6
C. 1 : 9 D. 9 : 27

67. वक्र $x^2 + x + 1$ Y-अक्ष से निम्न बिंदु पर मिलता है :

A. (1, 0) B. (0, 1)
C. (1,1) D. (0, 0)

68. 4% का भिन्न क्या होगा?

A. 1/25 B. 1/10
C. 1/40 D. 1/20

69. दो स्टेशन समान पटरी पर हैं और इन्हें A और B कहा जाता है। एक ट्रेन A से और दूसरी ट्रेन B से एक ही समय पर शुरू होती है। यदि वे एक ही दिशा में यात्रा करती हैं तो वे 4 घंटे के बाद मिलती हैं और यदि विपरीत दिशा में जा रही हैं तो वे एक घंटे में मिलती हैं। यदि स्टेशन A और B के बीच की दूरी 200 किलोमीटर है, तो ट्रेनों की व्यक्तिगत चाल ज्ञात कीजिए।

A. ट्रेनों की चाल 120 किमी. प्रति घंटा और 80 किमी. प्रति घंटा

B. ट्रेनों की चाल 150 किमी. प्रति घंटा; 50 किमी. प्रति घंटा

C. ट्रेनों की चाल 110 किमी. प्रति घंटा और 90 किमी. प्रति घंटा

D. ट्रेनों की चाल 125 किमी. प्रति घंटा, 75 किमी. प्रति घंटा

70. निम्नलिखित में से कौन-सी एक अपरिमेय संख्या है?

A. $\sqrt{99}$ B. $\frac{\sqrt{99}}{\sqrt{11}}$

C. $\sqrt{4}$ D. $\frac{22}{7}$

71. एक तेल के कैन की कीमत में 20% की वृद्धि हुई। 300 कैन खरीदने के लिए उपयोग की जाने वाली राशि से कितने डिब्बे खरीदे जा सकते हैं?

A. 250 B. 260

C. 262 D. 255

72. एक तार 28 सेमी. त्रिज्या वाले एक वृत्त के रूप में लूपित (लूप्ड) किया जाता है। इसे एक वर्गाकार रूप में प्रत्यावर्तित किया जाता है। वर्ग की भुजा निर्धारित करें?

A. 44 सेमी. B. 33 सेमी.

C. 55 सेमी. D. 66 सेमी.

73. समीकरणों के युग्म $2x - 7y - 14 = 0; 6x - 21y = 42$ के लिए हलों की संख्या ज्ञात कीजिए?

A. एक हल B. अनंत हल

C. तीन हल D. कोई हल नहीं

74. निम्नलिखित में से सबसे बड़ी भिन्न कौन-सी है?

A. 9/4 B. 8/5

C. 4/3 D. 7/9

75. एक शंकु की त्रिज्या '*a*' सेमी. एवं इसकी ऊँचाई, त्रिज्या की दुगुनी है। यदि शंकु को समान त्रिज्या वाले एक बेलनाकार में रूपांतरित किया जाए, तो '*a*' के पदों में बेलन की ऊँचाई (सेमी. में) होगी :

A. $3a/2$ B. $3a$

C. $2a/3$ D. $2a$

76. यदि किसी धन की राशि को 3 : 5 के अनुपात में विभाजित किया गया है, और बड़ी राशि ₹ 3125 है, तो छोटी राशि ज्ञात कीजिये?

A. ₹ 1825 B. ₹ 1890

C. ₹ 1850 D. ₹ 1875

77. सबसे बड़ी संख्या ज्ञात कीजिए जो 99, 123 और 183 से विभाजित करने पर समान शेषफल देती है?

A. 26 B. 18

C. 12 D. 24

78. द्विघात समीकरण में डिग्री .... होती है।

A. 0 B. 1

C. 2 D. 3

79. यदि बिन्दु A(2, *a*), B(5, 6) और C(6, 7) सरेख (एकरेखस्थ) हैं, तो $a = ?$

A. –3 B. 4

C. 5 D. 3

80. एक क्रिकेट मैच में, एक बल्लेबाज ने 125 रन बनाए, जिसमें से 56% रन सीमाओं से आते हैं। बल्लेबाजों द्वारा सीमाओं से बनाए गए रन ज्ञात कीजिए।

A. 68 B. 75

C. 66 D. 70

भाग – E : सामान्य विज्ञान

81. पानी में रेत, इसका एक उदाहरण है :

A. निलंबन B. सोल

C. शुद्ध पदार्थ D. विलयन

82. एक सामान्य आंख के निकट बिंदु और सुदूर बिंदु क्रमशः होते हैं :

A. 25 सेमी. और अनंत

B. 30 सेमी. और 100 सेमी.

C. 100 सेमी. और 30 सेमी.

D. अनंत और 25 सेमी.

83. निम्नलिखित में से कौन-सी अभिक्रिया, संयोजन अभिक्रिया **नहीं** है?

A. $2SO_{2(g)} + O_{2(g)} \rightarrow 2SO_{3(g)}$

B. $CaO_{(s)} + H_2O \rightarrow Ca(OH)_2$

C. $Mg_{(s)} + CuSO_{4(aq)} \rightarrow MgSO_{4(aq)} + Cu_{(s)}$

D. $2NH_{3(aq)} + H_2SO_{4(aq)} \rightarrow (NH_4)_2SO_{4(aq)}$

84. 0.25A की विद्युत धारा को प्राप्त करने के लिए 2 सेकंड में एक चालक के माध्यम से भेजा जाने वाला विद्युत आवेश है :

A. 0.25 C B. 0.5 C

C. 0.125 C D. 5 C

85. बेकिंग सोडा विलयन का pH होता है :

A. 9 B. 4

C. 6 D. 7

86. शिक्षक ने एक छात्र से निम्नलिखित कार्बनिक यौगिक में से चुनने के लिए कहा जो प्रतिविस्थापन अभिक्रिया से गुजरेगा?

A. प्रोपाइन B. एथिलीन

C. प्रोपीन D. एथेन

87. जलीय आवासन के तापमान में वृद्धि को .... प्रभावित कर सकता है।

A. जीवों की प्रजनन स्थिति

B. जीवों के आवासन की स्थिति

C. जीवों की खाद्य आदतें

D. जीवों का सुरक्षात्मक तंत्र

88. निम्नलिखित में से कौन-सा कथन सही **नहीं** है?

A. ओजोन बनाने के लिए मुक्त ऑक्सीजन परमाणु आण्विक ऑक्सीजन के साथ संयोजित होती हैं।

B. ओजोन जीवन के सभी वायुजीवी रूपों के लिए आवश्यक है।

C. वायुमंडल के उच्च स्तर पर ओजोन, ऑक्सीजन पर पराबैंगनी विकिरण का एक प्रभाव है।

D. उच्च ऊर्जा के पराबैंगनी विकिरण ऑक्सीजन को मुक्त ऑक्सीजन परमाणुओं में विभाजित करती है।

89. किसी सामग्री के सापेक्षिक घनत्व की इकाई है :

A. ग्रा./सेमी.^{3}

B. इसकी कोई इकाई नहीं है।

C. किग्रा./मी.^{3}

D. किग्रा./मी.^{2}

90. त्वरण की SI इकाई .... है।

A. मीटर/सेकंड B. सेंटीमीटर/सेकंड

C. मीटर D. सेंटीमीटर

91. कौन-सा एक **गलत** मिलान है?

A. पुराना (दीर्घकालिक) रोग – क्षय रोग

B. संक्रामक रोग -- घेंघा

C. गैर संक्रामक रोग – मधुमेह

D. तीव्र रोग – सिरदर्द

92. 22°C पर एक अलग प्रतिध्वनि सुनने के लिए ध्वनि के स्रोत से बाधा की न्यूनतम दूरी है : [22°C पर हवा में ध्वनि का वेग 344 मी./से. है]

A. 12.7 मीटर B. 34.4 मीटर

C. 21.7 मीटर D. 17.2 मीटर

93. इनमें से कोई-सा एक पुराना (दीर्घकालिक) रोग **नहीं** है?

A. मलेरिया B. क्षय रोग

C. सिर दर्द D. हाथी पांव

94. वायु को एक मिश्रण माना जाता है न कि यौगिक क्योंकि ....।

A. हवा में मौजूद प्रत्येक घटक अपने गुणों को बनाए रखता है।

B. इसके घटकों को अलग नहीं किया जा सकता है।

C. घटक रासायनिक रूप से हवा बनाने के लिए प्रतिक्रिया करते हैं।

D. इनमें से कोई नहीं

95. जब लोहे के टुकड़े को वायुमंडल के संपर्क में रखा जाता है तो यह धीरे-धीरे संक्षारित हो जाता है लेकिन वायुमंडल के संपर्क में रखे सोने के टुकड़े को कुछ नहीं होता है। ऐसा क्यों?

A. सोना अपनी सतह पर सुरक्षात्मक लेप बना लेता है।

B. सोना, वातावरण की नमी और ऑक्सीजन के साथ अभिक्रिया नहीं करता है।

C. सोने को कभी खुले में नहीं छोड़ा जाता है।

D. सोना अमूल्य है।

96. कवक के उस प्रकार का नाम बताइए जिसे भोजन के लिए किसी परपोषी जीव के जीवित जीवद्रव्य (प्रोटोप्लाज्म) की आवश्यकता होती है।

A. परजीवी
B. स्वपोषी
C. सहजीवी
D. मृतोपजीवी

97. ऊर्जा-संरक्षण का नियम बताता है कि ....।

A. ऊर्जा उत्पन्न की जा सकती है लेकिन इसे नष्ट नहीं किया जा सकता है।

B. ऊजा उत्पन्न नहीं की जा सकती है लेकिन इसे नष्ट किया जा सकता है।

C. ऊर्जा को उत्पन्न भी किया जा सकता है साथ ही नष्ट भी किया जा सकता है।

D. ऊर्जा न तो उत्पन्न की जा सकती है और न ही नष्ट की जा सकती है, लेकिन इसे एक रूप से दूसरे रूप में परिवर्तित किया जा सकता है।

98. कशेरुकाओं के यकृत कोशिकाओं में कई विष और दवाओं को उपचारित करने में महत्वपूर्ण भूमिका .... के माध्यम से निभाई जाती है।

A. लाइसोसोम
B. राइबोसोम
C. चिकनी अंतर्द्रवयी जालिका
D. रुक्ष अंतर्द्रव्यी जालिका

99. 10H कुंडल सहित श्रेणी क्रम में जुड़े 20Ω प्रतिरोध वाले एक डीसी धारा का प्रभावी प्रतिरोध है :

A. 10Ω
B. 20Ω
C. 1Ω
D. शून्य

100. आमतौर पर प्रत्येक तंत्रिका कोशिका (न्यूरॉन) में एक लंबा भाग होता है और कई छोटे, शाखित भाग होते हैं। एकल लंबे भाग का नाम बताइए :

A. तंत्रिका अंत (नर्व एंडिंग)
B. अक्षतंतु (एक्सॉन)
C. द्रुमाश्म (डेंड्राइट)
D. कोशिका काय (सेल बॉडी)

उत्तरमाला

1. (B)	**2.** (A)	**3.** (C)
4. (B)	**5.** (C)	**6.** (A)
7. (B)	**8.** (D)	**9.** (A)
10. (C)	**11.** (A)	**12.** (C)
13. (C)	**14.** (B)	**15.** (B)
16. (D)	**17.** (C)	**18.** (C)
19. (A)	**20.** (A)	**21.** (B)
22. (B)	**23.** (D)	**24.** (A)
25. (C)	**26.** (B)	**27.** (B)
28. (B)	**29.** (C)	**30.** (B)
31. (B)	**32.** (A)	**33.** (A)
34. (A)	**35.** (D)	**36.** (D)
37. (B)	**38.** (D)	**39.** (C)
40. (A)	**41.** (D)	**42.** (A)
43. (B)	**44.** (A)	**45.** (B)
46. (D)	**47.** (A)	**48.** (C)
49. (C)	**50.** (C)	**51.** (C)
52. (D)	**53.** (A)	**54.** (A)
55. (B)	**56.** (C)	**57.** (C)
58. (A)	**59.** (C)	**60.** (D)

61. (D): मैरी की आयु y वर्ष पहले x वर्ष थी। आज उसकी आयु $(x + y)$ वर्ष है।
z वर्षों के बाद उसकी आयु $(x + y + z)$ वर्ष की हो जाएगी।

62. (D): अभीष्ट तख्तों की संख्या $= \frac{45 \times 18 \times 12}{3 \times 5 \times 3}$
$= 18 \times 12 = 216.$

63. (D):

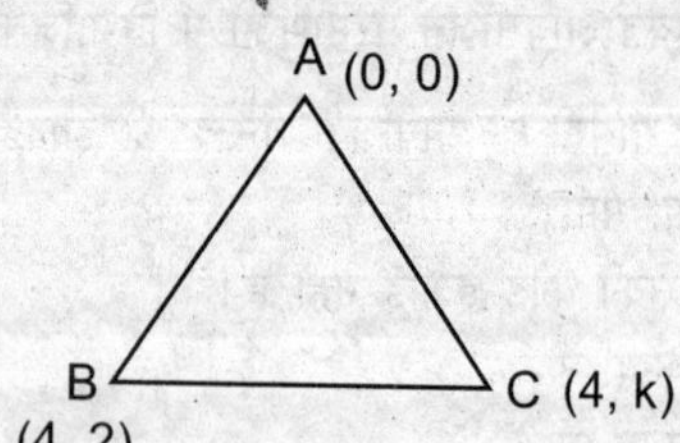

$AB^2 = (4 - 0)^2 + (2)^2 = 16 + 4 = 20$
$BC^2 = (4 - 4)^0 + (k - 2)^2 = k^2 - 4k + 4$
$(AC)^2 = (4)^2 + k^2 = 16 + k^2$
$\because \quad AB^2 = BC^2 = AC^2$
$16 + k^2 = 20$
$k^2 = 20 - 16 \Rightarrow k^2 = 4$
$\Rightarrow \quad k = \pm 2$ (विकल्पों में +2 नहीं है)
अतः $k = -2$ होगा।

64. (A): लम्बाई = 6 सेमी.
चौड़ाई = 3 सेमी.
ऊँचाई = 3 सेमी.
घनाभ का क्षेत्रफल $= 2(lb + bh + hl)$
$= 2(18 + 9 + 18)$
$= 2 \times 45 = 90$ सेमी.^{2}।

65. (B): 100, 3 से विभाजित नहीं होगा।
120, 1 से 5 तक सभी संख्याओं से विभाज्य है।
105, 2 से विभाज्य नहीं है।
115 भी 2 से तथा 3, 4 से विभाज्य नहीं है।
अतः अभीष्ट संख्या 120 है जो सभी से विभाज्य है।

66. (C):

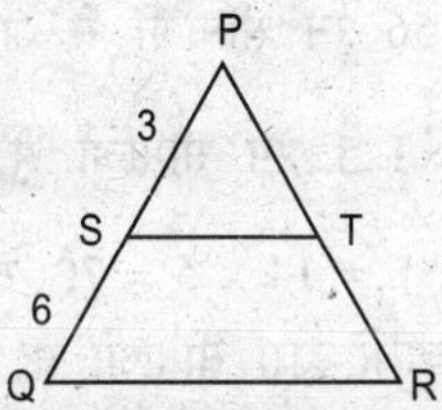

$\because \Delta PST \sim \Delta PQR$

$\therefore \quad \frac{ar\ \Delta PST}{ar\ \Delta PQR} = \frac{(PS)^2}{(PQ)^2}$

$= \frac{(3)^2}{(9)^2} = \frac{9}{81} = \frac{1}{9} = 1 : 9.$

67. (B): $\because$ वक्र $x^2 + x + 1$, y अक्ष से मिलता है।
अतः x का नियामक शून्य (Zero) होगा।
अतः वक्र $x^2 + x + 1$, y अक्ष से (0, 1) बिन्दु पर मिलता है।

68. (A): $4\% = \frac{4}{100} = \frac{1}{25}$

अतः 4% का भिन्न $\frac{1}{25}$ होगा।

69. (D): A ———————— B
x किमी./घंटे 200 किमी. y किमी./घंटे

प्रश्नानुसार, $x + y = 200$ ...(*i*)
$4(x - y) = 200$
$\Rightarrow \quad x - y = 50$ ...(*ii*)
समीकरण (*i*) तथा (*ii*) को हल करने पर
$x = 125$ किमी./घंटा
$y = 75$ किमी./घंटा
अतः ट्रेनों की चाल 125 किमी./घंटा और 75 किमी./घंटा।

70. (A): $\sqrt{99}$ एक अपरिमेय संख्या है
$\sqrt{99} = \sqrt{11 \times 9}, \sqrt{11}$ अपरिमेय संख्या है
अतः $\sqrt{99}$ एक अपरिमेय संख्या है
$\frac{\sqrt{99}}{\sqrt{11}} = \sqrt{\frac{11 \times 9}{11}} = \sqrt{3 \times 3} = 3$ परिमेय संख्या
$\sqrt{4} = \sqrt{2 \times 2} = 2$ परिमेय संख्या
$\frac{22}{7}$ = परिमेय संख्या।

71. (A): माना कि कैन की कीमत = ₹ 100 थी
अब कैन की कीमत ₹ 120 हो गई
अब खरीदे जाने वाले डिब्बों की संख्या
$= \frac{300 \times 100}{120} = 250$
अतः 300 कैन खरीदे जाने वाली राशि में 250 डिब्बे खरीदे जा सकते हैं।

72. (A): वृत्त की परिधि $= 2\pi r = 2 \times \frac{22}{7} \times 28$
$= 44 \times 4 = 176$ सेमी.
वर्ग का परिमाप = 176 सेमी.
वर्ग की भुजा $= \frac{176}{4} = 44$ सेमी.।

73. (B): $2x - 7y = 14$
$6x - 21y = 42$
$\frac{2}{6} = \frac{7}{21} = \frac{14}{42}$

$\Rightarrow \qquad \frac{1}{3} = \frac{1}{3} = \frac{1}{3}$

यदि $\frac{a_1}{a_2} = \frac{b_1}{b_2} = \frac{c_1}{c_2}$ होता है तब

वह अनंत हल होता है।

74. (A): $\frac{9}{4} = 2.25$

$\frac{8}{5} = 1.6$

$\frac{4}{3} = 1.33...$

$\frac{7}{9} = 0.77...$

स्पष्टतः $\frac{9}{4}$ भिन्न सबसे बड़ी भिन्न है।

75. (C): बेलन का आयतन = शंकु का आयतन

$$\pi \times a \times a \times a = \frac{1}{3}\pi \times a \times a \times (2a)$$

$$\Rightarrow \qquad a = \frac{2a}{3}$$

अतः रूपांतरित करने पर a के पदों में बेलन की ऊँचाई $\frac{2a}{3}$ सेमी. होगी।

76. (D): किसी धन की राशि को 3 : 5 के अनुपात में विभाजित किया जाता है।

बड़ी राशि = ₹ 3125 है

तब छोटी राशि = $\frac{3}{5} \times 3125$

= 3 × 625 = ₹ 1875 होगी।

77. (C): 99, 123, 183 का म.स. = 3

99 − 3 = 96, 123 − 3 = 120, 183 − 3 = 180

96, 120, 180, 12 से विभाजित होता है।

99, 123, 183 को 12 से भाग देने पर समान शेषफल देती हैं

अतः बड़ी संख्या 12 है।

78. (C): द्विघात समीकरण में डिग्री 2 होती है।

79. (D): बिन्दु सरेख के लिए ΔABC का क्षेत्रफल = 0

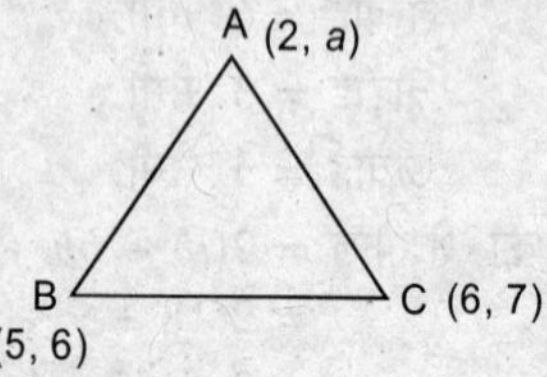

Δ का क्षेत्रफल $= [x_1(y_2 - y_3) + x_2(y_3 - y_1) + x_3(y_2 - y_3)]$

$0 = [2(6 - 7) + 5(7 - a) + 6(6 - a)]$

$0 = -2 + 35 - 5a + 36 - 6a \Rightarrow a - 3 = 0$

$\Rightarrow \qquad a = 3$

अतः a का मान 3 होगा।

80. (D): 100 में से 56 रन सीमाओं से आते हैं

125 में से $\frac{56}{100} \times 125$ रन सीमाओं से आते हैं

= 14 × 5 = 70 रन

अतः 70 रन बल्लेबाजों द्वारा सीमाओं से बनाए गए रन हैं।

81. (A) **82. (A)** **83. (C)**
84. (B) **85. (A)** **86. (D)**
87. (B) **88. (B)** **89. (B)**
90. (C) **91. (B)** **92. (D)**
93. (C) **94. (A)** **95. (B)**
96. (A) **97. (D)** **98. (C)**
99. (B) **100. (B)**

पिछले प्रश्न-पत्र (हल सहित)

मध्य प्रदेश शासन, जेल विभाग
प्रहरी भर्ती परीक्षा-2018*

भाग-A : सामान्य ज्ञान

1. काजीरंगा राष्ट्रीय उद्यान किस जानवर के लिए विख्यात है?
   A. हाथी B. शेर
   C. बाघ D. गैंडा

2. 1948 में, संविधान सभा ने भाषाई प्रांत आयोग की नियुक्ति की जिसका नेतृत्व इनके द्वारा किया गया था :
   A. न्यायमूर्ति एस.के. धर
   B. जवाहरलाल नेहरू
   C. पट्टाभी सीतारामाय्या
   D. सरदार वल्लभभाई पटेल

3. मध्य प्रदेश के किस जिले में गन कैरिज फैक्ट्री स्थित है?
   A. उज्जैन B. जबलपुर
   C. ग्वालियर D. भोपाल

4. मध्य प्रदेश की कौन-सी जनजाति नंदना प्रिंट के कपड़े पहनती है?
   A. कोरकू B. हल्बा
   C. भील D. बैगा

5. मध्य प्रदेश के किस जिले में मार्च, 2018 में 5वां 'नदी महोत्सव' आयोजित किया गया था?
   A. शिवपुरी B. होशंगाबाद
   C. सतना D. भिंड

6. 1959 में पंचायती राज स्थापित करने वाला प्रथम राज्य ______ था।
   A. हरियाणा B. राजस्थान
   C. उत्तर प्रदेश D. पंजाब

7. ______ अवसर की पूर्व संध्या पर बच्चों को 'राष्ट्रीय बहादुर पुरस्कार' से वार्षिक रूप से सम्मानित किया जाता है।
   A. स्वतंत्रता दिवस B. गणतंत्र दिवस
   C. बाल दिवस D. गांधी जयंती

8. मध्य प्रदेश की राज्य मछली 'महाशीर' ____ जीन से संबंधित है।
   A. प्रिस्टिस B. एंटीगोनिया
   C. टिनका D. टोर

9. प्रस्तावना में न्याय-सामाजिक, आर्थिक और राजनीतिक का आदर्श वाक्य इसमें से लिया गया है :
   A. 1935 के भारत सरकार अधिनियम
   B. रूसी क्रांति
   C. फ्रांसीसी क्रांति
   D. आयरिश क्रांति

10. किस भारतीय राज्य में ओणम नामक त्योहार को मनाया जाता है?
    A. कर्नाटक B. केरल
    C. गोवा D. तमिलनाडु

11. मध्य प्रदेश में ______ के लिए, नए विकास बैंक (न्यू डेवलपमेंट बैंक) के साथ भारत के प्रथम ऋण समझौते को किया गया।
    A. प्रमुख जिला सड़क परियोजना का विकास और उन्नयन
    B. समावेशी परियोजना के लिए भारत में अभिनव
    C. जल क्षेत्र पुनर्गठन परियोजना
    D. बेहतर कनेक्टिविटी कार्यक्रम के माध्यम से समावेशी विकास

* *4 अक्टूबर 2018 को परीक्षा सम्पन्न हुई थी।*

12. 1994 में तिहाड़ जेल में सुधार लाने के लिए 'रेमन मैग्सेसे' पुरस्कार से सम्मानित आईपीएस अधिकारी का नाम बताइए।

A. किरन बेदी B. आर. श्रीलेखा
C. रूपा मुद्गिल D. आरिफ शेख

13. प्रतिष्ठित भारतीय वैज्ञानिक का नाम बताएँ जिन्हें 2011 में प्रतिष्ठित 'लाल बहादुर शास्त्री राष्ट्रीय पुरस्कार' से सम्मानित किया गया था।

A. प्रो. यश पाल
B. सी.एन.आर. राव
C. डॉ. ए.पी.जे. अब्दुल कलाम
D. जी. माधवन नायर

14. अगस्त, 2018 में मध्य प्रदेश में प्रसिद्ध कड़कनाथ चिकन को किसके द्वारा टैग दिया गया था?

A. एफएसएसएआई
B. केयर (सीएआरई) रेटिंग
C. भौगोलिक संकेत (जीआई)
D. आईएसआई

15. निम्नलिखित में से किस संस्थान द्वारा न्यूनतम समर्थन मूल्य की सिफारिश की जाती है?

A. भारतीय खाद्य निगम
B. खाद्य और कृषि संगठन
C. कृषि लागत और कीमतों के लिए आयोग
D. खाद्य और कृषि मंत्रालय

16. मध्य प्रदेश के निम्नलिखित में से किस क्षेत्र में बॉक्साइट पाया जाता है?

A. छिंदवाड़ा B. कटनी
C. बेतुल D. धार

17. निम्नलिखित में से कौन-सी नदी अमरकंटक पठार से उद्गमित नहीं हुई है?

A. सोन B. बेतवा
C. जुहिला D. नर्मदा

18. निम्नलिखित में से कौन-सा संस्थान सिंचाई दक्षता सुधार परियोजना के लिए आर्थिक रूप से मध्य प्रदेश की मदद करने के लिए सहमत हो गया?

A. एशियन विकास बैंक
B. विश्व बैंक (वर्ल्ड बैंक)
C. नया विकास बैंक (न्यू डेवलेपमेंट बैंक)
D. आरबीआई

19. मध्य प्रदेश में भारतीय विमानपत्तन प्राधिकरण (एएआई) द्वारा निम्नलिखित में से कौन-से एक परिचालित हवाई अड्डे का स्वामित्व और रखरखाव किया जाता है?

A. खांडवा B. पन्ना
C. सतना D. खजुराहो

20. मध्य प्रदेश के किस शहर ने नवंबर, 2017 में 62वीं सीनियर राष्ट्रीय कुश्ती चैंपियनशिप की मेजबानी की?

A. इंदौर B. जबलपुर
C. ग्वालियर D. भोपाल

भाग – B : सामान्य हिन्दी

21. 'वीर पुत्र को जन्म देने वाली माता' के लिए एक शब्द निम्न में से कौन-सा है?

A. वीरप्रसू B. वीरप्रसव्
C. वीरप्रसून D. वीरप्रभू

22. 'ओछा' का निम्न में से कौन-सा सही विलोम शब्द है?

A. तुच्छ B. नीचता
C. लघुता D. गंभीर

23. 'संवाद' के लिए सही संधि-विच्छेद को चुनिए।

A. सम + वाद
B. शम + वाद
C. सम् + वाद
D. साम् + वाद

24. 'श्रृंगार' का शुद्ध रूप निम्न में से कौन है?

A. शृंगार B. श्रृगार
C. श्रगार D. श्रंगार

25. 'मान्यनीय' का शुद्ध रूप निम्न में से कौन-सा है?

A. माननीय B. मान्यनिय

C. माननिय D. मन्यनीय

26. चिड़ीमार का सामासिक विग्रह निम्न में से कौन-सा है?

A. बेवकूफ

B. चिड़ियों को पालने वाला

C. चिड़ियों को मारने वाला

D. चिड़ियों को खाने वाला

27. 'अंधे को दो आँख मिलना' मुहावरे का अर्थ निम्न विकल्पों में से कौन-सा है?

A. योग्यता न होने पर भी सफल होना

B. अत्याचार होना

C. मनोकामना पूर्ण होना

D. बुद्धि नष्ट होना

28. ईश्वरदत्त का सामासिक विग्रह निम्न में से कौन-सा है?

A. एक नाम

B. ईश्वर द्वारा किया हुआ

C. ईश्वर द्वारा लिया हुआ

D. ईश्वर द्वारा दिया हुआ

29. 'संशय' के लिए सही संधि-विच्छेद को चुनिए।

A. सम् + सय B. सम + शय

C. सम् + शय D. सम् + षय

30. 'आन' प्रत्यय से बना शब्द निम्न में से कौन-सा है?

A. आनन्द B. उड़ान

C. आन-बान D. आना

31. 'ओजस्वी' का निम्न में से कौन-सा सही विलोम शब्द है?

A. ओजहिन B. औजहीन

C. ओजाहीन D. ओजहीन

32. 'शाक-सब्जी खाने वाला' के लिए एक शब्द निम्न में से कौन-सा है?

A. शक आहार B. शाकी

C. सब्जहार D. शाकाहारी

33. दुःख के लिए सही पर्यायवाची वाले शब्दों की पंक्ति को चुनिए।

A. कष्ट, कलश, वेदना। B. कष्ट, द्वेष, वेदना।

C. कष्ट, क्लेश, वेदना। D. कष्ट, क्लेश, वंदना।

34. दुष्ट के लिए सही पर्यायवाची वाले शब्दों की पंक्ति को चुनिए।

A. दुर्जन, अघम, नीच।

B. दुर्जन, अधम, नीच।

C. दुर्जन, अधम, नाच।

D. सुर्जन, अधम, नीच।

35. 'अभि' उपसर्ग से बना शब्द निम्न में से कौन-सा है?

A. आभिराम B. आबिराम

C. अभिराम D. अबिराम

36. 'सु' उपसर्ग से बना शब्द निम्न में से कौन-सा है?

A. सुफल B. सोफल

C. सूफल D. सफल

37. *देख लो साकेत नगरी है यही।*
स्वर्ग से मिलने गगन में जा रही।

—में निम्न में से कौन-सा अलंकार है?

A. संदेह अलंकार B. अतिशयोक्ति अलंकार

C. उपमा अलंकार D. भ्रांतिमान अलंकार

38. *हाट बाट कोट ओट ओटनी अगार पौरि,*
खौरि खौरि दौरि दीन्ही अति अति आगि है।
आरत पुकारत सँभारत न कोऊ काहू,
व्याकुल जहाँ सो तहाँ लोग चले भागि है।

—में निम्न में से कौन-सा रस है?

A. रौद्र रस B. वीभत्स रस

C. भयानक रस D. करुण रस

39. *सिर पर बैठ्यो काग, आँख दोउ खात निकारत।*
खींचत जीभहिं स्यार, अति आनन्द उर धारत।

—में निम्न में से कौन-सा रस है?

A. करुण रस B. रौद्र रस

C. वीभत्स रस D. भयानक रस

40. *की तुम तीन देव में कोऊ?*
नर नारायण या की दोऊ?

—में निम्न में से कौन-सा अलंकार है?

A. संदेह अलंकार B. अतिशयोक्ति अलंकार

C. उपमा अलंकार D. उत्प्रेक्षा अलंकार

भाग – C : सामान्य अंग्रेजी

41. Choose the correct form of model auxiliary verb for the given sentence:

I ____ lend you some money if my salary has been credited into my bank account.

A. will B. need
C. ought D. should

42. Choose the most suitable determiner for the given sentence:

The ultimate dream of ______ car lover is to own a Roll-Royce.

A. many B. a lot of
C. few D. any

43. Choose the option that correctly sequences the following sentences:

1. Vaishnavi was a blind girl.
2. It was this attitude that helped her persevere to join her favourite institute.
3. She had the 'never say die' attitude.
4. She aspired to join IIM, Bangalore.

A. 2341 B. 3412
C. 1432 D. 4321

44. Choose the option that best explains the highlighted expression:

The two sides need to keep talking until they iron out their differences.

A. to sign a peace agreement
B. to get rid of problems that are affecting
C. to avoid confrontation
D. to meet pressing demands immediately

45. Choose the option that best transformes the given sentences into one:

He met with an accident. He was on his way back home.

A. Being on the way home he met with an accident.
B. While he was on his way home he met with an accident.
C. Meeting with an accident he was on his way back to his home.
D. He met with an accident and he was on his way back to his home.

46. Choose the appropriate conjunction for the given sentence:

Rajiv wants to work for Infosys _____ he is unable to meet the requirements for his role in the company.

A. then B. but
C. and D. if

47. Choose appropriate articles for the given sentence:

My uncle lives in ______ home for _______ elderly.

A. an, a B. a, the
C. a, a D. the, a

48. Choose appropriate articles for the given sentence:

____ super moon occurs when ____ moon's orbit is at its closest to Earth and at _____ same time it is full.

A. A, the, the B. A, the, a
C. The, a, the D. The, an, the

49. Choose the correct form of tense for the given sentence:

During autumn, dry red leaves _____ from the trees and _____ the ground below.

A. was falling, was littered
B. will fell, littered
C. falling, littering
D. fall, litter

50. Choose the word that is opposite in meaning to the highlighted word given below:

Her mind showed an enormous amount of agility in solving the problem.

A. inertness B. liveliness
C. fleetness D. adroitness

51. Choose the appropriate prepositions for the given sentence:

____ re-election, the leader worked hard ____ his people.

A. During, within B. After, for
C. Before, between D. At, from

52. Spot the error in the given sentence and choose the option that rectifies it.
Maruti is best car for everyday use.
A. Maruti is the best car for everyday use.
B. Maruti is the best car for a everyday use.
C. Maruti is a best car for the everyday use.
D. The Maruti is best car for everyday use.

53. Choose the appropriate option that changes the given sentence into passive voice.
They handed her a cheque.
A. A cheque is handed to them by her.
B. A cheque was handed to them.
C. She was handed a cheque.
D. She was handed to them.

54. Choose the appropriate option that rewrites the given sentence in active voice.
Mr. Stewart was elected Chairman.
A. Somebody was being elected as Mr. Stewart Chairman.
B. We were electing Mr. Stewart Chairman.
C. Stewart elected the Chairman.
D. We elected Mr. Stewart Chairman.

55. Choose the appropriate form of the tense for the given sentence.
Three-fourth of the business ___ left to the youngest son.
A. are B. were
C. will D. is

56. Choose the appropriate prepositional phrase to complete the given sentence.
_____ every effort one may fail.
A. In spite off B. In spite of
C. Inspite of D. Inspite off

57. Choose the option with the appropriate prefix to complete and needs to be finished at once.
This assignment is _____ complete and needs to be finished at once.
A. mis- B. pre-
C. in- D. im-

58. Choose the option that best punctuates the given sentence:
Could I have a five kilo pack of rice said the customer.
A. "Could I have a five kilo, pack of rice?" said the customer.
B. "Could I have a five kilo pack of rice, said the customer."
C. "Could I have a five kilo pack of rice said the customer."
D. "Could I have a five kilo pack of rice?" said the customer.

59. Choose the correct form of verb that is in agreement with the subject:
How ___ people earn their living when there ____ so much snowfall all year round?
A. does, is B. are, are
C. have, is D. do, is

60. Choose the correct form of the verb from the following options in the given sentence:
My sister has offered to ______my pet dog while we are away on a holiday.
A. look into
B. look through
C. look after
D. look at

भाग – D : सामान्य गणित

61. B की चाल, A की चाल से अधिक है। A एवं B की कुल चाल 7 किमी./घंटा है, तथा A के द्वारा 4 घंटे और B के द्वारा 3 घंटे में तय की गई कुल दूरी 24 किमी. है। A एवं B की चाल क्या है?
A. A = 2 km/hr, B = 5 km/hr
B. A = 4 km/hr, B = 3 km/hr
C. A = 3 km/hr, B = 4 km/hr
D. A = 5 km/hr, B = 2 km/hr

62. ₹ 2250 के अंकित मूल्य वाली एक मेज पर 30% की छूट की घोषणा की गई है। मेज का विक्रय मूल्य क्या होगा?
A. ₹ 1625 B. ₹ 1575
C. ₹ 1475 D. ₹ 1520

63. एक नाव 18 किमी. प्रति घंटे की चाल से यात्रा करती है और एक दौरे में 540 किलोग्राम मछलियाँ लाती है। 43,200 किलोग्राम मछलियाँ पकड़ने के लिए आवश्यक दौरों की संख्या ______ है।

A. 80 B. 300
C. 2400 D. 30

64. गणना करें : (–16) + (+8) और (+8) + (–2)

A. –24 और 6 B. –24 और –6
C. 8 और 6 D. –8 और 6

65. समीकरण $9x + 3 = 0$ का हल एक ______ है।

A. प्राकृतिक संख्या B. परिमेय संख्या
C. ऋणात्मक पूर्णांक D. काल्पनिक संख्या

66. एक बक्से में 45 बिजली के बल्ब हैं जिनमें से 20 दोषपूर्ण हैं। यदि बक्से में से यादृच्छिक रूप से एक बल्ब चुना जाता है, तो क्या प्रायिकता है कि चुना गया बल्ब दोषपूर्ण है?

A. $\frac{4}{9}$ B. $\frac{5}{9}$
C. $\frac{4}{5}$ D. $\frac{3}{4}$

67. 486 के साथ एक लघुत्तम संख्या को गुणा करके एक पूर्ण वर्ग प्राप्त किया जाता है। इस प्रकार प्राप्त वर्ग का वर्गमूल ज्ञात करें।

A. 24 B. 48
C. 54 D. 26

68. 2 घंटे में एक टैंक को भरने के लिए 8 पाइपों की आवश्यकता होती है। 15 पाइपों का प्रयोग करने पर कितना समय लगेगा?

A. 3 घंटे 12 मिनट B. 3 घंटे 48 मिनट
C. 3 घंटे 4 मिनट D. 3 घंटे 36 मिनट

69. एक विमान, समुद्र तल से 6000 मीटर की ऊँचाई पर उड़ रहा है। एक विशेष बिंदु पर, यह समुद्र तल के नीचे विमान की $\frac{1}{4}$ वीं ऊँचाई पर एक तैरती पनडुब्बी से ठीक ऊपर है। विमान और पनडुब्बी के बीच लंबवत दूरी क्या है?

A. 7000 मीटर B. 7750 मीटर
C. 7250 मीटर D. 7500 मीटर

70. कुछ खिलौनों को 18 बच्चों के बीच इस प्रकार समान रूप से वितरित किया गया है कि प्रत्येक बच्चे के खिलौनों की संख्या बच्चों की कुल संख्या के बराबर होती है एवं वितरण के बाद 6 खिलौने शेष बच जाते हैं। खिलौनों की कुल संख्या क्या थी?

A. 330 B. 320
C. 336 D. 324

71. 40 सेमी. घन आयतन वाले एक बॉक्स में, 2 सेमी. किनारे वाले कितने घनों को इसमें रखा जा सकता है?

A. 5 B. 2
C. 20 D. 800

72. एक तार 15 सेमी. भुजा वाले एक वर्ग के आकार में हैं। यदि तार को पुनः एक 5 सेमी. चौड़ाई वाले एक आयत के आकार में घुमाया जाता है, तो इसकी लंबाई ज्ञात करें।

A. 20 सेमी. B. 12 सेमी.
C. 15 सेमी. D. 25 सेमी.

73. निम्नलिखित में से कौन-सी संख्या सबसे बड़ी है?

A. 7092 B. 7290
C. 7029 D. 7920

74. निम्नलिखित में से कौन-सा बिंदु, चतुर्थांश III पर स्थित है?

A. (–5, –6) B. (4, –3)
C. (3, 1) D. (–3, 2)

75. 72 सेमी. लंबे, 60 सेमी. ऊँचे और 36 सेमी. चौड़े एक टैंक में 18 सेमी. की गहराई तक पानी है। 48 सेमी. लंबे, 36 सेमी. ऊँचे, 15 सेमी. चौड़े धातु के एक टुकड़े को टैंक में डाला जाता है जो पूरी तरह से डूब जाता है। पानी के स्तर में कितनी बढ़ोतरी होती है?

A. 20 सेमी. B. 10 सेमी.
C. 40 सेमी. D. 30 सेमी.

76. हल कीजिए :

$(-5)^5 \times (-5)^6 \times (5)^2$

A. $-(5)^{13}$ B. $(-5)^9$
C. $(5)^{13}$ D. $(-5)^3$

77. $6ab - 4a^2 - 8b^2$ में से $4a^2 - 11ab + 7b^2$ को घटाएँ।

A. $-5ab - 15b^2$

B. $8a^2 - 17ab + 15b^2$

C. $-15b^2 + 17ab - 8a^2$

D. $5ab + b^2$

78. सरल करें :

$(a^{-2} b)^{-2} (ab)^{-3} (ab^{-5})^{-1}$

A. 1 B. ab

C. a^2b^2 D. a^5b^2

79. हल कीजिए :

$(32 \times 23)^3$

A. 398688256 B. 398778554

C. 345688227 D. 352765752

80. निम्नलिखित के लिए व्यंजक बताएँ :

x को 128 से गुणा किया जाता है और प्राप्त गुणनफल को 360 से घटाया गया है।

A. $(360 - 128) \times x$ B. $128 - 360$

C. $232x$ D. $360 - 128x$

भाग – E : सामान्य विज्ञान

81. उपकला ऊतक : शरीर अस्तर : : पेशी ऊतक : ____।

A. वैद्युत परिवहन

B. भोजन और ऑक्सीजन का परिवहन

C. गति

D. आधार और पैडिंग

82. CI की परमाणु संख्या 17 है और द्रव्यमान संख्या 35 है। इससे बने आयन में न्यूट्रॉन (N_n), प्रोटॉन (N_p) और इलेक्ट्रॉनों (N_e) की संख्या का गणना करें।

A. $N_n = 17, N_p = 18, N_e = 18$

B. $N_n = 18, N_p = 18, N_e = 18$

C. $N_n = 18, N_p = 17, N_e = 18$

D. $N_n = 18, N_p = 17, N_e = 17$

83. एक निकाय समुद्री जल में तैरता है लेकिन नदी के पानी में डूब जाता है, क्योंकि :

A. समुद्री जल का घनत्व, नदी के जल की तुलना में कम होता है।

B. समुद्री जल का घनत्व, नदी के जल की तुलना में अधिक होता है।

C. समुद्री जल, निकाय पर नदी के जल की तुलना में कम उत्क्षेप लगाता है।

D. नदी का जल, समुद्री जल से अधिक दूषित होता है।

84. माता-पिता अमीबा के तीन लगातार द्विआधारी (बाइनरी) विखंडन से बनी अनुजात (डॉटर) अमीबा की संख्या ____ होती है।

A. 8 B. 16

C. 4 D. 6

85. निम्नलिखित में से किस एक सुझाव द्वारा जलजनित रोगों को रोका जा सकता है?

A. खांसने के दौरान मुंह पर एक रुमाल रखकर।

B. सुरक्षित पेयजल प्रदान करके।

C. अत्यधिक भीड़भाड़ वाले स्थानों पर अनावरण या संपर्क को रोककर।

D. पड़ोस में मच्छरों के प्रजनन को रोककर।

86. निम्नलिखित में से कौन मनुष्य की आहार नली का एक हिस्सा नहीं है?

A. श्वास नली B. आंत

C. ग्रास नली D. मलाशय

87. पशुओं का भोजन, जिसमें कम फाइबर और अपेक्षाकृत उच्च स्तर में प्रोटीन होता है, उसे ____ कहते हैं।

A. दुग्ध उत्पादित भोजन B. सूक्ष्म पोषक

C. मोटा चारा (रफेज) D. सान्द्र (कॉन्सन्ट्रेट)

88. दूरी-समय ग्राफ पर, हर दो घंटों के बाद ग्राफ 15 मिनट के लिए अक्ष के समानांतर एक सीधी रेखा होता है। यह दर्शाता है कि :

A. प्रत्येक 2 घंटे के बाद वाहन 15 मिनट के लिए विराम पर आता है।

B. वाहन प्रत्येक 2 घंटे के बाद 15 मिनट के लिए एकसमान चाल से चल रहा है।

C. वाहन को प्रत्येक 2 घंटे के बाद 15 मिनट के लिए अवत्वरण या मन्दित किया जाता है।

D. वाहन को प्रत्येक 2 घंटे के बाद 15 मिनट के लिए त्वरित किया जाता है।

89. गैर-संपर्क बल के उदाहरण निम्न हैं :

A. गुरुत्वीय बल और पेशीय बल

B. गुरुत्वीय बल और चुंबकीय बल

C. घर्षी बल और गुरुत्वीय बल

D. पेशीय बल और घर्षी बल

90. आमतौर पर विद्युत (इलेक्ट्रोप्लेटिंग) के लिए इस्तेमाल होने वाली चार धातुएँ निम्न हैं :

A. कॉपर, सोना, जिंक और आयरन

B. सोडियम, जिंक, सोना और कॉपर

C. क्रोमियम, जिंक, सोडियम और कॉपर

D. क्रोमियम, जिंक, सोना और कॉपर

91. यदि एक किलोग्राम रेत को 90°C तक गर्म किया जाता है और 30°C पर पानी में डाल दिया जाता है, तो आधे घंटे के बाद तापमान का क्या होगा?

A. रेत के तापमान, पानी के अंतिम तापमान से कम होगा।

B. रेत का तापमान, पानी के अंतिम तापमान से अधिक होगा।

C. रेत और पानी का तापमान समान होगा।

D. रेत का तापमान पहले घटता है और फिर बढ़ता है।

92. विलयन जिनमें कणों का आकार (व्यास) 1 mm और 100 mm के बीच होता है। वे कहलाते हैं :

A. कलिल (कोलाइड) B. निलंबन (सस्पेन्शन)

C. शुद्ध विलयन D. समस्थानिक

93. यदि एक जीव, विभाजन के एकल तल में दो समान टुकड़ों में काटा जा सकता है, तो उस जीव को निम्न कहते हैं :

A. त्रिज्यतःसममित B. असममित

C. अनुप्रस्थ सममित D. द्विपार्श्व-सममित

94. थल समीर कब चलती है?

A. रात के दौरान B. दिन के दौरान

C. पूरे दिन D. हफ्ते के एक बार

95. पाश्चुरीकृत दूध को उबाले बिना भी उपभोग किया जा सकता है क्योंकि यह हानिकारक जीवों से मुक्त होता है। प्रक्रिया के दौरान, दूध को लगभग _____ पर गर्म किया जाता है।

A. 1 से 3 मिनट के लिए 100°C

B. 15 से 30 सेकण्ड के लिए 70°C

C. 5 से 10 सेकण्ड के लिए 50°C

D. 15 से 30 मिनट के लिए 90°C

96. निम्नलिखित में से कौन-सा अग्निशामक का सही उदाहरण है?

A. HCl B. CO

C. CO_2 D. NO_2

97. निम्नलिखित में से कौन-सा एक भौतिक परिवर्तन है?

A. ज्वालामुखी का फूटना

B. लोहे में जंग लगना

C. दही का जमना

D. बर्फ का पिघलना

98. निम्नलिखित में से कौन-सा एक शोर के लिए उदाहरण नहीं है?

A. विस्फोट से ध्वनि

B. कारखानों से ध्वनि

C. वाहनों से ध्वनि

D. संगीत वाद्ययंत्रों से ध्वनि

99. एक तरल के क्वथनांक के लिए निम्नलिखित कथनों में से कौन-सा एक सही नहीं है?

A. यह तरल की प्रकृति पर निर्भर करता है।

B. यह तरल की शुद्धता पर निर्भर करता है।

C. यह कमरे के तापमान पर निर्भर करता है।

D. यह वायुमंडलीय दाब पर निर्भर करता है।

100. Na_2CO_3 के द्रव्यमान इकाई के सूत्र की गणना करें। [दिया गया परमाणु द्रव्यमान : Na = 23.0 u, C = 12.0 u, O = 16.0 u, H = 1.0 u]

A. 124 u B. 286 u

C. 426 u D. 254 u

उत्तरमाला

1	2	3	4	5	6	7	8	9	10
D	A	B	C	B	B	B	D	B	B
11	**12**	**13**	**14**	**15**	**16**	**17**	**18**	**19**	**20**
A	A	A	C	C	B	B	A	D	A
21	**22**	**23**	**24**	**25**	**26**	**27**	**28**	**29**	**30**
A	D	C	A	A	C	C	D	C	B
31	**32**	**33**	**34**	**35**	**36**	**37**	**38**	**39**	**40**
D	D	C	B	C	A	B	C	C	A
41	**42**	**43**	**44**	**45**	**46**	**47**	**48**	**49**	**50**
A	D	C	B	B	B	B	A	D	A
51	**52**	**53**	**54**	**55**	**56**	**57**	**58**	**59**	**60**
B	A	C	D	D	B	C	D	D	C
61	**62**	**63**	**64**	**65**	**66**	**67**	**68**	**69**	**70**
C	B	A	D	B	A	C	A	D	A
71	**72**	**73**	**74**	**75**	**76**	**77**	**78**	**79**	**80**
A	D	D	A	B	A	C	A	A	D
81	**82**	**83**	**84**	**85**	**86**	**87**	**88**	**89**	**90**
C	C	B	A	B	A	D	A	B	D
91	**92**	**93**	**94**	**95**	**96**	**97**	**98**	**99**	**100**
C	A	D	A	B	C	D	D	C	B

व्याख्यात्मक उत्तर

61. माना A की चाल = x किमी./घं.

तब B की चाल = $7 - x$ किमी./घं.

$\because$ दूरी = चाल × समय

$\therefore x \times 4 + (7 - x) \times 3 = 24$

$4x + 21 - 3x = 24$

$x = 3$

$\therefore$ A की चाल = 3 किमी./घं.

B की चाल = 7 – 3

= 4 किमी./घं.

(A की चाल से अधिक)

62. $\because$ विक्रय मूल्य = अंकित मूल्य $\left(1 - \frac{\% \text{ छूट}}{100}\right)$

$= 2250\left(1 - \frac{30}{100}\right)$

$= 2250 \times \frac{70}{100}$

$= 1575$

अतः मेज का विक्रय मूल्य ₹ 1575 होगा।

63. 540 किलोग्राम मछलियाँ पकड़ने में दौरों की संख्या

= 1

43200 किलोग्राम मछलियाँ पकड़ने में दौरों की संख्या

$= \frac{1}{540} \times 43200$

= 80.

64. $(-16) + (+8) = -16 + 8$
$= -8$

और $(+8) + (-2) = +8 - 2$
$= 6.$

65. $9x + 3 = 0$

$9x = -3$

$x = \frac{-3}{9}$

$= -\frac{1}{3} \left(\frac{p}{q} \text{ रूप}\right)$

जो $\frac{p}{q}$ रूप में है, जहाँ $q \neq 0$

अतः दिए गए समीकरण का हल एक परिमेय संख्या है।

66. चुने गए बल्ब की दोषपूर्ण होने की अभीष्ट प्रायिकता

$= \frac{\text{बक्से में दोषपूर्ण बल्बों की संख्या}}{\text{बक्से में कुल बल्बों की संख्या}}$

$= \frac{20}{45} = \frac{4}{9}.$

67.

2	486
3	243
3	81
3	27
3	9
3	3
	1

$486 = 2 \times 3 \times 3 \times 3 \times 3 \times 3$

अतः दी गई संख्या को 6 से गुणा करने पर इसे पूर्ण वर्ग बनाया जा सकता है।

$\therefore$ अभीष्ट संख्या $= 486 \times 6 = 2916$

	54
5	2916
×5	25
104	416
×4	416
	×

अतः 2916 का वर्गमूल = 54

68. $\because$ जब $W_1 = W_2$

तब $M_1t_1 = M_2t_2$

8 पाइप × 2 घंटे = 5 पाइप × D_2

$D_2 = \frac{16}{5}$

$= 3\frac{1}{5}$ घंटे

= 3 घंटे 12 मिनट।

69. माना पनडुब्बी समुद्रतल से x मीटर नीचे है।

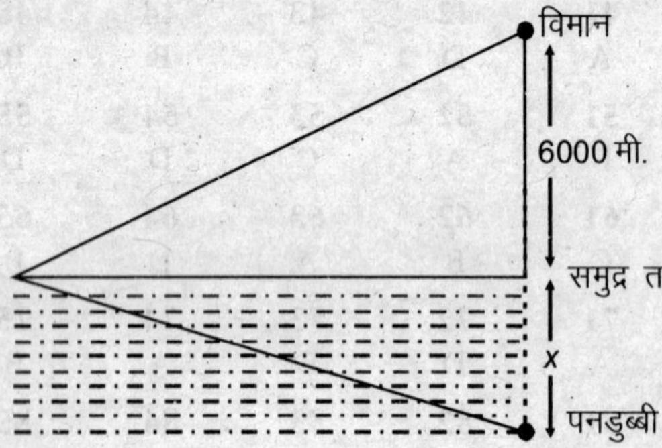

तब, $x = \frac{1}{4} \times 6000$

= 1500 मी.

इसलिए विमान और पनडुब्बी के बीच लम्बवत दूरी

= 6000 + 1500

= 7500 मीटर

70. खिलौनों की कुल संख्या $= 18 \times 18 + 6$

$= 324 + 6$

$= 330.$

71. 2 सेमी. किनारे वाले घन का आयतन

$= (2)^3$

= 8 घन सेमी.

अतः घनों की अभीष्ट संख्या

$= \frac{\text{बक्से का आयतन}}{\text{छोटे घन का आयतन}}$

$= \frac{40}{8} = 5.$

72. तार की कुल लम्बाई = वर्ग का परिमाप

= 4 × भुजा

= 4 × 15

= 60 सेमी.

माना आयत की लम्बाई = x सेमी.

आयत का परिमाप = 2 (लम्बाई + चौड़ाई)

$= 2(x + 5)$

$= 2x + 10$

$\therefore \quad 2x + 10 = 60$

$2x = 50$

$x = 25$ सेमी.

73. 7920 > 7290 > 7092 > 7029

↑

सबसे बड़ी संख्या

74.

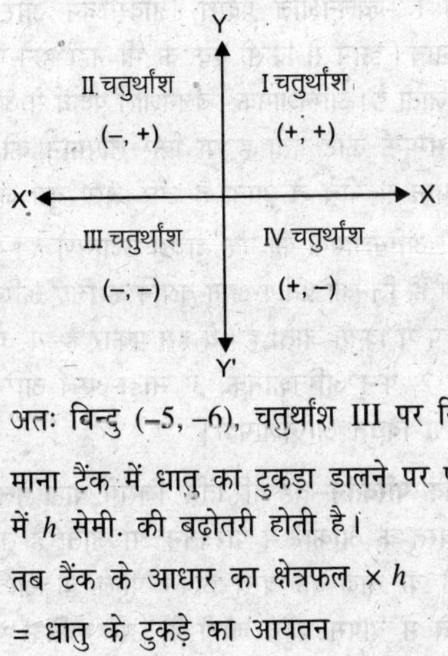

अतः बिन्दु (–5, –6), चतुर्थांश III पर स्थित है।

75. माना टैंक में धातु का टुकड़ा डालने पर पानी के स्तर में h सेमी. की बढ़ोतरी होती है।

तब टैंक के आधार का क्षेत्रफल × h

= धातु के टुकड़े का आयतन

$$36 \times 72 \times h = 15 \times 48 \times 36$$

$$h = \frac{15 \times 48 \times 36}{36 \times 72}$$

$$h = \frac{720}{72}$$

$h = 10$ सेमी.

अतः पानी के स्तर में 10 सेमी. की बढ़ोतरी है।

76. $(-5)^5 \times (-5)^6 \times (5)^2$

$= -(5)^5 \times (5)^6 \times (5)^2$

$[\because (-1)^{odd} = -1$

$(-1)^{even} = 1]$

$= -(5)^{5+6+2} = -(5)^{13}$.

77. $(6ab - 4a^2 - 8b^2) - (4a^2 - 11ab + 7b^2)$

$= 6ab - 4a^2 - 8b^2 - 4a^2 + 11ab - 7b^2$

$= 17ab - 8a^2 - 15b^2$ अथवा

$= -15b^2 + 17ab - 8a^2$.

78. $(a^{-2}b)^{-2} \ (ab)^{-3} \ (ab^{-5})^{-1}$

$= (a^{-2})^{-2} \ (b)^{-2} \ . (a)^{-3} \ (b)^{-3} \ (a)^{-1} \ (b^{-5})^{-1}$

$= a^4 \times b^{-2} \times a^{-3} \times b^{-3} \times a^{-1} \times b^5$

$= a^4 \times a^{-4} \times b^{-5} \times b^5$

$= a^4 \times \frac{1}{a^4} \times \frac{1}{b^5} \times b^5$

$= 1$.

79. $(32 \times 23)^3 = (32)^3 \times (23)^3$

$= 32768 \times 12167$

$= 398688256$.

80. x को 128 से गुणा करने पर प्राप्त संख्या $= 128x$

360 में से घटाने पर प्राप्त संख्या

$= 360 - 128x$.

86. आहारनाल (Alimentary Canal): मनुष्य की आहारनाल के प्रमुख भाग हैं–

(*a*) **मुखगुहा (Buccal Cavity):** मनुष्य का मुख एक दरार के समान होता है, जो दोनों जबड़ों के बीच में स्थित एक गुहा में खुलता है, जिसे मुखगुहा कहते हैं। मुखगुहा की ऊपरी भाग को तालु कहते हैं।

(*b*) **ग्रासनली (Oeso-Phagus):** यह एक लंबी नली होती है, जो अमाशय में खुलती है। इसकी दीवार पेशीय व संकुचनशील होती है, जिसकी सहायता से भोजन आगे बढ़ता है। इसकी दीवार में अनेक श्लेष्म ग्रंथियां भी पाई जाती हैं, जिनसे श्लेष्म निकलता है। यह श्लेष्म, ग्रासनली की दीवार को चिकना एवं नम बनाए रखता है तथा भोजन को आगे बढ़ने में सहायता प्रदान करता है।

(*c*) **अमाशय (Stomach):** अमाशय उदरगुहा में बायीं ओर स्थित होता है तथा यह द्विपालिका थैली (Bilobed Sac) जैसी रचना होती है। इसकी लम्बाई 30 सेमी. होती है। इसकी चौड़ाई भोजन की मात्रा के अनुसार घटती-बढ़ती रहती है। अमाशय का पिछला भाग संकरा होता है तथा एक छिद्र के रूप में पक्वाशय (Duodenum) में खुलता है।

(*d*) **आँत (Intestine):** मानव की समस्त आँत को दो भागों में बाँटा गया है–(*i*) छोटी आँत तथा (*ii*) बड़ी आँत।

89. गैर-संपर्क बल या असंपर्क बल

चुंबकीय बल–एक चुंबक दूसरे चुंबक पर बगैर संपर्क में आए ही बल लगा सकता है। चुंबक द्वारा लगाया गया बल असंपर्क बल का एक उदाहरण है।

स्थिर वैद्युत बल–एक आवेशित वस्तु द्वारा किसी दूसरी आवेशित अथवा अनावेशित वस्तु पर लगाया गया बल स्थिर वैद्युत बल कहलाता है। वस्तुओं के संपर्क में न होने पर भी यह बल कार्य करता है। इसलिए स्थिर वैद्युत बल असंपर्क बल का एक अन्य उदाहरण है।

गुरुत्वाकर्षण बल–वस्तुएँ पृथ्वी की ओर इसलिए गिरती हैं क्योंकि यह उन्हें अपनी ओर आकर्षित करती हैं। इस बल को गुरुत्व बल या केवल गुरुत्व कहते हैं। यह एक असंपर्क बल का उदाहरण है।

90. वैद्युत लेपन–

- विद्युत अपघटन की प्रक्रिया द्वारा एक धातु का लेपन दूसरे धातु पर करने को वैद्युत लेपन कहा जाता है।
- आमतौर पर विद्युत लेपन के लिए इस्तेमाल होने वाली चार धातुएँ हैं–क्रोमियम, जिंक, सोना और कॉपर।
- विद्युत अपघट्य सेल में, एनोड धनात्मक तथा कैथोड ऋणात्मक होता है।
- जिस भाग को लेपित करना होता है उसे कैथोड बनाया जाता है। यह ऋणावेशित इलेक्ट्रोड होता है। कैथोड इलेक्ट्रॉन का स्रोत या दाता होता है। यह धनावेश को ग्रहण कर सकता है।
- जिस धातु पदार्थ का लेपन दूसरे धातु पर चढ़ाया जाना है उसे एनोड बनाया जाता है जो धनावेशित होता है तथा इलेक्ट्रॉनों को आकर्षित करता है।

94. स्थल समीर व समुद्र समीर–दिन के समय निकटवर्ती समुद्र की अपेक्षा स्थल भाग गर्म हो जाने के कारण वहाँ निम्न वायुदाब की स्थिति उत्पन्न हो जाती है जबकि समुद्री भाग के अपेक्षाकृत ठंडा रहने के कारण वहाँ उच्च वायुदाब मिलता है। स्थल की गर्म वायु जब ऊपर उठती है तो समुद्र की आर्द्र तथा ठंडी वायु उस रिक्त स्थान को भरने के लिए स्थल की ओर चलती है जिसे समुद्र समीर कहते हैं।

96. अग्निशामक का उपयोग आग बुझाने में किया जाता है। आग को जलते रहने के लिए तीन चीजों की आवश्यकता होती है–ज्वलनशील पदार्थ, ऑक्सीजन और ज्वलन तापमान। इनमें से किसी एक के भी नहीं होने पर आग बुझ जाती है। अग्निशामक, ज्वलनशील पदार्थ से ऑक्सीजन का सम्पर्क काट देता है या फिर तापमान को ज्वलन तापमान से नीचे ले आता है और आग बुझ जाती है।

CO_2 अग्निशामक का एक अच्छा उदाहरण है। कई ऐसे पदार्थ हैं, जिनका प्रयोग आग बुझाने के लिए अग्निशामक के रूप में किया जाता है। ये इस प्रकार हैं–1. पानी या जल, 2. फेन अग्निशामक, 3. सोडा-अम्ल अग्निशामक एवं 4. विद्युत अग्निशामक।

97. भौतिक परिवर्तन–वह परिवर्तन, जिसमें बाह्य बल लगाने पर वस्तु के आकार में परिवर्तन आ जाता है तथा बल हटाने के बाद वह वस्तु अपने पहले के आकार या स्थिति में वापस पहुँच जाती है, उसे **भौतिक परिवर्तन** कहते हैं। जैसे–ताप बढ़ने से बर्फ का पिघल जाना, स्पिंग्र का फैलना, जल का वाष्प बन जाना आदि। सभी भौतिक परिवर्तन अस्थायी और उत्क्रमणीय होते हैं।

अतः परिवर्तन लाने वाले कारक को हटाने के पश्चात् पदार्थ को अपने वास्तविक रूप में लाया जा सकता है।

पिछले प्रश्न-पत्र (हल सहित)

मध्य प्रदेश शासन, जेल विभाग

प्रहरी भर्ती परीक्षा-2014*

भाग-A : सामान्य ज्ञान

1. बेलूर मठ किस संस्था का मुख्यालय है?
A. आर्य समाज B. रामकृष्ण मिशन
C. सेवाश्रम D. उपर्युक्त में से कोई नहीं

2. अखिल भारतीय कालिदास समारोह का आयोजन कहाँ होता है?
A. मध्य प्रदेश B. राजस्थान
C. बिहार D. उत्तर प्रदेश

3. मुंशी प्रेमचन्द का प्रसिद्ध उपन्यास 'गोदान' आधारित है:
A. जमींदारों पर B. किसानों पर
C. साहूकारों पर D. दलितों पर

4. शोभना नारायण किस शास्त्रीय नृत्य की ख्याति-प्राप्त नृत्यांगना हैं?
A. कत्थक B. भरतनाट्यम
C. ओडिसी D. कथकली

5. भारत ने राजस्थान में जिस स्थान पर अपना न्यूक्लियर परीक्षण किया था, वह है:
A. जयपुर B. उदयपुर
C. पोखरन D. अजमेर

6. निम्नलिखित में से किसके द्वारा प्रकाश का रंग निर्धारित होता है?
A. इसके आयाम द्वारा B. इसके तरंगदैर्ध्य द्वारा
C. इसकी तीव्रता द्वारा D. इसके वेग द्वारा

7. प्रोटीन के पाचन में सहायक एन्जाइम है
A. यूरिएस B. सल्फेटेस
C. ट्रिप्सिन D. प्रोटिएस

8. रक्त का रंग लाल क्यों होता है?
A. प्लेटलेट्स के कारण
B. श्वेत रक्त कणिकाओं के कारण
C. ऑक्सीजन के कारण
D. हीमोग्लोबिन के कारण

9. लुप्त संख्या ज्ञात कीजिए:
1, 3, 7, 15, 31, ?
A. 63 B. 37
C. 36 D. 73

10. लुप्त संख्या ज्ञात कीजिए:
76 : 42 :: 66 : ?
A. 63 B. 12
C. 35 D. 36

11. यदि B = 2, AHEAD = 18514, तो 31385 = ?
A. CCAHE B. CACHF
C. CACHE D. CACEH

12. अनुज उत्तर दिशा में 8 कि.मी. की यात्रा करता है, इसके बाद बाएँ मुड़कर 3 कि.मी. जाता है और फिर दाएँ मुड़कर 4 कि.मी. जाता है। अन्ततः दाएँ मुड़कर वह 3 कि.मी. जाता है। वह अपने प्रस्थान बिन्दु से कितनी दूर पहुँच जाता है?
A. 11 कि.मी. B. 12 कि.मी.
C. 15 कि.मी. D. 18 कि.मी.

13. मध्य प्रदेश के राज्यपाल कौन हैं?
A. डॉ. सैय्यद अहमद B. शिवराज सिंह चौहान
C. रामनरेश यादव D. इनमें से कोई नहीं

14. कान्हा किसली राष्ट्रीय उद्यान किस जिले में स्थित है?
A. उमरिया B. शिवपुरी
C. मण्डला D. पन्ना/छतरपुर

15. ऐतिहासिक नगर उज्जैन किस नदी के किनारे बसा है?
A. नर्मदा B. चम्बल
C. क्षिप्रा D. बेतवा

---
* *15 जून 2014 को परीक्षा सम्पन्न हुई थी*

16. उत्तराखण्ड के मुख्यमंत्री कौन हैं?
A. विजय बहुगुणा B. हरीश रावत
C. वीर बहादुर सिंह D. भगत सिंह कोशियारी

17. रिजर्व बैंक ऑफ इंडिया के गवर्नर कौन हैं?
A. रघुराम राजन
B. वाई.वी. रेड्डी
C. मोंटेक सिंह अहलुवालिया
D. डॉ. डी.के. जैन

18. 26 जनवरी, 2014 को सचिन तेंदुलकर के साथ-साथ किस अन्य व्यक्ति को भारतरत्न से सम्मानित किया गया?
A. पी.आर. वासुदेव राव
B. सी.एन.आर. राव
C. मेजर ध्यानचंद
D. डॉ. ए.पी.जे. अब्दुल कलाम

19. बांग्लादेश की प्रधानमंत्री शेख हसीना किस राजनैतिक दल से सम्बन्धित हैं?
A. बांग्लादेश नेशनलिस्ट पार्टी
B. अवामी लीग
C. जातीय पार्टी
D. बांग्लादेश कंजरवेटिव पार्टी

20. वर्ष 2013 का साहित्य का नोबेल पुरस्कार किसे प्रदान किया गया है?
A. ऐलिस मुनरो B. मोहम्मद यान
C. माइकेल लेविट D. पीटर हिग्स

21. वर्ष 2014 में 17वें एशियाई खेल निम्नलिखित में से किस देश में आयोजित किए जाएंगे?
A. मलेशिया B. चीन
C. दक्षिण कोरिया D. जापान

22. चीनी का मूल्य ₹ 16 प्रति कि.ग्रा. है। यदि उसका मूल्य घटकर ₹ 14 प्रति कि.ग्रा. हो जाए, तो मूल्य में कितने प्रतिशत की कमी हुई?
A. 12.5% B. 11.5%
C. 9.5% D. 8.5%

23. यदि 360 मीटर लम्बी रेलगाड़ी अपने समान लम्बाई वाले प्लेटफार्म को पार करने में 36 सेकेण्ड लेती है, तो रेलगाड़ी की गति है:
A. 36 कि.मी./घंटा B. 72 कि.मी./घंटा
C. 80 कि.मी./घंटा D. 60 कि.मी./घंटा

24. A, B और C की औसत आयु 25 वर्ष है। यदि A और B की औसत आयु 28 वर्ष है, तो C की आयु क्या है?
A. 21 वर्ष B. 24 वर्ष
C. 27 वर्ष D. 19 वर्ष

25. गाँधीजी द्वारा सविनय अवज्ञा आन्दोलन का आरम्भ हुआ था:
A. 12 मार्च, 1930 को B. 10 अप्रैल, 1925 को
C. 11 जनवरी, 1927 को D. 16 दिसम्बर, 1935 को

26. 'साइमन कमीशन' किस वर्ष भारत आया?
A. 1928 B. 1930
C. 1919 D. 1920

27. 'वन्दे मातरम्' गीत किसने लिखा?
A. बंकिमचन्द्र चट्टोपाध्याय B. रवीन्द्रनाथ टैगोर
C. अवनीन्द्रनाथ टैगोर D. सुरेन्द्रनाथ बैनर्जी

28. सन् 1919 के खिलाफत आन्दोलन को मुख्य रूप से किन दो अली भाइयों ने आरम्भ किया?
A. मोहम्मद अली व शौकत अली
B. हजरत अली व मुसर्रफ अली
C. नजाकत अली व हैदर अली
D. इब्राहिम अली व रौशन अली

29. मोनाजाइट रेत में निम्नलिखित में से कौन-सा खनिज पाया जाता है?
A. खनिज तेल B. यूरेनियम
C. थोरियम D. कोयला

30. निम्नलिखित में से कौन-सा उद्योग/चूना-पत्थर को कच्चे माल के रूप में प्रयुक्त करता है?
A. एल्युमिनियम B. चीनी
C. सीमेन्ट D. पटसन

31. निम्नलिखित में से कौन-सा भारत में प्रमुख परिवहन साधन है?
A. पाइपलाइन B. रेल परिवहन
C. सड़क परिवहन D. वायु परिवहन

32. कौन-सा देश भारत से सबसे अधिक मात्रा में कॉफी आयात करता है?
A. यूनाइटेड किंगडम B. चीन
C. जापान D. उपर्युक्त में से कोई नहीं

33. सार्वजनिक और निजी क्षेत्रक किस आधार पर विभाजित हैं?

A. रोजगार की शर्त

B. आर्थिक गतिविधि का स्वभाव

C. उद्यमों का स्वामित्व

D. उद्यम में नियोजित श्रमिकों की संख्या

34. ऋण के औपचारिक स्रोतों में शामिल नहीं है:

A. बैंक
B. सहकारी समिति
C. नियोक्ता
D. उपर्युक्त में से कोई नहीं

35. सामान्यतः किसी देश का विकास किस आधार पर निर्धारित किया जा सकता है?

A. प्रति व्यक्ति आय

B. औसत साक्षरता दर

C. लोगों की स्वास्थ्य-स्थिति

D. उपर्युक्त सभी

36. निम्नलिखित में से किस देश को धार्मिक व जातीय पहचान के आधार पर राजनैतिक संघर्ष हेतु विखण्डन का सामना करना पड़ा?

A. बेल्जियम
B. भारत
C. यूगोस्लाविया
D. नीदरलैंड

37. लोकतंत्र के मूल्यांकन के लिहाज से निम्नलिखित में से कौन-सा अनुरूप नहीं है?

A. स्वतंत्र और निष्पक्ष चुनाव

B. व्यक्ति की गरिमा

C. बहुसंख्यकों का शासन

D. कानून के समक्ष समानता

38. भारत में महिलाओं के लिए स्थानों की आरक्षण की व्यवस्था है

A. लोकसभा में

B. विधानसभा में

C. मंत्रिमंडल में

D. पंचायती राज की संस्थाओं में

39. 'नाट्यशास्त्र' के रचयिता हैं:

A. शार्ङ्गदेव
B. भरत मुनि
C. पं. अहोबल
D. पं. रामामात्य

40. प्रसिद्ध उपन्यास 'चरित्रहीन' के उपन्यासकार कौन हैं?

A. शरत्चन्द्र चट्टोपाध्याय
B. मुंशी प्रेमचन्द
C. धर्मवीर भारती
D. महावीर प्रसाद

भाग – B : सामान्य हिन्दी

41. 'धूल फाँकना' मुहावरे का अर्थ है:

A. इधर-उधर टहलना
B. धूल भरी राह पर चलना
C. दर-दर भटकना
D. धूल उड़ाते चलना

42. 'अधजल गगरी छलकत जाय' इस कहावत का अर्थ है:

A. गगरी भरी न होने के कारण छलकना

B. अल्प ज्ञान पर इतराना

C. ज्ञान प्रदर्शन करना

D. अज्ञान प्रकट करना

43. "तुम जो अपने हाथों में विधि से ज्यादा ताकत रखते हो
मेहनत से रहते हो, खेतों में जाकर खेती करते हो
मेड़ों को ऊँचा करते हो, मेघों का पानी भरते हो
फसलों की उम्दा नस्लें हर साल नई पैदा करते हो।"

उक्त पंक्तियों के माध्यम से कवि किसे सम्बोधित कर रहा है?

A. वकील

B. मजदूर

C. किसान

D. जवान

44. "शुद्ध सोना अलग है और गिन्नी का सोना अलग। गिन्नी के सोने में थोड़ा-सा ताँबा मिलाया हुआ होता है। इसलिए वह ज्यादा चमकता है और शुद्ध सोने से मजबूत भी होता है। महिलाएँ अक्सर इसी सोने के गहने बनवा लेती हैं।"

उक्त पंक्तियों के आधार पर बताएँ कि सोने में चमक और मजबूती कब बढ़ जाती है।

A. सोने के विशुद्ध होने पर

B. गहने बनने पर

C. थोड़ा ताँबा मिलाने पर

D. उपर्युक्त सभी

45. विद्यालय में अवकाश के लिए प्रार्थना-पत्र किसे सम्बोधित कर लिखा जाता है?

A. प्रधानाध्यापक B. कक्षा अध्यापक
C. निरीक्षक D. कक्षा प्रतिनिधि

46. विद्युत् आपूर्ति में बार-बार आने वाली बाधा को दूर करने के लिए किस प्रकार का पत्र लिखा जाएगा?

A. प्रार्थना पत्र B. निजी पत्र
C. शिकायती पत्र D. व्यावसायिक पत्र

47. इनमें से निबन्धकार के रूप में कौन चर्चित रहा है?

A. विद्यानिवास मिश्र B. मोहन राकेश
C. शंकर शेष D. कमलेश्वर

48. 'कल्पलता' किसके निबन्धों का संग्रह है?

A. कन्हैयालाल मिश्र 'प्रभाकर'
B. हजारीप्रसाद द्विवेदी
C. कुबेरनाथ राय
D. सरदार पूर्ण सिंह

49. ''तुम्हारी यह दंतुरित मुस्कान
मृतक में डाल देगी जान।''

उक्त काव्य-पंक्तियों का रचनाकार कौन है?

A. नागार्जुन B. त्रिलोचन
C. रघुवीर सहाय D. केदारनाथ सिंह

50. 'कैदी और कोकिला' शीर्षक कविता के कवि का नाम क्या है?

A. सोहनलाल द्विवेदी B. रामनरेश त्रिपाठी
C. माखनलाल चतुर्वेदी D. श्यामनारायण पाण्डेय

51. शृंगार रस का स्थायी भाव क्या है?

A. सौन्दर्य B. प्रेम
C. वैराग्य D. रति

52. ''सोहत ओढ़े पीत पटु श्याम सलौने गात।
मनौ नीलमनि-सैल पर आतपु पर्यौ प्रभात॥''

उक्त दोहे में किस अलंकार का प्रयोग हुआ है?

A. उत्प्रेक्षा B. यमक
C. विभावना D. प्रतीप

53. सोरठा छन्द के पहले और तीसरे चरण में कितनी मात्राएँ होती हैं?

A. 13-13 B. 11-11
C. 11-13 D. 13-11

54. ''पत्तों से लदी डाल
कहीं हरी, कहीं लाल,
कहीं पड़ी है उर में
मंद-गंध-पुष्प माल।''

उक्त पंक्तियों में कवि ने किसके सौन्दर्य का चित्रण किया है?

A. प्रकृति B. प्रेयसी
C. देश D. देव

55. ''तू सहज शांति का दूत, मनुज–
के सहज प्रेम का अधिकारी,
दृग में उँड़ेलकर सहज शील
देखती तुझे दुनिया सारी।''

रामधारी सिंह 'दिनकर' की उक्त पंक्तियों में किसका गौरव गान किया गया है?

A. भगत सिंह B. जवाहरलाल नेहरू
C. सरदार पटेल D. महात्मा गाँधी

56. 'मंत्र' शीर्षक कहानी के लेखक का नाम है:

A. चतुरसेन शास्त्री B. भगवतीचरण वर्मा
C. प्रेमचन्द D. अमृतलाल नागर

57. निम्नलिखित में से कौन-सी जयशंकर प्रसाद की रचना नहीं है?

A. चित्राधार B. कानन कुसुम
C. गीतिका D. इरावती

58. 'साये में धूप' किसका गजल-संग्रह है?

A. मोहन राकेश B. दुष्यन्त कुमार
C. बशीर बद्र D. रघुवीर सहाय

59. ''विज्ञापन की दुनिया खर्च और बिक्री की दुनिया है। हम सपनों के सौदागर हैं, जिसे चाहिए बाजार जाए, सपनों और उम्मीदों से भरी ट्यूब खरीद ले। ये विज्ञापन का ही कमाल है कि हमारे तीन सदस्यों वाले परिवार में तीन तरह के टूथपेस्ट आते हैं।''

उक्त पंक्तियों में किस विषय पर चर्चा हुई है?

A. अर्थव्यवस्था पर B. उपभोक्तावाद पर
C. सपनों और उम्मीदों पर D. नैतिकता पर

60. निम्नलिखित में से कौन-सी कहानी प्रथम विश्वयुद्ध की पृष्ठभूमि पर लिखी गई है?

A. उसने कहा था B. पंच परमेश्वर
C. एक टोकरी भर मिट्टी D. इंदुमती

61. 'अतीत के चलचित्र' किसकी महत्वपूर्ण गद्य रचना है?
A. रामकुमार वर्मा
B. सर्वेश्वर दयाल सक्सेना
C. महादेवी वर्मा
D. सुभद्रा कुमारी चौहान

62. हिन्दी की बहुचर्चित आत्मकथा 'जूठन' का लेखक कौन है?
A. मोहनदास नैमिशराय
B. ओमप्रकाश वाल्मीकि
C. जयप्रकाश कर्दम
D. धर्मवीर

63. कौन-सा शब्द गुण-सन्धि का उदाहरण है?
A. कवीन्द्र
B. वनौषधि
C. देवेन्द्र
D. इत्यादि

64. 'मनोयोग' शब्द किस सन्धि से बना है?
A. वृद्धि सन्धि
B. अयादि सन्धि
C. व्यंजन सन्धि
D. विसर्ग सन्धि

65. 'चन्द्रमौलि' शब्द किस समास से बना है?
A. बहुब्रीहि
B. द्वन्द्व
C. अव्ययीभाव
D. तत्पुरुष

66. द्वन्द्व समास होता है:
A. जिसका पूर्व पद प्रधान हो
B. जिसके सभी पद प्रधान हों
C. जिसका दूसरा पद प्रधान होता है
D. उपर्युक्त में से कोई नहीं

67. कौन-सा शब्द तत्पुरुष समास का उदाहरण नहीं है?
A. गगनचुम्बी
B. पददलित
C. बलहीन
D. खानपान

68. तद्भव शब्द कौन-सा है?
A. अमरूद
B. आमदनी
C. ऑफिस
D. अनमोल

69. आगत शब्द नहीं है:
A. अदालत
B. आदमी
C. औरत
D. बहन

70. पर्यायवाची शब्दों का कौन-सा युग्म सही नहीं है?
A. अनिल–समीर
B. खग–विहग
C. अनाथ–सनाथ
D. तन–काया

71. निम्नलिखित में से कौन-सा अश्व का पर्यायवाची शब्द नहीं है?
A. हय
B. अक्षि
C. वाजि
D. तुरंग

72. निम्नलिखित में से विलोम शब्दों का कौन-सा युग्म सही नहीं है?
A. अधिक–अल्प
B. कठोर–कोमल
C. आरम्भ–प्रारम्भ
D. मुख्य–गौण

73. निम्नलिखित में से कौन-सा युग्म विपरीतार्थक है?
A. अज्ञ–प्रज्ञ
B. ज्ञानी–विज्ञ
C. मयंक–मृगांग
D. पादप–विटप

74. विमुख का विलोम शब्द है:
A. अमुख
B. उन्मुख
C. प्रमुख
D. उपर्युक्त में से कोई नहीं

75. अर्थ की दृष्टि से वाक्य के कितने भेद किए जाते हैं?
A. दो
B. एक
C. आठ
D. बीस

76. जिस वाक्य में एक उद्देश्य और एक विधेय होता है, वह है:
A. मिश्रवाक्य
B. आश्रित वाक्य
C. संयुक्त वाक्य
D. सरल वाक्य

77. निम्नलिखित में से कौन-सा वाक्य शुद्ध है?
A. वह आपकी श्रद्धा करता है।
B. वह आप पर श्रद्धा रखता है।
C. वह आपसे श्रद्धा करता है।
D. वह आप में श्रद्धा करता है।

78. निम्नलिखित में से कौन-सा वाक्य अशुद्ध है?
A. आपका सब विचार अच्छा है।
B. आप कुशल होंगे।
C. मनुष्य एक सामाजिक प्राणी है।
D. आप मुझ पर विश्वास कीजिए।

79. निम्नलिखित में से किस वाक्य में विराम चिह्नों का उचित प्रयोग हुआ है?
A. ममता-रेखा-सुमन और सुषमा खेल रही हैं।
B. रमेश, तुम्हारे पिता का नाम क्या है?
C. तुम्हें अपने खान, पान पर ध्यान देना चाहिए।
D. यह गलत काम, मुझसे नहीं होगा?

80. निम्नलिखित में से किसमें विराम चिह्न का अनुचित प्रयोग हुआ है?
A. प्रेम, ममता, दया आदि।
B. जड़, चेतन-गुण, दोष
C. अरे! तुम बच गए।
D. तुम्हारा नाम क्या है?

भाग – C : सामान्य अंग्रेजी

81. "He retired from business <u>owing to</u> his ill health."

Replace the underlined phrase with a single word/group of words.

A. since
B. because
C. as because
D. because of

82. .... I am poor I am honest.

A. Because B. While
C. Though D. Where

83. Not only did Raman lie, he .... cheated his clients.

A. again B. absolutely
C. even more D. also

84. We find hardly a man who sits down and writes a/an .... letter.

A. bold B. attractive
C. wonderful D. good

85. .... letters are addressed to newspaper, leaders and high officials.

A. Personal B. Business
C. Editorial D. Official

86. It is the men and women behind the machines and the people who manage the technology who are critical in bringing about these improvements.

The word 'critical' in the passage means:

A. analytical B. crucial
C. judicial D. judicious

87. I prefer the radio set, the good old box by your bedside. And here, again the older and the larger the radio set the better for me. I do not like these newfangled transistors.

The word 'newfangled' suggests:

A. very complex
B. recently assembled
C. colourfully decorated
D. newly came into fashion

88. I .... you to keep quiet.

A. beg from B. beg for
C. beg of D. beg

89. You .... that you liked th book.

A. said B. saying
C. tell D. telling

90. The garbage was .... out.

A. throw B. threw
C. thrown D. throwing

91. He .... the doorbell.

A. push B. rang
C. ring D. ringing

92. .... you live long!

A. Can B. Must
C. Will D. May

93. I wish I .... change my fate.

A. could B. may be
C. will D. would

94. .... you always interrupt me?

A. Must not B. Must
C. Might D. May be

95. I do not know .... you are thinking.

A. where B. what
C. while D. as

96. She is going to go .... nobody is going to find her.

A. what B. when
C. there D. where

97. The police do not know .... the accident happened.

A. before B. after
C. when D. what

98. They have never been poor .... they opened the shop.

A. since
B. so
C. just so
D. while

99. Mona went to the dancing school .... her father wanted her to.
A. because of
B. all because
C. just because
D. so because

100. The robbers broke into the house .... the family was away on vacation.
A. just until
B. so
C. as long as
D. while

101. Anu wants .... apples to make a pie.
A. some B. any
C. one D. little

102. Soma could .... take the blue coat .... the green one but not both.
A. either, or
B. neither, nor
C. either, nor
D. neither, or

103. Only a .... beggars were out in the streets.
A. little B. lot
C. few D. couple

104. Fill .... the application form.
A. out B. in
C. up D. over

105. The cow jumped .... the fence.
A. above B. over
C. below D. across

106. What are you looking .... ?
A. at B. in
C. to D. out

107. Pick out the appropriate word to join the two sentences given below:
The moon was bright.
We could see our way.
A. but B. though
C. however D. and

108. He has some bills .... he must pay.
A. whom B. where
C. which D. who

109. The synonym for 'consequence' is:
A. cover B. result
C. sequence D. fall

110. The synonym for 'couple' is:
A. few B. some
C. two D. many

111. The antonym for 'diversity' is:
A. similarity B. variety
C. desirability D. disparity

112. The synonym for 'nutritious' is:
A. strong B. benefit
C. health D. healthy

113. The antonym for 'beautiful' is:
A. ugly B. ordinary
C. pretty D. dowdy

114. The antonym for 'create' is:
A. destroy B. destructive
C. destruction D. destroying

115. The antonym for 'sweet' is:
A. bitter B. sour
C. tasty D. plain

116. .... there is life, there is hope.
A. Whether B. Either
C. While D. Obvious

117. While climbing the tree, the boy was .... by a bee.
A. sting B. stang
C. stinged D. stung

118. "She is very much sweet and beautiful." Identify the word that has to be omitted.
A. is B. and
C. very D. much

119. "We talked over the matter for an hour."
Replace the underlined phrase with a single word.
A. talk B. discussed
C. thought D. reflect

120. One should keep .... promises.
A. one's
B. her
C. their
D. his

भाग – D : सामान्य गणित

121. तूफान के कारण एक पेड़ टूट जाता है और टूटा हुआ हिस्सा झुककर जमीन के साथ $30°$ का एक कोण बनाता है। उस बिन्दु, जहाँ पेड़ का शीर्ष जमीन को छूता है, से लेकर पेड़ के आधार के बीच की दूरी 8 मी. है। पेड़ की ऊँचाई है:

A. $12\sqrt{5}$ मी. B. $8\sqrt{3}$ मी.
C. 24 मी. D. 12 मी.

122. लम्ब वृत्ताकार शंकु के आकार के एक तम्बू के आधार का क्षेत्रफल 13.86 वर्ग मी. है। तम्बू बनाने में ₹ 3,465 मूल्य का तिरपाल लगा है। एक मीटर तिरपाल का मूल्य ₹ 150 हो, तो तम्बू में कितनी हवा होगी?

A. 13524 ली. B. 13452 ली.
C. 12936 ली. D. 12369 ली.

123. अगर S एक परिमित नमूना क्षेत्र है और A, B दोनों S के उपसमुच्चय हैं, तो:

$P(A) = P(A \cap B) + ?$

A. $P(A \cup B)$ B. $P(B)$
C. $P(A \cap B')$ D. $P(A' \cap B)$

124. तीन समान पासाओं को लुढ़काया जाता है। सभी पासाओं के ऊपर समान संख्या प्राप्त होने की प्रायिकता है:

A. $\frac{1}{6}$ B. $\frac{1}{36}$
C. $\frac{1}{18}$ D. $\frac{1}{12}$

125. पहली n प्राकृतिक संख्याओं का भारित समान्तर माध्य, जिनके भार उन्हीं संख्याओं के बराबर हैं, है:

A. $\frac{2(n-1)}{3}$ B. $\frac{2(n+1)}{3}$
C. $\frac{2n-1}{3}$ D. $\frac{2n+1}{3}$

126. संख्याओं 1, 2, 3, 4, 5, 6, 7, 8, 9, 10 के मानक विचलन का मान है, लगभग

A. 2.87 B. 3.21
C. 2.78 D. 8.25

127. अगर p और q यादृच्छिक तरीके से प्रतिस्थापन के साथ समुच्चय $\{1, 2, 3, 4, 5\}$ से चुने जाते हैं, तो समीकरण $x^2 + px + q = 0$ के मूलों की वास्तविक संख्या होने की प्रायिकता होगी:

A. $\frac{13}{25}$ B. $\frac{1}{5}$
C. $\frac{12}{25}$ D. $\frac{3}{5}$

128. यदि एक आयत की लम्बाई तथा चौड़ाई दो गुनी कर दी जाए, तो क्षेत्रफल में प्रतिशत वृद्धि होगी:

A. 150% B. 200%
C. 400% D. 300%

129. एक घनाभ के तीन संगत फलकों के क्षेत्रफल क्रमशः x, y, z हैं, तो घनाभ का आयतन है:

A. xyz B. $2xyz$
C. $\sqrt{xyz}$ D. $3\sqrt{xyz}$

130. एक गोले के पृष्ठ का क्षेत्रफल, एक घन के पृष्ठ के क्षेत्रफल के बराबर है। गोले तथा घन के आयतनों का अनुपात है:

A. $\sqrt{\pi} : \sqrt{6}$ B. $\sqrt{2} : \sqrt{\pi}$
C. $\sqrt{\pi} : \sqrt{3}$ D. $\sqrt{6} : \sqrt{\pi}$

131. अगर $3x - \frac{y}{3} - 5 = 0$ और $\frac{x}{2} + 2y = 7$ रेखीय समीकरणों के सिस्टम का समाधान, रेखीय समीकरण $\frac{x}{2} + \frac{y}{3} = p$ को संतुष्ट करता है, तो p का मान है:

A. 4 B. 2
C. 1 D. 3

132. a के किस मान के लिए रेखीय समीकरणों के निम्न सिस्टम का कोई समाधान नहीं होगा?

$x + ay = 1, ax + y + 4 = 0$

A. $a = 0$ B. $a = 4$
C. $a = \pm 1$ D. $a = \pm 2$

133. सरल रेखाओं $y = mx$, $y = mx + 1$, $y = nx$ और $y = nx + 1$ द्वारा गठित समानान्तर चतुर्भुज का क्षेत्रफल है:

A. $\frac{|m+n|}{(m-n)^2}$ B. $\frac{2}{|m+n|}$

C. $\frac{1}{m+n}$ D. $\frac{1}{|m-n|}$

134. अगर $f(x) = \frac{3x+2}{3x-2}$, तो $\frac{f(x)+1}{f(x)-1}$ का मान है:

A. $\frac{2}{3x}$ B. $\frac{3x}{2}$

C. $\frac{3x+3}{3x-3}$ D. $\frac{3}{2x}$

135. अगर $x - \frac{1}{3x} = \frac{1}{3}$, तो $x\left(x - \frac{1}{3}\right)$ का मान है:

A. 3 B. $\frac{1}{5}$

C. $\frac{1}{3}$ D. 1

136. अगर $f(x) = ax^2 + bx + c$ और $f(1) = 6, f(2) = 11, f(3) = 18$, तो $f(-1)$ का मान है:

A. 2 B. 1

C. 13 D. 4

137. अगर $f(x) = \frac{4^x}{4^x + 2}$, तो

$f\left(\frac{1}{1997}\right) + f\left(\frac{2}{1997}\right) + \ldots f\left(\frac{1996}{1997}\right)$ का मान है:

A. 991 B. 992

C. 996 D. 998

138. अगर $3x = 2y = 4z$, तो $x : y : z = ?$

A. 3 : 2 : 4 B. 4 : 2 : 3

C. 4 : 6 ; 3 D. 3 : 4 : 8

139. एक दो-अंकीय संख्या के अंकों का योग 9 है। अगर अंकों को एक-दूसरे के स्थान से बदल दिया जाए, तो इस नई संख्या और पहली संख्या का अनुपात 3 : 8 है। पहली संख्या है:

A. 81 B. 45

C. 72 D. 90

140. किसी त्रिभुज के कोणों का अनुपात 2 : 5 : 3 है। त्रिभुज के महत्तम कोण का मान वृत्तीय परिमाप में है:

A. π^c B. $\frac{\pi^c}{2}$

C. $\frac{3}{4}\pi^c$ D. $\frac{1}{4}\pi^c$

141. अगर α और β, $ax^2 + bx + c = 0$ के मूल हैं, तो $\sqrt{\frac{\alpha}{\beta}} + \sqrt{\frac{\beta}{\alpha}}$ का मान है:

A. $-\frac{2b}{\sqrt{ac}}$ B. $-\frac{b}{\sqrt{ac}}$

C. $\frac{b}{\sqrt{ac}}$ D. $\frac{2b}{\sqrt{ac}}$

142. अगर p और q, $x^2 + px + q = 0$ के मूल हैं, तो:

A. $p = 1, q = -2$ B. $p = 0, q = 1$

C. $p = -2, q = 0$ D. $p = -2, q = 1$

143. यदि $x^2 - x - k = 0$ का एक मूल दूसरे का वर्ग हो, तो k का मान है:

A. $2 \pm \sqrt{3}$ B. $3 \pm \sqrt{2}$

C. $2 \pm \sqrt{5}$ D. $5 \pm \sqrt{2}$

144. चाय की कीमत में 10% की कमी के कारण एक व्यापारी 25 कि.ग्रा. अधिक चाय ₹ 22,500 में खरीदने में सक्षम होता है। प्रति कि.ग्रा. चाय की मूल कीमत क्या है?

A. ₹ 90 B. ₹ 100

C. ₹ 110 D. उपर्युक्त में से कोई नहीं

145. एक शहर की जनसंख्या 97,65,625 है। अगर जनसंख्या में वृद्धि की दर 4% प्रति वर्ष हो, तो तीन वर्ष बाद उस शहर की जनसंख्या कितनी होगी?

A. 1,98,50,000 B. 2,12,98,100

C. 2,98,11,200 D. 1,09,85,000

146. अगर अर्द्ध-वार्षिक दर से ब्याज का हिसाब किया जाए, तो ₹ 20,000 पर 1½ वर्ष के लिए 10% वार्षिक ब्याज की दर से चक्रवृद्धि ब्याज क्या होगा?

A. ₹ 2,351.50 B. ₹ 3,251.50

C. ₹ 3,525.50 D. ₹ 3,152.50

147. वृत्त $x^2 + y^2 - 4x - 2y = 11$ में समभुज त्रिभुज का क्षेत्रफल है:

A. $16\sqrt{3}$ B. $4\sqrt{2}$
C. $12\sqrt{3}$ D. $6\sqrt{3}$

148. मान लीजिए एक वृत्त, जिसका केन्द्र बिन्दु O है, का व्यास AB है। उस वृत्त की परिधि पर अगर P कोई बिन्दु है और $\angle POA = 120°$ हो, तो $\angle PBO = ?$

A. 45° B. 30°
C. 90° D. 60°

149. मान लीजिए PA और PB एक वृत्त, जिसका केन्द्र बिन्दु O है, की दो स्पर्श-रेखाएँ हैं। अगर OA = 2.4 से.मी. और OP = 4 से.मी. हैं, तो चतुर्भुज AOBP के परिमाप का मान होगा:

A. 11.8 से.मी. B. 15.6 से.मी.
C. 11.2 से.मी. D. 13.2 से.मी.

150. वृत्त $x^2 + y^2 - 6x - 2y + 9 = 0$ स्पर्श करता है:

A. X-अक्ष को B. Y-अक्ष को
C. दोनों अक्षों को D. उपर्युक्त में से कोई नहीं

151. एक त्रिभुज ABC में एक सरल रेखा, रेखा BC के समानान्तर है तथा रेखा AB और AC को D एवं E बिन्दुओं पर क्रमशः विभाजित करती है। अगर AE = 2AD हो, तो BD : EC = ?

A. 1 : 3 B. 1 : 2
C. 2 : 1 D. 3 : 1

152. (3, 2) बिन्दु से होकर गुजरने वाली सरल रेखा का समीकरण क्या है, जो $y = x$ सरल रेखा के लम्बवत् है?

A. $x - y = 5$ B. $x + y = 5$
C. $x + y = 1$ D. $x - y = 1$

153. सरल रेखाएँ $ax + by + c = 0$ और $Ax + By + C = 0$ एक दूसरे के लम्बवत् हैं, यदि

A. $aA + bB = 0$ B. $aB + bA = 0$
C. $AB + ab = 0$ D. उपर्युक्त में से कोई नहीं

154. tan 22° + tan 23° + tan 22°.tan 23° का मान है:

A. 1 B. 2
C. $\frac{1}{2}$ D. $\frac{3}{2}$

155. यदि एक वर्ग का विकर्ण दो गुना हो जाए, तो उसके क्षेत्रफल में कितने गुना वृद्धि होगी?

A. 2 B. 3
C. 4 D. उपर्युक्त में से कोई नहीं

156. अगर $\sin\theta = \frac{a^2 - b^2}{a^2 + b^2}$, तो $\tan\theta$ का मान होगा:

A. $\frac{a^2 + b^2}{2ab}$ B. $\frac{2ab}{a^2 - b^2}$
C. $\frac{a^2 - b^2}{2ab}$ D. $2ab(a^2 - b^2)$

157. निम्नलिखित में से sin 1755° का मान क्या है?

A. $\frac{\sqrt{3}}{3}$ B. $-\frac{1}{2}$
C. $\frac{-1}{\sqrt{2}}$ D. उपर्युक्त में से कोई नहीं

158. cos 1°. cos 2°. cos 3°.......... cos 179° का मान है:

A. $\frac{1}{\sqrt{2}}$ B. 0
C. 1 D. उपर्युक्त में से कोई नहीं

159. एक मूर्ति, जो 1.6 मी. लम्बी है, एक आसन के ऊपर स्थापित है। जमीन पर एक बिन्दु से मूर्ति के ऊपर का उन्नयन-कोण 60° है और उसी बिन्दु से आसन के ऊपर का उन्नयन-कोण 45° है। आसन की ऊँचाई है:

A. $0.5(\sqrt{3}-1)$ मी. B. $0.4(2\sqrt{3}+1)$ मी.
C. $0.8(\sqrt{3}+1)$ मी. D. उपर्युक्त में से कोई नहीं

160. एक पतंग जमीन से 60 मी. की ऊँचाई पर उड़ रही है। पतंग से जुड़ा हुआ धागा जमीन के एक बिन्दु से अस्थायी रूप से बँधा हुआ है। जमीन से उस धागे का झुकाव 60° है। मान लीजिए वह धागा कहीं पर ढीला नहीं है, तो उस धागे की लम्बाई है:

A. $40\sqrt{3}$ मी. B. $80\sqrt{3}$ मी.
C. $20\sqrt{3}$ मी. D. $60\sqrt{3}$ मी.

भाग–E : सामान्य विज्ञान

161. निम्न में से कौन-सा एक तारा है?
A. पृथ्वी　B. चाँद
C. बृहस्पति　D. सूर्य

162. निम्न में से कौन-सा एक दुनिया का सबसे प्रचुर मात्रा में उपलब्ध जीवाश्म (fossil) ईंधन है?
A. मीथेन　B. बायोडीजल
C. पेट्रोलियम　D. कोयला

163. आवेश (चार्ज) की इकाई है:
A. ऐम्पियर-से.मी. सेकण्ड　B. ऐम्पियर/से.मी. सेकण्ड
C. ऐम्पियर-सेकण्ड　D. ऐम्पियर/सेकण्ड

164. बिजली द्वारा इलेक्ट्रोलाइट का अपघटन कहलाता है:
A. विद्युत्-अपघटन (इलेक्ट्रोलाइसिस)
B. विद्युत्-चकासन
C. विद्युत्-शोधन
D. चालन

165. पृथ्वी पर पहुँचने के लिए सूरज की रोशनी के लिए आवश्यक समय लगभग क्या है?
A. 1 मिनट　B. 4 मिनट
C. 8 मिनट　D. 16 मिनट

166. प्रकीर्णन के दौरान अधिकतम बंकन-कोण वाला प्रकाश है:
A. नीला　B. हरा
C. लाल　D. बैंगनी

167. उत्तल दर्पण द्वारा निर्मित छवि हमेशा कैसी होती है?
A. वास्तविक और छोटी　B. आभासी और छोटी
C. छोटी और उल्टी　D. आभासी और बड़ी

168. प्रकाश-वर्ष इकाई है:
A. समय की　B. दूरी की
C. गति की　D. त्वरण की

169. सघन माध्यम में प्रकाश के अपवर्तन हेतु, अपवर्तन-कोण का मान होगा:
A. आपतन-कोण के बराबर
B. आपतन-कोण से अधिक
C. आपतन-कोण से कम
D. आपतन-कोण से अधिक अथवा कम

170. चन्द्रमा पृथ्वी का:
A. छोटा तारा है　B. प्राकृतिक उपग्रह है
C. ग्रह है　D. ध्रुवतारा है

171. प्रकाश का आपतन-कोण क्रान्तिक कोण होगा, जब अपवर्तन-कोण का मान हो जाएगा:
A. 30°　B. 60°
C. 90°　D. 45°

172. प्रकाशवोल्टीय सेल सौर ऊर्जा को कौन-सी ऊर्जा में परिवर्तित करता है?
A. बिजली　B. रासायनिक ऊर्जा
C. यांत्रिक ऊर्जा　D. भूतापीय ऊर्जा

173. निम्न में से अनवीकरणीय ऊर्जा-स्रोत को पहचानिए।
A. सौर शक्ति　B. जल शक्ति
C. पवन शक्ति　D. तरंग शक्ति

174. एक तार की त्रिज्या r है और उसका प्रतिरोध R है। अगर तार की त्रिज्या r से घटकर $\frac{r}{2}$ होती है, तो उसका प्रतिरोध क्या होगा?
A. 2R　B. $\frac{R}{2}$
C. $\frac{R}{4}$　D. 4R

175. पृथ्वी पर कई मौसम होते हैं, क्योंकि
A. पृथ्वी अण्डाकार है
B. पृथ्वी झुकी हुई है
C. पृथ्वी सूर्य के करीब हो जाती है
D. सूर्य गर्म और ठण्डा हो जाता है

176. बकमिन्स्टरफुलरीन किसका अपररूप है?
A. फॉस्फोरस　B. सल्फर
C. कार्बन　D. टिन

177. $CH_3CH_2OH \xrightarrow{\text{क्षारीय } KMnO_4 + \text{ ऊष्मा}} CH_3COOH$
उपर्युक्त प्रतिक्रिया में $KMnO_4$ किस रूप में कार्य करता है?
A. ऑक्सीकरण कर्मक　B. उत्प्रेरक
C. अपचायी कर्मक　D. निर्जलन कर्मक

178. पहले ऑर्डर की प्रतिक्रिया का 10% पूर्ण होने में 20 मिनट का समय लगा, तो 19% प्रतिक्रिया पूर्ण होने में कितना समय लगेगा?

A. 40 मिनट B. 60 मिनट
C. 30 मिनट D. 50 मिनट

179. CH_3COOH के लिए K_a, 1.8×10^{-5} है और NH_4OH के लिए K_b, 1.8×10^{-5} है। अमोनियम ऐसीटिक का pH होगा:

A. 7.005 B. 4.75
C. 7 D. 6 और 7 के बीच

180. मोर-लवण में क्रिस्टलीकरण के जल के अणुओं की संख्या है:

A. 12 B. 6
C. 3 D. 15

181. पोटेश फिटकरी का रासायनिक फॉर्मूला है:

A. $KAl(SO_4)_2.12H_2O$
B. $(NH_4)_2FeSO_4 . 6H_2O$
C. $KAlMgCl_2 . 6H_2O$
D. Na_3AlF_6

182. निम्न में से किस मिश्रण में पारा एक घटक के रूप में प्रयुक्त हुआ है?

A. स्टेनलेस स्टील B. ऐल्निको
C. सोल्डर D. जिंक अमलगम

183. निम्न में से किसमें रासायनिक प्रतिक्रिया संभव है?

A. $MgSO_4 + Fe$ B. $ZnSO_4 + Fe$
C. $MgSO_4 + Pb$ D. $CuSO_4 + Fe$

184. मस्तिष्क का कौन-सा हिस्सा पेशी समन्वय का नियमन करता है?

A. सेरिब्रम B. सेरिबेलम
C. पॉन्स D. मेडुला

185. निम्न में से कौन-सा पक्षियों के पंख का समजात अंग है?

A. कीट के पंख B. चमगादड़ के पंख
C. मछली के गलफड़ D. मनुष्य के पैर

186. अफीम के पौधे के कौन-से भाग से मॉर्फीन प्राप्त होती है?

A. फल B. तना
C. पुष्प D. मूल

187. सिलिकोसिस है:

A. श्वसन विकार B. तंत्रिका-तंत्र विकार
C. उत्सर्जन विकार D. प्रजनन विकार

188. निम्न में से कौन-सी परत तलवे व हथेली पर मोटी होती है?

A. स्ट्रेटम जर्मिनेटिवम B. स्ट्रेटम लुसिडम
C. स्ट्रेटम कॉर्नियम D. स्ट्रेटम स्पाइनोसम

189. कोशिकीय श्वसन किसमें होता है?

A. माइटोकॉन्ड्रिया
B. गॉल्जी काय
C. एन्डोप्लाज्मिक रेटिकुलम
D. राइबोसोम

190. रक्त में सबसे बड़ी कोशिका है:

A. बेसोफिल B. ऐसिडोफिल
C. मोनोसाइट D. लिम्फोसाइट

191. हेन्ले का लूप निम्न में से किससे सम्बन्धित है?

A. उत्सर्जन तंत्र B. पेशी तंत्र
C. जनन तंत्र D. तंत्रिका तंत्र

192. मूत्र की मात्रा को विनियमित करता है:

A. ऐल्डोस्टेरॉन
B. ऐल्डोस्टेरॉन + ऐन्टीडाइयुरेटिक हॉर्मोन
C. टेस्टोस्टेरॉन + ऑक्सीटोसिन
D. ऐन्टीडाइयुरेटिक हॉर्मोन

193. स्तनधारियों में निषेचन का स्थल है:

A. शुक्राशय B. अधिवृषण
C. शुक्रवाहिनी D. डिम्बवाही नली

194. ग्राफियन पुटिका पाई जाती है:

A. आंत्र में B. वृक्क में
C. अण्डाशय में D. वृषण में

195. निम्न में से कौन-सी एक हरित-गृह (greenhouse) गैस नहीं है?

A. हाइड्रोजन B. मीथेन
C. कार्बन डाइऑक्साइड D. क्लोरोफ्लुओरोकार्बन

196. प्रति वर्ष 5 जून को मनाया जाता है:

A. विश्व हृदय दिवस B. विश्व पर्यावरण दिवस
C. विश्व मतदान दिवस D. विश्व मैत्री दिवस

197. मध्य प्रदेश का राज्य पक्षी कौन-सा है?
A. एशियन पैराडाइस फ्लाइकैचर
B. येलो-फुटेड ग्रीन पिजन
C. ब्लैक-नेक्ड क्रेन
D. ब्लैक-क्रेस्टेड बुलबुल

198. सोन घड़ियाल वन्य-जन्तु अभयारण्य स्थित है:
A. असम में
B. राजस्थान में
C. उत्तर प्रदेश में
D. मध्य प्रदेश में

199. खतरनाक कचरे से उत्पन्न अति गंभीर पर्यावरणीय प्रभाव है:
A. वायु प्रदूषण
B. भूमिगत जल का प्रदूषण
C. गैसों की वृद्धि
D. आवास का विनाश

200. हैंड पम्पों व कुओं को दुबारा भरने का सबसे अच्छा तरीका है:
A. वर्षा-जल संचयन
B. सिंचाई पर रोक
C. कपड़े धोने में पानी का कम उपयोग
D. गंदे पानी का पुनःचक्रण

उत्तरमाला

1	2	3	4	5	6	7	8	9	10
B	A	B	A	C	B	*	D	A	D
11	**12**	**13**	**14**	**15**	**16**	**17**	**18**	**19**	**20**
C	B	C	C	C	B	A	B	B	A
21	**22**	**23**	**24**	**25**	**26**	**27**	**28**	**29**	**30**
C	A	B	D	A	A	A	A	C	C
31	**32**	**33**	**34**	**35**	**36**	**37**	**38**	**39**	**40**
B	A	C	C	D	C	C	D	B	A
41	**42**	**43**	**44**	**45**	**46**	**47**	**48**	**49**	**50**
C	B	C	C	A	C	A	B	A	C
51	**52**	**53**	**54**	**55**	**56**	**57**	**58**	**59**	**60**
D	A	B	A	D	C	C	B	B	A
61	**62**	**63**	**64**	**65**	**66**	**67**	**68**	**69**	**70**
C	B	C	D	A	B	D	D	D	C
71	**72**	**73**	**74**	**75**	**76**	**77**	**78**	**79**	**80**
B	C	A	B	C	D	B	A	B	B
81	**82**	**83**	**84**	**85**	**86**	**87**	**88**	**89**	**90**
D	C	D	C	D	B	D	A	A	C
91	**92**	**93**	**94**	**95**	**96**	**97**	**98**	**99**	**100**
B	D	A	B	B	D	C	A	C	D
101	**102**	**103**	**104**	**105**	**106**	**107**	**108**	**109**	**110**
A	A	C	B	B	A	D	C	B	C
111	**112**	**113**	**114**	**115**	**116**	**117**	**118**	**119**	**120**
A	D	A	A	*	C	D	D	B	A
121	**122**	**123**	**124**	**125**	**126**	**127**	**128**	**129**	**130**
B	C	C	B	D	A	C	D	C	D

131	132	133	134	135	136	137	138	139	140
B	C	D	B	C	A	D	C	C	B
141	**142**	**143**	**144**	**145**	**146**	**147**	**148**	**149**	**150**
B	A	C	B	D	D	C	D	C	A
151	**152**	**153**	**154**	**155**	**156**	**157**	**158**	**159**	**160**
B	B	A	A	C	C	C	B	C	A
161	**162**	**163**	**164**	**165**	**166**	**167**	**168**	**169**	**170**
D	D	C	A	C	D	B	B	C	B
171	**172**	**173**	**174**	**175**	**176**	**177**	**178**	**179**	**180**
C	A	*	D	B	C	A	A	C	B
181	**182**	**183**	**184**	**185**	**186**	**187**	**188**	**189**	**190**
A	D	D	B	B	A	A	C	A	C
191	**192**	**193**	**194**	**195**	**196**	**197**	**198**	**199**	**200**
A	B	D	C	A	B	A	D	B	A

कुछ चुने हुए प्रश्नों के व्याख्यात्मक उत्तर

22. मूल्य में गिरावट = 16 – 14 = 2

मूल्य में प्रतिशत गिरावट = $\frac{2}{16}\times 100 = 12.5\%$.

23. 36 सेकेण्ड में तय की गई दूरी

= रेलगाड़ी की लम्बाई + प्लेटफार्म की लम्बाई

= 360 + 360 = 720 मीटर।

$\therefore$ रेलगाड़ी की चाल = $\frac{720}{36}$ = 20 मीटर/से.

= $\frac{20\times 18}{5}$ = 72 किमी./घंटा

24. माना कि A, B तथा C की आयु x, y तथा z वर्ष है।

तीनों की औसत आयु = $\frac{x+y+z}{3} = 25$

$\Rightarrow \quad x+y+z = 75 \quad ...(i)$

A तथा B की औसत आयु

$= \frac{x+y}{2} = 28$

$\Rightarrow \quad x+y = 56 \quad ...(ii)$

(*i*) तथा (*ii*) से, $z = 19$

अतः C की आयु = 19 वर्ष।

121. माना कि पेड़ की ऊँचाई h मीटर है तथा पेड़ बिन्दु B से झुककर जमीन के बिन्दु C को छूता है।

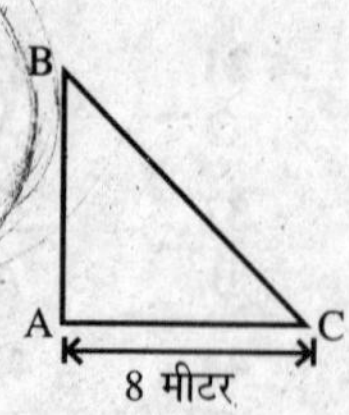

प्रश्नानुसार, AC = 8 मीटर

$\angle ACB = 30°$

Δ ABC से, $\tan(30°) = \frac{AB}{AC} = \frac{AB}{8}$

$\therefore \quad AB = 8\tan 30° = 8\times\frac{1}{\sqrt{3}}$

$\sec(30°) = \frac{BC}{AC} = \frac{BC}{8}$

$BC = 8\sec(30°)$

$= 8\times\frac{2}{\sqrt{3}} = \frac{16}{\sqrt{3}}$

पेड़ की ऊँचाई $h = AB + BC$

$h = \frac{8}{\sqrt{3}} + \frac{16}{\sqrt{3}} = 8\sqrt{3}$ मी.

124. ऊपर समान संख्या प्राप्त होने की घटना इस प्रकार है

E = {(1, 1, 1), (2, 2, 2), (3, 3, 3), (4, 4, 4), (5, 5, 5), (6, 6, 6)}

$n(E) = 6$

$n(s) = 6 \times 6 \times 6$

$$P(E) = \frac{n(E)}{n(s)} = \frac{6}{6\times6\times6} = \frac{1}{36}.$$

126. संख्या = 1, 2, 3, 4, 5, 6, 7, 8, 9, 10

$$\text{मानक विचलन} = \sqrt{\left[\frac{1}{n}\sum n^2 - \bar{m}^2\right]}$$

जहाँ n = संख्याओं की संख्या

तथा $\bar{m}$ = संख्याओं का माध्य

यहाँ $\frac{1}{n}\sum n^2 = \frac{1}{10}\left(1^2 + 2^2 + 3^2 ....10^2\right) = 38.5$

$$\bar{m}^2 = \left\{\frac{(1+2+3+........+10)}{10}\right\}^2 = 30.25$$

मानक विचलन $= \sqrt{38.5 - 30.25} = \sqrt{8.25} = 2.87.$

127. समीकरण $x^2 + px + q = 0$ के मूल वास्तविक संख्या होने के लिए $D \geq 0$

$p^2 - 4q \geq 0$

$p^2 - 4q \geq 0$ के संभावित मान इस प्रकार हैं

$(p, q) = (5, 5), (5, 4), (5, 3), (5, 2), (5, 1)$

$= (4, 4), (4, 3), (4, 2), (4, 1)$

$= (3, 2), (3, 1) = (2, 1)$

संभावित मानों की संख्या = 12

कुल संभावित मान (p, q) के लिए $= 5^2 = 25$

अतः वांछित प्रायिकता $= \frac{12}{25}.$

128. माना कि आयत की लं. तथा चौ. x तथा y मी. है।

क्षेत्रफल $A = x \times y$

जब x तथा y दो गुनी हो जाए

तो क्षेत्रफल $A' = 2x \times 2y = 4xy = 4A$

$$\text{क्षेत्रफल से प्रतिशत वृद्धि} = \left(\frac{4A - A}{A}\right)\times 100$$

$$= \frac{3A}{A}\times 100 = 300\%.$$

130. गोले का पृष्ठ क्षेत्रफल $A_1 = 4\pi r^2$

जहाँ r गोले की त्रिज्या है

घन का पृष्ठ क्षेत्रफल $A_2 = 6 \times s^2$

जहाँ s, घन की भुजा की लं. है।

प्रश्नानुसार, $A_1 = A_2$

$4\pi r^2 = 6s^2$

$\sqrt{2\pi}\, r = \sqrt{3}\, s$

$$s = \sqrt{\left(\frac{2\pi}{3}\right)}\, r \quad ...(i)$$

गोले का आयतन $V_1 = \frac{4}{3}\pi r^3$

घन का आयतन $V_2 = s^3$

$$\frac{V_1}{V_2} = \frac{\frac{4}{3}\pi r^3}{s^3}$$

$$= \frac{4\pi r^3}{3\times\left(\frac{2\pi}{3}\right)^{3/2}.r^3} = \frac{\sqrt{6}}{\sqrt{\pi}}.$$

131. $3x - \frac{4}{3} = 5 \Rightarrow 9x - y = 15 \quad ...(i)$

$\frac{x}{2} + 2y = 7 \Rightarrow x - 4y = 14 \quad ...(ii)$

(i) तथा (ii) से, $37x = 74 \Rightarrow x = 2$ तथा $y = 3$

प्रश्नानुसार, $\frac{x}{2} + \frac{y}{3} = P \Rightarrow P = \frac{2}{2} + \frac{3}{3}$

$= 1 + 1 = 2.$

132. समीकरण का कोई हल नहीं होगा, जब

$D = 0$

$$\begin{vmatrix} 1 & a \\ a & 1 \end{vmatrix} = 0$$

$1 - a^2 = 0$

$a = \pm 1.$

134.
$$\frac{f(x)+1}{f(x)-1} = \frac{\frac{3x+2}{3x-2}+1}{\frac{3x+2}{3x-2}-1}$$

$$= \frac{\frac{3x+2+3x-2}{3x-2}}{\frac{3x+2-3x+2}{3x-2}} = \frac{6x}{4} = \frac{3x}{2}.$$

135. $$x - \frac{1}{3x} = \frac{1}{3}$$

$$\frac{3x^2 - 1}{3x} = \frac{1}{3}$$

$$3x^2 - 1 = x$$

$$3x^2 - x = 1$$

$$\frac{3x^2 - x}{3} = \frac{1}{3}$$

$$x\left(\frac{3x-1}{3}\right) = \frac{1}{3}$$

$$x\left(x - \frac{1}{3}\right) = \frac{1}{3}.$$

136. $f(1) = a + b + c = 6$ ...(*i*)

$f(2) = 4a + 2b + c = 11$ ...(*ii*)

$f(3) = 9a + 3b + c = 18$ ...(*iii*)

(*i*) तथा (*iii*) से, $5a + b = 7$ ...(*iv*)

(*i*) तथा (*ii*) से, $3a + b = 5$ ....(*v*)

(*v*) तथा (*vi*) से, $a = 1, b = 2$ तथा $c = 3$

$\therefore$ $f(x) = x^2 + 2x + 3$

$f(-1) = 1 - 2 + 3 = 2.$

138. $3x = 2y = 4z = k$

$$x = \frac{k}{3}, y = \frac{k}{2}, z = \frac{k}{4}$$

$$\therefore \quad x : y : z = \frac{k}{3} : \frac{k}{2} : \frac{k}{4}$$

$$= \frac{12}{3} : \frac{12}{2} : \frac{12}{4}$$

$$= 4 : 6 : 3.$$

139. माना कि दो अंकीय संख्या का इकाई का अंक x तथा दहाई का अंक y है, तो संख्या $= 10y + x$

$x + y = 9$ ...(*i*)

अंकों को बदलकर प्राप्त की गई नई संख्या

$= 10x + y$

प्रश्नानुसार, $\dfrac{10x + y}{10y + x} = \dfrac{3}{8}$

$$80x + 8y = 30y + 3x$$

$$77x = 22y$$

$7x = 2y$ ....(*ii*)

(*i*) तथा (*ii*) से, $x = 2, y = 7$

अतः संख्या $= 10y + x$

$= 10 \times 7 + 2 = 72.$

140. त्रिभुज के कोणों का योग $= 180°$

$$2x + 5x + 3x = 180$$

$$10x = 180$$

$$x = 18°$$

महत्तम कोण $5x = 18 \times 5 = 90°$ or $\dfrac{\pi}{2}$.

141. $\alpha + \beta = \dfrac{-b}{a}$ तथा $\alpha\beta = \dfrac{c}{a}$

$$\sqrt{\frac{\alpha}{\beta}} + \sqrt{\frac{\beta}{\alpha}} = \frac{\alpha+\beta}{\sqrt{\alpha\beta}} = \frac{\frac{-b}{a}}{\sqrt{\frac{c}{a}}} = \frac{-b}{\sqrt{ac}}.$$

143. माना कि एक मूल α है तो दूसरा मूल α^2 होगा

यहाँ $\alpha + \alpha^2 = \dfrac{-b}{a} = 1$

$$\alpha^2 + \alpha - 1 = 0$$

$$\alpha = \frac{-1 \pm \sqrt{(-1)^2 - 4(1)(-1)}}{2 \times 1}$$

$$= \frac{-1 \pm \sqrt{1+4}}{2}$$

$$\alpha = \frac{-1 \pm \sqrt{5}}{2} \quad \alpha^2 = \frac{3 \mp \sqrt{5}}{2}$$

$$\therefore \quad \alpha.\alpha^2 = \left(\frac{-1 \pm \sqrt{5}}{2}\right)\left(\frac{3 \mp \sqrt{5}}{2}\right)$$

$$= \pm\sqrt{5} - 2$$

$$\therefore \quad k = 2 \pm \sqrt{5}.$$

संख्यात्मक अभियोग्यता, आंकड़ों का विश्लेषण एवं निर्वचन

(Numerical Ability, Data Analysis & Data Interpretation)

1 संख्याएँ (Numbers)

एक संख्या हमें बताती है कि दी हुई मात्रा में कितनी इकाइयां हैं। अतः यह एक या एक से अधिक इकाइयों को प्रकट करती है। या एक ही प्रकार की एक या अधिक भिन्न वस्तुओं को प्रकट करती है। जैसे–दो गाय, चार बकरी, आठ भैंस आदि। वे शब्द जो काले दर्शाये गये हैं, संख्याओं को प्रदर्शित करते हैं।

1. **पूर्ण संख्याएं :** संख्याएं 0, 1, 2, 3, 4, 5, 6, 7, 8, 9,.....आदि संख्याओं को **''पूर्ण संख्याएं''** या **''पूर्णांक कहते** हैं। जैसे 84 एक पूर्णांक है। जबकि $\frac{61}{4}$ पूर्णांक नहीं है।
2. **सम संख्याएं :** वे संख्याएं जो 2 से पूर्णतः विभाजित हो जाती हैं उन्हें **''सम संख्याएं''** कहते हैं। जैसे–2, 4, 32, 64, 108.... आदि ''सम संख्याएं'' हैं।
3. **विषम संख्याएं :** वे संख्याएं जो 2 से पूर्णतः विभाजित नहीं होती हैं उन्हें **''विषम संख्याएं''** कहते हैं। जैसे–1, 3, 5, 7, 11, 17, 21, 23.... आदि ''विषम संख्याएं'' हैं।
4. **अभाज्य संख्याएं :** वे संख्याएं जो स्वयं और 1 के अतिरिक्त किसी अन्य संख्याओं से पूर्णतः विभाजित न हों, उन्हें **''अभाज्य संख्याएं''** कहते हैं। जैसे–2, 3, 7, 11, 13, 17.... आदि ''अभाज्य संख्याएं'' हैं।
5. **भाज्य संख्याएं :** वे संख्याएं जो स्वयं और 1 के अतिरिक्त किसी अन्य संख्याओं से पूर्णतः विभाजित हो जाती हों तो उन्हें **''भाज्य संख्याएं''** कहते हैं। जैसे– 4, 6, 9, 10, 12, 15.... आदि ''भाज्य संख्याएं'' हैं।

नोट :

1. **संख्या 1 न तो भाज्य है और न ही अभाज्य।**
2. **वह संख्या जो सम भी हो और अभाज्य भी, केवल 2 है।**

आरोही क्रम (Ascending Order) : बाईं ओर से दायीं ओर लिखने पर प्राकृतिक संख्याएं मान के अनुसार बढ़ते हुए क्रम में हों तो इस क्रम को **''आरोही क्रम''** कहते हैं। जैसे- 25, 30, 41, 50 आदि संख्याएं आरोही क्रम में होंगी।

अवरोही क्रम (Descending Order): बाईं ओर से दाईं ओर लिखने पर प्राकृतिक संख्याएं मान के अनुसार घटते हुए क्रम में हों, तो इस क्रम को **''अवरोही क्रम''** कहते हैं। जैसे– 50, 41, 30, 25 आदि संख्याएं अवरोही क्रम में होंगी।

स्थानीय मान और जातीय (वास्तविक) मान

स्थानीय मान : किसी अंक (Number) का जो मान (Value) उसके स्थान के कारण होता है, उसे उस अंक का **स्थानीय मान** कहते हैं। जैसे–32 में इकाई के स्थान पर 2 तथा दहाई के स्थान पर 3 है। इसमें 3 का स्थानीय मान = 3 × 10 = 30 तथा 2 का स्थानीय मान = 2 × 1 = 2 होगा।

जातीय (वास्तविक) मान : हर अंक का अपना जातीय मान होता है। जैसे– 2 का 2, 5 का 5, 7 का 7, 9 का 9 आदि। जैसा कि हम ऊपर बता चुके हैं कि 32 में 3 का **स्थानीय मान** 30 है। परन्तु 32 में 3 का **जातीय मान** 3 होगा। इस प्रकार 32 में 3 के स्थानीय मान तथा जातीय मान के बीच अन्तर = 30 – 3 = 27 होगा। अतः किसी संख्या में किसी अंक का स्थानीय मान प्राप्त करने के लिए सरल तरीका यह है कि पहले उस अंक को लिख लें और उसके बाद उसमें उतने शून्य लगा दें, जितने कि उस अंक के बाद अंक हों।

एक संख्या के अभाज्य गुणनखण्ड किस प्रकार लिख सकते हैं :

(*i*) संख्या को 2 से भाग करो, यदि सम्भव हो, और 2 से भाग करते रहो जब तक कि ऐसा गुणनखण्ड न आ जाए जो 2 से विभाजित न हो।

(*ii*) प्राप्त परिणाम (*i*) को 3 से भाग करो, यदि सम्भव हो और 3 से भाग करते रहो जब तक कि ऐसा गुणनखण्ड न आ जाए जो 3 से विभाजित न हो।

(*iii*) प्राप्त परिणाम (*ii*) को 5 से भाग करो, यदि सम्भव हो और 5 से भाग करते रहो जब तक कि ऐसा गुणनखण्ड न आ जाए जो 5 से विभाजित न हो।

(*iv*) प्राप्त परिणामों में इसी प्रकार 7, 11, 13 आदि संख्याओं से भाग करते रहो जब तक कि सारे गुणनखण्ड अभाज्य गुणनखण्ड न हो जाएं।

संख्याओं के सम्बन्ध में मौलिक तथ्य

(*a*) दो अंकों वाली संख्याओं के सन्दर्भ में

(*i*) दो अंकों वाली कुल संख्याओं की गिनती 90 है।

(*ii*) दो अंकों की सबसे बड़ी संख्या 99 है।

(*iii*) दो अंकों की सबसे छोटी संख्या 10 है।

(*iv*) दो अंकों की सबसे छोटी और सबसे बड़ी संख्या का योग 109 होता है।

(*v*) दो अंकों की सबसे बड़ी और सबसे छोटी संख्या का अन्तर 89 होता है।

(*b*) तीन अंकों वाली संख्याओं के सन्दर्भ में

(*i*) तीन अंकों वाली कुल संख्याओं की गिनती 900 है।

(*ii*) तीन अंकों की सबसे बड़ी संख्या 999 है।

(*iii*) तीन अंकों की सबसे छोटी संख्या 100 है।

(*iv*) तीन अंकों की सबसे छोटी और सबसे बड़ी संख्या का योग 1099 होता है।

(*v*) तीन अंकों की सबसे बड़ी और सबसे छोटी संख्या का अन्तर 899 होता है।

(*c*) चार अंकों वाली संख्याओं के सन्दर्भ में

(*i*) चार अंकों वाली कुल संख्याओं की गिनती 9000 है।

(*ii*) चार अंकों की सबसे बड़ी संख्या 9999 है।

(*iii*) चार अंकों की सबसे छोटी संख्या 1000 है।

(*iv*) चार अंकों की सबसे छोटी और सबसे बड़ी संख्या का योग 10999 होता है।

(*v*) चार अंकों की सबसे बड़ी और सबसे छोटी संख्या का अन्तर 8999 होता है।

(*d*) पाँच अंकों वाली संख्याओं के सन्दर्भ में

(*i*) पाँच अंकों वाली कुल संख्याओं की गिनती 90000 है।

(*ii*) पाँच अंकों की सबसे बड़ी संख्या 99999 है।

(*iii*) पाँच अंकों की सबसे छोटी संख्या 10000 है।

(*iv*) पाँच अंकों की सबसे छोटी और सबसे बड़ी संख्या का योग 109999 होता है।

(*v*) पाँच अंकों की सबसे बड़ी और सबसे छोटी संख्या का अन्तर 89999 होता है।

(*e*) प्राकृतिक संख्याओं के सन्दर्भ में

(*i*) 1 से लेकर 10 तक की प्राकृतिक संख्याओं का योग = 55 होता है।

(*ii*) 11 से लेकर 20 तक की प्राकृतिक संख्याओं का योग = 155 होता है।

(*iii*) 21 से लेकर 30 तक की प्राकृतिक संख्याओं का योग = 255 होता है।

(*iv*) 31 से लेकर 40 तक की प्राकृतिक संख्याओं का योग = 355 होता है।

(*v*) 41 से लेकर 50 तक की प्राकृतिक संख्याओं का योग = 455 होता है।

संख्याओं में 2, 3, 4, 5, 6, 8, 9, 10 व 11 से विभाज्यता की जाँच

(A) **2 से विभाज्यता :** ऐसी संख्याएं जिनके इकाई के स्थान पर 0, 2, 4, 6 या 8 का अंक हों, तो वे संख्याएं 2 से पूर्णतः विभाजित होंगी।

(B) **3 से विभाज्यता :** ऐसी संख्याएं जिनके अंकों का योग 3 से विभाज्य हों, तो वे संख्याएं भी 3 से विभाज्य होंगी।

(C) **4 से विभाज्यता :** यदि किसी संख्या के अन्तिम दो अंक 4 से पूर्णतः विभाजित हों, तो वे संख्याएं भी 4 से विभाजित होंगी।

(D) **5 से विभाज्यता :** जिन संख्याओं के इकाई के स्थान पर 0 या 5 का अंक हो, तो वे संख्याएं 5 से विभाजित होंगी।

(E) **6 से विभाज्यता :** ऐसी संख्याएं जो 2 और 3 से अलग-अलग पूर्णतः विभाजित हों, तो वे संख्याएं भी 6 से विभाजित होंगी।

(F) **8 से विभाज्यता :** वे संख्याएं जिनके अन्तिम तीन अंक 8 से विभाज्य हों, तो वे संख्याएं भी 8 से विभाजित होंगी।

(G) **9 से विभाज्यता :** ऐसी संख्याएं जिनके अंकों का योग 9 से विभाज्य हों, तो वे संख्याएं भी 9 से विभाजित होंगी।

(H) **10 से विभाज्यता :** जिन संख्याओं के इकाई के स्थान पर 0 का अंक हो, तो वे संख्याएं 10 से विभाजित होंगी।

(I) **11 से विभाज्यता :** ऐसी संख्याएं जिनके सम तथा विषम स्थानों के अंकों के योगफलों का अन्तर 0 तथा 11 का गुणज हों, तो वे संख्याएं 11 से विभाजित होंगी।

ध्यान रखिये :

(*i*) **भाज्य = भाजक × भागफल + शेष**

(*ii*) $\text{भाजक} = \dfrac{\text{भाज्य} - \text{शेष}}{\text{भागफल}}$

(*iii*) $\text{भागफल} = \dfrac{\text{भाज्य} - \text{शेष}}{\text{भाजक}}$

प्रश्नमाला

1. 1 से 100 के बीच अभाज्य संख्याएं होंगीः
A. 20 B. 30
C. 22 D. 25

2. ऐसी संख्या जो अभाज्य भी है और सम भीः
A. 1 B. 2
C. 98 D. 79

3. निम्न में से कौन-सी संख्या अभाज्य संख्या होगी?
A. 149 B. 159
C. 117 D. 147

4. चार अंकों की छोटी-से-छोटी संख्या होगी?
A. 1002 B. 1001
C. 9999 D. 1000

5. 43014 में 3 का स्थानीय मान क्या होगा?
A. 3 B. 3000
C. 300 D. 30

6. 81752 में 2 के स्थानीय मान और जातीय मान में अन्तर क्या होगा?
A. 2 B. 0
C. 1 D. 20

7. संख्या 3125 में से क्या घटाया जाए ताकि शेष संख्या 13 से पूर्णतः विभाजित हो सके?
A. 5 B. 8
C. 10 D. 12

8. निम्नलिखित में से कौन-सी संख्या 3 से पूर्णतः विभाजित होगी?
A. 491 B. 371
C. 591 D. 571

9. भाग के प्रश्न में भाजक 16, भागफल 9 तथा शेष 1 हो, तो भाज्य कितना होगा?
A. 145 B. 136
C. 144 D. 152

10. 1 से 50 तक पूर्णांकों का योग कितना होगा?
A. 1275
B. 1375
C. 1225
D. 1365

11. संख्या 30, 70, 584 में अंक 7 के स्थानीय मान लिखो।
A. 700 B. 7000
C. 70,000 D. 700,000

12. 3589 में क्या जोड़ें कि यह पांच अंकों को सबसे छोटी संख्या बन जाए?
A. 6413
B. 6412
C. 6411
D. 6311

13. 2756 और तीन अंकों की सबसे बड़ी संख्या का योगफल ज्ञात करो।
A. 3655
B. 3755
C. 3756
D. 3656

14. पांच अंकों की सबसे बड़ी और छः अंकों की सबसे छोटी संख्याओं का अन्तर ज्ञात करो।
A. 1 B. 3
C. 3 D. 4

15. संख्या 36795 में अंक 6 के स्थान पर 9 तथा 9 के स्थान पर 6 बदल देने से इन संख्याओं के मान में कितना अन्तर हो जाएगा।
A. 2970
B. 3071
C. 2971
D. 3071

उत्तरमाला

1	2	3	4	5	6	7	8	9	10
D	B	A	D	B	B	A	C	A	A
11	**12**	**13**	**14**	**15**					
C	C	B	A	A					

व्याख्यात्मक उत्तर

1. चूंकि 1 से 100 के बीच अभाज्य संख्याएं क्रमशः 2, 3, 5, 7, 11, 13, 17, 19, 23, 29, 31, 37, 41, 43, 47, 53, 59, 61, 67, 71, 73, 79, 83, 89 तथा 97 होंगी। अतः स्पष्ट है कि 1 से 100 तक के बीच अभाज्य संख्याओं की गिनती = 25 हैं।

2. ऐसी संख्या जो अभाज्य भी है और सम भी, केवल 2 है।

3. दिये गये विकल्प A. में 149 एक अभाज्य है, क्योंकि यह किसी अन्य संख्या से पूर्णतः विभाजित नहीं है।

4. चार अंकों की छोटी-से-छोटी संख्या = 1000 होगी। अतः आपका उत्तर विकल्प D. है।

5. ∵ संख्या 43014 में 3 का अंक हजार के स्थान पर है
∴ संख्या में 3 का स्थानीय मान = 3 × 1000 = 3000 होगा।

6. ∵ संख्या 81752 में 2 का अंक इकाई के स्थान पर है।
∴ संख्या में 2 का स्थानीय मान = 2 × 1 = 2 तथा संख्या में 2 का जातीय मान = 2 होगा। 2 के स्थानीय मान तथा जातीय मान के बीच अन्तर = 2 – 2 = 0 होगा।

7. चूंकि संख्या 3125 में 13 से भाग देने पर शेष 5 बचता है।
∴ संख्या 3125 को 13 से पूर्णतः विभाजित होने के लिए इसमें से 5 घटाया जाये।

8. विकल्प C. में दी गई संख्या 591, 3 से पूर्णतः विभाजित होगी, क्योंकि संख्या के अंकों का योग 3 से विभाजित हैं।

9. ∵ भाज्य = भाजक × भागफल + शेष
$= 16 \times 9 + 1 = 144 + 1 = 145.$

10. 1 से 50 तक के पूर्णांकों का योग
$= \frac{n(n+1)}{2}$ जहां n पदों की संख्या हैं।
$= \frac{50(50+1)}{2} = \frac{50 \times 51}{2} = 1275$

11. संख्या 3070584 में
अंक 7 का स्थानीय मान = 7 दस हजार = 70,000

12. 6411

13. 3755

14. 1

15. 39765; मान में अंतर 2970

☆☆☆☆☆☆

2 दशमलव (Decimals)

दशमलव बिन्दु के अंकों के समूह को **दशमलव भिन्न** कहते है। जैसे– 0.513, 0.317, 0.219, 0.6 आदि। प्रत्येक दशमलव एक भिन्न को दर्शाता है।

दशमलव भिन्न को साधारण भिन्न में बदलनाः

(*i*) एक ऐसी भिन्न लो जिसका हर 10 हो तथा अंश दशमलव के बाद दायीं ओर का पहला अंक हो।

(*ii*) एक ऐसी भिन्न लो जिसका हर 100 हो तथा अंश दशमलव के बाद दायीं ओर का दूसरा अंक हो।

(*iii*) इस प्रक्रिया को दोहराइये जब तक दशमलव के बाद के अंक समाप्त नहीं हो जाते। प्रत्येक दशा में हर, पहले हर का दस गुणा होगा।

(*iv*) इस प्रकार प्राप्त भिन्नों का योग जो परिणाम (*i*), (*ii*) और (*iii*) के योग से प्राप्त होता है, दशमलव भिन्न को प्रकट करता है।

जैसे : $0.317 = \frac{3}{10} + \frac{1}{100} + \frac{7}{1000}$

$= \frac{300}{1000} + \frac{10}{1000} + \frac{7}{1000} = \frac{317}{1000}$

नोटः शून्यों से बनी कोई संख्या दशमलव के दाईं ओर बिना परिवर्तन किये लिखी जाती है।

प्रश्नमाला

1. कौन-सी भिन्न $\frac{15}{25}$ के समान है?

A. $\frac{150}{25}$ B. $\frac{15}{250}$

C. $\frac{3}{5}$ D. $\frac{60}{75}$

2. कौन-सी भिन्न $\frac{13}{20}$ के समान नहीं है?

A. $\frac{26}{40}$ B. $\frac{130}{200}$

C. $\frac{39}{60}$ D. $\frac{52}{60}$

3. एक घंटे के $\frac{5}{6}$ भाग का मान हैः

A. आधा घण्टा B. 40 मिनट

C. 50 मिनट D. 55 मिनट

4. एक वायुयान 1250 कि.मी. यात्रा में 2/5 भाग ईंधन खपत करता है। शेष ईंधन में यात्रा पूरी करेगाः

A. 1875 कि.मी. B. 2125 कि.मी.

C. 250 कि.मी. D. 475 कि.गी.

5. निम्नलिखित में से कौन-सी भिन्न सबसे बड़ी है?

A. $\frac{3}{15}$ B. $\frac{5}{20}$

C. $\frac{8}{64}$ D. $\frac{25}{1000}$

6. निम्नलिखित में से कौन-सी भिन्न सबसे छोटी है?

A. $\frac{1}{10}$ B. $\frac{1}{100}$

C. $\frac{9}{1000}$ D. $\frac{500}{10,000}$

7. $.001 \times 1000 = ?$

A. .1 B. 1

C. .01 D. 10

8. $1.01 \times .1 = ?$

A. 1.01 B. 10.1
C. .101 D. .0101

9. $\frac{20+8\times0.5}{20-?}=12$

A. 12 B. 4
C. 18 D. 2

10. $.01 \times 100 \div 2.5 = ?$

A. 4 B. .4
C. .04 D. 5

11. दी हुई भिन्नों $\frac{5}{8}, \frac{21}{35}, \frac{9}{16}, \frac{6}{7}$ में सबसे बड़ी और सबसे छोटी भिन्न के बीच अन्तर है?

A. $\frac{33}{112}$ B. $\frac{112}{33}$
C. $\frac{32}{112}$ D. $\frac{112}{32}$

12. यदि किसी संख्या तथा उसके $\frac{1}{5}$ भाग में अन्तर 20 है तो वह संख्या क्या है?

A. 23 B. 25
C. 24 D. 26

13. एक मनुष्य के पास एक मकान का $\frac{3}{5}$ भाग था। अपने भाग का $\frac{1}{3}$ भाग उसने 250 रुपए में बेचा तो उस मकान का मूल्य क्या था?

A. 1150 रु. B. 1250 रु.
C. 1205 रु. D. 1105 रु.

14. एक धनराशि का सातवां भाग उनके नौवें भाग से 192 रुपए अधिक है। वह धनराशि बताओ।

A. 4860 रु. B. 6050 रु.
C. 6048 रु. D. 5060 रु.

15. एक मनुष्य ने अपनी जायदाद को तीन बच्चों में इस प्रकार बांटा कि पहले को कुल जायदाद का $\frac{2}{5}$ भाग मिला, दूसरे को शेष का $\frac{1}{3}$ भाग मिला और शेष तीसरे को मिला। यदि तीसरे को, दूसरे से 750 रुपए अधिक मिले हो तो कुल जायदाद का मूल्य क्या था?

A. 3720 रु. B. 3760 रु.
C. 3740 रु. D. 3750 रु.

उत्तरमाला

1	2	3	4	5	6	7	8	9	10
C	D	C	A	B	C	B	C	C	B
11	**12**	**13**	**14**	**15**					
A	B	B	C	D					

व्याख्यात्मक उत्तर

1. $\frac{15}{25}=\frac{3\times5}{5\times5}=\frac{3}{5}$

2. $\frac{26}{40}=\frac{2\times13}{2\times20}=\frac{13}{20}, \frac{39}{60}=\frac{13\times3}{20\times3}=\frac{13}{20}$

$\frac{130}{200}=\frac{13\times10}{20\times10}=\frac{13}{20},$

$\frac{52}{60}=\frac{13\times4}{20\times3}=\frac{13}{20}\times\frac{4}{3}$

अतः $\frac{52}{60}\neq\frac{13}{20}$

3. 1 घण्टे का $\frac{5}{6}$ भाग $= \frac{5}{6}\times60$ मिनट = 50 मिनट।

4. शेष ईंधन $= 1-\frac{2}{5}=\frac{5-2}{5}=\frac{3}{5}$

$\frac{2}{5}$ ईंधन में तय की गई दूरी = 1250 कि.मी.

पूरे ईंधन में तय की गई दूरी

$= \frac{1250}{2/5} = \frac{1250 \times 5}{2}$ कि.मी.

$\frac{3}{5}$ ईंधन में तय की गई दूरी

$= \frac{1250 \times 5}{2} \times \frac{3}{5} = 1875$ कि.मी.

5. $\frac{3}{15} = \frac{1}{5}, \ \frac{8}{64} = \frac{1}{8}$

$\frac{5}{20} = \frac{1}{4}, \ \frac{25}{1000} = \frac{1}{40}$

$\frac{1}{5}, \frac{1}{4}, \frac{1}{8}, \frac{1}{40}$

$\frac{8, 10, 5, 1}{40}$

$\therefore$ सबसे बड़ी भिन्न = $\frac{1}{4} = \frac{5}{20}$

6. $\frac{.1}{10} = .1, \ \frac{9}{1000} = .009$

$\frac{1}{100} = .01, \ \frac{500}{10{,}000} = \frac{5}{100} = .05$

$\therefore$ सबसे छोटी भिन्न = $0.09 = \frac{9}{1000}$

7. $.001 \times 1000 = 001.000 = 1$

8. $1.01 \times .1 = \frac{101 \times 1}{100 \times 10} = \frac{101}{1000} = .101$

9. $\because \frac{20 + 8 \times 0.5}{20 - ?} \Rightarrow \frac{20 + 4}{20 - ?} = 12 \Rightarrow \frac{24}{12} = 2$

$\Rightarrow 2 = 20 - ? \Rightarrow ? = 20 - 2 = 18$

10. $.01 \times 100 \div 2.5 \quad = .01 \times \frac{100}{2.5} = .01 \times 40 = .4$

11. 8, 35, 16 और 7 का लघुत्तम समापवर्तक = 560

$\therefore \quad \frac{5}{8} = \frac{5 \times 70}{8 \times 70} = \frac{350}{560}$

$\frac{21}{35} = \frac{21 \times 16}{35 \times 16} = \frac{336}{560}$

$\frac{9}{16} = \frac{9 \times 35}{16 \times 35} = \frac{315}{560}$

$\frac{6}{7} = \frac{6 \times 80}{7 \times 80} = \frac{480}{560}$

$\therefore$ सबसे बड़ी भिन्न = $\frac{6}{7}$

तथा सबसे छोटी भिन्न = $\frac{9}{16}$

$\therefore$ अन्तर = $\frac{6}{7} - \frac{9}{16} = \frac{96 - 63}{112} = \frac{33}{112}$

12. माना संख्या 1 है।

$\therefore$ 1 का $\frac{1}{5} = \frac{1}{5} \quad \therefore 1 - \frac{1}{5} = \frac{4}{5}$

$\therefore$ संख्या = $20 \div \frac{4}{5} = 20 \times \frac{5}{4} = 25$

13. भाग जो बेचा गया = $\frac{3}{5}$ का $\frac{1}{3} = \frac{3}{5} \times \frac{1}{3} = \frac{1}{5}$

$\because$ $\frac{1}{5}$ भाग का मूल्य = 250 रुपए

$\therefore$ सम्पूर्ण भाग का मूल्य = $250 \times \frac{5}{1} = 1250$ रुपए

14. $\because \frac{1}{7} - \frac{1}{9} = \frac{2}{63}$

$\because$ धन का $\frac{2}{63} = 192$ रुपए

$\therefore$ वह धन = $192 \times \frac{63}{2} = 6048$ रुपए

15. पहले बच्चे का भाग = कुल सम्पति का $\frac{2}{5}$

$\therefore$ शेष = $1 - \frac{2}{5} = \frac{3}{5}$

दूसरे बच्चे का भाग = $\frac{3}{5}$ का $\frac{1}{3} = \frac{1}{5}$

अब शेष बचा = $\frac{3}{5} - \frac{1}{5} = \frac{2}{5}$ जो कि तीसरे बच्चे को दिया गया।

$\therefore$ तीसरे बच्चे को दूसरे बच्चे से अधिक मिला

$= \frac{2}{5} - \frac{1}{5} = \frac{1}{5}$

$\therefore$ कुल सम्पति के $\frac{1}{5}$ भाग का मूल्य = 750 रुपए

$\therefore$ कुल संपत्ति का मूल्य = $750 \times \frac{5}{1} = 3750$ रुपए।

☆☆☆☆☆☆

3 सरलीकरण (Simplification)

साधारण या दशमलव भिन्नों के जटिल व्यंजक को एक साधारण भिन्न या दशमलव भिन्न में बदलने की क्रिया को ''सरलीकरण'' कहते हैं। इस प्रकार के व्यंजक में ''कोष्ठक'', ''का'', (÷), (×), (+) तथा (–) आदि चिह्न अलग-अलग या एक साथ प्रदर्शित होते हैं। अतः ऐसे व्यंजक का ''सरलीकरण'' करने में **"BODMAS"** शब्द का प्रयोग किया जाता है। **"BODMAS"** शब्द का क्रमानुसार आशय निम्नलिखित है।

"BODMAS"

B	ब्रैकेट (कोष्ठक)	$\left[\left\{\left(\overline{\ }\right)\right\}\right]$
O	ऑफ (का)	का
D	डिवीजन (भाग)	÷
M	मल्टीप्लिकेशन (गुणा)	×
A	ऐडीशन (जोड़)	+
S	सब्ट्रेक्शन (घटाना)	–

अतः किसी भी जटिल व्यंजक को **"BODMAS"** शब्द के क्रमानुसार सरल किया जाता है। अर्थात् सबसे पहले ''कोष्ठक'' उसके बाद ''का'' फिर ''भाग'' फिर ''गुणा'' उसके बाद ''जोड़'' और अन्त में ''घटाना'' सरल होता है। इस क्रम को याद रखना परम आवश्यक हैं क्योंकि ऐसा न करने पर सरलीकरण की क्रियाएं गलत हो जाती हैं।

महत्वपूर्ण नोट :

(*i*) कोष्ठक चार प्रकार के होते हैं : 1. रेखा कोष्ठक जिसे बन्धनी रेखा (–) भी कहते हैं। 2. छोटा कोष्ठक(()), 3. मझला कोष्ठक ({}), 4. बड़ा कोष्ठक ([]), अतः कोष्ठक के प्रश्नों में सबसे पहले रेखा कोष्ठक (–), उसके बाद छोटा कोष्ठक (()), उसके बाद मझला कोष्ठक ({}), और अन्त में बड़े कोष्ठक ([]) को सरल करना चाहिए।

(*ii*) O (का) का सामान्य अर्थ गुणा होता है।

प्रश्नमाला

1. $\frac{7}{4} \div \frac{4}{7} = \frac{5}{28} + ?$

A. 2 B. $\frac{1}{7}$

C. $\frac{2}{9}$ D. 1

2. $22 \times 5 = 22$ का $?\%$

A. 4500 B. 5000

C. 500 D. 750

3. 200 का $\frac{1}{25} \div 8 = ?$

A. 1 B. 3

C. 8 D. 5

4. $\frac{40 \times 0.4 \times 0.04}{4 + 4 \div 4} = ?$

A. .128 B. .148

C. .15 D. .248

5. $50 \div 5 \div 5 = ?$

A. 2 B. 10

C. 1/5 D. 4

6. $\frac{40 \times 15 + 25}{26 + 4 \div 4 - 2} = ?$

A. 25 B. 30

C. 31 D. 42

7. $\dfrac{1.4\times 3.6-1.2}{0.4\times 1.2}=?$

A. 8 B. 2
C. 4 D. 3

8. $14\times 3.2-2\times 2.1+0.8=?$

A. 1.08 B. 2.18
C. 1.18 D. 2.08

9. $5\div\dfrac{3}{4}+\dfrac{2}{3}\times\dfrac{3}{4}-\dfrac{2}{3}$ का $\dfrac{13}{7}=?$

A. $4\dfrac{12}{11}$ B. $5\dfrac{13}{14}$

C. $5\dfrac{13}{17}$ D. $6\dfrac{13}{14}$

10. $(9+9+9)\div 9\times 9=?$

A. 27 B. 24
C. 21 D. 32

11. $2-\left[3-\left\{6-\left(5-\overline{4-3}\right)\right\}\right]$ को सरल करो।

A. 1 B. 2
C. 3 D. इनमें से कोई नहीं

12. सरल करो—

$\dfrac{3}{11}+\dfrac{4}{3}\div\dfrac{10}{11}\times\dfrac{5}{11}-\dfrac{28}{33}$ का $1\dfrac{2}{7}$

A. $\dfrac{5}{13}$ B. $\dfrac{-5}{33}$

C. $\dfrac{5}{33}$ D. $\dfrac{-5}{13}$

13. $4.51\times\dfrac{2}{5}+\dfrac{3}{5}\times 4.51+4.51$ को सरल करो।

A. 9.02 B. 90.2
C. 0.902 D. 902

14. $\dfrac{15.72\times 15.72-5.72\times 5.72}{15.72+5.72}$ को सरल करो।

A. 9 B. 10
C. 8 D. 11

15. $7.55\times 7.55-2\times 7.55\times 2.55+2.55\times 2.55$

A. 16 B. 9
C. 25 D. 36

उत्तरमाला

1	2	3	4	5	6	7	8	9	10
D	C	A	A	A	A	A	A	B	A
11	**12**	**13**	**14**	**15**					
A	B	A	B	C					

व्याख्यात्मक उत्तर

1. $\dfrac{7}{4}-\dfrac{4}{7}=\dfrac{5}{28}+?\Rightarrow\dfrac{7\times 7-4\times 4}{4\times 7}=\dfrac{5}{28}+?$

$\Rightarrow\dfrac{49-16}{28}=\dfrac{5}{28}+?\Rightarrow\dfrac{33}{28}=\dfrac{5}{28}+?$

$\Rightarrow 1\dfrac{5}{28}=\dfrac{5}{28}+?$

$\Rightarrow 1+\dfrac{5}{28}=\dfrac{5}{28}+?\ \therefore ?=1$

2. $\because\ 22\times 5=22$ का $?\%$ $\Rightarrow 110=22\times\dfrac{?}{100}$

$\Rightarrow\dfrac{110\times 100}{22}=?\ \therefore\ ?=500$

3. $\because$ 200 का $\dfrac{1}{25}\div 8=?\Rightarrow 8\div 8=?$

$\Rightarrow\dfrac{8}{8}=?\Rightarrow 1=?$

4. $\because \dfrac{40\times 0.4\times 0.04}{4+4\div 4}=?\Rightarrow \dfrac{.64}{4+\dfrac{4}{4}}=?$

$\Rightarrow \dfrac{.64}{4+1}=?\Rightarrow \dfrac{.64}{5}=?\Rightarrow .128=?$

5. $\because 50\div 5\div 5=?\Rightarrow \dfrac{50}{5}\div 5=?$

$\Rightarrow 10\div 5=?\Rightarrow \dfrac{10}{5}=?\Rightarrow 2=?$

6. $\because \dfrac{40\times 15+25}{26+4\div 4-2}=?\Rightarrow \dfrac{600+25}{26+\dfrac{4}{4}-2}=?$

$\Rightarrow \dfrac{625}{26+1-2}=?\Rightarrow \dfrac{625}{.25}=?\Rightarrow 25=?$

7. $\dfrac{1.4\times 3.6-1.2}{0.4\times 1.2}=\dfrac{5.04-1.2}{.48}=\dfrac{3.84}{.48}=8.$

8. "BODMAS" नियम के अनुसार पहले गुणा उसके बाद जोड़ और अन्त में घटाव की क्रिया करें।

$\therefore 1.4\times 3.2-2\times 2.1+0.8$
$= 4.48-4.2+0.8=1.08$

9. "BODMAS" नियम के अनुसार सबसे पहले का, फिर भाग, उसके बाद गुणा, फिर जोड़ और अन्त में घटाव की क्रिया करें।

$\therefore 5\div \dfrac{3}{4}+\dfrac{2}{3}\times \dfrac{3}{4}-\dfrac{2}{3}$ का $\dfrac{13}{7}$

$= 5\div \dfrac{3}{4}+\dfrac{2}{3}\times \dfrac{3}{4}-\dfrac{26}{21}$

$= \dfrac{20}{3}+\dfrac{2}{3}\times \dfrac{3}{4}-\dfrac{26}{21}=\dfrac{20}{3}+\dfrac{1}{2}-\dfrac{26}{21}$

$= \dfrac{280+21-52}{42}=\dfrac{249}{42}=5\dfrac{39}{42}=5\dfrac{13}{14}$

10. "BODMAS" नियम के अनुसार पहले कोष्ठक के अन्दर की संख्याओं को सरल करें फिर भाग, उसके बाद गुणा करें।

$\therefore (9+9+9)\div 9\times 9=27\div 9\times 9$

$= \dfrac{27}{9}\times 9=27.$

11. $2-\left[3-\left\{6-\left(5-\overline{4-3}\right)\right\}\right]$
$=2-[3-\{6-(5-1)\}]$
$=2-[3-\{6-4\}]$
$=2-[3-2]$
$=2-1=1$

12. दिया गया व्यंजक $=\dfrac{3}{11}+\dfrac{4}{3}\div \dfrac{10}{11}\times \dfrac{5}{11}-\dfrac{28}{33}$ का $1\dfrac{2}{7}$

$=\dfrac{3}{11}+\dfrac{4}{3}\div \dfrac{10}{11}\times \dfrac{5}{11}-\dfrac{28}{33}\times \dfrac{9}{7}$

$=\dfrac{3}{11}+\dfrac{4}{3}\times \dfrac{11}{10}\times \dfrac{5}{11}-\dfrac{28}{33}\times \dfrac{9}{7}$

$=\dfrac{3}{11}+\dfrac{2}{3}-\dfrac{12}{11}=\dfrac{9+22-36}{33}=\dfrac{-5}{33}$

13. व्यंजक $=4.51\times \dfrac{2}{5}+\dfrac{3}{5}\times 4.51+4.51$

$=4.51\left(\dfrac{2}{5}+\dfrac{3}{5}+1\right)=4.51\left(\dfrac{2+3+5}{5}\right)$

$=4.51\times \dfrac{10}{5}=4.51\times 2=9.02$

14. $\dfrac{15.72\times 15.72-5.72\times 5.72}{15.72+5.72}$

$=\dfrac{(15.72+5.72)(15.72-5.72)}{(15.72+5.72)}$

$=15.72-5.72=10$

15. $7.55\times 7.55-2\times 7.55\times 2.55+2.55\times 2.55$
$=(7.55)^2-2(7.55)(2.55)+(2.55)^2$
$=(7.55-2.55)^2=(5)^2=25$

☆☆☆☆☆☆

4 महत्तम समापवर्तक और लघुत्तम समापवर्त्य (H.C.F. and L.C.M.)

महत्तम समापवर्तक : किन्हीं दो या दो से अधिक दी हुई संख्याओं का महत्तम समापवर्तक (म. स. प.) वह बड़ी-से-बड़ी संख्या है जो प्रत्येक दी हुई संख्याओं को पूरा-पूरा विभाजित करे।

लघुत्तम समापवर्त्य : किन्हीं दो या दो से अधिक दी हुई संख्याओं का लघुत्तम समापवर्त्य (ल. स. व.) वह छोटी-से-छोटी संख्या है जो प्रत्येक दी हुई संख्या से पूरी-पूरी विभाजित हो।

प्रश्नों से संबंधित समस्याओं को हल करने के लिए निम्नलिखित सूत्रों को ध्यान में रखिये :

(*i*) भिन्नों का महत्तम समापवर्तक (म. स. प.) = अंशों का महत्तम समापवर्तक / हरों का लघुत्तम समापवर्त्य

(*ii*) भिन्नों का लघुत्तम समापवर्त्य (ल. स. व.) = अंशों का लघुत्तम समापवर्त्य / हरों का महत्तम समापवर्तक

(*iii*) दो संख्याओं का गुणनफल = म. स. प. × ल. स. व.

प्रश्नमाला

1. 12, 24 व 36 का महत्तम समापवर्तक कितना होगा?

A. 16 B. 18
C. 12 D. 36

2. 70, 20 व 14 का लघुत्तम समापवर्त्य क्या है?

A. 120 B. 140
C. 280 D. 70

3. दो संख्याओं का अनुपात 11 : 15 है। यदि उनका म.स.प. 13 हो, तो वे संख्याएं क्रमशः क्या होगी?

A. 143 व 195 B. 195 व 143
C. 110 व 150 D. 121 व 165

4. वह छोटी-से-छोटी पूर्ण वर्ग संख्या क्या होगी जो 56, 21 तथा 36 से पूर्णतः विभाजित हो सके?

A. 7056 B. 8056
C. 7040 D. 8100

5. वह बड़ी-से-बड़ी संख्या क्या होगी, जिससे यदि 27, 33 तथा 39 को भाग दें तो क्रमशः 2, 3 तथा 4 शेष बचे?

A. 4 B. 5
C. 3 D. 7

6. 5 अंकों की वह छोटी-से-छोटी संख्या क्या होगी जो 12, 15 तथा 18 से पूर्णतः विभाजित हो?

A. 10080 B. 10800
C. 11820 D. 12080

7. दो संख्याओं का गुणनफल 27 है। उनका महत्तम समापवर्तक 3 है, तो उनका लघुत्तम समापवर्त्य क्या होगा?

A. 81 B. 54
C. 9 D. 6

8. चार अंकों की वह बड़ी-से-बड़ी संख्या क्या है जो 2, 3, 4, 5, 6 और 7 से पूरी-पूरी विभाजित हो जाती है?

A. 9729 B. 9760
C. 9579 D. 9660

9. दो संख्याओं का गुणनफल 54 है। उनका महत्तग समापवर्तक 3 है, तो उनका लघुत्तम समापवर्त्य क्या होगा?

A. 18 B. 21
C. 9 D. 24

10. $\frac{10}{21}, \frac{25}{27}$ और $\frac{35}{24}$ का महत्तम समापवर्तक क्या है?

A. $\frac{5}{216}$ B. $\frac{5}{1080}$

C. $\frac{5}{1512}$ D. $\frac{5}{638}$

उत्तरमाला

1	2	3	4	5	6	7	8	9	10
C	B	A	A	B	A	C	D	A	C

व्याख्यात्मक उत्तर

1. $\because$ $12 = \underline{2 \times 2 \times 3}$

$24 = 2 \times \underline{2 \times 2 \times 3}$

तथा $36 = \underline{2 \times 2 \times 3} \times 3$

$\therefore$ अभीष्ट महत्तम समापवर्तक $= 2 \times 2 \times 3 = 12$ होगा।

2. $\because$ $70 = 2 \times 5 \times 7$

$20 = 2 \times 2 \times 5$

तथा $14 = 2 \times 7$

$\therefore$ अभीष्ट लघुत्तम समापवर्त्य $= 2 \times 2 \times 5 \times 7 = 140$

3. माना कि वे संख्याएं क्रमशः $11x$ व $15x$ हैं।

प्रश्नानुसार, दोनों संख्याओं का म.स.प. = 13 (दिया हुआ है) अतः स्पष्ट होता है कि x के स्थान पर मान 13 होगा, क्योंकि 11×13 तथा 15×13 का म.स.प. 13 है। अतः वे संख्याएं क्रमशः $11 \times 13 = 143$ तथा $15 \times 13 = 195$ होंगी।

4. सबसे पहले 56, 21 तथा 36 का ल.स.व. ज्ञात करना है।

$\because$ $56 = 2 \times 2 \times 2 \times 7$

$21 = 3 \times 7$

तथा $36 = 2 \times 2 \times 3 \times 3$

$\therefore$ अभीष्ट ल.स.व. $= 2 \times 2 \times 2 \times 3 \times 3 \times 7$

चूंकि यह पूर्ण वर्ग संख्या नही है। अतः अभीष्ट ल.स.व. को पूर्ण वर्ग बनाने के लिए इसमें कम-से-कम 2×7 अर्थात् 14 से गुणा करना होगा।

$\therefore$ वह छोटी-से-छोटी पूर्ण वर्ग संख्या

$= 2 \times 2 \times 2 \times 3 \times 3 \times 7 \times 2 \times 7 = 7056$ होगी।

5. इस प्रकार के प्रश्नों में पहले शेषफल को संख्याओं में से घटाया जाता है फिर उन संख्याओं का म.स.प. ज्ञात किया जाता है।

$\therefore$ $27 - 2 = 25, 33 - 3 = 30$ तथा $39 - 4 = 35$

अतः 25, 30 तथा 35 का म.स.प. ज्ञात करना है।

$\because$ $25 = 5 \times 5, 30 = 2 \times 3 \times 5$ तथा $35 = 5 \times 7$

$\therefore$ अभीष्ट म.स.प. = 5

$\therefore$ वह-बड़ी-से बड़ी संख्या = 5 होगी।

6. सबसे पहले 12, 15 तथा 18 का ल.स.व. ज्ञात करना है।

$\because 12 = 2 \times 2 \times 3, 15 = 3 \times 5$ तथा $18 = 2 \times 3 \times 3$

$\therefore$ अभीष्ट ल.स.व. $= 2 \times 2 \times 3 \times 3 \times 5 = 180$

तथा 5 अंकों की छोटी-से-छोटी संख्या = 10000

$= 180 \times 55 + 100$

तथा स्पष्ट है कि 5 अंकों की छोटी-से-छोटी संख्या जो 12, 15 तथा 18 से पूर्णतः विभाजित होगी

$= 180 \times 56 = 10080$

7. लघुत्तम समापवर्त्य

$$= \frac{\text{दोनों संख्याओं का गुणनफल}}{\text{उनका महत्तम समापवर्तक}} = \frac{27}{3} = 9$$

8. 2, 3, 4, 5, 6 और 7 का लघुत्तम समापवर्त्य

$= 2 \times 2 \times 3 \times 5 \times 7 = 420$

चार अंकों की सबसे बड़ी संख्या = 9999

9999 को 420 से विभाजित करें तो शेष = 339

$\therefore$ अभीष्ट संख्या $= 9999 - 339 = 9660$

9. उनका लघुत्तम समापवर्त्य

$$= \frac{\text{दोनों संख्याओं का गुणनफल}}{\text{उनका महत्तम समापवर्तक}} = \frac{54}{3} = 18$$

10. भिन्नों का महत्तम समापवर्तक

$$= \frac{\text{अंशों का महत्तम समापवर्तक}}{\text{हरों का लघुत्तम समापवर्त्य}}$$

$$= \frac{\text{10, 25 और 35 का महत्तम समापवर्तक}}{\text{21, 27 और 24 का लघुत्तम समापवर्त्य}}$$

$$= \frac{5}{1512}$$

☆☆☆☆☆☆

5 घातांक (Indices)

हम जानते हैं कि $x \times x = x^2$, $x \times x \times x = x^3$, $x \times x \times x \times x = x^4$ ...., $x \times x \times x \times x \times x \times$ .... n गुणनखण्डों तक $= x^n$ को "x की घात n" पढ़ा जाता है। इस प्रकार हम कह सकते हैं कि

2 की घात 3 $= 2^3 = 2 \times 2 \times 2 = 8$

3 की घात 3 $= 3^3 = 3 \times 3 \times 3 = 27$

5 की घात 4 $= 5^4 = 5 \times 5 \times 5 \times 5 = 625$

8 की घात 2 $= 8^2 = 8 \times 8 = 64$.

$\left(\frac{x}{y}\right)$ की घात 3 $= \left(\frac{x}{y}\right)^3 = \frac{x \times x \times x}{y \times y \times y} = \frac{x^3}{y^3}$

x^2 की घात 5 $= (x^2)^5 = x^2 \times x^2 \times x^2 \times x^2 \times x^2 = x^{10}$

घातांक से सम्बन्धित आवश्यक नियम

नियम 1. यदि m और n धन पूर्णांक हों तथा x, y कोई भी संख्याएं हैं तो $x^m \times x^n = x^{m+n}$.

नियम 2. यदि m और n धन पूर्णांक हों तथा x, y कोई भी संख्याएं हैं तो,

$$x^m \div x^n = \frac{x^m}{x^n} = x^{m-n} \text{ जबकि } m > n$$

या

$$x^m \div x^n = \frac{x^m}{x^n} = \frac{1}{x^{n-m}} \text{ जबकि } n > m$$

नियम 3. यदि m और n धन पूर्णांक हों तथा x, y कोई भी संख्याएं हैं तो $(x^m)^n = x^{mn}$

नियम 4. यदि m और n धन पूर्णांक हों तथा x, y कोई भी संख्याएं हैं तो $(xy)^m = x^m \times y^m$

मूल : यदि कोई संख्या 'x की घात n' है तथा इसका परिणाम a अर्थात् $x^n = a$ है तो इसका अर्थ यह होता है कि a का n वां मूल x है। जिसे प्राय: इस प्रकार लिखा जाता है

$$x^n = a \Rightarrow x = \sqrt[n]{a} = (a)^{1/n}$$

इसी प्रकार यदि भिन्नात्मक घातांक $x^{p/q} = a$ है तो इसका अर्थ यह होगा कि x का q वां मूल बराबर है a का p वां मूल के, अर्थात्

$$x^{p/q} = a \Rightarrow \left(x^{1/q}\right)^p = a \Rightarrow x^{1/q} = a^{1/p} \Rightarrow \sqrt[q]{x} = \sqrt[p]{a}$$

अत: दूसरे मूल को हम वर्गमूल तथा तीसरे मूल को घनमूल भी कहते हैं।

महत्त्वपूर्ण नोट : यदि किसी संख्या या राशि की घात "शून्य" है तो उस संख्या या राशि का मान सदैव 1 के बराबर होगा। अर्थात् $x^0 = y^0 = z^0 = 2^0 = 5^0 = 8^0 = 1$ होगा।

प्रश्नमाला

1. $a^5 \times a^7$ का मान कितना होगा?

A. a^{35} B. a^2

C. a^{12} D. $a^{5/7}$

2. $(x^{2/3})^{-3/4}$ का मान कितना होगा?

A. $\frac{1}{x}$ B. $\frac{1}{\sqrt{x}}$

C. $\frac{1}{x^2}$ D. $\frac{1}{x^{-2}}$

3. 4 की घात 3 निम्न में से किस संख्या के बराबर होगी?

A. 64

B. 81

C. 12

D. 49

4. 2 की घात 3 तथा 3 की घात 2 में कितना अन्तर होगा?

A. 2 B. 5

C. 3 D. 1

5. $\left(-\frac{1}{125}\right)^{-\frac{2}{3}}$ का मान कितना होगा?

A. $\frac{1}{25}$ B. 25

C. 5 D. $\frac{1}{5}$

6. $(8)^{-(2^{-2})}$ का मान कितना होगा?

A. $2^{-1/4}$ B. $2^{-3/4}$

C. $2^{3/4}$ D. $2^{-1/2}$

7. यदि $\sqrt{2^n} = 64$ है, तो n का मान क्या होगा?

A. 8 B. 4

C. 12 D. 16

8. $(100)^0$ का मान कितना होगा?

A. 0 B. 10

C. 1 D. 100

9. यदि $10^{2/5} \times 10^{8/5} = 10^n$ है तो n का मान क्या होगा?

A. 2 B. 3

C. 6 D. 4

10. $27^3 \times 3^4 \div 3^{10}$ का मान कितना होगा?

A. 9 B. 27

C. 81 D. $\frac{1}{27}$

11. व्यंजक $\frac{(-1)^{132}}{5^{-1}+3^{-1}}$ का मान कितना होगा?

A. $\frac{16}{9}$ B. $-\frac{15}{8}$

C. $\frac{15}{8}$ D. $\frac{17}{8}$

12. $6a^3b^3c^2 \div 2ab^2c$ का मान कितना होगा?

A. $3a^2bc$ B. $3ab^2c$

C. $3a^2b^2c^2$ D. $3a^3b^3c^3$

13. $\sqrt{\frac{1}{\left(\frac{3}{4}\right)^{-2}}} + \sqrt[3]{\frac{27}{64}}$ का मान क्या होगा?

A. $\frac{2}{3}$ B. $\frac{4}{5}$

C. $\frac{13}{12}$ D. $\frac{3}{2}$

14. $\frac{a^{-3} . a^{-4}}{a^{-5}}$ का धन घातांकीय रूप में मान क्या होगा?

A. a^2 B. $\frac{1}{a^3}$

C. $\frac{1}{a^4}$ D. $\frac{1}{a^2}$

15. $\sqrt[3]{x^6} \div \sqrt[6]{x^{12}} \times x^{-3} \times \sqrt[3]{x^9}$ का मान कितना होगा?

A. $2x$ B. 1

C. $\frac{1}{3x^2}$ D. $\frac{1}{x}$

उत्तरमाला

1	2	3	4	5	6	7	8	9	10
C	B	A	D	B	B	C	C	A	B
11	**12**	**13**	**14**	**15**					
C	A	D	D	B					

व्याख्यात्मक उत्तर

1. $\because a^5 \times a^7 = a^{5+7} = a^{12}$. $[\because x^m \times x^n = x^{m+n}]$

2. $\because \left(x^{\frac{2}{3}}\right)^{-\frac{3}{4}} = x^{\frac{2}{3}\times -\frac{3}{4}} = x^{-\frac{1}{2}}$

$= \frac{1}{x^{\frac{1}{2}}} = \frac{1}{\sqrt{x}}$.$[\because (x^m)^n = x^{mn}]$

3. $\because$ 4 की घात 3

$= 4^3 = 4 \times 4 \times 4 = 64.$

4. $\because$ 2 की घात $3 = 2^3 = 2 \times 2 \times 2 = 8.$

तथा 3 की घात $2 = 3^2 = 3 \times 3 = 9$

$\therefore$ अन्तर $= 9 - 8 = 1.$

5. $\left(-\frac{1}{125}\right)^{-\frac{2}{3}} = \frac{1}{\left(-\frac{1}{125}\right)^{\frac{2}{3}}}$

$= (-125)^{\frac{2}{3}}$
$= [(-125)^{1/3}]^2 = [(-5 \times -5 \times -5)^{1/3}]^2$
$= (-5^2) = -5 \times -5 = 25.$

6. $\because 8^{-(2^{-2})} = 8^{-\left(\frac{1}{2^2}\right)} = 8^{-\frac{1}{4}} = \frac{1}{8^{\frac{1}{4}}}$

$= \frac{1}{(2 \times 2 \times 2)^{\frac{1}{4}}} = \frac{1}{(2)^{\frac{3}{4}}} = 2^{-\frac{3}{4}}.$

7. $\because \sqrt{2^n} = 64 \Rightarrow 2^n = (64)^2$
$\Rightarrow 2^n$
$= (2 \times 2 \times 2 \times 2 \times 2 \times 2)^2 \Rightarrow 2^n = (2^6)^2$
$\Rightarrow 2^n = 2^{6 \times 2} = 2^{12} \Rightarrow n = 12$
अत: n का मान 12 होगा।

8. यहां विद्यार्थियों को स्मरण रखना चाहिए कि यदि किसी संख्या या राशि की घात ''शून्य'' हो तो उस संख्या या राशि का मान हमेशा 1 के बराबर होगा।
अत: स्पष्ट है कि $(100)^0$ का मान = 1 होगा।

9. $\because 10^{2/5} \times 10^{8/5} = 10^n \Rightarrow 10^{2/5 + 8/5} = 10^n$
$\Rightarrow 10^{10/5} = 10^n \Rightarrow 10^2 = 10^n \Rightarrow n = 2$
अत: n का मान 2 होगा।

10. $\because 27^3 \times 3^4 \div 3^{10} = 27^3 \times \frac{3^4}{3^{10}}$

$\frac{(3 \times 3 \times 3)^3 \times 3^4}{3^{10}} = \frac{(3^3)^3 \times 3^4}{3^{10}}$

$= \frac{3^9 \times 3^4}{3^{10}} = \frac{3^{9+4}}{3^{10}} = \frac{3^{13}}{3^{10}}$
$= 3^{13-10} = 3^3 = 3 \times 3 \times 3 = 27.$

11. $\because \frac{(-1)^{132}}{5^{-1} + 3^{-1}} = \frac{((-1)^2)^{66}}{5^{-1} + 3^{-1}}$

$= \frac{(1)^{66}}{5^{-1} + 3^{-1}} = \frac{1}{\frac{1}{5} + \frac{1}{3}} = \frac{1}{\frac{3+5}{15}},$

$= \frac{1}{\frac{8}{15}} = \frac{15}{8}.$

12. $\because 6a^3b^3c^2 \div 2ab^2c$

$= \frac{6a^3b^3c^2}{2ab^2c} = 3a^{3-1}b^{3-2}c^{2-1} = 3a^2bc.$

13. $\because \sqrt{\frac{1}{\left(\frac{3}{4}\right)^{-2}}} + \sqrt[3]{\frac{27}{64}} = \sqrt{\left(\frac{3}{4}\right)^2} + \sqrt[3]{\frac{3 \times 3 \times 3}{4 \times 4 \times 4}}$

$= \sqrt{\left(\frac{3}{4}\right)^2} + \sqrt[3]{\left(\frac{3}{4}\right)^3} = \frac{3}{4} + \frac{3}{4} = \frac{6}{4} = \frac{3}{2}.$

14. $\because \frac{a^{-3}.a^{-4}}{a^{-5}} = \frac{a^5}{a^3.a^4} = \frac{a^5}{a^7} = \frac{1}{a^{7-5}} = \frac{1}{a^2}$

अत: $\frac{a^{-3}.a^{-4}}{a^{-5}}$ का धन घातांकीय रूप में मान $\frac{1}{a^2}$ होगा।

15. $\because \sqrt[3]{x^6} \div \sqrt[6]{x^{12}} \times x^{-3} \times \sqrt[3]{x^9}$

$= \frac{(x^6)^{\frac{1}{3}}}{(x^{12})^{\frac{1}{6}}} \times x^{-3} \times (x^9)^{\frac{1}{3}}$

[$\because$ BODMAS शब्द के अनुसार पहले ''भाग'' फिर ''गुणा'']

$= \frac{x^{6 \times \frac{1}{3}} \times x^{-3} \times x^{9 \times \frac{1}{3}}}{x^{12 \times \frac{1}{6}}}$

$= \frac{x^2 \times x^{-3} \times x^3}{x^2} = x^0 = 1.$

☆☆☆☆☆☆

6 करणी (Surds)

प्राय: सभी संख्याओं के वर्गमूल सदैव पूर्ण संख्या नहीं होते, जैसे– $\sqrt{9} = 3$ परन्तु $\sqrt{15} = 3.873$, जो कि पूर्ण संख्या नहीं है, अर्थात् 15 का वर्गमूल पूर्ण संख्या नहीं है। अत: ऐसी संख्यायें जिनके वर्गमूल पूर्ण संख्या नहीं होते, जैसे– $\sqrt{3}$, $\sqrt{7}$, $2 + \sqrt{11}$, $4 + \sqrt{13}$ .... इत्यादि संख्यायें **करणी** कहलाती हैं।

प्रश्नों को हल करने के लिए निम्नलिखित सूत्रों का प्रयोग कीजिए :

1. $\sqrt{a} \times \sqrt{a} = a$
2. $\sqrt{a} \times \sqrt{b} = \sqrt{ab}$
3. $\left(\sqrt{a} + \sqrt{b}\right)^2 = a + b + 2\sqrt{ab}$
4. $\left(\sqrt{a} - \sqrt{b}\right)^2 = a + b - 2\sqrt{ab}$
5. $x\sqrt{a} + x\sqrt{b} = x\left(\sqrt{a} + \sqrt{b}\right)$
6. $\dfrac{1}{\sqrt{a} + \sqrt{b}} = \dfrac{1}{\sqrt{a} + \sqrt{b}} \times \dfrac{\sqrt{a} - \sqrt{b}}{\sqrt{a} - \sqrt{b}}$
   $= \dfrac{\sqrt{a} - \sqrt{b}}{a - b}$
7. $\dfrac{1}{\sqrt{a} - \sqrt{b}} = \dfrac{1}{\sqrt{a} - \sqrt{b}} \times \dfrac{\sqrt{a} + \sqrt{b}}{\sqrt{a} + \sqrt{b}}$
   $= \dfrac{\sqrt{a} + \sqrt{b}}{a - b}$
8. $a + \sqrt{b} = c + \sqrt{d} \Rightarrow a = c$ तथा $b = d$
9. $\sqrt{2} = 1.41421$, $\sqrt{3} = 1.73205$, $\sqrt{5} = 2.23607$, $\sqrt{6} = 2.4494$, $\sqrt{7} = 2.64575$, $\sqrt{8} = 2.82842$, $\sqrt{10} = 3.16227$, $\sqrt{11} = 3.31662$

प्रश्नमाला

1. $\dfrac{1}{\sqrt{3}}$ का मान दशमलव के तीन स्थानों तक होगा—

A. 0.577 B. 0.477
C. 0.673 D. 0.575

2. यदि $\sqrt{2} = 1.4142$ हो, तो $\dfrac{1}{2}\left(\dfrac{\sqrt{2} - 1}{\sqrt{2} + 1}\right)$ का मान कितना होगा?

A. .0768 B. .0658
C. .0858 D. .0458

3. यदि $\sqrt{1936} = 44$, हो तो $\sqrt{19.36} + \sqrt{0.1936} + \sqrt{.001936}$ का मान दशमलव के तीन स्थानों तक होगा—

A. 5.679 B. 4.884
C. 9.884 D. 6.778

4. $\sqrt{\left(5 + \dfrac{4}{9}\right)}$ का मान होगा?

A. $3\frac{1}{3}$ B. $2\frac{1}{6}$
C. $4\frac{1}{3}$ D. $2\frac{1}{3}$

5. $\dfrac{\sqrt{2} - 1}{\sqrt{2} + 1}$ का मान दशमलव के तीन स्थानों तक होगा—

A. 0.172 B. 0.158
C. 0.176 D. 0.188

6. $\sqrt[3]{8^4}$ का मान कितना होगा?

A. 15 B. 9
C. 16 D. 25

7. यदि $\sqrt{6} = 2.45$, तो $\sqrt{\frac{2}{3}} + 3\sqrt{\frac{3}{2}}$ का मान किसके बराबर होगा ?

A. 3.942 B. 4.492
C. 4.942 D. 9.345

8. $\sqrt{72}$ का मान किसके बराबर होगा ?

A. $3\sqrt{5}$ B. $6\sqrt{2}$
C. $8\sqrt{2}$ D. $7\sqrt{3}$

9. हर के परिमेयीकरण के पश्चात व्यंजक $\frac{\sqrt{2}}{\sqrt{2}+\sqrt{3}-\sqrt{5}}$ का रूप होगा—

A. $\frac{3+\sqrt{6}+\sqrt{15}}{6}$ B. $\frac{3-\sqrt{6}-\sqrt{5}}{6}$
C. $\frac{3+\sqrt{6}+\sqrt{5}}{3}$ D. $\frac{2+\sqrt{6}-\sqrt{15}}{6}$

10. $\left(\sqrt{80} + 3 \times \sqrt{245} - \sqrt{125}\right)$ का मान कितना होगा ?

A. $18\sqrt{5}$ B. $20\sqrt{5}$
C. $22\sqrt{5}$ D. $28\sqrt{2}$

11. $\left(\frac{\sqrt{5}+\sqrt{3}}{\sqrt{5}-\sqrt{3}}\right)$ का मान कितना होगा ?

A. $4+\sqrt{15}$ B. $3-\sqrt{15}$
C. $2+\sqrt{15}$ D. $4-\sqrt{15}$

12. $3^{\frac{1}{5}}, 5^{\frac{3}{5}}, 7^{\frac{4}{5}}$ को आरोही क्रम में किस प्रकार से लिखा जा सकता है ?

A. $5^{\frac{3}{5}} < 3^{\frac{1}{5}} < 7^{\frac{4}{5}}$ B. $3^{\frac{1}{5}} < 5^{\frac{3}{5}} < 7^{\frac{4}{5}}$
C. $7^{\frac{4}{5}} < 3^{\frac{1}{5}} < 5^{\frac{3}{5}}$ D. $3^{\frac{1}{5}} < 7^{\frac{4}{5}} < 5^{\frac{3}{5}}$

13. यदि $12 \times 4^{\frac{1}{3}}$ को $3\sqrt{2}$ से भाग दिया जाये तब भागफल का मान होगा—

A. 2 B. $\sqrt{15}$
C. 3 D. $2^{13/6}$

14. यदि $4^{\frac{1}{3}}, 6^{\frac{1}{6}}$ तथा $\sqrt{5}$ का गुणा किया जाये तो गुणनफल का मान होगा—

A. $(12000)^{\frac{1}{6}}$ B. $(12009)^{\frac{1}{6}}$
C. $(14000)^{\frac{1}{6}}$ D. $(15000)^{\frac{1}{4}}$

15. व्यंजक $\left(2+\sqrt{2}+\frac{1}{2+\sqrt{2}}+\frac{1}{\sqrt{2}-2}\right)$ का मान होगा—

A. 5 B. 2
C. 3 D. 8

उत्तरमाला

1	2	3	4	5	6	7	8	9	10
A	C	B	D	A	C	B	B	A	B
11	**12**	**13**	**14**	**15**					
A	B	D	A	B					

व्याख्यात्मक उत्तर

1. $\because \frac{1}{\sqrt{3}} = \frac{1}{\sqrt{3}} \times \frac{\sqrt{3}}{\sqrt{3}} = \frac{\sqrt{3}}{3} = \frac{1.732}{3}$

$= 0.577.$

2. $\frac{1}{2}\left(\frac{\sqrt{2}-1}{\sqrt{2}+1}\right) = \frac{1}{2} \times \frac{\sqrt{2}-1}{\sqrt{2}+1} \times \frac{\sqrt{2}-1}{\sqrt{2}-1}$

$= \frac{1}{2} \times \frac{\left(\sqrt{2}-1\right)^2}{\left(\sqrt{2}\right)^2 - 1^2} = \frac{1}{2} \times \frac{2+1-2\sqrt{2}}{2-1}$

$= \frac{1}{2} \times \frac{3-2\sqrt{2}}{1} = \frac{1}{2} \times (3 - 2 \times 1.4142)$

$= \frac{1}{2} \times 0.1716 = 0.0858$

3. $\because \sqrt{1936} = 44 \Rightarrow \sqrt{19.36} = 4.4$

$\Rightarrow \sqrt{0.1936} = 0.44 \Rightarrow \sqrt{.001936} = .044$

$\therefore \sqrt{19.36} + \sqrt{0.1936} + \sqrt{.001936}$

$= 4.4 + 0.44 + 0.044 = 4.884.$

4. $\because \sqrt{5 + \frac{4}{9}} = \sqrt{\frac{45+4}{9}} = \sqrt{\frac{49}{9}} = \frac{7}{3} = 2\frac{1}{3}.$

5. $\because \frac{\sqrt{2}-1}{\sqrt{2}+1} = \frac{\sqrt{2}-1}{\sqrt{2}+1} \times \frac{\sqrt{2}-1}{\sqrt{2}-1} = \frac{(\sqrt{2}-1)^2}{(\sqrt{2})^2 - (1)^2}$

$= \frac{2+1-2\sqrt{2}}{2-1} = \frac{3-2\sqrt{2}}{1} = 3 - 2\times 1.414 = 0.172.$

6. $\because \sqrt[3]{8^4} = (8)^{\frac{4}{3}} = (2^3)^{\frac{4}{3}} = 2^{3\times\frac{4}{3}} = 2^4 = 16.$

7. $\because \sqrt{\frac{2}{3}} + 3\sqrt{\frac{3}{2}} = \frac{\sqrt{2}}{\sqrt{3}} \times \frac{\sqrt{3}}{\sqrt{3}} + 3 \times \frac{\sqrt{3}}{\sqrt{2}} \times \frac{\sqrt{2}}{\sqrt{2}}$

$= \frac{\sqrt{6}}{3} + \frac{3\sqrt{6}}{2} = \sqrt{6}\left[\frac{1}{3} + \frac{3}{2}\right]$

$= \sqrt{6} \times \frac{11}{6} = \frac{11}{6} \times 2.45 = 4.492.$

8. $\because \sqrt{72} = \sqrt{6\times 6\times 2} = \sqrt{6^2 \times 2} = 6\sqrt{2}.$

9. $\frac{\sqrt{2}}{\sqrt{2}+\sqrt{3}-\sqrt{5}}$

$= \frac{\sqrt{2}}{\sqrt{2}+\sqrt{3}-\sqrt{5}} \times \frac{\sqrt{2}+\sqrt{3}+\sqrt{5}}{\sqrt{2}+\sqrt{3}+\sqrt{5}}$

$= \frac{\sqrt{2}(\sqrt{2}+\sqrt{3}+\sqrt{5})}{(\sqrt{2}+\sqrt{3})^2 - (\sqrt{5})^2}$

$= \frac{2+\sqrt{6}+\sqrt{10}}{2\sqrt{6}} = \frac{2+\sqrt{6}+\sqrt{10}}{2\sqrt{6}} \times \frac{\sqrt{6}}{\sqrt{6}}$

$= \frac{2\sqrt{6}+6+\sqrt{60}}{12} = \frac{3+\sqrt{6}+\sqrt{15}}{6}.$

10. $\because \sqrt{80} + 3\times\sqrt{245} - \sqrt{125}$

$= \sqrt{16\times 5} + 3\times\sqrt{49\times 5} - \sqrt{25\times 5}$

$= 4\sqrt{5} + 21\sqrt{5} - 5\sqrt{5} = 20\sqrt{5}.$

11. $\because \frac{\sqrt{5}+\sqrt{3}}{\sqrt{5}-\sqrt{3}} = \frac{\sqrt{5}+\sqrt{3}}{\sqrt{5}-\sqrt{3}} \times \frac{\sqrt{5}+\sqrt{3}}{\sqrt{5}+\sqrt{3}}$

$= \frac{(\sqrt{5}+\sqrt{3})^2}{(\sqrt{5})^2 - (\sqrt{3})^2} = \frac{5+3+2\sqrt{15}}{5-3}$

$= \frac{8+2\sqrt{15}}{2} = 4+\sqrt{15}.$

12. $\because 3^{\frac{1}{5}} = (3)^{\frac{1}{5}}$ $\quad 5^{\frac{3}{5}} = (5^3)^{\frac{1}{5}} = (125)^{\frac{1}{5}}$

तथा $7^{\frac{4}{5}} = (7^4)^{\frac{1}{5}} = (2401)^{\frac{1}{5}}$

अत: स्पष्ट है कि $(3)^{\frac{1}{5}} < (125)^{\frac{1}{5}} < (2401)^{\frac{1}{5}}$

अत: $3^{\frac{1}{5}} < 5^{\frac{3}{5}} < 7^{\frac{4}{5}}$ आरोही क्रम में होगी।

13. प्रश्नानुसार, $\frac{12\times 4^{\frac{1}{3}}}{3\sqrt{2}} = \frac{12\times 2^{\frac{2}{3}}}{3\times 2^{\frac{1}{2}}} \times \frac{2^{\frac{1}{2}}}{2^{\frac{1}{2}}}$

$= \frac{12\times 2^{\frac{7}{6}}}{3\times 2} = \frac{12\times 2^{\frac{7}{6}}}{6} = 2^{\frac{13}{6}}.$

14. $\because 4^{\frac{1}{3}} = 4^{\frac{2}{6}} = (4^2)^{\frac{1}{6}} = (16)^{\frac{1}{6}}$ $\quad \because 6^{\frac{1}{6}} = (6)^{\frac{1}{6}}$

तथा $\sqrt{5} = 5^{\frac{1}{2}} = 5^{\frac{3}{6}} = (5^3)^{\frac{1}{6}} = (125)^{\frac{1}{6}}$

$4^{\frac{1}{3}} \times 6^{\frac{1}{6}} \times \sqrt{5} = (16)^{\frac{1}{6}} \times (6)^{\frac{1}{6}} \times (125)^{\frac{1}{6}}$

$= (16\times 6\times 125)^{\frac{1}{6}} = (12000)^{\frac{1}{6}}.$

15. $\because 2+\sqrt{2} + \frac{1}{2+\sqrt{2}} + \frac{1}{\sqrt{2}-2}$

$= 2+\sqrt{2} + \left(\frac{2-\sqrt{2}}{(2+\sqrt{2})(2-\sqrt{2})} + \frac{2+\sqrt{2}}{(\sqrt{2}-2)(2+\sqrt{2})}\right)$

$= 2+\sqrt{2} + \left[\frac{2-\sqrt{2}}{4-2} + \frac{\sqrt{2}+2}{2-4}\right]$

$= 2+\sqrt{2} + \left[\frac{(2-\sqrt{2})}{2} - \frac{(\sqrt{2}+2)}{2}\right]$

$= 2+\sqrt{2} + \left[\frac{2-\sqrt{2}-\sqrt{2}-2}{2}\right]$

$= 2+\sqrt{2} + \frac{(-2\sqrt{2})}{2} = 2+\sqrt{2}-\sqrt{2} = 2.$

☆☆☆☆☆☆

7 औसत (Averages)

औसत निकालने के लिए पहले उन सब राशियों को जोड़ लें जिनका औसत निकालना हो; उसके बाद उस योगफल में उन राशियों की कुल संख्या से भाग दे दें। उदाहरण के लिए यदि आपको 8, 10, 12, और 14 का औसत निकालना है, तो पहले इन्हें जोड़ दें। $8 + 10 + 12 + 14 = 44$ जिनका औसत निकालना है, वे संख्याएं 4 हैं।

अतः 44 में 4 से भाग दे दें। $44 \div 4 = \frac{44}{4} = 11$ औसत आया।

इसके लिए सूत्र हैं:

(i) $\frac{\text{राशियों का योगफल}}{\text{राशियों की संख्या}} = \text{औसत}$

(ii) औसत × राशियों की संख्या = राशियों का योगफल।

(iii) $\frac{\text{राशियों का जोड़}}{\text{औसत}} = \text{राशियों की संख्या}$

उदाहरण 1 : किसी कक्षा में 5 दिनों की दैनिक उपस्थिति 26, 23, 30, 29 और 17 थी। बताओ दैनिक औसत उपस्थिति क्या थी?

हल : $\because$ 5 दिनों की कुल उपस्थिति $= 26 + 23 + 30 + 29 + 17 = 125$ थी।

$\therefore$ 1 दिन की औसत उपस्थिति

$$= \frac{\text{राशियों का योगफल}}{\text{राशियों की संख्या}} = \frac{125}{5} = 25$$

उदाहरण 2: एक दुकानदार 6 दिनों में 1950 रु. की बिक्री करता है। उसकी दैनिक औसत बिक्री कितनी है?

हल: कुल बिक्री = 1950 रु.

कुल दिन = 6

$\therefore$ दैनिक औसत बिक्री $= \frac{1950}{6} = 325$ रु.

प्रश्नमाला

1. 5 विद्यार्थियों की ऊँचाइयां (सेंमी में) 140, 135, 142, 138 व 140 है। उनकी औसत ऊँचाई है:

A. 136 B. 138
C. 139 D. 140

2. 10 विद्यार्थियों द्वारा प्राप्तांक 22, 35, 37, 38, 29, 27, 34, 36, 28 और 34 हैं। उनके औसत अंक हैं:

A. 30 B. 31
C. 32 D. 34

3. एक लड़का जिसकी ऊँचाई 165 सेंमी है, के स्थान पर नया लड़का आ जाने से 34 लड़कों के एक समूह की औसत ऊँचाई 1 सेंमी कम हो जाती है। नये लड़के की ऊँचाई है:

A. 132 सेंमी B. 129 सेंमी
C. 130 सेंमी D. 131 सेंमी

4. 2 से प्रारम्भ करके पांच लगातार सम संख्याओं का औसत है:

A. 4 B. 6
C. 7 D. 5

5. 5 गेंदों का भार (ग्राम में) क्रमशः 50, 54, 53, 56 और 52 है। उनका औसत भार है:

A. 53 B. 54
C. 52 D. 51

6. एक रस्सी के 5 टुकड़ों की लम्बाइयां (सेंमी में) 5, 5.2, 6.3, 7.2 और 6.3 हैं। टुकड़े की औसत लम्बाई है:

A. 5.8 B. 6.0
C. 6.1 D. 6.2

7. 7 के प्रथम पांच गुणजों (Multiples) का औसत क्या होगा?

A. 21 B. 23
C. 24 D. 28

8. चार संख्याओं का औसत 18 है। यदि उनमें से पहली तीन संख्याएं क्रमशः 16, 22 व 28 हों तो बताइये अन्तिम संख्या क्या होगी?

A. 5 B. 8
C. 6 D. 9

9. 12 संख्याओं का औसत मान 30 है। यदि प्रत्येक संख्या में 3 से गुणा कर दियां जाये, तो बताइये नई संख्याओं का औसत मान कितना होगा?

A. 70 B. 80
C. 90 D. 100

10. एक व्यक्ति 50 रु. प्रति पुस्तक के हिसाब से 4 पुस्तकें, 60 रु. प्रति पुस्तक के हिसाब से 5 पुस्तकें, तथा 70 रु. प्रति पुस्तक के हिसाब से 6 पुस्तकें खरीदता है। बताइये पुस्तक का औसत मूल्य कितना होगा?

A. 62.33 रु.
B. 41.50 रु.
C. 61.33 रु.
D. 61.75 रु.

11. 25 राशियों का औसत 15 है, उनमें से 15 राशियों का औसत 17 है, तो शेष राशियों का औसत ज्ञात करो।

A. 10 B. 13
C. 11 D. 12

12. एक कक्षा में 23 छात्रों की औसत आयु 16 वर्ष है। यदि अध्यापक की आयु भी सम्मिलित कर ली जाए तो औसत आयु एक वर्ष बढ़ जाती है। अध्यापक की आयु क्या है?

A. 35 वर्ष
B. 40 वर्ष
C. 50 वर्ष
D. 30 वर्ष

13. दी गई सात संख्याओं में से प्रथम चार संख्याओं का औसत 4 तथा अन्तिम चार संख्याओं का औसत भी 4 है। यदि इन सात संख्याओं का औसत 3 है, तो चौथी संख्या क्या है?

A. 11 B. 10
C. 12 D. 9

14. राजू, शशि और महेश के वेतनों का औसत 800 रुपये है और शशि, महेश और प्रभा के वेतनों का औसत 900 रुपये है। यदि प्रभा का वेतन 900 रुपये हो तो राजू का वेतन होगा।

A. 700 रु. B. 600 रु.
C. 400 रु. D. 500 रु.

15. एक बालक को 5 संख्याओं का औसत निकालने को कहा गया। परन्तु लिखते समय उसने 73 के स्थान पर 37 और 54 के स्थान पर 45 लिख दिया। इस प्रकार उसका औसत 59 प्राप्त हुआ तो वास्तविक संख्याओं का औसत ज्ञात करो।

A. 68 B. 86
C. 70 D. 67

16. 8 संख्याओं का औसत 12 है। यदि प्रत्येक संख्या में 2 की वृद्धि की जाए तो नयी प्राप्त संख्याओं का औसत होगा।

A. 12 B. 14
C. 13 D. 15

17. 5 वर्ष पहले A, B, C, D की औसत आयु 45 वर्ष थी। E को शामिल करने पर पांचों की वर्तमान आयु की औसत 49 है। E की वर्तमान आयु है।

A. 46 वर्ष B. 48 वर्ष
C. 45 वर्ष D. 50 वर्ष

18. तीन वर्ष पूर्व 5 सदस्यों के एक परिवार की औसत आयु 17 वर्ष थी। एक शिशु के जन्म लेने पर भी परिवार की औसत आयु आज भी 17 वर्ष ही है। शिशु की वर्तमान आयु है।

A. 1 वर्ष B. 3 वर्ष
C. 2 वर्ष D. 4 वर्ष

19. किसी कक्षा में 30 छात्रों की औसत आयु 12 वर्ष है। 5 छात्रों के एक समूह की औसत आयु 10 वर्ष है तथा 5 छात्रों के दूसरे समूह की औसत आयु 14 वर्ष है। बचे हुए छात्रों की औसत आयु है।

A. 13 वर्ष B. 10 वर्ष
C. 11 वर्ष D. 12 वर्ष

20. प्रथम पांच अभाज्य संख्याओं का औसत होगा।

A. 6.5 B. 5.6
C. 5.5 D. 6.6

उत्तरमाला

1	2	3	4	5	6	7	8	9	10
C	C	D	A	A	B	A	C	C	C
11	**12**	**13**	**14**	**15**	**16**	**17**	**18**	**19**	**20**
D	B	A	B	A	B	C	C	D	B

व्याख्यात्मक उत्तर

1. औसत ऊँचाई

$= \frac{140+135+142+138+140}{5} = \frac{695}{5} = 139.$

2. औसत अंक

$= \frac{22+35+37+38+29+27+34+36+28+34}{10}$

$= \frac{320}{10} = 32.$

3. 34 लड़कों की ऊँचाई में औसत कमी = 1 सेंमी

34 लड़कों की ऊँचाई में कुल कमी = 34 सेंमी

$\therefore$ नये लड़के की ऊँचाई = 165 – 34 = 131 सेंमी

4. 2 से प्रारम्भ करके 5 लगातार सम संख्याओं का औसत

$= \frac{2+4+6+8+10}{5} = \frac{30}{5} = 6.$

5. औसत भार

$= \frac{50+54+53+56+52}{5} = \frac{265}{5} = 53.$

6. औसत लम्बाई

$= \frac{5+5.2+6.3+7.2+6.3}{5} = \frac{30.0}{5} = 6.0$

7. $\because$ 7 के प्रथम 5 गुणज : 7, 14, 21, 28 व 35

$\therefore$ इनका औसत

$= \frac{7+14+21+28+35}{5} = \frac{105}{5} = 21.$

8. $\because$ चार संख्याओं का औसत = 18

$\therefore$ चारों संख्याओं का योग = 18 × 4 = 72

प्रश्नानुसार, उनमें से पहली तीन संख्याएं क्रमशः 16, 22 व 28 हैं।

$\therefore$ अन्तिम संख्या

= चारों संख्याओं का योग – (16 + 22 + 28)

= 72 – 66 = 6.

9. $\because$ 12 संख्याओं का औसत मान = 30

$\therefore$ 12 संख्याओं का कुल योग = 30 × 12 = 360

प्रश्नानुसार, प्रत्येक संख्या में 3 से गुणा करने पर 12 संख्याओं का कुल योग = 360 × 3 = 1080

12 नई संख्याओं का औसत मान $= \frac{1080}{12} = 90.$

10. $\because$ 50 रु. प्रति पुस्तक के हिसाब से 4 पुस्तकों का क्रय मूल्य = 200 रु.

60 रु. प्रति पुस्तक के हिसाब से 5 पुस्तकों का क्रय मूल्य = 300 रु.

तथा 70 रु. प्रति पुस्तक के हिसाब से 6 पुस्तकों का क्रय मूल्य = 420 रु.

$\therefore$ 15 पुस्तकों का कुल क्रय मूल्य

= 200 + 300 + 420 = 920 रु.

$\therefore$ औसत मूल्य $= \frac{920}{15} = 61.33$ रु.।

11. $\because$ 25 राशियों का औसत = 15

$\therefore$ 25 राशियों योग = 25 × 15 = 375

इनमें से 15 राशियों का औसत = 17

$\therefore$ इन 15 राशियों का योग = 15 × 17 = 255

$\therefore$ शेष 25 –15 = 10 राशियों का योग

= 375 – 255 = 120

$\therefore$ शेष राशियों का औसत $= \frac{120}{10} = 12$

सूत्र द्वारा—

शेष 10 राशियों का औसत $= \dfrac{25\times15-15\times17}{25-15}$

$= \dfrac{375-255}{10} = \dfrac{120}{10} = 12.$

12. ∴ 23 छात्रों की आयु का औसत = 16 वर्ष

∴ 23 छात्रों की आयु का योग = 23 × 16 = 368 वर्ष

∴ 23 + 1 = 24 जनों की आयु का औसत = 16 + 1 = 17 वर्ष

∴ इनकी आयु का योग = 24 × 17 = 408 वर्ष

∴ अध्यापक की आयु = 408 – 368 = 40 वर्ष।

13. ∴ 7 संख्याओं का औसत = 3

∴ 7 संख्याओं का योगफल = 7 × 3 = 21

∴ प्रथम 4 संख्याओं का औसत = 4

∴ प्रथम चार संख्याओं का योग = 4 × 4 = 16

अन्तिम 4 संख्याओं का औसत = 4

∴ अन्तिम चार संख्याओं का योग = 4 × 4 = 16

∴ चौथी संख्या होगी = 16 + 16 – 21 = 11.

14. ∵ राजू, शशि और महेश का औसत वेतन = 800 रुपये

∴ इनका कुल वेतन = 3 × 800 = 2400 रुपये

∴ शशि, महेश और प्रभा का औसत वेतन = 900 रुपये

∴ इन तीनों का कुल वेतन = 3 × 900 = 2700 रुपये

∴ प्रभा का वेतन = 900 रुपये

∴ राजू, शशि, महेश व प्रभा का कुल वेतन = 2400 + 900 = 3300 रुपये

∴ राजू का वेतन = 3300 – 2700 = 600 रुपये।

15. ∵ 73 – 37 = 36 तथा 54 – 45 = 9

∴ 5 संख्याओं के योग में कमी = 36 + 9 = 45

∴ 5 संख्याओं के औसत में कमी $= \dfrac{45}{5} = 9$

∴ वास्तविक संख्याओं का औसत = 59 + 9 = 68.

16. ∵ 8 संख्याओं का औसत = 12

∴ 8 संख्याओं का योग = 12 × 8 = 96

प्रत्येक संख्या में 2 की वृद्धि करने पर,

8 संख्याओं के योग में वृद्धि = 2 × 8 = 16

∴ नयी प्राप्त 8 संख्याओं का योग = 96 + 16 = 112

∴ नयी प्राप्त 8 संख्याओं का औसत $= \dfrac{112}{8} = 14$

नोट—यदि प्रत्येक संख्या में 2 की वृद्धि की जाए तो औसत भी 2 बढ़ जाएगा।

अतः नयी प्राप्त 8 संख्याओं का औसत = 12 + 2 = 14

इसी प्रकार, प्रत्येक संख्या में से 2 की कमी कर दी जाए, तो औसत 2 कम हो जाएगा।

17. A, B, C, D की 5 वर्ष पूर्व की औसत आयु = 45 वर्ष

∴ इन चारों की वर्तमान में औसत आयु = 45 + 5 = 50 वर्ष

∴ इन चारों की वर्तमान आयु का योग = 50 × 4 = 200 वर्ष

∴ A, B, C, D तथा E की वर्तमान औसत आयु = 49 वर्ष

∴ इनकी कुल आयु = 49 × 5 = 245 वर्ष

∴ E की वर्तमान आयु = 245 – 200 = 45 वर्ष।

18. 3 वर्ष पूर्व 5 सदस्यों की औसत आयु = 17 वर्ष

∴ वर्तमान में 5 सदस्यों की औसत आयु = 20 वर्ष

और वर्तमान में 6 सदस्यों की औसत आयु = 17 वर्ष

∴ शिशु की वर्तमान आयु = 17 × 6 – 20 × 5 = 102 – 100 = 2 वर्ष।

19. 30 छात्रों की कुल आयु = 30 × 12 = 360 वर्ष

5 छात्रों के पहले समूह की कुल आयु = 5 × 10 = 50 वर्ष

और दूसरे समूह की कुल आयु = 5 × 14 = 70 वर्ष

∴ शेष (30–55) = 20 छात्रों की कुल आयु = 360 – (50 + 70) = 240 वर्ष

∴ उनकी औसत आयु $= \dfrac{240}{20} = 12$ वर्ष।

20. प्रथम पांच अभाज्य संख्याएं = 2, 3, 5, 7, 11 हैं।

∴ उनका औसत $= \dfrac{2+3+5+7+11}{5} = \dfrac{28}{5} = 5.6.$

☆☆☆☆☆☆

8 प्रतिशत (Percentage)

1. प्रतिशत का अर्थ है–प्रत्येक सौ पर 1–इसका चिन्ह् है– %. 5% का अर्थ है–प्रत्येक सौ पर 5.
2. प्रतिशत को भिन्न में बदलने के लिए उसे 100 से भाग देते हैं। जैसे–20% = $\frac{20}{100} = \frac{1}{5}$
3. साधारण भिन्न को प्रतिशत में बदलने के लिए उसे 100 से गुणा करते हैं। जैसे–$\frac{1}{10} \times 100 = 10\%$

प्रतिशत को दशमलव में बदलने की विधि

प्रतिशत का चिह्न हटाकर बाईं ओर दो अंकों के बाद दशमलव का चिन्ह् लगाते हैं।

उदाहरण : 25% को दशमलव में बदलें।

25% = .25 (बाईं ओर दो अंकों के बाद दशमलव बिन्दु लगा दिया।)

उदाहरण : 1.5% को दशमलव में बदलिये।

1.5% = .015 (बाईं ओर दो अंकों के बाद दशमलव बिन्दु लगा दिया, यहां एक शून्य लगाकर दो अंक पूरे करने पड़े।)

दशमलव को प्रतिशत में बदलने की विधि

दशमलव बिन्दु के दाहिनी ओर दो अंक बढ़ा देते हैं और उसके बाद % का निशान लगाते हैं।

उदाहरण : .24 को प्रतिशत में बदलें।

हल : .24 = 24% (दशमलव बिन्दु के दाहिनी ओर दो अंक आगे बढ़ाने पर 24 बनेगा, अतः दशमलव बिन्दु (.) लगाने की जरूरत नहीं हैं।)

उदाहरण : .0043 को प्रतिशत में बदलें।

हल : .0043 = .43% (दशमलव बिन्दु को दाहिनी ओर दो अंक आगे बढ़ाने पर .43 बनेगा। उस पर % का निशान लगाते हैं।)

प्रश्नमाला

1. निम्नलिखित में से 20% का मान किसके बराबर होगा?
   A. $\frac{1}{4}$ B. $\frac{1}{2}$
   C. $\frac{1}{5}$ D. $\frac{1}{8}$
2. 36% का मान दशमलव भिन्न में होगा–
   A. .36 B. .036
   C. 3.6 D. .0036
3. $\frac{4}{5}$ को प्रतिशत भिन्न में बदलने पर मान होगा–
   A. 80% B. 70%
   C. 60% D. 40%
4. 36 का कितने %, 24 के बराबर होगा?
   A. $16\frac{2}{3}\%$ B. $66\frac{2}{3}\%$
   C. $11\frac{1}{9}\%$ D. $31\frac{1}{9}\%$
5. 3 मीटर का 15%, किसके बराबर होगा?
   A. 44 सेंमी B. 45 सेंमी
   C. 40 सेंमी D. 38 सेंमी
6. 26 का 18% = ?
   A. 4.88 B. 4.65
   C. 3.68 D. 4.68
7. 10% का 10% कितने % होगा?
   A. 7 B. 6
   C. 1 D. 5

8. किसी शहर की जनसंख्या 50,000 से बढ़कर 52,000 हो जाती हो, तो बताइये कितने प्रतिशत की वृद्धि होगी?

A. 3% B. 6%
C. 4% D. 5%

9. एक आदमी अपने वेतन का 75% खर्च करता है और 150 रु. मासिक बचाता है तो उसका मासिक वेतन है:

A. 750 रु. B. 600 रु.
C. 400 रु. D. 300 रु.

10. किसी विद्यालय में 97% विद्यार्थी उपस्थित थे और 18 विद्यार्थी अनुपस्थित थे। विद्यालय में कुल विद्यार्थियों की संख्या है:

A. 400 B. 450
C. 500 D. 600

11. किसी राशि का 7%, 35 रुपये है तो वह राशि ज्ञात कीजिए।

A. 550 रु. B. 700 रु.
C. 600 रु. D. 500 रु.

12. 3 किग्रा. कितने किग्रा. का 5% है:

A. 60 किग्रा. B. 50 किग्रा.
C. 65 किग्रा. D. 70 किग्रा.

13. किसी राशि का 5%, 500 रुपए के 12% के बराबर है तो राशि ज्ञात कीजिए।

A. 1100 रु. B. 1200 रु.
C. 1150 रु. D. 1250 रु.

14. अनिल ने अपनी पूंजी का 65% मशीनरी में तथा 20% कच्चा माल खरीदने में खर्च कर दिया। यदि उसके पास अब 1305 रुपये बचे हों तो उसने कितना खर्च कर दिया?

A. 7395 रु. B. 7350 रु.
C. 7390 रु. D. 7380 रु.

15. किसी पुस्तकालय में 20% पुस्तकें अंग्रेजी भाषा में हैं तथा शेष की 50% पुस्तकें हिन्दी भाषा में हैं। यदि शेष 900 पुस्तकें अन्य क्षेत्रीय भाषा में हैं तो पुस्तकालय में कुल कितनी पुस्तकें हैं?

A. 2300 B. 2250
C. 2290 D. 2280

उत्तरमाला

1	2	3	4	5	6	7	8	9	10
C	A	A	B	B	D	C	C	B	C
11	**12**	**13**	**14**	**15**					
D	A	B	A	B					

व्याख्यात्मक उत्तर

1. $\because$ $20\% = \frac{20}{100} = \frac{1}{5}$

$\therefore$ 20% का मान, $\frac{1}{5}$ के बराबर होगा।

2. $\because$ $36\% = \frac{36}{100} = .36$

$\therefore$ 36% का मान दशमलव भिन्न में .36 होगा।

3. चूंकि किसी भी साधारण या दशमलव भिन्न को प्रतिशत भिन्न में बदलने के लिए उसमें 100% से गुणा करना होता है अर्थात् $\frac{4}{5} = \frac{4}{5} \times 100\% = 80\%$

अतः $\frac{4}{5}$ का प्रतिशत भिन्न में मान = 80% होगा।

4. माना कि 36 का $x\% = 24$

$\therefore 36 \times \frac{x}{100} = 24 \Rightarrow x = \frac{24 \times 100}{36} = 66\frac{2}{3}$

अतः 36 का $66\frac{2}{3}\%$, 24 के बराबर होगा।

5. $\because$ 3 मीटर का 15% = 300 सेंमी. $\times \frac{15}{100}$ = 45 सेंमी.

[$\because$ 3 मी. = 300 सेंमी.]

अतः 3 मीटर का 15%, 45 सेंमी. के बराबर होगा।

6. $\because$ 26 का 18% $= 26 \times \frac{18}{100} = 4.68$

$\therefore$ (?) चिन्ह् के स्थान पर 4.68 होना चाहिए।

7. $\because$ 10% का 10% $= \frac{10}{100} \times \frac{10}{100} = \frac{1}{100} = 1\%$

अतः 10% का 10%, 1% के बराबर होगा।

8. प्रश्नानुसार, शहर की प्रारम्भिक जनसंख्या
$= 50,000$

तथा शहर की वर्तमान जनसंख्या = 52,000

$\therefore$ जनसंख्या में वृद्धि $= 52,000 - 50,000 = 2,000$

$\therefore$ प्रतिशत वृद्धि $= \frac{2000}{50000} \times 100 = 4\%$

अतः शहर की जनसंख्या में 4% वृद्धि होगी।

9. बचत $= 100\% - 75\% = 25\% = 150$ रु.

कुल वेतन $= \frac{100}{25} \times 150 = 600$ रु.।

10. अनुपस्थित विद्यार्थी $= 100\% - 97\%$
$= 3\% = 18$

माना कि कुल विद्यार्थियों की संख्या $= x$

तो, $x \times \frac{3}{100} = 18 \quad \therefore x = \frac{1800}{3} = 600.$

11. राशि का 7% = 35 रुपये

राशि $= \frac{35}{7\%} = \frac{35}{\frac{7}{100}} = \frac{35}{7} \times 100$

= 500 रुपये।

12. भार का 5% = 3 किग्रा.

भार $= \frac{3}{5\%} = \frac{3}{\frac{5}{100}} = \frac{3}{5} \times 100$

= 60 किग्रा. होगा।

13. 500 रुपये का 12% $= \frac{12}{100} \times 500$ रु. = 60 रुपये

$\because$ अभीष्ट राशि = 5% = 60 रुपये

$\therefore$ राशि $= \frac{60}{5\%} = \frac{60}{\frac{5}{100}} = \frac{60 \times 100}{5}$

= 1200 रुपये।

14. बची राशि की प्रतिशत संख्या
$= 100 - (65 + 20) = 15$

$\because$ 15 रुपये बचते हैं तो खर्च की हुई राशि
= 85 रुपये

$\therefore$ 1305 रुपये बचते हैं तो खर्च की हुई राशि

$= \frac{85 \times 1305}{15} = 7395$ रुपये।

15. माना कुल पुस्तकें = 100

अत: अंग्रेजी भाषा की पुस्तकें = 20 पुस्तकें

शेष पुस्तकें = 100 − 20 = 80

हिन्दी भाषा की पुस्तकें = 80 का 50%

$= 80 \times \frac{50}{100} = 40$

शेष पुस्तकें = 100 − (20 + 40) = 40 पुस्तकें।

$\because$ 40 पुस्तकें अन्य क्षेत्रीय भाषाओं की है तो कुल पुस्तकें
= 100

$\therefore$ 900 पुस्तकें अन्य क्षेत्रीय भाषाओं की है तो कुल पुस्तकें

$= \frac{100}{40} \times 900 = 2250$ पुस्तकें।

☆☆☆☆☆☆

9 साधारण ब्याज (Simple Interest)

ब्याज वह राशि है जो हमें दूसरों का धन प्रयोग करने के बदले में देनी पड़ती है। यदि यह वार्षिक देनी पड़े तो दर प्रतिशत वार्षिक कहते हैं। इस प्रकार 6% वार्षिक का अर्थ है कि 100 रु. पर 1 वर्ष में 6 रु. ब्याज है। जो धन उधार लिया जाता है उसे मूलधन कहते हैं। मूलधन और ब्याज के योग को समस्त धन (मिश्रधन) कहते हैं।

साधारण ब्याज के प्रश्नों के सूत्रः

$$\text{साधारण ब्याज} = \frac{\text{मूलधन} \times \text{दर\%} \times \text{समय (वर्षों में)}}{100}$$

समस्त धन = मूलधन + ब्याज

जब समय, दर % और ब्याज दिए गए हों तो,

$$\text{मूलधन} = \frac{\text{ब्याज} \times 100}{\text{दर} \times \text{समय}}$$

जब मूलधन, ब्याज और समय दिया गया हो तो,

$$\text{दर} = \frac{\text{ब्याज} \times 100}{\text{मूलधन} \times \text{समय}}$$

जब मूलधन, ब्याज और दर दी गई हो तो,

$$\text{समय} = \frac{\text{ब्याज} \times 100}{\text{मूलधन} \times \text{दर}}$$

प्रश्नमाला

1. किस धनराशि पर 4% वार्षिक ब्याज की दर से 5 वर्ष का साधारण ब्याज 64 रु. होगा?

A. 220 रु. B. 280 रु.
C. 320 रु. D. 300 रु.

2. 450 रु. पर 6% वार्षिक ब्याज दर से 4 मास का ब्याज कितना होगा?

A. 9 रु. B. 8 रु.
C. 6 रु. D. 5 रु.

3. कितने समय में 3600 रु. पर 6% वार्षिक दर से साधारण ब्याज 432 रु. होगा?

A. 1 वर्ष B. 2 वर्ष
C. $1\frac{1}{2}$ वर्ष D. $2\frac{1}{4}$ वर्ष

4. किस राशि पर 3% वार्षिक ब्याज की दर से 2 वर्ष का ब्याज 36 रु. होगा?

A. 500 रु. B. 575 रु.
C. 590 रु. D. 600 रु.

5. ब्याज की किस दर से कोई राशि 16 वर्षों में दोगुनी हो जाएगी?

A. $5\frac{1}{2}$ वर्ष B. $6\frac{1}{4}$ वर्ष
C. $4\frac{1}{3}$ वर्ष D. $2\frac{1}{2}$ वर्ष

6. 5000 रु. की राशि पर 10% वार्षिक दर से 5 वर्ष का साधारण ब्याज कितना होगा?

A. 2200 रु. B. 2500 रु.
C. 2300 रु. D. 2600 रु.

7. किस राशि का 6% वार्षिक ब्याज दर से 10 वर्ष का साधारण ब्याज 3 रु. होगा?

A. 4 रु. B. 8 रु.
C. 5 रु. D. 6 रु.

8. कितने वर्षों में कोई राशि 10% वार्षिक दर से अपने से दोगुनी हो जाएगी?

A. 10 वर्ष B. 8 वर्ष
C. 5 वर्ष D. 12 वर्ष

9. किस राशि का 5% दर से 5 वर्ष का साधारण ब्याज 80 रु. होगा?

A. 330 रु. B. 320 रु.
C. 340 रु. D. 380 रु.

10. यदि 5000 रु. पर 2 वर्ष का साधारण ब्याज 500 रु. हो, तो समस्त धन अर्थात् मिश्रधन कितना होगा?

A. 5600 रु. B. 5800 रु.
C. 5500 रु. D. 6000 रु.

11. 2000 रुपये पर $6\frac{1}{2}$ प्रतिशत वार्षिक ब्याज की दर से 8 महीने का साधारण ब्याज ज्ञात कीजिए।

A. $86\frac{2}{3}$ रु. B. $86\frac{3}{4}$ रु.
C. $86\frac{1}{3}$ रु. D. $86\frac{1}{2}$ रु.

12. कितने समय में 450 रुपये का 8% वार्षिक ब्याज की दर से साधारण ब्याज 90 रुपये हो जाएगा?

A. 2 वर्ष B. $2\frac{3}{4}$ वर्ष
C. $2\frac{1}{2}$ वर्ष D. 3 वर्ष

13. घनश्याम ने 2000 रुपये अपने मित्र से 5% सालाना ब्याज पर लिए और उसने पूरा पैसा 8 माह बाद चुका दिया। बताइये उसने कुल कितना धन चुकाया?

A. 2060.66 रु. B. 2066.66 रु.
C. 2066 रु. D. 2060 रु.

14. एक आदमी ने 600 रुपये 6 प्रतिशत वार्षिक ब्याज पर उधार लिए। 5 वर्ष बाद उसने 300 रुपये कीमत की एक घड़ी व कुछ धन उसको लौटाया तो बताओ उसने कितना धन लौटाया।

A. 480 रु. B. 485 रु.
C. 490 रु. D. 500 रु.

15. एक व्यक्ति अपने मित्र से 1000 रुपये 5% वार्षिक ब्याज की दर से उधार लेता है, तीन वर्ष बाद वह उसे 500 रुपये नकद व एक रेडियो सैट लौटाता है तो रेडियो सेट की कीमत बताइये।

A. 675 रु. B. 600 रु.
C. 650 रु. D. 625 रु.

उत्तरमाला

1	2	3	4	5	6	7	8	9	10
C	A	B	D	B	B	C	A	B	C
11	**12**	**13**	**14**	**15**					
A	C	B	A	C					

व्याख्यात्मक उत्तर

1. ∵ साधारण ब्याज = 64 रु., समय = 5 वर्ष तथा दर = 4%

∴ $\text{मूलधन (धनराशि)} = \frac{\text{साधारण ब्याज} \times 100}{\text{समय} \times \text{दर}}$

$= \frac{64 \times 100}{5 \times 4} = 320$ रु.।

2. ∵ मूलधन = 450 रु., दर = 6% वार्षिक, समय = 4 मास

$= \frac{1}{3}$ वर्ष

∴ $\text{साधारण ब्याज} = \frac{\text{मूलधन} \times \text{समय} \times \text{दर}}{100}$

$= \frac{450 \times \frac{1}{3} \times 6}{100} = 9$ रु.।

3. ∵ $\text{समय} = \frac{\text{साधारण ब्याज} \times 100}{\text{मूलधन} \times \text{दर}} = \frac{432 \times 100}{6 \times 3600}$

$= 2$ वर्ष।

4. ∵ मूलधन =

$\frac{\text{साधारण ब्याज} \times 100}{\text{समय} \times \text{दर}} = \frac{36 \times 100}{2 \times 3} = 600$ रु.।

5. $\because$ माना कि वह राशि = 100 रु.

प्रश्नानुसार, 16 वर्षों बाद मिश्रधन = 200 रु.

$\therefore$ साधारण ब्याज = मिश्रधन – मूलधन (राशि)

= 200 – 100 = 100 रु.

$\therefore$ दर = $\frac{\text{साधारण ब्याज} \times 100}{\text{मूलधन} \times \text{समय}}$

$= \frac{100 \times 100}{100 \times 16} = 6\frac{1}{4}\%$ ।

6. $\because$ साधारण ब्याज = $\frac{\text{मूलधन} \times \text{समय} \times \text{दर}}{100}$

$= \frac{5000 \times 5 \times 10}{100} = 2500$ रु. ।

7. $\because$ मूलधन (राशि) = $\frac{\text{साधारण ब्याज} \times 100}{\text{समय} \times \text{दर}}$

$= \frac{3 \times 100}{10 \times 6} = 5$ रु. ।

8. $\because$ माना कि वह राशि = 100 रु. तथा मिश्रधन

= 2 × 100 = 200 रु.

$\therefore$ साधारण ब्याज = 200 – 100 = 100 रु.,

दर = 10%

$\therefore$ समय = $\frac{\text{साधारण ब्याज} \times 100}{\text{मूलधन (राशि)} \times \text{दर}}$

$= \frac{100 \times 100}{100 \times 10} = 10$ वर्ष ।

9. $\because$ मूलधन (राशि) = $\frac{\text{साधारण ब्याज} \times 100}{\text{समय} \times \text{दर}}$

$= \frac{80 \times 100}{5 \times 5} = 320$ रु. ।

10. $\because$ समस्त धन अर्थात् मिश्रधन

= मूलधन + साधारण ब्याज

= 5000 + 500 = 5500 रु. ।

11. दर $6\frac{1}{2} = \frac{13}{2}\%$

समय = 8 महीने $= \frac{8}{12}$ वर्ष $= \frac{2}{3}$ वर्ष

साधारण ब्याज = $\frac{\text{मूलधन} \times \text{दर} \times \text{समय}}{100}$

$= \frac{2000 \times 13 \times 2}{100 \times 2 \times 3}$

$= \frac{260}{3} = 86\frac{2}{3}$ रुपये ।

12. समय = $\frac{\text{साधारण ब्याज} \times 100}{\text{मूलधन} \times \text{दर}}$

$= \frac{90 \times 100}{450 \times 8} = \frac{5}{2}$ वर्ष

$= 2\frac{1}{2}$ वर्ष ।

13. समय = 8 माह $= \frac{8}{12}$ वर्ष $= \frac{2}{3}$ वर्ष

साधारण ब्याज = $\frac{\text{मूलधन} \times \text{दर} \times \text{समय}}{100}$

$= \frac{2000 \times 2 \times 5}{3 \times 100} = \frac{200}{3}$ रुपये

मिश्रधन = मूलधन + साधारण ब्याज

$= \frac{2000}{1} + \frac{200}{3}$

$= \frac{6000 + 200}{3}$

$= \frac{6200}{3}$ रुपये

= 2066.66 रुपये ।

14. 600 रुपये का 6% वार्षिक ब्याज से 5 वर्ष का ब्याज

$= \frac{600 \times 6 \times 5}{100} = 180$ रुपये

मिश्रधन = 600 + 180 = 780 रुपये

अत: उसको 780 रुपये लौटाने चाहिए थे, परन्तु 300 रु. की घड़ी उसने उसे दी तो उसका अतिरिक्त धन

= 780 – 300 = 480 रुपये ।

15. 1000 रुपये का 5% दर से 3 वर्ष का ब्याज

$= \frac{1000 \times 5 \times 3}{100} = 150$ रुपये

मिश्रधन = मूलधन + ब्याज = 1000 + 150 = 1150 रुपये, अर्थात् उसको 1150 रुपये लौटाने चाहिए।

रेडियो सेट की कीमत = 1150 – 500 = 650 रुपये ।

☆☆☆☆☆☆

10 चक्रवृद्धि ब्याज (Compound Interest)

ब्याज की वह गणना, जिसमें ब्याज को मूलधन में जोड़कर प्राप्त मिश्रधन पर ब्याज लगाया जाए, **चक्रवृद्धि ब्याज** कहलाती है।

महत्वपूर्ण सूत्र :

1. चक्रवृद्धि मिश्रधन = मूलधन $\left(1+\frac{\text{दर}}{100}\right)^{\text{समय वर्ष में}}$
2. चक्रवृद्धि ब्याज = चक्रवृद्धि मिश्रधन – मूलधन

   = मूलधन $\left[\left(1+\frac{\text{दर}}{100}\right)^{\text{समय}}-1\right]$
3. यदि चक्रवृद्धि ब्याज की दर प्रत्येक वर्ष में बदल रही हो तो —

   मिश्रधन = मूलधन $\left(1+\frac{(\text{दर})\ 1}{100}\right)\left(1+\frac{(\text{दर})\ 2}{100}\right)\left(1+\frac{(\text{दर})\ 3}{100}\right)$

   [∴ समय, प्रत्येक दर के लिए 1 वर्ष है]
4. (*i*) यदि ब्याज की गणना **अर्द्धवार्षिक** है तो दर आधी तथा समय दुगुना कर दिया जाता है।

   (*ii*) यदि ब्याज की गणना त्रैमासिक है तो दर को 4 से भाग तथा समय को 4 से गुणा करते हैं।

नोट : एक वर्ष के लिए साधारण ब्याज तथा चक्रवृद्धि ब्याज बराबर होते हैं, जबकि ब्याज की दर वार्षिक हो।

प्रश्नमाला

1. 400 रु. की राशि पर 5% प्रतिवर्ष की दर से 2 वर्ष का चक्रवृद्धि ब्याज कितना होगा?

A. 40 रु. B. 41 रु.
C. 42 रु. D. 43 रु.

2. किसी राशि पर 6% चक्रवृद्धि ब्याज की दर से पहले वर्ष का ब्याज 60 रु. है, तो दूसरे वर्ष का ब्याज कितना होगा?

A. 120 रु. B. 66.60 रु.
C. 63.60 रु. D. 63 रु.

3. वह धनराशि ज्ञात करो, जिसका 5% ब्याज की दर से 2 वर्ष का चक्रवृद्धि ब्याज तथा साधारण ब्याज का अन्तर 3 रु. हो?

A. 1400 रु. B. 1500 रु.
C. 1350 रु. D. 1200 रु.

4. किस धन का 10% प्रतिवर्ष चक्रवृद्धि ब्याज की दर से 3 वर्ष में मिश्रधन 1331 रु. होगा?

A. 2000 रु. B. 1500 रु.
C. 1000 रु. D. 800 रु.

5. 2500 रु. का 6% ब्याज की दर से 2 वर्ष का चक्रवृद्धि ब्याज कितना होगा?

A. 306 रु. B. 150 रु.
C. 309 रु. D. 300 रु.

6. कोई राशि चक्रवृद्धि ब्याज की दर से 2 वर्ष में चार गुनी हो जाती है, तो कितने वर्ष में वह राशि 8 गुनी हो जायेगी?

A. 4 वर्ष B. $2\frac{1}{2}$ वर्ष
C. 3 वर्ष D. $3\frac{1}{2}$ वर्ष

7. 2400 रुपये पर 5% प्रतिवर्ष ब्याज की दर से 2 वर्ष में साधारण ब्याज तथा चक्रवृद्धि ब्याज का अन्तर होगा?

A. 8 रु. B. 10 रु.
C. 9 रु. D. 6 रु.

8. 8000 रु. की राशि पर 5% प्रतिवर्ष ब्याज की दर से 3 वर्ष का चक्रवृद्धि ब्याज कितना होगा?

A. 1361 रु. B. 1261 रु.
C. 1141 रु. D. 1241 रु.

9. 2000 रु. का 2 वर्ष में किस चक्रवृद्धि ब्याज की दर से मिश्रधन 2205 रु. हो जायेगा?

A. 3% B. 4%
C. 5% D. 6%

10. 3200 रु. का 10% प्रतिवर्ष चक्रवृद्धि ब्याज की दर से कितने समय में चक्रवृद्धि ब्याज 672 रु. हो जायेगा?

A. $2\frac{1}{2}$ वर्ष B. $1\frac{1}{2}$ वर्ष

C. 2 वर्ष D. $3\frac{1}{2}$ वर्ष

11. किसी राशि का 6% वार्षिक ब्याज की दर से 2 वर्ष का साधारण ब्याज 300 रु. है, तो उसी राशि का उसी दर से उतने ही समय में चक्रवृद्धि ब्याज कितना होगा?

A. 306 रु. B. 309 रु.

C. 308 रु. D. 300 रु.

12. 3600 रु. का 2 वर्ष का साधारण ब्याज 216 रु. है। यदि ब्याज की दर 2% अधिक कर दी जाये तो इसी धनराशि पर इतने ही समय के लिए चक्रवृद्धि ब्याज क्या होगा?

A. 369 रु. B. 400 रु.

C. 380 रु. D. 375 रु.

13. किसी राशि पर 2 वर्ष का साधारण ब्याज 100 रु. तथा चक्रवृद्धि ब्याज 103 रु. है, तो उस राशि पर ब्याज की वार्षिक दर कितने प्रतिशत होगी?

A. 2% B. 8%

C. 6% D. 10%

14. यदि ब्याज छमाही देय हो तो 1500 रु. का 4% वार्षिक ब्याज की दर से एक वर्ष का चक्रवृद्धि ब्याज कितना होगा?

A. 60.60 रु. B. 62 रु.

C. 63 रु. D. 64 रु.

15. यदि किसी धनराशि का 5% चक्रवृद्धि ब्याज की दर से पहले वर्ष का ब्याज 400 रु. है, तो उस राशि का तीसरे वर्ष का ब्याज कितना होगा?

A. 1261 रु. B. 1461 रु.

C. 1562 रु. D. 1462 रु.

उत्तरमाला

1	2	3	4	5	6	7	8	9	10
B	C	D	C	C	C	D	B	C	C
11	**12**	**13**	**14**	**15**					
B	A	C	A	A					

व्याख्यात्मक उत्तर

1. मूलधन = 400 रु., दर = 5%, समय = 2 वर्ष

$$\therefore \text{चक्रवृद्धि ब्याज} = \text{मूलधन}\left[\left(1+\frac{\text{दर}}{100}\right)^{\text{समय}}-1\right]$$

$$\therefore \text{चक्रवृद्धि ब्याज} = 400\left[\left(1+\frac{5}{100}\right)^2-1\right]$$

$$= 400\left[\left(\frac{21}{20}\right)^2-1\right] = 400\left[\frac{21}{20}\times\frac{21}{20}-1\right]$$

$$= 400\times\frac{41}{400} = 41 \text{ रु.}$$

2. पहले वर्ष का साधारण ब्याज तथा चक्रवृद्धि ब्याज बराबर होगा

$$\therefore 60 = \frac{\text{मूलधन}\times 6\times 1}{100}$$

$\therefore$ मूलधन = 1000 रु.

$\therefore$ दूसरे वर्ष के लिए मूलधन = 1000 + 60 = 1060 रु.

$$\therefore \text{ब्याज} = \frac{1060\times 6\times 1}{100} = 63.60 \text{ रु.}$$

3. माना कि धनराशि x रु. है।

$\therefore$ 5% वार्षिक ब्याज की दर से 2 वर्ष का साधारण ब्याज

$$= \frac{x\times 5\times 2}{100} = \frac{x}{10} \text{ रु.}$$

तथा चक्रवृद्धि ब्याज

$$= x\left[\left(1+\frac{5}{100}\right)^2-1\right] = x\left[\left(\frac{21}{20}\right)^2-1\right]$$

$$= x\left[\frac{21}{20}\times\frac{21}{20}-1\right]=\frac{x\times 41}{400} \text{ रु.}$$

प्रश्नानुसार—

$$\frac{41x}{400}-\frac{x}{10}=3$$

$\therefore 41x - 40x = 400 \times 3$ या $x = 1200$ रु.

अत: वह धनराशि 1200 रु. है।

4. माना वह धनराशि x रु. है

$$\therefore \text{मिश्रधन} = \text{मूलधन}\left(1+\frac{\text{दर}}{100}\right)^{\text{समय}}$$

$$\text{या } 1331 = x\left(1+\frac{10}{100}\right)^3$$

$$\therefore 1331 = x\times\frac{11}{10}\times\frac{11}{10}\times\frac{11}{10}$$

$$\therefore x = \frac{1331\times10\times10\times10}{11\times11\times11} = 1000 \text{ रु.}$$

5. $$\text{चक्रवृद्धि ब्याज} = 2500\left[\left(1+\frac{6}{100}\right)^2-1\right]$$

$$= 2500\left[\left(\frac{53}{50}\right)^2-1\right]$$

$$= 2500\left[\frac{53}{50}\times\frac{53}{50}-1\right]$$

$$= 2500\left[\frac{2809-2500}{2500}\right] = \frac{2500\times309}{2500} = 309 \text{ रु.}$$

6. माना वह राशि x रु. है

$$\therefore \text{मिश्रधन} = \text{मूलधन}\left(1+\frac{\text{दर}}{100}\right)^{\text{समय}}$$

प्रश्नानुसार—

$$\therefore 4x = x\left(1+\frac{\text{दर}}{100}\right)^2 \text{ या } 4 = \left(1+\frac{\text{दर}}{100}\right)^2$$

$$\text{या } (2)^2 = \left(1+\frac{\text{दर}}{100}\right)^2 \text{ या } 2 = \left(1+\frac{\text{दर}}{100}\right)$$

$\therefore$ मिश्रधन को 8 गुना करने के लिए

$$\therefore (2)^3 = \left(1+\frac{\text{दर}}{100}\right)^3$$

$$\therefore 8 = \left(1+\frac{\text{दर}}{100}\right)^3$$

अत : स्पष्ट है कि मिश्रधन को 8 गुना होने में लगा समय = 3 वर्ष

7. $$\text{साधारण ब्याज} = \frac{2400\times5\times2}{100} = 240 \text{ रु.}$$

$$\text{चक्रवृद्धि ब्याज} = 2400\left[\left(1+\frac{5}{100}\right)^2-1\right]$$

$$= 2400\left[\frac{21}{20}\times\frac{21}{20}-1\right] = \frac{2400\times41}{400} = 246 \text{ रु.}$$

$\therefore$ अन्तर = 246 – 240 = 6 रु.

8. $$\text{चक्रवृद्धि ब्याज} = 8000\left[\left(1+\frac{5}{100}\right)^3-1\right]$$

$$= 8000\left[\frac{21}{20}\times\frac{21}{20}\times\frac{21}{20}-1\right]$$

$$= 8000\left[\frac{9261-8000}{8000}\right] = \frac{8000\times1261}{8000} = 1261 \text{ रु.}$$

9. $$2205 = 2000\left(1+\frac{\text{दर}}{100}\right)^2$$

$$\text{या } \frac{2205}{2000} = \left(1+\frac{\text{दर}}{100}\right)^2 \text{ या } \frac{441}{400} = \left(1+\frac{\text{दर}}{100}\right)^2$$

$$\text{या } \left(\frac{21}{20}\right)^2 = \left(1+\frac{\text{दर}}{100}\right)^2 \text{ या } \frac{21}{20} - 1 + \frac{\text{दर}}{100}$$

$$\frac{\text{दर}}{100} = \frac{21}{20} - 1 = \frac{1}{20} \text{ या दर } = \frac{100}{20} = 5\%$$

10. मूलधन = 3200 रु., चक्रवृद्धि ब्याज = 672 रु.

$\therefore$ चक्रवृद्धि मिश्रधन = मूलधन + चक्रवृद्धि ब्याज

= 3200 + 672 = 3872 रु.

$$\therefore \text{चक्रवृद्धि मिश्रधन} = \text{मूलधन}\left(1+\frac{\text{दर}}{100}\right)^{\text{समय}}$$

$$\therefore 3872 = 3200\left(1+\frac{10}{100}\right)^{\text{समय}}$$

या $\frac{3872}{3200} = \left(\frac{11}{10}\right)^{\text{समय}}$ या $\frac{121}{100} = \left(\frac{11}{10}\right)^{\text{समय}}$

या $\left(\frac{11}{10}\right)^2 = \left(\frac{11}{10}\right)^{\text{समय}}$

$\therefore$ समय = 2 वर्ष

11. माना वह धनराशि x रु. है

$\therefore 300 = \frac{x \times 6 \times 2}{100}$ या $x = 2500$ रु.

$\therefore$ चक्रवृद्धि ब्याज $= 2500 \left[\left(1+\frac{6}{100}\right)^2 - 1\right]$

$= 2500 \left[\frac{53}{50} \times \frac{53}{50} - 1\right]$

$= 2500 \left[\frac{2809 - 2500}{2500}\right]$

$= \frac{2500 \times 309}{2500} = 309$ रु.

12. $\therefore$ साधारण ब्याज $= \frac{\text{मूलधन} \times \text{दर} \times \text{समय}}{100}$

$\therefore 216 = \frac{3600 \times \text{दर} \times 2}{100}$

$\therefore$ दर $= \frac{216 \times 100}{3600 \times 2} = 3\%$

प्रश्नानुसार—

नयी दर = $(3 + 2)\% = 5\%$

$\therefore$ चक्रवृद्धि ब्याज $= 3600 \left[\left(1+\frac{5}{100}\right)^2 - 1\right]$

$= 3600 \left[\frac{21}{20} \times \frac{21}{20} - 1\right] = \frac{3600 \times 41}{400} = 369$ रु.

13. माना किसी राशि पर ब्याज की दर $x\%$ है

$\therefore$ 2 वर्ष का साधारण ब्याज = 100 रु.

$\therefore$ 1 वर्ष का साधारण ब्याज = 50 रु.

चूंकि पहले वर्ष का साधारण ब्याज तथा चक्रवृद्धि ब्याज बराबर होता है

$\therefore$ पहले वर्ष का चक्रवृद्धि ब्याज = 50 रु.

$\therefore$ दूसरे वर्ष का चक्रवृद्धि ब्याज = 103 − 50 = 53 रु.

$\therefore$ दूसरे वर्ष का चक्रवृद्धि ब्याज = पहले वर्ष का ब्याज + पहले वर्ष के ब्याज पर ब्याज

या 53 = 50 + 50 रु. का $x\%$

या $3 = \frac{50 \times x}{100}$ या $3 = \frac{x}{2}$

$\therefore x = 6$

अतः ब्याज की दर = 6% होगी।

14. दर $= \frac{4}{2}\% = 2\%$, समय = 1 वर्ष = 2 छमाही

$\therefore$ चक्रवृद्धि ब्याज $= 1500 \left[\left(1+\frac{2}{100}\right)^2 - 1\right]$

$= 1500 \left[\frac{51}{50} \times \frac{51}{50} - 1\right] = \frac{1500 \times 101}{50 \times 50} = 60.60$ रु.

15. $\therefore 400 = \frac{\text{मूलधन} \times 5 \times 1}{100}$

$\therefore$ मूलधन = 8000 रु.

$\therefore$ चक्रवृद्धि ब्याज $= 8000 \left[\left(1+\frac{5}{100}\right)^3 - 1\right]$

$= 8000 \left[\frac{21}{20} \times \frac{21}{20} \times \frac{21}{20} - 1\right]$

$= 8000 \left[\frac{9261 - 8000}{8000}\right] = \frac{8000 \times 1261}{8000} = 1261$ रु.

☆☆☆☆☆☆

11 लाभ तथा हानि (Profit and Loss)

लाभ और हानि शब्द साधारणतया व्यापार में इस्तेमाल किए जाते हैं। प्रत्येक व्यापार का उद्देश्य लाभ कमाना होता है। लाभ और हानि से संबंधित सभी तरह के प्रश्नों को हल करने से पहले निम्नलिखित बातों को जानना आवश्यक है।

1. कोई वस्तु जिस मूल्य पर खरीदी जाती है उसे उस वस्तु का **लागत मूल्य** या **क्रय मूल्य** (Cost Price) कहते हैं। इसे क्रय मूल्य (C.P.) द्वारा भी निर्दिष्ट किया जाता है।
2. कोई वस्तु जिस मूल्य पर बेची जाती है, उसे उस वस्तु का **विक्रय मूल्य** (Sale Price) कहते हैं। इसे विक्रय मूल्य (S.P.) द्वारा भी निर्दिष्ट किया जाता है।
3. यदि वस्तु का क्रय मूल्य (Cost Price), वस्तु के विक्रय मूल्य (Sale Price) से अधिक हो तो उस वस्तु पर हमेशा **हानि** होगी। अर्थात्

   हानि = क्रय मूल्य − विक्रय मूल्य
4. यदि किसी वस्तु का विक्रय मूल्य (Sale Price) वस्तु के क्रय मूल्य (Cost Price) से अधिक हो तो उस वस्तु पर हमेशा **लाभ** होगा। अर्थात्

   लाभ = विक्रय मूल्य − क्रय मूल्य
5. लाभ और हानि दो प्रकार से व्यक्त किए जाते हैं:

   (i) रुपयों में; *(ii)* प्रतिशत में।

उदाहरण : यदि किसी वस्तु का क्रय मूल्य 100 रु. तथा उसका विक्रय मूल्य 95 रु. हो तो वस्तु पर लाभ या हानि कितनी होगी?

हल : चूंकि वस्तु का क्रय मूल्य और उसके विक्रय मूल्य से अधिक है, इसलिए वस्तु पर हानि होगी। अर्थात् हानि = क्रय मूल्य − विक्रय मूल्य = 100 − 95 = 5 रु. हानि।

उपरोक्त उदाहरण में हमने वस्तु पर लाभ और हानि को रुपयों में समझाया है। अब हम लाभ-हानि को प्रतिशत में व्यक्त करते हैं। लाभ-हानि को प्रतिशत लाभ और प्रतिशत हानि में बदलने के लिए निम्नलिखित सूत्रों को याद रखें।

1. $\text{लाभ\%} = \dfrac{\text{लाभ} \times 100}{\text{क्रय मूल्य}}$

2. $\text{हानि\%} = \dfrac{\text{हानि} \times 100}{\text{क्रय मूल्य}}$

लाभ-हानि को **प्रतिशत लाभ** और **हानि** में बदलने के लिए नीचे कुछ उदाहरणों द्वारा समझाया गया है।

उदाहरण 1. यदि किसी वस्तु को 20 रु. में खरीदकर उसे 25 रु. में बेच दिया हो तो उस वस्तु पर कितने प्रतिशत लाभ या हानि होगी?

हल : चूंकि वस्तु का क्रय मूल्य वस्तु के विक्रय मूल्य से कम है इसलिए वस्तु पर लाभ होगा।

अर्थात्, लाभ = विक्रय मूल्य − क्रय मूल्य = 25 − 20 = 5 रु.

$$\therefore \text{ प्रतिशत लाभ} = \frac{\text{लाभ} \times 100}{\text{क्रय गूल्य}} = \frac{5 \times 100}{20} = 25\%$$

उदाहरण 2. एक किताब का अंकित मूल्य 64 रु. है। यदि उसे 48 रु. में बेचा जाता है तो कितने प्रतिशत हानि होगी?

हल : किताब का क्रय मूल्य = 64 रु.

तथा किताब का विक्रय मूल्य = 48 रु.

हानि = क्रय मूल्य − विक्रय मूल्य = 64 − 48 = 16 रु.

$$\text{हानि\%} = \frac{\text{हानि} \times 100}{\text{क्रय मूल्य}} = \frac{16 \times 100}{64} = 25\%$$

प्रश्नमाला

1. एक आदमी कोई वस्तु 25 रु. में खरीदकर 30 रु. में बेचता है। तो बताइये उसका लाभ क्या होगा?

A. 6 रु. B. 7.50 रु.
C. 5 रु. D. 8.10 रु.

2. यदि 15 रु. वाली कोई वस्तु 12 रु. में बेच दी जाए, तो कितने प्रतिशत हानि होगी?

A. 20% B. 16%
C. 22% D. 25%

3. यदि किसी वस्तु को 21 रु. में बेचने पर 12% का लाभ होता हो तो बताइये उस वस्तु का क्रय मूल्य कितना होगा?

A. 15.50 रु. B. 20.15 रु.
C. 18.75 रु. D. 17.50 रु.

4. यदि किसी वस्तु को 2040 रु. में बेचने पर 15% की हानि होती हो तो बताइये उस वस्तु का क्रय मूल्य कितना होगा?

A. 2300 रु. B. 2400 रु.
C. 2475 रु. D. 2800 रु.

5. एक वस्तु का क्रय मूल्य 150 रु. है। यदि इसे 13% लाभ पर बेचा जाए तो बताइये वस्तु का विक्रय मूल्य कितना होगा?

A. 170.75 रु. B. 169.50 रु.
C. 160.50 रु. D. 174.75 रु.

6. किसी वस्तु को 250 रु. में खरीदकर 300 रु. में बेच दिया गया। बताइये उस पर कितने प्रतिशत लाभ हुआ?

A. 16% B. 20%
C. 18% D. 17%

7. एक वस्तु को 38 रु. में बेचने पर 5% हानि होती है। यदि इसे 42 रु. में बेचा जाए तो कितने प्रतिशत लाभ या हानि होगी?

A. 6% लाभ B. 5% लाभ
C. 8% हानि D. 4% हानि

8. यदि किसी वस्तु को 5% हानि पर बेचने पर 3990 रु. मिले हों, तो उस वस्तु का क्रय मूल्य कितना होगा?

A. 4100 रु. B. 4200 रु.
C. 3890 रु. D. 4400 रु.

9. यदि 10 पेनों का क्रय मूल्य, 8 पेनों के विक्रय मूल्य के बराबर हो तो प्रतिशत लाभ कितना होगा?

A. 20% B. 16%
C. 25% D. 30%

10. राम ने एक टी.वी. 2475 रु. में खरीद कर उसे 3090 रु. में बेच दिया हो तो उसे कितने प्रतिशत लाभ हुआ?

A. 23.8% B. 34.5%
C. 37.6% D. 24.8%

11. एक फल विक्रेता ने 20 दर्जन केले 100 रुपये में खरीदकर 6 रुपये प्रति दर्जन के भाव से बेच दिए। उसका लाभ अथवा हानि ज्ञात करो।

A. 20 रु. B. 30 रु.
C. 25 रु. D. 35 रु.

12. एक ठेकेदार ने 7500 रुपये में एक खाली जमीन खरीदी और उस पर 2,65,000 रुपये खर्च कर मकान तैयार किया। यदि अब उस मकान को 3,25,000 रु. में बेच दिया तो उसका लाभ अथवा हानि ज्ञात करो।

A. 15550 रु. हानि B. 15550 रु. लाभ
C. 15000 रु. हानि D. 15000 रु. लाभ

13. सलमा ने एक मोटर साइकिल 25,250 रुपये में खरीदी। उस पर 750 का सामान लगाया। बाद में रकम की आवश्यकता पड़ने पर उसे 500 रुपये की हानि से बेच दिया। बताइये मोटर साइकिल कितने में बेची गयी?

A. 22550 रु. B. 22225 रु.
C. 22000 रु. D. 22500 रु.

14. एक दुकानदार ने 50 पुस्तकें 70 रुपये के हिसाब से खरीदीं। उसमें से 5 पुस्तकों में प्रकाशन की खामी के कारण बिक न सकी। शेष पुस्तकों को 80 रुपये के हिसाब से बेचने पर उसका लाभ या हानि ज्ञात करो।

A. 100 रु. हानि B. 100 रु. लाभ
C. 150 रु. लाभ D. 150 रु. हानि

15. सलमान ने एक पुरानी साइकिल 500 रुपये में खरीदी। उसे ठीक कराने में 20 रुपये खर्च किए तथा 50 रुपये का नया सामान डलवाया। सलमान ने वह साइकिल 600 रुपये में बेच दी तो उसे कितना लाभ अथवा हानि हुई?

A. 25 रु. B. 20 रु.
C. 30 रु. D. 35 रु.

उत्तरमाला

1	2	3	4	5	6	7	8	9	10
C	A	C	B	B	B	B	B	C	D
11	**12**	**13**	**14**	**15**					
A	C	D	B	C					

व्याख्यात्मक उत्तर

1. $\because$ वस्तु का विक्रय मूल्य, उसके क्रय मूल्य से अधिक है।

$\therefore$ लाभ = विक्रय मूल्य – क्रय मूल्य

= 30 – 25 = 5 रु.।

2. $\because$ वस्तु का क्रय मूल्य, उसके विक्रय मूल्य से अधिक है।

$\therefore$ हानि = क्रय मूल्य – विक्रय मूल्य

= 15 – 12 = 3 रु.

$\therefore$ प्रतिशत हानि = $\dfrac{\text{हानि} \times 100}{\text{क्रय मूल्य}}$

$= \dfrac{3\times100}{15} = 20\%.$

3. $\because$ वस्तु का विक्रय मूल्य = 21 रु. तथा लाभ %

= 12%

$\therefore$ क्रय मूल्य = विक्रय मूल्य $\left(\dfrac{100}{100+\text{लाभ}\%}\right)$

$= 21\left(\dfrac{100}{100+12}\right) = \dfrac{21\times100}{112} = 18.75$ रु.।

4. $\because$ वस्तु का विक्रय मूल्य = 2040 रु.

तथा हानि % = 15%

$\therefore$ क्रय मूल्य = विक्रय मूल्य $\left(\dfrac{100}{100-\%\text{हानि}}\right)$

$= 2040\left(\dfrac{100}{100-15}\right) = \dfrac{2040\times100}{85} = 2400$ रु.।

5. $\because$ वस्तु का क्रय मूल्य = 150 रु. तथा

लाभ % = 13%

$\therefore$ वस्तु का विक्रय मूल्य

= क्रय मूल्य $\left(\dfrac{100+\text{ लाभ}\%}{100}\right)$

$= 150 \times \left(\dfrac{100+13}{100}\right)$

$= \dfrac{150\times113}{100} = 169.50$ रु.।

6. $\because$ वस्तु का क्रय मूल्य = 250 रु.

तथा वस्तु का विक्रय मूल्य = 300 रु.

$\therefore$ लाभ = 300 – 250 = 50 रु.

$\therefore$ प्रतिशत लाभ = $\dfrac{\text{लाभ}\times100}{\text{क्रय मूल्य}} = \dfrac{50\times100}{250} = 20\%.$

7. पहली स्थिति में, वस्तु का विक्रय मूल्य = 38 रु., हानि % = 5%

$\therefore$ वस्तु का क्रय मूल्य

= विक्रय मूल्य $\left(\dfrac{100}{100-\text{हानि}\%}\right)$

$= 38\left(\dfrac{100}{100-5}\right) = \dfrac{38\times100}{95} = 40$ रु.

दूसरी स्थिति में, क्रय मूल्य = 40 रु.,

विक्रय मूल्य = 42 रु.

$\therefore$ लाभ = विक्रय मूल्य – क्रय मूल्य

= 42 – 40 = 2 रु.

$\therefore$ प्रतिशत लाभ = $\dfrac{\text{लाभ}\times100}{\text{क्रय मूल्य}} = \left(\dfrac{2\times100}{40}\right)$

= 5%.

8. $\therefore$ वस्तु का विक्रय मूल्य = 3990 रु., तथा
हानि % = 5%

$\therefore$ वस्तु का क्रय मूल्य

$$= \text{विक्रय मूल्य} \left(\frac{100}{100-5}\right)$$

$$= 3990 \times \frac{100}{95} = 4200 \text{ रु.।}$$

9. माना कि 10 पेनों का क्रय मूल्य = x रु.
प्रश्नानुसार, 8 पेनों का विक्रय मूल्य = x रु.

$\therefore$ 1 पेन का क्रय मूल्य = $\frac{x}{10}$ रु.

तथा 1 पेन का विक्रय मूल्य = $\frac{x}{8}$ रु.

$\therefore$ लाभ = विक्रय मूल्य – क्रय मूल्य

$$= \frac{x}{8} - \frac{x}{10} = \frac{x}{40} \text{ रु.}$$

$$\therefore \text{ प्रतिशत लाभ} = \frac{\text{लाभ} \times 100}{\text{क्रय मूल्य}} = \frac{\frac{x}{40} \times 100}{\frac{x}{10}} = 25\%.$$

10. $\because$ टी.वी. का खरीद मूल्य या क्रय मूल्य = 2475 रु.
तथा विक्रय मूल्य = 3090 रु.

लाभ = विक्रय मूल्य – क्रय मूल्य
= 3090 – 2475 = 615 रु.

$$\text{प्रतिशत लाभ} = \frac{\text{हानि} \times 100}{\text{क्रय मूल्य}}$$

$$= \frac{615 \times 100}{2475}$$

= 24.8%.

11. 20 दर्जन केलों का क्रय मूल्य = 100 रुपये
20 दर्जन केलों का विक्रय मूल्य
= 6 × 20 = 120 रुपये
लाभ = विक्रय मूल्य – क्रय मूल्य
= 120 – 100 = 20 रुपये लाभ।

12. ठेकेदार का वास्तविक क्रय मूल्य
= 75000 + 2,65,000
= 3,40,000 रुपये

$\because$ उसका विक्रय मूल्य उसके क्रय मूल्य से कम है अतः हानि होगी।

हानि = क्रय मूल्य – विक्रय मूल्य
= 3,40,000 – 3,25,000
= 15,000 रुपये हानि।

13. सलमा के लिए मोटर साईकिल का कुल क्रय मूल्य
= 22,250 + 750 = 23,000 रुपये

$\because$ 500 रुपये हानि पर मोटर साईकिल बेची जाती है अतः उसका विक्रय मूल्य क्रय मूल्य से 500 रुपये कम होगा।
विक्रय मूल्य = 23000 – 500 = 22500 रुपये।

14. दुकानदार का कुल क्रय मूल्य
= 50 × 70 = 3500 रुपये
शेष पुस्तकें = 50 – 5 = 45 पुस्तकें
45 पुस्तकों का विक्रय मूल्य = 45 × 80
= 3600 रुपये
लाभ = विक्रय मूल्य – क्रय मूल्य
= 3600 – 3500
= 100 रुपये लाभ।

15. साईकिल का वास्तविक क्रय मूल्य
= (500 + 20 + 50) रुपये
= 570 रुपये
साईकिल का विक्रय मूल्य = 600 रुपये
अतः लाभ = विक्रय मूल्य – क्रय मूल्य
= (600 – 570) रुपये = 30 रुपये।

☆☆☆☆☆☆

12 अनुपात एवं समानुपात (Ratio and Proportion)

अनुपात : अनुपात सदैव दो सजातीय राशियों में होता है। एक राशि का, दूसरी सजातीय राशि में भाग देने पर अनुपात ज्ञात होता है य: जब हम एक ही प्रकार की दो वस्तुओं की तुलना करते हैं और यह देखते हैं कि एक वस्तु, दूसरी वस्तु का कौन-सा भाग है तो उन दोनों के बीच पारस्परिक सम्बन्ध को अनुपात कहते हैं।

समानुपात : जब दो अनुपात बराबर होते हैं तो उनकी बराबरी को समानुपात कहते हैं। जैसे $a : b = c : d$ हो तो इसका अर्थ यह है कि $\frac{a}{b}$ समानुपात में है $\frac{c}{d}$ के और इसे हम निम्न प्रकार से लिख सकते हैं।

अतः $a : b : : c : d$ में a, b, c तथा d को क्रमशः प्रथम, द्वितीय, तृतीय और चतुर्थ अनुपाती कहते हैं। इस प्रकार समानुपात में चार पद होते हैं।

नियम : समानुपात $a : b : : c : d$ में सिरे वाले दोनों पदों के गुणनफल, मध्य वाले दोनों पदों के गुणनफल के बराबर होता है। अर्थात् $a \times d = b \times c$

साझा : साझा दो प्रकार का होता है:

1. **साधारण साझा :** वह साझा जिसमें दो या दो से अधिक व्यापारी अपनी-अपनी पूंजी का इस्तेमाल एक समान अवधि के लिए करते हैं, उसे **साधारण साझा** कहते हैं।
2. **मिश्रित साझा :** वह साझा जिसमें दो या दो से अधिक व्यापारी अपनी-अपनी पूंजी का इस्तेमाल अलग-अलग अवधि के लिए करते हैं उसे **मिश्रित साझा** कहते हैं।

महत्त्वपूर्ण नोट : 1. साधारण साझे से सम्बन्धित प्रश्नों में व्यापार में हुए लाभ अथवा हानि को उनकी पूंजियों के अनुपात में विभाजित करते हैं। 2. मिश्रित साझे से सम्बन्धित प्रश्नों में व्यापार में हुए लाभ अथवा हानि को उनकी पूंजियों तथा समय के गुणनफलों के अनुपात में बांटा जाता है।

प्रश्नमाला

1. यदि $3 : 8 = 9 : x$, तो x का मान कितना होगा?
A. 20 B. 27
C. 24 D. 25

2. यदि A : B = 3 : 4 तथा B : C = 5 : 6, तो A : B : C में क्या अनुपात होगा?
A. 20 : 15 : 24 B. 15 : 20 : 24
C. 15 : 24 : 20 D. 20 : 24 : 15

3. यदि $18 : x = x : 8$ हो, तो x किसके बराबर होगा?
A. 11 B. 10
C. 16 D. 12

4. 8 : 12 : 10 : : ? है तो प्रश्न चिन्ह् (?) के स्थान पर क्या मान होगा?
A. 14 B. 15
C. 16 D. 18

5. 5 और 125 का मध्य समानुपात कितना है?
A. 20 B. 25
C. 28 D. 27

6. 3, 4 और 15 का चौथा अनुपात होगा?
A. 16 B. 18
C. 20 D. 15

7. 12 और 30 का तृतीय समानुपात कितना होगा?
A. 75 B. 125
C. 60 D. 70

8. दो संख्याओं का अनुपात 3 : 4 है। यदि दोनों संख्याओं का योग 490 हो तो वे संख्याएं क्रमशः क्या होंगी?
A. 220, 270
B. 210, 280
C. 120, 160
D. 180, 290

9. यदि एक त्रिभुज के कोणों में 1 : 2 : 3 का अनुपात हो तो उस त्रिभुज के सबसे बड़े कोण का मान होगा।
A. 90°	B. 70°
C. 105°	D. 110°

10. यदि किसी अनुपात का दूसरा पद 15 तथा अनुपात का मान $\frac{3}{5}$ हो तो उस अनुपात का पहला पद क्या होगा?
A. 8	B. 14
C. 9	D. 12

11. 1100 रुपये को सुधा, कमला और सलमा में इस प्रकार बांटो कि उनके धन में $\frac{1}{3}:\frac{2}{5}:\frac{1}{2}$ का अनुपात हो तो सुधा को मिलने वाला धन क्या है?
A. 300 रु.	B. 350 रु.
C. 250 रु.	D. 200 रु.

12. एक मिश्रधातु में तांबा, जस्ता और लोहा 7 : 6 : 9 के अनुपात में हैं। यदि मिश्रण में तांबे की मात्रा 560 ग्राम हो तो मिश्रधातु का कुल भार ज्ञात करो।
A. 1 किग्रा. 600 ग्रा.	B. 2 किग्रा. 760 ग्रा.
C. 1 किग्रा. 760 ग्रा.	D. 1 किग्रा. 700 ग्रा.

13. तीन संख्याओं का योग 16 है। दूसरी और तीसरी संख्याओं का अनुपात 9 : 16 है तथा प्रथम और तीसरी संख्याओं का अनुपात 1 : 4 है। दूसरी संख्या ज्ञात करो।
A. 38	B. 36
C. 40	D. 34

14. 1530 रुपये A, B, C में इस प्रकार वितरित किए गए कि यदि तीनों के हिस्सों में से क्रमशः 5, 10 और 15 कम कर दिए जाएं तो शेष भागों में 3 : 4 : 5 का अनुपात होगा। B का हिस्सा ज्ञात करो।
A. 505 रु.	B. 500 रु.
C. 515 रु.	D. 510 रु.

15. यदि A के पास B से 20% कम रुपये और B के पास C से 25% अधिक रुपये हों तो तीनों के धन का अनुपात ज्ञात करो।
A. 4 : 5 : 5	B. 4 : 5 : 4
C. 5 : 4 : 4	D. 4 : 4 : 5

उत्तरमाला

1	2	3	4	5	6	7	8	9	10
C	B	D	B	B	C	A	B	A	C
11	**12**	**13**	**14**	**15**					
A	C	B	D	B					

व्याख्यात्मक उत्तर

1. $\because 3 : 8 = 9 : x \Rightarrow \frac{3}{8} = \frac{9}{x} \Rightarrow x = \frac{8 \times 9}{3} = 24$
अतः x का मान = 24 होगा।

2. $\because$ दिया हुआ है : A : B = 3 : 4 तथा B : C = 5 : 6
दोनों अनुपातों में B को बराबर करने के लिए पहले अनुपात में 5 से तथा दूसरे अनुपात में 4 से गुणा करने पर,
$\therefore$ A : B = 3 : 4 = 3 × 5 : 4 × 5 = 15 : 20
तथा B : C = 5 : 6 = 5 × 4 : 6 × 4 = 20 : 24
$\therefore$ A : B : C = 15 : 20 : 24

3. $\because 18 : x = x : 8 \Rightarrow \frac{18}{x} = \frac{x}{8}$
$\Rightarrow x \times x = 18 \times 8 \Rightarrow x^2 = 144$
$\Rightarrow x = \sqrt{144} = 12$
अतः x, 12 के बराबर होगा।

4. चूंकि समानुपात में दोनों बाहरी संख्याओं का गुणनफल, मध्य की दोनों संख्याओं के गुणनफल के बराबर होता है।
$\because$ 8 : 12 : : 10 : ?
$\therefore 8 \times ? = 12 \times 10 \Rightarrow ? = \frac{12 \times 10}{8} = 15$
अतः प्रश्न चिन्ह् (?) के स्थान पर मान = 15 होगा।

5. माना कि 5 और 125 का मध्य समानुपात = x है
$\therefore 5 : x : : x : 125$
$\therefore x \times x = 5 \times 125 \Rightarrow x^2 = 625$

$\Rightarrow \quad x = \sqrt{625} = 25$

अतः 5 और 125 का मध्य समानुपात = 25 है।

6. माना कि 3, 4 और 15 का चौथा अनुपात $= x$

$\therefore \quad 3 : 4 = 15 : x$

$\therefore \quad x \times 3 = 4 \times 15$

$\therefore \quad x = \frac{4 \times 15}{3} = 20$

अतः 3, 4 और 15 का चौथा अनुपात = 20 होगा।

7. माना कि 12 और 30 का तृतीय अनुपात $= x$

$\therefore\ 12 : 30 = 30 : x$

$\therefore\ 12 \times x = 30 \times 30 \Rightarrow x = \frac{30 \times 30}{12} = 75$

अतः 12 और 30 का तृतीय अनुपात = 75 होगा।

8. माना कि वे संख्याएं क्रमशः $3x$ व $4x$ हैं।

प्रश्नानुसार, $3x + 4x = 490 \Rightarrow 7x = 490$

$\Rightarrow \quad x = \frac{490}{7} = 70$

अतः वे संख्याएं क्रमशः $(3 \times 70 = 210)$ व $(4 \times 70 = 280)$ होंगी।

9. चूंकि त्रिभुज के कोणों में अनुपात = 1 : 2 : 3

$\therefore$ अनुपात संख्याओं का योग = 1 + 2 + 3 = 6

परन्तु त्रिभुज के तीनों कोणों का योग = 180°

$\therefore$ सबसे बड़े कोण का मान $= \frac{3}{6} \times 180° = 90°$

अतः सबसे बड़े कोण का मान = 90° होगा।

10. माना कि अनुपात का पहला पद $= x$

प्रश्नानुसार, $x : 15 = \frac{3}{5} = 3 : 5$ या, $\frac{x}{15} = \frac{3}{5}$

$\therefore\ x \times 5 = 15 \times 3 \Rightarrow x = \frac{15 \times 3}{5} = 9$

अतः अनुपात का पहला पद = 9 होगा।

11. सुधा : कमला : सलमा

$\frac{1}{3} : \frac{2}{5} : \frac{1}{2}$

सरल करने पर, अनुपात = 10 : 12 : 15

अनुपातों का योग = 10 + 12 + 15 = 37

$\therefore$ सुधा का भाग $= \frac{1110}{37} \times 10 = 300$ रुपये

कमला का भाग $= \frac{1110}{37} \times 12 = 360$ रुपये

सलमा का भाग $= \frac{1110}{37} \times 15 = 450$ रुपये।

12. तांबा : जस्ता : लोहा

अनुपातों का योग = 7 + 6 + 9 = 22

मिश्रधातु का कुल भार $= \frac{560}{7} \times 22$

= 1760 ग्राम

= 1 किलोग्राम 760 ग्राम।

13. $\because$ दूसरी संख्या : तीसरी संख्या = 9 : 16 ....(1)

और प्रथम संख्या : तीसरी संख्या = 1 : 4 ....(2)

(1) तथा (2) में तीसरी संख्या उभयनिष्ठ है अतः उसके मान को समान करने के लिए अनुपात (2) को 4 से गुणा करने पर,

प्रथम संख्या : तीसरी संख्या = 4 : 16

अतः प्रथम संख्या : दूसरी संख्या : तीसरी संख्या

= 4 : 9 : 16

अनुपातों का योग = 4 + 9 + 16 = 29

$\therefore$ दूसरी संख्या $= \frac{116}{29} \times 9 = 36$.

14. कुल धन = 1530 रुपये

तीनों के भागों में से कुल कम की गई राशि 5 + 10 + 15 = 30 रुपये

$\therefore$ शेष राशि = 1530 − 30 = 1500 रुपये

दिया गया अनुपात = 3 : 4 : 5

अनुपातों का योग = 3 + 4 + 5 = 12

शेष राशि में B का हिस्सा $= \frac{1500}{12} \times 4 = 500$ रुपये

$\therefore$ 1530 रुपये में B का हिस्सा = 500 + 10 = 510 रुपये

15. $\because$ A के पास B से 20% कम रुपये हैं

$\therefore \quad A : B = 80 : 100 = 4 : 5$ ....(1)

और B के पास C से 25% अधिक रुपये हैं,

$\therefore \quad B : C = 125 : 100 = 5 : 4$ ...(2)

$\therefore \quad A : B : C = 4 : 5 : 4$

नोट—यदि प्रश्न में कुल राशि दी गई होती तो उसे भी उक्त प्रक्रिया में बांटा जा सकता था।

☆☆☆☆☆☆

13 चाल, समय एवं दूरी (Speed, Time and Distance)

याद रखें :

(i) दूरी निकालने के लिए चाल में समय से गुणा करें, अर्थात् दूरी = चाल × समय

(ii) चाल निकालने के लिए दूरी में समय से भाग दें, अर्थात् चाल = $\frac{\text{दूरी}}{\text{समय}}$

(iii) समय निकालने के लिए दूरी में चाल से भाग दें, अर्थात् समय = $\frac{\text{दूरी}}{\text{चाल}}$

(iv) गाड़ी को खम्भा या वृक्ष पार करने में केवल अपनी लम्बाई पार करनी होती है।

(v) गाड़ी को पुल या प्लेटफार्म पार करने में अपनी लम्बाई और पुल या प्लेटफार्म की लम्बाई दोनों पार करनी होती है।

(vi) जब दो गाड़ियां एक ही दिशा में जा रही हों, तो उनकी आपेक्षिक गति (एक दूसरे को पार करने की गति) निकालने के लिए दोनों गाड़ियों की गति का अंतर निकाला जाता है।

(vii) जब दो गाड़ियां विपरीत दिशा में जा रही हों, तो उनकी आपेक्षिक गति (एक दूसरे को पार करने की गति) निकालने के लिए दोनों गाड़ियों की गति को जोड़ दिया जाता है।

प्रश्नमाला

1. एक गतिमान कार की चाल 36 कि.मी. प्रति घंटा है। इसकी चाल मी./से. में है:

A. 10 मी./से. B. 15 मी./से.
C. 20 मी./से. D. 25 मी./से.

2. दो रेलगाड़ियां एक ही समय दो स्टेशनों X तथा Y से, जिनके मध्य 900 कि.मी. की दूरी है, एक-दूसरे की ओर चलना शुरू करती हैं। यदि उनकी औसत चाल क्रमशः 38 तथा 22 कि.मी./घं. हो तो वे एक-दूसरे को कितने समय बाद मिलेंगी?

A. 12 घण्टे B. 13 घण्टे
C. 14 घण्टे D. 15 घण्टे

3. 100 मी. लम्बी रेलगाड़ी 60 कि.मी. प्रति घंटा की चाल से जा रही है। इसे एक तार चौकी को पार करने में समय लगेगाः

A. 4 सेकेण्ड B. 5 सेकेण्ड
C. 6 सेकेण्ड D. 8 सेकेण्ड

4. 150 मी. लम्बी एक रेलगाड़ी 90 कि.मी. प्रति घंटा की चाल से जा रही है। इसे एक पेड़ को पार करने में समय लगेगाः

A. 3 सेकेण्ड B. 4 सेकेण्ड
C. 6 सेकेण्ड D. 8 सेकेण्ड

5. 100 मी. लम्बी एक रेलगाड़ी 65 कि.मी. प्रति घंटा की चाल से जा रही है। यह एक व्यक्ति को जो 5 कि.मी./घंटा की चाल से रेलगाड़ी की दिशा में जा रहा है, कितने समय में पार करेगी?

A. 8 सेकेण्ड B. 6 सेकेण्ड
C. 4 सेकेण्ड D. 2 सेकेण्ड

6. एक व्यक्ति नदी के बहाव की दिशा में 6 कि.मी. प्रति/घं. तथा विपरीत दिशा में 3 कि.मी. प्रति/घं. की चाल से नाव चलाता है। स्थिर पानी में नाव की चाल हैः

A. 9 कि.मी./घं. B. 4.5 कि.मी./घं.
C. 1.5 कि.मी./घं. D. 1.0 कि.मी./घं.

7. प्रश्न 6 में नदी के बहाव की चाल है
A. 1.5 कि॰मी॰/घं॰ B. 2.5 कि॰मी॰/घं॰
C. 4.5 कि॰मी॰/घं॰ D. 18.0 कि॰मी॰/घं॰

8. एक साइकिल सवार 3 मिनट में 1.2 किलोमीटर दूरी तय करता है, तो उसकी गति प्रति घंटा क्या होगी?
A. 24 कि॰मी॰/घंटा B. 24 मी॰/घंटा
C. 24 मी॰/से॰ D. 24 कि॰मी॰/मिनट

9. एक 100 मीटर लम्बी गाड़ी 90 कि॰मी॰/घ॰ की चाल से चल रही है। गाड़ी को पेड़ को पार करने में कितना समय लगेगा?
A. 4 से॰ B. 8 से॰
C. 11 से॰ D. 11 से॰

10. एक रेलगाड़ी जो 90 कि॰मी॰/घं॰ की गति से चली जा रही है। एक खम्भे को पार करने में 10 सेकेण्ड का समय लेती है। बताइये उस रेलगाड़ी की लम्बाई (मीटर में) कितनी होगी?
A. 250 B. 240
C. 280 D. 270

11. 18 किमी प्रति घंटा की चाल को मीटर प्रति सेकेण्ड में बदलिए।
A. 7 मी॰/से॰ B. 4 मी॰/से॰
C. 6 मी॰/से॰ D. 5 मी॰/से॰

12. 3 मीटर प्रति सेकेण्ड की चाल को किमी प्रति घण्टा में बदलिए।
A. 10 किमी॰/घंटा B. 10.8 किमी॰/घंटा
C. 8 किमी॰/घंटा D. 8.10 किमी॰/घंटा

13. 500 मीटर लम्बी रेलगाड़ी 220 मीटर लम्बे प्लेटफार्म को 36 सेकेण्ड में पार कर लेती है, तो गाड़ी की चाल किमी प्रति घण्टा ज्ञात करो
A. 60 किमी॰/घंटा B. 65 किमी॰/घंटा
C. 72 किमी॰/घंटा D. 70 किमी॰/घंटा

14. एक आदमी 5 किमी प्रति घण्टा की चाल से P से Q स्थान तक जाता है और 3 किमी प्रति घण्टा की चाल से Q से P स्थान पर वापस आ जाता है। उसकी सारी यात्रा में औसत चाल क्या रही?
A. $4\frac{3}{4}$ किमी॰/घंटा B. $3\frac{3}{4}$ किमी॰/घंटा
C. 4 किमी॰/घंटा D. 3 किमी॰/घंटा

15. एक रेलगाड़ी 60 किमी की दूरी 45 मिनट में तय करती है, यदि इसकी गति 5 किमी/घण्टा कम कर दी जाए तो उसी दूरी को वह कितने समय में तय करेगी?
A. 42 मिनट B. 40 मिनट
C. 45 मिनट D. 48 मिनट

उत्तरमाला

1	2	3	4	5	6	7	8	9	10
A	D	C	C	B	B	A	A	A	A
11	**12**	**13**	**14**	**15**					
D	B	C	B	D					

व्याख्यात्मक उत्तर

1. चाल = $\frac{36 \text{ कि॰मी॰}}{\text{घंटा}} = \frac{36000 \text{ मी॰}}{3600 \text{ से॰}} = 10$ मी॰/से॰

2. दो रेलगाड़ियों द्वारा 1 घंटे में तय की गई दूरी
= 38 + 22 = 60 कि॰मी॰
कुल दूरी = 900 कि॰मी॰

समय = $\frac{900}{60} = 15$ घंटे।

3. दूरी = 100 मी॰

चाल = $\frac{60 \text{ कि॰मी॰}}{\text{घंटा}}$

$= \frac{60000 \text{ मी॰}}{3600 \text{ से॰}} = \frac{50}{3}$ मी॰/से॰

समय = $\frac{\text{दूरी}}{\text{चाल}} - \frac{100}{50/3} = \frac{100 \times 3}{50} = 6$ से॰

4. चाल = $\frac{90 \text{ कि.मी.}}{\text{घंटा}} = \frac{90000 \text{ मी.}}{3600 \text{ से.}}$

= 25 मी./से.

दूरी = 150 मी.

समय = $\frac{\text{दूरी}}{\text{चाल}} = \frac{150}{25} = 6$ से.

5. वास्तविक चाल = रेलगाड़ी की चाल – व्यक्ति की चाल

= 65 – 5 = 60 कि.मी./घं.

चाल = $\frac{60 \text{ कि.मी.}}{\text{घंटा}} = \frac{60000 \text{ मी.}}{3600 \text{ से.}}$

= $\frac{50}{3}$ मी./से.

समय = $\frac{\text{दूरी}}{\text{चाल}} = \frac{100}{50/3} = \frac{100 \times 3}{50}$

= 6 से.

6. स्थिर पानी में नाव की चाल = $\frac{6+3}{2} = \frac{9}{2}$

= 4.5 कि.मी./घं.

7. नदी के बहाव की चाल = $\frac{6-3}{2} = \frac{3}{2}$

= 1.5 कि.मी./घंटा

8. गति = $\frac{\text{दूरी}}{\text{समय}}$, दूरी = 1.2 कि.मी.

समय = 3 मिनट = $\frac{3}{60}$ घंटा

गति = $\frac{\text{दूरी}}{\text{समय}} = \frac{1.2}{\frac{3}{60}} = \frac{1.2 \times 60}{3} = 24$ कि.मी./घंटा

9. चूंकि रेलगाड़ी सिर्फ पेड़ को पार करती है।

∴ पेड़ को पार करने में लगा समय

= $\frac{100 \text{ मी.}}{90 \text{ कि.मी./ घं.}} = \frac{100 \text{ मी.}}{90 \times \frac{5 \text{ मी.}}{18 \text{ से.}}} = 4$ सेकेण्ड

10. चूंकि रेलगाड़ी सिर्फ खम्भे को पार करती है।

∴ खम्भे को पार करने में लगा समय

= $\frac{\text{रेलगाड़ी की लम्बाई}}{\text{रेलगाड़ी की चाल}}$

∴ $10 = \frac{\text{रेलगाड़ी की लम्बाई}}{90 \times \frac{5}{18} \text{ मी./से.}}$

∴ रेलगाड़ी की लम्बाई = $10 \times 90 \times \frac{5}{18} = 250$ मीटर।

11. ∵ 1 किमी = 1000 मीटर और

1 घण्टा = 3600 सेकेण्ड

∴ 18 किमी प्रतिघण्टा = $\frac{18 \times 1000}{3600} = 5$ मीटर/सेकेण्ड।

12. 3 मीटर/सेकेण्ड = $\frac{3 \times 3600}{1000} = 10.8$ किमी/घण्टा।

13. गाड़ी द्वारा प्लेटफार्म को पार करने में तय की गई दूरी

= 500 + 220 = 720 मीटर, समय = 36 सेकेण्ड

∴ चाल = $\frac{\text{दूरी}}{\text{समय}}$

∴ गाड़ी की चाल = $\frac{720}{36}$ मीटर प्रति सेकेण्ड

= $\frac{720 \times 3600}{36 \times 1000} = 72$ किमी/घण्टा।

14. माना P से Q स्थान की दूरी 15 किमी

(3 और 5 का ल.स.प. 15 है, अत: गणना की सुविधा के लिए 15 किमी दूरी मानी है।)

∴ जाने में लगा समय = $\frac{15}{3} = 5$ घण्टे

और वापस आने में लगा समय = $\frac{15}{3} = 5$ घण्टे

कुल दूरी = 15 + 15 = 30 किमी

कुल समय = 3 + 5 = 8 घण्टे

औसत चाल $\frac{30}{8} = \frac{15}{4} = 3\frac{3}{4}$ किमी प्रति घण्टा।

15. ∴ दूरी = 60 किमी, समय = 45 मिनट = $\frac{3}{4}$ घण्टा

∴ चाल = $\frac{60 \times 4}{3} = 80$ किमी प्र घण्टा

5 किमी/घण्टा, कम होने पर चाल = 75 किमी/घण्टा

∴ समय = $\frac{60}{75} = \frac{4}{5}$ घण्टा = 48 मिनट।

☆☆☆☆☆☆

14 समय एवं कार्य (Time and Work)

ऐकिक नियम के प्रश्नों में पहले इकाई वस्तु का मूल्य ज्ञात करके प्रश्न में दी गई संख्या का मूल्य निकालते हैं। उदाहरण के लिए प्रश्न है–

7 बकरियों की कीमत 630 रु. है, तो 20 बकरियों की कीमत क्या होगी?

ऐकिक नियम विधि से इस प्रश्न को हल करने में पहले एक बकरी की कीमत निकालनी होगी। उसके बाद 20 बकरियों की कीमत निकाली जायेगी।

ऐसे प्रश्नों को हल करते समय जो भाषा लिखी जाती है, उसमें जिस राशि या मद का उत्तर निकालना हो, उसे सबसे बाद में लिखा जाता है। जैसे–

नोटः

(i) यदि एक आदमी एक काम को 10 दिनों में करता है, तो उसका एक दिन का काम होगा = 1/10 भाग

(ii) यदि किसी आदमी का एक दिन का काम 1/10 हो, तो वह पूरा काम 10 दिनों में करेगा।

(iii) ऐसे प्रश्नों में पहले एक दिन का काम निकाला जाता है।

(iv) यदि काम करने वाले आदमी बढ़ जायें, तो काम कम समय (कम दिनों) में पूरा होगा और यदि काम करने वाले आदमी कम हो जायें, तो काम अधिक समय (अधिक दिनों) में पूरा होगा।

प्रश्नमाला

1. A एक काम को 6 दिन में तथा B उसे 10 दिन में कर सकता है। A तथा B मिलकर उसे पूरा करेंगे।

A. 10 दिन से कम तथा 6 दिन से अधिक दिनों में
B. 10 दिन से अधिक दिनों में
C. 6 दिन से कम दिनों में
D. 2 दिन में

2. A एक मेज को 3 दिन में तथा उसका मित्र उसे 6 दिन में बना सकता है। A और उसका मित्र मिलकर उसे पूरा बनाएंगेः

A. 3 दिन में   B. 2 दिन में
C. 1 दिन में   D. $\frac{1}{2}$ दिन में

3. X और Y मिलकर किसी कार्य को 10 दिन में कर सकते हैं। X अकेला उसे 15 दिन में कर सकता है तो Y उसे कितने दिन में करेगा?

A. 15 दिन   B. 20 दिन
C. 25 दिन   D. 30 दिन

4. 24 आदमी एक मशीन को 12 दिन में तैयार करते हैं तो 36 आदमी उसे कितने दिनों में तैयार करेंगे?

A. 8 दिन   B. 12 दिन
C. 16 दिन   D. 20 दिन

5. X, Y और Z किसी काम को क्रमशः 8, 10 और 8 दिन में कर सकते हैं। तीनों मिलकर उस कार्य को कितने दिनों में कर सकेंगे?

A. $2\frac{1}{7}$ दिन   B. $2\frac{3}{7}$ दिन
C. $2\frac{5}{7}$ दिन   D. $2\frac{6}{7}$ दिन

6. A एक काम को 5 दिन में तथा B उसी काम को 10 दिन में पूरा करता है तो बताइये (A + B) उस काम को कितने दिनों में पूरा करेंगे?

A. $2\frac{3}{4}$ दिन B. $3\frac{3}{4}$ दिन

C. $3\frac{1}{3}$ दिन D. $2\frac{1}{4}$ दिन

7. 3 पेन और 5 पैन्सिलों का मूल्य 14 रु. है। 12 पेन और 20 पेन्सिलों का क्या मूल्य होगा?

A. 42 रु. B. 56 रु.

C. 20 रु. D. 112 रु.

8. x, y और z मिलकर एक कार्य को 8 दिन में पूरा कर सकते हैं। यदि x और z मिलकर उस कार्य को 12 दिन में पूरा कर सकते हों तो बताइये y अकेला उस कार्य को पूरा कितने दिन में करेगा?

A. 22 दिन B. 24 दिन

C. $17\frac{1}{4}$ दिन D. 23 दिन

9. यदि 75 संतरों की एक पेटी का मूल्य 60 रु. है तो 50 संतरों का मूल्य होगा:

A. 30 रु. B. 40 रु.

C. 50 रु. D. 60 रु.

10. एक नल एक हौज को 4 घण्टे में तथा दूसरा नल उस हौज को 5 घण्टे में भर सकता है। यदि दोनों नल एक साथ खोल दिए जाएं तो हौज को भरने में कितने घण्टे लगेंगे?

A. $3\frac{2}{9}$ घण्टे B. $2\frac{2}{9}$ घण्टे

C. $2\frac{1}{9}$ घण्टे D. $3\frac{5}{9}$ घण्टे

11. यदि 210 रुपए में 6 बाल्टियां खरीदी जा सकती हैं तो 140 रुपए में कितनी बाल्टियां खरीदी जा सकेंगी।

A. 4 B. 3

C. 5 D. 6

12. गणित की 14 पुस्तकों का मूल्य 105 रुपए है तो बताइए ऐसी ही 24 पुस्तकों के लिए क्या मूल्य देना होगा?

A. 170 रु. B. 175 रु.

C. 180 रु. D. 185 रु.

13. यदि 3000 रुपए में 12 रेडियो सैट खरीदे जा सकते हों, तो बताओ 3750 रुपए में कितने रेडियो सैट खरीदे जा सकेंगे।

A. 12 B. 15

C. 10 D. 17

14. किसी परिवार के 6 सदस्यों के लिए 20 दिन की भोजन सामग्री है, तो बताओ 4 सदस्यों वाले परिवार के लिए यही भोजन सामग्री कितने दिनों के लिए पर्याप्त होगी।

A. 25 दिन B. 35 दिन

C. 20 दिन D. 30 दिन

15. 15 मजदूर एक खेत की गुड़ाई 6 घण्टे में कर सकते हैं तो बताइये 2 घण्टे में उस खेत की गुड़ाई करने के लिए कितने मजदूर चाहिए?

A. 40 B. 45

C. 50 D. 55

उत्तरमाला

1	2	3	4	5	6	7	8	9	10
C	B	D	A	D	C	B	B	B	B
11	**12**	**13**	**14**	**15**					
A	C	B	D	B					

व्याख्यात्मक उत्तर

1. A का 1 दिन का काम $= \frac{1}{6}$

B का 1 दिन का काम $= \frac{1}{10}$

(A + B) का 1 दिन का काम $= \frac{1}{6}+\frac{1}{10}=\frac{8}{30}$

$\therefore$ A + B मिलकर उसे $\frac{30}{8}$ दिन में करेंगे

$= 3\frac{6}{8}$ दिन $= 3\frac{3}{4}$ दिन

जो 6 दिन से कम है।

2. A तथा उसके मित्र द्वारा 1 दिन में किया गया कार्य

$= \frac{1}{3}+\frac{1}{6}=\frac{3}{6}$

$\therefore$ दोनों मिलकर उसे पूरा करेंगे $= \frac{6}{3} = 2$ दिन में।

3. X और Y का दिन का काम $= \frac{1}{10}$

अकेले X का 1 दिन का काम $= \frac{1}{15}$

अकेले Y का 1 दिन का काम $= \frac{1}{10}-\frac{1}{15}=\frac{1}{30}$

$\therefore$ Y अकेला उस काम को 30 दिन में करेगा।

4. $\because$ 24 व्यक्ति एक मशीन को बनाते हैं = 12 दिन में

$\therefore$ 1 व्यक्ति एक मशीन को बनाता है $= 24 \times 12$ दिन में।

$\therefore$ 36 व्यक्ति एक मशीन को बनाते हैं

$= \frac{24 \times 12}{36} = 8$ दिन में।

5. X + Y + Z का 1 दिन का काम

$= \frac{1}{8}+\frac{1}{10}+\frac{1}{8}=\frac{7}{20}$

$\therefore$ X + Y + Z उसे पूरा करेंगे $= \frac{20}{7}$ दिन

$= 2\frac{6}{7}$ दिन में

6. $\because$ A का 1 दिन का काम $= \frac{1}{5}$

तथा B का 1 दिन का काम $= \frac{1}{10}$

$\therefore$ (A + B) का 1 दिन का काम

$= \frac{1}{5}+\frac{1}{10}=\frac{2+1}{10}=\frac{3}{10}$

चूंकि $\frac{3}{10}$ काम (A + B) करते हैं = 1 दिन में

$\therefore$ पूरा काम (A + B) करेंगे $= \frac{10}{3} = 3\frac{1}{3}$ दिन में

7. $\because$ 3 पेन तथा 5 पेन्सिलों का मूल्य = 14 रु.

$\therefore$ 1 पेन तथा 1 पेन्सिल का मूल्य

$= \frac{14}{\text{3 पेन तथा 5 पेन्सिल}}$

$\therefore$ 4 × (3 पेन तथा 5 पेन्सिलों) का मूल्य

$= \frac{14 \times 4 \times (\text{3 पेन तथा 5 पेंसिल})}{\text{3 पेन तथा 5 पेंसिल}} = 56$ रुपये।

8. $\because$ $z(x + y + z)$ का 1 दिन का काम $= \frac{1}{8}$

तथा $(x + z)$ का 1 दिन का काम $= \frac{1}{12}$

$\therefore$ y का 1 दिन का काम $= \frac{1}{8}-\frac{1}{12}$

$= \frac{3-2}{24}=\frac{1}{24}$

चूंकि $\frac{1}{24}$ काम y करता है = 1 दिन में

$\therefore$ पूरा काम y करेगा 24 दिन में।

9. $\because$ 75 संतरों का मूल्य = 60 रु.

$\because$ 1 संतरे का मूल्य $= \frac{60}{75}$

$\therefore$ 50 संतरों का मूल्य $= \frac{60}{75} \times 50 = 40$ रु.

10. पहले नल द्वारा 1 घण्टे में हौज का भरा भाग $= \frac{1}{4}$

तथा दूसरे नल द्वारा 1 घण्टे में हौज का भरा भाग $= \frac{1}{5}$

$\therefore$ (पहले + दूसरे) नल द्वारा 1 घण्टे में हौज का भरा भाग

$= \frac{1}{4}+\frac{1}{5}=\frac{5+4}{20}-\frac{9}{20}$

चूंकि हौज का $\frac{9}{20}$ भाग (पहले + दूसरे) नल भरते हैं = 1 घण्टे में

$\therefore$ पूरा भाग (पहले + दूसरे) नल भरेंगे $\frac{20}{9} = 2\frac{2}{9}$ घण्टे में।

11.

रुपए	**बाल्टियां**
210	6
140	?

$\because$ 210 रुपए में खरीदी जाने वाली बाल्टियों की संख्या = 6

$\therefore$ 1 रुपए में खरीदी जाने वाली बाल्टियां = $\frac{6}{210}$

$\therefore$ 140 रुपए में खरीदी जाने वाली बाल्टियां

$= \frac{6}{210} \times 140 = 4$ बाल्टियां

अतः 140 रुपए में 4 बाल्टियां खरीदी जा सकेंगी।

12. **पुस्तक** **मूल्य**

पुस्तक	मूल्य
14	105 रुपए
24	?

$\because$ गणित की 14 पुस्तकों का मूल्य = 105 रुपए

$\therefore$ गणित की 1 पुस्तक का मूल्य = $\frac{105}{14}$ रुपए

$\therefore$ गणित की 24 पुस्तकों का मूल्य

$= \frac{105}{14} \times 24$ रुपए

= **180 रुपए**

अतः गणित की 24 पुस्तकों का मूल्य = 180 रुपए होगा।

13.

रुपए	रेडियो सैट
3000	12
3750	?

$\because$ 3000 रुपए में खरीदे जा सकते हैं = 12 रेडियो सैट

$\therefore$ 1 रुपए में खरीदे जा सकते हैं = $\frac{12}{3000}$ रेडियो सैट

$\therefore$ 3750 रुपए में खरीदे जा सकते हैं

$= \frac{12}{3000} \times 3750$ रेडियो सैट = 15 रेडियो सैट

अतः 3750 रुपए में 15 रेडियो सैट खरीदे जा सकेंगे।

14.

सदस्य	दिन
6	20
4	?

$\because$ 6 सदस्यों के लिए भोजन सामग्री है = 20 दिनों के लिए

$\therefore$ 1 सदस्य के लिए भोजन सामग्री है = 20 × 6 दिनों के लिए

$\therefore$ 4 सदस्यों के लिए भोजन सामग्री है = $\frac{20 \times 6}{4}$ दिनों के लिए = 30 दिन के लिए

अतः 4 सदस्यों वाले परिवार के लिए यही भोजन सामग्री 30 दिन के लिए पर्याप्त होगी।

15. *(i)*

घंटे	मजदूर
6	15
2	?

(ii)

मजदूर	घंटे
15	6
20	?

(i) $\because$ 6 घंटे में खेत की गुड़ाई करते है = 15 मजदूर

$\therefore$ 1 घंटे में खेत की गुड़ाई करेंगे = 15 × 6 मजदूर

$\therefore$ 2 घंटे में खेत की गुड़ाई करेंगे = $\frac{15 \times 6}{2}$ मजदूर

= 45 मजदूर

अतः 2 घंटे में उस खेत की गुड़ाई करने के लिए 45 मजदूर चाहिए।

☆☆☆☆☆☆

15 समय एवं दूरी (Time and Distance)

समय पर आधारित प्रश्नों के उत्तर देने के लिए निम्न बातें जानना आवश्यक हैं।

(i) 12 मध्यरात्रि से 12 मध्याह्न के समय पूर्वाह्न तथा 12 मध्याह्न से 12 मध्यरात्रि तक के समय को अपराह्न कहा जाता है।

(ii) 12 मध्यरात्रि को 24:00 बजे या 00:00 बजे लिखा जाता है।

(iii) 12 मध्यरात्रि को 12:00 बजे लिखा जाता है।

(iv) दाईं ओर के दो अंकों से बनने वाली संख्या मिनटों की संख्या दर्शाती है।
जैसे–10 : 15

(v) यदि बाईं ओर के दो अंकों से बनने वाली संख्या 12 से कम हो तो यह (मध्यरात्रि के बाद का समय) पूर्वाह्न कहलाती है। जैसे–
10:30 बजे = 10:30 पूर्वाह्न
11:45 बजे = 11:45 पूर्वाह्न

(vi) यदि बाईं ओर के दो अंकों से बनने वाली संख्या 12 से अधिक हो तो यह (दोपहर के बाद का समय) अपराह्न कहलाती है, जैसे–
18 : 15 बजे = 6 : 15 अपराह्न
20 : 30 बजे = 8 : 30 अपराह्न

उदाहरण 1. एक रेलगाड़ी सायं 5:40 बजे मुम्बई से चलती है और अगले दिन प्रातः 10:55 बजे नई दिल्ली पहुंचती है। रेलगाड़ी द्वारा तय यात्रा में लिया गया समय है।

हलः मुम्बई से प्रस्थान समय = 5:40
नई दिल्ली आगमन समय = 10:55 (अगले दिन)
कुल समय = 5:40 से 5:40 (अगले दिन) = 12 घंटा
तथा 5:40 से 10:55 तक
= 5 घंटे 15 मिनट
= 17 घंटे 15 मिनट

प्रश्नमाला

1. वैशाली सुपर फास्ट गाड़ी दिल्ली से 19:45 बजे रवाना होती है और अगले दिन 15:20 बजे मुज़फ्फरपुर पहुंचती है। बताओ यह मुज़फ्फरपुर पहुंचने में कितना समय लेती है?

A. 19 घंटा 25 मिनट B. 18 घंटा 35 मिनट
C. 19 घंटा 35 मिनट D. 18 घंटा 20 मिनट

2. मनु किसी सोमवार को रात में 9:30 पर सोया और अगले दिन 5:50 पर जागा। उसके सोने की अवधि कितनी थी?

A. 8 घंटे 20 मिनट B. 8 घंटे 10 मिनट
C. 7 घंटे 40 मिनट D. 7 घंटे 20 मिनट

3. इन्टरसिटी रेलगाड़ी रक्सौल से सुबह 9:15 पर चलती है तथा उसी दिन 11 बजे पीपरा पहुंचती है। रेलगाड़ी द्वारा यात्रा में लिया गया कुल समय है?

A. 1 घंटा 15 मिनट B. 10 घंटे 45 मिनट
C. 1 घंटा 45 मिनट D. 10 घंटे 15 मिनट

4. यदि किसी दिन सूर्य 6:20 पूर्वाह्न पर उदय हो तथा 6:57 अपराह्न पर अस्त हो तो उस दिन की लम्बाई होगी।

A. 12 घंटे 27 मिनट B. 12 घंटे 17 मिनट
C. 12 घंटे 37 मिनट D. 12 घंटे

5. 9 घंटे 30 मिनट बराबर है।

A. 0.90 बजे B. 9:30 पूर्व. के
C. 8 घंटे 90 मिनट के D. 9:30 अप. के

6. एक बस शिमला से दिल्ली के लिए 7:20 बजे प्रातः प्रस्थान करती है और दिल्ली पहुंचने में 9 घंटे का समय लेती है। बस कितने बजे दिल्ली पहुंचती है?

A. 4:20 बजे अप. B. 3:30 बजे अप.
C. 6:30 बजे अप. D. 7:30 बजे अप.

7. एक वायुयान मुम्बई से 7:50 बजे उड़ान भरता है। यह चेन्नई 10:30 बजे हवाई हड्डे पर उतरता है। यह चेन्नई पहुंचने में कितना समय लेता है।

A. 2 घंटे 30 मिनट B. 2 घंटे
C. 3 घंटे लगभग D. 2 घंटे 40 मिनट

8. एक लड़का रात्रि 8:30 बजे सोने के लिए गया तथा प्रातः 6:15 पर जागा। वह लड़का कितनी देर तक सोया?
A. 9 घंटे 45 मिनट B. 9 घंटे 15 मिनट
C. 2 घंटे 15 मिनट D. 4 घंटे 45 मिनट

9. एक छात्र अपने घर से विद्यालय के लिए प्रातः 8:30 बजे साईकिल से चला। वह विद्यालय से पढ़ाई करने के बाद सांय 4:50 बजे घर वापस आया। वह कितने समय तक घर से बाहर रहा।
A. 7 घंटे 20 मिनट B. 8 घंटे 20 मिनट
C. 9 घंटे 20 मिनट D. 7 घंटे 90 मिनट

10. एक स्कूल की वार्षिक परीक्षा 18 मार्च, 2002 को आरम्भ हुई और 23 मार्च, 2002 को समाप्त हुई। परीक्षा कितने दिन तक चली?
A. एक सप्ताह B. 8 दिन
C. 6 दिन D. 1 महीना

उत्तरमाला

1	2	3	4	5	6	7	8	9	10
C	A	C	C	B	A	D	A	B	C

व्याख्यात्मक उत्तर

1. दिल्ली से प्रस्थान का समय = 19:45
मुज़फ्फरपुर में आगमन समय = 15:20
कुल समय = 19:45 से 24:00 = 4 घंटे 15 मिनट
= 00:00 से 15:20 = 15 घंटे 20 मिनट
= 19 घंटे 35 मिनट

2. सोने का समय = 9:30, जागने का समय = 5:30
कुल समय = 9:30 से 12:00 बजे मध्य रात्रि तक
= 2 घंटे 30 मिनट
= 12:00 से 5:50 बजे सुबह तक = 5 घंटे 50 मिनट
अर्थात् 7 घंटे 80 मिनट = 8 घंटे 20 मिनट

3. रक्सौल से प्रस्थान समय = 9:15
पीपरा में आगमन समय = 11:00
कुल समय = आगमन समय – प्रस्थान समय
= 11:00 – 9:15 = 1 घंटा 45 मिनट

4. सूर्योदय होने का समय = 6:20
अस्त होने का समय = 6:57
कुल समय = प्रातः 6:20 से 6:20 शाम तक
= 12 घंटे = शेष 37 मिनट
कुल समय = 12 घंटे 37 मिनट

5. दो अंकों से बनने वाली संख्या 12 से कम हो, तो वह पूर्वाह्न कहलाती है।
इस प्रकार 9:30 दर्शाता है 9:30 पूर्वाह्न

6. शिमला से प्रस्थान का समय = 7:20 प्रातः
दिल्ली पहुंचने में लगा समय = 9 घंटे
= 7:20 से 7:20 तक = 12 घंटे
9 घंटे के लिए = 7:20 – 3 = 4 : 20 अप.

7. मुम्बई से उड़ान भरने का समय = 7:50
चेन्नई पहुंचने का समय = 10:30
कुल समय = आगमन का समय – प्रस्थान का समय
= 10:30 – 7:50 = 2 घंटे 40 मिनट

8. सोने का समय = 8:30 शाम
जागने का समय = 6:15 सुबह
कुल समय = 8:30 से 12 बजे रात तक = 3 घंटे 30 मिनट
= 12 बजे रात से 6:15 सुबह तक = 6 घंटे 15 मिनट
कुल समय = 9 घंटे 45 मिनट

9. विद्यालय जाने का समय = 8:30 प्रातः
वापस आने का समय = 4:50 शाम
= 8:30 से 12 बजे दिन तक = 3:30
= 12 बजे दिन से 4:50 बजे शाम तक = 4:50
अर्थात् 7:80 = 8 घंटे 20 मिनट

10. परीक्षा की शुरुआत = 18 मार्च, 2002
परीक्षा की समाप्ति = 23 मार्च, 2002
कुल समय = 23 मार्च,
2002 से — 18 मार्च, 2002 तक = 6 दिन

☆☆☆☆☆☆

16 क्षेत्रमिति : रेखीय आकृति एवं वृत्त (Mensuration : Plane Figures and Circles)

क्षेत्रमिति से सम्बंधित प्रश्नों को हल करने के लिए निम्नलिखित प्रमुख सूत्रों का जानना आवश्यक होता है :

1. आयतः

(*a*) आयत का क्षेत्रफल = लम्बाई × चौड़ाई

(*b*) आयत की परिमिति = 2 (लम्बाई + चौड़ाई)

(*c*) आयत का विकर्ण = $\sqrt{(\text{लं.})^2 + (\text{चौ.})^2}$

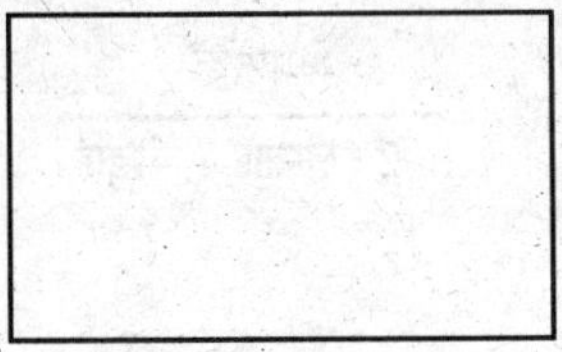

$\therefore$ AB = CD तथा BC = AD

2. वर्गः

(*a*) वर्ग का क्षेत्रफल = $(\text{भुजा})^2$

(*b*) वर्ग का परिमाप = 4 × भुजा

(*c*) वर्ग का विकर्ण = $\sqrt{2}$ × भुजा

$\therefore$ AB = BC = CD = DA = भुजा

3. वृत्तः

(*a*) वृत्त का क्षेत्रफल = $\pi \times (\text{त्रिज्या})^2$

(*b*) वृत्त की परिधि = $2\pi \times$ (त्रिज्या)

(*c*) त्रिज्या = $\dfrac{\text{व्यास}}{2}$ या व्यास = 2 × त्रिज्या

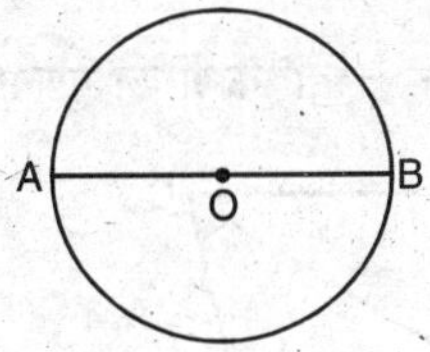

$\therefore$ OA = त्रिज्या, AB = व्यास

4. त्रिभुज :

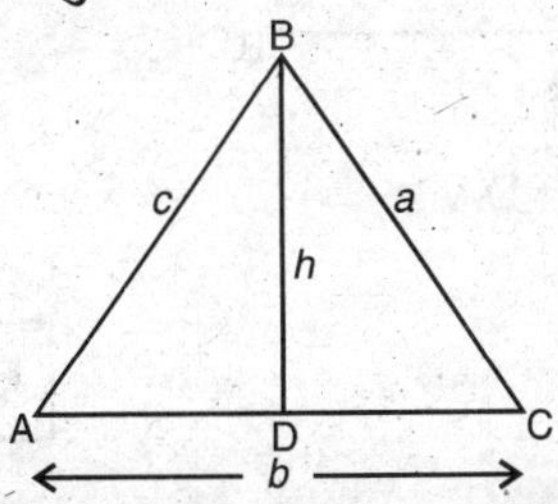

(*a*) त्रिभुज का क्षेत्रफल = $\sqrt{s(s-a)(s-b)(s-c)}$

जहां $s = \dfrac{a+b+c}{2}$

(*b*) यदि त्रिभुज समकोण हो तब

क्षेत्रफल = $\dfrac{1}{2}$ × आधार (*b*) × ऊंचाई (*h*)

(*c*) समबाहु त्रिभुज का क्षेत्रफल = $\dfrac{\sqrt{3}}{4} \times (\text{भुजा})^2$

5. चतुर्भुजः

(*a*) चतुर्भुज का क्षेत्रफल = $\dfrac{1}{2}$ × विकर्ण × (शीर्ष लम्बों का योग)

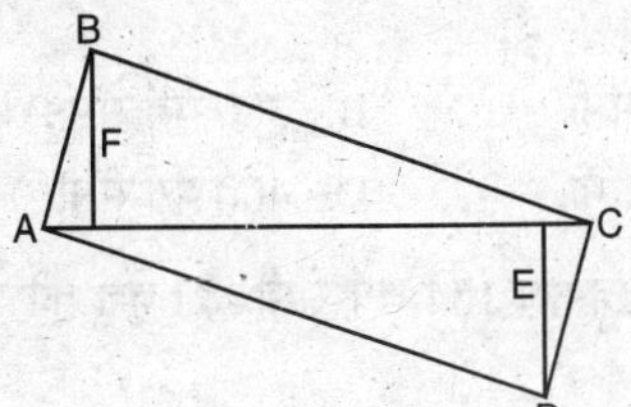

$\therefore$ AC = विकर्ण, BF व DE = शीर्ष लम्ब

(*b*) समान्तर चतुर्भुज का क्षेत्रफल = आधार × ऊंचाई

AB = आधार, ऊंचाई = *h*

(*c*) सम चतुर्भुज का क्षेत्रफल = $\frac{1}{2}$ × विकर्णों का गुणनफल

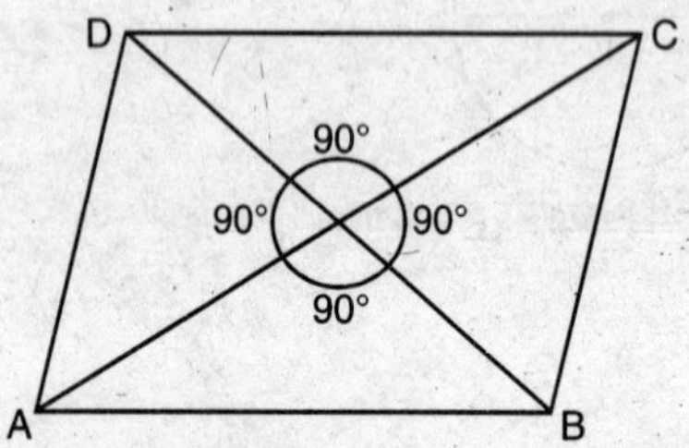

AC, BD = विकर्ण

AB = BC = CD = DA

(*d*) समलम्ब चतर्भुज का क्षेत्रफल = $\frac{1}{2}$ × ऊंचाई × समान्तर भुजाओं का योग

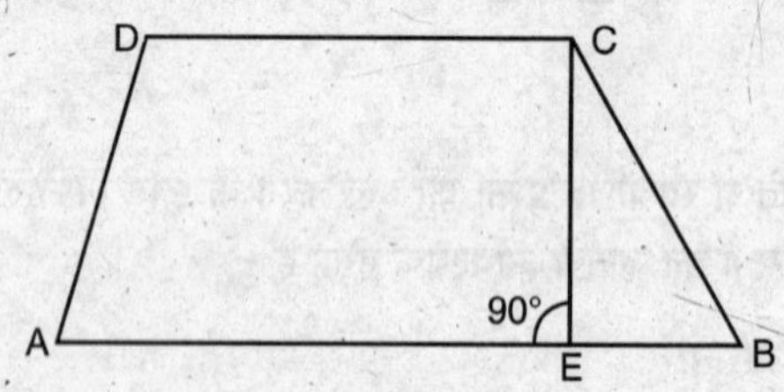

AB, CD = समान्तर भुजाएं, CE = ऊँचाई

6. चार दीवारों का:

(*a*) चार दीवारों का क्षेत्रफल = 2 × ऊंचाई (लम्बाई + चौड़ाई)

(*b*) ऊंचाई = $\dfrac{\text{क्षेत्रफल}}{2\ (\text{लम्बाई} + \text{चौड़ाई})}$

प्रश्नमाला

1. एक आयत की लम्बाई व चौड़ाई क्रमशः 50 सेंमी. व 25 सेंमी. है, तो उसका क्षेत्रफल कितना होगा?

A. 1150 वर्ग सेंमी. B. 1250 वर्ग सेंमी.
C. 1275 वर्ग सेंमी. D. 1280 वर्ग सेंमी.

2. एक वर्गाकार मैदान का परिमाप 580 मी. है, तो बताइये उस मैदान का क्षेत्रफल कितना होगा?

A. 21025 वर्ग मी. B. 20225 वर्ग मी.
C. 30025 वर्ग मी. D. 19975 वर्ग मी.

3. एक वर्ग की प्रत्येक भुजा 20 सेंमी. है, तो इसका क्षेत्रफल कितना होगा?

A. 300 वर्ग सेंमी. B. 380 वर्ग सेंमी.
C. 360 वर्ग सेंमी. D. 400 वर्ग सेंमी.

4. एक वृत्त का क्षेत्रफल 154 वर्ग सेंमी. है। वृत्त की परिधि कितनी होगी?

A. 44 सेंमी. B. 48 सेंमी.
C. 54 सेंमी. D. 68 सेंमी.

5. यदि किसी त्रिभुज का आधार 8 सेमी तथा ऊंचाई 10 सेंमी. हो तो उस त्रिभुज का क्षेत्रफल कितना होगा?

A. 40 वर्ग सेंमी. B. 20 वर्ग सेंमी.
C. 49 वर्ग सेंमी. D. 64 वर्ग सेंमी.

6. एक समलम्ब चतुर्भज की समान्तर भुजाएं क्रमशः 15 मी. तथा 25 मी. हैं तथा उनके बीच की दूरी 10 मी. है, तो इसका क्षेत्रफल क्या होगा?

A. 150 वर्ग मी. B. 225 वर्ग मी.
C. 200 वर्ग मी. D. 270 वर्ग मी.

7. एक आयताकार खेत का परिमाप 760 मी. है तथा उसकी लम्बाई व चौड़ाई में 11 : 8 का अनुपात है। तो बताइये आयताकार खेत का क्षेत्रफल क्या होगा?

A. 35200 वर्ग मी. B. 34700 वर्ग मी.
C. 35600 वर्ग मी. D. 45200 वर्ग मी.

8. यदि किसी वर्ग की भुजा में 50% की कमी कर दी जाये, तो उसका क्षेत्रफल कितने प्रतिशत घट जायेगा?

A. 50% B. 75%
C. 80% D. 60%

9. उस वर्ग की एक भुजा की लम्बाई क्या होगी जिसका क्षेत्रफल क्रमशः 6.4 मी. लम्बे तथा 2.5 मी. चौड़े आयत के क्षेत्रफल के बराबर हो?

A. 8 मी. B. 5.4 मी.
C. 3.8 मी. D. 4 मी.

10. यदि एक समकोण त्रिभुज का परिमाप उसकी सबसे छोटी भुजा का छः गुना हो तो उस त्रिभुज की तीनों भुजाओं के बीच क्या अनुपात होगा?

A. 13 : 5 : 12 B. 13 : 12 : 5
C. 12 : 5 : 13 D. 13 : 5 : 10

11. एक वर्ग का परिमाप 24 मी. तथा दूसरे वर्ग का परिमाप 32 मी. है। तो उस वर्ग का परिमाप क्या होगा जिसका क्षेत्रफल दोनों वर्गों के क्षेत्रफल के बराबर है?

A. 40 मी. B. 51 मी.
C. 37 मी. D. 42 मी.

12. यदि किसी वर्ग की भुजा को दुगुना कर दिया जाए तो उस वर्ग का क्षेत्रफल कितने गुना बढ़ जाएगा?

A. दो गुना B. चार गुना
C. तीन गुना D. आठ गुना

13. दो वर्गों के क्षेत्रफल में 225 वर्ग मी. अन्तर है। यदि बड़े वर्ग की भुजा 25 मी. हो तो छोटे वर्ग की भुजा कितनी होगी?

A. 18 मी. B. 21 मी.
C. 20 मी. D. 22 मी.

14. यदि एक समबाहु त्रिभुज का परिमाप 72 सेंमी. है तो उस समबाहु त्रिभुज का क्षेत्रफल क्या होगा?

A. $144\sqrt{3}$ वर्ग सेंमी. B. $142\sqrt{3}$ वर्ग सेंमी.
C. $154\sqrt{2}$ वर्ग सेंमी. D. $144\sqrt{2}$ वर्ग सेंमी.

15. दो वृत्तों की त्रिज्या क्रमशः 5 सेंमी. तथा 12 सेंमी. हो तो उस नए वृत्त की त्रिज्या क्या होगी जिसका क्षेत्रफल दोनों वृत्तों के क्षेत्रफल के बराबर हो?

A. 15 सेंमी. B. 13 सेंमी.
C. 10 सेंमी. D. 8 सेंमी.

उत्तरमाला

1	2	3	4	5	6	7	8	9	10
B	A	D	A	A	C	A	B	D	B
11	**12**	**13**	**14**	**15**					
A	B	C	A	B					

व्याख्यात्मक उत्तर

1. आयत का क्षेत्रफल = लम्बाई × चौड़ाई = 50×25
= 1250 वर्ग सेंमी.।

2. ∴ वर्गाकार मैदान का परिमाप = 4 × भुजा

प्रश्नानुसार, ∴ 4 × भुजा = 580 ⇒ भुजा = $\frac{580}{4}$
= 145 सेंमी.

∴ क्षेत्रफल = (भुजा)^2 = $(145)^2 = 21025$ वर्ग सेंमी.।

3. वर्ग का क्षेत्रफल = (भुजा)^2 = $(20)^2 = 400$ वर्ग सेंमी.

4. ∴ वृत्त का क्षेत्रफल = $\pi \times$ (त्रिज्या)^2

∴ $\pi \times$ (त्रिज्या)$^2 = 154$

⇒ (त्रिज्या)$^2 = \frac{154}{\pi} = \frac{154}{\frac{22}{7}}$

⇒ (त्रिज्या)$^2 = \frac{154 \times 7}{22} = 7 \times 7$ ⇒ त्रिज्या = 7 सेंमी.

∴ वृत्त की परिधि = $2\pi \times$ (त्रिज्या)

$= 2 \times \frac{22}{7} \times 7$

= 44 सेंमी.।

5. त्रिभुज का क्षेत्रफल = $\frac{1}{2}$ × आधार × ऊंचाई

$= \frac{1}{2} \times 8 \times 10 = 40$ वर्ग सेंमी.।

6. चूंकि समलम्ब चतुर्भुज का क्षेत्रफल = $\frac{1}{2}$ × ऊंचाई × समानान्तर भुजाओं का योग

∴ क्षेत्रफल $= \frac{1}{2} \times 10 \times (15 + 25)$

$= \frac{1}{2} \times 10 \times 40 = 200$ वर्ग मी।

7. माना कि आयताकार खेत की लम्बाई व चौड़ाई क्रमशः $11x$ मी. व $8x$ मी. है

∴ खेत का परिमाप $= 2(11x + 8x) = 2 \times 19x = 38x$ मी.

प्रश्नानुसार, आयताकार खेत का परिमाप = 760 है

$\therefore 38x = 760 \Rightarrow x = \frac{760}{38} = 20$

∴ खेत की लम्बाई व चौड़ाई क्रमशः ($11 \times 20 = 220$ मी.) व ($8 \times 20 = 160$ मी.) होगी।

∴ आयताकार खेत का क्षेत्रफल $= 220 \times 160$

$= 35200$ वर्ग मी.।

8. माना कि वर्ग की भुजा x मी. है

∴ **पहली स्थिति में,** वर्ग का क्षेत्रफल $= x^2$ वर्ग मी.

दूसरी स्थिति में, वर्ग की भुजा में 50% की कमी के कारण

नए वर्ग की भुजा $= x - x$ का $50\% = \frac{x}{2}$ मी.

∴ नए वर्ग का क्षेत्रफल $= \left(\frac{x}{2}\right)^2 = \frac{x^2}{4}$ वर्ग मी.

∴ वर्ग के क्षेत्रफल में कमी $= x^2 - \frac{x^2}{4} = \frac{3x^2}{4}$ वर्ग मी.

∴ प्रतिशत कमी $= \frac{\frac{3x^2}{4}}{x^2} \times 100 = 75\%$

अतः वर्ग का क्षेत्रफल 75% घट जायेगा।

9. ∴ आयत का क्षेत्रफल $= 6.4 \times 2.5 = 16.00$ वर्ग मी.

प्रश्नानुसार, वर्ग का क्षेत्रफल = आयत का क्षेत्रफल

∴ वर्ग का क्षेत्रफल = 16 वर्ग मी.

∴ वर्ग की भुजा $= \sqrt{16} = \sqrt{4 \times 4} = 4$ मी.।

10. माना कि समकोण त्रिभुज की तीन भुजाओं a, b और c में से सबसे बड़ी व सबसे छोटी भुजा क्रमशः a व c हैं

$\therefore a^2 = b^2 + c^2$ ... (i)

तथा समकोण त्रिभुज का परिमाप $= a + b + c$

प्रश्नानुसार,

$(a + b + c) = c \times 6 \Rightarrow a + b = 5c$ ... (ii)

समीकरण (i) से,

$a^2 - b^2 = c^2 \Rightarrow (a + b)(a - b) = c^2$

$\Rightarrow 5c(a - b) = c^2 \Rightarrow a - b = \frac{c}{5}$ ... (iii)

$[\because a + b = 5c]$

समीकरण (ii) व (iii) से, $a + b = 5c,\ a - b = \frac{c}{5}$

$\Rightarrow \quad 2a = 5c + \frac{c}{5} = \frac{26c}{5}$

$\Rightarrow \quad a = \frac{13}{5}c \Rightarrow a : c = 13 : 5$

a का मान समीकरण (ii) में रखने पर,

$b = 5c - \frac{13c}{5} = \frac{12c}{5} \Rightarrow b : c = 12 : 5$

अतः समकोण त्रिभुज की तीनों भुजाओं में क्रमशः 13 : 12 : 5

11. ∵ पहले वर्ग का परिमाप = 24 मी.

∴ पहले वर्ग की भुजा $= \frac{24}{4} = 6$ मी.

तथा दूसरे वर्ग की परिमाप = 32 मी.

∴ दूसरे वर्ग की भुजा $= \frac{32}{4} = 8$ मी.

प्रश्नानुसार, तीसरे वर्ग का क्षेत्रफल = दो वर्गों का क्षेत्रफल

∴ तीसरे वर्ग का क्षेत्रफल = पहले वर्ग का क्षेत्रफल + दूसरे वर्ग का क्षेत्रफल

$= (6)^2 + (8)^2 = 36 + 64 = 100$ वर्ग मी.

∴ तीसरे वर्ग की भुजा $= \sqrt{100} = 10$ मी.।

12. **पहली स्थिति मे,** वर्ग की भुजा $= x$ मी.

∴ वर्ग का क्षेत्रफल $= x^2$ वर्ग मी.

दूसरी स्थिति में, वर्ग की भुजा $= 2x$ मी.

∴ वर्ग का क्षेत्रफल $= (2x)^2 = 4x^2$ वर्ग मी.

अतः स्पष्ट है कि वर्ग की भुजा को दो गुना कर देने से उसका क्षेत्रफल चार गुना बढ़ जाएगा।

13. माना कि छोटे वर्ग की भुजा x मी. है

चूंकि बड़े वर्ग का क्षेत्रफल = $(25)^2 = 625$ वर्ग मी.

तथा छोटे वर्ग का क्षेत्रफल = x^2 वर्ग मी.

प्रश्नानुसार, दोनों वर्गों के क्षेत्रफल में अन्तर = 225 वर्ग मी.

$\therefore 625 - x^2 = 225 \Rightarrow x^2 = 625 - 225 = 400$

$\Rightarrow x = \sqrt{20 \times 20} = 20$ मी.

अत: छोटे वर्ग की भुजा 20 मी. होगी।

14. माना कि समबाहु त्रिभुज की भुजा = x सेंमी.

$\therefore$ समबाहु त्रिभुज का परिमाप = $3x$ सेंमी.

प्रश्नानुसार, $3x = 72 \Rightarrow x = \frac{72}{3} = 24$ सेंमी.

$\therefore$ समबाहु त्रिभुज का क्षेत्रफल = $\frac{\sqrt{3}}{4} \times (x)^2$

$= \frac{\sqrt{3}}{4} \times (24)^2 = 144\sqrt{3}$ वर्ग सेंमी.।

15. पहले वृत्त की त्रिज्या = 5 सेंमी.

$\therefore$ पहले वृत्त का क्षेत्रफल = $\pi \times (5)^2 = 25\pi$ वर्ग सेंमी.

तथा दूसरे वृत्त की त्रिज्या = 12 सेंमी.

$\therefore$ दूसरे वृत्त का क्षेत्रफल = $\pi \times (12)^2 = 144\pi$ वर्ग सेंमी.

प्रश्नानुसार,

नए वृत्त का क्षेत्रफल = दोनों वृत्तों का क्षेत्रफल

$\because$ नए वृत्त का क्षेत्रफल

$= 25\pi + 144\pi = 169\pi$ वर्ग सेंमी.

$\therefore$ नए वृत्त का क्षेत्रफल

$= \pi \times (13)^2$ वर्ग सेंमी.

अत: स्पष्ट है कि नए वृत्त की त्रिज्या 13 सेंमी. होगी।

☆☆☆☆☆☆

17 क्षेत्रमिति : ठोस आकृतियाँ (Mensuration : Solid Figures)

ठोस : कोई वस्तु जो स्थान घेरती है, भार रखती है तथा जिसका आकार निश्चित होता है, ठोस कहलाती है। इस प्रकार ठोस में तीन मापें होती हैं—1. लम्बाई 2. चौड़ाई 3. ऊंचाई (मोटाई)।

आयतन : ठोस के तलों द्वारा घिरी हुई जगह ठोस का आयतन कहलाती है।

घनाभ : एक ठोस जो 6 आयताकार तलों द्वारा घिरा होता है, घनाभ कहलाता है।

घन : एक ठोस जो 6 वर्गाकार तलों द्वारा घिरा होता है, घन कहलाता है।

ठोस आकृतियों से संबंधित समस्याओं को हल करने के लिए निम्नलिखित सूत्रों का जानना आवश्यक है :

1. गोला :

(*a*) गोले का आयतन $= \frac{4}{3}\pi r^3$ (जहां r गोले की त्रिज्या है)

(*b*) गोले के धरातल का क्षेत्रफल या वक्रपृष्ठ का क्षेत्रफल $= 4\pi r^2$

2. घनाभ :

(*a*) घनाभ का आयतन = लम्बाई × चौड़ाई × ऊंचाई

(*b*) घनाभ का पृष्ठ $= 2(l \times b + b \times h + h \times l)$ जहां l = लं., b = चौ., h = ऊं.

(*c*) किसी घनाभ का सबसे लम्बा विकर्ण $= \sqrt{l^2 + b^2 + h^2}$

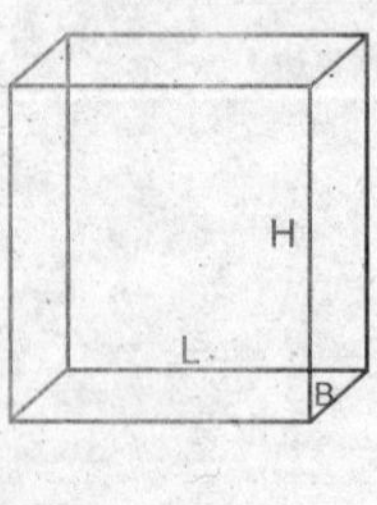

3. घन :

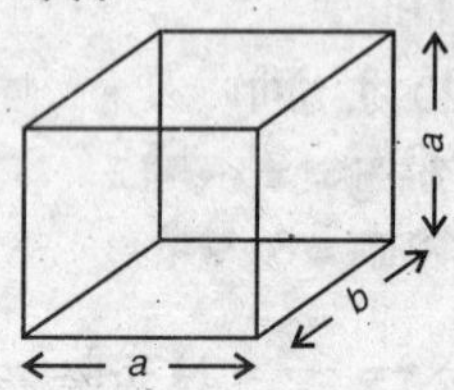

(*a*) घन का आयतन = (भुजा)^3 $\because$ [भुजा = ल. = चौ = ऊं.]

(*b*) घन का पृष्ठ = 6 × (भुजा)^2

(*c*) किसी घन का सबसे लम्बा विकर्ण = $\sqrt{3}$ × भुजा

4. लम्ब वृत्तीय बेलन :

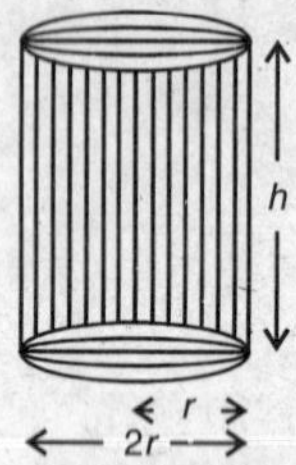

(*a*) बेलन का आयतन = आधार (वृत्त) का क्षेत्रफल × ऊँ. $= \pi r^2 \times h = \pi r^2 h$

(*b*) बेलन का वक्रपृष्ठ = आधार (वृत्त) की परिधि × ऊँचाई $= 2\pi r \times h = 2\pi rh$

(*c*) बेलन का सम्पूर्ण पृष्ठ = वक्र पृष्ठ + दोनों सिरों का क्षेत्रफल $= 2\pi rh + 2\pi r^2 = 2\pi r(h + r)$

5. शंकु :

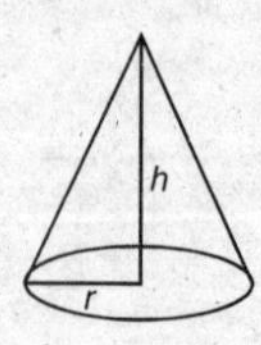

(*a*) शंकु का आयतन $= \frac{1}{3}\pi r^2 h$

(*b*) शंकु की तिर्यक ऊंचाई $= \sqrt{r^2 + h^2}$

(*c*) शंकु के वक्र पृष्ठ का क्षेत्रफल $= \pi r \times$ तिर्यक ऊंचाई $= \pi r\sqrt{r^2 + h^2}$

प्रश्नमाला

1. एक घनाभ की कोरें क्रमश: 4 सेंमी., 3 सेंमी. तथा 2 सेंमी. हैं, तो उस घनाभ का आयतन कितना होगा?

A. 20 घन सेंमी. B. 22 घन सेंमी.
C. 28 घन सेंमी. D. 24 घन सेंमी.

2. एक टंकी 3 मी. लम्बी, 2 मी. चौड़ी तथा 1 मी. गहरी है। उसकी क्षमता (ली. में) क्या होगी?

A. 8000 ली. B. 10000 ली.
C. 6500 ली. D. 6000 ली.

3. एक घन का पृष्ठ क्षेत्रफल 1014 वर्ग सेंमी. है। इसका आयतन कितना होगा?

A. 2197 घन सेंमी. B. 2297 घन सेंमी.
C. 2179 घन सेंमी. D. 2117 घन सेंमी.

4. यदि दो घनाकृतियों के आयतन में 8 : 1 का अनुपात हो तो उनकी कोरों में क्या अनुपात होगा?

A. 1 : 2 B. 2 : 1
C. 4 : 1 D. 2 : 3

5. दो गोलों के पृष्ठ क्षेत्रफल में 9 : 16 का अनुपात है, तो बताइये उनके आयतनों में क्या अनुपात होगा?

A. 64 : 27 B. 27 : 64
C. 16 : 27 D. 11 : 27

6. एक कमरे की लं., चौ. व ऊँ. क्रमश: 12 मी., 9 मी. तथा 8 मी. है, तो बताइये उस छड़ की अधिक-से-अधिक लम्बाई क्या होगी जो कमरे में ठीक प्रकार रखी जो सके?

A. 17 मी. B. 18 मी.
C. 25 मी. D. 16 मी.

7. किसी लम्बवृत्तीय शंकु की त्रिज्या तथा ऊंचाई में 3 : 5 का अनुपात है। यदि शंकु का आयतन 120π घन मी. हो तो उसकी तिरछी ऊँचाई कितनी होगी?

A. $3\sqrt{34}$ मी. B. $2\sqrt{28}$ मी.
C. $2\sqrt{44}$ मी. D. $2\sqrt{34}$ मी.

8. यदि किसी बेलन के आधार की परिधि 88 सेंमी. तथा ऊंचाई 42 सेंमी. हो तो उस बेलन का आयतन कितना होगा?

A. 25872 घन सेंमी.
B. 28572 घन सेंमी.
C. 25870 घन सेंमी.
D. 22584 घन सेंमी.

9. 10 सेंमी. भुजा के दो घनों को आपस में सटाकर रखने से प्राप्त घनाभ का पृष्ठ क्या होगा?

A. 1200 वर्ग सेंमी. B. 5000 वर्ग सेंमी.
C. 1000 वर्ग सेंमी. D. 1250 वर्ग सेंमी.

10. एक आयताकार कागज के टुकडे की लम्बाई व चौड़ाई क्रमश: 30 सेंमी. तथा 20 सेंमी. है। यदि कागज को मोड़कर एक बेलन का वक्रपृष्ठ बनाया जाये तो बेलन कितने तरीके से बनाया जा सकता है?

A. तीन तरीके से B. दो तरीके से
C. एक तरीके से D. चार तरीके से

11. उपरोक्त प्रश्न में बने बेलनों के आयतनों में अनुपात क्या होगा।

A. 2 : 3 B. 3 : 1
C. 3 : 2 D. 2 : 1

12. यदि 3 सेंमी. त्रिज्या के एक ठोस गोले को पिघलाकर उसी त्रिज्या के आधार पर एक शंकु बनाया जाये तो शंकु की ऊंचाई कितनी होगी?

A. 8 सेंमी. B. 12 सेंमी.
C. 6 सेंमी. D. 5 सेंमी.

13. किसी रोलर का व्यास 2.4 मी. तथा लम्बाई 1.68 मी. है। यदि किसी मैदान को समतल करने में रोलर को 1000 पूर्ण चक्कर लगाने पड़े तो उस मैदान का क्षेत्रफल क्या होगा?

A. 12672 वर्ग मी. B. 12671 वर्ग मी.
C. 12762 वर्ग मी. D. 11768 वर्ग मी.

14. एक घन के किनारे की लम्बाई में 10% वृद्धि करने से घन के धरातल के क्षेत्रफल में कितने प्रतिशत वृद्धि हो जाएगी?

A. 21% B. 18%
C. 15% D. 20%

15. 14 मी. लम्बे तथा 4 मी. त्रिज्या वाले एक ठोस बेलन को पिघलाकर शंकु बनाया जाता है। यदि शंकु की त्रिज्या बेलन की त्रिज्या के बराबर हो तो शंकु की ऊंचाई कितनी होगी?

A. 21 मी. B. 42 मी.
C. 48 मी. D. 54 मी.

उत्तरमाला

1	2	3	4	5	6	7	8	9	10
D	D	A	B	B	A	D	A	C	B
11	**12**	**13**	**14**	**15**					
C	B	A	A	B					

व्याख्यात्मक उत्तर

1. $\because$ घनाभ का आयतन = लं. × चौ. × ऊं.

$= 4 \times 3 \times 2 = 24$ घन सेंमी.

2. टंकी का आयतन = लं. × चौ. × ऊं. $= 3 \times 2 \times 1$

$= 6$ घन मी.

($\because$ 1 घन मी. = 1000 ली.)

$\therefore$ टंकी की क्षमता $= 6 \times 1000 = 6000$ ली.।

3. $\because$ घन का पृष्ठ क्षेत्रफल $= 6 \times (\text{भुजा})^2$

$\therefore \quad 6 \times (\text{भुजा})^2 = 1014$

$\Rightarrow \quad (\text{भुजा})^2 = \dfrac{1014}{6} = 169$

$\therefore$ घन की भुजा $= \sqrt{169} = 13$ सेंमी.

$\therefore$ घन का आयतन $= (\text{भुजा})^3$

$= (13)^3$ सेंमी.

$= 2197$ घन सेंमी.

4. माना दो घनों की भुजा क्रमशः a_1 व a_2 है।

$\therefore$ दोनों घनों का आयतन क्रमशः a_1^3 व a_2^3 होगा

प्रश्नानुसार, $a_1^3 : a_2^3 = 8 : 1$

$\therefore \dfrac{a_1^3}{a_2^3} = \dfrac{8}{1}$

$\therefore \quad \left(\dfrac{a_1}{a_2}\right)^3 = \left(\dfrac{2}{1}\right)^3 \Rightarrow a_1 : a_2 = 2 : 1$

अतः उनकी कोरों में 2 : 1 का अनुपात होगा।

5. माना कि दो गोलों की त्रिज्या क्रमशः r_1 व r_2 है

दोनों गोलों का पृष्ठ क्षेत्रफल क्रमशः $4\pi r_1^2$ व $4\pi r_2^2$

प्रश्नानुसार, $4\pi r_1^2 : 4\pi r_2^2 = 9 : 16 \Rightarrow r_1^2 : r_2^2 = 9 : 16$

$\Rightarrow \dfrac{r_1^2}{r_2^2} = \dfrac{9}{16} \Rightarrow \left(\dfrac{r_1}{r_2}\right)^2 = \left(\dfrac{3}{4}\right)^2 \Rightarrow r_1 : r_2 = 3 : 4$

$\Rightarrow \left(\dfrac{r_1}{r_2}\right)^3 = \left(\dfrac{3}{4}\right)^3 \Rightarrow \dfrac{r_1^3}{r_2^3} = \dfrac{27}{64}$

$\Rightarrow r_1^3 : r_2^3 = 27 : 64$

$\because$ उनके आयतनों का अनुपात $= \dfrac{4}{3}\pi r_1^3 : \dfrac{4}{3}\pi r_2^3$

$\Rightarrow r_1^3 : r_2^3 = 27 : 64$

6. $\because$ अधिक-से-अधिक लम्बाई की छड़ = घनाभ के विकर्ण की लम्बाई

$= \sqrt{\quad}$

$= \sqrt{(12)^2 + (9)^2 + (8)^2}$

$= \sqrt{144 + 81 + 64} = \sqrt{289} = 17$ मी.

अतः उस छड़ की अधिक-से-अधिक लम्बाई ज़ो ठीक प्रकार से कमरे में रखी जा सके 17 मी. होगी।

7. माना कि लम्बवृत्तीय शंकु की त्रिज्या व ऊंचाई क्रमशः $3x$ मी. व $5x$ मी. है

$\therefore$ शंकु का आयतन $= \dfrac{1}{3}\pi r^2 h = \dfrac{1}{3}\pi \times (3x)^2 \times 5x$ घन मी.

प्रश्नानुसार, शंकु का आयतन $= 120\pi$ घन मी. (दिया है)

$\therefore \quad \dfrac{1}{3}\pi \times 9x^2 \times 5x = 120\pi \Rightarrow x^3 = \dfrac{120 \times 3}{9 \times 5}$

$\Rightarrow x^3 = 8 \Rightarrow x^3 = (2)^3 \Rightarrow x = 2$ मी.

$\therefore$ लम्बवृत्तीय शंकु की त्रिज्या व ऊंचाई क्रमशः $3 \times 2 = 6$ मी. तथा $5 \times 2 = 10$ मी. होगी।

$\therefore$ तिर्यक ऊंचाई $= \sqrt{\quad}$

$= \sqrt{(6)^2 + (10)^2} = \sqrt{36 + 100} = \sqrt{136} = 2\sqrt{34}$ मी.।

8. माना कि बेलन के आधार की त्रिज्या = r सेंमी.

$\therefore$ बेलन के आधार की परिधि = $2\pi r$ सेंमी.

प्रश्नानुसार, $2\pi r = 88$

$$\Rightarrow r = \frac{88}{2\pi} = \frac{88}{2\times\frac{22}{7}} = \frac{88\times 7}{2\times 22} = 14 \text{ सेंमी.}$$

$\therefore$ बेलन का आयतन = $\pi r^2 h = \frac{22}{7}\times(14)^2\times 42$

$= 22\times 2\times 14\times 42 = 25872$ घन सेंमी.।

9. विद्यार्थियों को इस प्रकार के प्रश्नों में हमेशा ध्यान रखना चाहिए कि दो घनों को आपस में सटाकर रखने पर प्राप्त घनाभ की भुजाओं में केवल लम्बाई में ही वृद्धि होगी। उसकी चौड़ाई तथा ऊंचाई घन की भुजा के ही बराबर होगी।

$\therefore$ घनाभ की लम्बाई = पहले घन की भुजा की लम्बाई + दूसरे घन की भुजा की लम्बाई

अर्थात् घनाभ की लम्बाई = $10 + 10 = 20$ सेंमी. होगी।

$\therefore$ घनाभ का पृष्ठ = $2(20\times 10 + 10\times 10 + 10\times 20)$

$= 2(200 + 100 + 200) = 2\times 500 = 1000$ वर्ग सेंमी.।

10. कागज के टुकड़े को दो तरीके से मोड़कर बेलन बनाया जा सकता है। **1.** आयताकार कागज को इस प्रकार मोड़ा जाए ताकि उसकी लम्बाई 30 सेंमी. तथा चौड़ाई 20 सेंमी. बेलन की क्रमशः वृत्तीय आधार की परिधि तथा ऊंचाई हो। **2.** पुनः आयताकार कागज को इस प्रकार से मोड़ा जाये ताकि उसकी लम्बाई 30 सेंमी. तथा चौड़ाई 20 सेंमी. बेलन की क्रमशः ऊंचाई व वृत्तीय आधार की परिधि हो।

11. पहली स्थिति में, $2\pi r = 30 \Rightarrow r = \frac{15}{\pi}$ सेंमी. तथा $h = 20$ सेंमी.

$\therefore$ आयतन $(v_1) = \pi r^2 h = \frac{15\times 15\times 20}{\pi}$

$= \frac{4500}{\pi}$ घन सेंमी.

दूसरी स्थिति में, $2\pi r = 20$

$\Rightarrow r = \frac{10}{\pi}$ सेंमी. तथा $h = 30$

$\therefore$ आयतन $(v_2) = \pi r^2 h$

$= \frac{10\times 10\times 30}{\pi} = \frac{3000}{\pi}$ घन सेंमी.

$\because$ अनुपात $v_1 : v_2 = \frac{4500}{\pi} : \frac{3000}{\pi} = 3:2.$

12. $\because$ 3 सेंमी. त्रिज्या वाले गोले का आयतन

$= \frac{4}{3}\pi\times(3)^3 = \frac{4}{3}\pi\times 27$ घन सेंमी.

माना कि शंकु की ऊंचाई h सेंमी. है

$\therefore$ उसी त्रिज्या के आधार पर शंकु का आयतन

$= \frac{1}{3}\pi(3)^2\times h$ घन सेंमी.

चूंकि शंकु का आयतन = गोले का आयतन

$\therefore \frac{1}{3}\pi\times(3)^2\times h = \frac{4}{3}\pi\times 27 \Rightarrow h = 12$ सेंमी.

अतः शंकु की ऊंचाई 12 सेमी होगी।

13. $\because$ रोलर का व्यास = 2.4 मी. $\therefore$ रोलर की त्रिज्या = 1.2 मी. तथा रोलर की लम्बाई (ऊंचाई) = 1.68 मी.

$\therefore$ रोलर की वक्रपृष्ठ = $2\pi rh = 2\times\frac{22}{7}\times 1.2\times 1.68$

$= 12.672$ वर्ग मी.

$\therefore$ 1 चक्कर में रोलर मैदान पर चला = 12.672 वर्ग मी.

$\therefore$ 1000 चक्कर में मैदान पर चलेगा = 12.672×1000

$= 12672$ वर्ग मी.

अर्थात् मैदान का क्षेत्रफल = 12672 वर्ग मी. होगा।

14. $\because$ घन के धरातल के क्षेत्रफल दो कोरों में 10% की वृद्धि होती है। अर्थात् $x\% = y\% = 10\%$ तथा प्रतिशत वृद्धि की स्थिति में x, y के मान (+) धनात्मक होंगे।

$\therefore$ घन के धरातल के क्षेत्रफल में प्रतिशत वृद्धि

$$= \left(x + y + \frac{xy}{100}\right)\% = \left(10 + 10 + \frac{10\times 10}{100}\right)\% = 21\%$$

15. $\because$ ठोस बेलन का आयतन = $\pi r^2 h = \pi r^2\times 14$ घन मी.

प्रश्नानुसार,

शंकु की त्रिज्या = बेलन की त्रिज्या r मी = 4 मी.

चूंकि शंकु का आयतन = बेलन का आयतन

$\therefore \frac{1}{3}\pi r^2\times$ ऊंचाई $= \pi r^2\times 14$

$\therefore$ ऊंचाई = $14\times 3 = 42$ मी.

अतः शंकु की ऊंचाई 42 मी. होगा।

☆☆☆☆☆☆

18 सारणी एवं ग्राफ (Tables and Graphs)

इस प्रकार के प्रश्नों में सारणी या ग्राफ दिया होता है, उससे सम्बन्धित प्रश्न पूछे जाते हैं। अतः अभ्यार्थियों को दिये गये प्रश्नों के सही उत्तर ज्ञात करने के लिए सारणी या ग्राफ का बहुत ही सावधानीपूर्वक अध्ययन करना चाहिए।

प्रश्नमाला

निर्देश (प्रश्न 1 से 4 तक) *निम्नांकित ग्राफ के अनुसार वर्ष 1998 में वर्षा ऋतु के दौरान हुई सड़क दुर्घटनाओं में मरने वालों की संख्या प्रदर्शित की गई है। ग्राफ पर आधारित ग्राफ के नीचे दिये गये प्रश्नों के उत्तर दीजिए।*

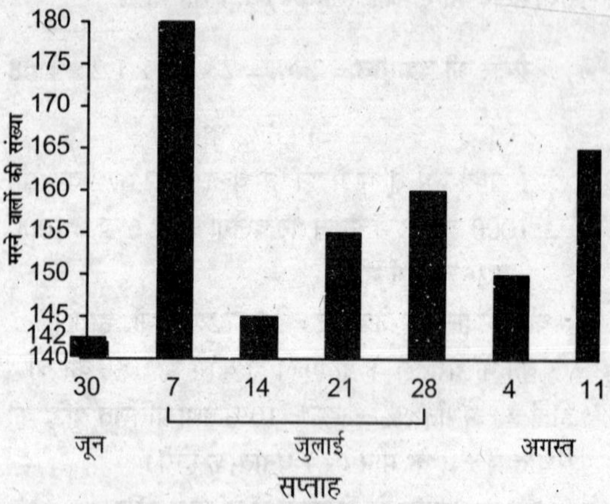

1. किन दो क्रमिक सप्ताहों के बीच मरने वालों की संख्या सबसे अधिक थी?

A. 4 अगस्त - 11 अगस्त
B. 14 जुलाई - 21 जुलाई
C. 30 जून - 7 जुलाई
D. 7 जुलाई - 28 जुलाई

2. कितने सप्ताहों में मरने वालों की संख्या 150 से अधिक थी?

A. 3
B. 2
C. 4
D. 1

3. कितने सप्ताहों में मरने वालों की संख्या 150 से कम थी?

A. 2 B. 0
C. 1 D. 3

4. किन दो क्रमिक सप्ताहों के बीच मरने वालों की संख्या में सबसे अधिक गिरावट थी?

A. 28 जुलाई – 4 अगस्त
B. 7 जुलाई – 14 जुलाई
C. 30 जून – 7 जुलाई
D. इनमें से कोई नहीं

निर्देश (प्रश्न 5 से 8 तक): *नीचे दी गई सारणी का सावधानी से अध्ययन कीजिए और उस पर आधारित नीचे दिये गये प्रश्नों के उत्तर दीजिए।*

किसी फैक्टरी के विविध विभागों में काम कर रहे कर्मचारियों की संख्या

विभाग / वर्ष	उत्पादन	बिक्री	खरीद	प्रशासन एवं लेखा	अनुसंधान एवं विकास
2001	150	25	50	45	75
2002	225	40	45	62	70
2003	450	65	30	90	73
2004	470	73	32	105	70
2005	500	80	35	132	74
2006	505	75	36	130	75

5. किस वर्ष उत्पादन में काम कर रहे कर्मचारियों की संख्या कुल कर्मचारियों के 50% से कम थी?

A. 2001 B. 2003
C. 2004 D. 2005

6. निम्न में से किस वर्ष प्रत्येक विभाग में काम कर रहे कर्मचारियों की संख्या प्रत्येक विभाग में उसके तुरन्त पिछले वर्ष के कर्मचारियों की संख्या से अधिक थी?

A. 2005 B. 2004
C. 2003 D. 2002

7. किस विभाग में वर्ष 2001 से 2006 तक कर्मचारियों की संख्या आसन्नतः समान रही है।

A. उत्पादन B. बिक्री
C. अनुसंधान एवं विकास D. प्रशासन एवं लेखा
E. खरीद

8. किस विभाग में वर्ष 2001 से 2006 तक लगातार कर्मचारियों की संख्या कुल कर्मचारियों की संख्या के 10% से कम रही है।

A. खरीद B. बिक्री
C. अनुसंधान एवं विकास D. प्रशासन एवं लेखा
E. बिक्री एवं खरीद

निर्देश (प्रश्न 9 से 12 तक): *नीचे दी गई पाई चार्ट किसी परिवार के विभिन्न मदों पर खर्च को दर्शाता है। इस पर आधारित नीचे दिये गये प्रश्नों के उत्तर दीजिए।*

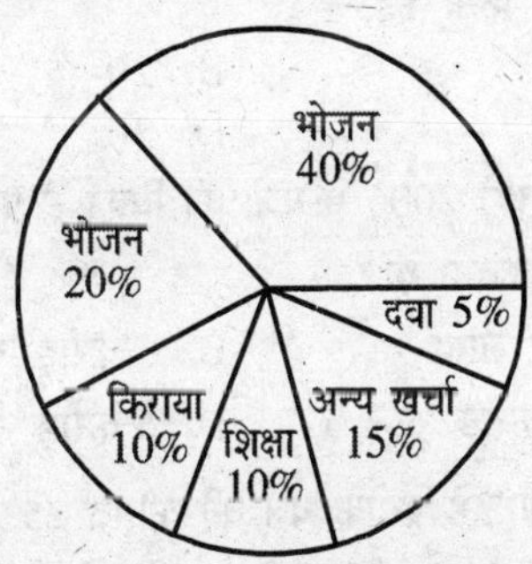

9. यदि शिक्षा पर 375 रु. खर्च होते हों, तो उतने ही रुपये निम्नलिखित में से किस पर खर्च होंगे?

A. दवा B. अन्य खर्च
C. किराया D. कपड़े

10. यदि भोजन पर खर्च 750 रु. प्रति माहवार हो, तो शिक्षा पर वार्षिक व्यय कितने रुपये होगा?

A. 2150 रु. B. 1022.50 रु.
C. 2250 रु. D. 1400 रु.

11. यदि परिवार का कुल खर्च 4500 रु. हो तो उस परिवार का कपड़े पर कितना खर्च होता है?

A. 800 रु. B. 900 रु.
C. 840 रु. D. 950 रु.

12. इस चार्ट में अन्य खर्च पर व्यय द्वारा केन्द्रीय कोण कितना होगा?

A. 40° B. 54°
C. 36° D. 15°

निर्देश (प्रश्न 13 से 16 तक): *निम्नलिखित आरेख का सावधानीपूर्वक अध्ययन करके उसे नीचे दिये गये प्रश्नों के उत्तर दीजिए।*

बिक्री तथा लाभ रिपोर्ट (1980-87)

बिक्री (लाख रुपयों में) आय रुपए दस हजार में

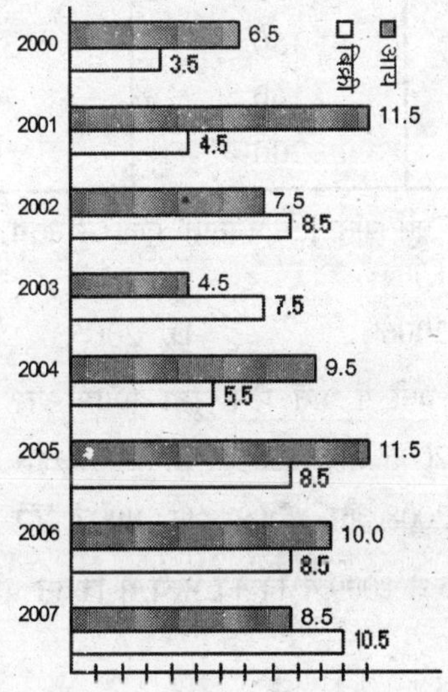

13. 2002 से 2007 तक बिक्री में वार्षिक बढ़ोत्तरी का माध्य (लाख रुपयों में) है–

A. 0.1 B. 0.2
C. 0.3 D. 0.4

14. स्टोर का वार्षिक माध्य लाभ (दस हजार रुपये में) निकटतम है–

A. 8.5 B. 8.6
C. 8.7 D. 9.0

15. किस वर्ष में लाभ का बिक्री से प्रतिशत अधिकतम था?

A. 2000 B. 2001
C. 2002 D. 2004

16. यदि 2000 के लाभ को आधार (100) माना जाए तो 2007 में कितना लाभ था?

A. 76 B. 105

C. 121 D. 131

निर्देश (प्रश्न 17 से 20 तक): *निम्नांकित तालिका किसी देश का विभिन्न वर्षों में बिस्कुटों का निर्यात प्रदर्शित करती है। तालिका का अध्ययन करके नीचे दिये गये प्रश्नों के उत्तर दीजिए।*

किसी देश का बिस्कुटों का कुछ वर्षों के लिए निर्यात

वर्ष	मात्रा (लाख टिनों में)	मूल्य (करोड़ रु. में)
2005	100	150
2006	75	150
2007	150	330
2008	160	400
2009	200	500

17. किस वर्ष प्रति टिन निर्यात मूल्य न्यूनतम था?

A. 2008 B. 2007

C. 2006 D. 2005

18. किन वर्षों में प्रति टिन मूल्य समान था?

A. 2006 और 2007 B. 2007 और 2008

C. 2008 और 2009 D. 2007 और 2009

19. 2005 से 2009 में निर्यात मूल्य में कितने प्रतिशत वृद्धि हुई?

A. 100 B. $116\frac{2}{3}$

C. $233\frac{1}{3}$ D. 350

20. 2008 से 2009 में निर्यात किये गये बिस्कुट टिनों की संख्या में कितना अन्तर था?

A. 40

B. 40,000

C. 4,00,000

D. 40,00,000

निर्देश (प्रश्न 21 से 25 तक): *निम्नलिखित आरेख का सावधानीपूर्वक अध्ययन करके उसे नीचे दिये गये प्रश्नों के उत्तर दीजिए।*

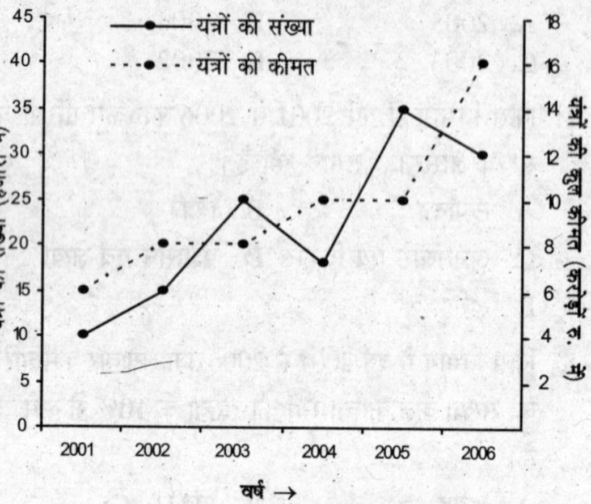

21. 2002 में प्रत्येक यंत्र की कीमत कितनी थी?

A. $5\frac{1}{3}$ हजार रु. B. 50 हजार रु.

C. 5103 रु. D. 3 हजार रु.

22. 2003 की अपेक्षा 2004 में यंत्रों के उत्पादन में कितने प्रतिशत कमी हुई?

A. 5 B. 20

C. 25 D. 30

23. 2004 तथा 2006 में यंत्रों की बिक्री से प्राप्त राजस्व में अन्तर कितना था?

A. 10 लाख रु. B. 1 करोड़ रु.

C. 4 करोड़ रु. D. 6 करोड़ रु.

24. यदि 2005 में प्रत्येक यंत्र की कीमत 25 प्रतिशत बढ़ाई जाती तो उस वर्ष उत्पादित यंत्रों की कुल कीमत क्या होती?

A. 32 करोड़ रु. B. 20 करोड़ रु.

C. 12.5 करोड़ रु. D. 15.5 करोड़ रु.

25. 2003 तथा 2004 में प्रत्येक यंत्र के मूल्य में कितना अन्तर था?

A. 1500 रु. B. 2500 रु.

C. 1800 रु. D. 3200 रु.

उत्तरमाला

1	2	3	4	5	6	7	8	9	10
A	C	D	B	A	A	C	B	C	C
11	**12**	**13**	**14**	**15**	**16**	**17**	**18**	**19**	**20**
B	B	D	C	B	D	D	C	C	D
21	**22**	**23**	**24**	**25**					
A	B	D	C	C					

व्याख्यात्मक उत्तर

1. ग्राफ के अनुसार दिये गये विकल्पों में 4 अगस्त – 11 अगस्त के दो क्रमिक सप्ताहों के बीच मरने वालों की संख्या में सबसे अधिक वृद्धि 165 – 150 = 15 थी।

2. चूँकि दिये गये ग्राफ में 7 जुलाई, 21 जुलाई, 28 जुलाई तथा 11 अगस्त के सप्ताहों में मरने वालों की संख्या 150 से अधिक थी अर्थात् सप्ताहों की गिनती = 4.

3. चूँकि ग्राफ से स्पष्ट है कि 30 जून, 14 जुलाई व 4 अगस्त के सप्ताहों में मरने वालों की संख्या 150 से कम थी। अर्थात् सप्ताहों की गिनती = 3.

4. ग्राफ के अनुसार 7 जुलाई से 14 जुलाई के दो क्रमिक सप्ताहों के बीच मरने वालों की संख्या में सबसे अधिक गिरावट आई थी।

5. 2001 में कुल कर्मचारियों की संख्या = 150 + 25 + 50 + 45 + 75 = 345

∴ उत्पादन में काम कर रहे कर्मचारियों की प्रतिशत संख्या

$$= \frac{150 \times 100}{345} = 43.48$$

2002 में कुल कर्मचारियों की संख्या = 225 + 40 + 45 + 62 + 70 = 442

∴ उत्पादन में काम कर रहे कर्मचारियों की प्रतिशत संख्या

$$= \frac{225 \times 100}{442} = 50.9$$

2003 में कुल कर्मचारियों की संख्या = 450 + 65 + 30 + 90 + 73 = 708

∴ उत्पादन में काम कर रहे कर्मचारियों की प्रतिशत संख्या

$$= \frac{450 \times 100}{708} = 63.56$$

2004 में कुल कर्मचारियों की संख्या = 470 + 73 + 32 + 105 + 70 = 750

∴ उत्पादन में काम कर रहे कर्मचारियों की प्रतिशत संख्या =

$$\frac{470 \times 100}{750} = 62.67$$

2005 में कुल कर्मचारियों की संख्या = 500 + 80 + 35 + 132 + 74 = 821

∴ उत्पादन में काम कर रहे कर्मचारियों की प्रतिशत संख्या =

$$\frac{500 \times 100}{821} = 60.9$$

2006 में कुल कर्मचारियों की संख्या = 505 + 75 + 36 + 130 + 75 = 821

∴ उत्पादन में काम कर रहे कर्मचारियों की प्रतिशत संख्या =

$$\frac{505 \times 100}{821} = 61.51$$

अतः 2001 में यह 50% से कम है।

6. सारणी से स्पष्ट है कि 2005 में प्रत्येक विभाग के कर्मचारियों की संख्या, पिछले वर्ष के प्रत्येक विभाग में कर्मचारियों की संख्या से अधिक थी।

7. सारणी के अनुसार अनुसंधान एवं विकास विभाग में वर्ष 2001 से 2006

9. ∵ केन्द्रीय कोण 36° शिक्षा तथा किराए के लिए एक ही है, अतः इन दोनों मदों पर खर्चा बराबर होगा। अर्थात् 375 रु. किराए पर खर्च होंगे।

10. ∵ भोजन पर खर्च = 750 रु.

∵ कुल खर्च $= \frac{100 \times 750}{40} = 1875$ रु.

∵ शिक्षा पर खर्च = 10%

∵ शिक्षा पर खर्च धनराशि $= 1875 \times \frac{10}{100}$

$= 187.50$ रु.

$\therefore$ शिक्षा पर वार्षिक खर्च = 187.50 × 12

= 2250.00 रु.

11. $\because$ कपड़े पर खर्च = 20%

$\therefore$ कपड़े पर कुल खर्च = $\frac{20}{100} \times 4500 = 900$ रु.।

12. 15% के लिए केन्द्रीय कोण $\frac{15}{100} \times 360^\circ = 54^\circ$.

13. 2002 से 2007 तक बिक्री में बढ़ोत्तरी का माध्य (लाख रुपये में) = $\frac{10.5 - 8.5}{5} = .4$.

14. स्टोर का वार्षिक माध्य लाभ (दस हजार रुपये में)

$$= \frac{(6.5 + 11.5 + 7.5 + 4.5 + 9.5 + 11.5 + 10.0 + 8.5)}{8}$$

$= \frac{69.5}{8} = 8.7$ (निकटतम)

15. 2000 में लाभ का बिक्री से प्रतिशत

$$= \frac{6.5 \times 10000 \times 100}{3.5 \times 100000} = 1.86$$

2001 में लाभ का बिक्री से प्रतिशत

$$= \frac{11.5 \times 10000 \times 100}{4.5 \times 100000} = 25.56$$

2002 में लाभ का बिक्री से प्रतिशत

$$= \frac{7.5 \times 10000 \times 100}{8.5 \times 100000} = 8.82$$

तथा 2004 में लाभ का बिक्री से प्रतिशत

$$= \frac{9.5 \times 10000 \times 100}{5.5 \times 100000} = 17.27$$

$\therefore$ 2001 में लाभ का बिक्री से प्रतिशत अधिकतम था।

16. अभीष्ट लाभ = $\frac{100 \times 8.5}{6.5} = 131$.

17. 2005 में प्रति टिन निर्यात मूल्य = $\frac{150 \text{ करोड़}}{100 \text{ लाख}} = 150$ रु.

2006 में प्रति टिन निर्यात मूल्य = $\frac{150 \text{ करोड़}}{75 \text{ लाख}} = 200$ रु.

2007 में प्रति टिन निर्यात मूल्य = $\frac{330 \text{ करोड़}}{150 \text{ लाख}} = 220$ रु.

2008 में प्रति टिन निर्यात मूल्य = $\frac{400 \text{ करोड़}}{160 \text{ लाख}} = 250$ रु.

तथा 2009 में प्रति टिन निर्यात मूल्य

$$= \frac{500 \text{ करोड़}}{200 \text{ लाख}} = 250 \text{ रु.}$$

अतः स्पष्ट होता है कि 2005 में प्रति टिन निर्यात मूल्य न्यूनतम था।

18. उपरोक्त प्रश्न से स्पष्ट है कि 2008 तथा 2009 में प्रति टिन निर्यात मूल्य समान था।

19. 2005 व 2009 में निर्यात मूल्य में प्रतिशत वृद्धि

$$= \frac{(500 - 150)}{150} \times 100 = 233\frac{1}{3}.$$

20. अभीष्ट अन्तर = 200 − 160 = 40 लाख टिन या 40,00,000 टिन।

21. $\because$ 2002 में यंत्रों की संख्या = 15000

तथा यंत्रों का मूल्य = 80000000 रु.

$\therefore$ 2002 में 1 यंत्र का मूल्य = $\frac{80000000}{15000}$

= $5\frac{1}{3}$ हजार रु.।

22. 2003 की अपेक्षा 2004 में यंत्रों के उत्पादन में प्रतिशत

कमी = $\frac{(25 - 20) \times 100}{25} = 20\%$

23. 2004 में 2006 में यंत्रों की बिक्री से प्राप्त राजस्व में अन्तर = 16 − 10 = 6 करोड़ रु. था।

24. 2004 में 25% कीमत बढ़ने पर उत्पादित यंत्रों की कुल

कीमत = $\frac{10 \times 125}{100} = 12.5$ करोड़ रु.।

25. 2003 में प्रत्येक यंत्र का मूल्य = $\frac{80000000}{25000}$

= 3200 रु.

तथा 2004 में प्रत्येक यंत्र का मूल्य = $\frac{100000000}{20000}$

= 5000 रु.

$\therefore$ अभीष्ट अन्तर = 5000 − 3200 = 1800 रु.।

☆☆☆☆☆☆

19 प्रायिकता (Probability)

प्रयोग

सुपरिभाषित परिणाम देने वाली क्रिया प्रयोग कहलाती है। प्रयोग दो प्रकार के होते हैं :

(*i*) यादृच्छिक प्रयोग

(*ii*) निर्धारणात्मक प्रयोग

(*i*) **यादृच्छिक प्रयोग**—वह प्रयोग जो समान परिस्थितियों में दुहराने पर असमान परिणाम देता है, यादृच्छिक प्रयोग कहलाता है।

जैसे—एक पासे को उछालने पर 1 से 6 तक के अंकों में से कोई भी परिणाम आ सकता है। परन्तु प्रत्येक बार समान परिणाम आए यह निश्चित नहीं है।

(*ii*) **निर्धारणात्मक प्रयोग**—वह प्रयोग जो समान परिस्थितियों के अन्तर्गत दुहराने पर समान परिणाम देता है। जैसे—विज्ञान या अभियांत्रिकी में समान परिस्थितियों में प्रयोग को दुहराने पर हमेशा समान परिणाम आता है।

प्रतिदर्श समष्टि : किसी प्रयोग के सभी संभव परिणामों के समुच्चय प्रतिदर्श समष्टि कहलाता है।

जैसे— $S = \{1, 2, 3, 4, 5, 6\}$

किसी पासे को उछालने पर सभी संभव परिणाम हैं।

घटना : प्रतिदर्श समष्टि के सभी उप-समुच्चय एक घटना है। यह दो प्रकार के होते हैं—

(*i*) **सरल घटना**—वह घटना जिसमें केवल एक प्रतिदर्श बिन्दु होता है, सरल घटना कहलाती है।

जैसे—दो सिक्कों के उछालने पर प्रतिदर्श समष्टि $S = \{HH, HT, TH, TT\}$

यदि घटना, E = दो शीर्ष प्राप्त करने की घटना $= \{HH\}$

तब E सरल घटना है

(*ii*) **संयुक्त घटना**—वे घटनाएँ, जो सरल घटना नहीं हैं संयुक्त घटना कहलाती है।

जैसे—दो सिक्कों को उछालने पर प्रतिदर्श समष्टि

$$S = \{HH, HT, TH, TT\}$$

तो E = कम-से-कम एक पुच्छ (Tail) प्राप्त करने की घटना

$$E = \{TT, TH, HT\}$$

समसम्भावी घटनाएँ : किसी प्रयोग में यदि प्रत्येक घटना के घटित होने की संभावना समान हो तो वह घटनाएँ समसंभावी घटनाएँ कहलाती है।

जैसे—किसी सिक्का को उछालने पर शीर्ष एवं पुच्छ (Head and Tail) आने की संभावना समान है।

परस्पर अपवर्जी घटनाएँ : किसी प्रतिदर्श समष्टि S की दो घटनाएँ परस्पर अपवर्जी होंगी यदि E_1 एवं E_2 साथ-साथ घटित ना हों अर्थात् $E_1 \cap E_2 = \phi$.

प्रायिकता : माना किसी यादृच्छिक प्रयोग में प्रतिदर्श समष्टि S तथा घटना $E \subseteq S$ है, तब घटना E के घटित होने की

प्रायिकता $P(E) = \dfrac{n(E)}{n(S)}$ होगी।

यदि $P(E) = 1$ तब E को निश्चित घटना तथा यदि $P(E) = 0$ तब E को असंभव घटना कहते हैं। अतः प्रायिकता हमेशा 0 से 1 के मध्य होता है अर्थात् $0 \le P(E) \le 1$

- यदि यादृच्छिक प्रयोग से संबंधित घटनाएँ E_1 एवं E_2 हों तब,

$$P(E_1 \cup E_2) = P(E_1) + P(E_2) - P(E_1 \cap E_2)$$

- यदि E_1 एवं E_2 परस्पर अपवर्जी घटनाएँ हों तब

$$P(E_1 \cup E_2) = P(E_1) + P(E_2)$$

- यदि $\bar{A}$, A नहीं है को सूचित करता है तब
  $P(\bar{A}) = 1 - P(A)$ या $P(A') = 1 - P(A)$

$\Rightarrow \quad P(A) = 1 - P(\bar{A})$

उदाहरण 1. दो सिक्कों को एक साथ उछाला जाता है तब

(*i*) केवल एक शीर्ष (*ii*) कम-से-कम एक शीर्ष आने की प्रायिकता निकालें।

हल : दो सिक्कों को एक साथ उछालने पर प्रतिदर्श समष्टि की संख्या $= 2^2 = 4$

अतः $S = \{HH, HT, TH, TT\}$

माना E_1 केवल एक शीर्ष आने की घटना है तब

$$n(E_1) = \{HT, TH\} = 2$$

तथा E_2 = कम-से-कम एक शीर्ष आने की घटना

$$= \{HH, HT, TH\} = 3$$

अतः (*i*) $\quad P(E_1) = \frac{n(E_1)}{n(S)} = \frac{2}{4} = \frac{1}{2}$

(*ii*) $\quad P(E_2) = \frac{n(E_2)}{n(S)} = \frac{3}{4}$

उदाहरण 2. यदि दो पासे को एक साथ फेंका जाता है तो इसके पृष्ठ पर आने वाली अंकों का योग 7 से अधिक हो, की प्रायिकता ज्ञात करें।

हल : $n(3) = 6 \times 6 = 36$

माना E = पृष्ठ पर आने वाली अंकों का योग 7 से अधिक

$= \{(2, 6) (3, 5) (3, 6) (4, 4) (4, 5) (4, 6) (5, 3) (5, 4) (5, 5) (5, 6) (6, 2), (6, 3) (6, 4) (6, 5) (6, 6)\}$

$= 15$

$\therefore \quad P(E) = \frac{n(E)}{n(S)} = \frac{15}{36} = \frac{5}{12}$

उदाहरण 3. ताश की किसी गड्डी से 2 पत्ते यादृच्छया निकाले जाते हैं तो इसके बादशाह होने की प्रायिकता ज्ञात करें।

हलः $n(S) = 52\,C_2 = \frac{52 \times 51}{2 \times 1} = 26 \times 51 = 1326$

यदि E = दो बादशाह आने की घटना।

तब $\quad n(E) = 4C_2 = \frac{4 \times 3}{2} = 6$

अतः $\quad P(E) = \frac{n(E)}{n(S)} = \frac{6}{1326} = \frac{1}{221}$

उदाहरण 4. किसी थैले में 4 लाल, 6 काली, 8 हरी गेंद हैं। यादृच्छया 2 गेंद निकाले जाते हैं तब दोनों के काली होने की प्रायिकता ज्ञात करें।

हल : थैले में कुल गेंदों की संख्या $= 4 + 6 + 8 = 18$

$$\therefore \quad n(S) = 18C_2$$

माना E = दो काली गेंद आने की घटना

$$n(E) = 6C_2$$

अतः $\quad P(E) = \frac{n(E)}{n(S)} = \frac{6C_2}{18C_2}$

$$= \frac{\frac{6 \times 5}{2}}{\frac{18 \times 17}{2}} = \frac{6 \times 5}{18 \times 17} = \frac{5}{51}$$

$\therefore \quad P(E) = \frac{5}{51}$

उदाहरण 5. 1 से 20 तक की संख्याओं में से तीन संख्याओं को यादृच्छया चयन किया जाता है तो इसके लगातार (Consecutive) होने की प्रायिकता क्या होगी?

हल : 20 संख्याओं में से 3 संख्याओं को चयन करने के कुल तरीके $= 20C_3$

$$= \frac{20 \times 19 \times 18}{3 \times 2}$$

$\therefore \quad n(S) = 20C3 = 1140$

यदि E = तीन लगातार संख्याओं के चयन के तरीके

$= \{(1, 2, 3) (2, 3, 4) (3, 4, 5) .... (18, 19, 20)\}$

$n(E) = 18$

अतः $\quad P(E) = \frac{n(E)}{n(S)} = \frac{18}{1140} = \frac{3}{190}$

उदाहरण 6. किसी थैला में 4 लाल, 5 हरी तथा 6 सफेद गेंद हैं। यदि यादृच्छया एक गेंद निकाली जाए तो इसके लाल या हरी होने की संभावना ज्ञात करें।

हल : कुल गेंदों की संख्या = 4 + 5 + 6 = 15

$\therefore \quad n(S) = 15$

माना E_1 = लाल गेंद होने की घटना = 4

E_2 = हरी गेंद होने की घटना = 5

तब $E_1 \cap E_2 = \phi$

अतः $P(E_1$ या $E_2) = P(E_1) + P(E_2)$

$$= \left(\frac{4}{15} + \frac{5}{15}\right) = \frac{9}{15} = \frac{3}{5}$$

उदाहरण 7. एक थैले में 2 लाल, 3 हरी तथा 2 सफेद गेंद हैं। यादृच्छया दो गेंद निकाली जाती हैं तो उसकी सफेद न होने की प्रायिकता ज्ञात करें।

हल : कुल गेंदों की संख्या = (2 + 3 + 2) = 7

$$\therefore \quad n(S) = 7C_2 = \frac{7 \times 6}{2} = 21$$

माना E = 2 गेंद निकलने की घटना जो सफेद न हो = (2 + 3) = 5

$\therefore \quad n(E) = 5C_2 = 10$

$$\therefore \quad P(E) = \frac{n(E)}{n(S)} = \frac{10}{21}$$

उदाहरण 8. किसी ताश की गड्डी से यादृच्छया दो पत्ते निकाले जाएं तो इसकी क्या संभावना है कि दोनों या तो लाल हों या दोनों बादशाह?

हल : $n(S) = 52C_2 = \frac{52 \times 51}{2} = 1326$

माना E_1 = दोनों पत्ते को लाल होने की घटना

$$n(E_1) = 26C_2 = \frac{26 \times 25}{2} = 325$$

E_2 = दोनों पत्ते के बादशाह होने की घटना

$$n(E_2) = 4C_2 = \frac{4 \times 3}{2} = 6$$

तथा $(E_1 \cap E_2)$ = दोनों पत्ते लाल का बादशाह

$\therefore \quad n(E_1 \cap E_2) = 2C_2 = 1$

$$\therefore \quad P(E_1 \cup E_2) = P(E_1) + P(E_2) - P(E_1 \cap E_2)$$

$$= \frac{325}{1326} + \frac{6}{1326} - \frac{1}{1326}$$

$$= \frac{330}{1326} = \frac{55}{221}$$

उदाहरण 9. किसी कक्षा में 15 छात्र एवं 10 छात्राएँ हैं। यदि इसमें से 3 विद्यार्थी को चुनना हो तो इसकी क्या संभावना है कि उसमें 1 छात्रा एवं 2 छात्र होंगे।

हल : $n(S) = 25C_3 = \frac{25 \times 24 \times 23}{3 \times 2} = 2300$

यदि E = 1 छात्रा एवं 2 छात्र चुनने की घटना

$\therefore \quad n(E) = 15\,C_2 \times 10\,C_1$

$$= \frac{15 \times 14}{2} \times 10 = 1050$$

$$\therefore \quad P(E) = \frac{n(E)}{n(S)} = \frac{1050}{2300} = \frac{105}{230} = \frac{21}{46}$$

उदाहरण 10. यदि $P(A) = 0.25, P(B) = 0.50$ तथा $P(A \cap B) = 0.14$ तब $P(A \cap \bar{B})$ मान ज्ञात करें।

हल : दिया है, $P(A) = 0.25,\ P(B) = 0.50$

तथा $P(A \cap B) = 0.14$

अतः $P(A \cap \bar{B}) = P(A) - P(A \cap B)$

$= 0.25 - 0.14$

$= 0.11$

प्रश्नमाला

निर्देश : निम्नलिखित प्रश्नों को हल करें :

1. एक बर्तन में 2 लाल, 3 नीली तथा 4 काली गेंद हैं। यादृच्छया तीन गेंद निकाली जाती हैं, तो सभी के एक ही रंग के होने की प्रायिकता है–

A. $\frac{5}{84}$ B. $\frac{3}{9}$

C. $\frac{3}{7}$ D. $\frac{7}{17}$

2. तीन पासे एक साथ फेंके जाते हैं। उन पर आने वाले अंकों का योग 17 या 18 होने की प्रायिकता है–

A. $\frac{1}{72}$　　B. $\frac{1}{9}$

C. $\frac{1}{54}$　　D. $\frac{4}{17}$

3. शब्द POSSESSIVE से एक अक्षर यादृच्छया चुना जाता है, तो इसके S होने की प्रायिकता है–

A. $\frac{3}{10}$　　B. $\frac{4}{10}$

C. $\frac{3}{7}$　　D. $\frac{4}{17}$

4. यदि A और B दो घटनाएँ हैं तथा $P(A') = 0.3$, $P(B) = 0.4$, $P(A \cap B') = 0.5$ तब $P(A \cap B')$ का मान–

A. 0.5　　B. 0.8

C. 1　　D. 0.1

5. किसी बक्से में 3 आम तथा 3 सेब हैं। यदि दो फल यादृच्छया चुने जाएँ तो एक आम तथा एक सेब होने की प्रायिकता–

A. $\frac{2}{3}$　　B. $\frac{3}{5}$

C. $\frac{1}{3}$　　D. $\frac{3}{4}$

6. छः (6) पुरस्कारों को तीन व्यक्ति में वितरण यादृच्छया किया जाता है, तो किसी एक व्यक्ति को सभी पुरस्कार नहीं मिलने की संभावना होगी।

A. $\frac{120}{216}$　　B. $\frac{6}{216}$

C. $\frac{210}{216}$　　D. $\frac{790}{216}$

7. 100 पत्तों की गड्डी जिन पर 1 से 100 तक संख्याएँ लिखी हैं, में से यादृच्छया एक पत्ता निकाला जाता है, तो पूर्ण वर्ग संख्या आने की प्रायिकता है–

A. $\frac{1}{5}$　　B. $\frac{2}{5}$

C. $\frac{1}{10}$　　D. $\frac{1}{15}$

8. तीन व्यक्ति एक समस्या पर स्वतंत्र रूप से कार्य करते हैं। उनके द्वारा समस्या का हल करने की प्रायिकताएँ क्रमशः $\frac{1}{3}, \frac{1}{4}$ एवं $\frac{1}{5}$ है तो किसी के द्वारा समस्या न हल होने की प्रायिकता है–

A. $\frac{1}{3}$　　B. $\frac{3}{5}$

C. $\frac{2}{5}$　　D. $\frac{1}{5}$

9. एक लॉटरी में 90 टिकट हैं, जिन पर 1 से 90 तक की संख्याएँ अंकित हैं। पाँच टिकट यादृच्छया चुने जाते हैं। इनमें से दो टिकटों पर 15 तथा 80 संख्या होने की प्रायिकता है–

A. $\frac{2}{801}$　　B. $\frac{2}{623}$

C. $\frac{1}{267}$　　D. $\frac{1}{623}$

10. A तथा B में से कम-से-कम एक के घटने की प्रायिकता 0.6 है। यदि A एवं B के साथ-साथ घटित होने की प्रायिकता 0.2 हो तब $P(A') + P(B')$ का मान–

A. 3.2　　B. 1.5

C. 1.03　　D. 1.2

11. किसी बक्से में 20 बल्ब हैं जिसमें से 4 खराब हैं। यादृच्छया दो बल्ब निकाले जाते हैं तो इसमें कम-से-कम 1 खराब होने की संभावना है–

A. $\frac{7}{19}$　　B. $\frac{9}{19}$

C. $\frac{12}{19}$　　D. $\frac{17}{19}$

12. दो पासे को फेंका जाता है तब इसके पृष्ठ पर आने वाले अंकों का योग अभाज्य संख्या होने की प्रायिकता–

A. $\frac{7}{9}$　　B. $\frac{1}{12}$

C. $\frac{5}{12}$　　D. $\frac{11}{12}$

13. किसी लॉटरी में 10 पुरस्कार एवं 25 खाली (पुरस्कार रहित) हैं। यदि एक टिकट यादृच्छया निकाला जाए तो पुरस्कार मिलने की प्रायिकता–

A. $\frac{1}{25}$ B. $\frac{1}{10}$

C. $\frac{1}{35}$ D. $\frac{2}{7}$

14. किसी बॉक्से में 5 हरी, 4 पीली एवं 3 सफेद शीशे की गोली हैं। तीन गोली यादृच्छया निकाले जाते हैं तब इसके एक ही रंग न होने की प्रायिकता–

A. $\frac{41}{44}$ B. $\frac{1}{44}$

C. $\frac{7}{55}$ D. $\frac{12}{55}$

15. यदि N = {1, 2, 3, ... 100} से यादृच्छया 3 विभिन्न संख्याएँ चुनी जाती हैं तो इन तीनों के 2 और 3 दोनों से विभाजित होने की प्रायिकता होगी–

A. $\frac{4}{25}$ B. $\frac{4}{35}$

C. $\frac{4}{33}$ D. $\frac{4}{1155}$

उत्तरमाला

1	2	3	4	5	6	7	8	9	10
A	C	B	B	B	C	C	C	A	D
11	**12**	**13**	**14**	**15**					
A	C	D	A	D					

व्याख्यात्मक उत्तर

1. कुल गेंद = 9

9 गेंद में से 3 गेंद निकालने के कुल तरीके = $9\,C_3$

$\therefore \quad n(S) = \frac{9\times8\times7}{3\times2} = 84$

E = सभी गेंद एक ही रंग के हों

$\therefore \quad n(E) = 3C_3 + 4C_3$

$= 1 + 4 = 5$

($\therefore$ लाल गेंद 2 ही हैं)

अतः अभीष्ट प्रायिकता $= \frac{n(E)}{n(S)} = \frac{5}{84}$.

2. तीन पासे फेंकने के कुल तरीके = 6 × 6 × 6 = 216

अतः $n(S) = 216$

माना E = योगफल 17 या 18 आने की घटना

$\therefore$ = (6, 5, 6) (5, 6, 6) (6, 6, 5) (6, 6, 6)

$n(E) = 4$

$\therefore \quad P(E) = \frac{n(E)}{n(S)}$

$= \frac{4}{216} = \frac{1}{54}$.

3. कुल अक्षरों की संख्या = 10

$n(S) = 10$

E = S आने की घटना

$n(E) = 4$

$\therefore \quad P(E) = \frac{n(E)}{n(S)} = \frac{4}{10}$.

4. योग के प्रमेय से

$P(A \cup B') = P(A) + P(B') - P(A \cap B')$

$= 1 - P(A') + 1 - P(B) - P(A \cap B')$

$= 1 - 0.3 + 1 - 0.5 - 0.4$

$= 0.8.$

5. 6 में से दो फल चुनने के कुल तरीके $= 6\,C_2$

$$\therefore \quad n(S) = 6\,C_2 = \frac{6\times5}{2} = 15$$

E = 1 आम तथा 1 सेब होने की घटना

$$n(E) = 3\,C_1 \times 3\,C_1 = 3\times3$$

$$\therefore \quad P(E) = \frac{n(E)}{n(S)} = \frac{9}{15} = \frac{3}{5}.$$

6. पुरस्कारों के वितरण करने के कुल तरीके $= 6\times6\times6$

अतः $n(S) = 216$

E = एक ही व्यक्ति को सभी पुरस्कार प्राप्त होने के तरीके

$n(E) = 6$

अतः किसी एक व्यक्ति को सभी पुरस्कार नहीं मिलने की प्रायिकता

= 1 – P (एक ही व्यक्ति को सभी पुरस्कार)

$$= 1 - \frac{n(E)}{n(S)} = 1 - \frac{6}{216}$$

$$= \frac{210}{216}.$$

7. एक पत्ता निकालने के कुल तरीके $= 100\,C_1 = 100$

अतः $n(S) = 100$

E = पूर्ण वर्ग संख्या आने की घटना

$= 1^2, 2^2, 3^2, 4^2, 5^2, 6^2, 7^2, 8^2, 9^2, 10^2$

$n(E) = 10$

$$\therefore \quad P(E) = \frac{n(E)}{n(S)} = \frac{10}{100} = \frac{1}{10}.$$

8. माना प्रत्येक व्यक्ति द्वारा समस्या का हल करने की प्रायिकता $P(A) = \frac{1}{3}, P(B) = \frac{1}{4}$ तथा $P(C) = \frac{1}{5}$ है तब प्रत्येक के द्वारा समस्या हल न होने की प्रायिकता

$P(\overline{A}) = 1 - \frac{1}{3} = \frac{2}{3}$, $\quad P(\overline{B}) = 1 - \frac{1}{4} = \frac{3}{4}$ तथा

$P(\overline{C}) = 1 - \frac{1}{5} = \frac{4}{5}.$

अतः तीनों में से किसी के द्वारा समस्या का हल न होने की प्रायिकता

$$P(\overline{A}\cap\overline{B}\cap\overline{C}) = P(\overline{A})\cdot P(\overline{B})\cdot P(\overline{C})$$

$$= \frac{2}{3}\times\frac{3}{4}\times\frac{4}{5} = \frac{2}{5}.$$

9. पाँच टिकटों में से दो टिकट (जिनकी संख्या 15 तथा 80 है) होने चाहिए अब शेष 88 में से तीन टिकट

$n(E)$ = चुनने के प्रकार $= 88\,C_3$

$n(S)$ = कुल चुनने के तरीके $= 90\,C_5$

अतः अभीष्ट प्रायिकता $= \dfrac{88\,C_3}{90\,C_5}$

$$= \frac{\dfrac{88\times87\times86}{3\times2}}{\dfrac{90\times89\times88\times87\times86}{5\times4\times3\times2}}$$

$$= \frac{5\times4}{90\times89} = \frac{20}{8010} = \frac{2}{801}.$$

10. दिया गया है $P(A\cup B) = 0.6$

तथा $P(A\cap B) = 0.2$

अब
$$\begin{aligned} P(A')+P(B') &= 1-P(A)+1-P(B) \\ &= 2-[P(A)+P(B)] \\ &= 2-[P(A)+P(B)- P(A\cap B)+P(A\cap B)] \\ &= 2-[P(A\cup B)+P(A\cap B)] \\ &= 2-(0.6+0.2) \\ &= 2-0.8 \\ &= 1.2. \end{aligned}$$

11. 20 बल्ब में से 2 बल्ब चुनने के कुल तरीके

$En(S) = 20\,C_2$

माना E = कोई खराब बल्ब नहीं

$n(E) = 16\,C_2$

किसी बल्ब के खराब नहीं होने की प्रायिकता

$$P(E) = \frac{16\,C_2}{20\,C_2} = \frac{\dfrac{16\times15}{2}}{\dfrac{20\times19}{2}} = \frac{16\times15}{20\times19} = \frac{12}{19}$$

अतः कम-से-कम 1 बल्ब खराब होने की प्रायिकता

$$= 1-\frac{12}{19}=\frac{7}{19}.$$

12. $n(S) = 6 \times 6 = 36$

माना E = पासे पर आए अंकों का योग अभाज्य संख्या

E = {(1, 1) (1, 2) (1, 4) (1, 6) (2, 1) (2, 3) (2, 5) (3, 2) (3, 4) (4, 1) (4,3) (5, 2) (5, 6) (6, 1) (6, 5)}

$n(E) = 15$

$$P(E) = \frac{n(E)}{n(S)}=\frac{15}{36}=\frac{5}{12}.$$

13. कुल टिकट की संख्या = 25 + 10 = 35

$n(S) = 35$

E = पुरस्कार मिलने की घटना

$n(E) = 10$

$$\therefore \quad P(E) = \frac{n(E)}{n(S)}=\frac{10}{35}=\frac{2}{7}.$$

14. 12 गोली में से 3 गोली निकालने के कुल तरीके

$$n(S) = 12\,C_3 = \frac{12\times11\times10}{3\times2}=220$$

माना E = एक ही रंग के 3 गोली निकलने के तरीके

= (5 में से 3) या (4 में से 3) या (3 में से 3)

$n(E) = 5\,C_3 + 4\,C_3 + 3\,C_3$

$= 10 + 4 + 1 = 15$

$$P(E) = \frac{n(E)}{n(S)}$$

$$= \frac{15}{220}=\frac{3}{44}$$

$\therefore$ अभीष्ट प्रायिकता $= 1-\frac{3}{44}=\frac{41}{44}.$

15. 1 से 100 के बीच 6 से विभाज्य संख्याएँ 6, 12, 18 .... 96. यदि ऐसी n संख्याएं हैं तब $96 = 6 + (n-1)\times 6$

$\Rightarrow n = 16$

अतः प्रायिकता $= \frac{16C_3}{100C_3}=\frac{4}{1155}.$

☆☆☆☆☆☆

20 त्रिकोणमिति (Trigonometry)

त्रिकोणमितीय अनुपात

समकोण त्रिभुज ABC में यदि $\angle CAB = \theta$ हो, तो BC = कोण θ की सम्मुख भुजा = लंब = P (मान लें), AC = समकोण की सम्मुख भुजा = कर्ण = H (मान लें) और AB = B (मान लें)

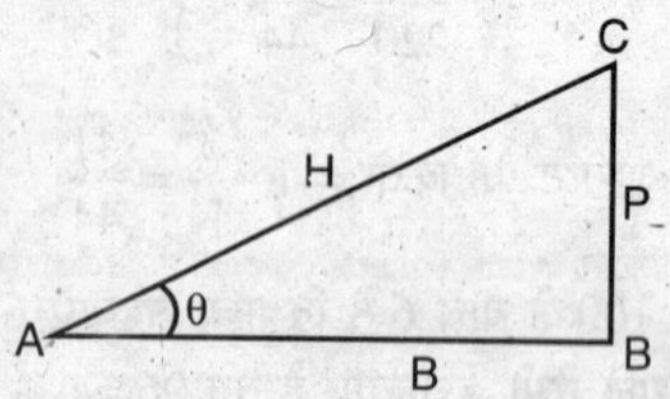

छः त्रिकोणमितीय अनुपात नीचे दिए गए हैं :

$$\sin\theta = \frac{p}{h}, \cos\theta = \frac{b}{h}, \tan\theta = \frac{p}{b}$$

(और $\tan\theta = \frac{\sin\theta}{\cos\theta}$), $\operatorname{cosec}\theta = \frac{1}{\sin\theta} = \frac{h}{p}$,

$$\sec\theta = \frac{1}{\cos\theta} = \frac{h}{b}, \cot\theta = \frac{1}{\tan\theta} = \frac{b}{p}$$

त्रिकोणमितीय अनुपातों के चिह्न

प्रथम चतुर्थांश (वृत्तपाद) $0 < \theta < 90°$, सभी त्रिकोणमितीय अनुपात धनात्मक;

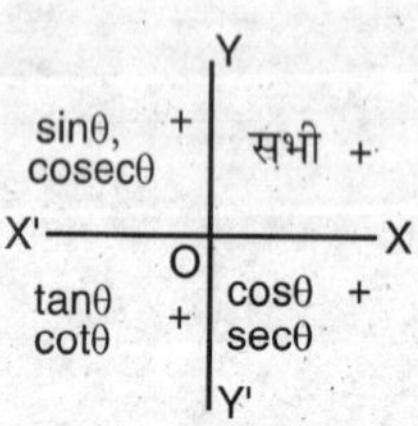

द्वितीय चतुर्थांश $90° < \theta < 180°$, केवल $\sin\theta$ और $\operatorname{cosec}\theta$, धनात्मक;

तृतीय चतुर्थांश $180° < \theta < 270°$, केवल $\tan\theta$ और $\cot\theta$, धनात्मक;

चतुर्थ चतुर्थांश $270° < \theta < 360°$, केवल $\cos\theta$ और $\sec\theta$, धनात्मक।

त्रिकोणमितीय सर्वसमिकाएँ

(i) $\sin^2\theta + \cos^2\theta = 1$

(ii) $\cos^2\theta = 1 - \sin^2\theta$

(iii) $\sin^2\theta = 1 - \cos^2\theta$

(iv) $1 + \tan^2\theta = \sec^2\theta$

(v) $\sec^2\theta - \tan^2\theta = 1$

(vi) $\sec^2\theta - 1 = \tan^2\theta$

(vii) $1 + \cot^2\theta = \operatorname{cosec}^2\theta$

(viii) $\operatorname{cosec}^2\theta - \cot^2\theta = 1$

(ix) $\operatorname{cosec}^2\theta - 1 = \cot^2\theta$

त्रिकोणमितीय समीकरण व त्रिकोणमितीय सर्वसमिका में अंतर

1. त्रिकोणमितीय समीकरण चर θ के कुछ एक मानों के लिए ही सत्य होती हैं, अर्थात् इनको θ के एक-दो मान ही सन्तुष्ट करते हैं, (समीकरण की घात के अनुसार मूल ही सन्तुष्ट करते हैं) जबकि त्रिकोणमितीय सर्वसमिका θ के प्रत्येक मान के लिए सन्तुष्ट होती है।

2. त्रिकोणमितीय समीकरण को θ के लिए हल किया जा सकता है जबकि त्रिकोणमितीय सर्वसमिका को तो सत्यापित ही कर सकते हैं।

त्रिकोणमितीय अनुपातों के मानक कोणों के मान I

θ त्रिकोणमितीय अनुपात	0°	30°	45°	60°	90°	θ त्रिकोणमितीय अनुपात का मान
$\sin\theta$	0	$\frac{1}{2}$	$\frac{1}{\sqrt{2}}$	$\frac{\sqrt{3}}{2}$	1	$\frac{\text{लम्ब}}{\text{कर्ण}}$
$\cos\theta$	1	$\frac{\sqrt{3}}{2}$	$\frac{1}{\sqrt{2}}$	$\frac{1}{2}$	0	$\frac{\text{आधार}}{\text{कर्ण}}$
$\tan\theta$	0	$\frac{1}{\sqrt{3}}$	1	$\sqrt{3}$	अपरिभाषित	$\frac{\text{लम्ब}}{\text{आधार}}$
$\text{cosec}\,\theta$	अपरिभाषित	2	$\sqrt{2}$	$\frac{2}{\sqrt{3}}$	1	$\frac{\text{कर्ण}}{\text{लम्ब}}$
$\sec\theta$	1	$\frac{2}{\sqrt{3}}$	$\sqrt{2}$	2	अपरिभाषित	$\frac{\text{कर्ण}}{\text{आधार}}$
$\cot\theta$	अपरिभाषित	$\sqrt{3}$	1	$\frac{1}{\sqrt{3}}$	0	$\frac{\text{आधार}}{\text{लम्ब}}$

त्रिकोणमितीय अनुपातों के मानककोणों ($0^\circ - 90^\circ$) के मान II

	0°	15°	18°	22.5°	30°	36°	45°	60°	67.5°	90°
sin	0	$\frac{\sqrt{6}-\sqrt{2}}{4}$	$\frac{\sqrt{5}-1}{4}$	$\frac{\sqrt{2-\sqrt{2}}}{2}$	$\frac{1}{2}$	$\frac{\sqrt{10-2\sqrt{5}}}{4}$	$\frac{1}{\sqrt{2}}$	$\frac{\sqrt{3}}{2}$	$\frac{\sqrt{\sqrt{2}+1}}{\sqrt{(2\sqrt{2})}}$	1
cos	1	$\frac{\sqrt{6}+\sqrt{2}}{4}$	$\frac{\sqrt{10+2\sqrt{5}}}{4}$	$\frac{\sqrt{\sqrt{2}+1}}{\sqrt{(2\sqrt{2})}}$	$\frac{\sqrt{3}}{2}$	$\frac{\sqrt{5}+1}{4}$	$\frac{1}{\sqrt{2}}$	$\frac{1}{2}$	$\frac{\sqrt{2-\sqrt{2}}}{2}$	0
tan	0	$2-\sqrt{3}$	$\frac{\sqrt{25-10\sqrt{5}}}{5}$	$\sqrt{2}-1$	$\frac{1}{\sqrt{3}}$	$\sqrt{5-2\sqrt{5}}$	1	$\sqrt{3}$	$\sqrt{2}+1$	अपरिभाषित

पूरक कोणों के त्रिकोणमितीय अनुपात

(*i*) $\sin(90^\circ-\theta)=\cos\theta$
(*ii*) $\cos(90^\circ-\theta)=\sin\theta$
(*iii*) $\tan(90^\circ-\theta)=\cot\theta$
(*iv*) $\cot(90^\circ-\theta)=\tan\theta$
(*v*) $\sec(90^\circ-\theta)=\text{cosec}\,\theta$
(*vi*) $\text{cosec}\,(90^\circ-\theta)=\sec\theta$

एक त्रिकोणमितीय अनुपात से अन्य सभी त्रिकोणमितीय अनुपातों के मान ज्ञात करना

$\sin\theta$ के मान की सहायता से अन्य त्रिकोणमितीय अनुपातों के मान ज्ञात करना

माना कि $\sin\theta = x$

$\therefore \cos\theta = \sqrt{1-\sin^2\theta}$

$$\Rightarrow \quad \cos\theta = \sqrt{1-x^2}$$

$$\therefore \quad \tan\theta = \frac{\sin\theta}{\cos\theta} = \frac{x}{\sqrt{1-x^2}},$$

$$\cot\theta = \frac{1}{\tan\theta} = \frac{\sqrt{1-x^2}}{x},$$

$$\operatorname{cosec}\theta = \frac{1}{\sin\theta} = \frac{1}{x}$$

तथा $$\sec\theta = \frac{1}{\cos\theta} = \frac{1}{\sqrt{1-x^2}}$$

$\cos\theta$ के मान की सहायता से अन्य त्रिकोणमितीय अनुपातों के मान ज्ञात करना

माना कि $\cos\theta = x$

$$\therefore \quad \sin\theta = \sqrt{1-\cos^2\theta}$$

$$\Rightarrow \quad \sin\theta = \sqrt{1-x^2}$$

$$\therefore \quad \tan\theta = \frac{\sin\theta}{\cos\theta} = \frac{\sqrt{1-x^2}}{x},$$

$$\cot\theta = \frac{1}{\tan\theta} = \frac{x}{\sqrt{1-x^2}}$$

$$\operatorname{cosec}\theta = \frac{1}{\sin\theta} = \frac{1}{\sqrt{1-x^2}},$$

$$\sec\theta = \frac{1}{\cos\theta} = \frac{1}{x}$$

$\tan\theta$ के मान की सहायता से अन्य त्रिकोणमितीय अनुपातों के मान ज्ञात करना

माना कि $\tan\theta = x$

$$\therefore \quad \sec\theta = \sqrt{1+\tan^2\theta}$$

$$\Rightarrow \quad \sec\theta = \sqrt{1+x^2}$$

$$\cot\theta = \frac{1}{\tan\theta} = \frac{1}{x},$$

$$\cos\theta = \frac{1}{\sec\theta} = \frac{1}{\sqrt{1+x^2}}$$

$$\sin\theta = \sqrt{1-\cos^2\theta} = \sqrt{1-\frac{1}{1+x^2}}$$

$$= \sqrt{\frac{1+x^2-1}{1+x^2}} = \frac{x}{\sqrt{1+x^2}}$$

तथा $$\operatorname{cosec}\theta = \frac{1}{\sin\theta} = \frac{\sqrt{1+x^2}}{x}$$

त्रिकोणमितीय अनुपातों के वर्धमान व ह्रासमान आचरण

यदि $-\pi/2 \le \theta \le \pi/2$, हो तो प्रथम और चतुर्थ वृत्तपादों में कोण में वृद्धि के साथ $\sin\theta$ के मान में वृद्धि होती है जबकि द्वितीय और तृतीय वृत्तपादों में $\sin\theta$ के मान में 1 से -1 की कमी होती है।

अतः $\theta_1 < \theta_2 \Rightarrow \sin\theta_1 < \sin\theta_2$ ($\theta_1, \theta_2 \in$ प्रथम या चतुर्थ वृत्तपाद)

$\Rightarrow \sin\theta_1 > \sin\theta_2$ ($\theta_1, \theta_2 \in$ द्वितीय या तृतीय वृत्तपाद)

हम इसी प्रकार अन्य अनुपातों के आचरण का भी निर्णय कर सकते हैं। यदि वृद्धि के लिए ↑ संकेत का और ह्रास के लिए ↓ संकेत का प्रयोग किया जाए, तो हमें अग्रलिखित चार्ट प्राप्त होता है :

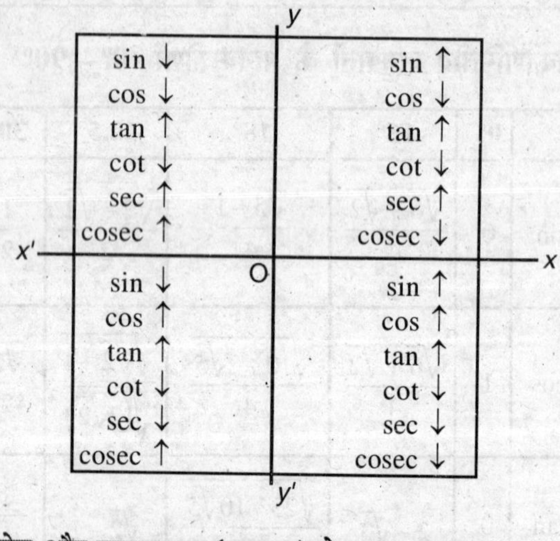

योग और व्यवकलन (घटाव) के सूत्र (Addition and Subtraction Formulae) :

(i) $\sin(A+B) = \sin A\cos B + \cos A\sin B$

(ii) $\sin(A-B) = \sin A\cos B - \cos A\sin B$

(iii) $\cos(A+B) = \cos A\cos B - \sin A\sin B$

(iv) $\cos(A-B) = \cos A\cos B + \sin A\sin B$

(v) $\tan(A+B) = \dfrac{\tan A + \tan B}{1-\tan A\tan B}$

(vi) $\tan(A-B)=\dfrac{\tan A-\tan B}{1+\tan A\tan B}$

(vii) $\cot(A+B)=\dfrac{\cot A\cot B-1}{\cot A+\cot B}$

(viii) $\cot(A-B)=\dfrac{\cot A\cot B+1}{\cot B-\cot A}$

(ix) $\sin(A+B)\sin(A-B)=\sin^2 A-\sin^2 B$
$=\cos^2 B-\cos^2 A$

(x) $\cos(A+B)\cos(A-B)=\cos^2 A-\sin^2 B$
$=\cos^2 B-\sin^2 A$

द्विकोणों से युक्त सूत्र (Formulae Involving Double Angles): उपर्युक्त *(i)*, *(iii)*, और *(v)* में $A = B = \theta$ प्रतिस्थापित करने पर निम्नलिखित सूत्र प्राप्त होते हैं :

(i) $\sin 2\theta = 2\sin\theta\cos\theta=\dfrac{2\tan\theta}{1+\tan^2\theta}$

(ii) $\cos 2\theta=\cos^2\theta-\sin^2\theta=1-2\sin^2\theta$

$=2\cos^2\theta-1=\dfrac{1-\tan^2\theta}{1+\tan^2\theta}$

(iii) $1+\cos 2\theta=2\cos^2\theta,\ 1-\cos 2\theta=2\sin^2\theta,$

$\cos^2\theta=\dfrac{1}{2}(1+\cos 2\theta),\ \sin^2\theta=\dfrac{1}{2}(1-\cos 2\theta).$

(iv) $\tan 2\theta=\dfrac{2\tan\theta}{1-\tan^2\theta}$

अर्ध कोणों से संबंधित सूत्र (Formulae Involving Half Angles) : 2θ के स्थान पर θ प्रतिस्थापित करने पर निम्नलिखित सूत्र प्राप्त होते हैं :

(i) $\sin\theta=2\sin\dfrac{1}{2}\theta\cos\dfrac{1}{2}\theta=\dfrac{2\tan\frac{1}{2}\theta}{1+\tan^2\frac{1}{2}\theta}$

(ii) $\cos\theta=\cos^2\dfrac{1}{2}\theta-\sin^2\dfrac{1}{2}\theta=1-2\sin^2\dfrac{1}{2}\theta$

$=2\cos^2\dfrac{1}{2}\theta-1=\dfrac{1-\tan^2\frac{1}{2}\theta}{1+\tan^2\frac{1}{2}\theta}$

(iii) $\tan\theta=\dfrac{2\tan\frac{1}{2}\theta}{1-\tan^2\frac{1}{2}\theta}$

प्रश्नमाला

1. यदि $\sec\theta-\tan\theta=k$ हो, तो $\sec\theta+\tan\theta$ का मान है:

A. $1 \quad k$ B. $1+k$

C. $\dfrac{1}{k}$ D. $1-\dfrac{1}{k}$

2. यदि $5\tan\theta=4$ हो, तो $\dfrac{5\sin\theta-3\cos\theta}{5\sin\theta+2\cos\theta}$ का मान है:

A. $\dfrac{1}{3}$ B. $\dfrac{1}{6}$

C. $\dfrac{4}{5}$ D. $\dfrac{2}{3}$

3. $\dfrac{1+\sin\theta}{\cos\theta}+\dfrac{\cos\theta}{1+\sin\theta}$ का मान है:

A. $2\sec\theta$ B. $\sec\theta$

C. $2\sin\theta$ D. $2\cos\theta$

4. $\sin^2\theta+\cos^2\theta$ का मान है:

A. 2 B. 1

C. 3 D. $\sqrt{3}$

5. यदि $\tan\theta=2-\sqrt{3}$ हो, तो $\tan(90-\theta)$ बराबर होगा:

A. $2+\sqrt{3}$ B. $2-\sqrt{3}$

C. $2-\sqrt{2}$ D. $3-\sqrt{2}$

6. यदि θ प्रथम चतुर्थांश में और $\cos\theta=\dfrac{3}{5}$ हो, तो $\dfrac{5\tan\theta-4\operatorname{cosec}\theta}{5\sec\theta-4\cot\theta}$ का मान होगा:

A. $\dfrac{5}{16}$ B. $\dfrac{7}{16}$

C. $\dfrac{11}{16}$ D. $-\dfrac{5}{16}$

7. यदि $\cos\theta = \frac{3}{5}$ हो, तो $\frac{\sin\theta\cdot\tan\theta+1}{2\tan^2\theta}$ का मान किसके बराबर है?

A. $\frac{88}{160}$
B. $\frac{91}{160}$
C. $\frac{92}{160}$
D. $\frac{93}{160}$

8. तालिका का उपयोग किए बिना मान निकालें:

$$\frac{\cos 80^\circ}{\sin 10^\circ}+\cos 59^\circ \operatorname{cosec} 31^\circ$$

A. 2
B. 1
C. 3
D. 4

9. तालिका का उपयोग किए बिना मान निकालें:

$$\left[\frac{\sin 35^\circ}{\cos 55^\circ}\right]^2+\left[\frac{\cos 55^\circ}{\sin 35^\circ}\right]^2-2\cos 60^\circ$$

A. 2
B. 0
C. 1
D. 3

10. मान निकालें:

$$\frac{\tan 45^\circ}{\operatorname{cosec} 30^\circ}+\frac{\sec 60^\circ}{\cot 45^\circ}-2\frac{\sin 90^\circ}{\cos 0^\circ}$$

A. $\frac{1}{2}$
B. 1
C. 2
D. 0

11. यदि $3\cot\theta = 4$ हो तो $\frac{5\cos\theta-2\sin\theta}{5\cos\theta+3\sin\theta}$ का मान ज्ञात करें।

A. $\frac{12}{29}$
B. $\frac{13}{29}$
C. $\frac{14}{29}$
D. $\frac{11}{29}$

12. यदि $\cos\theta=\frac{3}{5}$ हो तो $\cot\theta + \operatorname{cosec}\theta$ का मान ज्ञात करें।

A. 1
B. 2
C. 0
D. 3

13. यदि $\tan\theta+\cot\theta=2$ हो तो $\tan^2\theta+\cot^2\theta$ का मान ज्ञात करें।

A. 1
B. 0
C. 2
D. $\frac{1}{2}$

14. यदि $\operatorname{cosec} A=\sqrt{2}$ हो तो $\frac{2\sin^2 A+3\cot^2 A}{4\tan^2 A-\cos^2 A}$ का मान ज्ञात करें।

A. $\frac{8}{7}$
B. $\frac{5}{7}$
C. $\frac{4}{7}$
D. $\frac{6}{7}$

15. $\frac{1+\sec\theta}{\sec\theta}$ का मान है:

A. $\frac{\sin^2\theta}{1-\cos\theta}$
B. $\tan\theta$
C. $\sec\sqrt{x}$
D. $\frac{\cos^2\theta}{1-\cos\theta}$

16. $\frac{\cos 90^\circ+\sin 90^\circ}{\cot 30^\circ}$ का मान है:

A. $\frac{1}{2}$
B. 0
C. $\sqrt{3}$
D. $\frac{1}{\sqrt{3}}$

17. $\frac{\cos\frac{\pi}{4}+\sin\frac{\pi}{4}}{\tan\frac{\pi}{4}}$ का मान है:

A. $\sqrt{2}$
B. $\frac{1}{\sqrt{2}}$
C. 2
D. $\frac{1}{2}$

18. $\frac{\tan 30^\circ\times\tan 60^\circ}{\sec 60^\circ-\sin 90^\circ}$ का मान है:

A. $\frac{1}{\sqrt{3}}$
B. 0
C. $\sqrt{3}$
D. 1

19. $\dfrac{\sec 60° + \text{cosec}\, 60°}{\tan 45°}$ का मान है:

A. 1 B. $\dfrac{2\sqrt{3}+2}{\sqrt{3}}$

C. 2 D. $\dfrac{2\sqrt{2}+2}{\sqrt{3}}$

20. यदि $\tan\theta = \dfrac{a}{b}$, तो $\dfrac{a\sin\theta - b\cos\theta}{a\sin\theta + b\cos\theta} = ?$

A. $\dfrac{1}{a^2+b^2}$ B. $\dfrac{a^2+b^2}{a^2-b^2}$

C. $\dfrac{a^2-b^2}{a^2+b^2}$ D. $\dfrac{1}{a^2-b^2}$

उत्तरमाला

1	2	3	4	5	6	7	8	9	10
C	B	A	B	A	A	D	A	C	A
11	**12**	**13**	**14**	**15**	**16**	**17**	**18**	**19**	**20**
C	B	C	A	A	D	A	D	B	C

व्याख्यात्मक उत्तरमाला

1. $\sec\theta - \tan\theta = k$

$\sec^2\theta - \tan^2\theta = (\sec\theta + \tan\theta)(\sec\theta - \tan\theta)$

$1 = (\sec\theta + \tan\theta) \times k$

$\therefore\ \sec\theta + \tan\theta = \dfrac{1}{k}$

2. $5\tan\theta = 4$

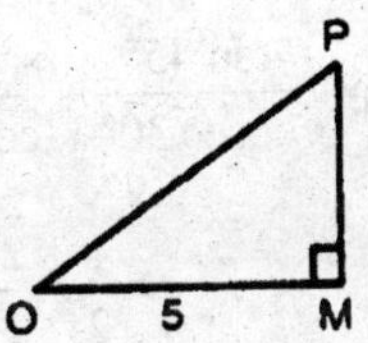

$\tan\theta = 4/5$

$\Rightarrow$ MP = 4

तथा OM = 5

$\Rightarrow$ $OP^2 = OM^2 + MP^2 = (5)^2 + (4)^2 = 41$

$\therefore$ $OP = \sqrt{41}$

$\sin\theta = \dfrac{MP}{OP} = \dfrac{4}{\sqrt{41}}$

तथा $\cos\theta = \dfrac{MP}{OP} = \dfrac{5}{\sqrt{41}}$

$$\therefore\ \frac{5\sin\theta - 3\cos\theta}{5\sin\theta + 2\cos\theta} = \frac{5\times\frac{4}{\sqrt{41}} - 3\times\frac{5}{\sqrt{41}}}{5\times\frac{4}{\sqrt{41}} + 2\times\frac{5}{\sqrt{41}}}$$

$$= \frac{\frac{20}{\sqrt{41}} - \frac{15}{\sqrt{41}}}{\frac{20}{\sqrt{41}} + \frac{10}{\sqrt{41}}} = \frac{\frac{20-15}{\sqrt{41}}}{\frac{20+10}{\sqrt{41}}}$$

$$= \frac{\frac{5}{\sqrt{41}}}{\frac{30}{\sqrt{41}}} = \frac{5}{\sqrt{41}} \times \frac{\sqrt{41}}{30} = \frac{1}{6}$$

3. $\dfrac{1+\sin\theta}{\cos\theta} + \dfrac{\cos\theta}{1+\sin\theta}$

$$= \frac{(1+\sin\theta)^2 + \cos^2\theta}{\cos\theta(1+\sin\theta)}$$

$$= \frac{1 + 2\sin\theta + \sin^2\theta + \cos^2\theta}{\cos\theta(1+\sin\theta)}$$

$$= \frac{2 + 2\sin\theta}{\cos\theta(1+\sin\theta)}$$

$$= \frac{2(1+\sin\theta)}{\cos\theta(1+\sin\theta)} = 2\sec\theta.$$

4. $\sin^2\theta + \cos^2\theta$ का मान 1 होता है।

i.e. $\dfrac{p^2}{h^2} + \dfrac{b^2}{h^2} = \dfrac{p^2+b^2}{h^2} = \dfrac{h}{h^2} = 1$

5. $\because\ \tan(90-\theta) = \cot\theta = \dfrac{1}{\tan\theta} = \dfrac{1}{2-\sqrt{3}}$

$$= \frac{2+\sqrt{3}}{(2+\sqrt{3})(2-\sqrt{3})} = \frac{2+\sqrt{3}}{4-3}$$

$$= 2+\sqrt{3}$$

6. $\cos\theta = \dfrac{\text{आधार (OM)}}{\text{कर्ण (OP)}}$

$\Rightarrow$ $\dfrac{OM}{OP} = \dfrac{3}{5}$

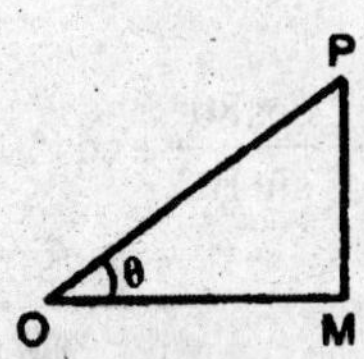

$\Rightarrow \quad OM = 3,\ OP = 5$

$\Rightarrow \quad MP^2 = OP^2 - OM^2$

$= (5)^2 - (3)^2 = 16$

$\therefore \quad MP = 4$

$\therefore \quad \tan\theta = \dfrac{MP}{OM} = \dfrac{3}{5} \Rightarrow \cot\theta = \dfrac{3}{4}$

$\sec\theta = \dfrac{1}{\cos\theta} = \dfrac{OP}{OM} = \dfrac{5}{4}$

$\operatorname{cosec}\theta = \dfrac{1}{\sin\theta} = \dfrac{OP}{MP} = \dfrac{5}{4}$

$\therefore$ व्यंजक $\dfrac{5\tan\theta - 4\operatorname{cosec}\theta}{5\sec\theta - 4\cot\theta}$ का मान

$$= \frac{5\times\frac{4}{3} - 4\times\frac{5}{4}}{5\times\frac{5}{3} - 4\times\frac{3}{4}} = \frac{\frac{20}{3} - 5}{\frac{25}{3} - 3} = \frac{5}{16}$$

7. $\cos\theta = \dfrac{3}{5}$

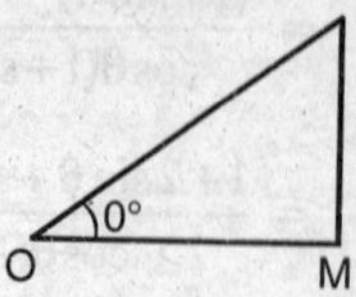

$\Rightarrow \quad \dfrac{OM}{OP} = \dfrac{3}{5}$

$\Rightarrow \quad OM = 3,\ OP = 5$

$MP^2 = OP^2 = (5)^2 - (3)^2 = 16$

$\therefore \quad MP = 4$

$\therefore \quad \tan\theta = \dfrac{\text{लम्ब (MP)}}{\text{आधार (OM)}} = \dfrac{4}{3}$

तथा $\quad \sin\theta = \dfrac{MP}{OP} = \dfrac{4}{5}$

$\therefore$ व्यंजक $\dfrac{\sin\theta\cdot\tan\theta + 1}{2\tan^2\theta}$ का मान

$$= \frac{\frac{4}{5}\times\frac{4}{3} + 1}{2\left(\frac{4}{3}\right)^2} = \frac{\frac{16}{15} + 1}{2\times\frac{16}{9}} = \frac{\frac{31}{15}}{\frac{32}{9}}$$

$$= \frac{31}{15}\times\frac{9}{32} = \frac{93}{160}$$

8. $\dfrac{\cos 80^\circ}{\sin 10^\circ} + \cos 59^\circ \operatorname{cosec} 31^\circ$

$$= \frac{\cos(90^\circ - 10^\circ)}{\sin 10^\circ} + \cos 59^\circ \operatorname{cosec}(90^\circ - 59^\circ)$$

$$= \frac{\sin 10^\circ}{\sin 10^\circ} + \cos 59^\circ . \sec 59^\circ$$

$$= \frac{\sin 10^\circ}{\sin 10^\circ} + \frac{\cos 59^\circ}{\cos 59^\circ} = 1 + 1 = 2$$

9. $\left[\dfrac{\sin 35^\circ}{\cos 55^\circ}\right]^2 + \left[\dfrac{\cos 55^\circ}{\sin 35^\circ}\right]^2 - 2\cos 60^\circ$

$$= \left[\frac{\sin(90^\circ - 55^\circ)}{\cos 55^\circ}\right]^2 + \left[\frac{\cos(90^\circ - 35^\circ)}{\sin 35^\circ}\right]^2 - 2\cos 60^\circ$$

$$= \left[\frac{\cos 55^\circ}{\cos 55^\circ}\right]^2 + \left[\frac{\sin 35^\circ}{\sin 35^\circ}\right]^2 - 2\cos 60^\circ$$

[$\because \sin(90^\circ - \theta) = \cos\theta$ तथा $\cos(90^\circ - \theta) = \sin\theta$]

$$= (1)^2 + (1)^2 - 2\times\frac{1}{2} = 1 \qquad \left[\because \cos 60^\circ = \frac{1}{2}\right]$$

10. $\dfrac{\tan 45^\circ}{\operatorname{cosec} 30^\circ} + \dfrac{\sec 60^\circ}{\cot 45^\circ} - 2\dfrac{\sin 90^\circ}{\cos 0^\circ}$

$$= \frac{1}{2} + \frac{2}{1} - \frac{2\times 1}{1} = \frac{1}{2}$$

$$\left[\begin{aligned} &\because \tan 45^\circ = 1, \operatorname{cosec} 30^\circ = 2, \sec 60^\circ = 2 \\ &\cot 45^\circ = 1, \sin 90^\circ = 1 \text{ तथा } \cos 0^\circ = 1 \end{aligned}\right]$$

11. दिया है कि $3\cot\theta = 4 \Rightarrow \cot\theta = 4/3$

अब $\dfrac{5\cos\theta - 2\sin\theta}{5\cos\theta + 3\sin\theta} = \dfrac{\dfrac{5\cos\theta - 2\sin\theta}{\sin\theta}}{\dfrac{5\cos\theta + 3\sin\theta}{\sin\theta}}$

[अंश व हर को $\sin\theta$ से भाग देने पर]

$$\Rightarrow \frac{\frac{5\cos\theta}{\sin\theta} - \frac{2\sin\theta}{\sin\theta}}{\frac{5\cos\theta}{\sin\theta} + \frac{3\sin\theta}{\sin\theta}} = \frac{5\cot\theta - 2}{5\cot\theta + 3}$$

$$= \frac{5\times\frac{4}{3} - 2}{5\times\frac{4}{3} + 3} = \frac{20 - 6}{20 + 9} = \frac{14}{29}$$

12. $\cos\theta = \frac{3}{5} \Rightarrow \sin\theta = \sqrt{1-\cos^2\theta}$

$$= \sqrt{1-\left(\frac{3}{5}\right)^2} = \sqrt{1-\frac{9}{25}} = \frac{4}{5}$$

$$\therefore \cot\theta = \frac{\cos\theta}{\sin\theta} = \frac{\frac{3}{5}}{\frac{4}{5}} = \frac{3}{4}$$

तथा $\operatorname{cosec}\theta = \frac{1}{\sin\theta} = \frac{5}{4}$

अत: $\cot\theta + \operatorname{cosec}\theta = \frac{3}{4} + \frac{5}{4} = \frac{8}{4} = 2$

13. $\tan\theta + \cot\theta = 2$

$\Rightarrow (\tan\theta + \cot\theta)^2 = 4$ [दोनों तरफ वर्ग करने पर]

$\Rightarrow \tan^2\theta + \cot^2\theta + 2\tan\theta\cot\theta = 4$

$\Rightarrow \tan^2\theta + \cot^2\theta + 2 = 4$ [$\because \tan\theta.\cot\theta = 1$]

$\Rightarrow \tan^2\theta + \cot^2\theta = 2$

14. $\operatorname{cosec} A = \sqrt{2} \Rightarrow \frac{1}{\sin A} = \sqrt{2} \Rightarrow \sin A = \frac{1}{\sqrt{2}}$

अब $\sin A = \frac{1}{\sqrt{2}} \Rightarrow \cos A = \sqrt{1-\sin^2 A}$

$$= \sqrt{1-\left(\frac{1}{\sqrt{2}}\right)^2} = \frac{1}{\sqrt{2}}$$

$$\therefore \tan A = \frac{\sin A}{\cos A} = \frac{\frac{1}{\sqrt{2}}}{\frac{1}{\sqrt{2}}} = 1$$

तथा $\cot A = \frac{1}{\tan A} = \frac{1}{1} = 1$

$$\therefore \frac{2\sin^2 A + 3\cot^2 A}{4\tan^2 A - \cos^2 A} = \frac{2\times\left(\frac{1}{\sqrt{2}}\right)^2 + 3(1)^2}{4(1)^2 - \left(\frac{1}{\sqrt{2}}\right)^2}$$

$$= \frac{2\times\frac{1}{2}+3}{4-\frac{1}{2}} = \frac{1+3}{7/2} = \frac{8}{7}$$

15. $\frac{1+\sec\theta}{\sec\theta} = \frac{1+\frac{1}{\cos\theta}}{\frac{1}{\cos\theta}} = \frac{\frac{\cos\theta+1}{\cos\theta}}{\frac{1}{\cos\theta}}$

$$= \frac{(1+\cos\theta)}{(1-\cos\theta)}\times(1-\cos\theta)$$

$$= \frac{1-\cos^2\theta)}{1-\cos\theta} = \frac{\sin^2\theta}{1-\cos\theta}$$

16. $\frac{\cos 90° + \sin 90°}{\cot 30°} = \frac{0+1}{\sqrt{3}} = \frac{1}{\sqrt{3}}$

17. $\frac{\cos\frac{\pi}{4} + \sin\frac{\pi}{4}}{\tan\frac{\pi}{4}} = \frac{\frac{1}{\sqrt{2}} + \frac{1}{\sqrt{2}}}{1}$

$$= \frac{1+1}{\sqrt{2}} = \frac{2}{\sqrt{2}} = \sqrt{2}$$

18. $\frac{\tan 30° \times \tan 60°}{\sec 60° - \sin 90°}$

$$= \frac{\frac{1}{\sqrt{3}}\times\sqrt{3}}{2-1} = \frac{1}{1} = 1$$

19. $\frac{\sec 60° + \operatorname{cosec} 60°}{\tan 45°} = \frac{2+\frac{2}{\sqrt{3}}}{1} = \frac{2\sqrt{3}+2}{\sqrt{3}}$

20. $\because \tan\theta = \frac{a}{b}$

$$\therefore \frac{a\sin\theta - b\cos\theta}{a\sin\theta + b\cos\theta}$$

$$= \frac{\frac{a\sin\theta}{\cos\theta} - \frac{b\cos\theta}{\cos\theta}}{\frac{a\sin\theta}{\cos\theta} + \frac{b\cos\theta}{\cos\theta}}$$

$$= \frac{a\tan\theta - b}{a\tan\theta + b} = \frac{a\times\frac{a}{b} - b}{a\times\frac{a}{b} + b}$$

$$= \frac{\frac{a^2-b^2}{b}}{\frac{a^2+b^2}{b}} = \frac{a^2-b^2}{a^2+b^2}$$

☆☆☆☆☆☆

21 ऊँचाई और दूरी (Height and Distance)

उन्नयन कोण

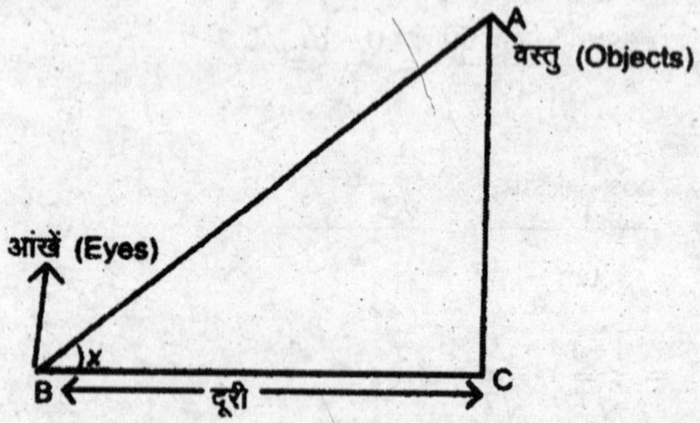

जब हम अपने सिर से ऊँची वस्तु को देखने के लिए ऊपर की ओर देखते हैं तो हमारी आँखें क्षैतिज रेखा से ऊपर की ओर जो कोण बनाती हैं उसे उन्नयन कोण कहते हैं।

अवनमन कोण

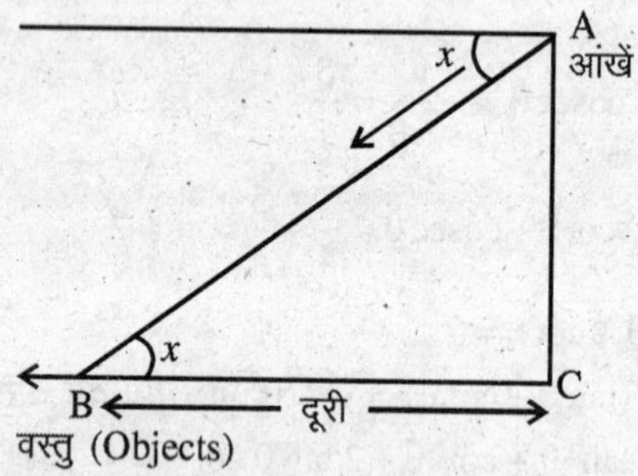

जब हम अपने सिर से नीची किसी वस्तु को देखने के लिए नीचे की ओर देखते हैं तो हमारी आँखें क्षैतिज रेखा से नीचे की ओर जो कोण बनाती हैं उसे अवनमन कोण कहते हैं।

प्रश्नमाला

1. मीनार से उत्तर की ओर एक बिन्दु A तथा दक्षिण दिशा की ओर एक अन्य बिन्दु B से मीनार की चोटी का उन्नयन कोण क्रमशः 60° तथा 45° है। यदि बिन्दु AB की लम्बाई 100 मी. हो तो मीनार की ऊँचाई ज्ञात करो।

A. $100\times\sqrt{3}\times(\sqrt{3}-1)$ B. $50\times\sqrt{3}\times(\sqrt{3}-1)$

C. $\frac{50}{\sqrt{3}}\times(\sqrt{3}-1)$ D. $\frac{100}{\sqrt{3}}\times(\sqrt{3}-1)$

2. किसी वृक्ष के आधार से 15 मी. दूरी से देखने पर वृक्ष की चोटी का उन्नयन कोण 60° हो तो वृक्ष की ऊँचाई ज्ञात करो।

A. $15\sqrt{3}$ मी. B. 20 मी.

C. $10\sqrt{3}$ मी. D. 10 मी.

3. यदि एक स्तम्भ की छाया उसकी कुल ऊँचाई की $\sqrt{3}$ गुनी लम्बी हो तो उस समय सूर्य का उन्नयन कोण क्या होगा?

A. 15° B. 30°

C. 45° D. 60°

4. 50 मी. ऊँचे एक जहाज के मस्तूल की चोटी से दो नावों को देखने पर उनका अवनमन कोण क्रमशः 45° और 30° है। यदि दोनों नाव मस्तूल की चोटी से एक समान दिशा पर हों तो नावों के बीच की दूरी ज्ञात करो।

A. $50\sqrt{3}$ मी. B. $50\sqrt{3+1}$ मी.

C. $50\sqrt{3-1}$ मी. D. $50\left(1-\frac{1}{\sqrt{3}}\right)$ मी.

5. एक 25 फुट लम्बी सीढ़ी एक उर्ध्वाधर दीवार के सहारे रखी हुई है जिसका निचला भाग (पाद) दीवार के आधार से 7 फुट दूर है। यदि सीढ़ी का ऊपरी भाग 4 फुट नीचे फिसल जाये तो सीढ़ी का निचला भाग (पाद) कितनी दूर फिसल जायेगा?

A. 8 फुट B. 9 फुट

C. 12 फुट D. 10 फुट

6. एक मीनार $100\sqrt{3}$ मीटर ऊँची है। इसके पाद (Foot) से 100 मीटर दूर स्थित किसी बिन्दु से इसके शिखर (Top) का उन्नयन कोण होगा :

A. 60° B. 30°
C. 45° D. 90°

7. एक सीढ़ी किसी दीवार के सहारे इस प्रकार झुकी हुई है कि उसका उन्नयन कोण 60° है। यदि सीढ़ी का निचला सिरा दीवार के पाद से 9.6 मीटर दूर स्थित हो, तो सीढ़ी की लम्बाई होगी :

A. 11.18 मीटर B. 19.2 मीटर
C. 18 मीटर D. 19 मीटर

8. समुद्र के किनारे पर स्थित 150 मीटर ऊँची एक सीधी चट्टान (cliff) से, समुद्र में चल रहे जहाज का किसी क्षण, अवनमन कोण 30° है। जहाज की चट्टान के पाद (तलहटी) से दूरी होगी :

A. 260 मीटर B. 220 मीटर
C. 423 मीटर D. 42.36 मीटर

9. एक पतंग की डोर 100 मीटर लम्बी है तथा यह आसमान में उड़ते समय क्षैतिज तल से 60° का कोण बनाती है। यह मानते हुए कि पतंग की डोर बिल्कुल सीधी तनी हुई है, पतंग की क्षैतिज तल से ऊँचाई होगी :

A. 80.6 मीटर B. 90.6 मीटर
C. 86.6 मीटर D. 80 मीटर

10. एक जैट हवाई जहाज (Jet Plane) का जमीनी सतह पर स्थित एक बिन्दु A से किसी क्षण उन्नयन कोण 60° है। यदि 15 सैकेण्ड पश्चात् हवाई जहाज का उन्नयन कोण 30° हो जाता हो तो हवाई जहाज की चाल होगी :

A. 300 कि.मी./घं B. 600 कि.मी./घं
C. 720 कि.मी./घं D. 800 कि.मी./घं

उत्तरमाला

1	2	3	4	5	6	7	8	9	10
B	A	B	C	A	A	B	A	C	C

व्याख्यात्मक उत्तर

1.

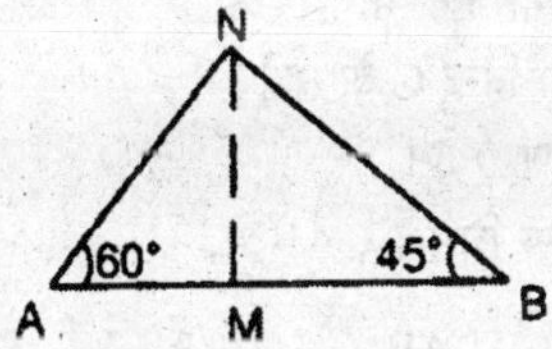

$\because \tan 60° = \dfrac{MN}{AM}$ तथा $\tan 45° = \dfrac{MN}{MB}$

$\therefore \quad \dfrac{MN}{AM} = \sqrt{3} \Rightarrow AM = \dfrac{MN}{\sqrt{3}}$ ...(*i*)

तथा $\dfrac{MN}{MB} = 1 \Rightarrow MN = MB$ ...(*ii*)

$\because \quad AB = AM + MB$

$\Rightarrow AM + MB = 100$ ...(*iii*)

समी. (*i*) व (*ii*) का मान समी. (*iii*) में रखने पर,

$$MN\left(\frac{1}{\sqrt{3}}+1\right) = 100$$

$$MN\frac{(1+\sqrt{3})}{\sqrt{3}} = 100$$

$$MN = \frac{\sqrt{3}\times 100}{\sqrt{3}+1} = \frac{\sqrt{3}\times 100}{\sqrt{3}+1}\times\frac{\sqrt{3}-1}{\sqrt{3}-1}$$

$$= \frac{\sqrt{3}\times(\sqrt{3}-1)\times 100}{3-1}$$

$$= 50\times\sqrt{3}\times(\sqrt{3}-1)$$

2. OM = 15 मी.

$\theta = 60°$

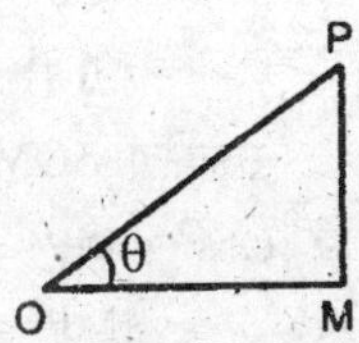

$\therefore \quad \dfrac{MP}{OM} = \tan 60°$

$MP = OM \tan 60°$

$= 15\times\sqrt{3}$ मी.

3. $\therefore \quad OM = \sqrt{3} \times MP$

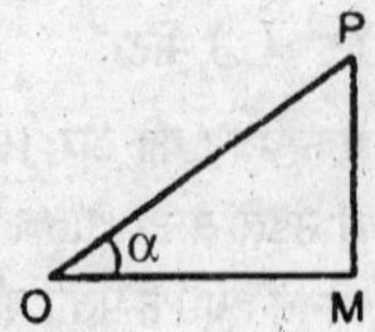

$$\tan \alpha = \frac{MP}{OM}$$

$$= \frac{MP}{\sqrt{3}\,MP} = \frac{1}{\sqrt{3}}$$

$$= \tan \alpha = \tan 30^\circ \Rightarrow \alpha = 30^\circ$$

4.

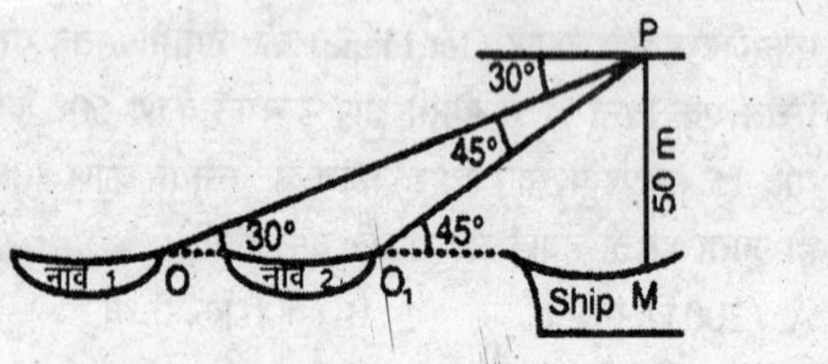

$\because \quad \tan 30^\circ = \dfrac{MP}{OM} \Rightarrow OM = \sqrt{3}MP \quad ...(i)$

तथा $\quad \tan 45^\circ = \dfrac{MP}{O_1M} \Rightarrow MP = O_1M \quad ...(ii)$

परन्तु $\quad MP = 50$ मी. समी. (*ii*) से,

$\therefore \quad O_1M = 50$ मी.

इसी प्रकार, $OM = \sqrt{3} \times 50$ मी.

चूँकि $\quad OO_1 = OM - O_1M$

$\therefore \quad OO_1 = 50\sqrt{3} - 50 = 50(\sqrt{3} - 1)$ मी.

5.

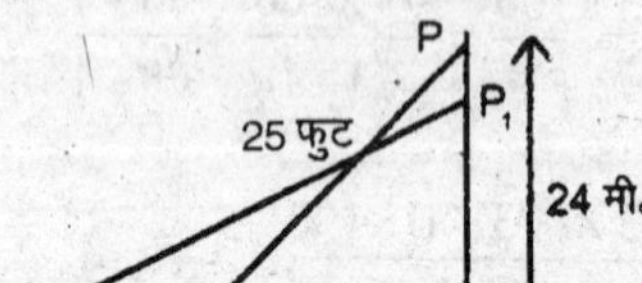

$\therefore \quad OM = 7$ फुट तथा

$OP = 25$ फुट

$\therefore$ समकोण ΔOMP में,

$$OM^2 + MP^2 = OP^2$$

$$\therefore \quad MP^2 = OP^2 - OM^2 = (25)^2 - (7)^2$$

$$= 625 - 49 = 576$$

$\Rightarrow \quad MP = 24$ फुट

अब सीढ़ी दीवार से 4 फुट खिसक जाती है। तब,

$PP_1 = 4$ फुट

$\Rightarrow \quad MP_1 = MP - PP_1$

$= 24 - 4 = 20$ फुट

$\because \quad O_1P_1 = OP$

$= 25$ फुट

समकोण ΔO_1MP_1 में,

$$O_1M^2 + MP_1^2 = O_1P_1^2$$

$$\Rightarrow \quad O_1M^2 = O_1P_1^2 - MP_1^2$$

$$= (25)^2 - (20)^2$$

$$= 625 - 400 = 225$$

$\Rightarrow \quad O_1M = 15$ फुट

चूँकि $\quad OO_1 = O_1M - OM$

$= 15 - 7 = 8$ फुट

अतः सीढ़ी 8 फुट दूर खिसक जायेगी।

6. माना AB मीनार है जिसकी ऊँचाई $100\sqrt{3}$ मीटर है। माना मीनार के निम्नतम बिन्दु A से 100 मीटर की दूरी पर बिन्दु C स्थित है।

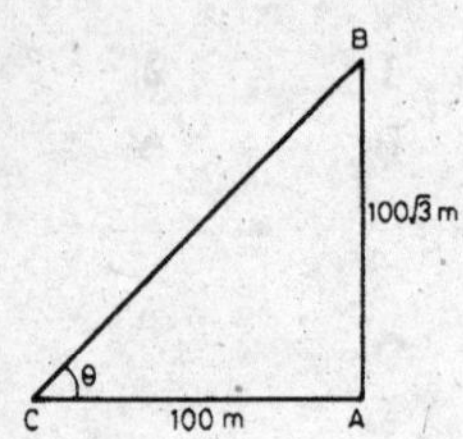

यह भी माना कि मीनार के शिखर B का बिन्दु C के सापेक्ष उन्नयन कोण θ है।

अब समकोण त्रिभुज CAB में,

$$\tan \theta = \frac{AB}{AC} = \frac{100\sqrt{3}}{100} = \sqrt{3}$$

$\Rightarrow \quad \tan \theta = \sqrt{3} = \tan 60^\circ$

$\Rightarrow \quad \theta = 60^\circ$

अतः मीनार के शिखर का उन्नयन कोण 60° होगा।

7. चित्र के अनुसार माना सीढ़ी AB दीवार OB के सहारे इस प्रकार झुकी है कि इसका उन्नतांश $\angle OAB = 60^\circ$

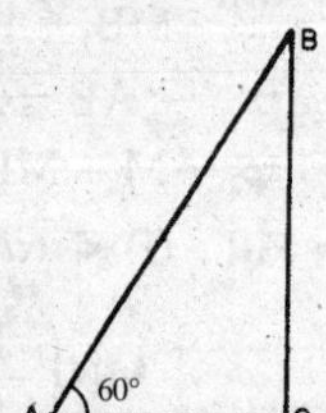

यह दिया गया है कि OA = 9.6 मीटर

अब हमें सीढ़ी की लम्बाई AB ज्ञात करनी है

माना $\quad AB = x$

त्रिभुज AOB में

$$\cos 60^\circ = \frac{AO}{AB}$$

$$\Rightarrow \quad AB = \frac{AO}{\cos 60^\circ}$$

$$= \frac{9.6 \times 2}{1} \Rightarrow AB = 19.2 \text{ मीटर}$$

अतः सीढ़ी की लम्बाई = 19.2 मीटर

8. माना सीधी चट्टान OB है जिसकी ऊँचाई 150 मीटर है। A किसी क्षण (जब कि B से A का अवनमन कोण 30° हो) जहाज की स्थिति है, तो $\angle OAB = 30^\circ$

ΔAOB में

$$\tan 30^\circ = \frac{OB}{OA}$$

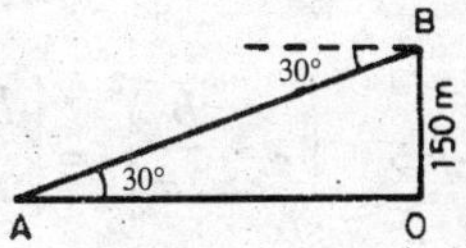

$$\Rightarrow \quad \tan 30^\circ = \frac{150}{OA}$$

$$\Rightarrow \quad OA = \frac{150}{\tan 30^\circ} = \frac{150}{1} \times \sqrt{3}$$

$$= 260 \text{ मीटर (लगभग)}$$

अतः सीधी चट्टान के निचले सिरे से जहाज की क्षैतिज दूरी = 260 मीटर (लगभग)।

9. माना पतंग की स्थिति चित्र के अनुसार बिन्दु K पर है जिसके ठीक नीचे (ऊर्ध्वाधर दिशा में) बिन्दु A है। बिन्दु O व A दोनों एक ही तल (क्षैतिज तल) में इस प्रकार स्थित हैं कि OK = डोर की लम्बाई = 10 मीटर

माना AK = पतंग की ऊँचाई = h मीटर है तथा यह दिया गया है कि $\angle AOK = 60^\circ$

अतः समकोण त्रिभुज OAK में

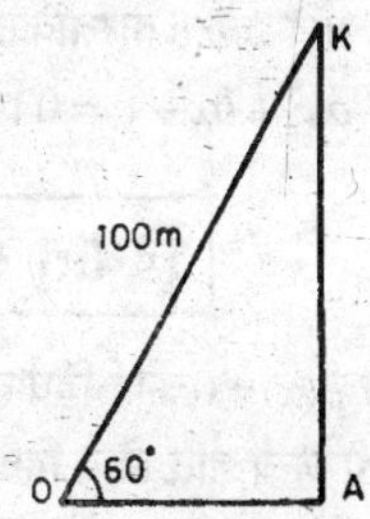

$$\Rightarrow \quad \sin 60^\circ = \frac{AK}{OK}$$

$$\Rightarrow \quad \sin 60^\circ = \frac{h}{100}$$

$$\Rightarrow \quad h = 100 \sin 60^\circ$$

$$= 100\frac{\sqrt{3}}{2} = 50\sqrt{3} \text{ मीटर}$$

$$\Rightarrow \quad h = (50 \times 1.732) \text{ मीटर}$$

$$= 86.60 \text{ मीटर}$$

अतः पतंग की ऊँचाई = 86.60 मीटर

☆☆☆☆☆☆

22 द्विघातीय समीकरण (Quadratic Equation)

परिभाषाः यदि $p(x)$ कोई द्विघातीय व्यंजक हो तो $p(x)=0$ द्विघात समीकरण कहलाती है।

यदि a,b,c वास्तविक संख्याएँ हों तथा $a \neq 0$ तो $ax^2+bx+c=0$ द्विघात समीकरण का व्यापक रूप है।

द्विघात समीकरण के मूल

माना $p(x)=0$ कोई द्विघात समीकरण है, तो द्विघातीय व्यंजक के जो भी शून्य ज्ञात हों वे द्विघात समीकरण $p(x)=0$ के मूल कहलाते हैं। अतः $x=\alpha$, समीकरण $p(x)=0$ का मूल कहलायेगा यदि $p(\alpha)=0$ हो।

अर्थात् $x=\alpha$, द्विघात समीकरण $p(x)=0$ का मूल होगा $\Leftrightarrow p(\alpha)=0$.

द्विघात समीकरणों को गुणनखण्ड विधि से हल करना

माना द्विघात समीकरण $ax^2+bx+c=0$ है, (जहाँ $a \neq 0$) जिसके गुणनखण्ड करने हैं।

चरण 1. द्विघातीय व्यंजक ax^2+bx+c लेते हैं।

चरण 2. व्यंजक ax^2+bx+c के गुणनखण्ड उचित रीति लगाते हुए करते हैं। (मध्य पद को दो भागों में तोड़ते हुए या अन्य सामान्य सूत्रों का उपयोग करते हुए।) माना ये गुणनखण्ड $(px+q)$ तथा $(rx+s)$ हैं, जहाँ p, q, r व s वास्तविक संख्याएँ हैं तथा p व r अशून्य हैं।

चरण 3. इन गुणनखण्डों को पृथक-पृथक शून्य के बराबर रखते हुए x का मान ज्ञात करते हैं।
अर्थात् $px+q=0 \Rightarrow x=-q/p$

चरण 4. $x=-q/p$ तथा $x=-s/r$ (जहाँ $p, r \neq 0$) ही अभीष्ट हल हैं।

पूर्ण वर्ग बनाकर द्विघात समीकरण को हल करना

द्विघात समीकरण $ax^2+bx+c=0$ (जहाँ $a \neq 0$) में,

$$ax^2+bx+c=0 \quad ....(i)$$

$$\Rightarrow \quad x^2+\frac{b}{a}x+\frac{c}{a}=0$$

[समीकरण को a से विभाजित करने पर]

$$\Rightarrow \quad x^2+\frac{b}{a}x=-\frac{c}{a}$$

$$\Rightarrow \quad x^2+\frac{b}{a}x+\left(\frac{b}{2a}\right)^2=-\frac{c}{a}+\left(\frac{b}{2a}\right)^2$$

[दोनों तरफ $\left(\frac{b}{2a}\right)^2$ जोड़ने पर]

$$\Rightarrow \quad \left(x+\frac{b}{2a}\right)^2=\left[\frac{b^2-4ac}{4a^2}\right]$$

$$\Rightarrow \quad x+\frac{b}{2a}=\pm\frac{\sqrt{b^2-4ac}}{2a}$$

[दोनों तरफ वर्गमूल लेने पर, यह मानते हुए कि $b^2-4ac \geq 0$]

$$\Rightarrow \quad x=\frac{-b}{2a}\pm\frac{\sqrt{b^2-4ac}}{2a}$$

$$\Rightarrow \quad x=\frac{-b\pm\sqrt{b^2-4ac}}{2a}$$

$$\Rightarrow \quad \alpha=\frac{-b+\sqrt{b^2-4ac}}{2a}$$

$$\text{तथा } \beta=\frac{-b-\sqrt{b^2-4ac}}{2a}$$

यदि द्विघात समीकरण $ax^2+bx+c=0$ $(a \neq 0)$ है तो $D=b^2-4ac$ इसका विवेचक कहलाता है तथा यदि

(i) $D>0$ तो समीकरण के दो वास्तविक व असमान मूल होंगे जिनको α व β से निम्न प्रकार प्रदर्शित किया जा सकता है:

$$\alpha=\frac{-b+\sqrt{b^2-4ac}}{2a}=\frac{-b+\sqrt{D}}{2a}$$

तथा $\beta = \frac{-b-\sqrt{b^2-4ac}}{2a} = \frac{-b-\sqrt{D}}{2a}$

(*ii*) यदि $D=0$ हो तो $\alpha = \frac{-b}{2a} = \beta$ अर्थात् समीकरण के मूल समान होंगे व प्रत्येक मूल $\frac{-b}{2a}$ के बराबर होगा।

(*iii*) यदि $D<0$ हो तो समीकरण के मूल वास्तविक नहीं होंगे अर्थात् इस स्थिति में समीकरण के मूल काल्पनिक होंगे।

$ax^4+bx^2+c=0$ के रूप वाले समीकरणों को हल करनाः

चरण 1 : $x^2=y$ मानते हुए x^2 के स्थान पर y तथा x^4 के स्थान पर y^2 रखें ताकि y में द्विघात समीकरण प्राप्त हो।

चरण 2: विचर y में प्राप्त द्विघात समीकरण को गुणनखण्ड विधि का उपयोग कर हल करें।

चरण 3: चरण 2 से प्राप्त समीकरण के हलों में से y के वे मान लें जो कि धनात्मक (+ve) हों। माना ये α व β हैं।

चरण 4: समीकरण $x^2=\alpha$ व $x^2=\beta$ को हल करें।

समीकरण $a.\{p(x)\}^2+b.\{p(x)\}+c=0$ के रूप [जहाँ $p(x)$, x के पदों में कोई व्यंजक हैं तथा a, b, c वास्तविक संख्याएँ हैं] वाली समीकरण को हल करना।

चरण 1: माना समीकरण $a.\{p(x)\}^2+b.\{p(x)\}+c=0$ है जहाँ $p(x)$ कोई व्यंजक है तथा $a, b, c \in R$ हैं।

चरण 2: $p(x)=y$ मानें तथा $\{p(x)\}^2$ के स्थान पर y^2 रखें। इस प्रकार चरण 1 वाली समीकरण $ay^2+by+c=0$ के रूप में होगा।

चरण 3: द्विघात समीकरण $ay^2+by+c=0$ को द्विघात समीकरण हल करने की किसी भी विधि का उपयोग करते हुए हल करें। माना ये हल $y=\alpha$ व $y=\beta$ हैं।

चरण 4: y का मान रखते हुए समीकरण $p(x)=\alpha$ व $p(x)=\beta$ को हल करके x के मान ज्ञात करें।

$p(x)+\frac{b}{p(x)}=c$, के रूप वाले समीकरणों को हल करना।

चरण 1: माना यह $a.p(x)+\frac{b}{p(x)}=c$ है।

चरण 2: समीकरण में $p(x)=y$ मानकर द्विघात समीकरण $ay^2-cy+b=0$ प्राप्त करें।

चरण 3: द्विघात समीकरण $ay^2-cy+b=0$ को किसी भी सूत्र की सहायता से हल करके इसके मूल (वास्तविक) ज्ञात करें। माना ये मूल $y=\alpha$ व $y=\beta$ हैं।

चरण 4: y का मान पुनः प्रतिस्थापित करते हुए समीकरण $p(x)=\alpha$ व $p(x)=\beta$ को हल करें।

$$a\left[x^2+\frac{1}{x^2}\right]+b\left[x+\frac{1}{x}\right]+c=0 \quad \text{...(i)}$$

$$\text{व} \quad a\left[x^2+\frac{1}{x^2}\right]+b\left[x-\frac{1}{x}\right]+c=0 \quad \text{...(ii)}$$

जैसे समीकरण को हल करना।

चरण 1: यदि दिये गए समीकरण b का गुणांक $x+\frac{1}{x}$ हो तो $x^2+\frac{1}{x^2}$ के स्थान पर $\left(x+\frac{1}{x}\right)^2-2$ रखें तथा $x+\frac{1}{x}=y$ मानकर इसे द्विघात समीकरण में बदलें।

यदि समीकरण में b का गुणांक $x-\frac{1}{x}$ हो तो $x^2+\frac{1}{x^2}$ के स्थान पर $\left(x-\frac{1}{x}\right)^2+2$ रखें। तत्पश्चात् $x-\frac{1}{x}=y$ मानकर इसे द्विघात समीकरण के रूप में बदलें।

चरण 2: चरण 1 से प्राप्त y के पदों में द्विघातीय समीकरण को हल करें।

चरण 3 : चरण 2 से प्राप्त y के मानों को $x+\frac{1}{x}$ या $x-\frac{1}{x}$ के बराबर (स्थिति के अनुसार) रखकर x के पदों में द्विघात समीकरण बनाएँ।

चरण 4: चरण 3 से प्राप्त द्विघात समीकरणों को हल करके x के मान ज्ञात करें।

$(x+a)(x+b)(x+c)=0$ जैसे समीकरण को हल करना। जहाँ $a+b=c+d$

चरण 1: समीकरण $(x+a)(x+b)(x+c)(x+d)+k=0$ लें।

चरण 2: इस समीकरण को $\{(x+a)(x+b)\}\{x+c)(x+d)\}+k=0$ के रूप में लिखें।

चरण 3: $x^2+x(a+b)=x^2+x(c+d)=y$ रखकर इसे y के पदों में द्विघात समीकरण बनाएँ। जो कि इस प्रकार होगाः

$(y+ab)(y+cd)+k=0$

चरण 4: चरण 3 से प्राप्त द्विघात समीकरण को हल करें। माना इसके हल $y=y_1$ व $y=y_2$ हैं।

प्रश्न 5: अब $x^2+x(a+b)$ को y_1 व y_2 के बराबर रखते हुए x के पदों में दो द्विघात समीकरण प्राप्त करके इन्हें हल करें।

$\sqrt{ax+b}=cx+d$ जैसे समीकरण को हल करनाः

चरण 1: दिया गया समीकरण लें, माना यह $\sqrt{ax+b}=cx+d$ है।

चरण 2: दोनों तरफ वर्ग करते हुए इसे $ax+b=(cx+d)^2$ के रूप में प्राप्त करें। जिसे आगे हल करते हुए निम्न प्रकार द्विघात समीकरण के रूप में लिखें।

$c^2x^2+(2cd-a)x+d^2-b=0$

चरण 3: चरण 2 से प्राप्त द्विघात समीकरण को हल करके x के मान ज्ञात करें।

चरण 4: चरण 3 से प्राप्त समीकरण के उन मूलों को छोड़ दें जो कि $ax+b\geq 0$ व $cx+d\geq 0$ को सन्तुष्ट नहीं करते। x के शेष मान, अर्थात् समीकरण के बाकी मूल ही इसके हल होंगे।

$\sqrt{ax^2+bx}=dx+e$ जैसे समीकरण को हल करनाः

चरण 1: दिया गया समीकरण लें। माना यह समीकरण $\sqrt{ax^2+bx+c}=dx+e$ है।

चरण 2 : चरण 1 से प्राप्त समीकरण का दोनों तरफ वर्ग करें तथा निम्न प्रकार द्विघात समीकरण बनाएँ।

$$ax^2+bx+c=(dx+e)^2=d^2x^2+2dex+e^2$$
$$\Rightarrow (a-d^2)x^2+(b-2de)x+(c-e^2)=0$$

चरण 3: चरण 2 से प्राप्त द्विघात समीकरण को सरलतम रीति से हल करें।

चरण 4: $ax^2+bx+c\geq 0$ व $dx+e\geq 0$ लेते हुए दो असमिकाएँ (Inequalities) बनाएँ।

चरण 5: चरण 3 से प्राप्त x के मानों के समुच्चय में से केवल उन मानों को चुनें जो कि चरण 4 में दी गई असमिकाओं को असन्तुष्ट करते हों। अर्थात् जो $ax^2+bx+c\geq 0$ व $dx+e\geq 0$ को सन्तुष्ट करते हों। शेष मानों का हल समुच्चय में शामिल नहीं करना है क्योंकि ये अतिरिक्तावर्ती मूल हैं।

चरण 6: चरण 5 से प्राप्त हल समीकरण का उचित हल समुच्चय है।

$\sqrt{ax+b}+\sqrt{cx+d}=e$ जैसे समीकरणों को हल करनाः

चरण 1: दिया गया समीकरण लें। माना समीकरण $\sqrt{ax+b}\pm\sqrt{cx-d}=e$ है।

चरण 2: दोनों से किसी एक व्यंजक को (जोकि वर्गमूल में है) बाईं तरफ से दाईं तरफ उचित चिह्न बदलते हुए स्थानान्तरित करें। अर्थात् $\sqrt{ax+b}=e\mp\sqrt{cx+d}$

चरण 3: चरण 2 से प्राप्त समीकरण को दोनों तरफ वर्ग करें तथा इस प्रकार सरल करें कि वर्गमूल वाला व्यंजक एक तरफ व शेष राशियाँ दूसरी तरफ रहें

अर्थात् $ax+b=\left(e\mp\sqrt{cx+d}\right)^2$

$\Rightarrow \quad ax+b=e^2+cx+d\mp 2e\sqrt{cx+d}$

$\Rightarrow (a-c)x+b-e^2=\mp 2e\sqrt{cx+d}$

चरण 4: चरण 3 से प्राप्त समीकरण को पुनः दोनों तरफ वर्ग करें तथा सरल करते हुए एक द्विघात समीकरण प्राप्त करें।

चरण 5: चरण 4 से प्राप्त द्विघात समीकरण को हल करें।

चरण 6: समीकरण के वे हल जो कि सम्बन्धों $ax+b\geq 0$ व $cx+d\geq 0$ को सन्तुष्ट नहीं करते उन्हें छोड़कर बाकी हल ज्ञात करें। जोकि $ax+b\geq 0$ व $cx+d\geq 0$ को संतुष्ट करते हों।

चरण 7: x के ये ही मान जो कि सम्बन्ध $ax+b\geq 0$ व $cx+d\geq 0$ को सन्तुष्ट करते हों, समीकरण का हल समुच्चय बनाते हैं।

कुछ उपयोगी परिणाम

(i) $ax-b>0 \Rightarrow x>\frac{b}{a}$ यदि $a>0$ तथा $x<\frac{b}{a}$ यदि $a<0$

(ii) $x^2-a^2>0 \Rightarrow x<a$ या $x>a$

(iii) $x^2-a^2\geq 0 \Rightarrow x\leq -a$ या $x\geq a$

(iv) $x^2 - a^2 < 0 \Rightarrow -a < x < a$

(v) $(x-a)(x-b) > 0, a < b \Rightarrow x < a$ या $x > b$

(vi) $(x-a)(x-b) < 0, a < b \Rightarrow a < x < b$

समीकरण के मूलों का सममित फलन

माना समीकरण $ax^2 + bx + c = 0$ के मूल α एवं β हैं तो

$\alpha + \beta = -\frac{b}{a}$ तथा $\alpha\beta = \frac{c}{a}$.

(i) $\alpha^2 + \beta^2 = (\alpha+\beta)^2 - 2\alpha\beta$

(ii) $\alpha^3 + \beta^3 = (\alpha+\beta)^3 - 3\alpha\beta(\alpha+\beta)$

(iii) $\alpha^4 + \beta^4 = \left[(\alpha+\beta)^2 - 2\alpha\beta\right]^2 - 2(\alpha\beta)^2$

(iv) $\alpha - \beta = \sqrt{(\alpha+\beta)^2 - 4\alpha\beta}$

(v) $\alpha^2 - \beta^2 = \sqrt{(\alpha+\beta)^2 - 4\alpha\beta}.(\alpha+\beta)$

द्विघात समीकरण के मूलों व गुणांकों में सम्बन्ध

माना कि द्विघात समीकरण $ax^2 + bx + c = 0$ के मूल α व β हैं। जहाँ $a \neq 0$ तो

$$\alpha = \frac{-b + \sqrt{b^2 - 4ac}}{2a}$$

तथा $\beta = \frac{-b - \sqrt{b^2 - 4ac}}{2a}$ होंगे।

$\therefore$ मूलों का योग $= \alpha + \beta = \frac{-b + \sqrt{b^2 - 4ac}}{2a} + \frac{-b - \sqrt{b^2 - 4ac}}{2a}$

$$= \frac{-b + \sqrt{b^2 - 4ac} + (-b) - \sqrt{b^2 - 4ac}}{2a} = -\frac{2b}{2a} = -\frac{b}{a}$$

अर्थात् मूलों का योगफल $= -\left(\frac{x \text{ का गुणांक}}{x^2 \text{ का गुणांक}}\right)$

मूलों का गुणनफल

$$= \alpha\beta = \left(\frac{-b + \sqrt{b^2 - 4ac}}{2a}\right).\left(\frac{-b - \sqrt{b^2 - 4ac}}{2a}\right)$$

$$= \frac{\left(b - \sqrt{b^2 - 4ac}\right)\left(b + \sqrt{b^2 - 4ac}\right)}{4a^2}$$

$$= \frac{b^2 - b^2 + 4ac}{4a^2} = \frac{4ac}{4a^2} = \frac{c}{a}$$

अर्थात् मूलों का गुणनफल $= \frac{c}{a} = \frac{\text{अचर पद}}{x^2 \text{ का गुणांक}}$

इस प्रकार यदि α व β द्विघात समीकरण $ax^2 + bx + c = 0$ के मूल हों, तोः

$$\alpha + \beta = \frac{-b}{a} = -\frac{x \text{ अचर पद}}{x^2 \text{ का गुणांक}}$$

तथा $$\alpha\beta = \frac{c}{a} = \frac{\text{अचर पद}}{x^2 \text{ का गुणांक}}$$

प्रश्नमाला

1. यदि समीकरणों $x^2 - bx + c = 0$ व $x^2 - cx + b = 0$ के मूलों का अन्तर समान हो, तो $b + c$ का मान है–

A. 4 B. 1
C. 0 D. –4

2. यदि x वास्तविक है, तो $x^2 - 8x + 17$ का न्यूनतम मान होगा–

A. –1 B. 0
C. 1 D. 2

3. k का वह मान जिसके लिए समीकरण $2x^2 - kx + x + 8 = 0$ के मूल वास्तविक एवं बराबर हों, है–

A. –9 व –7 B. 9 व 7
C. –9 व 7 D. 9 व –7

4. वह द्विघातीय समीकरण जिसके गुणांक वास्तविक हैं तथा जिसका एक मूल $7 + 5i$ है, होगा–

A. $x^2 - 14x + 74 = 0$ B. $x^2 + 14x + 74 = 0$
C. $x^2 - 14x - 74 = 0$ D. $x^2 + 14x - 74 = 0$

5. यदि $x^2 + bx + 1$, व्यंजक $ax^3 + bx + c$ का एक गुणनखण्ड हो, तो –

A. $a^2 + c^2 = -ab$ B. $a^2 - c^2 = -ab$
C. $a^2 - c^2 = ab$ D. इनमें से कोई नहीं

6. यदि l, m, n वास्तविक हों व $l \neq m$, तो समीकरण $(l-m)x^2 - 5(l+m)x - 2(l-m) = 0$ के मूल होंगे–

A. सम्मिश्र B. वास्तविक व भिन्न
C. वास्तविक व समान D. इनमें से कोई नहीं

7. यदि समीकरण $x^2 - 8x + (a^2 - 6a) = 0$ के मूल वास्तविक हों, तो

A. $-2 < a < 8$ B. $2 < a < 8$
C. $-2 \leq a \leq 8$ D. $2 \leq a \leq 8$

8. यदि समीकरणों $k(6x^2 + 3) + rx + 2x^2 - 1 = 0$ व $6k(2x^2 + 1) + px + 4x^2 - 2 = 0$ के दोनों मूल उभयनिष्ठ हों, तो $2r - p$ का मान होगा–

A. –1 B. 0
C. 1 D. 2

9. यदि समीकरण $x^2 + x + 1 = 0$ के मूल α, β तथा समीकरण $x^2 + px + q = 0$ के मूल $\frac{\alpha}{\beta}, \frac{\beta}{\alpha}$ हों तो p का मान–

A. –2 B. –1
C. 1 D. 2

10. यदि समीकरण $x^2 + 2mx + m^2 - 2m + 6 = 0$ के मूल बराबर हों, तो m का मान होगा–

A. 3 B. 0
C. 2 D. –1

11. यदि समीकरण $x^3 - 3x + 2 = 0$ के दो मूल बराबर हों, तो मूल होंगे–

A. 2, 2, 3 B. 1, 1, –2
C. –2, 3, 3 D. –2, 2, 1

12. यदि समीकरण $a(b-c)x^2 + (c-a)x + c(a-b) = 0$ का एक मूल 1 हो, तो दूसरा मूल होगा–

A. $\frac{a(b-c)}{b(c-a)}$ B. $\frac{b(c-a)}{a(b-a)}$
C. $\frac{c(a-b)}{a(b-c)}$ D. इनमें से कोई नहीं

13. यदि α, β द्विघातीय समीकरण $ax^2 + bx + c = 0$ के मूल हों और k कोई वास्तविक संख्या है, तो वह प्रतिबन्ध जिसके लिए $a < k < b$ है, होगा–

A. $ac > 0$ B. $ak^2 + bk + c = 0$
C. $ac < 0$ D. $a^2k^2 + abk + ac < 0$

14. यदि समीकरण $ix^2 - 2(i+1)x + (2-i) = 0$ का एक मूल $2 - i$, हो तो समीकरण का दूसरा मूल होगा–

A. $-i$ B. i
C. $2 + i$ D. $2 - i$

15. यदि $x^2 - hx - 21 = 0, x^2 - 3hx + 35 = 0 \ (h > 0)$ एक उभयनिष्ठ मूल रखते हैं, तब h का मान है–

A. 1 B. 2
C. 3 D. 4

16. यदि $\left|\alpha^2 - \beta^2\right| = \frac{7}{4}$, जहाँ α, β समीकरण $2x^2 + 7x + c = 0$ के मूल हों, तो c का मान है–

A. 4 B. 0
C. 6 D. 2

17. यदि α और β, समीकरण $2x^2 - 7x + 6 = 0$ के मूल हों, तब समीकरण जिसके मूल α^2 और β^2 हैं, होगा–

A. $4x^2 + 73x + 36 = 0$ B. $4x^2 + 25x + 36 = 0$
C. $4x^2 - 25x + 36 = 0$ D. $4x^2 + 25x - 36 = 0$

18. यदि $x = \sqrt{6 + \sqrt{6 + \sqrt{6 + ...\infty}}}$ हो, तब–

A. x एक अपरिमेय संख्या है B. $2 < x < 3$
C. $x = 3$ D. इनमें से कोई नहीं

उत्तरमाला

1	2	3	4	5	6	7	8	9	10
D	C	D	A	C	B	C	B	C	A
11	**12**	**13**	**14**	**15**	**16**	**17**	**18**		
B	C	D	A	D	C	C	C		

व्याख्यात्मक उत्तर

1. माना समीकरण $x^2 - bx + c = 0$ के मूल α और β हैं, तब $\alpha + \beta = b$; $\alpha\beta = c$

$$\therefore \quad \alpha - \beta = \sqrt{(\alpha+\beta)^2 - 4\alpha\beta}$$

$$= \sqrt{b^2 - 4c} \quad ...(i)$$

दोबारा, माना समीकरण $x^2 - cx + b$ के मूल γ और δ हैं, तब $\gamma + \delta = c$, $\gamma\delta = b$

$$\therefore \quad \gamma - \delta = \sqrt{(\gamma+\delta)^2 - 4\gamma\delta}$$

$$= \sqrt{c^2 - 4b} \quad ...(ii)$$

दिया है: $\alpha - \beta = \gamma - \delta$

$\Rightarrow \quad b^2 - 4c = c^2 - 4b$

$\Rightarrow \quad b^2 - c^2 = 4c - 4b$

$\Rightarrow (b - c)(b + c) = 4(c - b)$

$\Rightarrow \quad b + c = -4.$

2. $x^2 - 8x + 17 = (x - 4)^2 + 1 \geq 1$

[$\because (x - 4)^2 \geq 0$, x के सभी वास्तविक मानों के लिए]

3. वास्तविक एवं बराबर मूलों के लिए,

$$D = b^2 - 4ac = 0$$

$\Rightarrow \quad (-k + 1)^2 - 4(2)(8) = 0$

$\Rightarrow \quad k^2 - 2k - 63 = 0$

$\Rightarrow \quad k = -7$ or 9.

4. हम जानते हैं कि $a + ib$ यदि एक मूल है तो दूसरा मूल $a - ib$ होगा। अतः दूसरा मूल $7 - 5i$ होगा।

$\therefore$ मूलों का योग $= (7 + 5i) + (7 - 5i) = 14$

मूलों का गुणनफल $= (7 + 5i)(7 - 5i)$

$= 49 + 25 = 74$

अतः अभीष्ट समीकरण निम्न है–

$$x^2 - 14x + 74 = 0.$$

5. $ax^3 + bx + c$

$= (x^2 + bx + 1)(ax - ab) + x(b - a + ab^2) + (c + ab)$

यदि $x^2 + bx + 1$, व्यंजक $ax^3 + bx + c$ का एक गुणनखण्ड हो, तो $x(b - a + ab^2) + c + ab = 0$

$\Rightarrow \quad b - a + ab^2 = 0$

या $\quad c + ab = 0 \Rightarrow b = -\dfrac{c}{a}$

$$= -\frac{c}{a} - a + a\left(-\frac{c}{a}\right)^2 = 0$$

$\Rightarrow \quad -c - a^2 + c^2 = 0$

$\Rightarrow \quad ab - a^2 + c^2 = 0 \quad [\because c = -ab]$

$\Rightarrow \quad a^2 - c^2 = ab.$

6. $D = b^2 - 4ac$

$= \{-5(l + m)\}^2 - 4\{(l - m)(-2)(l - m)\}$

$= 25(l + m)^2 + 8(l - m)^2$

चूँकि $l \neq m$, $D \geq 0$, अतः दिए गए समीकरण के मूल वास्तविक व भिन्न हैं।

7. वास्तविक मूल के लिए $D \geq 0 \Rightarrow b^2 - 4ac \geq 0$

$\Rightarrow (-8)^2 - 4(a^2 - 6a) \geq 0$

$\Rightarrow \quad 4a^2 - 24a - 64 \leq 0$

$\Rightarrow \quad (a - 8)(a + 2) \leq 0$

$\Rightarrow \quad -2 \leq a \leq 8.$

8. दिए गए समीकरण इस प्रकार हैं–

$$(6k + 2)x^2 + rx + (3k - 1) = 0 \quad ...(i)$$

और $\quad (12k + 4)x^2 + px + (6k - 2) = 0$

$\Rightarrow \quad (6k + 2)x^2 + \dfrac{p}{2}x + (3k - 1) = 0 \quad ...(ii)$

समीकरण (i) और (ii) की तुलना करने पर,

$r = \dfrac{p}{2} \Rightarrow 2r - p = 0.$

9. $\alpha + \beta = -1$; $\alpha\beta = 1$

$\therefore \dfrac{\alpha}{\beta} + \dfrac{\beta}{\alpha} = -p \ ; \ \dfrac{\alpha}{\beta} \cdot \dfrac{\beta}{\alpha} = q = 1$

$\Rightarrow \dfrac{\alpha^2 + \beta^2}{\alpha\beta} = -p \Rightarrow \dfrac{(\alpha+\beta)^2 - 2\alpha\beta}{\alpha\beta} = -p$

$\Rightarrow \dfrac{(-1)^2 - 2(1)}{1} = -p \Rightarrow p = 1.$

10. माना समीकरण $x^2 + 2mx + (m^2 - 2m + 6)$ के मूल α और α हैं।

$$\alpha + \alpha = -2m;\ \alpha.\alpha = m^2 - 2m + 6$$

$\Rightarrow \quad \alpha = -m;\ \alpha^2 = m^2 - 2m + 6$

$\therefore \quad m^2 = m^2 - 2m + 6 \Rightarrow m = 3.$

11. माना समीकरण $x^2 - 3x + 2 = 0$ के तीन मूल α, α और β हैं।

$$\alpha + \alpha + \beta = 0; \alpha\beta + \alpha\alpha + \beta\alpha = -3$$
$$\alpha\alpha\beta = -2$$
$$\Rightarrow \quad 2\alpha + \beta = 0; \alpha^2 + 2\alpha\beta = -3; \alpha^2\beta = -2$$
$$\Rightarrow \quad \beta = -2\alpha$$
$$\therefore \quad \alpha^2(-2\alpha) = -2 \Rightarrow \alpha = 1 \therefore \beta = -2$$

अतः 1, 1, –2 तीन मूल हैं।

12. माना समीकरण $a(b-c)x^2 + (c-a)x + c(a-b) = 0$ के दो मूल α और 1 हैं।

$$\alpha + 1 = -\frac{(c-a)}{a(b-c)}$$
$$\alpha \times 1 = \frac{c(a-b)}{a(b-c)} \Rightarrow \alpha = \frac{c(a-b)}{a(b-c)}.$$

13. दिया है, द्विघातीय समीकरण $ax^2 + bx + c = 0$ के दो मूल α और β हैं।

$$a\alpha^2 + b\alpha + c = 0 \quad ...(i)$$
$$a\beta^2 + b\beta + c = 0 \quad ...(ii)$$

समीकरण (*i*) और (*ii*) को हल करने पर,

$$a(\alpha + \beta) + b = 0.$$

यदि k कोई वास्तविक संख्या है,

$$a(ak^2 + bk + c) < 0$$
$$\Rightarrow \quad a^2k^2 + abk + ac < 0.$$

14. माना समीकरण $ix^2 - 2(i+1)x + (2-i) = 0$ के दो मूल α और $2 - i$ हैं।

$$\alpha + (2-i) = \frac{2(i+1)}{i};$$
$$\alpha(2-i) = \frac{(2-i)}{i} \Rightarrow \alpha = -i.$$

15. चूँकि दिए गए समीकरणों $x^2 - hx - 21 = 0$ तथा $x^2 - 3hx + 35 = 0$ का उभयनिष्ठ मूल A है, अतः

$$A^2 - hA - 21 = 0 \quad ...(i)$$
$$A^2 - 3hA + 35 = 0 \quad ...(ii)$$

समीकरण (*i*) व (*ii*) को वज्रगुणन विधि से हल करने पर,

$$\frac{A^2}{(-h)(35)-(-3h)(-21)} = \frac{A}{(-21)-(35)}$$
$$= \frac{1}{(-3h)-(-h)}$$
$$\Rightarrow \quad \frac{A^2}{-98h} = \frac{A}{-56} = \frac{1}{-2h}$$
$$\therefore \quad A^2 = \frac{-98h}{-2h} \text{ तथा } A = \frac{-98h}{-56}$$
$$\Rightarrow \quad A = 7 \text{ तथा } A = \frac{7}{4}h$$
$$\therefore \quad h = 4.$$

16. $\alpha + \beta = -\frac{7}{2}$ तथा $\alpha\beta = \frac{c}{2}$

$$\therefore \quad \left|\alpha^2 - \beta^2\right| = \frac{7}{4}$$
$$\Rightarrow \quad \alpha^2 - \beta^2 = \pm\frac{7}{4}$$
$$\Rightarrow \quad (\alpha+\beta)(\alpha-\beta) = \frac{n}{2}[2\times 88^\circ + (n-1)\times 10^\circ]$$
$$\Rightarrow -\frac{7}{2}\left[\sqrt{\left(-\frac{7}{2}\right)^2 - 2c}\right] = \pm\frac{7}{4}$$
$$\Rightarrow \quad \sqrt{49-8c} = 1$$
$$\Rightarrow \quad c = 6.$$

17. $\alpha + \beta = \frac{7}{2}, \alpha\beta = \frac{6}{2} = 3$

$$\therefore \quad \alpha^2 + \beta^2 = (\alpha+\beta)^2 - 2\alpha\beta$$
$$= \frac{49}{4} - 6 = \frac{25}{4}$$
$$\alpha^2\beta^2 = (\alpha\beta)^2 = 9$$

अतः वह समीकरण जिसके मूल α^2 और β^2 हैं, है

$$x^2 - \frac{25}{4}x + 9 = 0$$
$$\Rightarrow \quad 4x^2 - 25x + 36 = 0.$$

18.
$$x = \sqrt{6+\sqrt{6+\sqrt{6+.....}}}$$
$$\Rightarrow \quad x = \sqrt{6+x}$$
$$\Rightarrow \quad x^2 - x - 6 = 0$$
$$\Rightarrow \quad x = 3, -2$$

लेकिन $\quad x \neq -2, x = 3.$

☆☆☆☆☆☆

23 श्रेणियाँ (Progressions)

समान्तर श्रेणी

वह अनुक्रम जिसके किसी दो क्रमागत पदों का अन्तर सदैव अचर हो, समान्तर श्रेणी कहते हैं।

अनुक्रम के किसी एक पद एवं अगले पद के अन्तर को सार्वअन्तर (Common difference) कहते हैं।

जैसेः $a, a+d, a+2d, a+3d, ...$

अतः प्रथम पद $= a$

सार्वअन्तर $= d$

श्रेणी का nवाँ पद $T_n = a + (n-1)d$

श्रेणी के n पदों का योगफल $S_n = \frac{n}{2}[2a+(n-1)d]$

$= \frac{n}{2}(a+l)$

कुछ महत्त्वपूर्ण परिणाम

(*i*) यदि किसी समान्तर श्रेणी के n पदों का योग S_n से निरूपित हो तो श्रेणी का nवां पद $T_n = S_n - S_{n-1}$, जहाँ $n > 1$.

(*ii*) किसी n पदों के समान्तर श्रेणी में अन्त से kवाँ पद $= l + (k-1)(-d)$ जहाँ l अन्तिम पद और d सार्वअन्तर है।

(*iii*) समान्तर श्रेणी के प्रारम्भ और अन्त में समान दूरी वाले पदों का योगफल अचर होता है।

(*iv*) सम पदों वाली समान्तर श्रेणी में दो मध्य पद $(n/2)$वाँ पद एवं $\frac{n+2}{2}$ वाँ पद होगा।

(*v*) विषम पदों वाली समान्तर श्रेणी में एक मध्य पद $\frac{n+1}{2}$ वाँ पद होगा।

(*vi*) समान्तर श्रेणी में तीन पद क्रमशः $a-d, a$ एवं $a+d$ होते हैं।

(*vii*) समान्तर श्रेणी में चार पद क्रमशः $a-3d, a-d, a+d$ तथा $a+3d$ होते हैं।

(*viii*) समान्तर श्रेणी में पाँच पद क्रमशः $a-2d, a-d, a, a+d$ एवं $a+2d$ होते हैं।

समान्तर माध्य

(*i*) दो राशियों a एवं b के बीच समान्तर माध्य $= \frac{a+b}{2}$

(*ii*) यदि दो राशियों के बीच n समान्तर माध्य पद हो अर्थात् $a, A_1, A_2, A_3 .... A_n, b$

तो, $A_1 = \frac{an+b}{n+1}$, $A_2 = \frac{a(n-1)+2b}{n+1}$

$A_3 = \frac{a(n-2)+3b}{n+1}$ ..... $A_n = \frac{a+nb}{n+1}$ होंगे।

गुणोत्तर श्रेणी

यदि किसी अनुक्रम का कोई पद तथा इसके पूर्व पद का अनुपात सदैव अचर हो तब उसे गुणोत्तर श्रेणी कहते हैं, जैसेः $a_1, a_2, a_3, ... a_n$ गुणोत्तर श्रेणी हो तो,

$$\frac{a_2}{a_1} = \frac{a_3}{a_2} = \frac{a_4}{a_3} = ... = \frac{a_n}{a_{n-1}} = r$$

अचर पद अर्थात् r को श्रेणी का सार्वानुपात कहते हैं। गुणोत्तर श्रेणी a, ar, ar^2, ar^3 ...... में

प्रथम पद $= a$ एवं सार्वानुपात $= r$ है।

गुणोत्तर श्रेणी का n वाँ पद (n^{th} term of G.P.)

$T_n = ar^{n-1}$

यदि अन्तिम पद l हो तब, $l = ar^{n-1}$.

गुणोत्तर श्रेणी के n पदों का योगफल

$$S_n = \frac{a(r^n - 1)}{r-1} \quad \text{जब } r > 1$$

$$S_n = \frac{a(1-r^n)}{1-r} \quad \text{जब } r < 1$$

गुणोत्तर श्रेणी के अनन्त पदों का योगफल

$$S_\infty = \frac{a}{1-r} \quad \text{जहाँ } |r| < 1.$$

कुछ महत्वपूर्ण परिणाम

(*i*) किसी गुणोत्तर श्रेणी के n पदों का योग S हो, तो श्रेणी का n वाँ पद $t_n = S_n - S_{n-1}$, $n > 1$ तथा प्रथम पद $t_1 = S_1$ है।

(*ii*) गुणोत्तर श्रेणी के तीन क्रमागत पद $\frac{a}{r}, a, ar$ हैं।

(*iii*) गुणोत्तर श्रेणी के चार क्रमागत पद $\frac{a}{r^3}, \frac{a}{r}, ar, ar^3$ हैं।

(*iv*) गुणोत्तर श्रेणी के पांच क्रमागत पद क्रमशः

$\frac{a}{r^2}, \frac{a}{r}, a, ar, ar^2$ हैं।

गुणोत्तर माध्य

दो राशियों a और b के मध्य गुणोत्तर माध्य

$$G = \sqrt{ab}$$

(*a*) यदि दो राशियों a और b के मध्य n गुणोत्तर माध्य हो अर्थात्

$a, G_1, G_2, G_3, \ldots\ldots G_n\, b$

तो $G_1 = a\left(\frac{b}{a}\right)^{\frac{1}{n+1}}$, $G_2 = a\left(\frac{b}{a}\right)^{\frac{2}{n+1}}$ ....

$$G_n = a\left(\frac{b}{a}\right)^{\frac{n}{n+1}}$$

(*b*) दो राशियों a व b के बीच n गुणोत्तर मध्य पदों का गुणनफल उन राशियों के गुणोत्तर माध्य की n वीं घात के बराबर होता है।

$$G_1, G_2, G_3 \ldots\ldots G_n = (ab)^{\frac{n}{2}} = (G)^n.$$

हरात्मक श्रेणी

वह श्रेणी जिसके पदों का व्युत्क्रम समान्तर श्रेणी में हो हरात्मक श्रेणी कहलाती है।

यदि $a_1, a_2, \ldots\ldots a_n$ हरात्मक श्रेणी में है, तब $\frac{1}{a_1}, \frac{1}{a_2}, \ldots\ldots \frac{1}{a_n}$ समान्तर श्रेणी में होंगे।

हरात्मक श्रेणी में n वाँ पद

$$T_n = \frac{a_1 a_2}{a_2 + (n-1)(a_1 - a_2)}$$

दो राशियों के बीच हरात्मक माध्य

यदि a एवं b दो राशि हैं तथा H हरात्मक माध्य है तो

$$H = \frac{2ab}{a+b}$$

समान्तर माध्य, गुणोत्तर माध्य एवं हरात्मक माध्य में संबंध : यदि a एवं b दो वास्तविक संख्या है तथा A, G, H क्रमशः स॰ मा॰, गुण मा॰ एवं ह॰ मा॰ हो तो

$$G^2 = AH \quad \text{तथा} \quad A > G > H$$

प्रश्नमाला

1. समान्तर श्रेणी : 2, 7, 12, ... का 10वाँ पद है :

A. 50
B. 40
C. 47
D. 49

2. वह समान्तर श्रेणी निर्धारित करें जिसका तीसरा पद 5 और 7 वाँ पद 9 है।

A. 1, 2, 3, ...
B. 2, 3, 4, ...
C. 3, 4, 5, 6, 7, ...
D. 9, 10, 11, 12, ...

3. समान्तर श्रेणी : 10, 7, 4, ..., –62 का अंतिम पद से (प्रथम पद की ओर) 11 वाँ पद ज्ञात करें।

A. –20 B. –32
C. –40 D. –10

4. एक प्रार्थना समारोह की पहली पंक्ति में 23 बच्चे हैं, दूसरी पंक्ति में 21 हैं, तीसरी पंक्ति में 19 बच्चे हैं, इत्यादि। उसकी अंतिम पंक्ति में 5 बच्चे हैं। इस प्रार्थना समारोह में बच्चों की कुल कितनी पंक्तियाँ हैं?

A. 5 B. 8
C. 10 D. 9

5. समान्तर श्रेणी : 8, 3, –2, ... के प्रथम 22 पदों का योग ज्ञात करें।

A. 980 B. –979
C. –991 D. 995

6. यदि किसी समान्तर श्रेणी के प्रथम 14 पदों का योग 1050 है तथा इसका प्रथम पद 10 हैं तो 20वाँ पद ज्ञात करें।

A. 100 B. 150
C. 200 D. 250

7. समान्तर श्रेणी : 24, 21, 18,... के कितने पद लिए जाएँ, ताकि उनका योग 78 हो?

A. 4, 13 B. 5, 12
C. 4, 9 D. 8, 13

8. 2 और 41 के बीच r समान्तर माध्य हैं। यदि चौथे और $(r-1)$ वें समान्तर माध्य का अनुपात 2:5 हो, तो r का मान क्या होगा?

A. 12 B. 13
C. 11 D. 10

9. किसी समान्तर श्रेणी का p वाँ पद $\frac{1}{q}$ है q वाँ पद $\frac{1}{p}$ है, तो $p\,q$ पदों का योगफल क्या होगा?

A. $\frac{pq}{2}$

B. $\frac{pq+1}{2}$

C. $\frac{pq-1}{2}$

D. 0

10. दो श्रेणियों के n पदों के योगफल में $(2n + 1) : (2n + 5)$ का अनुपात है, उनके चौथे पद का अनुपात क्या होगा?

A. $\frac{15}{19}$ B. $\frac{13}{19}$
C. $\frac{11}{19}$ D. $\frac{12}{19}$

11. किसी समान्तर श्रेणी के m पदों का योग वही है जो r पदों का है, तो $(m + r)$ पदों का योगफल प्राप्त करें।

A. 1 B. 2
C. 0 D. 3

12. 500 और 800 के बीच की उन संख्याओं का जो 6 से विभाज्य हैं, योगफल निकालें।

A. 32550 B. 32300
C. 25350 D. 10380

13. किसी चतुर्भुज के कोण समान्तर श्रेणी में हैं, उसका सार्वान्तर 10° है, तो चतुर्भुज का महत्तम कोण क्या होगा?

A. 120° B. 105°
C. 100° D. 110°

14. किसी सरल रेखीय आकृति के अन्तः कोण समान्तर श्रेणी में हैं, सबसे छोटा कोण 88° और सार्वान्तर 10° है। भुजाओं की संख्या निकालें।

A. 5 B. 6
C. 7 D. 4

15. एक गुणोत्तर श्रेणी में प्रथम तीन पदों के योग तथा प्रथम छः पदों के योग का अनुपात 125 : 152 है, तब सर्वानुपात क्या होगा?

A. $\frac{2}{5}$ B. $\frac{3}{5}$
C. $\frac{4}{5}$ D. $\frac{1}{5}$

16. यदि $1+6+11+...+x=148$ तब x का मान निकालें।

A. 15 B. 20
C. 36 D. 32

17. यदि $A = 1 + r^a + r^{2a} + ... \infty$ तब r का मान ज्ञात करें।

A. $\left(\frac{A-1}{A}\right)^{\frac{1}{a}}$ B. $\left(\frac{A+1}{A}\right)^{\frac{1}{a}}$

C. $\left(\frac{1}{A}\right)^{\frac{1}{a}}$ D. a

18. यदि a, b, c गुणोत्तर श्रेणी में हो तथा $a^x = b^y = c^z$ तब x, y, z किस श्रेणी में होगा?

A. समान्तर श्रेणी

B. गुणोत्तर श्रेणी

C. हरात्मक श्रेणी

D. कोई नहीं

उत्तरमाला

1	2	3	4	5	6	7	8	9	10
C	C	B	C	B	C	A	A	B	A
11	**12**	**13**	**14**	**15**	**16**	**17**	**18**		
C	A	B	A	B	C	A	C		

व्याख्यात्मक उत्तर

1. प्रश्नानुसार, $a = 2, d = 7 - 2 = 5$ और $n = 10$

चूँकि $a_n = a + (n-1)d$

इसलिए, $a_{10} = 2 + (10-1) \times 5$

$= 2 + 45 = 47$

अतः दी हुई समान्तर श्रेणी का 10वाँ पद 47 है।

2. प्रश्नानुसार,

$a_3 = a + (3-1)\,d = a + 2d = 5$ ...(*i*)

और $a_7 = a + (7-1)\,d = a + 6d = 9$ ...(*ii*)

समीकरणों (1) और (2) के युग्म को हल करने पर,

$a = 3, d = 1$

अतः वांछित समान्तर श्रेणी : 3, 4, 5, 6, 7, ... है।

3. प्रश्नानुसार,

$a = 10, d = 7 - 10 = -3, l = -62,$

जहाँ $l = a + (n-1)\,d$

अंतिम पद से 11वाँ पद ज्ञात करने के लिए, हमें इस समान्तर श्रेणी के कुल पदों की संख्या ज्ञात करनी होगी।

$\therefore \quad -62 = 10 + (n-1)(-3)$

$\Rightarrow \quad -72 = (n-1)(-3)$

अर्थात् $n - 1 = 24$

$\Rightarrow \quad n = 25$

अतः, दी हुई समान्तर श्रेणी में 25 पद हैं।

अंतिम पद से 11वाँ पद समान्तर श्रेणी का 15वाँ पद होगा।

अतः, $a_{15} = 10 + (15-1)(-3)$

$= 10 - 42 = -32$

इसलिए, अंतिम पद से 11वाँ पद –32 है।

4. पहली, दूसरी, तीसरी, ... पंक्तियों में बच्चों की संख्याएँ क्रमशः निम्नलिखित हैं :

23, 21, 19, ..., 5

ये एक समान्तर श्रेणी बनाती हैं, माना कि पंक्तियों की संख्या n है।

तब $a = 23, d = 21 - 23 = -2$ और $a_n = 5$ है।

$\because \quad a_n = a + (n-1)d$

$\therefore \quad 5 = 23 + (n-1)(-2)$

अर्थात् $-18 = (n-1)(-2)$

या $n = 10$

अतः, बच्चों की 10 पंक्तियाँ हैं।

5. प्रश्नानुसार $a = 8, d = 3 - 8 = -5$ और $n = 22$

सूत्र से,

$$S_n = \frac{n}{2}[2a + (n-1)d]$$

$$\therefore \quad S_n = \frac{22}{2}[16 + 21(-5)]$$

$$= 11(16 - 105)$$

$$= 11(-89) = -979$$

अतः दी हुई समान्तर श्रेणी के प्रथम 22 पदों का योग –979 है।

6. प्रश्नानुसार, $S_{14} = 1050, n = 14$ और $a = 10$

$\because \quad S_n = \frac{n}{2}[2a+(n-1)d]$

$\therefore \quad 1050 = \frac{14}{2}[20 + 13d] = 140 + 91d$

अर्थात् $910 = 91d$

या $d = 10$

$\therefore \quad a_{20} = 10 + (20 - 1) \times 10 = 200$

अर्थात् 20वाँ पद 200 है।

7. प्रश्नानुसार, $a = 24, d = 21 - 24 = -3$ और $S_n = 78$ है।

सूत्र से, $S_n = \frac{n}{2}[2a+(n-1)d]$

अतः $78 = \frac{n}{2}[48 + (n-1)(-3)]$

$= \frac{n}{2}[51 - 3n]$

या $3n^2 - 51n + 156 = 0$

$\Rightarrow \quad n^2 - 17n + 52 = 0$

$\Rightarrow \quad (n-4)(n-13) = 0$

$\therefore \quad n = 4$ या 13

n के ये दोनों मान संभव हैं और स्वीकार किए जा सकते हैं। अतः, पदों की वांछित संख्या या तो 4 है या 13 है।

8. पदों की संख्या $= r + 2$

प्रश्नानुसार, $r + 2$ वाँ पद $= 41 = 2 + (r + 2 - 1)d$

या $39 = (r + 1)d$

$\therefore \quad d = \frac{39}{r+1}$

चौथा समान्तर माध्य $= 2 + \frac{4 \times 39}{r+1}$

$(r-1)$ वाँ समान्तर माध्य $= 2 + \frac{(r-1) \times 39}{r+1}$

प्रश्नानुसार, $\frac{2(r+1)+156}{(r+1)} \times \frac{r+1}{41r-37} = \frac{2}{5}$

या, $10r + 790 = 82r - 74$

या $72r = 864$

$\therefore \quad r = \frac{864}{72} = 12.$

9. प्रश्नानुसार, $\frac{1}{q} = a + (P-1)d$ ...(*i*)

$\frac{1}{p} = a + (q-1)d$ ...(*ii*)

समीकरण (*i*)और (*ii*) को हल करने पर,

$a = d = B_{\frac{1}{pq}}, S_{pq} = \frac{pq}{2}\left[2 \times \frac{1}{pq} + (pq-1) \times \frac{1}{pq}\right]$

$= \frac{pq}{2} \times \frac{pq+1}{pq} = \frac{1}{2}(pq+1)$

10. माना पहली श्रेणी का प्रथम पद a_1 तथा सार्वान्तर d_1, और दूसरी श्रेणी का प्रथम पद a_2 तथा सार्वान्तर d_2 है।

प्रश्नानुसार, $\frac{\frac{n}{2}[2a_1+(n-1)d_1]}{\frac{n}{2}[2a_2+(n-1)d_2]} = \frac{2n+1}{2n+5}$

या $\frac{2a_1+(n-1)d_1}{2a_2+(n-1)d_2} = \frac{2n+1}{2n+5}$,

$\frac{n-1}{2} = 3$ या $n = 7$ रखने पर, $\frac{a_1+3d_1}{a_2+3d_2} = \frac{15}{19}$

11. प्रश्नानुसार,

$\frac{m}{2}[2a+(m-1)d] = \frac{r}{2}[2a+(r-1)d]$

$2am + m(m-1)d = 2ar + r(r-1)d$

$2am - 2ar = r(r-1)d - m(m-1)d$

$2a(m-r) = (r^2 - r - m^2 + m)d$

$-2a(m-r)$

$= \{r^2 - m^2 + (m-r)\}d$

$2a(m-r) = (m-r)[-(m+r)+1]d$

$\therefore \quad 2a = [-md - rd + d]$

$(m + r)$ पदों का योगफल

$= \frac{m+r}{2}[2a+(m+r-1)d]$

$= \frac{m+r}{2}[-md - rd + d + md + rd - d]$

$= \frac{m+r}{2} \times 0 = 0$

12. 6 से विभाज्य संख्याएँ एक समान्तर श्रेणी बनाएंगी, जिसका प्रथम पद 504 और अन्तिम पद 798 तथा सार्वान्तर 6 होगा।

यदि पदों की संख्या n हो, तो

$$798 = 504 + (n-1)6 \Rightarrow n = 50$$

अतः अभीष्ट योगफल

$$= \frac{50}{2}[2\times 504+(50-1)\times 6]$$
$$= 32550.$$

13. माना चतुर्भुज के चार कोण $a°$, $(a+10)°$, $(a+20)°$, $(a+30°)$ हैं।

चारों कोणों का योग $= a + (a + 10) + (a + 20) + (a + 30) = 4a + 60$

अर्थात् $4a + 60 = 360$ या $4a = 300$

$\therefore a = 75$

अतः चतुर्भुज के चार कोण 75°, 85°, 95 तथा 105° हैं। अतः महत्तम कोण 105° होगा।

14. माना बहुभुज में भुजाओं की संख्या $= n$

बहुभुज के अन्तः कोणों का योगफल

$$= (n-2)\times 180°$$

प्रश्नानुसार,

$$(n-2)\times 180° = \frac{n}{2}[2\times 88°+(n-1)\times 10°]$$

या $(n-2)\times 180° = [88n+n(n-1)\times 5]$

या $5n^2 + 88n - 5n - 180n + 360 = 0$

या $5n^2 - 97n + 360 = 0$

$\Rightarrow n = 5, \frac{72}{5}$ क्योंकि n पूर्णांक है, अतः $n = 5$

15. प्रश्नानुसार, $\frac{S_3}{S_6}=\frac{a(1-r^3)}{1-r}.\frac{1-r}{a(1-r^6)}=\frac{125}{152}$

$$\Rightarrow \frac{1}{1+r^3} = \frac{125}{152} \Rightarrow r=\frac{3}{5}$$

16. यदि कुल पदों की संख्या n हो तो

$$148 = Sn = \frac{n}{2}\{2\times 1+(n-1)5\}$$

$\Rightarrow \quad 296 = n(5n-3)$

$\Rightarrow 5n^2 - 3n - 296 = 0$

$\Rightarrow \quad n = 8 \therefore x = T_8 = 1+(8-1)5$

$\therefore \quad x = 36$

17. दिया है $A = 1+r^a+r^{2a}+.......\infty$

$$\Rightarrow A=\frac{1}{1-r^a} \Rightarrow \frac{1}{A}=1-r^a$$

$$\Rightarrow \frac{1}{A}-1=-r^a \Rightarrow r^a=1-\frac{1}{A}$$

$$\Rightarrow r=\left(\frac{A-1}{A}\right)^{\frac{1}{a}}$$

18. $a^x = b^y = c^z = k$ (माना)

$\Rightarrow \quad a = k^{\frac{1}{x}}, \; b=k^{\frac{1}{y}}, c=k^{\frac{1}{2}}$

तथा $\quad b^2 = ac$

($\because a, b, c$ गुणोत्तर श्रेणी में है)

अतः $\quad \left(k^{\frac{1}{y}}\right) = k^{\frac{1}{x}}\times k^{\frac{1}{2}} = k^{\frac{1}{x}+\frac{1}{2}}$

$$\Rightarrow k^{\frac{2}{y}} = k^{\frac{1}{x}+\frac{1}{2}}$$

$$\Rightarrow \frac{2}{y} = \frac{1}{x}+\frac{1}{2}$$

$\Rightarrow \frac{1}{x}, \frac{1}{y}, \frac{1}{2}$ समान्तर श्रेणी में है।

$\Rightarrow x, y, z$ हरात्मक श्रेणी में होगा।

☆☆☆☆☆☆

ENGLISH LANGUAGE

1. Comprehension Passages

ENGLISH LANGUAGE COMPREHENSION

The objective of language comprehension test is to ascertain the ability of the candidates to understand the passage properly. Therefore candidates are required to take notice of the following points:

1. Read the full passage very attentively and intelligently.
2. Try to comprehend the gist of it.
3. Make a mental note of all the important details and points given in the passage.
4. Read the passage for the second time in case you have not been able to understand it satisfactorily.
5. Divide the time proportionately for all the passages.
6. Answer the questions on the basis of facts, as given in the paragraph.
7. Don't waste much time in answering the questions of any one passage.
8. Check all the answers once again, very carefully, to see whether any question is left unanswered by mistake.

MODEL QUESTIONS (FOR PRACTICE)

Directions: *Each of the following passages is followed by five questions. Read the passage carefully and then answer the questions that follow each. For each question, four probable answers A, B, C and D are given. Only one out of these is correct. Choose the correct answer.*

PASSAGE-1

The use of words like 'welcome', 'thank you', 'please', etc., at the right moment reflects a polite nature. The civic sense also lies within the scope of good manners. We should not shout or talk loudly in public places like hospitals and libraries and create disturbance. We should not cheat people or make fun of them. Cleanliness is also necessary. We must not throw the waste on roads and make use of dustbins. We should not harm the public property as it belongs to all of us. While in a queue, discipline should be maintained. We must give fair chance to others.

1. Expressions like 'welcome' 'thank you' and 'please' reflect
   A. happiness　　B. discipline
   C. civic sense　　D. polite nature
2. While in a library, we should
   A. respect others　　B. avoid arguments
   C. talk in low tone　　D. be courteous
3. A public property belongs to
   A. nobody
   B. all of us
   C. government
   D. one who maintains it

4. Discipline is
   A. the rule of proper conduct or action
   B. the rule of road sense
   C. making use of dustbins
   D. forming a queue
5. The most appropriate title for this passage would be
   A. Polite Nature
   B. Courtesy
   C. Good Manners
   D. Civic Sense

PASSAGE-2

There is an old proverb 'Early to bed and early to rise makes a man healthy and wise.' I am in the habit of getting up early in the morning and have formed the habit of taking long morning walks in the past two years. It is a light exercise and best for physical fitness. The morning air which is fresh and pure is beneficial for the lungs. The early rays of the rising sun are good for healthy skin. 'Health is wealth' and doctors also recommend morning walk to their patients for gaining sound health and freshness of energy.

1. What is good for lungs?
   A. Sunrays B. Fresh air
   C. Sound sleep D. Light exercise
2. What is a light exercise?
   A. Early to bed
   B. Early to rise
   C. Morning walk
   D. Gaining sound health
3. What is good for skin?
   A. Fresh air
   B. Morning air
   C. Morning walk
   D. Rising sun's rays
4. What is best for physical fitness?
   A. Light exercise
   B. Long morning walk
   C. Early to rise
   D. Fresh and pure air
5. Long morning walk
   A. bring sound sleep
   B. ensures physical fitness
   C. ensures healthy skin
   D. keeps healthy, wealthy and wise

PASSAGE-3

Mahatma Gandhi lived a splendid long life and has set great moral standards before us. He showed to the world the true way to peace. He wished to see India prosper but he became a martyr for the noble cause of Hindu-Muslim unity at the time of partition when a religious fanatic, Nathuram Godse, shot him dead on January 30, 1948. His last words were 'Hey Ram'. He lived and died for his country and countryman.

1. Mahatma Gandhi showed the world the true way to
   A. prosperity B. love
   C. truth D. peace
2. Mahatma Gandhi became a martyr for the noble cause of
   A. truth
   B. non-violence
   C. freedom of India
   D. Hindu-Muslim unity
3. Mahatma Gandhi was shot dead
   A. before India achieved independence
   B. by a mad man
   C. by an intolerant religious person
   D. by a non-religious person
4. Mahatma Gandhi set great moral standards. It means
   A. he was a great religious teacher
   B. he was a great moralist
   C. he made India morally stronger
   D. moral was everything to him
5. Gandhiji lived and died for his country and countryman. It means
   A. he was born in India and died in India
   B. he was a patriot
   C. he was a great moralist
   D. he sacrified his life for India and her people

PASSAGE-4

On one hot day a crow felt very thirsty. He flew from one place to another in search of water. After long hours of labour he found a pitcher. Eagerly, he perched on the mouth of the pitcher. He found that the water was at the bottom of the vessel. He tried his best to dip his beak but did not succeed. He did not know what to do. Suddenly some pebbles lying nearby gave him an idea. One by one he dropped the pebbles with his beak into the pitcher. The level of water slowly came up to the mouth of the pitcher. The crow then drank the water and quenched his thirst.

1. The crow found a pitcher
   A. as it flew
   B. after many hours of labour
   C. full of water
   D. which was empty
2. What is the moral of the passage?
   A. No pains, no gains
   B. God helps those who help themselves
   C. Necessity is the mother of invention
   D. Try and try again, you will succeed at last
3. The crow flew from place to place
   A. in search of pitcher
   B. in search of pebbles
   C. in search of water
   D. in search of a vessel
4. The pitcher, the crow found
   A. was full of water
   B. was dry
   C. had little water in the bottom
   D. had water up to its mouth
5. As the crow dropped pebbles into the pitcher, what happend?
   A. The pitcher broke down
   B. The water leaked one of the pitcher
   C. The level of water into the pitcher rose up slowly
   D. Water level immediately rose to the mouth of the pitcher

PASSAGE-5

Once upon a time a crane and a fox lived in a forest. They were good friend. One day the fox invited the crane to a feast. He made a tasty food and served it before the crane on a plate. The crane could not eat anything because of the long beak. But the fox licked all his food. The crane felt insulted. He decided to teach the fox a lesson. Next day he invited the fox. He prepared the same tasty food and placed it in front of the fox inside a narrow glass. The crane ate easily while the fox looked on. Now, it was the fox's turn to remain hungry.

1. What is the moral of the passage?
   A. Beware of the wicked
   B. One good turn deserves another
   C. Be contented with what you have
   D. Tit for tat
2. The crane could not eat tasty food because the
   A. food was served in a shallow plate
   B. food was very hot
   C. food was served in a long jar
   D. crane was not hungry
3. The fox had to remain hungry because
   A. the food served was not enough in quantity
   B. the food was served inside a narrow glass
   C. the food served was not tasty
   D. the food was all liquid
4. Why did the crane feel insulted?
   A. Because he was invited to feast but he could not eat anything
   B. Because the food was served in a shallow plate and he could not eat
   C. Because the food was too hot
   D. Because the fox gulped all the food quickly
5. The crane successfully taught a lesson to the fox when he invited the fox to a feast and served the food
   A. in a narrow glass
   B. in a large plate
   C. in a broken plate
   D. in a long jar

PASSAGE-6

The family set down at the table and began to talk about the summer holidays. They had to decide a place to visit during the vacation. Should they go to their village or to a hill station? The parents preferred the village while the children wished to go the hill station. After few moments of discussion the elders decided to visit both the places. First they shall go to the village for a week and then stay at the hill station for the remaining days. For the first time the family shall be together during the holidays. The children were happy with the holiday plan.

1. The purpose for which the family set down at the table was
A. to decide a place to visit during the vacation
B. to educate the children how to carry articles during a visit to a hill station
C. to decide the date when they should start their journey
D. to tell the children that they will visit a hill station during this vacation

2. The final plan was to visit
A. their village
B: a hill station
C. their village as well as a hill station
D. their home town

3. The final decision was made by
A. the boys B. the girls
C. the women D. the elders

4. They decided first to go to their village and stay there for
A. a day B. a week
C. ten days D. a fortnight

5. Why were children happy?
A. Because a hill station was included in their holiday plan
B. Because a visit to their village was excluded from their holiday plan
C. Because their choice prevailed
D. Because they were going all alone to the hill station

PASSAGE-7

Once Govind intended to go on pilgrimage with his family. He asked Mirind to accompany. But for his trade's reason, he did not go with him. So Govind thought it safe to leave the box of his jewellery with him, as it was dangerous to leave it in a lone house or take it on the journey. So he went to him with the box. He took him to a lonely place under a tree and handed it over to him. He told Mirind, "Keep it safe with you. I shall return from the journey after six month then I shall take it back from you." Mirind said, "Don't worry, I shall keep it as safe as own."

1. Govind intended to go
A. for a business trip
B. to a hill station
C. on a long journey to a sacred place
D. to his home town for a long period

2. Why did Govind leave his box of jewellery with Mirind?
A. Because it was not safe to take the box with him on a long journey
B. Because Mirind was his fast friend
C. Because the box was very heavy
D. Because his house was unsafe

3. Why did Govind take Mirind to a lonely place?
A. To tell him that the box contained valuable jewellery
B. So that no third person could see box
C. To show him what was within the box
D. To tell him that the box will remain with him

4. Where did Govind hand over the box of jewellery to Mirind?
A. At Mirind's house
B. At his own house
C. In a lonely place
D. In a lonely place under a tree

5. It was not safe to leave the box in a lone house. Here the word 'lone house' means
A. a house in a deserted place
B. a house where none lives
C. a house without door and lock
D. a house near the forest

PASSAGE-8

Zahir-ud-din Babar was the first Mughal emperor of India. A descendent of Timur on father's side and Changez Khan on his mother's side, Babar was a brave warrior. After defeating Ibrahim Lodhi in the First Battle of Panipat in 1526 he entered Delhi and soon gained control over Agra. After many more battles with Rajputs he extended his empire over Punjab, Uttar Pradesh and north Bihar. He died at a young age of 48 years in 1530 at his capital Agra without getting much time to consolidate his victories.

1. Zahir-ud-din Babar was the first
   A. Muslim ruler of India
   B. Mughal ruler of India
   C. Afghan ruler of India
   D. Turk ruler of India
2. Babar was born in the years
   A. 1480 B. 1482
   C. 1492 D. 1962
3. Babar first occupied
   A. Punjab B. Agra
   C. Delhi D. Panipat
4. Babar was a brave warrior. Here brave warrior means
   A. courageous soldier
   B. a kind hearted soldier
   C. a clever fighter
   D. a victorious general
5. Babar extended his empire over Punjab and Uttar Pradesh after many more battles with the
   A. Afghans B. Rajputs
   C. Mughals D. Lodhies

PASSAGE-9

Our National Flag is tricolour. It has three equal horizontal strips. The strip at the top is saffron, in the middle is white and at the bottom is green. The ratio of width to length of the flag is 2 : 3. In the centre of the white strip is a wheel in navy blue. The wheel represents the *chakra.* Its design is similar to the wheel which appears on the abacus of the Sarnath Lion Capital of Ashoka. Its diameter approximates to the width of the white strip. The wheel has 24 spokes. It was adopted by Constituent Assembly on July 22, 1947. We love our national flag. We respect it. We are ready to sacrifice our life to protect its honour. It represents the nation. So it is a symbol of national honour.

1. In our national flag the wheel is located in the centre of
   A. saffron strip B. white strip
   C. green strip D. blue strip
2. In our national flag which of the strips is at the bottom in our national flag
   A. blue C. saffron
   B. white D. green
3. Why do we love our national flag?
   A. Because it is tricolour
   B. Because it has three strips
   C. Because it has a wheel at the centre
   D. Because it is a symbol of national honour
4. Our national flag was approved by
   A. President
   B. Lok Sabha
   C. Parliament
   D. Constituent Assembly
5. The diameter approximates to the width of the white strip. Here the word 'approximates' means
   A. is more or less equal
   B. is exactly equal
   C. is not equal
   D. is related

PASSAGE-10

Distance in large cities are long. All the people do not have their own means of transport. They have to depend upon the state or private buses. The number of bus users is very large. Every bus stop is, therefore, crowded. The number of buses is not adequate. Thus people suffer the torture of long wait at the bus stop. Some bus stops are quite orderly. People form queues and get into the buses turn by turn. However, often this order is forgotten and confusion spreads when the bus comes and the law of jungle prevails.

1. Why are the bus stops crowded?
   A. Because they are small is size
   B. Because the number of passengers is very large
   C. Because they are situated at some busy centre
   D. Because people do not form queues
2. Long wait at the bus stop is the result of
   A. over-crowding in the buses
   B. late running of buses
   C. shortage of buses
   D. slow speed of buses
3. Some bus stops are quite orderly where
   A. there is no crowd
   B. the number of buses is adequate

C. people do not have to wait for long
D. people form queues and enter the buses one by one

4. Most of the people who travel by buses are
A. non-working
B. do not have their own vehicles
C. have to go a long distance
D. live in large cities

5. What happens when people do not have their own transport?
A. They have to wait for a bus at a bus stop
B. They have to depend upon the state or private buses
C. They have to travel long distances
D. They form queues and get into buses one by one

PASSAGE-11

A certain king once fell ill and doctors said that only a sudden fright would restore his health but the king was not a man for anyone to play tricks on, except his fool. One day, when the fool was with him in his boat he cleverly pushed the king into water but he was rescued and put to bed. The fright, the bath and bed cured the diseased king, but he was so angry with the fool that he turned him out of the country.

1. What did the doctor say about the king?
A. Only a sudden fright would restore the king's health
B. Only fool would cure the king
C. Only a boat trick could cure the king
D. The king had suffered a sudden fright

2. He cleverly pushed the king into water but *he* was rescued and put to bed. In this sentence *he* refers to
A. the king B. the fool
C. the doctor D. the river

3. When the fool pushed the king into water they were
A. in the palace B. in the bed
C. in the garden D. in a boat

4. Who played the trick on the king?
A. The doctor B. The boatman
C. The fool D. The fright

5. The fool who cured the king was
A. rewarded
B. thrown into water
C. turned out of the country
D. put into jail

ANSWERS

Passage	1	2	3	4	5
Passage 1.	D	C	B	A	C
Passage 2.	B	C	D	B	B
Passage 3.	D	D	C	B	D
Passage 4.	B	C	C	C	C
Passage 5.	D	A	B	B	A
Passage 6.	A	C	D	B	A
Passage 7.	C	A	B	D	B
Passage 8.	B	B	C	A	B
Passage 9.	B	D	D	D	A
Passage 10.	B	C	D	B	B
Passage 11.	A	A	D	C	C

2. English Grammar

PARTS OF SPEECH

Part of speech	Definition or Function	Examples
Noun	Name of a person, place, animal, quality or thing	Ram, boy, dog pen, sun, Delhi, truth, honesty
Pronoun	Used in place of a noun	I, you, he she, they
Articles & Determiners	Points out indefinite and definite nouns	a, an, the, few, some
Adjective	Describes a noun or pronoun	big, honest, wooden valuable, quiet, deep, soft, narrow
Adverb	Describes a verb, an adjective or another adverb	silently, widely, softly, quietly, very, carefully
Verb	Tells about action or state of something or someone	is, am, was, have, do, like, walk, work, make, throw, tell
Conjuction	Joins words, clauses or sentences	and, but, when, yet, while, else
Preposition	Links a noun or pronoun to another word	at, to, after, on for, under, over, with
Interjection	Expresses sudden feelings or emotions	Ah!, Alas!, oh!, ouch!, hi!, well!, Hurrah!

NOUNS

A word which denotes a person, a thing, an animal or a place is said to be a noun.

There are two noun numbers in English — the *Singular* and the *Plural*.

Singular Numbers : A noun that denotes one person or one thing, is said to be in the Singular number. For example — book, pencil, bird, dog, hen etc. are in singular number.

Plural Number : A noun that denotes more than one person or one thing is said to be in plural number. For example — boys, pens, lions, girls, men etc. are in plural number.

REMEMBER

Singular	*Plural*
Cat	Cats
Book	Books
Pen	Pens
Room	Rooms
Tree	Trees
Bus	Buses
Bush	Bushes
Box	Boxes
Glass	Glasses
Dish	Dishes
Judge	Judges
Tax	Taxes
Watch	Watches
Calf	Calves
Thief	Thieves
Knife	Knives

Singular	Plural
Scarf	Scarves
Wife	Wives
Leaf	Leaves
Wolf	Wolves
Half	Halves
Monarch	Monarchs
Roof	Roofs
Hoof	Hoofs
Gulf	Gulfs
Staff	Staffs
Radio	Radios
Bamboo	Bamboos
Folio	Folios
Hero	Heroes
Volcano	Volcanoes
Mango	Mangoes
Potato	Potatoes
Photo	Photos
Piano	Pianos
Baby	Babies
Fly	Flies
Country	Countries
Lady	Ladies
Boy	Boys
Monkey	Monkeys
Ox	Oxen
Child	Children
Man	Men
Woman	Women
Tooth	Teeth
Axis	Axes
Basis	Bases
Foot	Feet
Goose	Geese
Englishman	Englishmen
Radius	Radii
Vertex	Vertices
Stimulus	Stimuli

1. Note the plurals of the following nouns:

Singular	*Plural*	*Singular*	*Plural*
copy	copies	cry	cries
baby	babies	duty	duties
body	bodies	country	countries
family	families	diary	diaries
fly	flies	fairy	fairies
city	cities	spy	spies
army	armies	storey	storeys
bay	bays	monkey	monkeys

2. The following nouns do not undergo any change in plural form, in general.

Singular	*Plural*	*Singular*	*Plural*
deer	deer	sheep	sheep
thousand	thousand	pair	pair
hundred	hundred	score	score
dozen	dozen	gross	gross

Note: We can write—

(*a*) thousands of men; (*b*) two pairs of shoes; (*c*) dozens of mangoes; (*d*) scores of people etc.

But—

(*a*) two thousand rupees; (*b*) three hundred men; (*c*) five dozen eggs, etc.

3. The following nouns are usually used in plural forms. They take a plural verb after them—

eatables	fetters	surroundings
riches	alms	spectacles
trousers	pants	scissors
premises	thanks	annals
congratulations	goods	shorts
tongs	pains	arms
breeches	(for troubles)	

4. The following are the nouns which are plural in appearance but are usually used in singular number. They are followed by a singular verb—

news	politics	physics
mathematics	economics	ethics
politics	classics	gallows
statistics	athletics	innings
mechanics	summons	mumps

5. Collective nouns often used as plurals—

public	police	cattle
audience	clergy	folk
people	poultry	nation
elite	gentry	glitterati

6. The nouns that are usually used in singular forms—

advice	hair	rice
fuel	alphabet	machinery
offspring	issue	furniture
mischief	stationery	luggage
bedding	information	abuse

7. Material nouns are always used in singular number—

gold	copper	milk
water	silk	wool

Note: They may be used in plural with a different meaning.

copper coins (coppers), chains or fetters (irons), cans made of tin (tins).

GENDERS

The difference in sex is denoted by Gender in grammar. The various genders are as follows :

1. **Masculine Gender :** A noun that denotes a male is said to be of the masculine gender, as man, uncle, ox, boy etc.
2. **Feminine Gender :** A noun that denotes a female is said to be of feminine gender, as woman, aunt, princess, cow etc.
3. **Common Gender :** Nouns which denote both males and females are said to be of the common gender, as friend, cousin, person, parent, baby etc.
4. **Neuter Gender :** A noun that denotes the name of object without life is said to be of neuter gender, as file, table, pencil.

REMEMBER

Masculine	*Feminine*
Boy	Girl
Son	Daughter
Brother	Sister
Murderer	Murderess
Sorcerer	Sorceress
Son-in-law	Daughter-in-law
Father-in-law	Mother-in-law
Man-servant	Maid-servant
Land-lord	Land-lady
Bachelor	Maid
Gentleman	Lady
Monk	Nun
Earl	Countess
Lad	Lass
Sir	Madam
Duke	Dutchess
Emperor	Empress
Milk-man	Milk-maid
Pea-cock	Pea-hen

Masculine	*Feminine*
Step-father	Step-mother
Hero	Heroine
Viceroy	Vicerine
Mr.	Mrs.
Governor	Governess
Master	Mistress
Wizard	Witch
Heir	Heiress
Host	Hostess
Lion	Lioness
Mayor	Mayoress
Actor	Actress
Buck	Doe
Colt	Filly
Dog	Bitch
Horse	Mare
Count	Countess
Hunter	Huntress
Prince	Princess
Abbot	Abbess
God	Goddess
Author	Authoress
Ox	Cow
Widower	Widow
Grand-father	Grand-mother
He-goat	She-goat
Milk-man	Milk-woman
Bridegroom	Bride
Tiger	Tigress
Priest	Priestess
Poet	Poetess
Shepherd	Shepherdess
Nephew	Niece
Stag	Hind

PRONOUNS

The repetition of a noun in a sentence or a set of sentences is really boring. So, instead of repeating the noun, we can use a word (for that noun) called the pronoun.

"A pronoun is a word that we use instead of a noun".

Example:

This is *Sachin. He* plays cricket.

Note: *He* is the pronoun used in place of *Sachin.*

Kinds of Pronouns

1. **Personal pronouns :** A pronoun which is used instead of the name of a person is known as a 'Personal Pronoun'. A list of the 'Personal pronouns' is listed below :

   I, my, mine, me, we (First Person)

   You, your, yours (Second Person)

   He, his, him, she, her, hers, it, its, they, their, theirs, them (Third Person)

2. **Demonstrative, Indefinite and Distributive Pronouns :**

   (a) Demonstrative Pronouns : Pronouns used to point out the objects to which they refer are called Demonstrative Pronouns.

   Examples :

   (i) *This* is a present from my uncle.

   (ii) *These* are merely excuses.

   (iii) Bembay mangoes are better than *those* of Bangaluru.

   (b) Indefinite Pronouns : All pronouns which refer to persons or things in a general way and do not refer to any particular person or thing are called Indefinite Pronouns.

   Examples :

   (i) *Somebody* has stolen my watch.

   (ii) *Few* escaped unhurt.

   (iii) Did you ask *anybody* to come?

   (c) Distributive Pronouns : Each, either, neither are called distributive pronouns because they refer to persons or things one at a time. For this reason they are always singular and followed by the verb in singular.

   Examples :

   (i) *Each* of the men received a reward.

   (ii) *These* men received *each* a reward.

   (iii) *Either* of you can go.

3. **Relative Pronouns :** A relative pronoun refers or relates to some noun going before, which is called its Antecedent.

   Examples :

   (i) I met Hari *who* used to live here.

   (ii) I have found the pen *which* I had lost.

   (iii) Here is the book *that* you lent me.

4. **Interrogative Pronouns :** These pronouns, are used for asking questions.

   Examples :

   (i) *Whose* book is this?

   (ii) *What* will all the neighbours say?

   (iii) *Which* do you prefer, tea or coffee?

Note : Interrogative pronouns can also be used in asking indirect questions. Consider the following examples :

(i) I asked *who* was speaking.

(ii) Tell me *what* you have done.

(iii) Say *which* you would like best.

Behaviour of the Pronouns

1. If three pronouns are used together in the same sentence they are arranged in the following order :

   2 + 3 + 1

   ↓ ↓ ↓

   Second Person, Third Person, First Person

   Examples :

   I, you and he must help *that* poor man. (Incorrect)

   You, he and I must help *that* poor man. (Correct)

2. When two or more singular nouns are joined by and, the pronoun used for them should be plural.

   Examples :

   Mohan and Sohan are friends. *They* play football. *They* live at Lajpat Nagar.

3. But if these nouns joined by and refer to the same person or thing, the pronoun used should be singular.

   Examples :

   (i) Delhi, the beautiful city and the capital of India, is famous for *its* historical monuments.

   (ii) The manager and owner of the firm expressed *his* views on the demands of the workers.

4. When two nouns are used with as well as, the pronoun agrees with the first subject.
Examples :
(a) Mohan as well as his friends is doing *his* work.
(b) The students as well as their teachers are doing *their* work.
5. When two singular nouns joined by 'and' are preceded by *each* or *every,* the pronoun used must be singular and should agree in gender with the second noun.
Examples :
(a) Every man and every woman will do *her* best for the nation.
(b) Each boy and each girl went to *her* house.
6. When two nouns are joined by using 'with', the pronoun agrees with the noun coming before 'with'.
Examples :
(a) The boy with *his* parents has gone to see a movie.
(b) The children with *their* parents have gone to picnic.
7. When two different nouns are joined by either.......... or; neither .... nor, the pronoun is used according to the number and gender of the second noun.
Examples :
(a) Either your sister or you have done *your* work.
(b) Neither the students nor the teacher was in *his* class.
8. The pronoun coming after '*than*' must be in the same case as that coming before '*than*'.
Examples :
(a) She plays better than *me*. (Incorrect)
She plays better than *I*. (Correct)
(b) His elder brother is more intelligent than *him*. (Incorrect)
His elder brother is more intelligent than *he*. (Correct)
9. 'Many a' always takes a singular pronoun and singular verb.
Example :
Many a soldier has met *his* death in the battle field.
10. 'Who', 'Whose', 'Whom' are used only for persons.
Examples :
(a) *Who* is knocking at the door?
(b) *Whose* pen is this?
(c) *What* do you want?
11. 'Which' is used for things.
Example :
Which game do you like?

MULTIPLE CHOICE QUESTIONS

Directions: *In the following questions choose the correct options to fill the blanks.*

1. The place was so dirty that ..... wished to run away from there.
A. everybody B. anybody
C. few D. some

2. ..... was there to help me.
A. Somebody B. Anything
C. Anybody D. Nobody

3. Is there .... to eat?
A. some B. something
C. any D. few

4. ..... of the students were making a great noise.
A. Anyone B. Somebody
C. Many D. Nobody

5. ..... of the students can solve this sum.
A. Someone B. Anybody
C. Somebody D. None

6. ...... of us should try our best to make India a heaven.
A. Any B. Somebody
C. Anybody D. All

7. ...... of us do not know the real meaning of our lives.
A. Any B. Something
C. Several D. Many

8. My .... black.
A. hairs are B. hair is
C. hairs shall D. hair will

9. She saw two .... on the last Sunday.
A. thiefs B. theifs
C. thieves D. theives

10. My sister is a ....
A. bacheloress B. bachelor
C. unmaried D. spinster

11. One is supposed to do ....
A. our duty B. their duty
C. one's duty D. his duty

12. Take anything .... you want.
A. that B. which
C. than D. then

13. I cannot tolerate ....
A. separated you
B. your separation
C. separation from you
D. you separated

14. He is .... faithful partner.
A. Yours B. You
C. Your D. Your's

15. Ajay is more smart than ....
A. her B. hers
C. herself D. she

16. Vivek works harder than ....
A. me B. I
C. her D. his

17. They should help ....
A. the poor people B. the poor
C. the poor persons D. the poor peoples

18. .... are mad.
A. All his sons B. His all sons
C. Sons all his D. All sons his

19. The poor fellow .... to fate.
A. resigned
B. resigned himself
C. resigned itself
D. resigned themselves

20. Nobody will help you but ....
A. I B. me
C. ours D. his

21. It is a good chance, You must avail .... this opportunity.
A. of B. yourself of
C. for D. from

22. The person who is elected .... my relative.
A. is B. he is
C. his D. him

23. He made ....
A. yours mention B. mention of you
C. mention for you D. mention about you

24. .... I know, he is quite faithful.
A. As far as B. So far as
C. So far this D. So far so

25. It is a duty of a person to take .... for his family.
A. pain B. pains
C. pain-killers D. pained

26. She does not love .... husband.
A. his B. her
C. its D. their

27. Let .... work together.
A. him and me B. he and I
C. he and him D. I and me

28. Copper, Silver and Gold ....
A. each will do B. either will do
C. any one will do D. any will do

29. Jessica and Roma are very irregular .... habits.
A. in her B. in their
C. in its D. in every

30. One likes to enjoy .... who was a great poet.
A. The sonnets of Shakespeare
B. Shakespeare's sonnets
C. Sonnets
D. Shakespeare

31. That is the boy .... everybody loves.
A. whom B. who
C. that D. whose

32. That is the girl .... won the first prize.
A. whom B. who
C. whose D. which

33. That is the man .... purse was lost.
A. who B. whom
C. whose D. their

ANSWERS

1	2	3	4	5	6	7	8	9	10
A	D	B	C	D	D	D	B	C	D
11	**12**	**13**	**14**	**15**	**16**	**17**	**18**	**19**	**20**
C	A	C	C	D	B	B	A	B	B
21	**22**	**23**	**24**	**25**	**26**	**27**	**28**	**29**	**30**
B	A	B	A	B	B	A	C	B	A
31	**32**	**33**							
A	B	C							

ARTICLES

The family of the articles has only three members. They are : A, An and The. However, they fall under two groups :

(a) Definite Article *(b)* Indefinite Article

'The' is known as definite article whereas 'a' and 'an' are known as indefinite articles.

Use of the Definite Article 'The'

'The' is used before

1. The superlative degree :
   He is the ablest man of the town.
   (ablest is a superlative degree)
2. The name of states, countries etc. having a descriptive name :
   (i) The J & K is a small state. (J & K is a descriptive name)
   (ii) He lives in the U.S.A. (U.S.A. is a descriptive name)
   (But the Delhi and the America are wrong because neither Delhi nor America is a descriptive name)
3. The names of the scriptures :
   The Gita is a holy book. (Gita is a scripture)
4. Name of newspapers :
   The Tribune is published from Chandigarh.
5. Name of rivers, canals, seas, oceans, bays, gulfs, groups of islands etc. :
   (i) The Ganga is a holy river.
   (ii) The Indian Ocean is the deepest ocean.
   (iii) The Persian Gulf is a narrow gulf.
6. The name of famous buildings :
   The Taj is one of the best buildings in India.
7. The names of nationals, sects and communities:
   (i) The English defeated the Germans in the World War.
   (ii) The rich should help the poor.
   (iii) The Hindus believe in the caste system.
8. Proper nouns used as common nouns :
   (i) Kalidas is the Shakespeare of India.
   (ii) Delhi is the London of India.
9. Famous historical events :
   The Industrial Revolution changed the face of England.
10. The directions and the celestial bodies:
   The sun rises in the east.
11. Titles :
   Akbar, the Great was loved by his subjects.

Do not use 'the'

1. Before languages :
   The English is an international language. (Incorrect)
   English is an international language. (Correct)
2. Before the names of games :
   The hockey is a popular game. (Incorrect)
   Hockey is a popular game. (Correct)

Use of the Indefinite Articles 'A' and 'An'

'A' is used before :

1. All singular common nouns beginning with a consonant :
   (i) A boy sings a song.

(ii) A black and a white cow were grazing in the field.

2. If a word begins with a vowel but gives the sound of a consonant, 'a' should be used before it :
   (i) He was helped in his work by a European.
   (ii) He is a one-eyed man.
   (iii) It is a useful work.

'An' is used as follows :

1. All singular common nouns beginning with a vowel (*i.e.*, a, e, i, o, u) :
   (i) He is an artist.
   (ii) He is an old man.
   (iii) I intend to buy an umbrella.
2. If a word starts with a consonant but gives the sound of a vowel, "an" should be used before it :
   (i) Brutus is an honourable man.
   (ii) He is an honour to his profession.
   (iii) He is an L.L.B.
   (iv) He is an M.A.
   (v) You will reach there in an hour.

Demonstratives, that, these and those

1. The demonstrative adjectives and pronouns are for objects nearby the speaker:
   this (singular) those (plural)
   and for objects far away from the speaker.
   That (singular) those (plural)
2. Demonstratives are the only adjectives that agree in number with their nouns.
   That hat is nice.
   Those hats are nice.
3. When there is the idea of selection, the pronoun "one" (or "ones") often follows the demonstrative.
   I want a book. I'll get this (one).
   If the demonstrative is followed by an adjective, "one"(or "ones") must be used.
   I want a book. I'll get this big one.

MULTIPLE CHOICE QUESTIONS

Directions: *In the following questions choose the correct options to fill the blanks.*

1. .... will have to be paid for this material.
A. Half rupee B. Half a rupee
C. A half rupee D. An half rupee

2. .... is taking keen interest in India.
A. The USA B. USA
C. An USA D. A USA

3. Only .... can save our country.
A. the Hitler B. a Hitler
C. Hitler D. an Hitler

4. I can run for ....
A. hundred miles B. the hundred miles
C. a hundred miles D. an hundred miles.

5. .... man-eater has been killed.
A. The B. A
C. An D. Either A or B

6. What .... fine idea!
A. the B. an
C. a D. No article

7. .... earth is moving around the sun.
A. An B. A
C. The D. No article

8. This is .... first example while I got.
A. the B. a
C. an D. No article

9. This is .... house which was built during earthquake.
A. a B. an
C. the D. No article

10. .... America is a rich country.
A. The B. An
C. A D. No article

11. .... U.S.A. is a developed country.
A. A B. An
C. The D. No article

12. .... Bible is a holy book.
A. A B. The
C. An D. No article

13. .... rich should help the poor.
A. The B. A
C. An D. No article

14. .... Gold is a costly metal.
A. The B. A
C. An D. No article

15. Kalidas is .... Shakespeare of India.
A. a B. an
C. the D. No article

16. I cannot do .... difficult work.
A. a such B. the such
C. such the D. such a

17. How foolish .... plan it is!
A. a B. an
C. the D. No article

18. An ink is .... useful article.
A. an B. a
C. the D. No article

19. There are .... husband and wife.
A. a B. an
C. the D. No article

20. He is learning .... French
A. the B. a
C. an D. No article

ANSWERS

1	2	3	4	5	6	7	8	9	10
B	A	B	C	D	C	C	A	C	D
11	**12**	**13**	**14**	**15**	**16**	**17**	**18**	**19**	**20**
C	B	A	D	C	D	A	B	D	D

ADJECTIVES & ADVERBS

An Adjective is a word which adds something to the meaning of a noun or a pronoun.

Mridula is an *intelligent* girl.
He has a *black* goat.
He is a *brilliant* student.
She is a *clever* girl.
It is a *beautiful* picture.

In the sentences given above, the words in italics are adjectives.

An Adverb is a word which qualifies the meaning of a Verb, an Adjective or another Adverb.

(*i*) He talks *slowly*.
(*ii*) He is a *very* good student.
(*iii*) He talks *very* slowly.

In sentence (*i*), *slowly* qualifies the verb *talks*.

In sentence (*ii*), *very* qualifies the adjective *good*.

In sentence (*iii*), *very* qualifies the adverb *slowly*.

Adjectives have three degrees of comparison :

1. **Positive Degree :** It expresses the common form of an adjective.
   Example :
   Ram is a *tall* boy.
   In the above sentence *tall* is an adjective and expresses the common form.
2. **Comparative Degree :** It expresses the more of the same form.
   Example :
   Ram is *taller* than Mahesh.
   In the above sentence *taller* is an adjective that expresses the more of the common form of the adjective *tall*.

"When and How to Use" Comparative Degree?

(a) Comparative Degree is used when two persons or two groups of persons or things are compared.
Examples :
(a) He is *wiser* than his younger brother.
(b) This glass is *cleaner* than the other.

(b) When two different qualities in the same person are compared, more is used instead of 'er' to form the comparative. The formula used in this case should be :
More + Positive Degree
She is *fairer* than polite. (Incorrect)
She is *more fair* than polite. (Correct)

(c) When selection of one out of two persons or things is meant, the degree of comparison is followed by of and *the* is used before it.
Example :
Zia is abler of *the* two sisters.

(d) If two comparatives are used in the same sentence to impress upon an idea, both should be preceded by the definite article.

Examples :

(i) The higher you go, the cooler it is.

(ii) The more we get, the more we desire.

(e) When one person or thing is compared with another of the same kind, other is used after the comparative degree. In such sentences other is normally preceded by any or all.

Examples :

(i) Kalidas is greater than any dramatist. (Incorrect)

Kalidas is greater than any other dramatist. (Correct)

(ii) Lead is heavier than all metals. (Incorrect)

Lead is heavier than all other metals. (Correct)

(f) Senior, junior, superior, inferior, prior, anterior (earlier than) and posterior (later than) are always followed by 'to'.

Examples :

(i) Ram is senior *to* Mohan by three years.

(ii) That pen is inferior *to* that.

(iii) He is junior *to* me in rank.

(iv) This event was posterior *to* that.

Note: Never use *than* after the above mentioned adjectives.

Important Information

(a) 'Preferable' is also used as an adjective of the comparative degree. As such, it is always followed by *to* and not *a*.

Death is preferable than dishonour. (Incorrect)

Death is preferable *to* dishonour. (Correct)

(b) To intensify the Degree of comparison, we use *far* or *much* before the comparative.

Examples :

(i) This book is *far* better than that.

(ii) His performance was *much* better than Mohan's.

Warning : Always avoid the use of double comparatives.

Don't say : Ram is more cleverer than his younger brother.

Say: Ram is cleverer than his younger brother.

3. **Superlative Degree :** It expresses the most of the common form of an adjective.

Example :

He is the ablest man of the town.

How and when to use the Superlative Degree?

(a) The Superlative Degree is used when more than two persons or things are compared.

(b) The Superlative Degree is generally preceded by 'the' and followed by 'of' in most of the cases or otherwise.

(c) When an adjective of the superlative degree is preceded by a Possessive Adjective or a Noun in the Possessive case, 'the' should not be used before it.

Example :

Which is Kalidas' best play?

It will be a blunder to use 'the' before the Superlative Degree in such cases.

Don't say : Which is Kalidas' the best play.

(d) To intensify the degree of comparison, *by far* is used before the superlative degree.

Example :

India is *by far* the most beautiful country of the world.

Note: Always avoid the use of double superlatives.

Don't say : He is the most strongest boy in the class.

Say : He is the strongest boy in the class.

Use of some Important Adjectives

1. (a) **'Some'** is used as follows :

(i) With countable nouns where it means—a little, a small quantity.

(ii) In a question which shows some request.

Examples :

(i) There is some water in the bottle.

(ii) Some of the students were absent yesterday.

(iii) Will you have some milk?

(iv) Will you buy some fruit for me?

(b) **'Any'** is used as follows :

(i) In negative sentences.

(ii) In interrogative sentences.

(iii) After 'Hardly', 'Scarcely' and 'Barely'.
(iv) After 'If'.

Examples :

(i) There is not any sugar in the pot.
(ii) We haven't any rice in the house.
(iii) I have hardly any money.
(iv) There are scarcely any plants in this field.
(v) If there is any danger, blow the whistle.

2. (a) **Older :** Older (and oldest) are used for persons animals and things. But 'Older' and 'Oldest' refer to the persons who do not belong to the same family.

Examples :

(i) Radha is older than Shyama.
(ii) John is the oldest member of the staff.

'Older' and 'Oldest' refer to the persons who do not belong to the same family.

(b) **Elder** (and **eldest**) are used in respect of the members of the same family like sons, daughters, brothers, sisters.

Examples :

(i) My elder sister is a lecturer.
(ii) Meenakshi is the eldest of the three sisters.

Note :

(i) 'Elder' is not followed by 'than'.
(ii) 'Elder' and 'Eldest' cannot be used for things.

3. (a) **'Few'** is negative and is the opposite of 'Many'. It means 'not many'.

(b) **'A few'** is positive and means 'some at least'. It is the opposite of 'None'.

(c) **'The few'** means 'minority' and suggests 'whether there is'.

Examples :

(i) We have few holidays in school.
(ii) Only a few boys will fail in the examination.
(iii) The few poems that he wrote are very popular.

4. (a) **Further** means 'something additional'.

(b) **Farther** means 'a greater distance'.

Examples :

(i) Further discussion will be held in the office of the principal.
(ii) Amritsar is farther from Delhi than Ambala.

5. (a) **Little** is negative. It means, 'not much', or 'hardly any'.

(b) **A little** is positive. It means 'some quantity'.

(c) **The little** denotes quantity. It means, 'not much but all that is, or whatever quantity there is'.

Examples :

(i) There is little hope of his success.
(ii) He knows a little of everything.
(iii) I have spent the little money I had.
(iv) The little knowledge of shoe-making proved very useful to me.

6. (a) **'Much'** expresses 'quantity'.

(b) **'Many'** expresses 'number'.

(c) **'Many a'**—'Singular noun' and 'Singular verb' are used with 'many a'.

Examples :

(i) There is not *much* water in the jug.
(ii) *Many* boys are absent today.
(iii) *Many* a battle has been fought on the soil of India.

7. (a) **'Less'** denotes 'in a small degree'.

(b) **'Fewer'** denotes 'number'.

Examples :

(i) He devotes less time to his studies.
(ii) There are no fewer than ten chairs in this room.

8. (a) **'Each'** is used for a single number of 'two persons' or 'things'.

(b) **'Every'** is used for a single number of 'many persons' or 'things'.

Examples :

(i) Each boy must take part in games.
(ii) There are only two poets. Each poet recited his poem.
(iii) Every man dies in this world.
(iv) Every man is expected to do his duty.

9. (a) **'Either'** means one of the two or both.

(b) **'Neither'** is negative of the either.

Examples :

(i) You may buy either of these two chairs.
(ii) Neither of them could speak on the stage.

10. (a) '**Later**' expresses 'late in time'.
(b) '**Latter**' means 'second in position or order'.
Examples :
(i) My father reached later than I expected.
(ii) The latter position was better than the former.

Use of some Important Adverbs

1. (a) Also, too, enough:
(i) He taught English. Also, he edited the school magazine
(ii) He is a writer and also he is a painter.
(iii) He is too obstinate to listen to any reason.
(iv) This is too difficult a piece for the junior students.
(v) Sarla was kind enough to help the poor.
(vi) He is brave enough to help the truth.
Note: 'Too' is used in a negative sense, but enough is used in a positive sense.
(b) Fairly and rather: Both suggest the meaning 'moderately'. But, mainly 'fairly' is used with the words that denote a positive meaning and rather is used with the words that denote a negative meaning:
(i) Rita did fairly well in that competition, but her performance was rather poor in sports.
(ii) Mona is fairly rich, but she is rather stingy.
Note: 'Rather' can also be used in a positive sense.
(i) This is a rather interesting job.
(ii) That boy is rather smart.
(c) Hardly, barely, scarcely: These words mostly convey the negative suggestions and are almost similar.
(i) I have hardly any strength now.
(ii) There was barely any supply to the township,
(iii) There were scarcely a hundred guests present.
Note: With slight variance in the meaning, the words given above convey the idea of 'very little', 'not enough', 'lack of quantity and number'.
(d) Yet, Still: These adverbs can often be used to connect the sentence units:
(i) He has been defeated many times in the contest; still he wants to be a competitor.
(ii) Mona was sick; yet she went on doing her work.
(e) Alone:
(i) He alone (none else) is capable of handling that fire,
(ii) He hunted all alone in the forest. (not in any company)

Special Note:
(a) Apart from their conventional positions the adverbs might be used in different positions with different meanings and angles.
(i) He had only four books.
(ii) John only contacted his friend in need.
(iii) He greeted me only.
(iv) Only he greeted me there.
(b) Inversion: Some adverbs can be inverted *i.e.* placed in the beginning of the sentence and then be followed by an interrogative form. The most common of these adverb are: so, seldom, never, nowhere, under no circumstances, hardly, scarcely etc.
(i) So big was the bus that it could not enter the narrow lane.
(ii) Hardly had he reached the station when he received the message.

MULTIPLE CHOICE QUESTIONS

Directions: *In the following questions choose the correct options to fill the blanks.*

1. The girl whom you met is the .... sister of Ravi.
A. eldest B. elder
C. older D. oldest

2. The historical place is ....
A. seeing worth

B. worthy of seeing
C. worth seeing
D. worthy seeing

3. These flowers smell ....
A. sweet B. sweetly
C. more sweetly D. sweetest

4. .... aspirant cannot pass the entrance examination.
A. Each B. Every
C. All D. No

5. Harivansh Rai .... second Shakespeare.
A. is a B. is
C. is the D. is an

6. .... student in the class got prizes.
A. Each and every B. Every and each
C. Every D. Never

7. It is .... picture than the one we saw last Monday.
A. interesting B. much interesting
C. more interesting D. most interesting

8. She is clever ....
A. that her mother is
B. as her mother is
C. to her mother is
D. than her mother is

9. They will get ....
A. Red, green and black paper
B. Red, green black paper
C. Red and green and black paper
D. Red green black paper

10. Health is .... wealth.
A. preferable to
B. more preferable than
C. more preferable to
D. most preferable then

11. .... water that was in the jug evaporated.
A. Little B. The little
C. Small D. A small

12. He has not sung .... songs.
A. much B. most
C. more D. many

13. Srishti has searched .... office.
A. whole the B. the whole
C. a whole D. some whole

14. Premchand was .... best and .... famous writer.
A. a, the most B. the, a most
C. the, more D. the, the most

15. William Shakespeare is famous as ....
A. a poet and a dramatist
B. a poet and dramatist
C. the poet and the dramatist
D. a poet and the dramatist

16. What does .... leader suggest?
A. other B. another
C. others D. anothers

17. He .... money.
A. has few B. have few
C. has little D. have little

18. The .... boys are rewarded.
A. first two B. two first
C. firsts two D. two's first

19. He is .... brave.
A. stronger than
B. stronger then
C. more strong then
D. more strong than

20. No sooner said ....
A. so done B. and done
C. then done D. but done

21. She returned .... than I had thought.
A. quickly B. more quicker
C. more quickly D. quicker

22. He is .... foolish person.
A. rather the B. a rather
C. rather a D. rather

23. This pen .... rupees.
A. costs twenty
B. twenty costs only
C. costs only twenty
D. only costs twenty

24. It is .... pride.
A. nothing else but
B. nothing else than
C. else nothing than
D. but

25. This tea is .... to drink.
A. too hot B. very hot
C. enough hot D. much hot

ANSWERS

1	2	3	4	5	6	7	8	9	10
A	C	A	B	A	C	C	C	A	A
11	**12**	**13**	**14**	**15**	**16**	**17**	**18**	**19**	**20**
B	D	B	D	B	B	C	A	D	C
21	**22**	**23**	**24**	**25**					
C	C	C	A	A					

DETERMINERS

Determiners are actually Adjectives. They are always followed by nouns.

Determiners are of the following kinds:

1. Demonstrative Determiners

this, that, these, those

2. Possessive Determiners

my, our, your, his, her, its, their

3. Quantitative Determiners

some, any, much, enough, sufficient, whole, a little, the little, little, all, both

4. Numerical Determiners

a few, some, few, the few, any, several, many, no, etc.

One, two, three ... (Cardinals)

First, second, third ... (Ordinals)

5. Distributive Determiners

either, neither

6. Articles

Indefinite: a, an

Definite: the

MULTIPLE CHOICE QUESTIONS

Directions: *In the following questions choose the correct options to fill the blanks.*

1. Give me .... rice.
A. some B. few
C. a few D. any

2. .... sheep grazing on the slope of the hill had gone away.
A. Any B. The few
C. This D. Much

3. Have you got .... magazines to read?
A. all B. much
C. some D. little

4. I have .... money that I want to spend on shares.
A. any B. much
C. less D. some

5. There is .... owl on the branch of the tree.
A. a B. the
C. an D. some

6. My brother is .... MBA.
A. a B. an
C. the D. any

7. Have you got .... cheese?
A. some B. many
C. a few D. few

8. No, I have not got .... cheese.
A. many B. few
C. any D. some

9. There is only .... milk left in the bottle.
A. enough B. few
C. much D. a little

10. There is .... hope of his recovery.
A. any B. little
C. many D. few

11. .... dogs were barking at the strangers.
A. Some B. Any
C. Much D. Less

12. The girl bought her father .... juice.

A. few B. some
C. any D. many

13. You should take .... honey everyday.

A. any B. many
C. a little D. a few

14. .... boy was punished by the teacher.

A. Either B. All
C. Any D. Many

15. .... girl was asked to join the army.

A. None B. Neither
C. All D. Any

16. .... water in the jug has been drunk by Mohan.

A. The little B. The few
C. A few D. Few

17. I shall play .... piano at the party.

A. some B. any
C. the D. few

18. .... labourers were found dead in the mine.

A. Any B. Fewer
C. Many D. Less

19. Could I borrow .... umbrella?

A. our B. your
C. yours D. my

20. My brother is standing in the .... row.

A. any B. many
C. some D. first

ANSWERS

1	2	3	4	5	6	7	8	9	10
A	B	C	D	C	B	A	C	D	B
11	**12**	**13**	**14**	**15**	**16**	**17**	**18**	**19**	**20**
A	B	C	A	B	A	C	C	B	D

THE VERB

A Verb is a word that tells something about the action or state of or happenning to a person or thing.

A Verb tells the following:

1. What a person or thing does.

Sachin goes to school daily.
The bell *rang* loudly.
Many birds fly in the sky.
She *sang* a song.

2. What a person or thing is.

India *is* the biggest democracy in the world.
Ram Mehar *is* very rich.
They *are* happy.

3. What is done to a person or thing.

You *are liked* by all.
Two thieves *were arrested.*
Four students *were punished* by the teacher.

4. What happens to a person or thing.

His maternal uncle *died* last week.
Two ships *sank* yesterday.
Leaves *turn* yellow in autumn.

5. What a person or thing has, had, and so on.

I *have* a new car.
He *had* a scooter last year.
He *has* several cows and goats.

It goes without saying that a verb is the most important part of a sentence. No sentence is complete without a Verb..

Important Information

1. If two or more singular nouns are joined by 'and' the verb used will be plural.

Example:

(i) He and I were going to the market.
(ii) Ram and Mohan are friends.

2. If two singular nouns joined by 'and' points out to the same thing or person, the verb used must be singular.

Example:

(i) Rice and curry is the favourite food of the Punjabis.
(ii) The Collector and District Magistrate is away.

3. In case two subjects are joined by 'as well as' the verb agrees with the first subject.

Example :

(i) Kanta as well as her children is playing.
(ii) Children as well as their mother are playing.

In the case of first sentence the verb (is) agrees with Kanta and in the case of second sentence the verb (are) agrees with the children.

4. 'Neither', 'Either', 'Every', 'Each', 'Everyone', and 'Many a' are followed by a singular verb.
   Example :
   (i) Either of the plans is to be adopted.
   (ii) Neither of the two brothers is sure to pass.
   (iii) Every student is expected to be obedient.
   (iv) Everyone of them desires this.
   (v) Many a person is drowned in the sea.
5. If two subjects are joined by 'Either .... or' / 'Neither .... nor', the verb agrees with the subject near to it.
   Example :
   (i) Either my brother or I am to do this work.
   (ii) Neither he nor they are prepared to do this work.
6. 'A great many' is always followed by a 'plural noun' and a 'plural verb'. For example : A great many students have been declared successful.
7. Similarly if two subjects are joined by 'with', 'together with', 'no less than', in addition to 'and not', etc. the verb agrees with the first subject.
   Example :
   (i) The boy with his parents has arrived.
   (ii) He, no less than I, is to blame.
8. Nouns, plural in form, but singular in meaning, take a singular verb.
   Example :
   This news was broadcast from television yesterday.

MULTIPLE CHOICE QUESTIONS

Directions: *In the following questions choose the correct options to fill the blanks.*

1. The bus with all its passengers .... lost.
A. were B. was
C. are D. would

2. You as well as I .... responsible for this work.
A. am B. are
C. was D. is

3. Raghava like all his companions .... a spoiled child.
A. are B. were
C. is D. will be

4. Pen and ink .... required for me.
A. are B. were
C. is D. has required

5. Every girl and every boy .... attended the seminar.
A. have B. has
C. is D. are

6. Not only she but all her sisters ...... been married.
A. has B. have
C. is D. are

7. There .... nothing but miseries in life.
A. is B. are
C. were D. will be

8. Neither prose nor poem .... given.
A. were B. was
C. has D. have

9. Either he or I .... wrong.
A. is B. are
C. am D. were

10. Either Sulekha or Rekha .... coming here.
A. are B. is
C. were D. have

11. .... the child or his parents to blame?
A. Is B. Are
C. Were D. Has

12. You and I .... neighbours.
A. am B. are
C. was D. has

13. The house with all its belongings ..... sold away.
A. were B. are
C. was D. must

14. Either water or juice .... required.
A. is B. are
C. were D. has

15. There were not as many tables as .... required.
A. was B. were
C. is D. are

16. They each .... a book.
A. have B. are
C. has D. is

17. He and I .... class friends.
A. is B. am
C. was D. are

18. She as well as I .... guilty.
A. is B. are
C. am D. must be

19. Purushottam .... not read more on this chapter.
A. needs B. has been need
C. need D. had been need

20. He came .... to his aunt.
A. run B. running
C. to run D. in run

21. She dislikes .... meat.
A. eat to B. to eat
C. eating D. to eating

22. He likes ....
A. sing to B. singing
C. to sing D. to singing

23. We are ready .... the match.
A. play to B. to playing
C. playing D. to play

24. .... is injurious to health.
A. Smoking B. To smoke
C. To smoking D. Smoke to

25. He loves .... raw vegetables.
A. eaten B. eating
C. to eating D. eat to

26. He seemed .... finished his homework.
A. have to B. to have
C. having D. to having

ANSWERS

1	2	3	4	5	6	7	8	9	10
B	B	C	C	B	B	A	B	C	B
11	**12**	**13**	**14**	**15**	**16**	**17**	**18**	**19**	**20**
A	B	C	A	B	A	D	A	C	B
21	**22**	**23**	**24**	**25**	**26**				
C	B	D	A	B	B				

CONJUNCTIONS

A conjunction is a word which connects words, clauses or sentences.

Look at the following sentences.

(i) He bought apples *and* mangoes.
(ii) God made the country *and* man made the town.
(iii) The door was open *but* there was no one in the house.
(iv) He knows that I am here *and* that I want to see him.

In the sentence (i), *and* connects two words—*apples* and *mangoes.*

In the sentence (ii), *and* connects two sentences—*God made the country* and *man made the town.*

In the sentence (iii), *but* connects two sentences—*The door was open* and *there was no one in the house.*

In the sentence (iv), *and* connects two clauses—*that I am here* and *that I want to see him.*

The main coordinating conjunctions are:

and, but, for, or, nor, also, either ..... or, neither ..... nor.

There are some conjunctions which are used in pairs. They are:

either .... or, ... neither .... nor, both .... and, though .... yet, whether .... or, not only .... but also.

Example: *Either* take it *or* leave it.

It is *neither* useful *nor* ornamental.

They *both* like *and* respect me.

Though he is suffering from high fever, *yet* he does not cry.

He does not care *whether* you go *or* stay.

He is *not only* doltish, *but also* obstinate.

The conjunctions which are used in pairs in this way, are called correlative conjunctions, or merely correlatives.

Use of Important Conjunctions

1. **As soon as :** As soon as denotes simultaneous time.
   Example : As soon as he saw his enemy, he took to his heels.
2. **No sooner .... than :**
   (a) 'No sooner' is always followed by 'than'.
   (b) Please remember that 'No sooner' is always followed by do/does/did. As such only first form of the verb should be used after the subject.
   Example :
   No sooner did he see his enemy than he took to his heels.
3. **Hardly :** Hardly is followed by when.
   Examples :
   (i) Hardly had I left the house when it started raining.
   (ii) We had hardly come into the room when his father began chastising him.
   Note :
   A. Hardly is never followed by than.
   B. 'Scarcely' can also be used in the sense and manner of 'Hardly'.
4. **Lest :** Lest is used in the sense of so that .... not. It is always followed by should. Lest is negative in sense. Hence 'not' should never be used with it.
   Example :
   Work hard lest you should fail.
   Note : 'Lest' is always followed by 'should' and not 'may'.
5. **Unless :** Unless expresses condition. It is also used in the negative sense. Use of 'not' is not allowed with unless because unless is already in the negative sense.
   Example :
   Unless you labour hard you will not pass.
6. **Until :** 'Until' expresses time. It means 'till not'.
   Example :
   Wait here until I return.
   Note : Until is in the negative sense. So 'not' should not be used with it. Example :
   Wait here until I do not return. (Incorrect)
   Wait here until I return. (Correct)
7. **As well as :** When two subjects are joined by 'as well as', the verb always agrees with the first subject.
   Examples :
   (i) The teacher as well as students is playing.
   (ii) Students as well as the teacher are playing.
   Note : 'Both' and 'as well as' cannot be used together in the same sentence.
   Examples :
   Both Sita as well as Kanta are beautiful. (Incorrect)
   Sita as well as Kanta is beautiful. (Correct)
   Both Sita and Kanta are beautiful. (Correct)
8. **As if :** 'As if' is used in the sense of pretension. While using 'as if' in a sentence, we should see that even the third person singular subject gets 'were'.
   Example :
   He talks as if he were mad.
9. **Till :** Till expresses time. Till is always used in the affirmative.
   Example :
   We did not come back till sunset.
10. **Rather than :** 'Rather than' is used in the sense of 'preference'. 'Rather' is always followed by 'than'.
    Example :
    I would rather die than submit.
11. **As long as/so long as :** Both express time during which an action or event takes place.
    Example :
    As long as there is life, there is hope.
12. **However :** It is both a subordinate and co-ordinate clause.
    Examples :
    (a) Mala worked hard, she however, failed.
    (b) However hard he may work, he cannot pass.
13. **Such as :** 'Such as' gives us the sense of 'like'. Such is always followed by 'as'.
    Example :
    Life is such a puzzle as cannot be solved.

MULTIPLE CHOICE QUESTIONS

Directions: *In the following questions choose the correct options to fill the blanks.*

1. Neither he .... his friend is good.
A. or B. and
C. but D. nor

2. The officer asked the peon .... why he was late.
A. that B. if
C. but D. No word needed

3. Both Ajay .... Vijay are intelligent.
A. or B. nor
C. and D. No word needed

4. No Sooner did the thief see the public .... he ran away.
A. then B. and
C. but D. than

5. Abhinav .... his brothers was going to Mumbai.
A. but B. yet
C. No word needed D. together with

6. He behaves .... he were the captain of the team.
A. as if B. as
C. No word needed D. that

7. Either Rupali .... Sonali is going to attend the meeting.
A. and B. but
C. nor D. or

8. Neither Nirmal .... Ashwinee is going to listen the speech.
A. and B. but
C. nor D. or

9. Ravi .... Prakash are going to Kolkata.
A. or B. nor
C. but D. and

10. Rice .... curry is my usual breakfast.
A. and B. but
C. then D. than

11. Hardly had he left .... his brother came.
A. then B. than
C. when D. that

12. I would rather have a copy .... a book.
A. then B. than
C. when D. that

13. He is no other .... my friend.
A. then B. than
C. when D. but

14. He saw a snake ....he awoke.
A. then B. when
C. than D. No word needed

15. Ten years have passed .... my grandmother died.
A. since B. when
C. then D. than

16. She is .... good .... bad.
A. either, not B. neither, or
C. neither, nor D. neither, than

17. The cellphone is both cheap .... best.
A. than B. and
C. then D. or

18. No sooner did the rogue see the police .... he disappeared.
A. then B. than
C. so D. because

19. Srishti will go .... Sanju goes.
A. if B. than
C. then D. although

20. She is wise .... timid.
A. and B. yet
C. but D. however

21. Make hay .... the sun shines.
A. though B. while
C. after D. before

22. He is so weak .... he cannot walk.
A. but B. that
C. then D. so

23. Although he is rich, ... he is unhappy.
A. but B. yet
C. so D. still

24. Wait here .... I come back.
A. till B. until
C. before D. after

25. He is my friend .... I shall help him.
A. so
B. hence
C. that is why
D. therefore

26. He must go away .... he will be beaten.
A. otherwise B. and
C. or D. else

27. God loves good men .... good men love God.
A. and B. or
C. that D. those

28. He was late .... he was not punished.
A. but B. yet
C. still D. therefore

29. Walk slowly ...., you may fall.
A. and B. or
C. so D. otherwise

30. Work hard, ... you will fail.
A. and B. or
C. otherwise D. else

ANSWERS

1	2	3	4	5	6	7	8	9	10
D	D	C	D	D	A	D	C	D	A
11	**12**	**13**	**14**	**15**	**16**	**17**	**18**	**19**	**20**
C	B	B	B	A	C	B	B	A	C
21	**22**	**23**	**24**	**25**	**26**	**27**	**28**	**29**	**30**
B	B	B	A	B	C	A	C	D	D

PREPOSITIONS

A *Preposition* is a word which is placed before a noun or a pronoun to show its relation to some other word in the sentence.

1. I saw a goat *in* the field.
2. I am fond *of* hot coffee.

In sentence 1, the word *in* shows the relation between two things—*goat* and *field.*

In sentence 2, the word *of* shows the relation between the attribute expressed by the adjective *found* and *tea.*

The words *in* and *of* are here used as prepositions.

The noun or pronoun which is used with a preposition is called its object. The noun or pronoun is in the objective case. It is governed by the preposition. Now it is absolutely clear that in sentence 1, the noun *field* is in the objective case. The word *field* is governed by the preposition *in.*

A preposition may have two or more objects.

The road runs over *hill* and *plain.*

Here, the words *hill* and *plain* are used as objects.

Use of Important Prepositions

1. Among, Between

'**Among**' is used for more than two persons or things; '**Between**' is used only for two.

Examples :

(i) Distribute these sweets *among* the poor students of the class.

(ii) Distribute these books *between* Ram and Shyam.

2. Among, In

'**Among**' is used before collective plural nouns. '**In**' is used before collective singular nouns.

Examples :

(i) I found him standing *among* the crowd.

(ii) I saw him in the crowd.

3. Beside, Besides

'**Beside**' means 'by the side of'. '**Besides**' means 'in addition to'.

Examples :

(i) The daughter was sitting *beside* her mother.

(ii) *Besides* his relatives, he invited his friends also.

4. In, Within

'**In**' means at the expiry of a period of time in future, '**Within**' means before the expiry of a period of time in any tense.

Examples :
(i) She will return *in* a week.
(ii) I shall finish my work *within* a weak.

5. On, Upon

'**On**' is used for things at rest; '**Upon**' is used for things in motion.

Examples :
(i) He is sitting *on* the floor.
(ii) The dog sprang *upon* the table.

6. By, With

'**By**' denotes the agent or doer, '**With**' denotes the instrument with which anything is done.

Examples :
(i) The bird was killed *by* the hunter with an arrow.
(ii) He beat the dog *with* a stick.
(iii) I shall reach here *by* five o'clock.

7. After, In

'**After**' means at the end of a period of time in the past. '**In**' means at the end of a period of time in future.

Examples :
(i) I shall return your book *in* a week.
(ii) He returned the book *after* a week.

8. For, From, Since

'**For**' is used before a noun denoting a period of time with all the tenses. '**From**' is used before a noun or phrase denoting a point of time, it is used in all the tenses. '**Since**' is used before a noun or phrase denoting some point of time and is always produced by a verb in the perfect continuous tense or third form of a verb.

Examples :
(i) We have been playing cards *for* two hours.
(ii) She stayed with her uncle *from* the 15th of March to the 15th of May.
(iii) I have been reading this book *since* morning.

9. Above, Over

'**Above**' means 'higher from', **Over** is used in the following four senses :
(i) In the sense of 'above' :
At noon, the sun is *over* our heads.
(ii) In the sense of 'beyond' :
I cannot get *over* my disappointment.
(iii) In the sense of 'Superiority' :
God *over* all blesses for ever more.
(iv) In the sense of 'Conclusion' :
It is all *over* with me.

10. At, Towards

'**At**' denotes the idea of aim, '**Towards**' denotes the idea of destination.

Examples :
(i) He threw the stone *at* the cat.
(ii) He went *towards* the house.

11. At, In, On

'At' is used as follows :
(i) '**At**' is used with small towns and villages.
Examples :
(a) He was born *at* Sonepat.
(b) He lives *at* village Bangra. (Bangra is a village)
(ii) '**At**' is used before a noun denoting a definite point of time.
Example :
He called on me *at* 9 p.m. yesterday.
'In' is used as follows :
(iii) '**In**' is used with the names of big cities, provinces and countries.
Examples :
(a) His father lives *in* England.
(b) His younger brother lives *in* Calcutta.
(iv) '**In**' is used before the names of months and years.
Example :
His elder sister was born *in* 1972 *in* the month of May.
'**On**' is used with dates and names of days.
Examples :
(a) I joined college *on* the 26th April.
(b) He will leave for Kolkata *on* Wednesday next.

Important Information

1. '**In**' is also used in the following phrases : In the morning; In the evening, In winter, In summer.

2. '**In**' also denotes a place inside anything. He travelled *in* a crowded bus.
3. '**At**' is used in the following phrases : *At* home, *At* the station, *At* work, *At* play.

12. Below, Beneath

Below means 'of lower level in position, dignity and expectation' etc. *Beneath* means 'under'.

Examples :

(i) It is *below* my dignity to talk to her.
(ii) They rested *beneath* the shade of a tree.

13. In, Into, To

'**In**' expresses Rest or Motion inside anything. '**Into**' expresses Motion towards the inside of anything or change from one medium to another. '**To**' denotes motion from one place to another.

Examples :

(i) The boys are *in* the room.
(ii) Translate this passage from English *into* Hindi.
(iii) Every morning he goes *to* the temple.

14. Till, By, Of, Off

- 'Till' means upto or not earlier than.
- 'By' means not later than.
- 'Of' shows cause, source, separation, quality, contents, possession, apposition, point of reference, space in time etc.
- 'Off' shows separation at a near distance, and detached condition.

Consider the following examples:

(i) I shall work *till* 5 a.m.
(ii) Madhu died *of* cancer.
(iii) The nib *of* the pen is made *of* gold.
(iv) He presented me a bottle *of* perfume.
(v) Our principal is a man *of* principle.
(vi) He lived in the house *of* his friend.
(vii) *By* this time tomorrow, I'll have finished my job.
(viii) My house is *off* the road.
(ix) The book fell *off* the table.

MULTIPLE CHOICE QUESTIONS

Directions: *Tick the correct preposition for the blank in each of the following sentences.*

1. He applied ...... the manager.
A. for B. to
C. with D. by

2. Trust ...... God and do the right.
A. in B. for
C. to D. with

3. She is worthy ...... a prize.
A. with B. for
C. to D. of

4. Mr. Gomes has no taste ...... music.
A. of B. for
C. with D. to

5. You are hard ...... hearing.
A. at B. of
C. with D. for

6. He is sure ...... his success
A. for B. with
C. on D. of

7. Preeti was warned ...... the danger ahead.
A. for B. at
C. of D. about

8. I am thankful ...... you for a good advice.
A. for B. with
C. to D. of

9. Deepak would not surrender ...... the police.
A. with B. to
C. for D. on

10. The small plant in your lawn is very sensitive ...... touch.
A. on B. with
C. to D. about

11. Divya was sure to succeed ..... the examination.
A. for B. in
C. to D. with

12. Geeta was jealous ...... Ravina's beauty.
A. to B. with
C. for D. of

13. He was ignorant ..... what was happening there.
A. for B. of
C. to D. with

14. Your pen is inferior ...... mine.
A. than B. with
C. from D. to

15. Reenu is no match ...... Meenu.
A. to B. for
C. with D. upon

16. It is necessary ...... you to apply for this job.
A. on B. with
C. for D. to

17. Be loyal ...... your country.
A. for B. to
C. on D. with

18. Mukesh is junior ...... me.
A. than B. to
C. from D. of

19. Deepika was innocent ...... the crime.
A. of B. with
C. from D. to

20. I am desirous.... joining the Indian cricket team.
A. for B. of
C. to D. on

ANSWERS

1	2	3	4	5	6	7	8	9	10
B	A	D	B	B	D	D	D	B	D
11	**12**	**13**	**14**	**15**	**16**	**17**	**18**	**19**	**20**
B	D	B	D	B	D	B	B	A	B

SYNONYMS

A synonym is a word which conveys a meaning similar to the given word.

REMEMBER

Words	*Synonyms*
Add	Increase
Adequate	Enough
Adjust	Adapt
All	Aggregate
Allow	Permit
Abode	Dwelling
Apt	Proper
Assess	Appraise
Accuse	Calumniate
Abashed	Timid
Annoy	Displease
Ample	Enough, Sufficient
Amplify	Increase
Apathetic	Unenthusiastic
Accost	Address
Authentic	True

Words	*Synonyms*
Adjust	Fit
Approve	Assent, Allow, Accept
Adapt	Conform
Adversary	Opponent, Rival, Competitor
Beat	Whack
Benign	Kind
Breeze	Zephyr
Baffle	Puzzle
Booty	Spoil
Beauty	Charm
Beast	Animal
Bandit	Robber
Blaze	Shine
Bond	Tie
Bend	Twist
Bate	Diminish
Beg	Plead
Barbaric	Wild, Savage
Bashful	Shy, Reserved

Words	*Synonyms*	*Words*	*Synonyms*
Begin	Start	Dwell	Live, Dilate
Blend	Mix, Mingle	Declare	Pronounce
Bizarre	Funny	Drunk	Flushed
Below	Under	Deficient	Lacking
Bedevil	Confuse	Damn	Condemn, Curse
Bemoan	Lament	Decrease	Diminish
Babble	Nonsense	Destruction	Devastation
Blame	Fault	Efficient	Competent
Behaviour	Demeanour	Ethnic	Racial
Call	Accost	Enthral	Enslave
Copy	Imitate	Earnest	Serious
Close	Shut	Envious	Jealous
Caress	Love	Ending	Final
Camp	Stay	Egg	Incite
Connect	Attach	Extempore	At once
Cut	Injure, Curtail	Extensive	Far-ranging
Cling	Stick	Extra	Surplus
Conical	Funny	Existence	Life
Convey	Carry	Exceed	Overstep
Conspicuous	Prominent	Enormous	Vast
Cheerful	Happy, Pleasant	Excessive	Superfluous
Curtail	Decrease	Free	Unhindered
Cheerless	Sad, Dejected	Frigid	Cold
Curious	Strange	Feed	Cater
Circumstance	Factor, Situation, Condition	Fame	Reputation
		Frame	Make
Competent	Capable	First	Initial
Congruent	Overlapping	Frighten	Terrorise, Intimidate
Cope	Deal, Endure	Fervent	Fervid
Confident	Sure	Fall	Decline
Complex	Intricate	Feeble	Frail
Cajole	Coax, Flatter	Fickle	Changeable
Cunning	Crafty	Finish	Conclude
Delectable	Joyful, Delightful	Fraud	Deception
Devilish	Diabolical	Forgiving	Placable
Delicate	Soft	Grow	Develop
Devil	Fiend	Greed	Avidity
Delay	Postpone	Greet	Welcome
Dislike	Repugnance	Grave	Serious
Destroy	Ruin	Group	Constellation

Words	*Synonyms*
Given	Bestowed
Gratitude	Thankfulness
Have	Possess
Hire	Rent
Hit	Strike
Handsome	Beautiful
Hinder	Prevent
Heap	Pile
Hope	Expect
Hard	Harsh
Help	Aid
Hymn	Song
Henpecked	Enslaved
Hoodwink	Mystify, Cheat
Humble	Polite, Urbane, Modest
Harass	Vex, Trouble
Impart	Instil
Intact	Untouched
Instal	Establish
Indict	Impeach
Imitate	Ape
Instigate	Incite
Initiate	Start, Introduce
Inimical	Unfriendly
Insufferable	Intolerable
Impartiality	Justice
Jolly	Merry
Joyful	Delectable
Join	Conjoin
Kind	Benign
Kill	Murder
Kindred	Similar
Kinship	Relationship
Keen	Sharp
Knowledge	Scholarship
Lazy	Slothful
Large	Substantial, Gargantuan
Listless	Careless, Lackadaisical
Lax	Loose
Little	Small
Lifelike	Realistic

Words	*Synonyms*
Lofty	High
Lenient	Soft, Gentle
Lacking	Deficient, Wanting
Lessen	Decrease
Middleclass	Bourgeois
Mitigate	Lessen, Abate
Modesty	Humility, Lowliness
Mix	Mingle, Blend
Mixture	Mingling
Mixed	Assorted
Modify	Decrease
Mean	Imply
Multifarious	Varied
Miscarry	Abort
Note	Notice
Noble	Stately
Native	Indigenous
Needful	Necessary
Notify	Declare
Nervous	Shaky, Tremulous, Timid
Natural	Spontaneous
Near	Close
Normal	Natural
Offend	Displease
Oppress	Persecute, Tyrannize
Opponent	Adversary
Obstruct	Hinder, Check
Offence	Fault
Offender	Villain
Overstep	Exceed
Overlapping	Congruent
Occult	Mystic
Profane	Unholy
Patience	Forbearance
Pornographic	Obscene
Plenitude	Abundance
Prominent	Important
Prodigal	Spender
Procrastinate	Postpone
Promote	Develop, Honour
Persecute	Tyrannise

Words	*Synonyms*
Profess	Claim
Pliant	Flexible
Plebian	Common
Polished	Sophisticated
Quake	Shake
Quit	Leave
Queer	Eccentric
Quell	Suppress
Quantify	Allot
Reply	Answer
Relinquish	Retire
Read	Peruse
Relation	Reference
Render	Do
Remainder	Residuals
Repeat	Reiterate
Repentant	Contrite
Retaliative	Retaliatory
Rumour	Hearsay
Reveal	Divulge
Ritualistic	Ceremonious
Soft	Delicate
Sort	Kind, Choose, Select
Selfish	Egoistic
Sensual	Earthly
Suppress	Quell, Check
Stimulate	Provoke
Tasteless	Insipid
Travel	Journey
True	Authentic, Faithful, Truthful
Turbulence	Turmoil
Tragedy	Calamity
Tasteful	Tasty, Delicious
Touching	Painful
Thankful	Grateful
Tremendous	Great, Huge
Tough	Strong
Terminate	Conclude, End
Theory	Doctrine
Tell	Relate
Tremble	Shake, Shiver
Urge	Spur

Words	*Synonyms*
Unbeaten	Unsubdued
Use	Utilize, Practise
Underhand	Unfair, Undue
Unfair	Unjust
Unravel	Reveal, Divulge
Unimportant	Common
Unconcerned	Apathetic
Unimitated	Inimitable
Unfortunate	Unlucky
Understand	Perceive, Comprehend
Vain	Proud, Haughty, Conceited, Shameless
Vale	Valley, Dale, Dell
Vice	Fault
Virtue	Quality
Veracity	Reality
Value	Price, Prize
Vex	Tease
Vibrate	Quiver, Shake
Violent	Excessive
Vivid	Clear, Lucid
Victory	Triumph
Vulgar	Indecent
Virtuous	Honest
Variegated	Varied, Multifarious
Well	Good
Yell	Cry, Shout
Yonder	There
Yearn	Wish, Desire
Yoke	Slavery
Zest	Earnestness, Enthusiasm
Zealous	Earnest

ANTONYMS

A antonym is a word which conveys a meaning opposite to the given word.

REMEMBER

Words	*Antonyms*
Abhor	Love
Abnormal	Normal
Able	Unable
Acceptable	Unacceptable
Adequate	Inadequate
Amusing	Boring

Words	Antonyms
Angry	Calm
Apex	Bottom
Attract	Repel
Bad	Good
Barren	Fertile
Beautiful	Ugly
Bitter	Sweet
Brave	Cowardly
Brief	Lengthy
Bright	Dull
Calm	Violent
Careful	Careless
Clear	Vague, Cloudy
Cold	Hot
Cruel	Kind
Dear	Cheap
Deep	Shallow
Difficult	Easy
Direct	Indirect
Dishonest	Honest
Disobey	Obey
Encourage	Discourage
Enormous	Tiny
Excellent	Bad
Expensive	Cheap
Eat	Fast
Fair	Unfair
Fake	Authentic
False	True
Famous	Notorious
Fool	Genius
Generous	Miserly
Genius	Fool
Genuine	Unauthentic
Gigantic	Tiny
Glad	Depressed
Good	Bad
Great	Little
Happy	Sad

Words	Antonyms
Hard	Soft
Hate	Love
Honest	Dishonest
Idle	Busy
Immoral	Moral
Include	Exclude
Incorrect	Correct
Intelligent	Unintelligent
Kind	Cruel
Like	Dislike
Long	Short
Lucid	Vague
Major	Minor
Naive	Experienced
Nadir	Apex
Neat	Clumsy
Obedient	Disobedient
Obscure	Clear
Oppose	Support
Optimistic	Pessimistic
Out	In
Patience	Impatience
Peaceful	Belligerent
Pious	Impious
Polite	Impolite
Potent	Impotent
Prominent	Unimportant
Proper	Improper
Pure	Impure
Quick	Slow
Quiet	Disturbance
Real	False, Unreal
Reject	Select, Choose
Reliable	Unreliable
Respect	Disrespect
Right	Wrong
Robust	Feeble, Weak
Sad	Happy

Words	Antonyms
Secret	Open
Sensible	Insensible
Severe	Mild
Sharp	Blunt
Simple	Complex
Sociable	Unsociable
Tall	Short
Tidy	Untidy
Uncanny	Canny
Violent	Calm
Vivid	Vague

Words	Antonyms
Strong	Weak
Big	Small
Easy	Difficult
Fast	Slow
High	Low
Catchy	Unattractive
Ugly	Handsome, Beautiful, Tidy
Tasty	Insipid
Sonorous	Harsh

MULTIPLE CHOICE QUESTIONS

Directions (Qs. 1 to 20): *In the following questions choose the word which best expresses the meaning of the given word.*

1. ABSURD
A. Foolish B. Simple
C. Courageous D. Silly

2. ABANDON
A. Lose B. Profit
C. Vacate D. Foil

3. CAJOLE
A. Pause B. Lenient
C. Blast D. Lure

4. COMBAT
A. Fight B. Conflict
C. Shoot D. Quarrel

5. LAMENT
A. Condone B. Console
C. Complain D. Contribution

6. DEBACLE
A. Disgrace B. Defeat
C. Collapse D. Decline

7. SHIVER
A. Fear B. Tremble
C. Shake D. Ache

8. TORTURE
A. Terror B. Harassment
C. Torment D. Tranquility

9. LAUDABLE
A. Lovable B. Commendable
C. Profitable D. Oblivious

10. FIXED
A. Sterile B. Static
C. Stubborn D. Parennial

11. QUEER
A. Unfamiliar B. Cute
C. Curious D. Strange

12. SUFFICIENT
A. Fit B. Proper
C. Adequate D. Vast

13. GLOSS
A. Brightness B. Soothing
C. Rubbing D. Miracle

14. LONGING
A. Prune B. Apathy
C. Curtail D. Craving

15. JEER
A. Applaud B. Magnanimity
C. Avoid D. Scoff

16. ZENITH
A. Minimum B. Nadir
C. Plant D. Peak

17. GARB
A. Distort B. Dress
C. Trivial D. Rage

18. ABHOR
A. Rude
B. Reconcile
C. Crave
D. Detest

19. YIELD
A. Shum
B. Incisive
C. Retain
D. Surrender

20. YOKE
A. Twist
B. Release
C. Link
D. Extra

Directions (Qs. 21 to 38): *In the following questions choose the word which best expresses the opposite of the given word.*

21. TRAGIC
A. Dramatic
B. Strong
C. Gentle
D. Comic

22. ORAL
A. Verbal
B. Sane
C. Minor
D. Written

23. ADMIRE
A. Hate
B. Unlike
C. Dislike
D. Enough

24. VIOLENT
A. Gentle
B. Savage
C. Haughty
D. Decline

25. ADVERSITY
A. Windfall
B. Inprosperity
C. Prosperity
D. Slave

26. GENUINE
A. Spurious
B. Obscure
C. Countless
D. Apathetic

27. GRUDGE
A. Essence
B. Guile
C. Goodwill
D. Ill-will

28. STIFF
A. Soft
B. Courteous
C. Lively
D. Flexible

29. VANITY
A. Conceit
B. Pride
C. Ostentious
D. Humility

30. FRONT
A. Upper
B. Unusual
C. Back
D. Rear

31. ATTRACT
A. Lured
B. Longing
C. Repel
D. Disguise

32. COMFORT
A. Discomfort
B. Discontent
C. Uncomfort
D. Miscomfort

33. WELCOME
A. Repel
B. Accept
C. Resist
D. Fight

34. TACTFUL
A. Naive
B. Loose
C. Strict
D. Uncivilized

35. DUTIFUL
A. Harmful
B. Watchful
C. Forgetful
D. Remiss

36. RIGID
A. Flux
B. Adoptable
C. Yielding
D. Adaptable

37. RARE
A. Petty
B. Poor
C. Small
D. Common

38. ZEAL
A. Despair
B. Calmness
C. Passiveness
D. Indifference

ANSWERS

1	2	3	4	5	6	7	8	9	10
D	C	D	A	C	C	B	C	B	B
11	**12**	**13**	**14**	**15**	**16**	**17**	**18**	**19**	**20**
D	C	A	D	D	D	B	D	D	C
21	**22**	**23**	**24**	**25**	**26**	**27**	**28**	**29**	**30**
D	D	C	A	C	A	C	D	D	D
31	**32**	**33**	**34**	**35**	**36**	**37**	**38**		
C	A	C	A	D	D	D	D		

3. Sentence Completion

It is such an exercise which starts with the primary schools and continues in the highest level of competitive examinations. One must practise it regularly to score well.

Directions (Qs. 1 to 15): *Pick out the most effective word(s) from the given words to fill in the blanks to make the sentence meaningfully complete.*

1. The student ...... that book from the library to study at home.
A. issued B. borrowed
C. hired D. lent

2. I wish I ...... a king.
A. was B. am
C. should be D. were

3. He ...... to listen to my arguments and walked away.
A. denied B. disliked
C. objected D. refused

4. The flow of blood was so ...... that the patient died.
A. intense B. adequate
C. profuse D. extensive

5. When I met her yesterday, it was the first time I ...... her since Christmas.
A. saw B. have seen
C. had seen D. have been seing

6. Can you pay ...... all these articles?
A. for B. of
C. off D. out

7. I ...... you to be at the party this evening.
A. expect B. hope
C. look forward to D. desire

8. ...... being a handicapped person, he is very cooperative and self-reliant.
A. Because B. Although
C. Since D. Despite

9. The child broke ...... from his mother and ran towards the painting.
A. away B. after
C. down D. with

10. With his ...... income, he finds it difficult to live a comfortable life.
A. brief B. sufficient
C. meagre D. huge

11. He could ...... a lot of money in such a short time by using his intelligence and working hard.
A. spend B. spoil
C. exchange D. accumulate

12. Though the brothers are twins, they look ......
A. alike B. handsome
C. indifferent D. different

13. Unfavourable weather conditions can ...... illness.
A. cure B. detect
C. treat D. enhance

14. No sooner did the bell ring, ... the actor started singing.
A. when B. than
C. after D. before

15. If I ...... realised it, I would not have acted on his advice.
A. was B. had
C. were D. have

Directions (Qs. 16 to 25): *In each question, an incomplete statement (Stem) followed by four fillers* *is given. Pick out the best one which can complete the incomplete stem correctly and meaningfully.*

16. Unless you work harder you will fail, means .....

A. if you fail you will work harder.

B. you must at least plan well than you will not fail.

C. hardly you will fail if you do not desire so.

D. if you do not put more efforts, then you will fail.

17. Even if it rains I shall come, means .....

A. if I come it will not rain.

B. if it rains I shall not come.

C. I will certainly come whether it rains or not.

D. whenever there is rain I shall come.

18. Dinesh is as stupid as he is lazy means .....

A. Dinesh is stupid because he is lazy.

B. Dinesh is lazy because he is stupid.

C. Dinesh is either stupid or lazy.

D. Dinesh is equally stupid and lazy.

19. He is so lazy that he .....

A. cannot depend on others for getting his work done.

B. cannot delay the schedule of completing the work.

C. can seldom complete his work on time.

D. dislike to postpone the work that he undertakes to do.

20. He always stammers in public meetings, but his today's speech .....

A. was fairly audible to everyone present in the hall.

B. was not received satisfactorily.

C. could not be understood properly.

D. was free from that defect.

21. In order to raise the company's profit, the employees .....

A. demanded two additional increments.

B. decided to go on paid holidays.

C. requested the management to implement new welfare schemes.

D. offered to work overtime without any compensation.

22. Although, he is reputed for making very candid statements, ...

A. his today's speech was not fairly audible.

B. his promises had always been realistic.

C. his speech was very interesting.

D. his today's statements were very ambiguous.

23. I felt somewhat more relaxed .....

A. but tense as compared to earlier.

B. and tense as compared to earlier.

C. as there was already no tension at all.

D. and tension-free as compared to earlier.

24. With great efforts his son succeeded in convincing him not to donate his entire wealth to an orphanage .....

A. and lead the life of a wealthy merchant.

B. but to a home for the forsaken children.

C. and make an orphan of himself.

D. as the orphanage needed a lot of donations.

25. Even though it is a very large house, ...

A. there is a lot of space available in it for children.

B. there is hardly any space available for children.

C. there is no dearth of space for children.

D. the servants take a long time to clean it.

ANSWERS

1	2	3	4	5	6	7	8	9	10
B	D	D	C	C	A	A	D	A	C
11	**12**	**13**	**14**	**15**	**16**	**17**	**18**	**19**	**20**
D	D	D	B	B	D	C	D	C	D
21	**22**	**23**	**24**	**25**					
D	D	D	C	B					

4. Spotting Errors

The most common errors in English are of spellings, grammar and usage of words. By regular practice, the errors can be easily spotted and minimised.

MULTIPLE CHOICE QUESTIONS

Directions: *In the following questions some of the sentences have errors and some are correct. Find out which part of a sentence has an error, the number of that part is your answer. If a sentence is free from errors, then your answer is D i.e., No error.*

1. (A) Either Ram or/(B) you is responsible/(C) for this action./(D) No error.

2. (A) The student flatly denied/(B) that he had copied/(C) in the examination hall./(D) No error.

3. (A) By the time you arrive tomorrow/(B) I have finished/(C) my work./(D) No error.

4. (A) The captain with the members of his team/(B) are returning/(C) after a fortnight./(D) No error.

5. (A) After returning from/(B) an all-India tour/(C) I had to describe about it./(D) No error.

6. (A) The teacher asked his students/(B) if they had gone through/(C) either of the three chapters included in the prescribed text./(D) No error.

7. (A) Do you know/(B) how old were you/(C) when you came here?/(D) No error.

8. (A) Beware of/(B) a fair-weather friend/(C) who is neither a friend in need nor a friend indeed./(D) No error.

9. (A) Copernicus proved/(B) that Earth/(C) moves round the Sun./(D) No error.

10. (A) The property/(B) was divided/(C) among the two brothers./(D) No error.

11. (A) I am quite certain/(B) that the lady is not only greedy/(C) but miserly./(D) No error.

12. (A) The brilliant success in the examination/(B) as well as his record in sports/(C) deserves high praise./(D) No error.

13. (A) I cannot find/(B) where has he gone/(C) though I have tried may best./(D) No error.

14. (A) If I was/(B) the Prime Minister of India/(C) I would work wonders/(D) No error.

15. (A) If it weren't/(B) for you,/(C) I wouldn't be alive today./(D) No error.

16. (A) He looked like a lion/(B) baulked from/(C) its prey./(D) No error.

17. (A) Widespread flooding/(B) is affecting/(C) large areas of the villages./(D) No error.

18. (A) If we really set to/(B) we can get the whole house/(C) cleaned in an afternoon./(D) No error.

19. (A) It's arrogant for you/(B) to assume you'll/(C)win every time./(D) No error.

20. (A) The two books are the same/(B) except for the fact that this/(C) has an answer in the back./(D) No error.

21. (A) Your husband doesn't/(B) believe that you are older/(C) than I./(D) No error.

22. (A) I could not/(B) answer to/(C) the question./ (D) No error.

23. (A) Two years passed/(B) since/(C) my cousin died./(D) No error.

24. (A) I am learning English/(B) for ten years/(C) without much effect./(D) No error.

25. (A) Ramesh has agreed/(B) to marry with the girl/(C) of his parent's choice./ (D) No error.

26. (A) When he was arriving./(B) the party was/ (C) in full swing./(D) No error.

27. (A) The most studious boy/(B) in the class/ (C) was made as the captain./(D) No error.

28. (A) I am participating/(B) in the two-miles race/(C) tomorrow morning./(D) No error.

29. (A) When the boy committed a mistake/(B) the teacher made him to do/(C) the sum again./ (D) No error.

30. (A) Whenever a person lost anything/(B) the poor folk around/(C) are suspected./(D) No error.

ANSWERS

1	2	3	4	5	6	7	8	9	10
B	D	B	B	C	C	D	D	B	C
11	**12**	**13**	**14**	**15**	**16**	**17**	**18**	**19**	**20**
C	D	B	A	C	C	C	A	A	C
21	**22**	**23**	**24**	**25**	**26**	**27**	**28**	**29**	**30**
C	B	A	A	B	A	C	B	B	A

EXPLANATORY ANSWERS

1. Replace 'is' by 'are'.

2. No error.

3. Replace 'have' by 'would have'.

4. Replace 'are' by 'is'.

5. Replace 'had to describe' by 'described'.

6. Replace 'either' by 'any'.

7. No error.

8. No error.

9. Omit 'that'.

10. Replace 'among' by 'between'.

11. Add 'also'.

12. No error.

13. Replace 'has he' by 'he has'.

14. Replace 'was' by 'were'.

15. Replace 'wouldn't be' by 'would not have been'.

16. Replace 'its' by 'his'.

17. Replace 'areas' by 'area'.

18. Replace 'set to' by 'set on'.

19. Replace 'for' by 'of'.

20. Replace 'in' by 'on'.

21. Replace 'I' by 'me'.

22. Omit 'to'.

23. Replace 'passed' by 'have passed'.

24. Replace 'am' by 'have been'.

25. Omit 'with'.

26. Replace 'was arriving' by 'arrived'.

27. Omit 'as'.

28. Replace 'in' by 'at'.

29. Omit 'to'.

30. Replace 'lost' by 'loses'.

5. One Word Substitution

There are many single words in English language which can be perfectly used for a number of words. These words help in expressing ideas in a short and correct manner for the right occasion. Such words not only increase the vocabulary but also enable you to economise in the use of words to a great extent.

Multiple Word Expression	*Substitution*
One who always looks towards the bright side of things	Optimist
One who always looks towards the dark side of things	Pessimist
The time when one develops from a child into an adult	Adolescence
The process of growing more plants in order to form a forest.	Afforestation
The science which deals with farming	Agriculture
From some other country or place etc.	Alien
A term, etc. giving more than one meaning	Ambiguous
A vehicle which is used to carry sick persons	Ambulance
An animal which can live both in water and on land	Amphibian
A lawless situation when there is no government	Anarchy
Belonging to the history of thousands of years old	Ancient
Once a year	Annual
A very old object but still valuable	Antique
Words of opposite meanings	Antonyms
Words of similar meanings	Synonyms
Signatures of a famous person	Autograph
A government led by one person with absolute authority	Autocracy
A written work of one's own life history	Autobiography
A person who has never been married	Bachelor
A person usually having no hair on his head	Bald
A place where one can deposit money and get interest	Bank
A person who cuts our hair	Barber
A building/group of buildings where soldiers live	Barracks
A person who makes buns and biscuits	Baker
A person who lives by asking people for food and money without doing any useful job	Beggar
The crime of having married to two persons at the same time	Bigamy
The branch of science which deals with the study of plants	Botany
Able to speak two languages	Bilingual

Multiple Word Expression	*Substitution*
Able to speak more than two languages	Polyglot
The branch of science which deals with the living organisms	Biology
A powerful snow storm	Blizzard
A great successful book or movie	Blockbuster
A short news on the radio or TV	Bulletin
A system in which the most important works are organised by the government officials	Bureaucracy
A person who has no vision in his eyes	Blind
A page or a series of pages on which the information of days, weeks, months, etc. is given	Calendar
A person who eats human flesh	Cannibal
A complete list of items often arranged alphabetically	Catalogue
A sudden disaster	Catastrophe
A period of 100 years	Century
A branch of science which deals with chemicals	Chemistry
A printed leaf usually issued by banks that we sign to carry certain financial deal	Cheque
A person who makes or mends shoes	Cobbler
A group of people who has been chosen by others to make decisions on their own	Committee
A building in which nuns live	Convent
An animal which feeds on other animals	Carnivorous
A person who does criticism	Critic
A person who cannot hear	Deaf
A condition in which one loses a lot of water from one's body because of vomiting, etc.	Dehydration
A system of government in which the people cast their votes to elect their leaders	Democracy
The study of skin problems	Dermatology
A long piece of land covered with sand	Desert
The art of managing relationships between countries	Diplomacy
A piece of information about the words in a book form	Dictionary
A piece of information about the telephone numbers of the people in a book from	Directory
A person in charge of a newspapers, magazine etc.	Editor
A person who thinks he is better than the others	Egoist
To leave your country and settle in some other country	Emigrate
A book or series of books giving almost all knowledge about an area or some persons etc.	Encyclopaedia
Study of insects	Entomology
Time when day and night are of the same duration	Equinox
To sell things out of the country	Export
To purchase things from some other country	Import
A plant or animal no longer in existence	Extinct
A situation when there is a shortage of food for a long period of time	Famine
An amount of money that we pay for some action or services	Fee
Related to women	Feminine
An animal strong and aggressive	Ferocious

Multiple Word Expression	*Substitution*
A piece of land where plants grow easily from the soil that is favourable to them	Fertile
A work of literature having some imaginary events	Fiction
A large amount of water covering certain area	Flood
A person who sells flowers	Florist
A religious ceremony for burying or cremating a dead person	Funeral
A substance which kills fungus	Fungicide
A person studying or having studied the diseases and the related things of female reproductory system	Gynaecologist
The murder of the person of the same group race or country	Genocide
A substance which kills germs	Germicide
A situation in which many people die because of fire during war	Holocaust
The act of killing a person deliberately	Homicide
A word having the pronunciation as the other one does but it differs in meaning	Homophone
A word having the same spelling as the other one does but it is pronounced in some other way	Homonym
A person who is attracted towards the person of the same sex	Homosexual
Go across and parallel to the ground	Horizontal
A substance which kills the insects	Insecticide
That cannot be corrected	Incorrigible
That cannot be defeated	Invincible
That cannot be eaten	Inedible
That cannot be seen	Invisible
A place in a school or college where books are kept for the benefit of students, teachers etc.	Library
A place in a school or college where scientific experiments are performed	Laboratory
An official who is a judge in the lowest court	Magistrate
A piece of music or a book before it is printed	Manuscript
Related to men	Masculine
One who believes in the existence of God	A theist
One who does not believe in the existence of good	An atheist
That can be believed	Credible
That cannot be believed	Incredible
That which dissolves in a solvent	Soluble
That which does not dissolves in a solvent	Insoluble
Hard writing that can be read	Legible
Hard writing that cannot be read	Illegible
A person who does jobs beneficial to mankind	Philanthropist
A person who goes on foot	Pedestrian
A person who fights for his own country	Patriot
An act of killing oneself	Suicide
A woman whose husband is dead	Widow
A man whose wife is dead	Widower
A person who eats vegetarian and non-vegetarian diets	Omnivorous

Multiple Word Expression	*Substitution*
Something which is everywhere at the same time	Omnipresent
One who knows everything	Omniscient
A child who does not have parents	Orphan
An award etc. given after the death of the person	Posthumous
The place where animals are kept for amusement and to increase the knowledge of the public	Zoo
The science which deals with the study of animals	Zoology

MULTIPLE CHOICE QUESTIONS

Directions: *In questions given below, out of the four alternatives, choose the one which can be substituted for the given words/sentences.*

1. Something that relates to everyone in the world
A. General B. Common
C. Usual D. Universal

2. An expression of mild disapproval
A. Warning B. Denigration
C. Impertinence D. Reproof

3. One who is not easily pleased by anything
A. Maiden B. Medieval
C. Precarious D. Fastidious

4. Murder of a king
A. Infanticide B. Matricide
C. Genocide D. Regicide

5. A remedy for all diseases
A. Stoic B. Marvel
C. Panacea D. Recompense

6. A dramatic performance
A. Mask B. Mosque
C. Masque D. Mascot

7. Study of birds
A. Orology B. Optology
C. Ophthalmology D. Ornithology

8. Ready to believe
A. Credulous B. Credible
C. Creditable D. Incredible

9. Incapable of being seen through
A. Ductile B. Opaque
C. Obsolete D. Potable

10. One who eats everything
A. Omnivorous B. Omniscient
C. Irresistible D. Insolvent

11. A place where bees are kept is called
A. An apiary B. A mole
C. A hive D. A sanctuary

12. One who cannot be corrected
A. Incurable B. Incorrigible
C. Hardened D. Invulnerable

13. One who is in charge of a museum
A. Curator B. Supervisor
C. Caretaker D. Warden

14. Continuing fight between parties, families, clans, etc.
A. Enmity B. Feud
C. Quarrel D. Skirmish

15. A voice loud enough to be heard
A. Audible B. Applaudable
C. Laudable D. Oral

16. A paper written by hand
A. Handicraft B. Manuscript
C. Handiwork D. Thesis

17. Habitually silent or talking little
A. Serviile B. Unequivocal
C. Taciturn D. Synoptic

18. To slap with a flat object
A. Chop B. Hew
C. Gnaw D. Swat

19. A person who speaks many languages
A. Linguist B. Monolingual
C. Polyglot D. Bilingual

20. A light sailing-boat built specially for racing
A. Canoe B. Yacht
C. Frigate D. Dinghy

21. A fixed orbit in space in relation to earth
A. Geological B. Geo-synchronous
C. Geo-centric D. Geo-stationary

22. A style in which a writer makes a display of his knowledge
A. Pedantic B. Verbose
C. Pompous D. Ornate

23. A religious discourse
A. Preach B. Stanza
C. Sanctorum D. Sermon

24. A place that provides refuge
A. Asylum B. Sanatorium
C. Shelter D. Orphanage

25. Detailed plan of a journey
A. Travelogue B. Travelkit
C. Schedule D. Itinerary

26. A person who insists on something
A. Disciplinarian B. Stickler
C. Instantaneous D. Boaster

27. A drawing on transparent paper
A. Red print B. Blue print
C. Negative D. Transparency

28. One who believes that all things and events in life are predetermined is a
A. Fatalist B. Puritan
C. Egoist D. Tyrant

29. A school boy who cuts classes frequently is a
A. Defeatist B. Sycophant
C. Truant D. Martinet

30. The act of violating the sanctity of the church is
A. Blasphemy B. Heresy
C. Sacrilege D. Desecration

31. A place where monks live as a secluded community
A. Cathedral B. Diocese
C. Convent D. Monastery

32. One who is fond of fighting
A. Bellicose B. Aggressive
C. Belligerent D. Militant

33. Tending to move away from the centre or axis
A. Centrifugal B. Centripetal
C. Axiomatic D. Awry

34. Words inscribed on tomb
A. Epitome B. Epistle
C. Epilogue D. Epitaph

35. Leave or remove from a place considered dangerous
A. Evade B. Evacuate
C. Avoid D. Exterminate

36. Original inhabitants of a country
A. Abroge B. Aborger
C. Aborgory D. Aborigins

37. Government by the officials
A. Theocracy B. Plutocracy
C. Bureaucracy D. Democracy

38. Incapable of being exhausted
A. Inexhaustible B. Inaexhaustible
C. Exhaustable D. Non-tired

39. A person of good understanding, knowledge and reasoning power
A. Expert B. Intellectual
C. Snob D. Literate

40. One absorbed in his own thoughts and feelings rather than in things outside
A. Scholar B. Recluse
C. Introvert D. Intellectual

ANSWERS

1	2	3	4	5	6	7	8	9	10
D	D	D	D	C	C	D	A	B	A
11	**12**	**13**	**14**	**15**	**16**	**17**	**18**	**19**	**20**
A	B	A	B	A	B	C	D	A	B
21	**22**	**23**	**24**	**25**	**26**	**27**	**28**	**29**	**30**
D	A	D	A	D	B	D	A	C	C
31	**32**	**33**	**34**	**35**	**36**	**37**	**38**	**39**	**40**
D	A	A	D	B	B	C	A	B	C

6. Spelling Errors

There are thousands of words in English language. It is difficult to remember the spellings and meanings of all at once. Try to learn as many as you can. Use a dictionary regularly.

Directions: *Find the correctly spelt words.*

1. A. Damage B. Dammage C. Damaige D. Dammege

2. A. Efficiant B. Effecient C. Efficient D. Eficient

3. A. Schedule B. Schdule C. Schedale D. Schedeule

4. A. Occurad B. Occurred C. Ocurred D. Occured

5. A. Grieff B. Grief C. Grieef D. Grrief

6. A. Guarantee B. Garuntee C. Guaruntee D. Gaurantee

7. A. Meddicinc B. Medicine C. Medicene D. Medicinne

8. A. Benefeted B. Benefitted C. Benifited D. Benefited

9. A. Acommodation B. Acomodation C. Accomodation D. Accommodation

10. A. Querrelsome B. Quarrelsame C. Quarrelsome D. Querralsome

11. A. Sympathetic B. Smypathetic C. Sympothetic D. Sympethetic

12. A. Prograssive B. Progressive C. Progresive D. Prograsive

13. A. Uncivilized B. Uncevilized C. Uncivillized D. Uncevelized

14. A. Extravagant B. Extreragent C. Extreregant D. Extravegent

15. A. Missunderstood B. Miesunderstood C. Misunderstood D. Misunderstod

16. A. Belligerent B. Beligirent C. Belligarant D. Belligerrent

17. A. Astonished B. Astronished C. Astoneshed D. Asstonished

18. A. Sincerely B. Sencerely C. Sincerelly D. Sincerrely

19. A. Rigourous B. Rigerous C. Rigorous D. Regerous

20. A. Satellite B. Sattellite C. Satelite D. Sattelite

21. A. Pesanger B. Passenger C. Pessenger D. Pasanger

22. A. Humurous B. Humorous C. Humoreus D. Humorrous

23. A. Exeggerate B. Exaggerate C. Exadgerate D. Exagerate

24. A. Fariegn B. Forein C. Foriegn D. Foreign

25. A. Excesive B. Excessive C. Exccessive D. Exccesive

26. A. Forcaust B. Forcast C. Forecast D. Forecaste

27. A. Paralleted B. Paralelled C. Parralleled D. Parallelled

28. A. Ocasion B. Occassion
C. Occasion D. Ocassion

29. A. Boquet B. Bouquet
C. Bouquete D. Bouquette

30. A. Chettering B. Chaterring
C. Chattering D. Chatering

31. A. Discourage B. Disscourage
C. Discourege D. Discaurage

32. A. Curageous B. Courageous
C. Courrageous D. Couregeous

33. A. Abandon B. Abanddon
C. Abendon D. Abbandon

34. A. Embarassment
B. Emberrassement
C. Embarrassment
D. Embbaresment

35. A. Eccintric B. Eccentrie
C. Eccentric D. Eccintrie

36. A. Occasional B. Occassional
C. Occesional D. Occessional

37. A. Querrel B. Querral
C. Quarrel D. Quarel

38. A. Contrebution B. Contribution
C. Contributtion D. Conterbution

39. A. Desgrace B. Disgrece
C. Disgrice D. Disgrace

40. A. Harassment B. Herassment
C. Harasment D. Harassmient

41. A. Imaginative B. Imeginative
C. Imagenative D. Imaginetive

42. A. Suficient B. Suficiant
C. Sufficient D. Sufficiant

43. A. Adequate B. Edequate
C. Adaquete D. Edaquete

44. A. Exparienced B. Experianced
C. Experienced D. Experrienced

45. A. Flatering B. Fletering
C. Flattering D. Fletaring

46. A. Cuttiveted B. Culltrivated
C. Cultivated D. Caltivated

47. A. Praiceworthy B. Peiseworthy
C. Praiseworthy D. Praisaworthy

48. A. Profesional B. Professionel
C. Professional D. Profissional

49. A. Ameteur B. Amateur
C. Amataur D. Amateor

50. A. Unfevourable B. Unfevaurable
C. Unfavourable D. Unfivourable

ANSWERS

1	2	3	4	5	6	7	8	9	10
A	C	A	B	B	A	B	B	D	C
11	**12**	**13**	**14**	**15**	**16**	**17**	**18**	**19**	**20**
A	B	A	A	C	A	A	A	C	A
21	**22**	**23**	**24**	**25**	**26**	**27**	**28**	**29**	**30**
B	B	B	D	B	C	A	C	B	C
31	**32**	**33**	**34**	**35**	**36**	**37**	**38**	**39**	**40**
A	B	A	C	C	A	C	B	D	A
41	**42**	**43**	**44**	**45**	**46**	**47**	**48**	**49**	**50**
A	C	A	C	A	C	C	C	B	C

सामान्य हिंदी

हिंदी [illegible]

व्याकरण

व्याकरण वह शास्त्र है जिसके द्वारा किसी भी भाषा के शब्दों और वाक्यों के शुद्ध स्वरूपों एवं शुद्ध प्रयोगों का ज्ञान कराया जाता है।

व्याकरण के चार अंग हैं : (i) वर्ण विचार (ii) शब्द विचार (iii) पद विचार और (iv) वाक्य विचार

भाषा : भाषा अभिव्यक्ति का एक ऐसा साधन है जिसके द्वारा मनुष्य अपने विचारों को दूसरों पर प्रकट कर सकता है और दूसरों के विचार जान सकता है। भाषा के दो रूप हैं–(i) मौखिक और (ii) लिखित।

बोली : भाषा का क्षेत्रीय रूप बोली कहलाता है।

लिपि : किसी भी भाषा के लिखने की विधि को लिपि कहते हैं।

वर्ण : हिन्दी भाषा में प्रयुक्त सबसे छोटी ध्वनि वर्ण कहलाती है। जैसे–अ, आ, ई, क्, ख्, आदि

वर्णमाला : वर्णों के समुदाय को वर्णमाला कहते हैं। हिन्दी वर्णमाला में 44 वर्ण हैं। जिनमें 11 स्वर तथा 33 व्यंजन हैं।

स्वरवर्ण : उन वर्णों को कहते हैं, जिनका उच्चारण बिना किसी दूसरे वर्ण की सहायता से होता है। हिन्दी में 11 स्वर हैं–अ, आ, इ, ई, उ, ऊ, ए, ऐ, ओ, औ, ऋ।

व्यंजन वर्ण : उन वर्णों को कहते हैं, जिनका उच्चारण स्वर वर्णों की सहायता के बिना नहीं हो सकता है। इनकी संख्या 33 है–

क ख ग घ ड़ च
छ ज झ ञ ट् ठ
ड ढ़ ण त थ द
ध न प फ ब भ
म य र ल व श
ष स ह।

वर्ण : एक या अधिक वर्णों से बनी हुई स्वतन्त्र सार्थक ध्वनि शब्द कहलाती है।

शब्दों को तत्सम, तद्भव, देशज और विदेशी भागों में बाँटा जाता है।

तत्सम : जो शब्द संस्कृत भाषा से हिन्दी में बिना किसी परिवर्तन के लिए जाते हैं वे तत्सम कहलाते हैं, जैसे– अग्नि, क्षेत्र, मित्र, नासिका आदि।

तद्भव : उन शब्दों को कहते हैं, जो संस्कृत से ही लिए गए हैं, परन्तु हिन्दी में आने पर जिनका रूप बदल गया है। जैसे–आग, खेत, रात आदि।

देशज : उन शब्दों को कहते हैं, जो बोलचाल तथा देश की अन्य भाषाओं से लिए गए हैं। जैरो कटोरा, झंझत, डिबिया, लोटा आदि।

विदेशज या विदेशी : उन शब्दों को कहते हैं, जो किसी विदेशी भाषा से आए हैं।

जैसे–स्कूल, कार, कमरा, खुदा, जोश, सरकार आदि।

शब्द सम्पदा

तत्सम शब्दों के तद्भव रूप

तत्सम	तद्भव	तत्सम	तद्भव	तत्सम	तद्भव	तत्सम	तद्भव
अग्नि	आग	अद्य	आज	ग्राम	गाँव	गर्दभ	गधा
अष्ट	आठ	अक्षि	आँख	गृध्र	गीध	गौर	गोरा
अर्ध	आधा	अस्थि	हड्डी	गृह	घर	घट	घड़ा
अश्रु	आँसू	आम्र	आम	धातु	धात	घृत	घी

तत्सम	तद्भव	तत्सम	तद्भव
लक्ष	लाख	सप्त	सात
त्वम्	तुम	दुग्ध	दूध
रत्न	रतन	वर्ष	बरस
भक्त	भगत	मर्कट	बन्दर
रात्रि	रात	उलूक	उल्लू
अन्धकार	अन्धेरा	क्षीर	खीर
निद्रा	नींद	पृष्ठ	पीठ
ज्येष्ठ	जेठ	स्वर्ण	सोना
श्वास	साँस	काक	काग
कार्य	काज	कर्ण	कान
पाद	पाँव	हस्त	हाथ
नासिका	नाक	कंटक	काँटा
दश	दस	दधि	दही
दीप	दीया	निद्रा	नींद
नव	नौ	पत्र	पत्ता

तत्सम	तद्भव	तत्सम	तद्भव
प्रस्तर	पत्थर	जिह्वा	जीभ
हस्ती	हाथी	दन्त	दाँत
क्षेत्र	खेत	नृत्य	नाच
सूचिका	सूई	स्वर्णकार	सुनार
लोक	लोग	पर्यड़्क	पलंग
स्वप्न	सपना	कातर	कायर
पुत्र	पूत	मानव	मनुष्य
शत	सौ	पुष्प	फूल
पक्व	पक्का	कृषक	किसान
कर्म	कार्य	आम्र	आम
कर्ण	कान	अष्ट	आठ
घंटिका	घंटी	चन्द्र	चन्द
यव	जौ	धूम्र	धुआँ
भ्रमर	भँवर		

विराम चिह्न

विराम का अर्थ रुकना। अपने विचारों को ठीक ढंग से प्रकट करने के पढ़ते अथवा लिखते समय हमें कुछ रुकना पड़ता है। इस प्रकार के रुकने को विराम कहते हैं। प्रत्येक-विराम के लिए अलग-अलग चिह्न हैं–

पूर्ण विराम	[।]
अल्प विराम	[,]
अर्ध विराम	[;]
प्रश्न बोधक	[?]
विस्मयादि बोधक	[!]
योजक	[–]
उद्धरण	[“ ”]

कारक

कारक शब्द उस रूप को कहते हैं, जिससे संज्ञा या सर्वनाम वाक्य के साथ सम्बन्ध जाना जाता है।

जैसे–शीला कलम **से** लिखती है।

यह सीमा **की** पुस्तक है।

कारक के भेद विभक्ति चिह्नों सहित

कारक	विभक्ति
कर्त्ता	ने
कर्म	को
करण	से
सम्प्रदान	के लिए
अपादान	से
सम्बन्ध	का, के, की
अधिकरण	में, पर
सम्बोधन	हे, अरे!

पर्यायवाची शब्द

जिन शब्दों से एक समान अर्थ का बोध होता है, उन्हें पर्यायवाची या समानार्थी शब्द कहते हैं।

कुछ पर्यायवाची शब्दों के उदाहरण निम्नलिखित हैं–

आग – अग्नि, अनल, पावक, हुताशन, ज्वाला।

आकाश – नभ, आसमान, गगन, लोभ।

असुर – राक्षस, दानव, निशाचर, दैत्य।

अमृत – अभिय, पीयूष, सुधा, सोम।

अन्धकार – अन्धेरा, तिमिर, तम, तमिस्त्र।

आँख – नेत्र, नयन, लोचन, चक्षु, दृग।

कमल – जलज, पंकज, नीरज, राजीव।

इन्द्र – सुरपति, देवेन्द्र, सुरेन्द्र, देवेश।

ईश्वर – प्रभु, भगवान, जगदीश, दीनबन्धु।

पक्षी – खग, विहग, चिड़िया, नभचर।

बादल – घन, जलधर, वारिद, नीरद।

गंगा – सुरसरि, जाह्नवी, त्रिपथगा, देवनदी, विष्णुपदी।

चन्द्रमा – शशि, मयंक, निशाकर, सुधाकर, सुधांशु, सोम हिमांशु, राकेश।

जल – पानी, नीर, लोभ, अम्बु, सलिल, क्षीर, वारि।

फूल – पुष्प, कुसुम, सुमन, प्रसून, सारंग।

पृथ्वी – भू, भूमि, धरा, वसुन्धरा, वसुधा, धरती क्षमा, लोक।

कपड़ा – पट, वस्त्र, चीर, अम्बर, दुकूल।

घर – गृह, गेह, निकेतन, आलय, निलय, भवन, शाला, धाम, सदन।

जंगल – वन, कानन, अरण्य, विपिन।

तालाब – सरोवर, ताल, जलाशय, तड़ाग।

दिन – दिवस, वासर, वार।

पहाड़ – गिरि, पर्वत, गूधर, नग, महीधर, मेरू।

पत्थर – पहाड़, प्रस्तर, पाहन।

पवन – वायु, समीर, हवा, मारुत, अनिल।

पुत्र – सुत, तनय, पूत, आत्मज।

बिजली – तड़ित, चपला, दामिनी।

वृक्ष – तरू, रूख, विटप, पेड़।

मनुष्य – नर, मानव, मनुज, आदमी।

हाथी – करि, हस्ती, गज।

मित्र – सखा, मीत, सहचर, दोस्त।

राजा – नरेश, नृप, महीप, भूप।

समुद्र – सागर, सिन्धु, जलधि, नीरधि।

सरस्वती – शारदा, वागेश्वरी, भारती, महाश्वेता।

साँप – पन्नग, सर्प, विषधर, अहि, व्याल।

सूर्य – दिनकर, दिवाकर, रवि, भानु, भास्कर।

स्त्री – नारी, महिला, दारा, वामा।

शरीर – देह, तन, काया, गात, बदन।

गणेश – गजानन, गणपति, विनायक, एकदन्त, गजवदन लम्बोदर, विघ्न नाशक।

घोड़ा – तुरंग, बाजि, हय, अश्व, घोटक।

युद्ध – समर, रण, संग्राम।

सिंह – केसरी, मृगराज, केहरी।

शत्रु – अरि, रिपु, बैरी।

विष्णु – हरि, कमलेश, रमापति, चक्रपाणि, केशव, माधव, पीताम्बर।

कोष – खजाना, भण्डार, निधि।

धन – दौलत, द्रव्य, मुद्रा।

तलवार – कृपाण, असि, खड्ग।

अंग – भाग, हिस्सा, अवयव।

चोर – तस्कर, दस्यु, रजनीचर।

पत्नी – भार्या, दारा, गृहिणी।

पुत्र – तनय, सुत, लड़का, बेटा।

पुत्री – तनया, सुता, लड़की, बेटी।

माता – जननी, अम्बा, अम्बिका, अम्मा, माँ, धात्री।

मोर – शिखी, नीलकण्ठ, मयूर।

मृत्यु – मौत, काल, देहान्त।

रक्त – रुधिर, शोणित, खून, लहू।

विष – जहर, हलाहल, गरल।

सोना – कंचन, स्वर्ण, कनक।

हृदय – उर, छाती, वक्ष, वक्षस्थल, हिय, हिया।

सभा – अधिवेशन, परिषद्, बैठक, महासभा, समागम, समिति, सम्मेलन।

यमुना – कालिन्दी, कृष्णा, जमुना, रविसुता तरणि-तनुजा।

विलोम-शब्द

शब्दों के अपने निश्चित अर्थ होते हैं। उन अर्थों के विपरीत अर्थ देने वाले शब्द को विलोम-शब्द कहते हैं।

शब्द	विलोम	शब्द	विलोम
अमृत	विष	उदार	संकीर्ण
अनुकूल	प्रतिकूल	अनुराग	विराग
आदि	अन्त	उत्थान	पतन
इच्छा	अनिच्छा	उचित	अनुचित

शब्द	विलोम	शब्द	विलोम
अल्पायु	दीर्घायु	अनुज	अग्रज
उन्नति	अवनति	आकाश	पाताल
अधिक	न्यून	आयात	निर्यात
एक	अनेक	अन्धकार	प्रकाश
अर्थ	अनर्थ	उदय	अस्त
परकीया	स्वकीया	जड़	चेतन
जय	पराजय	अनिवार्य	वैकल्पिक
नकद	उधार	अपेक्षा	उपेक्षा
उपस्थित	अनुपस्थित	आदर	अनादर
अन्धेरा	उजाला	अपना	पराया
उत्तम	अधम	आय	व्यय
सुपुत्र	कुपुत्र	स्वाधीन	पराधीन
आहार	निराहार	कठोर	कोमल
दाता	याचक	दोषी	निर्दोषि
खेद	प्रसन्नता	धनी	निर्धन
निकट	दूर	चर	अचर
देव	दानव	खरा	खोटा
गरीब	अमीर	प्रेम	घृणा
जीवन	मृत्यु	बुरा	भला
सजीव	निर्जीव	मित्र	शत्रु
सुगन्ध	दुर्गन्ध	मौखिक	लिखित
संक्षेप	विस्तार	कटु	मधुर
आरम्भ	अन्त	कड़वा	मीठा
कृतज्ञ	कृतघ्न	दिन	रात
साक्षर	निरक्षर	पवित्र	अपवित्र
पाप	पुण्य	जल	थल
धीर	अधीर	निर्मल	मलिन
गुण	अवगुण	नश्वर	अनश्वर
निन्दा	स्तुति	भारी	हल्का
मनुष्यता	पशुता	सरस	नीरस
मान	अपमान	क्रय	विक्रय

शब्द	विलोम	शब्द	विलोम
धर्म	अधर्म	गहरा	उथला
गुरु	शिष्य	पक्ष	विपक्ष
जन्म	मृत्यु	बन्धन	मुक्ति
यश	अपयश	ज्ञान	अज्ञान
आदर	अनादर	पूर्ण	अपूर्ण
सफल	असफल	शान्त	अशान्त
कीर्ति	अपकीर्ति	वादी	प्रतिवादी
आस्तिक	नास्तिक	स्वदेश	परदेश
सज्जन	दुर्जन	राग	द्वेष
ऊसर	उर्वर	उदार	कृपण
अगला	पिछला	अगम	सुगम
अग्नि	जल	अति	अल्प
अर्थ	अनर्थ	अतल	वितल
अत्यधिक	स्वल्प	अधः	उपरि
अधिकतम	न्यूनतम	अतिवृष्टि	अनावृष्टि
अनाथ	सनाथ	ईश्वर	जीव
अनुलोम	विलोम	अर्पण	ग्रहण
अवनि	अम्बर	अस्त	उदय
आकर्षण	विकर्षण	आगे	पीछे
आजाद	गुलाम	आदान	प्रदान
आधुनिक	प्राचीन	आना	जाना
आय	व्यय	आयात	निर्यात
आवश्यक	अनावश्यक	आशा	निराशा
आस्था	अनास्था	इहलोक	परलोक
उच्च	निम्न	उत्थान	पतन
उपकार	अपकार	उपयोग	दुरुपयोग
एकता	अनेकता	कल	आज
कृत्रिम	प्राकृत	कृष्ण	शुक्ल
कपूत	सपूत	कोमल	कठोर
गगन	धरा	ज्ञान	अज्ञान
झूठ	सच		

लिंग

लिंग का अर्थ है 'चिह्न'। लिंग शब्द उस चिह्न को कहते हैं जिससे वस्तु के पुरुष या स्त्री होने की कल्पना हो। लिंग दो प्रकार के होते हैं—(1) पुल्लिंग (2) स्त्रीलिंग

पुल्लिंग—पुल्लिंग संज्ञा के उस रूप को कहते हैं जिससे उसके पुरुष होने का ज्ञान होता है। जैसे—राम, श्याम, घोड़ा, हाथी, कुत्ता आदि। **स्त्रीलिंग**—स्त्रीलिंग संज्ञा के उस रूप को

कहते हैं जिससे उसके स्त्री होने का ज्ञान हो। जैसे–भैंस, गाय, बकरी, सीता, रमा इत्यादि।

पुल्लिंग	स्त्रीलिंग	पुल्लिंग	स्त्रीलिंग
इन्द्र	इन्द्राणी	मेहतर	मेहतरानी
नौकर	नौकरानी	जेठ	जेठानी
देवर	देवरानी	सेठ	सेठानी
पण्डित	पण्डिताइन	ओझा	ओझाइन
बनिया	बनियाइन	दुबे	दुबाइन
हलवाई	हलवाइन	चौबे	चौबाइन
गुरु	गुरुआइन	लड़का	लड़की
दास	दासी	कबूतर	कबूतरी
हिरण	हिरणी	क्षत्रिय	क्षत्राणी
मुगल	मुगलानी	हिन्दू	हिन्दुआनी
चौधरी	चौधरानी	भव	भवानी
लाला	ललाइन	पण्डा	पण्डाइन
ठाकुर	ठकुराइन	बाबू	बबुआइन
घोड़ा	घोड़ी	गूँगा	गूँगी
बच्चा	बच्ची	चाचा	चाची
बकरा	बकरी	मामा	मामी
मुर्गा	मुर्गी	साला	साली
चींटा	चींटी	रस्सा	रस्सी
देव	देवी	ब्राह्मण	ब्राह्मणी
बेटा	बेटी	बूढ़ा	बुढ़िया
चूहा	चुहिया	डिब्बा	डिबिया
गुड्डा	गुड़िया	कुम्हार	कुम्हारिन
सुनार	सुनारिन	नाती	नातिन
जुलाहा	जुलाहिन	दर्जी	दर्जिन
पापी	पापिन	हाथी	हथिनी
पिता	माता	बैल	गाय
कवि	कवयित्री	विधुर	विधवा
बाप	माँ	बादशाह	बेगम

पुल्लिंग	स्त्रीलिंग	पुल्लिंग	स्त्रीलिंग
नर	मादा	मर्द	औरत
युवक	युवती	वर	वधू
सम्राट्	सम्राज्ञी	साढू	साली
फूफा	बुआ	पुत्र	पुत्री
पहाड़	पहाड़ी	गोप	गोपी
गधा	गधी	तरुण	तरुणी
नर्तक	नर्तकी	बेटा	बिटिया
बछड़ा	बछिया	चिड़ा	चिड़िया
बन्दर	बन्दरिया	कुत्ता	कुतिया
नाई	नाइन	धोबी	धोबिन
ग्वाला	ग्वालिन	भंगी	भंगिन
स्वामी	स्वामिनी	विद्वान्	विदुषी
साधु	साध्वी	पुरुष	स्त्री
पति	पत्नी	वीर	वीरांगना
साहब	मेम	सास	ससुर
मियाँ	बीबी	राजा	रानी
बिलाड़	बिल्ली	अनुज	अनुजा
छात्र	छात्रा	महोदय	महोदया
प्रिय	प्रिया	मामा	मामी
लोटा	लुटिया	मोर	मोरनी
शेर	शेरनी	जाट	जाटिन
डाक्टर	डाक्टरनी	मालिक	मालकिन
माली	मालिन	बाघ	बाघिन
हाथी	हथिनी	स्वामी	स्वामिनी
बालक	बालिका	धनवान	धनवती
धावक	धाविका	नेता	नेत्री
गुणवान	गुणवती	नर	मादा
अभिनेता	अभिनेत्री	प्राचार्य	प्राचार्या
प्रबन्धकर्ता	प्रबन्धकर्ती	दाता	दात्री
ननदोई	ननद	अध्यापक	अध्यापिका

वचन

शब्द के जिस रूप से उसके एक अथवा अनेक होने का बोध हो, उसे वचन कहते हैं।

हिन्दी में दो वचन होते हैं–

(1) एकवचन और (2) बहुवचन

एकवचन–शब्द के जिस रूप से एक ही वस्तु का बोध हो, उसे एकवचन कहते हैं। जैसे–लड़का, गाय, बकरी, घोड़ा, राम, सीता आदि।

बहुवचन–शब्द के जिस रूप से अनेकता का बोध हो उसे बहुवचन कहते हैं। जैसे–लड़के, कपड़े, गायें आदि।

एकवचन	बहुवचन	एकवचन	बहुवचन
लड़का	लड़के	कौवा	कौवे
बेटा	बेटे	कमरा	कमरे
कपड़ा	कपड़े	बहन	बहनें
चीज	चीजें	गधा	गधे
रुपया	रुपये	घोड़ा	घोड़े
नहर	नहरें	रात	रातें
बात	बातें	सड़क	सड़कें
दाना	दाने	लोटा	लोटे
पैसा	पैसे	पुस्तक	पुस्तकें
कन्या	कन्याएँ	वधू	वधुएँ
नारी	नारियाँ	लड़की	लड़कियाँ
मुर्गा	मुर्गे	घण्टा	घण्टे
गद्दा	गद्दे	हीरा	हीरे
बच्चा	बच्चे	प्याला	प्याले
छाता	छाते	गाय	गायें
कथा	कथाएँ	कविता	कविताएँ
बहू	बहुएँ	टोपी	टोपियाँ
नाली	नालियाँ	बेटा	बेटे
ताला	ताले	जूता	जूते

एकवचन	बहुवचन	एकवचन	बहुवचन
डिबिया	डिबियाँ	नाक	नाकें
पूँछ	पूँछें	मूँछ	मूँछें
चिड़िया	चिड़ियाँ	सरिता	सरिताएँ
बालिका	बालिकाएँ	चाभी	चाभियाँ
कहानी	कहानियाँ	दरवाजा	दरवाजे
कलम	कलमें	कुटिया	कुटियाँ
रानी	रानियाँ	नाई	नाइयों
माता	माताएँ	बाल	बालों
हाथ	हाथों	मुख	मुख
कोट	कोट	दाँत	दाँतों
नाखून	नाखूनों	पैर	पैरों
बैल	बैलों	माली	मालियों
राजा	राजाओं	पिता	पिता
चन्द्रमा	चन्द्रमा	कवि	कवियों
मुनि	मुनियों	कौआ	कौए
छात्रा	छात्राएँ	सेना	सेनाएँ
दिशा	दिशाएँ	गुड़िया	गुड़ियाँ
मेज	मेजें	भैंस	भैंसें
अंगूर	अंगूरों	समुद्र	समुद्र
केला	केले	पत्ता	पत्ते

अनेक शब्दों के लिए एक शब्द

जिसकी कोई उपमा न हो : **अनुपम**
तेज बुद्धि वाला : **कुशाग्रबुद्धि**
कल्पना से परे हो : **कल्पनातीत**
जो उपकार नहीं मानता है : **कृतघ्न**
जो उपकार मानता है : **कृतज्ञ**
किसी की हँसी उड़ाना : **उपहास**
ऊपर कहा हुआ : **उपर्युक्त**
ऊपर लिखा हुआ : **उपरलिखित**
जिस पर उपकार किया गया हो : **उपकृत**
इतिहास का ज्ञाता : **इतिहासज्ञ**
आलोचना करने वाला : **आलोचक**
ईश्वर में आस्था रखने वाला : **आस्तिक**
बिना वेतन का : **अवैतनिक**
जो कहा न जा सके : **अकथनीय**
जो गिना न जा सके : **अगणित**

जिसका कोई शत्रु ही न जन्मा हो : **अजातशत्रु**
जिसके समान कोई दूसरा न हो : **अद्वितीय**
जो परिचित न हो : **अपरिचित**
आकाश में उड़ने वाला : **नभचर**
जो टुकड़े-टुकड़े हो गया हो : **खण्डित**
मछली की तरह आँखों वाली : **मीनाक्षी**
मयूर की तरह आँखों वाली : **मयूराक्षी**
बच्चों के लिए काम की वस्तु : **बालोपयोगी**
जिसकी बहुत अधिक चर्चा हो : **बहुचर्चित**
जिस स्त्री को कभी सन्तान न हुई हो : **बन्ध्या (बाँझ)**
फेन से भरा हुआ : **फेनिल**
प्रिय बोलने वाली स्त्री : **प्रियम्वदा**
जिसकी उपमा न हो : **निरुपम**
जो थोड़ी देर पहले पैदा हुआ हो : **नवजात**
जिसका कोई आधार न हो : **निराधार**

नगर में वास करने वाला : **नागरिक**
रात में घूमने वाला : **निशाचर**
ईश्वर में विश्वास न रखने वाला : **नास्तिक**
माँस न खाने वाला : **निरामिष**
बिल्कुल बर्बाद हो गया : **ध्वस्त**
जिसकी धर्म में निष्ठा हो : **धर्मनिष्ठ**
देखने योग्य : **दर्शनीय**
बहुत तेज चलने वाला : **द्रुतगामी**
जो किसी पक्ष में न रहे : **तटस्थ**
तत्त्व को जानने वाला : **तत्त्वज्ञ**
तप करने वाला : **तपस्वी**
जिसे देखकर डर लगे : **डरावना**
जो जन्म से अन्ध हो : **जन्मान्ध**
जीने की प्रबल इच्छा : **जिजीविषा**
जिसने इन्द्रियों को जीत लिया हो : **जितेन्द्रिय**
चिन्ता में डूबा हुआ : **चिन्तित**
जो बहुत समय तक ठहरे : **चिरस्थायी**
जिसकी चार भुजाएँ हों : **चतुर्भुज**
जिसके हाथ में चक्र हों : **चक्रपाणि**
जिससे घृणा की जाए : **घृणित**
जिसे गुप्त रखा जाए : **गोपनीय**
गणित ज्ञाता : **गणितज्ञ**
आकाश को चूमने वाला : **गगनचुम्बी**
जिसका आदि न हो : **अनादि**
जो कुछ न जानता हो : **अज्ञ**
जो अनुकरण करने योग्य हो : **अनुकरणीय**
जिसका अन्त न हो : **अनन्त**
जो कभी न मरे : **अमर**
जो कम बोलता हो : **अल्पभाषी**
जिसका इलाज न हो : **लाइलाज**
जिसका कोई नाथ न हो : **अनाथ**
कम जानने वाला : **अल्पज्ञ**
जहाँ जाना सम्भव न हो : **अगम**
बड़ा भाई : **अग्रज**
कम खाने वाला : **अल्पाहारी**
जो बात पहले कभी न हुई हो : **अभूतपूर्व**
दूसरों के पीछे चलने वाला : **अनुचर**
जो पहले न पढ़ा हो : **अपठित**

जिसके आर-पार दिखाई देता हो : **पारदर्शी**
आज्ञा पालन करने वाला : **आज्ञाकारी**
काम से जी चुराने वाला : **कामचोर**
प्रतिदिन होने वाला : **दैनिक**
जिसका कोई अर्थ न हो : **निरर्थक**
हाथ से लिखा हुआ : **हस्तलिखित**
आँखों के सामने होने वाला : **प्रत्यक्ष**
जिसका आचरण अच्छा हो : **सदाचारी**
वह पुरुष जिसकी पत्नी मर गई हो : **विधुर**
वह स्त्री जिसका पति मर गया हो : **विधवा**
जिसका रूप अच्छा न हो : **कुरूप**
सदा सत्य बोलने वाला : **सत्यवादी**
बड़ी इमारत के टूटे-फूटे भाग : **खण्डहर**
प्रशंसा के योग्य : **प्रशंसनीय**
जहाँ अनाथ रहते हों : **अनाथालय**
प्रत्येक मास होने वाला : **मासिक**
जहाँ पानी के जहाज आकर रुकते हैं : **बन्दरगाह**
प्रत्येक सप्ताह होने वाला : **साप्ताहिक**
प्रत्येक वर्ष होने वाला : **वार्षिक**
जो कठिनाई से मिले : **दुर्लभ**
जिसका आकार हो : **साकार**
जिसका आकार न हो : **निराकार**
जो कभी बूढ़ा न हो : **अजर**
बहुत बोलने वाला : **वाचाल**
पृथ्वी पर रहने वाला : **थलचर**
जल में रहने वाला : **जलचर**
नभ में विचरण करने वाला : **नभचर**
जल-थल दोनों में रहने वाला : **उभयचर**
जिसमें रस न हो : **नीरस**
पढ़ने वाला : **पाठक**
जो भाषण देता हो : **वक्ता**
जो साथ में पढ़ता हो : **सहपाठी**
जिसके नीचे रेखा खींची हो : **रेखांकित**
जानने की इच्छा रखने वाला : **जिज्ञासु**
जिसकी कोई सन्तान न हो : **निःसन्तान**
जिसका कोई मूल्य न हो : **अमूल्य**
जो वन में घूमता हो : **वनचर**
जो इस लोक के बाहर की बात हो : **अलौकिक**

जो इस लोक की बात हो	: **लौकिक**
जिसका सम्बन्ध पश्चिम से हो	: **पाश्चात्य**
जो स्थिर रहे	: **स्थावर**
दुःखान्त नाटक	: **त्रासदी**
ज्ञान देने वाली	: **ज्ञानदा**
भूत, वर्तमान भविष्य को देखने वाला	: **त्रिकालदर्शी**
जो क्षमा के योग्य हो	: **क्षम्य**
हिंसा करने वाला	: **हिंसक**
हित चाहने वाला	: **हितैषी**
सब कुछ जानने वाला	: **सर्वज्ञ**
जो स्वयं पैदा हुआ हो	: **स्वयंभू**
जो शरण में आया हो	: **शरणागत**
जिसका वर्णन न किया जा सके	: **वर्णनातीत**
व्याकरण जानने वाला	: **वैयाकरण**
रचना करने वाला	: **रचयिता**
खून से रंगा हुआ	: **रक्तरंजित**
अत्यन्त सुन्दर स्त्री	: **रूपसी**
कीर्तिमान पुरुष	: **यशस्वी**

महत्त्वपूर्ण शब्दों की भाववाचक संज्ञा

शब्द	भाववाचक संज्ञा	शब्द	भाववाचक संज्ञा
दास	दासता	क्षत्रिय	क्षत्रियत्व
पशु	पशुता	बालक	बालकपन
बन्धु	बन्धुत्व	मित्र	मित्रता
बूढ़ा	बुढ़ापा	सती	सतीत्व
सेवक	सेवा	शिशु	शैशव
अपना	अपनत्व	पराया	परायापन
सर्व	सर्वस्व	मम	ममत्व
पण्डित	पाण्डित्य	पुरुष	पुरुषत्व
ब्राह्मण	ब्राह्मणत्व	बच्चा	बचपन
प्रभु	प्रभुता	नारी	नारीत्व
देव	देवत्व	लड़का	लड़कपन
मनुष्य	मनुष्यता	दानव	दानवता
निज	निजता	स्व	स्वत्व

शब्द	भाववाचक संज्ञा	शब्द	भाववाचक संज्ञा
अहं	अहंकार	अपना	अपनापन
व्यक्ति	व्यक्तित्व	मीठा	मिठास
गरीब	गरीबी	सफल	सफलता
बुरा	बुराई	स्वस्थ	स्वास्थ्य
सरल	सरलता	कंजुस	कंजुसी
कमजोर	कमजोरी	हरा	हरियाली
गर्म	गर्मी	मोटा	मोटाई
चालाक	चालाकी	गम्भीर	गम्भीरता
पढ़ना	पढ़ाई	लिखना	लिखाई
थकना	थकावट	लिखना	लिखावट
लूटना	लूट	लड़ना	लड़ाई
हँसना	हँसी	आप	अपनत्व

महत्त्वपूर्ण शब्दों के विशेषण

शब्द	विशेषण	शब्द	विशेषण
अंक	अंकित	अर्थ	आर्थिक
इतिहास	ऐतिहासिक	उदासी	उदास
कलंक	कलंकित	कुसुम	कुसुमित
जटा	जटिल	भार	भारी
बनारस	बनारसी	बाजार	बाजारू
प्यास	प्यासा	पुराण	पौराणिक
पंक	पंकित	पक्ष	पाक्षिक
धन	धनी	दो	दूसरा

शब्द	विशेषण	शब्द	विशेषण
तीन	तीसरा	झगड़ा	झगड़ालू
ठण्ड	ठण्डा	जाति	जातीय
काँटा	कँटीला	विदेश	विदेशी
रोज	रोजाना	भूंगोल	भौगोलिक
पीड़ा	पीड़ित	पुत्र	पुत्रवान
आलस्य	आलसी	अंतर	आंतरिक
ईर्ष्या	ईर्ष्यालु	कर्म	कर्मठ
करुणा	कारुणिक	कृपा	कृपालु

शब्द	विशेषण	शब्द	विशेषण	शब्द	विशेषण	शब्द	विशेषण
गुण	गुणी	जल	जलमय	फ्रांस	फ्रांसीसी	बाहर	बाहरी
जीव	जैविक	तट	तटस्थ	भय	भयभीत	मधु	मधुर
तर्क	तार्किक	धर्म	धार्मिक	मौन	मौनी	मन	मानसिक
नमक	नमकीन	पत्थर	पथरीला	मानव	मानवीय	रक्षा	रक्षक
पल्लव	पल्लवित	पान	पनवाड़ी	रघु	राघव	रोग	रोगी
मुख	मुखर	मिठास	मीठा	वर्ष	वार्षिक	शक्ति	शक्तिशाली
मास	मासिक	मद	मादक	श्रम	श्रमिक	अंत	अंतिम
रक्त	रक्तिम	रस	रसीला	कागज	कागजी	मर्म	मार्मिक
वन	वन्य	विष्णु	वैष्णव	शब्द	शाब्दिक	अज्ञान	अज्ञानी
शहर	शहरी	तप	तपस्वी	गुलाब	गुलाबी	प्रकृति	प्राकृतिक
जापान	जापानी	तेज	तेजस्वी	परिचय	परिचित	पूजा	पुजारी
तत्त्व	तात्त्विक	दया	दयालु	रोग	रोगी	ग्राम	ग्रामीण
देव	दैविक	निंदा	निंदक	सुगंध	सुगंधित	मैं	मेरा
नव	नवीन	पोषण	पोषक	जो	जैसा	आप	आप-सा
पेट	पेटू	पाप	पापी	तुम	तुम्हारा	कौन	कैसा
पूजा	पूज्य	भूख	भूखा	वह	वैसा	पढ़ना	पढ़ाकू
फेन	फेनिल	भारत	भारतीय	गाना	गायक	बेचना	बिकाऊ
माया	मायावी	रंग	रंगीन	भागना	भगोड़ा	वन्द	वन्दनीय
विष	विषैला	श्री	श्रीमान	चलना	चलती	घूमना	घुमक्कड़
सुर	सुरीला	विवाह	वैवाहिक	चलना	चालू	मरना	मरियल
आदर	आदरणीय	ऋण	ऋणी	भूलना	भुलक्कड़	पीछे	पिछला
किताब	किताबी	क्रम	क्रमिक	भीतर	भीतरी	नीचे	निम्न
ग्राम	ग्रामीण	घर	घरेलू	अणु	आणविक	अधिकार	आधिकारिक
चतुर	चतुरता	जहर	जहरीला	अनुभव	अनुभवी	अन्याय	अन्यायी
सप्ताह	साप्ताहिक	अनुभव	अनुभवी	अपमान	अपमानित	अभ्यास	अभ्यासी
ओज	ओजस्वी	कल्पना	काल्पनिक	अवश्य	आवश्यक	आदि	आदिम
कुल	कुलीन	गाँव	गंवार	आयु	आयुष्मान्	उदय	उदित
चमक	चमकीला	चाचा	चचेरा	उपज	उपजाऊ	एकता	एक
दीन	दीनता	नगर	नागरिक	अंत	अंतिम	कुल	कुलीन
नागपुर	नागपुरी	परिवार	पारिवारिक	खर्च	खर्चीला	खून	खूनी
पुष्प	पुष्पित	पिता	पैतृक	गुण	गुणी		

श्रुतिसम भिन्नार्थक शब्द

शब्द	अर्थ	शब्द	अर्थ	शब्द	अर्थ	शब्द	अर्थ
आदि	आरम्भ	आदी	अभ्यस्त	अरि	शत्रु	अरी	सम्बोधन
कुल	वंश	कूल	किनारा	अगम	दुर्गम	आगम	शास्त्र

शब्द	अर्थ	शब्द	अर्थ	शब्द	अर्थ	शब्द	अर्थ
अयश	अपकीर्ति	अयस्क	लोहा	पुर	नगर	पूर	बाढ़
अपेक्षा	चाहना, तुलना में	उपेक्षा	निरादर	भवन	महल	भुवन	संसार
अनिल	हवा	अनल	आग	लक्ष्य	उद्देश्य	लक्ष	लाख
अवधि	काल, समय	अवधी	अवध की भाषा	सर	तालाब	शर	बाण
आयात	बाहर से आना	आयत	एक आकृति	सर्ग	अध्याय	स्वर्ग	एक लोक
चिर	पुराना	चीर	कपड़ा	कर्म	कार्य	क्रम	सिलसिला
तनु	पतला	तनू	पुत्र, गाय	चिता	शव जलाने के लिए लकड़ियों का ढेर	चीता	बाघ
तरंग	लहर	तुरंग	घोड़ा	शव	लाश	शब	रात
दारा	स्त्री	द्वार	दरवाजा	शस्त्र	हथियार	शास्त्र	ग्रन्थ
दूत	संदेशवाहक	द्यूत	जुआ	श्रवण	सुनना	श्रमण	बौद्ध संन्यासी
जलद	बादल	जलज	कमल	मत	विचार	मत्त	मस्त
प्रदीप	दीपक	प्रतीप	उल्टा	शोक	दुःख	शौक	चाव
प्रसाद	कृपा	प्रासाद	महल	ग्रह	नक्षत्र	गृह	घर
पास	निकट	पाश	बन्धन	कपट	धोखा	कपाट	दरवाजा
द्विप	हाथी	द्वीप	टापू	उपयुक्त	ठीक	उपर्युक्त	ऊपर कहा गया
देव	देवता	दैव	भाग्य	सुत	बेटा	सूत	धागा
नीर	जल	नीड़	घोंसला	शूर	वीर	सूर	अंधा
पवन	वायु	पावन	पवित्र	श्याम	कृष्ण	शाम	संध्या
बन्द	खुला नहीं	बद	बुरा	दिन	वार	दीन	गरीब
पथ	रास्ता	पथ्य	रोगी का भोजन	कटिबद्ध	तैयार रहना	करबद्ध	हाथ जोड़ना

अनेकार्थक शब्द

शब्द	विभिन्न अर्थ	शब्द	विभिन्न अर्थ
अंक	संख्या, गोद	जड़	मूर्ख, मूल
अक्षर	वर्ण, ईश्वर	कल	मशीन, आनेवाला कल, चैन
पानी	जल, प्रतिष्ठा	सुर	देवता, स्वर
अचल	पर्वत, स्थिर	द्विज	पक्षी, ब्राह्मण
आम	फल, सामान्य	तीर	किनारा, बाण
अंबर	वस्त्र, आकाश	प्रकृति	स्वभाव, कुदरत
अवस्था	आयु, दशा	पत्र	चिट्ठी, पत्र
उत्तर	दिशा, जबाव	पद	पैर, उपाधि
विधि	तरीका, भाग्य	फल	परिणाम, फल
कर	हाथ, टैक्स	तनु	पतला, कोमल
कनक	सोना, धतुरा	वर्ण	रंग, जाति
गुरु	श्रेष्ठ, शिक्षक	हल	समाधान, खेत जोतने का साधन
हान	भारी हथौड़ा, बादल	अशोक	राजा, वृक्ष

शब्द	विभिन्न अर्थ	शब्द	विभिन्न अर्थ
आभीर	अहीर, एक राग	घट	घड़ा, हृदय
एकाक्ष	काना, कौआ	जलज	कमल, मछली
खल	दुष्ट, खलिहान	हेम	सोना, जल

सामान्य अशुद्धियाँ

अशुद्ध	शुद्ध	अशुद्ध	शुद्ध	अशुद्ध	शुद्ध	अशुद्ध	शुद्ध
दुनियां	दुनिया	श्रीमति	श्रीमती	शताब्दि	शताब्दी	लड़ायी	लड़ाई
सामिग्री	सामग्री	वापिस	वापस	स्याई	स्थायी	लिखायी	लिखाई
प्रदर्शिनी	प्रदर्शनी	द्वारिका	द्वारका	अलोकिक	अलौकिक	कृप्या	कृपया
ऊत्थान	उत्थान	दुसरा	दूसरा	गंवार	गँवार	असोक	अशोक
प्रशाद	प्रसाद	अमावश्या	अमावस्या	दुस्कर	दुष्कर	मूल्यावान	मूल्यवान्
बसंत	वसंत	बर्ष	वर्ष	नवम्	नवम	क्षात्र	छात्र
विना	बिना	बन	वन	छमा	क्षमा	प्रन्तु	परन्तु
दाइत्व	दायित्व	सम्वाद	संवाद	प्रीक्षा	परीक्षा	मरयादा	मर्यादा
कुन्डली	कुण्डली	मॉसिक	मानसिक	दुदर्शा	दुर्दशा	विषेश	विशेष
कन्ठ	कण्ठ	अगामी	आगामी	उज्वल	उज्ज्वल	आल्हाद	आह्लाद्
सप्ताहिक	साप्ताहिक	संसारिक	सांसारिक	महत्व	महत्त्व	उपलक्ष	उपलक्ष्य
आधीन	अधीन	हस्ताक्षेप	हस्तक्षेप	लीये	लिये	पिओ	पियो
बरात	बारात	क्षत्रीय	क्षत्रिय	हुये	हुए	कवित्री	कवयित्री
तिथी	तिथि	कालीदास	कालिदास	प्रमात्मा	परमात्मा	घनिष्ट	घनिष्ठ
पुर्ती	पूर्ति	अतिथी	अतिथि	यथेष्ठ	यथेष्ट	पियास	प्यास
नीती	नीति	ग्रहणी	गृहिणी	व्यस्क	वयस्क	त्यौहार	त्योहार
क्यूँ	क्यों	साधू	साधु	मुसलिम	मुस्लिम	ऎनक	ऐनक
वधु	वधू	रेणू	रेणु	नोकरी	नौकरी	कल्यान	कल्याण
नुपुर	नूपुर	निर्वान	निर्वाण	पाणी	पानी	आसा	आशा
जादु	जादू	द्रश्य	दृश्य	हुदय	हृदय	घ्रणा	घृणा
अनुग्रहीत	अनुगृहीत	बृज	ब्रज	श्रंगार	शृंगार	हिन्दुस्थान	हिन्दुस्तान
बनस्पति	वनस्पति	श्राप	शाप	प्रशन	प्रश्न	ग्यान	ज्ञान
सैना	सेना	सेनिक	सैनिक	अन्धेरा	अँधेरा	पेड	पेड़
इतिहासिक	ऐतिहासिक	प्रथक	पृथक	महयान्हन	मध्यान्ह	मेंहदी	मेहंदी
सम्पति	सम्पत्ति	कृतघन	कृतघ्न	शमशान	श्मशान	चिन्ह	चिह्न
बिमारी	बीमारी	व्यक्तिक	वैयक्तिक	कुंज	कुञ्ज	ग्रहस्थ	गृहस्थ
वितीत	व्यतीत	निस्वार्थ	निःस्वार्थ	अजोध्या	अयोध्या	अनधिकार	अनाधिकार
परिस्थित	परिस्थिति	रचियता	रचयिता	अनिष्ठा	अनिष्ट	अनुकुल	अनुकूल
गैथिलिशरण	मैथिलीशरण	आर्शिवाद	आशीर्वाद	अनुसंगिक	आनुषंगिक	अनुशरण	अनुसरण
निरिक्षण	निरीक्षण	पत्नि	पत्नी	अभिसेक	अभिषेक	अरमाण	अरमान

अशुद्ध	शुद्ध	अशुद्ध	शुद्ध
अहिल्या	अहल्या	आदरनीय	आदरणीय
आविस्कार	आविष्कार	उँचाई	ऊँचाई
उत्तरदाई	उत्तरदायी	उपर	ऊपर
उपरोक्त	उपर्युक्त	उश्रृंखल	उच्छृंखल
कलस	कलश	कल्यान	कल्याण
गनित	गणित	जबाब	जवाब
तत्व	तत्त्व	तलाब	तालाव
तिरष्कार	तिरस्कार	त्रिवार्षिक	त्रैवार्षिक
दिपिका	दीपिका	देहिक	दैहिक
द्वन्द	द्वन्द्व	नरायन	नारायण
निरव	नीरव	निरोग	नीरोग
पुष्टी	पुष्टि	पुस्प	पुष्प
पेत्रिक	पैतृक	प्रनय	प्रणय
प्रनाम	प्रणाम	प्रयाप्त	पर्याप्त
प्रसंशा	प्रशंसा	प्रांगन	प्रांगण
प्रान	प्राण	पृष्ट	पृष्ठ
ब्रत	व्रत	भगीरथी	भागीरथी
भरथ	भरत	भष्म	भस्म
मंत्रीमंडल	मंत्रिमण्डल	रसायण	रसायन
राज्यमहल	राजमहल	रामायन	रामायण
वनोवास	वनवास	वानी	वाणी
वाल्मीकी	वाल्मीकि	वास्प	वाष्प
व्योहार	व्यवहार	सन्यासी	संन्यासी

अशुद्ध	शुद्ध	अशुद्ध	शुद्ध
सम्राज	साम्राज्य	सविनयपूर्वक	सविनय
सिंदुर	सिंदूर	स्त्रवण	श्रवण
हरीश्चन्द्र	हरिश्चन्द्र	हिन्दु	हिन्दू
हिन्दूस्तान	हिन्दुस्तान	बुद्धिवान	बुद्धिमान्
भाग्यमान	भाग्यवान	विद्वान	विद्वान्
श्रीमान	श्रीमान्	आंख	आँख
ऊँट	ऊँट	कंगना	कँगना
गँगा	गंगा	गांधी	गाँधी
जांच	जाँच	तांगा	ताँगा
दांत	दाँत	मंहगा	महँगा
मांस	माँस	मुंह	मुँह
सांप	साँप	सांस	साँस
हुँकार	हुंकार	निर्पेक्ष	निरपेक्ष
भाष्कर	भास्कर	सन्मुख	सम्मुख
माताहीन	मातृहीन	विद्यार्थि	विद्यार्थी
गुणि	गुणी	द्वैवाषिक	द्विवार्षिक
पूज्यनीय	पूजनीय	अकाश	आकाश
इद	ईद	इसलाम	इस्लाम
ऐसा	ऐसा	दोसरा	दूसरा
पुत्रि	पुत्री	प्रस्तूत	प्रस्तुत
हरयाली	हरियाली	दिवाली	दीवाली
राष्ट्रिय	राष्ट्रीय	एकहरा	इकहरा
एतवार	इतबार		

वाक्यगत अशुद्धियाँ

अशुद्ध	शुद्ध
हम अच्छी भाषण दिए थे।	हमने अच्छा भाषण दिया था।
आप खाए कि नहीं?	आपने खाया कि नहीं?
वह मुझे देखा तो घबरा गया।	उसने मुझे देखा तो घबरा गया।
मैं किताब पढ़ा हूँ।	मैंने किताब पढ़ी है।
मैं सारी पुस्तक पढ़ डाली।	मैंने सारी पुस्तक पढ़ डाली।
सीता भात खायी।	सीता ने भात खाया।
राम रोटी खाया।	राम ने रोटी खायी।
लड़की ने दही गिरा दी।	लड़की ने दही गिरा दिया।
शुद्ध गाय की घी दो।	गाय का शुद्ध घी दो।
तुम, मैं और वह चलेगा।	तुम, वह और मैं चलूँगा।

अशुद्ध	शुद्ध
राम और सीता आयी थी।	राम और सीता आए थे।
भाई-बहन जा रही हैं।	भाई-बहन जा रहे हैं।
वह लड़की को बुलाओ।	उस लड़की को बुलाओ।
मेरे लिए पढ़ता हूँ।	अपने लिए पढ़ता हूँ।
सीता राम की आज्ञाकारी पत्नी थी।	सीता राम की आज्ञाकारिणी पत्नी थीं।
देरी न करना।	देर न करना।
उसे मृत्युदण्ड की सजा मिली।	उसे मृत्युदण्ड मिला।
हमारे शिक्षक प्रश्न पूछते हैं।	हमारे शिक्षक प्रश्न करते हैं।
कै बजे? तीन बजा।	कितना बजा? तीन बजे।

अशुद्ध	शुद्ध
उसका प्राण उड़ गया।	उसके प्राण उड़ गये।
मैंने आँख से देखा।	मैंने आँखों से देखा।
अपन को पढ़ना है।	मुझे पढ़ना है।
पुस्तक फट गया।	पुस्तक फट गई है।
घोड़ी तेज दौड़ता है।	घोड़ी तेज दौड़ती है।
मेरा प्रणम स्वीकार करो।	मेरा प्रणाम स्वीकार करो।
दो बालक खेलता है।	दो बालक खेलते हैं।
ये सब मेरा पुस्तक है।	ये सब मेरी पुस्तकें हैं।
सूरज पूरब में उगते हैं।	सूरज पूर्व में उगता है।
वह लौट आए।	वे लौट आए।
वहाँ अनेकों लोग थे।	वहाँ अनेक लोग थे।

अशुद्ध	शुद्ध
मेरे को मत मारो।	मुझे मत मारो।
मोहन ने पत्र को पढ़ा।	मोहन ने पत्र पढ़ा।
पुस्तक पर नहीं लिखो।	पुस्तक पर मत लिखो।
वह सज्जन पुरुष है।	वह सज्जन है।
आप हमारे घर आओ।	आप हमारे घर आइए।
हम आपसे कुछ कहे थे।	हमने आपसे कुछ कहा था।
मकान की दायीं ओर सड़क है।	मकान के दायीं ओर सड़क है।
पिताजी घर नहीं हैं।	पिताजी घर पर नहीं हैं।
घर पर सब कुशल हैं।	घर में सब कुशल हैं।
उसे भारी दुःख हुआ।	उसे बहुत दुःख हुआ।
सड़क में मत खेलो।	सड़क पर मत खेलो।

मुहावरे तथा लोकोक्तियाँ

- अँगूठी का नगीना–अत्यन्त महत्त्वपूर्ण।
- अंधा दरबार–न्यायहीन स्थान।
- अंधेर नगरी–न्याय का अभाव।
- अक्ल का दुश्मन–मूर्ख।
- अक्ल का दुम–मूर्ख।
- आँख का तारा–अतिप्रिय।
- ईद का चाँद–बहुत दिनों के बाद दिखाई देना।
- कछुआ चाल–धीमी गति।
- काला नाग–दुष्ट आदमी।
- किताबी कीड़ा–सदैव कुछ-न-कुछ पढ़ना।
- किस्मत का मारा–भाग्य का मन्द।
- कोल्हू का बैल–बहुत कठिन परिश्रम करनेवाला।
- कोड़ी का तीन–तुच्छ।
- खाली हाथ–पैसे का अभाव।
- गाजर-मूली–अशक्त।
- गुलर का फूल–दुर्लभ वस्तु।
- गोबर-गणेश–निरामूर्ख।
- घर का उजाला–कुल-दीपक।
- घड़ियाली आँसू–बनावटी शोक।
- चलता-पुरजा–चालाक।
- चाँद का टुकड़ा–परम सुन्दर वस्तु या व्यक्ति।
- चाँदी का जूता–रिश्वत।
- चार दिन की चाँदनी–थोड़े समय का सुख।
- जलती आँख–क्रोधाभिभूत।
- जीभ का पतला–लालची।
- टेढ़ी खीर–विकट काम।
- ठिकाने की बात–न्यायसंगत बात।
- अढ़ाई दिन की हुकूमत–थोड़े समय का ऐश्वर्य।
- तकदीर का सिकन्दर–भाग्य का बलवान्।
- थाली का बैंगन–मत बदलते रहना।
- दाँत कटी रोटी–घनिष्ठता।
- दाहिना हाथ–सहायक।
- दिल का बादशाह–बहुत बड़ा उदार।
- दूध का दूध और पानी का पानी–उचित न्याय।
- दूध का धोआ–निर्दोष।
- दो दिन का मेहमान–बहुत थोड़े समय ठहरने वाला।
- धरती का फूल–ऐसा व्यक्ति जो हाल में अमीर हुआ है।
- धोबी का कुत्ता–निकम्मा।
- नसीब का मारा–बुरे दिन देखनेवाला।
- निन्यानबे का फेरा–धन बढ़ाने की चिन्ता।
- पत्थर का कलेजा–हर दुःख सहने की शक्ति।
- पत्थर की लकीर–चिरस्थायी सदा सत्य।
- फूलों की सेज–आनन्ददायक कार्य।
- बगुला-भगत–कपटी व्यक्ति।
- बच्चों का खेल–साधारण काम।
- बलि का बकरा–निःसहाय व्यक्ति।

- बरसाती बादल–अस्थायी।
- बात का पक्का–सत्यवादी।
- बायें हाथ का खेल–सरल काम।
- बिन बादल बरसात–असमय लाभ।
- बे-पेंदी का लोटा–बे ठिकाने का आदमी।
- भागीरथ प्रयत्न–अत्यधिक परिश्रम।
- भीष्म प्रतिज्ञा–दृढ़ संकल्प।
- मक्खी चूस–कंजूस।
- मिट्टी के मोल–बहुत सस्ता।
- मोटा असामी–मूर्ख मालदार।
- राम कहानी–आत्मवृतान्त।
- लँगोटिया यार– बचपन का मित्र।
- हवाई महल–कोरी कल्पना।
- आँख लगना–नींद आना।
- आँख खुलना–होश में आना।
- आँखें दिखाना–क्रोध से घूरना।
- आँसू पोंछना–धैर्य बँधाना।
- अन्धे की लकड़ी–एकमात्र सहारा।
- कान भरना–चुगली करना।
- कान पर जूँ न रेंगना–कोई असर न होना।
- नाक कटना–प्रतिष्ठा खत्म होना।
- नाक रगड़ना–दीनता दिखाना।
- नाकों चने चबवाना–खूब सताना।
- मुँह की खाना–बुरी तरह हारना।
- आस्तीन का साँप–विश्वासघाती मित्र।
- कन्धे से कन्धा मिलाना–पूरा सहयोग करना।
- ईंट से ईंट बजाना–पूरी तरह नष्ट कर देना।
- नौ दो ग्यारह होना–भाग जाना।
- दाँत खट्टे करना–बुरी तरह हराना।
- हाथ मलना–पछताना।
- खून का प्यासा–जानी दुश्मन।
- घी के दिए जलाना–खुशी मनाना।
- चार चाँद लगाना–प्रतिष्ठा बढ़ाना।
- तीन तेरह होना–अलग-अलग होना।
- पानी फेर देना–नाश कर देना।
- गाल बजाना–डींगे मारना।
- जान से हाथ धो बैठना–मारा जाना।
- पानी-पानी होना–बहुत लज्जित होना।
- फूला न समाना–बहुत प्रसन्न होना।
- अपना उल्लू सीधा करना–अपना मतलब निकालना।
- आँखें चुरा लेना–अनदेखा कर देना।
- अन्धे की लाठी–एकमात्र सहारा।
- आसमान पर चढ़ना–बहुत अभिमान करना।
- आँखें खुलना–होश आना।
- चोरी और सीना जोरी–दोषी होकर धमकाना।
- आग में घी डालना–क्रोध को भड़काना।
- अँगुली पर नचाना– अच्छी तरह वश में करना।
- एक आँख से देखना–समान दृष्टि से देखना।
- एक ही थैले के चट्टे-बट्टे–एक जैसे।
- ओखली में सिर देना–जान-बूझकर आपत्ति मोल लेना।
- कलेजा मुँह को आना–बहुत दुःखी होना।
- कफन बाँधकर चलना–मौत से न घबराना।
- काँटे बिछाना–बाधा डालना।
- कलेजा ठण्डा होना–सन्तोष होना।
- कमर कसना–तैयार होना।
- खून खौलना–जोश में आना।
- खाक छानना–मारे-मारे फिरना।
- गागर में सागर भरना–थोड़े शब्दों में बहुत कुछ कह देना।
- घाव पर नमक छिड़कना–दुखी को अधिक दुखी करना।
- घी के दिए जलाना–खुशी मनाना।
- घोड़े बेचकर सोना–गहरी नींद में सोना।
- चल बसना–परलोक सिधारना।
- छठी का दूध याद आना–भारी संकट में पड़ना।
- छाती पर साँप लोटना–बहुत ईर्ष्या होना।
- जमीन पर पैर न रखना–अधिक घमण्ड होना।
- झक मारना–व्यर्थ समय खोना।
- टेढ़ी खीर–कठिन काम।
- डींग मारना–अपनी झूठी प्रशंसा करना।
- डूब मरना–बहुत लज्जित होना।
- तलवे चाटना–चापलूसी करना।
- ताक में रहना–मौका ढूँढ़ते रहना।
- दंग रह जाना–आश्चर्य में पड़ जाना।
- दाल न गलना–वश न चलना।
- दाल में काला होना–संदेह होना।
- पीठ दिखाना–हारकर भागना।
- मुँह तोड़ उत्तर देना–खरा उत्तर देना।

वस्तुनिष्ठ प्रश्न

अभ्यास-1

निर्देशः *नीचे प्रत्येक शुद्ध शब्द की वर्तनी के लिए चार विकल्प दिए गए हैं। आपको सही विकल्प का चयन करना है।*

1. A. ऋषि B. ऋषी C. रिषी D. ऋसि
2. A. विषेसन B. विशेषण C. विसेशन D. विशेशन
3. A. दुशासन B. दुसाशन C. दूशाषण D. दुःशासन
4. A. संस्कृति B. संसकृति C. संष्कृति D. संस्कृती
5. A. दूनियां B. दुनियां C. दुनिया D. दूनिआ
6. A. टिपनी B. टिप्पणि C. टिप्पणी D. टिप्पनी
7. A. शाषण B. साशन C. शासन D. शाशन
8. A. किसमस B. किरसमस C. क्रिसमूस D. कृसमस
9. A. अनुग्रहित B. अनुग्रहीत C. अनुगृहीत D. अनुग्रहित
10. A. पराकम B. प्राक्रम C. पराक्रम D. प्राकर्म
11. A. नायका B. नाइका C. नाइक D. नायिका
12. A. समरिधी B. समद्धी C. समृद्धि D. समरिद्धि
13. A. युधिष्ठर B. यूधिष्ठर C. युधिष्ठिर D. युधिष्टर
14. A. वाल्मीकि B. बाल्मीकि C. बालमीकि D. बाल्मिक
15. A. परलोकिक B. प्रलौकिक C. पारलौकिक D. परलौकिक
16. A. त्रितीय B. तर्तीय C. तृतीय D. तिरतीय
17. A. व्योहार B. व्यौहार C. व्यवहार D. ब्यवहार
18. A. अहिल्या B. अहल्या C. अहिलया D. अहीलया
19. A. आदरनीय B. आदरणीय C. आदरनीया D. आदरणीया
20. A. आर्द B. आद्र C. आर्द्र D. आर्दृ
21. A. आधीन B. अधिन C. अधीन D. अधीम
22. A. आविस्कार B. आविष्कार C. आवीस्कार D. आविश्कार
23. A. आसा B. आषा C. आशा D. अशा
24. A. उज्वल B. उजज्ज्वल C. उजज्वल D. उज्ज्वल
25. A. उन्नती B. उन्नित C. उन्नति D. उन्नती
26. A. कलस B. कलष C. कलश D. कलशा
27. A. गनीत B. गनित C. गणीत D. गणित
28. A. तलाव B. तालाव C. तलाब D. तालाब
29. A. दुष्ट B. दूष्ट C. दुस्त D. दुश्त
30. A. निरोग B. निररोग C. नीरोग D. नीरोगी

उत्तरमाला

1. A	2. B	3. D	4. A	5. C
6. C	7. C	8. C	9. C	10. C
11. D	12. C	13. C	14. A	15. C
16. C	17. C	18. B	19. B	20. C
21. C	22. B	23. C	24. D	25. C
26. C	27. D	28. D	29. A	30. C

अभ्यास-2

निर्देशः *नीचे कुछ शब्द दिए गए हैं। प्रत्येक के पर्यायवाची के चार विकल्प दिए गए हैं। इनमें से एक विकल्प सही पर्यायवाची है, उसका चयन कीजिए :*

1. अग्नि
A. अनिल B. अनल
C. गर्म D. ताप

2. अमृत
A. पीयूष B. गरल
C. सरस D. जीवनदायनी

3. आँख
A. लोचन B. आस्थि
C. वदन D. जलज

4. आकाश
A. अनन्त B. पाताल
C. वितल D. तल

5. कपड़ा
A. परिधान B. पटिका
C. पीताम्बर D. लँहगा

6. कमल
A. सरोज B. सरोवर
C. पंक D. पुष्प

7. गंगा
A. पाताल नदी B. हिमनदी
C. भागीरथ D. त्रिपथगा

8. चाँद
A. मयंक B. भानु
C. दिनकर D. रवि

9. नदी
A. सरिता B. प्रवाह
C. धारा D. जलधर

10. पर्वत
A. पत्थर B. चट्टान
C. शिखर D. मेरू

11. पवन
A. अनिल B. अनल
C. अग D. विहग

12. पति
A. साजन B. प्रिया
C. भार्या D. दारा

13. पानी
A. मही B. मेदिनी
C. अम्बु D. तरणी

14. पुत्र
A. आत्मज B. तनया
C. सुता D. आत्मजा

15. पुत्री
A. सुता B. सुत
C. आत्मज D. नन्दन

16. फूल
A. बहार B. मधु
C. माधव D. सुमन

17. वृक्ष
A. विटप B. अम्र
C. प्रसून D. रसा

18. बादल
A. अज B. व्यामोह
C. नीरद D. मधुप

19. बिजली
A. चंचला B. खटका
C. त्रास D. संत्रास

20. माता
A. धात्री B. धरणी
C. धरित्री D. श्यामा

21. घोषणा
A. आवाज B. पुकारना
C. ऐलान D. ललकारना

22. उत्कर्ष
A. आकर्षण B. विकर्षण
C. उन्नति D. निष्कर्ष

23. उदय
A. अन्त B. विकास
C. प्रगट D. व्यस्त

24. दक्ष
A. निपुण B. समर्थ
C. कर्मठ D. मेहनती

25. संवाद
A. विवाद B. झगड़ा
C. सम्बोधन D. वार्तालाप

उत्तरमाला

1. B	**2.** A	**3.** A	**4.** A	**5.** A
6. A	**7.** D	**8.** A	**9.** A	**10.** D
11. A	**12.** A	**13.** C	**14.** A	**15.** A
16. D	**17.** A	**18.** C	**19.** A	**20.** A
21. C	**22.** C	**23.** C	**24.** A	**25.** D

अभ्यास-3

निर्देशः *नीचे चार-चार शब्दों के समूह दिए गए हैं। प्रत्येक समूह में एक शब्द बेमेल है तथा शेष तीन शब्द पर्यायवाची हैं, आपको उस शब्द का चयन करना है, जो बेमेल है :*

1. A. तम B. अंधकार C. तिमिर D. अंश

2. A. अनल B. आग C. दहन D. तमिस्त्रा

3. A. अतुल B. अद्वितीय C. अनुपम D. शुष्मा

4. A. अहं B. अहंकार C. दर्प D. निराला

5. A. पता B. खोज C. जाँच D. शोध

6. A. गरल B. पीयूष C. सुधा D. सोम

7. A. कानन B. जंगल C. पादप D. वन

8. A. अश्व B. गज C. घोड़ा D. तुरंग

9. A. दानव B. मानव C. दैत्य D. राक्षस

10. A. आँख B. चक्षु C. नयन D. मुख

11. A. अन्तरिक्ष B. वसुन्धरा C. आसमान D. गगन

12. A. इच्छा B. अभिलाषा C. कामना D. प्रयोजन

13. A. कपड़ा B. चीर C. वसन D. पोशाक

14. A. अब्ज B. कमल C. राजीव D. आम्र

15. A. कोयल B. पिक C. काग D. वनप्रिय

16. A. गंगा B. देवनदी C. गोदावरी D. भागीरथी

17. A. गणेश B. एकदन्त C. देवराज D. गणपति

18. A. घर B. निलय C. निकेतन D. झोपड़ी

19. A. चाँद B. हिमांशु C. विनायक D. सुधांशु

20. A. नदी B. तरणी C. तटिनी D. सरिता

21. A. पक्षी B. चिड़िया C. सुमन D. विहग

22. A. पवन B. अचला C. वात D. वायु

23. A. समीर B. पृथ्वी C. भू D. भूमि

24. A. पानी B. समीर C. अम्बु D. जल

25. A. पुत्र B. तनया C. तनय D. सुत

26. A. पुत्र B. तनया C. सुता D. कन्या

27. A. गृहिणी B. आदमी C. पुरुष D. नर

28. A. मधु B. फूल C. पुष्प D. सुमन

29. A. माधव B. तरु C. पेड़ D. वृक्ष

30. A. माता B. अम्बु C. अम्मा D. जननी

उत्तरमाला

1. D	**2.** D	**3.** D	**4.** D	**5.** A
6. A	**7.** C	**8.** B	**9.** B	**10.** D
11. B	**12.** D	**13.** D	**14.** D	**15.** C
16. C	**17.** C	**18.** D	**19.** C	**20.** B
21. C	**22.** B	**23.** A	**24.** B	**25.** B
26. A	**27.** A	**28.** A	**29.** A	**30.** B

अभ्यास-4

निर्देशः *गहरे काले शब्द के विलोम शब्द का चयन कीजिए:*

1. उसे हर काम में **सफलता** मिल रही है।
A. असफलता B. सफल
C. कुशलता D. निपुणता

2. कभी किसी की **निन्दा** नहीं करनी चाहिए।
A. गुणगान B. स्तुति
C. प्रशंसा D. यशोगान

3. आलस्य व्यक्ति का सबसे बड़ा **दुश्मन** है।
A. शत्रु B. घातक
C. मित्र D. सहायक

4. वे बुढ़ापे से **दुखी** हैं।
A. अप्रसन्न B. सुखी
C. खुश D. नाराज

5. यहाँ उसकी **चतुराई** नहीं चली।
A. चालाकी B. बहादुरी
C. निपुणता D. मूर्खता

6. शहद की **मिठास** कम नहीं होती।
A. मीठा B. तीखा
C. कडुवा D. खहा

7. साहसी के **साहस** को देखकर मैं चकित रह गया।
A. हिम्मत B. बहादुरी
C. निडर D. भय

8. फिल्मोत्सव में सर्वश्रेष्ठ **अभिनेता** को पुरस्कार प्रदान किया गया।
A. हीरोइन B. नेत्री
C. मीनाक्षी D. अभिनेत्री

9. नाटक में नायक और **नायिका** की भूमिका महत्वपूर्ण होती है:
A. हीरो B. नायक
C. नेत्र D. नेता

10. कवि-सम्मेलन में एक कवि और एक **कवयित्री** को आमंत्रित किया गया था।
A. लेखक B. सम्पादक
C. नेता D. कवि

11. विद्यालय के वार्षिकोत्सव के लिए नेता और एक **नेत्री** को आमंत्रित किया गया।
A. अभिनेता B. विद्वान्
C. विदुषी D. नेता

12. मोहन बहुत **चतुर** है।
A. निपुण B. तेज
C. सुस्त D. मूर्ख

13. सोहन अब पूर्ण **स्वस्थ** है।
A. प्रसन्न B. खुश
C. अस्वस्थ D. अप्रसन्न

14. पक्षी **आकाश** में उड़ते हैं :
A. गगन B. नभ
C. धरती D. पाताल

15. वह विद्यालय में देर से आया और **अनुपस्थित** हो गया।
A. पूर्व B. उपस्थित
C. प्रवेश D. समयपूर्व

16. **बालक** चाँद की ओर देख रहा है।
A. बालिका B. लड़का
C. बच्चा D. बच्ची

17. मैं उसके विचार से बिल्कुल **सहमत** नहीं हूँ।
A. समर्थन B. सहमति
C. असहमत D. प्रशंसक

18. उसकी हालत **अधिक** खराब है।
A. बहुत B. कम
C. ठीक D. कुशल

19. **धर्म** की सर्वत्र विजय होती है:
A. अधर्म B. ज्ञान
C. भक्ति D. ईमानदारी

20. अच्छे चरित्र के बिना जीवन **निरर्थक** है:
A. व्यर्थ B. अर्थपूर्ण
C. सार्थक D. कुशल

21. **ईमानदारी** बड़ी दुर्लभ वस्तु है:
A. सच्चाई B. भलाई
C. बेइमानी D. परोपकारी

22. एवरेस्ट संसार का सबसे **ऊँचा** पर्वत है:
A. नीचा B. वितल
C. पाताल D. मध्यम

23. वह विश्वास के **योग्य** नहीं है:
A. काबिल B. विश्वासी
C. अयोग्य D. बेकार

24. क्या वह इतना **मूर्ख** है?
A. चालाक B. विद्वान्
C. बुद्धिमान D. धूर्त

25. कितना सुहावना **दृश्य** है!
A. अदृश्य B. दर्शनीय
C. सुन्दर D. व्यर्थ

उत्तरमाला

1. A	**2.** C	**3.** C	**4.** B	**5.** D
6. C	**7.** D	**8.** D	**9.** B	**10.** D
11. D	**12.** D	**13.** C	**14.** D	**15.** B
16. A	**17.** C	**18.** B	**19.** A	**20.** C
21. C	**22.** A	**23.** C	**24.** C	**25.** A

अभ्यास-5

निर्देश: नीचे प्रत्येक **काले गहरे शब्द** के चार विलोम दिए गए हैं। इनमें सही विलोम का चयन कीजिए :

1. अग्नि
A. आग B. अनल
C. दहन D. जल

2. अग्रज
A. अनुज B. भ्राता
C. भाई D. अम्बा

3. अच्छा
A. बुरा B. खराब
C. गंदा D. भ्रष्ट

4. अंत
A. प्रारम्भ B. समाप्त
C. शेष D. अल्प

5. अचल
A. विचल B. वितल
C. सजल D. चल

6. अति
A. अधिक B. बहुत
C. अल्प D. कम

7. अत्यधिक
A. अल्प B. अधिक
C. स्वल्प D. न्यूनतम

8. अंधकार
A. अंधेरा B. प्रकाश
C. रात्रि D. दिन

9. अतिवृष्टि
A. अनावृष्टि B. वृष्टि
C. वर्षा D. वर्षण

10. अनाथ
A. नाथ B. स्वामी
C. मासिक D. सनाथ

11. अनुकूल
A. मनोकूल B. प्रतिकूल
C. अनुकरण D. मनस्वी

12. अनुराग
A. राग B. विराग
C. विग्रह D. स्नेह

13. अन्त
A. श्री गणेश B. आदि
C. शुरुआत D. रागान्त

14. अपना
A. अपनत्व B. पराया
C. मित्र D. शत्रु

15. अपमान
A. मान B. सम्मान
C. वर्तमान D. स्वाभिमान

16. अपेक्षा
A. इच्छा B. स्वेच्छा
C. प्रविच्छा D. उपेक्षा

17. अमर
A. मर्त्य B. मृत्यु
C. सुधा D. गरल

18. अल्पायु
A. चिरायु B. उमरदराज
C. नश्वर D. सनातन

19. अस्त
A. उदय B. विकास
C. निर्माण D. सृष्टि

20. आकर्षण
A. प्रतिकर्षण B. विकर्षण
C. सम्मोहन D. विरत

21. आकाश
A. गगन B. नभ
C. वसुन्धरा D. पाताल

22. आगे
A. पीछे B. पूर्व
C. पृष्ट D. पृष्ठ

23. आजाद
A. स्वतंत्र B. स्वतंत्रतता
C. परतंत्र D. गुलाम

24. आदान
A. आयात B. निर्यात
C. प्रदान D. निदान

25. आधुनिक
A. अर्वाचीन B. नूतन
C. प्राचीन D. वर्तमान

उत्तरमाला

1. D	**2.** A	**3.** A	**4.** A	**5.** D
6. D	**7.** C	**8.** B	**9.** A	**10.** D
11. B	**12.** B	**13.** A	**14.** B	**15.** B
16. D	**17.** A	**18.** A	**19.** A	**20.** B
21. D	**22.** A	**23.** D	**24.** C	**25.** C

अभ्यास-6

नीचे कुछ शब्द दिए गए हैं प्रत्येक शब्द के चार ाक अर्थ दिए गए हैं। सही अर्थ का चयन कीजिए :

. सुरक्षित
A. कुशल B. घटना
C. दुर्घटना D. बचाव

2. प्रतिभाशाली
A. सज्जन B. कुशाग्र
C. विद्वान् D. वैभवशाली

3. आत्मसमर्पण
A. अपने आप को सौंपना B. समर्पण
C. अर्पण D. त्यागज

4. सिद्धहस्त
A. निपुण B. कर्मठ
C. मेहनती D. परिश्रमी

5. सुशोभित
A. मजेदार B. सुस्वागतम्
C. अच्छा D. शोभा पाना

6. स्वादिष्ट
A. मजेदार B. बेकार
C. मीठा D. तीखा

7. स्वावलम्बी
A. निर्भर B. परालंबी
C. आत्मनिर्भर D. अतिथि

8. उपकरण
A. साधन B. युक्ति
C. यंत्र D. मशीन

9. कीमत
A. क्रय B. विक्रय
C. मूल्य D. बिक्री

10. संगठन
A. एकता B. अनेकता
C. समूह D. संस्था

11. विपत्ति
A. दुख B. विपदा
C. मुसीबत D. सुख

12. तृण
A. तिनका B. धूल
C. धूप D. लकड़ी

13. आश्चर्य
A. निरीक्षण B. दृष्टिगोचर
C. हैरानी D. थकावट

14. हार्दिक
A. हृदय से B. शरीर से
C. मन से D. मस्तिष्क से

15. **नियति**
A. भाग्य
B. किनारा
C. समय
D. पवित्र

16. **सुगन्धित**
A. दुर्गन्ध
B. खुशबू वाला
C. फूल
D. कमल

17. **उत्साह**
A. होश
B. हवास
C. जोश
D. हिम्मत

18. **सहयोग**
A. मिलन सार
B. मेहनती
C. परोपकारी
D. आपसी सहायता

19. **मुसीबत**
A. विपत्ति
B. सुशोभित
C. सहायता
D. मदद

20. **निरक्षर**
A. साक्षर
B. दर्शनीय
C. पठनीय
D. अनपढ़

21. **उपवन**
A. वन
B. तीर
C. जंगल
D. बाग

22. **मेघ**
A. बादल
B. पंकज
C. राजीव
D. मेघनाद

23. **आधुनिक**
A. प्राचीन
B. पुरातन
C. भूतकाल
D. आज का

24. **तीर**
A. ताण
B. धनुष
C. किनारा
D. नदी

25. **परीक्षण**
A. जाँच
B. पड़ताल
C. परीक्षा
D. इम्तहान

26. **अभिवादन**
A. नमस्ते
B. प्रणाम
C. बधाई
D. शुभकामना

27. **सर्वत्र**
A. नश्वर
B. सजीव
C. ईश्वर
D. सभी जगह

28. **हलवाहा**
A. चरवाहा
B. किसान
C. मजदूर
D. हल चलाने वाला

29. **शिखर**
A. पर्वत
B. पहाड़
C. टीला
D. चोटी

30. **भयानक**
A. डरावना
B. भयभीत
C. डरना
D. खूँखार

उत्तरमाला

1. D	**2.** B	**3.** A	**4.** A	**5.** D
6. A	**7.** C	**8.** C	**9.** C	**10.** A
11. C	**12.** A	**13.** C	**14.** A	**15.** A
16. B	**17.** C	**18.** D	**19.** A	**20.** D
21. D	**22.** A	**23.** D	**24.** A	**25.** A
26. B	**27.** D	**28.** D	**29.** D	**30.** A

अभ्यास-7

निर्देशः *नीचे कुछ शब्द दिए जा रहे हैं। प्रत्येक शब्द के* **उपसर्ग** *के सन्दर्भ में चार विकल्प दिए गए हैं। आपको सही विकल्प का चयन करना है :*

1. अलबत्ता
A. अ
B. अल
C. लब
D. त्ता

2. अलगरज
A. अल
B. लग
C. गर
D. रज

3. कमसिन
A. क
B. कम
C. रि
D. सिन

4. अनमोल
A. अ
B. अन
C. मो
D. मोल

5. अनजान
A. अ
B. अन
C. जा
D. जान

6. अनपढ़
A. अ
B. पढ़
C. प
D. अन

7. अधखिला
A. अ B. अध
C. ला D. खिला

8. अधजला
A. अ B. ज
C. अध D. ला

9. अधपका
A. अ B. अध
C. पका D. का

10. अघखिला
A. अ B. अघ
C. खिला D. ला

11. उन्नीस
A. उन B. उन्
C. नीस D. स

12. उनसठ
A. उ B. उन
C. सठ D. ठ

13. दुकाल
A. द B. दुक
C. दु D. काल

14. दुबला
A. दब B. दुब
C. ला D. दु

15. निकम्मा
A. नि B. निक
C. कम्मा D. मा

16. निर्लज्ज
A. निर B. निल
C. नि D. लज्ज

17. बिनब्याहा
A. बि B. बिन
C. ब्याहा D. हा

18. भरपेट
A. भर B. पेट
C. पे D. ट

19. भरपाई
A. भ B. र
C. पा D. भर

20. कुपात्र
A. कु B. कुप
C. पा D. पात्र

21. सुजान
A. सु B. सुज
C. सुजा D. जान

22. गैर कानूनी
A. गै B. गैर
C. कानु D. नुनी

23. गैरसरकारी
A. गैर B. सर
C. का D. कारी

24. अपमान
A. अ B. अप
C. मा D. मान

25. अनुशासन
A. अ B. शासन
C. सन D. अनु

26. अविनीत
A. अवि B. अ
C. नी D. नीत

27. अभिमान
A. अभि B. अ
C. मा D. मान

28. अभियान
A. अ B. मान
C. यान D. अभि

29. अध्ययन
A. अध् B. अधि
C. यन D. न

30. निश्चल
A. नि B. निर
C. निस D. चल

उत्तरमाला

1. B	**2.** A	**3.** B	**4.** B	**5.** B
6. D	**7.** B	**8.** C	**9.** B	**10.** B
11. A	**12.** B	**13.** C	**14.** D	**15.** B
16. A	**17.** B	**18.** A	**19.** D	**20.** A

21. A **22.** B **23.** A **24.** B **25.** D
26. B **27.** A **28.** D **29.** B **30.** A

अभ्यास-8

निर्देशः *निम्नलिखित शब्दों में प्रयुक्त प्रत्यय सम्बन्धी चार विकल्प दिए गए हैं, सही विकल्प का चयन कीजिए :*

1. भलाई
A. ई B. लाई
C. आई D. भला

2. चतुराई
A. चतु B. रा
C. ई D. आई

3. भूखा
A. भू B. भूख
C. खा D. आ

4. भिड़न्त
A. भिड़् B. भि
C. न्त D. अन्त

5. प्यासा
A. आस B. सा
C. आसा D. सा

6. बिकाऊ
A. बिक B. काऊ
C. आऊ D. ऊ

7. तैराक
A. तै B. तैर
C. राक D. आक

8. सन्नाटा
A. सन् B. सन्ना
C. नाटा D. आटा

9. लोहार
A. लोह B. आरा
C. आरी D. आर

10. मिलान
A. आना B. आने
C. आनी D. आन

11. चढ़ाव
A. चढ़ B. चढ़ा
C. आव D. व

12. लगाव
A. लग B. अव
C. आव D. गाव

13. लिखावट
A. लिख B. लिखा
C. वट D. आवट

14. मिलावट
A. मिल B. वट
C. आवट D. ट

15. मिठास
A. मिठ B. ठास
C. आस D. स

16. चिकनाहट
A. चिक B. नाह्ट
C. हट D. आहट

17. सड़ियल
A. सड़ B. यल
C. ड़ियल D. इयल

18. मरियल
A. मर B. यल
C. मरि D. इयल

19. गड़रिया
A. गड़ B. इया
C. रिया D. या

20. सजीला
A. ईला B. इला
C. ला D. स

21. लुटेरा
A. लुट B. एरा
C. ऐरा D. रा

22. लठैत
A. ए B. ऐ
C. ऐत D. त

23. भगोड़ा
A. ओ B. ओड़ा
C. ड़ा D. भगो

24. खपत
A. ख B. प
C. त D. पत

25. जीवट

A. व　　B. अट

C. जीव　　D. जी

उत्तरमाला

1. C	2. D	3. D	4. D	5. D
6. C	7. D	8. D	9. D	10. D
11. C	12. C	13. D	14. C	15. C
16. D	17. D	18. D	19. B	20. A
21. B	22. C	23. B	24. C	25. B

अभ्यास-9

निर्देशः *नीचे कुछ मुहावरे दिए गए हैं। प्रत्येक के अर्थ के लिए चार विकल्प दिए गए हैं। आपको सही विकल्प का चयन करना है :*

1. अक्ल पर पत्थर पड़ना

A. बुद्धि काम न करना　B. दुविधा होना

C. संकट में होना　D. परेशान होना

2. अपना उल्लू सीधा करना

A. अवसर देखना　B. काम निकालना

C. मतलब साधना　D. मूर्ख बनाना

3. अपने मुँह मियाँ-मिट्ठू बनना

A. मिठाई खाना

B. प्रशंसा करना

C. निंदा करना

D. अपनी प्रशंसा स्वयं करना

4. अपने पाँव पर आप कुल्हाड़ी मारना

A. हानि पहुँचाना　B. खेद होना

C. अपना पैर काटना　D. अपनी हानि स्वयं करना

5. आँखें चुरा लेना

A. भाग जाना　B. छिप जाना

C. अनदेखा करना　D. मिल जाना

6. अक्ल का दुश्मन

A. मित्र होना　B. शत्रु होना

C. महामूर्ख　D. महाविद्वान्

7. अंधे की लाठी

A. एक मात्र सहारा　B. मित्र होना

C. शत्रु होना　D. दुख पहुँचाना

8. आकाश-पाताल एक करना

A. भाग-दौड़ करना　B. परेशान होना

C. थक जाना　D. कठिन परिश्रम करना

9. घड़ों पानी पड़ना

A. लज्जित होना　B. तुच्छ समझना

C. लाभ होना　D. थकावट

10. अगर-मगर करना

A. नुकसान करना　B. बहाने बनाना

C. बदनाम करना　D. कपट करना

11. मुँह की खाना

A. गिर जाना　B. हार जाना

C. भाग जाना　D. व्यर्थ होना

12. आस्तीन का साँप होना

A. शत्रु　B. मित्र

C. कपटी मित्र　D. दयालु

13. एक आँख से देखना

A. बुरा व्यवहार　B. समान व्यवहार

C. कपट करना　D. लज्जित होना

14. बाल-बाँका न होना

A. घायल होना　B. साफ बच जाना

C. क्रोधित होना　D. स्वस्थ होना

15. दाँतों तले उँगली दबाना

A. उँगली काटना　B. चिंतित हो जाना

C. चकित रह जाना　D. प्रसन्न हो जाना

16. जान के लाले पड़ना

A. मरने का खतरा होना　B. भाग जाना

C. हार जाना　D. मुश्किल में पड़ना

17. बोली मारना

A. ताना देना　B. सताना

C. मजाक करना　D. याद दिलाना

18. अंधों में काना राजा

A. मूर्खों में अल्पज्ञ को विद्वान् माना जाना

B. सबको मूर्ख समझना

C. अत्यधिक महत्त्वपूर्ण

D. काना राजा

19. अक्ल के घोड़े दौड़ाना

A. बुद्धि लड़ाना

B. कल्पना करना

C. तरह-तरह के उपाय सोचना

D. ज्ञान-प्राप्त करना

20. पानी उतर जाना
A. शर्म करना B. लज्जित न होना
C. भाग जाना D. इज्जत करना

21. तीन-पाँच करना
A. तितर-बितर करना
B. वचन देकर फिर जाना
C. घुमा-फिरा कर बातें करना
D. परेशान करना

22. हथियार डाल देना
A. हार जाना B. जीत जाना
C. धोखा देना D. विजय होना

23. आँख खुलना
A. होश में आना B. अत्यन्त प्यार होना
C. उल्टा काम करना D. क्रोध करना

24. कमर सीधी करना
A. थक जाना B. थकावट दूर करना
C. काम करना D. परिश्रम करना

25. पगड़ी रखना
A. चैन की सांस लेना
B. अपमान करना
C. दया की भीख माँगना
D. अपमान होना

26. लोहा मानना
A. संघर्ष करना
B. विजय होना
C. श्रेष्ठता स्वीकार करना
D. खुशामद करना

27. काठ मार जाना
A. दुःखी होना B. चुप होना
C. सफल होना D. मर जाना

28. चाँद पर थूकना
A. अपमान करना
B. बढ़कर बातें करना
C. महान पुरुष पर लांछन लगाना
D. महत्त्वाकांक्षी होना

29. उगल देना
A. अपराध स्वीकार कर लेना
B. सच बोलना
C. उल्टी करना
D. अनपच होना

30. हाथ मलना
A. पश्चाताप करना B. सर्दी मिटाना
C. दुख करना D. तैयार होना

उत्तरमाला

1. A	**2.** C	**3.** D	**4.** D	**5.** C
6. C	**7.** A	**8.** D	**9.** A	**10.** B
11. B	**12.** C	**13.** B	**14.** B	**15.** C
16. D	**17.** A	**18.** A	**19.** A	**20.** B
21. C	**22.** A	**23.** A	**24.** B	**25.** C
26. C	**27.** B	**28.** C	**29.** A	**30.** A

अभ्यास-10

निर्देशः *नीचे कुछ वाक्य खण्ड दिए गए हैं, पूरे वाक्य खण्ड के लिए एक शब्द का चयन कीजिए।*

1. जिसका आदि न हो
A. अनंत B. अमर
C. शाश्वत D. अनादि

2. जो कुछ न जानता हो
A. मूर्ख B. महामूर्ख
C. ज्ञानी D. अज्ञ

3. जो अनुकरण करने योग्य हो
A. अनुकरणीय B. अद्वितीय
C. आदरणीय D. अगम

4. जिसका अंत न हो
A. अनंत B. अनादि
C. आदि D. परलोक

5. जो कभी न मरे
A. मर्त्य B. मुर्त्त
C. अमुर्त्त D. अमर

6. जिसके समान दूसरा न हो
A. अनुकूल B. प्रतिकूल
C. कृतज्ञ D. अद्वितीय

7. जो कम बोलता हो
A. मृदुभाषी B. वाचाल
C. अल्पभाषी D. अल्पज्ञ

8. जिसका इलाज न हो
A. मरणशील B. अमरत्व
C. बिमारी D. लाइलाज

9. जिस का विश्वास न किया जा सके
A. विश्वसनीय B. अविश्वसनीय
C. विश्वासी D. धूर्त्त

10. जिसका कोई नाथ न हो
A. सनाथ B. स्वामी
C. नाथ D. अनाथ

11. कम जानने वाला
A. अल्पज्ञ B. अज्ञ
C. विद् D. विद्वान

12. जहाँ जाना संभव न हो
A. दुर्गम B. अगम
C. तल D. वितल

13. कम खाने वाला
A. बहुभोजी B. पेटु
C. कंजूस D. अल्पाहारी

14. जो बात पहले कभी न हुई हो
A. भूतपूर्व B. अभूतपूर्व
C. प्राचीन D. अर्वाचीन

15. जिस स्त्री के सन्तान न हों
A. बाँझ B. कुलटा
C. पतिता D. विधवा

16. जो कहा न जा सके
A. अकथनीय B. अकथ्य
C. करणीय D. सम्भव

17. एहसान न मानने वाला
A. कृतज्ञ B. कृतघ्न
C. आस्तिक D. विश्वासी

18. जिसने देश के साथ विश्वासघात किया हो
A. विश्वासघाती B. द्रोही
C. आतंकवादी D. देश द्रोही

19. जिसने राष्ट्र के हित में अपना जीवन बलिदान कर दिया हो
A. देशभक्त B. शहीद
C. राष्ट्रभूत D. भारतपुत्र

20. वह जमीन जिसमें कुछ भी पैदा न हो
A. ऊसर B. बंजर
C. उर्वर D. पथरीला

21. वह वस्तु जिसकी चाह हो
A. श्रेष्ठ B. आवश्यक
C. इच्छित D. अभीष्ट

22. दूसरों के पीछे चलने वाला
A. अनुयायी B. अनुज
C. अनुचर D. अनुकरणीय

23. जो पहले न पढ़ा हो
A. पठित B. अपठित
C. पठनीय D. अपठनीय

24. जिसके आर-पार दिखाई देता हो
A. अपारदर्शी B. गम्य
C. अगम्य D. पारदर्शी

25. आज्ञा पालन करने वाला
A. शिष्य B. शिष्या
C. अनुचर D. आज्ञाकारी

26. काम से जी चुराने वाला
A. कामचोर B. आलसी
C. कर्मठ D. परिश्रमी

27. प्रतिदिन होने वाला
A. दैनिक B. शाश्वत
C. सनातन D. अमर

28. जिसका कोई अर्थ न हो
A. सार्थक B. निरर्थक
C. आर्थिक D. अनार्थिक

29. उपकार मानने वाला
A. कृतज्ञ B. कृतघ्न
C. विश्वासी D. अनुयायी

30. हाथ से लिखा हुआ
A. पठनीय B. अपठनीय
C. स्पष्ट D. हस्तलिखित

उत्तरमाला

1. D	**2.** D	**3.** A	**4.** A	**5.** D
6. D	**7.** C	**8.** D	**9.** B	**10.** D
11. A	**12.** A	**13.** D	**14.** B	**15.** A
16. A	**17.** B	**18.** D	**19.** B	**20.** A
21. C	**22.** C	**23.** B	**24.** D	**25.** D
26. A	**27.** A	**28.** B	**29.** A	**30.** D

अभ्यास-11

निर्देशः *नीचे कुछ संज्ञा शब्द दिए जा रहे हैं। प्रत्येक के संज्ञा-भेद के लिए चार विकल्प दिए गये है। सही विकल्प का चयन कीजिए :*

1. तुलसीदास
   A. जातिवाचक B. भाववाचक
   C. व्यक्तिवाचक D. समूहवाचक
2. यमुना
   A. व्यक्तिवाचक B. जातिवाचक
   C. समूहवाचक D. भाववाचक
3. बच्चा
   A. जातिवाचक B. समूहवाचक
   C. भाववाचक D. व्यक्तिवाचक
4. मानवता
   A. भाववाचक B. जातिवाचक
   C. द्रव्यवाचक D. समूहवाचक
5. हिमालय
   A. व्यक्तिवाचक B. जातिवाचक
   C. भाववाचक D. समूहवाचक
6. भारत
   A. जातिवाचक B. भाववाचक
   C. व्यक्तिवाचक D. समूहवाचक
7. एशिया
   A. व्यक्तिवाचक B. भाववाचक
   C. द्रव्यवाचक D. समूहवाचक
8. महाराष्ट्र
   A. जातिवाचक B. व्यक्तिवाचक
   C. समूहवाचक D. द्रव्यवाचक
9. सूर सागर
   A. व्यक्तिवाचक B. भाववाचक
   C. द्रव्यवाचक D. समूहवाचक
10. सोमवार
    A. जातिवाचक B. व्यक्तिवाचक
    C. द्रव्यवाचक D. समूहवाचक
11. खटमल
    A. जातिवाचक B. व्यक्तिवाचक
    C. द्रव्यवाचक D. समूहवाचक
12. मैना
    A. जातिवाचक B. व्यक्तिवाचक
    C. द्रव्यवाचक D. समूहवाचक
13. चाँदी
    A. द्रव्यवाचक B. समूहवाचक
    C. भाववाचक D. व्यक्तिवाचक
14. अच्छाई
    A. भाववाचक B. समूहवाचक
    C. जातिवाचक D. व्यक्तिवाचक
15. पीतल
    A. द्रव्यवाचक B. भाववाचक
    C. व्यक्तिवाचक D. जातिवाचक
16. वीरता
    A. भाववाचक B. जातिवाचक
    C. द्रव्यवाचक D. समूहवाचक
17. रूस
    A. जातिवाचक B. व्यक्तिवाचक
    C. भाववाचक D. द्रव्यवाचक
18. लम्बाई
    A. भाववाचक B. समूहवाचक
    C. द्रव्यवाचक D. व्यक्तिवाचक
19. दल
    A. जातिवाचक B. व्यक्तिवाचक
    C. समूहवाचक D. द्रव्यवाचक
20. मार्च
    A. समूहवाचक B. व्यक्तिवाचक
    C. द्रव्यवाचक D. जातिवाचक
21. झुण्ड
    A. समूहवाचक B. जातिवाचक
    C. व्यक्तिवाचक D. द्रव्यवाचक
22. टोली
    A. जातिवाचक B. व्यक्तिवाचक
    C. समूहवाचक D. द्रव्यवाचक
23. सुभाष चौक
    A. जातिवाचक B. समूहवाचक
    C. व्यक्तिवाचक D. भाववाचक
24. संघ
    A. जातिवाचक B. द्रव्यवाचक
    C. समूहवाचक D. भाववाचक
25. गिरोह
    A. समूहवाचक B. द्रव्यवाचक
    C. जातिवाचक D. भाववाचक

उत्तरमाला

1. C	2. A	3. A	4. A	5. A
6. C	7. A	8. B	9. A	10. B
11. A	12. A	13. A	14. A	15. A
16. A	17. B	18. A	19. C	20. B
21. A	22. C	23. C	24. C	25. A

अभ्यास-12

निर्देश: *नीचे दिए गए वाक्य में रिक्त स्थान है। प्रत्येक वाक्य के नीचे कारक चिह्न दिए गए हैं। रिक्त स्थान की पूर्ति के लिए उपयुक्त कारक चिह्न का चयन कीजिए :*

1. निम्नलिखित शब्दों........अर्थ बताइए
A. का B. के
C. से D. पर

2. सरकार मुझे नौकरी........मत निकालिए
A. पर B. में
C. से D. को

3. इस कथन........पुष्टि कीजिए
A. को B. से
C. की D. ने

4. छात्र-छात्राएँ राष्ट्र........सम्पत्ति और उसके भावी कर्णधार होते हैं
A. के B. की
C. को D. में

5. प्रत्येक प्रश्न........चार सम्भावित उत्तर दिए गए हैं
A. के लिए B. में
C. के D. से

6. माता बच्चे........पढ़ाती है
A. को B. के
C. की D. से

7. गुरुजी........सबसे छोटे लड़के को एक नारंगी दी
A. ने B. को
C. से D. के लिए

8. मोहन सोहन से मिलने........गया है
A. से B. के
C. को D. के लिए

9. उसने कलम........लिखा
A. के B. में
C. पर D. से

10. मैं ड्राइवर........गाड़ी चलवाता हूँ
A. के B. पर
C. में D. से

11. शिक्षक छात्रों........पुस्तक पढ़वाते हैं
A. के लिए B. मैं
C. पर D. से

12. मैंने दाढ़ी........उसे मुसलमान समझ लिया
A. से B. के
C. को D. के लिए

13. श्याम अपने भाई हरि........आम लाया है
A. के B. के लिए
C. का D. पर

14. मोहन घर........आता है
A. में B. पर
C. से D. का

15. उसे पाँच दिनों........मूर्च्छा आया करती है
A. पर B. से
C. के D. को

16. मेधावी छात्र परीक्षा........चोरी नहीं करते
A. में B. पर
C. से D. के लिए

17. अच्छे आदमी........पहचान क्या है?
A. के B. का
C. की D. के लिए

18. परिश्रम........सफलता निश्चित है
A. से B. के
C. को D. के लिए

19. शूर्पणखा........नाक और कान काटे गए
A. का B. की
C. के D. से

20. युद ने राधा........तीन संतरे दिए
A. से B. के
C. के लिए D. को

उत्तरमाला

1. A	2. C	3. C	4. B	5. C
6. A	7. A	8. D	9. D	10. D
11. D	12. A	13. B	14. C	15. B
16. D	17. C	18. A	19. B	20. D

गद्यांश (अपठित-बोध)

गद्यांश 1

यदि हम निरन्तर प्रयत्न करेंगे तो निश्चय ही अपने सभी लक्ष्यों को प्राप्त कर लेंगे, किन्तु प्रायः देखा जाता है कि अधिक-आशावादी लोग थोड़ा सा प्रयत्न करके अधिक फल की कामना करने लगते हैं और मनोवांछित फल प्राप्त न होने पर निराश हो जाते हैं। अतः जीवन में सफलता प्राप्त करने के लिए परिस्थितियों के समक्ष घुटने न टेकें, बल्कि दृढ़ता से उनका मुकाबला करें। याद रखें, जितना कठोर हमारा परिश्रम होगा उसका फल भी उतना ही मीठा होगा।

उपर्युक्त गद्यांश को ध्यानपूर्वक पढ़ें और निम्न प्रश्नों के उत्तर के लिए सही विकल्प को चुनें:

1. फल न मिलने पर कौन निराश हो जाते हैं?
A. आशावादी लोग B. कम आशावादी लोग
C. अधिक आशावादी लोग D. निराशावादी लोग

2. लक्ष्य प्राप्ति के लिए क्या किया जाना चाहिए?
A. फल की कामना
B. हिम्मत से मुकाबला
C. निरन्तर प्रयत्न
D. परिस्थितियों से मुकाबला

3. आशावादी शब्द का विलोम शब्द है:
A. निराश B. निराशावादी
B. दुखी D. अप्रसन्न

4. मनोवांछित शब्द का क्या अर्थ है?
A. इच्छित B. परीक्षित
C. लाभदायक D. मन को खुश करने वाले

5. परिश्रम शब्द का अर्थ है:
A. साहस B. हिम्मत
C. काम D. कठिन मेहनत

गद्यांश 2

पन्द्रह अगस्त 1947 को हमारा देश स्वतंत्र हुआ। स्वतन्त्रता प्राप्ति के बाद विश्व के दूसरे देशों के साथ भारत के राजनयिक एवं सांस्कृतिक सम्बन्ध जुड़े। पर्यटकों के साथ-साथ राजनीतिज्ञों और साहित्यकारों को भी विदेश यात्रा के पर्याप्त अवसर मिले। विभिन्न प्रकार की छात्रवृत्तियों के माध्यम से बहुत से लोग विदेशों में पढ़ने गए। बहुत से लोगों ने विदेशों में उपलब्ध आजीविका के अवसरों का लाभ उठाया। इन सबके परिणामस्वरूप प्रचुर मात्रा में यात्रावृत्तांत लिखे गए। विदेश-विषयक यात्रावृतांत्तों में रूस और स्वदेश-विषयक यात्रावृतांत्तों में लेखकों की दृष्टि कश्मीर से कन्याकुमारी तक व्याप्त हुई।

उपर्युक्त गद्यांश को ध्यानपूर्वक पढ़ें और निम्नलिखित प्रश्नों के उत्तर के लिए सही विकल्प को चुनें:

1. भारत कब स्वतंत्र हुआ?
A. 15 अगस्त 1947
B. 15 अगस्त 1946
C. 15 अगस्त 1948
D. 15 अगस्त 1949

2. स्वतंत्र भारत के अन्य देशों के साथ किस प्रकार के संबंध जुड़े?
A. राजनीतिक
B. राजनयिक
C. धार्मिक
D. राजनयिक एवं सांस्कृतिक

3. आजीविका का क्या अर्थ है?
A. उपार्जन B. वेतन
C. मेहनत D. रोजगार

4. यात्रा-वृत्तांत का क्या अर्थ है?
A. भ्रमण B. पर्यटन
C. सफरनामा D. विदेशभ्रमण

5. स्वतंत्र का विलोम शब्द है:
A. परतंत्र B. आजाद
C. गुलामी D. मुक्ति

गद्यांश 3

युवा वर्ग का मस्तिष्क नई-नई बातों की ओर ज्यादा तेज दौड़ता है। उसमें अन्य वर्ग के व्यक्तियों से अधिक आवेश और शक्ति होती है। इस अवस्था में यदि सही शिक्षा और

उचित मार्ग-दर्शन न मिले तो यही शक्ति प्रेरणा और निर्माण के स्थान पर विनाश की ओर ले जाती है। बिगड़ने और बनने की यही आयु होती है। दुर्भाग्य से हमारे देश में शिक्षा पद्धति केवल उपाधि बाँटने का काम ही करती है। एक सम्पूर्ण व्यक्तित्वपूर्ण मनुष्य बनाना आज की शिक्षा पद्धति के लिए मुश्किल है।

उपर्युक्त गद्यांश को ध्यानपूर्वक पढ़ें और निम्नलिखित प्रश्नों के उत्तर के लिए सही विकल्प को चुनें।

1. निर्माण का विलोम शब्द क्या हैं?

   A. रचना B. बनावट
   C. विनाश D. सृजन

2. मार्ग-दर्शन का क्या अर्थ है?

   A. उपाधि B. रास्ता
   C. उद्देश्य D. रास्ता दिखलाना

3. शक्ति विनाश की ओर कब अग्रसर होती है?

   A. अधिक आवेश और शक्ति के अभाव में
   B. सही शिक्षा और उचित मार्ग दर्शन के अभाव में
   C. दुर्भाग्यपूर्ण शिक्षा पद्धति के कारण
   D. इनमें से कोई नहीं

4. हमारे देश की शिक्षा पद्धति क्या कार्य करती है?

   A. मार्ग-दर्शन B. शक्ति प्रेरणा
   C. उपाधि देना D. उपर्युक्त सभी

5. दुर्भाग्य का विपरीत शब्द है:

   A. भाग्य B. सौभाग्य
   C. भाग्यशाली D. भाग्यवान

गद्यांश 4

भिखारी की भाँति गिड़गिड़ाना प्रेम की भाषा नहीं है। यहाँ तक कि मुक्ति के लिए भगवान् की उपासना करना भी अधम उपासना में गिना जाता है। प्रेम कोई पुरस्कार नहीं चाहता। प्रेम सर्वथा प्रेम के लिए ही होता है। भक्त इसलिए प्रेम करता है कि बिना प्रेम किए वह रह ही नहीं सकता। जब तुम किसी मनोहर प्राकृतिक दृश्य को देखकर उस पर मोहित हो जाते हो तो तुम किसी फल की याचना नहीं करते और न वह दृश्य ही तुमसे कुछ माँगता है। फिर भी उस दृश्य का दर्शन तुम्हारे मन को आनंद से भर देता है।

उपर्युक्त गद्यांश को ध्यानपूर्वक पढ़ें और निम्नलिखित प्रश्नों के उत्तर के लिए सही विकल्प का चयन करें:

1. प्रेम का उद्देश्य क्या होता है?

   A. मुक्ति B. उपासना
   C. भक्ति D. प्रेम

2. मुक्ति का अर्थ है:

   A. आजादी B. स्वतंत्रता
   C. परतंत्र D. निर्वाण

3. कैसी उपासना अधम मानी गई है?

   A. प्रेम की उपासना
   B. भगवान की उपासना
   C. मुक्ति की उपासना
   D. भक्ति की उपासना

4. मनोहर शब्द है:

   A. विशेषण B. संज्ञा
   C. सर्वनाम D. अव्यव

5. प्राकृतिक शब्द का अर्थ है:

   A. ईश्वरीय B. मानव संबंधी
   C. प्रकृति संबंधी D. प्रेम संबंधी

गद्यांश 5

कुछ लोग भाग्यवादी होते हैं और सब-कुछ भाग्य के सहारे छोड़कर कर्म से विरत हो जाते हैं। ऐसे लोग समाज के लिए बोझ हैं। वे कभी कोई बड़ा काम नहीं कर पाते। बड़ी-बड़ी खोज, बड़े-बड़े आविष्कार और बड़े-बड़े निर्माण कार्य कर्मशील लोगों के द्वारा ही संभव हो सके हैं। हम अपनी बुद्धि और प्रतिभा तथा कार्य-क्षमता के बल पर सही मार्ग पर चल सकते हैं, किन्तु बिना कठिन श्रम के अपने लक्ष्य तक नहीं पहुँच सकते। कठिन परिश्रम करने के बाद पाई गई सफलता हमारे मन को अलौकिक आनंद से भर देती है। यदि हम अपने कार्य में अपेक्षित श्रम नहीं करते तो हमारा मन ग्लानि का अनुभव करता है।

उपर्युक्त गद्यांश को ध्यानपूर्वक पढ़ें और निम्नलिखित प्रश्नों के उत्तर के लिए सही विकल्प चुनें:

1. ''आविष्कार'' शब्द का अर्थ है :

   A. अनुसंधान B. खोज
   C. निर्माण D. विनाश

2. **अलौकिक** शब्द का क्या अर्थ है?
A. संसारिक B. भौतिक
C. अमानुषी D. प्राकृतिक

3. सफलता का विलोम क्या है?
A. सफल B. असफल
C. सफलतापूर्वक D. असफलता

4. परिश्रम करने और न करने से हमारे जीवन पर क्या प्रभाव पड़ता है?
A. लोग भाग्यवादी बन जाते हैं
B. कर्म से विरत हो जाते हैं
C. मन में ग्लानि का अनुभव होता है
D. इनमें से कोई नहीं

5. किस प्रकार के लोग समाज के लिए बोझ हैं?
A. भाग्यवादी B. कर्मठ
C. परिश्रमी D. प्रतिभाशाली

गद्यांश 6

वैदिक काल से हिमालय के पहाड़ बहुत पवित्र माने जाते हैं। इसमें कोई सन्देह नहीं कि हिमालय के पहाड़ों का दृश्य अति सुन्दर है। उसकी विशालता को देखकर मन में आनन्द और कृतज्ञता की लहर उठती है। ऐसा लगता है कि यह विशाल सृष्टि प्रभु की अनुपम देन है। सारी सृष्टि के प्रति समभाव जाग्रत होता है। वस्तुतः यह दृष्टि कोरी कल्पनात्मक या आध्यात्मिक नहीं है। देखा जाए तो सारे भारत की जलवायु का समतोल करने वाले यह हिमालय के पहाड़ हैं, विशेषकर उत्तरी भारत को वर्षा और पानी देने वाले ये ही हैं। गंगोत्री, यमुनोत्री, बद्री, केदार को तीर्थ माना जाता है, जो व्यर्थ क़ल्पना नहीं है। उन स्थानों से निकलने वाली पवित्र नदियाँ ही वास्तव में हमारी प्राणदात्री रही हैं।

उपर्युक्त गद्यांश को ध्यानपूर्वक पढ़ें और निम्नलिखित प्रश्नों के उत्तर के लिए सही विकल्प चुनें :

1. हिमालय के पर्वत बहुत पवित्र कब से माने जाते हैं?
A. पाषाण काल से B. वैदिक काल से
C. प्राचीन काल से D. आधुनिक काल से

2. विशालता शब्द है :
A. जातिवाचक B. भाववाचक
C. विशेषण D. सर्वनाम

3. भारत की जलवायु को समतोल कौन करता है?
A. गंगोत्री B. यमुनोत्री
C. केदार D. हिमालय

4. सृष्टि का समानार्थक शब्द है :
A. सृजन B. रचना
C. प्रकृति D. संसार

5. प्राणदात्री का क्या अर्थ है?
A. गंगोत्री
B. यमुनोत्री
C. प्राणसंचार करने वाली
D. समभाव जाग्रत करने वाली

गद्यांश 7

सच्चा मित्र एक शिक्षक की भाँति होता है। जिस प्रकार शिक्षक अपने छात्र को सन्मार्ग की ही ओर अग्रसर करता है, उसी प्रकार एक सच्चा मित्र अपने मित्र को पाप के गर्त में गिरने से बचाता है। मानव-जीवन अधिक रहस्यपूर्ण है। कभी-कभी जीवन में ऐसे अवसर उपस्थित हो जाते हैं, जब मनुष्य की धर्मबुद्धि नष्ट हो जाती है और उसका मन द्रुत गति से पाप की ओर दौड़ता है। ऐसे समय में मित्र का ही उपदेश अधिक कल्याणकारी सिद्ध होता है। मित्र के उपदेश का जितना प्रभाव हृदय पर पड़ता है, उतना और किसी का नहीं पड़ता है।

उपर्युक्त गद्यांश को ध्यानपूर्वक पढ़ें और निम्नलिखित प्रश्नों के उत्तर के लिए सही विकल्प चुनें :

1. सच्चा मित्र किस प्रकार का होता है?
A. विपत्ति में सहायता देने वाला
B. गलत मार्ग पर चलने से रोकने वाला
C. शिक्षक के भाँति
D. धार्मिक गुरु की तरह

2. सन्मार्ग शब्द का विपरीत शब्द है :
A. अग्रसर B. कुमार्ग
C. सुमार्ग D. मार्गदर्शक

3. व्यक्ति को पाप के गर्त्त में गिरने से कौन बचाता है?
A. शिक्षक B. भाई
C. पिता D. सच्चा मित्र

4. मानव पाप की ओर कब दौड़ता है?
   A. जब स्वार्थी बन जाता है
   B. जब धर्म-बुद्धि नष्ट हो जाती है
   C. जब सच्चामित्र साथ छोड़ देता है
   D. जब धनवान बन जाता है
5. उपदेश में कौन-सा उपसर्ग है?
   A. उ B. उप
   C. दे D. देश

गद्यांश 8

सब तरह के भावों को प्रकट करने की योग्यता रखने वाली और निर्दोष होने पर भी यदि कोई भाषा अपना निज का साहित्य नहीं रखती, तो वह रूपवती भिखारिन की तरह कदापि आदरणीय नहीं हो सकती। उनकी शोभा, उसकी बड़ी सम्पन्नता, उसकी मान-मर्यादा उसके साहित्य पर ही अवलम्बित रहती है। उसके विचारों और राजनैतिक स्थितियों का प्रतिबिम्ब देखने को यदि कहीं मिल सकता है, तो उसके ग्रन्थ साहित्य में मिल सकता है। सामाजिक शक्ति या सजीवता, सामाजिक अशक्ति या निर्जीवता और सामाजिक सभ्यता तथा असभ्यता का निर्णायक एकमात्र साहित्य है।

उपर्युक्त गद्यांश को ध्यानपूर्वक पढ़ें और निम्नलिखित प्रश्नों के उत्तर के लिए सही विकल्प चुनें :

1. साहित्य विहीन भाषा किस प्रकार की होती है?
   A. आदरणीय B. भिखारिन
   C. रूपवती D. रूपवती भिखारिन
2. रूपवती का पुल्लिंग रूप है:
   A. रूपवान B. सुन्दर
   C. सुन्दरी D. रूपवत
3. भाषा की मान मर्यादा किस पर निर्भर करती है?
   A. लिपि पर B. साहित्यकार पर
   C. भक्ति पर D. साहित्य पर
4. "सम्पन्नता" शब्द का विपरीत शब्द है:
   A. गरीबी B. विपन्न
   C. अमीर D. विपन्नता
5. राजनैतिक, सामाजिक शक्ति का दर्शन हमें किसमें मिलता है?
   A. समाज B. राज्य
   C. नेता D. साहित्य

गद्यांश 9

स्वतंत्र भारत का सम्पूर्ण दायित्व आज विद्यार्थियों के ही ऊपर है, क्योंकि आज जो विद्यार्थी हैं, वे ही कल स्वतंत्र भारत के नागरिक होंगे। भारत की उन्नति, उसका उत्थान उन्हीं की उन्नति और उत्थान पर निर्भर करता है। अतः विद्यार्थियों को चाहिए कि वे अपने भावी जीवन का निर्माण बड़ी सतर्कता और सावधानी के साथ करें। उन्हें प्रत्येक क्षण अपने राष्ट्र, अपने समाज, अपने धर्म, अपनी संस्कृति को अपनी आँखों के सामने रखना चाहिए, जिससे उनके जीवन से राष्ट्र को कुछ बल प्राप्त हो सके। जो विद्यार्थी राष्ट्रीय दृष्टिकोण से अपने जीवन का निर्माण नहीं करते, वे राष्ट्र और समाज के लिए भार-स्वरूप हैं।

उपर्युक्त गद्यांश को ध्यानपूर्वक पढ़ें और निम्नलिखित प्रश्नों के उत्तर के लिए सही विकल्प चुनें :

1. भारत की उन्नति किस पर निर्भर करती है?
   A. युवाओं पर B. नेताओं पर
   C. साहित्यकारों पर D. विद्यार्थियों पर
2. **उन्नति** का समानार्थक शब्द है :
   A. पतन B. उत्थान
   C. विकास D. उदय
3. **उत्थान** का विपरीत शब्द है :
   A. उदय B. पतन
   C. पराजय D. हार
4. किसे अपने जीवन का निर्माण सतर्कता और सावधानी से करना चाहिए?
   A. युवाओं को B. नेताओं को
   C. बच्चों को D. विद्यार्थियों को
5. धर्म, संस्कृति तथा समाज का रक्षक कौन है?
   A. नागरिक B. ग्रामीण
   C. विद्यार्थी D. युवा

गद्यांश 10

हास्य एक ऐसा माध्यम है, जो नीरस-जीवन को भी सुखद बना देता है। हास्य का जादू इतना प्रभावशाली होता है कि वह छूत के रोग की तरह चारों ओर फैल जाता है। जिसने कभी हँसना नहीं सीखा, सचमुच उसने जीना नहीं सीखा। सामान्यतः मनुष्य को जीवन में इतनी मुसीबतें झेलनी

पड़ती हैं कि वह अपने जीवन को पहाड़ समझने लगता है। ऐसे दूभर जीवन को यदि जीने योग्य बनाना हो तो उसके लिए आवश्यक है कि जीवन में हँसने की गुंजाइश हो। हँसी के सहारे मनुष्य अपने कष्टों को भुलाने का प्रयत्न करता है। संघर्ष, तनाव, व्यस्तता, घुटन यदि आज के जीवन की सहज देन हैं, तो इनसे बचने के लिए यह आवश्यक है कि हम हँसना सीखें।

उपर्युक्त गद्यांश को ध्यानपूर्वक पढ़ें और निम्नलिखित प्रश्नों के उत्तर के लिए सही विकल्प चुनें :

1. नीरस जीवन को कौन सुखद बना देता है?

A. संगीत B. गीत
C. आमोद प्रमोद D. हास्य

2. **नीरस** का संधि विच्छेद है :

A. नी + रस B. नि + रस
C. निः + रस D. नीः + रस

3. किसका जीवन व्यर्थ है?

A. जिसने रोना नहीं सीखा
B. जिसने हँसना नहीं सीखा
C. जिसने गाना नहीं सीखा
D. इनमें से कोई नहीं

4. **हँसना** शब्द है :

A. संज्ञा B. विशेषण
C. क्रिया विशेषण D. क्रिया

5. तनाव और घुटन से बचने के लिए क्या करना चाहिए?

A. रोना चाहिए B. गाना चाहिए
C. हँसना चाहिए D. काम करना चाहिए

गद्यांश 11

किसी पुस्तक को पढ़ने में जल्दी नहीं करनी चाहिए, जो कुछ लेखक कहता है, उसे समझने की चेष्टा करनी चाहिए। प्रत्येक शब्द का अर्थ समझने की चेष्टा करनी चाहिए। यदि लेखक योग्य है, तो दूसरी बार वह पुस्तक और अधिक आनन्द देगी और तीसरी बार और अधिक। प्रत्येक बार अध्ययन करने पर आपको नवीन सुन्दर और नए विचार मिलेंगे और उसे आप जितना ही पढ़ेंगे, उतना ही स्नेह करने लगेंगे। सहस्रों व्यक्तियों ने गीता और रामायण तथा कुरान और बाइबिल को बार-बार पढ़ा है। उनका अनुभव है कि प्रत्येक बार उन्हें नई सूझ और नए विचार मिलते गए। कुछ लोग तो इस बात पर गर्व करते हैं कि उन्होंने अमुक पुस्तक को अनेक बार पढ़ा है, उन्हें कंठस्थ हो गई है।

उपर्युक्त गद्यांश को ध्यानपूर्वक पढ़ें और निम्नलिखित प्रश्नों के उत्तर के लिए सही विकल्प चुनें :

1. किसे समझने की चेष्टा करनी चाहिए?

A. पुस्तक B. रामायण
C. महाभारत D. गीता

2. पुस्तक की सजीवता किस पर निर्भर करती है?

A. लेखक B. प्रकाशक
C. पाठक D. चिन्तक

3. **आनन्द** का विपरीत शब्द है :

A. शोक B. दुख
C. संताप D. खुशी

4. नवीन, सुन्दर और नए विचार हमें कहाँ से प्राप्त होता हैं?

A. पुस्तक को बार-बार पढ़कर
B. सुनकर
C. भाषण से
D. अच्छे व्यक्तियों से मिलने पर

5. **कंठस्थ** शब्द का शब्दार्थ है :

A. कंठ में स्थित B. सुंदर कंठ
C. जबानी याद D. पंडित जी

गद्यांश 12

अहिंसा परम धर्म है और हिंसा आपद् धर्म। मनुष्य बराबर अहिंसा की ओर चलना चाहता है, किन्तु परिस्थितियाँ उससे हिंसा कराती है, अर्थात् परमधर्म की रक्षा के लिए आदमी बराबर आपद्धर्म से काम लेता रहा है। भारत अपनी सेनाओं को विघटित कर दे, तब भी उसका अपमान उससे अधिक होने वाला नहीं, जितना नेफा में हुआ। किन्तु परमधर्म पर टिकने की सामर्थ्य अगर भारत में नहीं है, तो आपद्धर्म पर उसे आना चाहिए। व्यवहारतः आपद्धर्म परमधर्म का विरोधी नहीं, उसका रक्षक है।

उपर्युक्त गद्यांश को ध्यानपूर्वक पढ़ें और निम्नलिखित प्रश्नों के उत्तर के लिए सही विकल्प चुनें :

1. **परमधर्म** का विपरीत शब्द है :
   A. महान धर्म B. आपद्धर्म
   C. सच्चाधर्म D. इनमें से कोई नहीं
2. आपद्धर्म किसे कहा जाता है?
   A. अहिंसा B. सत्याग्रह
   C. विपत्ति D. हिंसा
3. मानव से हिंसा कौन करवाती है?
   A. लोभ B. स्वार्थ
   C. द्वेष D. परिस्थितियाँ
4. **सामर्थ्य** का शब्दार्थ है :
   A. संघर्ष B. परिश्रम
   C. शक्ति D. पराक्रम
5. **परमधर्म** की रक्षा कौन करता है?
   A. अहिंसा B. हिंसा
   C. आपदधर्म D. युद्ध

गद्यांश 13

वर्तमान काल विज्ञापन का युग माना जाता है। समाचार-पत्रों के अतिरिक्त रेडियो और टेलीविजन भी विज्ञापन के सफल साधन हैं। विज्ञापन का मूल उद्देश्य उत्पादक और भोक्ता में सीधा सम्पर्क स्थापित करना होता है। जितना अधिक विज्ञापन किसी पदार्थ का होगा, उतनी ही उसकी लोकप्रियता बढ़ेगी। इन विज्ञापनों पर धन तो अधिक व्यय होता है, पर इनसे बिक्री बढ़ जाती है। ग्राहक जब इन आकर्षक विज्ञापनों को देखता है तो वह उस वस्तु-विशेष के प्रति आकृष्ट होकर उसे खरीदने को बाध्य हो जाता है।

उपर्युक्त गद्यांश को ध्यानपूर्वक पढ़ें और निम्नलिखित प्रश्नों के उत्तर के लिए सही विकल्प चुनें :

1. वर्तमान को किसका युग माना जाता है?
   A. फैशन B. विज्ञापन
   C. संगीत D. धन
2. उत्पादक तथा भोक्ता के बीच कौन संबंध स्थापित करता है?
   A. टेलीविजन B. समाचार-पत्र
   C. रेडियो D. विज्ञापन
3. **वर्तमान** शब्द का विपरीत शब्द है :
   A. अर्वाचीन B. आधुनिक
   C. आजकल D. प्राचीन
4. **आकर्षक** का शब्दार्थ है :
   A. विकर्षक B. सुन्दर
   C. मनमोहक D. आश्चर्यजनक
5. भोक्ता किस कारण वस्तुओं को खरीदने के लिए बाध्य हो जाता है?
   A. विज्ञापन
   B. आकर्षक विज्ञापन
   C. लोकप्रियता के कारण
   D. आसानी से उपलब्ध होना

गद्यांश 14

लगभग दो सौ वर्ष की गुलामी ने भारत के राष्ट्रीय स्वाभिमान को पैरों से रौंद डाला, हमारी संस्कृति को समाप्त कर दिया, हमारे विश्वासों को हिला दिया और हमारे आत्मविश्वास को चकनाचूर कर दिया, किन्तु अपने इस बूढ़े देश से प्यार करने वाले, इसके एक सामान्य संकेत पर प्राण न्यौछावर करने वाले दीवानों का अभाव न था। एक आवाज उठी और देखते ही देखते राष्ट्र का दबा हुआ आत्माभिमान उन्मत्त हो उठा। इतिहास साक्षी है जाने और अनजाने सहस्त्रों देशभक्त स्वतंत्रता की अनमोल निधि को पाने के लिए शहीद हो गए।

उपर्युक्त गद्यांश को ध्यानपूर्वक पढ़ें और निम्नलिखित प्रश्नों के उत्तर के लिए सही विकल्प चुनें :

1. **स्वाभिमान** का संधि विच्छेद है:
   A. स्वा + भिमान B. स्वः + अभिमान
   C. स्व + अभिमान D. स्वा + अभिमान
2. भारत का राष्ट्रीय स्वाभिमान किस कारण समाप्त हो गया था?
   A. लम्बे गुलामी से B. निरंकुश शासक से
   C. स्वार्थी मानव से D. धर्म के विनाश से
3. **आत्मविश्वास** का शब्दार्थ है
   A. घमण्ड B. गर्व
   C. अपने पर विश्वास D. अभिमान
4. भारत की अनमोल निधि को पाने के लिए कौन शहीद हो गए?
   A. देशभक्त B. नेता
   C. युवा D. युवती

5. **अनमोल निधि** का शब्दार्थ है:

A. अनन्त खजाना B. अमूल्य खजाना

C. बहुमूल्य D. स्वतंत्रता

गद्यांश 15

दुनिया के विभिन्न देशों के विकास पर विहंगम दृष्टि डालने से यह स्पष्ट हो जाता है कि आज जिस देश ने वैज्ञानिक उपलब्धियों के सहारे अपना औद्योगीकरण कर लिया, उसी को उन्नत देश कहा जाता है। जिस देश में औद्योगीकरण का स्तर नीचा है, वह पिछड़ा हुआ देश कहा जाता है। वैज्ञानिक आविष्कारों और औद्योगीकरण के आधार पर ही किसी देश की प्रगति को आँका जाता रहा है। विज्ञान ने मानव को पूरी तरह बदल दिया है।

उपर्युक्त गद्यांश को ध्यानपूर्वक पढ़ें और निम्नलिखित प्रश्नों के उत्तर के लिए सही विकल्प चुनें :

1. **विहंगम दृष्टि** का क्या अर्थ है?

A. एक झलक B. गहन दृष्टि

C. गहन चिन्तन D. इनमें से कोई नहीं

2. **विकास** का विपरीत शब्द है :

A. उत्थान B. उदय

C. पतन D. विनाश

3. **वैज्ञानिक** शब्द में कौन-सा प्रत्यय हैं?

A. निक B. वै

C. ईक D. इक

4. मानव जीवन को किसने बदल दिया है :

A. विकास B. वैज्ञानिक

C. विज्ञान D. उद्योग

5. किसी भी देश की स्तर को किससे नापा जाता है?

A. उपलब्धियों पर

B. औद्योगीकरण से

C. वैज्ञानिकों से

D. आविष्कारों से

गद्यांश 16

विश्व का वर्तमान उन्नत रूप मानव-श्रम की ही कहानी कह रहा है। गगन चुंबी अट्टालिकाएँ, लंबी-चौड़ी सड़कें, बड़े-बड़े विशाल नगर आकाश में उड़ते वायुयान तथा मानव-जीवन को सुखी और समृद्ध बनाने में योगदान करने वाले ज्ञान-विज्ञान के अनन्त रूप-ये सभी मनुष्य के श्रम का जयघोष करते हैं। स्पष्ट है कि मनुष्य और उसका शरीर विधाता की अनुपम रचना है जो निश्चय ही महान उद्देश्यों की संपूर्ति के लिए दिया गया है। इस दुर्लभ तन को यदि हम आलस्य, प्रसाद अथवा घटिया कामों में गँवा देते हैं तो उस विधाता के प्रति अन्याय करते हैं।

उपर्युक्त गद्यांश को ध्यानपूर्वक पढ़ें और निम्नलिखित प्रश्नों के उत्तर के लिए सही विकल्प चुनें :

1. विश्व का वर्तमान रूप किसका उद्योतक है?

A. चिन्तक का B. नेता का

C. वैज्ञानिक का D. मानव श्रम

2. **गगन चुंबी अट्टालिकाएँ** का अर्थ है :

A. आकाश में उड़ने वाला

B. आकाश को छूने वाला

C. बहुमंजिली इमारत

D. इनमें से कोई नहीं

3. आकाश का समानार्थक शब्द है :

A. वसुन्धरा B. धरा

C. पयोद D. गगन

4. **सुखी** का विपरीत शब्द है :

A. प्रसन्न B. अप्रसन्न

C. दुखी D. उदासी

5. विधाता की अनुपम रचना क्या है?

A. मानव शरीर B. समुद्र

C. वन D. पृथ्वी

गद्यांश 17

हमारे देश में एक ऐसा भी युग था जब नैतिक और आध्यात्मिक विकास ही जीवन का वास्तविक लक्ष्य माना जाता था। अहिंसा की भावना सर्वोपरि थी। आज पूरा जीवन दर्शन ही बदल गया है। सर्वत्र पैसे की हाय-हाय तथा धन का उपार्जन ही मुख्य ध्येय हो गया है, भले ही धन-उपार्जन के तरीके गलत ही क्यों न हों? इन सबका असर मनुष्य के प्रतिदिन के जीवन पर पड़ रहा है। समाज का वातावरण दूषित हो गया है-

बाह्य वातावरण तो दूषित है ही, आज सब जानते हैं पर्यावरण की समस्याएँ कितनी चिन्तनीय हो उठी है। इन

सबके कारण मानसिक और शारीरिक तनाव-खिंचाव और व्याधियाँ पैदा हो रही हैं।

उपर्युक्त गद्यांश को ध्यानपूर्वक पढ़ें और निम्नलिखित प्रश्नों के उत्तर के लिए सही विकल्प चुनें :

1. भारत का प्राचीन आदर्श था :

A. सत्य और अहिंसा

B. नैतिक और आध्यात्मिक विकास

C. धन उपार्जन

D. इनमें से कोई नहीं

2. **अहिंसा** का विपरीत शब्द है :

A. हिंसा B. सत्याग्रह

C. विनम्रता D. नैतिकता

3. जीवन दर्शन क्यों बदल गया है?

A. हिंसा के कारण

B. अहिंसा के कारण

C. धन लिप्सा के कारण

D. आध्यात्मिक विकास के कारण

4. समाज का वातावरण दूषित क्यों हो गया है?

A. शारीरिक तनाव

B. मानसिक व्याधियाँ

C. पर्यावरण की समस्याएँ

D. धन उपार्जन के गलत तरीके

5. **पर्यावरण** का शब्दार्थ है:

A. जलमंडल B. स्थलमंडल

C. वायुमंडल D. वातावरण

गद्यांश 18

राजा राम मोहन राय में "होनहार बिरवान के होत चीकने पांत" वाली कहावत पूरी तरह चरितार्थ हुई। बाल्यकाल में उनकी बुद्धि कितनी कुशाग्र थी, इसकी अनेक कहानियाँ सुनी जाती हैं। उनके पिता ने उनकी पढ़ाई का समुचित प्रबन्ध किया। गाँव की पाठशाला में उन्होंने बंगला सीखी। उन दिनों कचहरियों में फारसी का बोलबाला था। अतः उन्होंने घर पर ही मौलवी से फारसी पढ़ी। नौ वर्ष की उम्र में वे अरबी की उच्च शिक्षा के लिए पटना भेजे गये। पटना उस समय भारतवर्ष में इस्लामी संस्कृति का केन्द्र था। पटना में वे तीन वर्ष तक रहे। उन्होंने कुरान का मूल अरबी में अध्ययन किया। चार वर्ष तक काशी में संस्कृत का अध्ययन किया। उपनिषदों के अद्वैतवाद का उनपर पूरा प्रभाव पड़ा। फलतः उन्हें निराकार ईश्वर पर विश्वास हुआ।

उपर्युक्त गद्यांश को ध्यानपूर्वक पढ़ें और निम्नलिखित प्रश्नों के उत्तर के लिए सही विकल्प चुनें :

1. राजा राममोहन राय ने बंगला कहाँ सीखी?

A. पटना B. काशी

C. कलकत्ता D. गाँव की पाठशाला

2. अरबी की शिक्षा उन्होंने कहाँ पाई?

A. काशी B. पटना

C. ईरान D. ईराक

3. संस्कृत साहित्य का अध्ययन उन्होंने कहाँ किया?

A. पटना B. काशी

C. इलाहाबाद D. कलकत्ता

4. **कुशाग्र** शब्द का अर्थ है :

A. तेज B. बुद्धिमान

C. होनहार D. विद्वान्

5. निराकार शब्द का विलोम है :

A. साकार B. आकार

C. विशाल D. मूर्ति

गद्यांश 19

मोती राजा साहब की सवारी का खास हाथी था। यों तो वह बहुत सीधा और समझदार था, पर कभी-कभी उसका मिजाज गर्म हो जाता था। एक बार पागलपन में उसने अपने महावत को मार डाला। राजा साहब ने यह खबर सुनी, तो उन्हें बहुत क्रोध आया, मोती की पदवी छिन गई। उसे राजा साहब की सवारी से निकाल दिया गया। कुलियों की तरह उसे लकड़ियाँ ढ़ोनी पड़ती, पत्थर लादने पड़ते और शाम को वह पीपल के नीचे मोटी जंजीरों से बाँध दिया जाता।

उपर्युक्त गद्यांश को ध्यानपूर्वक पढ़ें और निम्नलिखित प्रश्नों के उत्तर के लिए सही विकल्प चुनें :

1. राजा साहब की सवारी के हाथी का क्या नाम था?

A. सोना B. मोती

C. हीरा D. ऐरावत

2. किसने महावत को मार डाला था?

A. राजा B. हाथी

C. मोती D. दरबारी

3. **मिजाज** शब्द का शब्दार्थ है :

A. विचार　B. ध्यान
C. मन　D. दिल

4. किसकी पदवी छिन गई थी?

A. महावत की　B. राजा की
C. मोती की　D. हाथी की

5. समझदार और सीधा कौन था?

A. राजा साहब　B. महावत
C. मोती　D. इनमें से कोई नहीं

गद्यांश 20

मनुष्य का यह दावा है कि वह सक्षम है, समर्थ है। हिमालय की तराई में घने जंगलों के बीच में बना एक छोटा-सा स्टेशन, जो दोपहर के बाद वाली ढ़लती धूप में भी बुरी तरह जल रहा था, मानो मनुष्य के इस दावे का प्रमाण था। प्रकृति इस मनुष्य के वश में है, वह इस प्रकृति को मनचाहा नवीन रूप देता है। वह इस प्रकृति के साथ न जाने कितने खिलवाड़ करता है। तराई का वह जंगल भी तो उसी प्रकृति का एक भाग था।

उपर्युक्त गद्यांश को ध्यानपूर्वक पढ़ें और निम्नलिखित प्रश्नों के उत्तर के लिए सही विकल्प चुनें :

1. **सक्षम** शब्द समानार्थक शब्द है :

A. समर्थ　B. शक्तिशाली
C. कायर　D. निर्माता

2. सक्षम और समर्थ होने का दावा कौन करता है?

A. प्रकृति　B. मानव
C. दानव　D. पशु

3. छोटा-सा स्टेशन कहाँ स्थित है?

A. घने जंगलों में　B. हिमालय की तराई में
C. नदी के किनारे　D. नगर में

4. प्रकृति के साथ कौन खिलवाड़ करता है?

A. मानव　B. वैज्ञानिक
C. नेता　D. युवा

5. **नवीन** का विपरीत शब्द है :

A. पुराना　B. नूतन
C. नवनीत　D. अतीत

गद्यांश 21

पता नहीं जंगल में भी प्राण होते हैं या नहीं। वैसे जन्म लेना, मरना, शैशव, युवावस्था और वृद्धावस्था, जीवन के सब चिह्न जंगल में होते हैं। न जाने कितने पशु-पक्षी इन जंगलों की गोद में आश्रय लिए हुए हैं। कभी भयानक रूप से क्रुद्ध और उबलते हुए और कभी निष्प्राण से सुखे हुए नदी-नाले। ये सब जंगल के भाग हैं और जंगल के अन्दर इन अनगिनत प्राणियों में जीवन-मरण का संघर्ष चला करता है। रोज ही जन्म होते हैं, रोज ही मृत्यु के फेरे लगते हैं। जीवन-मरण की सीमाओं में बद्ध जो प्रकृति का क्रम है। वह तो चलता ही रहता है।

उपर्युक्त गद्यांश को ध्यानपूर्वक पढ़ें और निम्नलिखित प्रश्नों के उत्तर के लिए सही विकल्प चुनें :

1. जीवन के सब चिह्न किसमें होते है?

A. जंगल में
B. मानव में
C. पशु में
D. पादप में

2. **शैशव** का शब्दार्थ है :

A. युवा　B. बुढ़ापा
C. बचपन　D. नश्वर

3. जंगलों में कौन आश्रय लेता है :

A. पशु-पक्षी　B. जन्तु
C. पादप　D. मानव

4. **निष्प्राण** का समानार्थक शब्द है :

A. सजीव　B. निर्जीव
C. शाश्वत　D. नश्वर

5. **जीवन** का विपरीत शब्द है :

A. मरण　B. अमर
C. प्राण　D. नश्वर

गद्यांश 22

यह आदान-प्रदान ही मानव-सभ्यता का मूल स्रोत है; इस आदान-प्रदान के लिए ही मुनष्य ने पहाड़ों को लाँघकर और सागरों को पार करके दुनिया के हर-एक कोने का पता लगाया। इस आदान-प्रदान की क्रिया-प्रतिक्रिया के रूप में न जाने कितने युद्ध लड़े गए, न जाने कितने देश बरबाद किए गए, न जाने कितनी सभ्यताएँ नष्ट की गई और यह आदान-प्रदान चल रहा है।

उपर्युक्त गद्यांश को ध्यानपूर्वक पढ़ें और निम्नलिखित प्रश्नों के उत्तर के लिए सही विकल्प चुनें :

1. मानव-सभ्यता का मूल स्रोत क्या है?
   A. आदान B. प्रदान
   C. आदान-प्रदान D. इनमें से कोई नहीं
2. **मानव** का विपरीत शब्द है :
   A. नर B. मनुष्य
   C. दानव D. दुष्ट
3. दुनिया के हर एक भाग का पता किसने किया है?
   A. मानव B. खोजकर्ता
   C. आविष्कारक D. दानव
4. युद्ध क्यों लड़े गए थे :
   A. क्रिया-प्रतिक्रिया के कारण
   B. आदान-प्रदान के कारण
   C. स्वार्थ के कारण
   D. धन उपार्जन के कारण
5. **आदान-प्रदान** शब्द है :
   A. विपरीत शब्द
   B. क्रिया विशेषण
   C. पर्यायवाची शब्द
   D. सहचर-शब्द

उत्तरमाला

गद्यांश 1

1. C 2. D 3. B 4. A 5. D

गद्यांश 2

1. A 2. D 3. D 4. C 5. A

गद्यांश 3

1. C 2. D 3. B 4. C 5. B

गद्यांश 4

1. D 2. D 3. C 4. A 5. C

गद्यांश 5

1. B 2. D 3. D 4. C 5. A

गद्यांश 6

1. B 2. B 3. D 4. A 5. C

गद्यांश 7

1. C 2. B 3. D 4. B 5. B

गद्यांश 8

1. D 2. A 3. D 4. D 5. D

गद्यांश 9

1. D 2. B 3. B 4. D 5. C

गद्यांश 10

1. D 2. C 3. B 4. D 5. C

गद्यांश 11

1. A 2. A 3. A 4. A 5. C

गद्यांश 12

1. B 2. D 3. D 4. C 5. C

गद्यांश 13

1. B 2. D 3. D 4. C 5. B

गद्यांश 14

1. C 2. A 3. C 4. A 5. B

गद्यांश 15

1. A 2. D 3. C 4. C 5. B

गद्यांश 16

1. D 2. C 3. D 4. C 5. A

गद्यांश 17

1. B 2. A 3. C 4. D 5. D

गद्यांश 18

1. D 2. B 3. B 4. A 5. A

गद्यांश 19

1. B 2. C 3. C 4. C 5. C

गद्यांश 20

1. A 2. B 3. B 4. A 5. A

गद्यांश 21

1. C 2. C 3. A 4. B 5. A

गद्यांश 22

1. C 2. C 3. A 4. B 5. D

❑❑❑

सामान्य विज्ञान
(GENERAL SCIENCE)

भौतिक विज्ञान

- भौतिक विज्ञान में द्रव्य तथा ऊर्जा और उसकी परस्पर क्रियाओं का अध्ययन होता है।
- भौतिक राशियाँ दो प्रकार की होती हैं–
  - *(i)* **अदिश राशिः** ऐसी भौतिक राशियाँ जिनमें केवल परिमाण होता है दिशा नहीं, उन्हें अदिश राशि कहा जाता है, जैसे–दाब, द्रव्यमान, दूरी, चाल, आयतन, समय, कार्य, ऊर्जा, विद्युत धारा, ताप आदि।
  - *(ii)* **सदिश राशिः** ऐसी भौतिक राशियाँ, जिनमें परिमाण के साथ-साथ दिशा भी रहती है, सदिश राशि कहलाती हैं, जैसे–बल, वेग, विस्थापन, त्वरण, संवेग एवं बल-आघूर्ण इत्यादि।

राशि एवं उनके मात्रक

राशि	मात्रक (SI)	राशि	मात्रक (SI)
• लम्बाई	मीटर	• कार्य, ऊर्जा	जूल
• द्रव्यमान	किलोग्राम	• कोण	रेडियन
• समय	सेकण्ड	• त्वरण	मी/सेकण्ड^2
• ताप	केल्विन	• बल	न्यूटन
• विद्युत धारा	ऐम्पियर	• शक्ति	वाट
• ज्योति तीव्रता	कैण्डेला	• दाब	पास्कल
• आयतन	घनमीटर	• चाल	मी/सेकण्ड
• कोणिय वेग	रेडियन/से.	• आवृत्ति	हर्ट्ज
• संवेग	किग्रा.मी./से.	• आवेग	न्यूटन/सेकण्ड
• पृष्ठ तनाव	न्यूटन/मीटर	• विद्युत प्रतिरोध	ओम
• विभवान्तर	वोल्ट	• विद्युत धारिता	फैराडे

- **गतिः** यदि किसी वस्तु की स्थिति, किसी स्थिर वस्तु के सापेक्ष एकसमान रूप से बदल रही हो तो वह वस्तु गति में कही जाती है।
- **दूरीः** वस्तु द्वारा किसी समय अन्तराल में तय किए गए मार्ग की सम्पूर्ण लम्बाई दूरी कहलाती है। यह एक अदिश राशि है।
- **विस्थापनः** वस्तु की अन्तिम तथा प्रारंभिक स्थिति के बीच की न्यूनतम दूरी को विस्थापन कहते हैं। यह एक सदिश राशि है।
- **चालः** किसी वस्तु द्वारा प्रति सेकण्ड तय की गई दूरी को चाल कहते हैं।
- **वेगः** कोई वस्तु इकाई समय में किसी निश्चित दिशा में जितनी दूरी तय करती है, अर्थात् जितना विस्थापित होती है, उसे उस वस्तु का वेग कहते हैं। यह एक सदिश राशि है।
- **त्वरणः** किसी वस्तु के वेग परिवर्तन की दर को उस वस्तु का त्वरण कहते हैं।

$$\text{त्वरण} = \frac{\text{वेग में परिवर्तन}}{\text{समयान्तराल}}$$

- **वृत्तीय गति (Circular Motion):** जब कोई वस्तु वृत्तीय पथ पर गति करती है, तो उसकी गति वृत्तीय गति कहलाती है।
- **अभिकेन्द्र बलः** जब कोई वस्तु किसी वृत्ताकार मार्ग पर चलती है, तो उस पर एक बल वृत्त के केन्द्र की ओर कार्य करता है इसे अभिकेन्द्र बल कहते हैं।
- **अपकेन्द्रीय बलः** यह अभिकेन्द्री बल के विपरीत दिशा में लगता है।
- सूर्य के चारों ओर ग्रहों की गति तथा ग्रहों के चारों ओर उपग्रह की गति के लिए गुरुत्वाकर्षण बल आवश्यक अभिकेन्द्र बल प्रदान करता है।
- अभिकेन्द्र बल प्राप्त करने के लिए साइकिल सवार मोड़ पर अन्दर की ओर झुक जाता है।
- कपड़ा सुखाने की मशीन तथा दूध से मक्खन निकालने की मशीन अपकेन्द्रीय बल के सिद्धान्त पर कार्य करती है।
- आवश्यक अभिकेन्द्र बल प्रदान करने के लिए घुमावदार रेलवे ट्रेक एवं घुमावदार सड़कें एक तरफ को झुकी हुई या उठी हुई होती हैं।

न्यूटन के गति के नियम

- **प्रथम नियमः** यदि कोई वस्तु विराम की अवस्था में है, तो वह विराम की अवस्था में ही रहेगी और यदि वह एकसमान गति से किसी दिशा में चल रही है, तो वह वैसे ही चलती रहेगी, जब तक कि उस पर कोई बाहरी बल लगाकर उसकी अवस्था में परिवर्तन न किया जाए।

वस्तुओं की प्रारंभिक अवस्था (विराम या गति की अवस्था) में स्वतः परिवर्तन नहीं होने की प्रवृत्ति को जड़त्व कहते हैं। इसीलिए न्यूटन के प्रथम नियम को 'जड़त्व का नियम' भी कहा जाता है।

बल एक बाह्य कारक है, जिसके द्वारा किसी वस्तु की विराम अथवा गति की अवस्था में परिवर्तन किया जाता है। अतः प्रथम नियम से हमें बल की परिभाषा प्राप्त होती है।

- **द्वितीय नियमः** वस्तु के संवेग में परिवर्तन की दर उस पर आरोपित बल के अनुक्रमानुपाती होती है तथा संवेग परिवर्तन आरोपित बल की दिशा में ही होता है।
- **तृतीय नियमः** प्रत्येक क्रिया के बराबर, परन्तु विपरीत दिशा में प्रतिक्रिया होती है। इस नियम को क्रिया-प्रतिक्रिया का नियम भी कहते हैं।

न्यूटन के गति नियम के कुछ अनुप्रयोग

प्रथम नियम के अनुप्रयोग

- रुकी हुई गाड़ी के अचानक चल पड़ने पर उसमें बैठे यात्री पीछे की ओर झुक जाते हैं एवं चलती हुई गाड़ी के अचानक रुकने पर उसमें बैठे यात्री आगे की ओर झुक जाते हैं।
- गोली मारने से काँच में गोल छेद हो जाता है, परन्तु पत्थर मारने पर वह काँच टुकड़े-टुकड़े हो जाता है।

द्वितीय नियम के अनुप्रयोग

- क्रिकेट खिलाड़ी गेंद को कैच करते समय अपने हाथों को थोड़ा पीछे कर लेता है।
- गाड़ियों में स्प्रिंग और शॉक एब्जार्बर लगाए जाते हैं।
- गद्दे या मिट्टी के फर्श पर गिरने पर सीमेण्ट से बने फर्श पर गिरने की तुलना में कम चोट लगती है।

तृतीय नियम के अनुप्रयोग

- बंदूक से गोली छोड़ते समय पीछे की ओर झटका लगना।
- नाव के किनारे पर से जमीन पर कूदने पर नाव का पीछे हटना।
- ऊँचाई से कूदने पर चोट लगना।
- रॉकेट का आगे बढ़ना।

- **संवेगः** किसी गतिमान वस्तु के द्रव्यमान तथा वेग के गुणनफल को उस वस्तु का 'संवेग' कहते हैं। यह एक सदिश राशि है।
- **आवेगः** यदि कोई बल किसी वस्तु पर कम समय तक कार्यरत रहे तो बल और समय-अन्तराल के गुणनफल को उस वस्तु का 'आवेग' कहते हैं।

$$\text{आवेग} = \text{बल} \times \text{समय} - \text{अन्तराल}$$

- **संवेग-संरक्षण का नियमः** इस नियम के अनुसार एक या एक से अधिक वस्तुओं के निकाय पर कोई बाहरी बल नहीं लग रहा हो, तो उस निकाय का कुल संवेग नियत रहता है, अर्थात् संरक्षित रहता है।
- **घर्षण (Friction):** सम्पर्क में रखी दो वस्तुओं के मध्य एक प्रकार का बल कार्य करता है, जो गति करने में वस्तु का विरोध करता है, यह बल ही घर्षण बल कहलाता है। इसकी दिशा सदैव वस्तु की गति की दिशा के विपरीत होती है। गाड़ियों के ब्रेक घर्षण बल के कारण ही कार्य करते हैं। घर्षण बल के कारण ही मनुष्य सीधा खड़ा रह पाता है तथा चल पाता है।
- स्नेहक जैसे तेल एवं ग्रीस आदि का प्रयोग करके घर्षण को कम किया जाता है। बॉल-बियरिंग का प्रयोग भी घर्षण कम करने के लिए किया जाता है।
- **बल-आघूर्णः** बल द्वारा एक पिण्ड को एक अक्ष के परितः घुमाने की प्रवृति को बल-आघूर्ण कहते हैं। किसी अक्ष के परितः एक बल का बल-आघूर्ण उस बल के परिमाण तथा अक्ष से बल की क्रिया-रेखा के बीच की लम्बवत् दूरी के गुणनफल के बराबर होता है। यह एक सदिश राशि है। इस सिद्धांत के आधार पर घरों में गेहूं पीसने की चक्की का हत्था कील से दूर लगाया जाता है ताकि चक्की को घुमाने के लिए कम जोर लगाना पड़े।
- **उत्तोलक (Liver):** उत्तोलक एक सीधी या टेढ़ी दृढ़ छड़ होती है, जो किसी निश्चित बिन्दु के चारों ओर स्वतंत्रतापूर्वक घूम सकती है, जैसे–चिमटा, सरौता, कैंची आदि।
- **कार्य (Work):** कार्य की माप लगाए गए बल तथा बल की दिशा में वस्तु के विस्थापन के गुणनफल के बराबर होती है। यह एक अदिश राशि है।

$$\text{कार्य} = \text{बल} \times \text{बल की दिशा में विस्थापन।}$$

- **ऊर्जा (Energy):** किसी वस्तु की कार्य करने की क्षमता को उस वस्तु की ऊर्जा कहते हैं। ऊर्जा एक अदिश राशि है, इसका मात्रक जूल है। ऊर्जा दो प्रकार की होती है–गतिज ऊर्जा एवं स्थितिज ऊर्जा।
  - *(i)* **गतिज ऊर्जा (Kinetic Energy):** किसी वस्तु में उसकी गति के कारण कार्य करने की जो क्षमता आ जाती है, उसे उस वस्तु की गतिज ऊर्जा कहते हैं। वायु की गतिज ऊर्जा पवन चक्की को चलाने के काम आती है।
  - *(ii)* **स्थितिज ऊर्जा (Potential Energy):** जब किसी वस्तु में उसकी अवस्था या स्थिति के कारण कार्य करने की क्षमता आ जाती है, तो उसे स्थितिज ऊर्जा कहते हैं,

जैसे–घड़ी की चाबी से संचित ऊर्जा, तनी हुई स्प्रिंग या कमानी की ऊर्जा।

- **ऊर्जा संरक्षण का सिद्धांतः** ऊर्जा को न तो उत्पन्न किया जा सकता है और न ही नष्ट किया जा सकता है केवल एक रूप से दूसरे रूप में परिवर्तित किया जा सकता है, इसे ऊर्जा संरक्षण का सिद्धांत कहते हैं।

ऊर्जा का रूपान्तरण

उपकरण	*ऊर्जा का रूपान्तरण*
• माइक्रोफोन	विद्युत ऊर्जा को ध्वनि ऊर्जा में
• सौर सेल	प्रकाश ऊर्जा को विद्युत ऊर्जा में
• डायनेमो	यांत्रिक ऊर्जा को विद्युत ऊर्जा में
• मोमबत्ती का जलना	रासायनिक ऊर्जा को प्रकाश एवं ऊष्मा ऊर्जा में
• विद्युत मोटर	विद्युत ऊर्जा को यांत्रिक ऊर्जा में
• बल्ब/ट्यूब-लाइट/ हीटर का जलना	विद्युत ऊर्जा को प्रकाश एवं ऊष्मा ऊर्जा में

- **गुरुत्वाकर्षण (Gravitation):** न्यूटन के अनुसार किन्हीं पिंडों के बीच कार्य करने वाला आकर्षण बल पिण्डों के द्रव्यमान के गुणनफल के अनुक्रमानुपाती तथा उनके बीच की दूरी के वर्ग के व्युत्क्रमानुपाती होता है।
- **गुरुत्व (Gravity):** न्यूटन के गुरुत्वाकर्षण नियम के अनुसार दो पिंडों के बीच एक आकर्षण बल कार्य करता है। गुरुत्व वह आकर्षण बल है, जिससे पृथ्वी किसी वस्तु को अपने केन्द्र की ओर खींचती है। इस बल के कारण जो त्वरण उत्पन्न होता है, उसे गुरुत्व जनित त्वरण (g) कहते हैं जिसका मान 9.8 m/s^2 होता है। यह वस्तु के रूप, आकार, द्रव्यमान आदि पर निर्भर नहीं करता है।
- g के मान में परिवर्तन–
  - (*a*) पृथ्वी तल से नीचे या ऊपर जाने पर g का मान घटता है।
  - (*b*) पृथ्वी के केन्द्र पर g का मान शून्य होता है।
  - (*c*) g का मान पृथ्वी के ध्रुव पर महत्तम तथा विषुवत् रेखा पर न्यूनतम होता है।
  - (*d*) पृथ्वी की घूर्णन गति बढ़ने पर g का मान कम हो जाता है तथा पृथ्वी की घूर्णन गति घटने पर g का मान बढ़ जाता है।
- पृथ्वी के गुरुत्व के कारण ही पृथ्वी पर वायुमण्डल उपस्थित है।
- पहाड़ पर चढ़ते समय यात्री सदैव आगे की ओर को झुकते हैं। ऐसा करने से यात्री का गुरुत्व केन्द्र उनके पैरों के बीच से होकर गुजरता है तथा उन्हें अधिक संतुलन व स्थायित्व प्राप्त होता है।
- जब लकड़ी तथा लोहे की गेंद को निर्वात में एक साथ नीचे गिराया जाता है, तो दोनों गेंद एक साथ पृथ्वी पर पहुँचती हैं क्योंकि पृथ्वी द्वारा लगाया गया गुरुत्वाकर्षण बल सभी वस्तुओं पर एकसमान होता है।
- चन्द्रमा पर गुरुत्वीय त्वरण (g) का मान, पृथ्वी के गुरुत्वीय त्वरण के मान का 1/6 होता है।
- **पलायन वेगः** पलायन वेग वह न्यूनतम वेग है जिसमें किसी पिण्ड को पृथ्वी की सतह से ऊपर की ओर फेंके जाने पर वह गुरुत्वीय क्षेत्र को पार कर सकता है और कभी वापस नहीं आता। इसका मान पृथ्वी तल पर 11.2 किमी/से. होता है।
- **भू-स्थायी उपग्रह (Geo-Stationary Satellite):** ऐसा उपग्रह जो पृथ्वी के अक्ष के लम्बवत् तल में पश्चिम से पूर्व की ओर पृथ्वी की परिक्रमा करता है तथा जिसका परिक्रमण काल पृथ्वी के परिक्रमण काल (24 घंटे) के बराबर होता है। यह उपग्रह पृथ्वी तल से लगभग 36,000 किमी की ऊँचाई पर रहकर पृथ्वी का परिक्रमण करता है।
- **तरंग (Wave):** तरंग के द्वारा ऊर्जा का एक स्थान से दूसरे स्थान तक स्थानान्तरण होता है। तरंगों को मुख्यतः दो भागों में बाँटा जा सकता है–यांत्रिक तरंग व विद्युत-चुम्बकीय तरंग।
  - (*i*) **यांत्रिक तरंगः** ऐसी तरंगें जो किसी पदार्थिक माध्यम (ठोस, द्रव अथवा गैस) में संचारित होती है, यांत्रिक तरंगें कहलाती हैं। यांत्रिक तरंगों को मुख्यतः दो भागों में बाँटा गया है–
    (*a*) अनुदैर्ध्य तरंग एवं (*b*) अनुप्रस्थ तरंग
  - (*ii*) **विद्युत-चुम्बकीय तरंगः** ऐसी तरंगें जिनके संचरण के लिए किसी माध्यम की आवश्यकता नहीं होती। प्रकाश एवं ऊष्मा विद्युत-चुम्बकीय तरंगों के उदाहरण हैं।
- **ध्वनि तरंग (Sound Wave):** ध्वनि एक स्थान से दूसरे स्थान तक तरंगों के रूप में गमन करती है। ध्वनि तरंगें अनुदैर्ध्य यांत्रिक तरंगें होती हैं।
- **श्रव्य तरंगें (Audible Waves):** 20 Hz से 20000 Hz के बीच की आवृत्ति वाली तरंगों को 'श्रव्य तरंग' कहते हैं। इन तरंगों को अपने कानों के द्वारा सुना जा सकता है।
- **अवश्रव्य तरंगें (Infrasonic Waves):** 20 Hz से नीचे की आवृत्ति वाली ध्वनि तरंगों को 'अवश्रव्य तरंगें' कहते हैं। इन्हें हमारे कान नहीं सुन सकते हैं।

- **पराश्रव्य तरंगें (Ultrasonic Waves):** 20,000 Hz से ऊपर की तरंगों को पराश्रव्य तरंगें कहा जाता है। मनुष्य के कान इसे नहीं सुन सकते हैं परन्तु कुछ जानवर, जैसे–कुत्ता, बिल्ली, चमगादड़ आदि इसे सुन सकते हैं।
- **सोनार (Sonar) :** एक ऐसी विधि है, जिसके द्वारा समुद्र में डूबी हुई वस्तुओं का पता लगाया जाता है। इसके लिए पराश्रव्य तरंगों का प्रयोग किया जाता है।
- विभिन्न माध्यमों में ध्वनि की चाल भिन्न-भिन्न होती है। यह मुख्यतः माध्यम की प्रत्यस्थता तथा घनत्व पर निर्भर करती है। ताप बढ़ने पर ध्वनि की चाल बढ़ती है।
- हवा की आर्द्रता बढ़ने पर ध्वनि की चाल बढ़ जाती है।
- **अनुनाद (Resonance) :** जब किसी वस्तु के कम्पनों की स्वाभाविक आवृत्ति किसी चालक बल के कम्पनों की आवृत्ति के बराबर होती है, तो वह वस्तु बहुत अधिक आयाम से कम्पन करने लगती है। इस घटना को अनुनाद कहते हैं।
- **डाप्लर प्रभाव (Doppler's Effect) :** जब किसी ध्वनि स्रोत एवं श्रोता के बीच आपेक्षिक गति होती है, तो श्रोता को ध्वनि की आवृत्ति उसकी वास्तविक आवृत्ति से अलग सुनाई पड़ती है, इसे ही डॉप्लर प्रभाव कहते हैं।
- **दाब (Pressure) :** किसी सतह के एकांक क्षेत्रफल पर लगने वाले बल को दाब कहते हैं। यह सदिश राशि है।

  दाब = बल/क्षेत्रफल
- वायुमण्डलीय दाब बैरोमीटर से मापा जाता है।
- पास्कल के नियम पर आधारित कुछ यंत्र हैं: हाइड्रोलिक लिफ्ट, हाइड्रोलिक प्रेस, हाइड्रोलिक ब्रेक इत्यादि।
- दाब बढ़ने पर पदार्थ का गलनांक बढ़ जाता है।
- सभी द्रवों का क्वथनांक दाब घटाने पर बढ़ जाता है।
- पृथ्वी की सतह से ऊपर जाने पर वायुमण्डलीय दाब कम हो जाता है जिसके फलस्वरूप–
  - व्यक्ति की नाक से खून निकलने लगता है।
  - पहाड़ों पर खाना बनाने में कठिनाई होती है।
  - वायुयान में बैठे यात्री के फाउण्टेनपेन से स्याही रिस जाती है।
  - नमक मिले पानी का क्वथनांक कम होने के कारण इसमें भोजन जल्दी पक जाता है।
  - जल 100°C से कम ताप पर उबलने लगता है।
  - अधिक ऊँचाई पर कम दाब के कारण वायु की मात्रा कम होती है, अतः साँस लेने में कठिनाई होती है।
- प्लवन के नियम (Law of Floatation)–
  - *(i)* संतुलित अवस्था में तैरने पर वस्तु अपने भार के बराबर द्रव विस्थापित करती है।
  - *(ii)* ठोस का गुरुत्व-केन्द्र तथा हटाए गए द्रव का गुरुत्व केन्द्र दोनों एक ही उर्ध्वाधर रेखा में होने चाहिएं।
- **गुरुत्व केन्द्रः** किसी वस्तु का वह बिन्दु जहाँ उसका समस्त भार कार्य करता है, गुरुत्व केन्द्र कहलाता है।
- **आर्किमिडीज का सिद्धांतः** जब कोई वस्तु किसी द्रव में पूरी अथवा आंशिक रूप से डुबोई जाती है, तो उसके भार में कमी का आभास होता है। भार में यह आभासी कमी वस्तु द्वारा हटाए गए द्रव के भार के बराबर होती है।
- **घनत्व (Density):** द्रव्यमान प्रति एकांक आयतन घनत्व कहलाता है।
  - *(i)* आपेक्षिक घनत्व एक अनुपात है। इसे हाइड्रोमीटर से मापा जाता है।
  - *(ii)* सामान्य जल की अपेक्षा समुद्री जल का घनत्व अधिक होता है, इसलिए उसमें तैरना आसान होता है।
- जब बर्फ पानी में तैरती है, तो उसके आयतन का 1/10 भाग पानी के ऊपर रहता है।
- किसी बर्तन में पानी भरा है और उस पर बर्फ तैर रही है, जब बर्फ पूरी तरह पिघल जाएगी तो पात्र में पानी का तल बढ़ता नहीं है, पहले के समान ही रहता है।
- **पृष्ठ तनाव (Surface Tension):** द्रव का स्वतंत्र पृष्ठ सदैव तनाव में रहता है तथा उसमें कम-से-कम क्षेत्रफल प्राप्त करने की प्रवृत्ति होती है। द्रव के पृष्ठ का यह तनाव ही पृष्ठ तनाव कहलाता है, जैसे–
  - *(i)* पतली सुई पृष्ठ तनाव के कारण ही पानी पर तैरती है।
  - *(ii)* साबुन के घोल के बुलबुले बड़े इसीलिए बनते हैं कि जल में साबुन घोलने पर उसका पृष्ठ तनाव कम हो जाता है।
  - *(iii)* समुद्र की लहरों को शांत करने के लिए उन पर तेल डाल दिया जाता है।
- एक ही पदार्थ के अणुओं के मध्य लगने वाले आकर्षण बल को ससंजक बल कहते हैं जबकि विभिन्न पदार्थों के अणुओं के बीच के आकर्षण बल को आसंजक बल कहते हैं।
- आसंजक बल के फलस्वरूप ही जल किसी वस्तु को भिगोता है, पारा काँच से नहीं चिपकता आदि।
- **केशिकत्व (Capillarity):** केशनली में द्रव के ऊपर चढ़ने या नीचे दबने की घटना को केशिकत्व कहते हैं। केशिकत्व के कारण ही–

– लालटेन या लैम्प की बत्ती में तेल ऊपर चढ़ता है।

– ब्लॉटिंग पेपर स्याही को शीघ्र सोख लेता है।

– पेड़ पौधों की शाखाओं, तने एवं पत्तियों तक जल और आवश्यक लवण केशिकत्व की क्रिया के द्वारा ही पहुँचते हैं।

- **श्यानता (Viscocity):** तरल का वह गुण जिसके कारण तरल की विभिन्न परतों के मध्य आपेक्षिक गति का विरोध होता है, श्यानता कहलाता है। द्रवों में श्यानता, अणुओं के मध्य लगने वाले ससंजक बलों के कारण होती है एवं गैसों में श्यानता इसकी एक परत से दूसरी परत में अणुओं के स्थानान्तरण के कारण होती है।
- ताप बढ़ने पर द्रवों की श्यानता घट जाती है, परन्तु गैसों की बढ़ जाती है।
- **ऊष्मा (Heat):** ऊष्मा एक प्रकार की ऊर्जा है, जो दो वस्तुओं के बीच उनके तापान्तर के कारण एक वस्तु से दूसरी वस्तु में स्थानांतरित होती है। स्थानांतरण के समय ही ऊर्जा ऊष्मा कहलाती है। वस्तु का ताप, वस्तु में ऊष्मा की मात्रा तथा वस्तु के पदार्थ की प्रकृति पर निर्भर करता है, जबकि किसी वस्तु में निहित ऊष्मा उस वस्तु के द्रव्यमान व ताप पर निर्भर करती है।
- **ताप (Temperature):** वस्तु की ऊष्णता और शीतलता की माप को ताप कहते हैं। ऊष्मीय ऊर्जा सदैव उच्च ताप की वस्तु से निम्न ताप की वस्तु में जाती है।

विभिन्न पैमानों पर कुछ तापमान

तापमान	*सेल्सियस* (0°)	*फारेनहाइट* (°F)	*केल्विन* (K)
• जल का जमना	0	32	273
• कमरे का सामान्य ताप	27	80.6	300
• मानव शरीर का सामान्य ताप	37	98.6	310
• जल का उबलना	100	212	373

- **परम शून्य (Absolute Zero):** सिद्धांत रूप में अधिकतम ताप की कोई सीमा नहीं है, परन्तु निम्नतम ताप की सीमा है। किसी भी वस्तु का ताप –273.15°C से कम नहीं हो सकता है। इसे परम शून्य ताप कहते हैं और केल्विन पैमाने पर 0K लिखते हैं।

  0K = –273.15°C एवं 273.15 K = 0°C
- **विशिष्ट ऊष्मा (Specific Heat):** किसी पदार्थ की विशिष्ट ऊष्मा, ऊष्मा की वह मात्रा है, जो उस पदार्थ के एकांक द्रव्यमान में एकांक ताप वृद्धि उत्पन्न करती है। जल की विशिष्ट ऊष्मा (1 कैलोरी/ग्राम °C) का मान अन्य पदार्थों की तुलना में सबसे अधिक है।
- ऊष्मा दिये जाने पर या ऊष्मा निकाले जाने पर जल का प्रसार 0° से 4°C के बीच असाधारण-सा होता है। 0°C से 4°C तक गर्म करने पर जल का आयतन घटता है तथा 4°C के बाद आयतन बढ़ता है। जल का घनत्व 4°C पर सबसे अधिक होता है।
- **गुप्त ऊष्मा (Latent Heat):** नियत ताप पर पदार्थ की अवस्था परिवर्तन के लिए ऊष्मा की आवश्यकता होती है, इसे ही पदार्थ की गुप्त ऊष्मा कहते हैं। इसे जूल/किलोग्राम या कैलोरी/ग्राम में मापा जाता है।
- उबलते जल की अपेक्षा भाप से जलने पर अधिक कष्ट होता है, क्योंकि जल की अपेक्षा भाप की गुप्त ऊष्मा अधिक होती है।
- **ऊष्मीय संचरणः** ऊष्मा का एक स्थान से दूसरे स्थान पर जाने को ऊष्मा का संचरण कहते हैं। इसकी तीन विधियाँ हैं– *(a)* चालन *(b)* संवहन तथा *(c)* विकिरण।
- ठोस पदार्थ में ऊष्मा का संचरण संवहन द्वारा होता है।
- गैस तथा द्रव में ऊष्मा का संचरण संवहन द्वारा होता है तथा वायुमंडल संवहन विधि के द्वारा ही गरम होता है।
- सूर्य से ऊष्मा पृथ्वी पर संवहन विधि द्वारा पहुँचती है।
- **गलनांकः** निश्चित ताप पर ठोस का द्रव में बदलना गलन कहलाता है तथा इस निश्चित ताप को ठोस का गलनांक कहते हैं।
- **त्रिक बिन्दुः** वह बिन्दु जिस पर तीनों अवस्थाएँ ठोस, तरल एवं गैस तीनों एक साथ पाई जाती हैं।
- **हिमांकः** निश्चित ताप पर द्रव का ठोस में बदलना हिमीकरण कहलाता है तथा इस निश्चित ताप को द्रव्य का हिमांक कहते हैं।
- **क्वथनांकः** निश्चित ताप पर वाष्प का द्रव में बदलना संघनन कहलाता है। इस निश्चित ताप को क्वथनांक कहते हैं।
- **संघनन बिन्दुः** निश्चित ताप पर वाष्प का द्रव में बदलना संघनन कहलाता है तथा इस निश्चित ताप को संघनन बिन्दु कहते हैं।
- **न्यूटन का शीतलन नियमः** समान अवस्था रहने पर विकिरण द्वारा किसी वस्तु के ठण्डे होने की दर वस्तु तथा उसके चारों ओर के माध्यम के तापान्तर के अनुक्रमानुपाती होती है। अतः

वस्तु जैसे-जैसे ठण्डी होती जाएगी उसके ठण्डे होने की दर कम होती जाएगी।

- **किरचौफ का नियमः** इसके अनुसार अच्छे अवशोषक ही अच्छे उत्सर्जक होते हैं। अंधेरे कमरे में यदि एक काली और एक सफेद वस्तु को समान ताप पर गरम करके रखा जाए तो काली वस्तु अधिक विकिरण उत्सर्जित करेगी। अतः काली वस्तु अंधेरे में अधिक चमकेगी।

प्रकाश (Light)

- प्रकाश एक प्रकार की ऊर्जा है, जो विद्युत चुम्बकीय तरंगों के रूप में संचरित होती है। वायु तथा निर्वात में प्रकाश की गति सबसे अधिक (3×10 मी/से) होती है।
- **प्रकाश का फोटॉन सिद्धांतः** प्रकाश विद्युत प्रभाव एवं कॉम्पटन सिद्धांत की व्याख्या आइन्सटीन द्वारा प्रतिपादित प्रकाश के फोटॉन सिद्धांत द्वारा की जाती है। इस सिद्धांत के अनुसार, प्रकाश ऊर्जा के छोटे-छोटे बण्डलों या पैकेटों के रूप में चलता है जिन्हें फोटॉन कहते हैं।
- प्रकाश को सूर्य से पृथ्वी तक आने में 8 मिनट 19 सेकण्ड का समय लगता है।
- **प्रकाश का विवर्तनः** प्रकाश को अवरोध के किनारों पर थोड़ा मुड़कर उसकी छाया में प्रवेश करने की घटना को विवर्तन कहते हैं।
- **प्रकाश का प्रकीर्णनः** जब प्रकाश किसी ऐसे माध्यम से गुजरता है, जिसमें धूल तथा अन्य पदार्थों के अत्यन्त सूक्ष्म कण होते हैं, तो इनके द्वारा प्रकाश सभी दिशाओं में प्रसारित हो जाता है, इस घटना को प्रकाश का प्रकीर्णन कहा जाता है। बैंगनी रंग के प्रकाश का प्रकीर्णन सबसे अधिक तथा लाल रंग के प्रकाश का प्रकीर्णन सबसे कम होता है।
- आकाश का नीला रंग प्रकीर्णन के कारण होता है।
- **प्रकाश का परावर्तनः** प्रकाश के चिकने पृष्ठ से टकराकर वापस लौटने की घटना को प्रकाश का परावर्तन कहते हैं। परावर्तन के दो नियम हैं–
  - *(i)* आपतित किरण, आपतित बिन्दु पर अभिलंब व परावर्तित किरण एक ही तल में होते हैं।
  - *(ii)* आपतन कोण परावर्तन कोण के बराबर होता है।
- समतल दर्पण में किसी वस्तु का प्रतिबिम्ब दर्पण के पीछे उतनी ही दूरी पर बनता है, जितनी दूरी पर वस्तु दर्पण के आगे रखी होती है। यह प्रतिबिम्ब काल्पनिक, वस्तु के बराबर एवं पार्श्व उल्टा बनता है।
- गोलीय दर्पण दो प्रकार के होते हैं–

  (i) अवतल दर्पण *(ii)* उत्तल दर्पण।

  (i) **अवतल दर्पणः** जिस गोलीय दर्पण का परावर्तक तल धंसा रहता है, उसे अवतल दर्पण कहते हैं। अवतल दर्पण को अपसारी दर्पण भी कहा जाता है क्योंकि यह अनंत से आने वाली किरणों को फैलाता है। अवतल दर्पण के उपयोग–
  - बड़ी फोकस दूरी वाला अवतल दर्पण दाढ़ी बनाने में काम आता है।
  - आँख, कान एवं नाक के डॉक्टर के द्वारा उपयोग में लाया जाने वाला दर्पण।
  - गाड़ी के हेडलाइट एवं सर्चलाइट में।
  - सोलर कुकर में।

  (ii) **उत्तल दर्पणः** जिस गोलीय दर्पण की परावर्तक सतह उभरी रहती है, उसे उत्तल दर्पण कहा जाता है। उत्तल दर्पण को अभिसारी दर्पण भी कहा जाता है क्योंकि यह अनंत से आने वाली किरणों को सिकोड़ता है।
  - मोटरवाहन में चालक के बगल में पृष्ठ दृश्य दर्पण लगाया जाता है।
  - सड़क पर लगे परावर्तक लैम्पों में उत्तल दर्पण का प्रयोग किया जाता है, विस्तार क्षेत्र अधिक होने के कारण ये प्रकाश को अधिक क्षेत्र में फैलाते हैं।
- **प्रकाश का अपवर्तनः** जब प्रकाश की किरणें एक पारदर्शी माध्यम से दूसरे पारदर्शी माध्यम में प्रवेश करती हैं, तो दोनों माध्यमों को अलग करने वाले तल पर अभिलम्बवत् आपाती होने पर बिना मुड़े सीधे निकल जाती है, परन्तु तिरछी आपाती होने पर वे अपनी मूल दिशा से विचलित हो जाती है। इस घटना को प्रकाश का अपवर्तन कहते हैं। उदाहरणस्वरूप--रात्रि के समय तारों का टिमटिमाना, पानी से भरे किसी बर्तन की तली में पड़ा हुआ सिक्का ऊपर उठा हुआ दिखाई पड़ना एवं द्रव में अंशतः डूबी हुई सीधी छड़ का टेढ़ा दिखाई पड़ना।
- **प्रकाश का पूर्ण आन्तरिक परावर्तनः** जब कोई प्रकाश की किरण किसी सघन माध्यम से विरल माध्यम में प्रवेश करती है, तो अपवर्तन के कारण अपवर्तित किरण अभिलंब से दूर हटती जाती है। जैसे-जैसे हम आपतन कोण का मान बढ़ाते जाते हैं, विरल माध्यम में अपवर्तित किरण अभिलंब से दूर हटती जाती है, अर्थात् अपवर्तन कोण का मान बढ़ता जाता है। जब एक निश्चित आपतन कोण के लिए अपवर्तन कोण का मान 90° हो जाता है, तो इस आपतन कोण को क्रांतिक

कोण कहते हैं। यदि आपतन कोण को और बढ़ायें, तो किरणों का अपवर्तन नहीं हो सकेगा, क्योंकि अपवर्तन कोण का मान 90° से अधिक नहीं हो सकता। ऐसी स्थिति में आपतित किरणें परावर्तन के नियमानुसार सघन माध्यम में परावर्तित हो जाती है। यह घटना पूर्ण आन्तरिक परावर्तन कहलाती है।

- पूर्ण आंतरिक परावर्तन के उदाहरण–
  - *(i)* हीरा अत्यधिक चमकता है।
  - *(ii)* रेगिस्तान में मरीचिका तथा ठण्डे देशों में मरीचिका दिखाई देती है।
  - *(iii)* काँच का चटका हुआ भाग चमकीला दिखाई देता है।
  - *(iv)* प्रकाशिक तन्तु (Optical Fibres) पूर्ण आंतरिक परावर्तन के सिद्धांत पर काम करते हैं।
- लाल, हरे और नीले रंग को प्राथमिक रंग या मूल रंग कहते हैं।
- मैजेंटा, मोरनी रंग व पीला द्वितीयक रंग कहलाते हैं।
- रंगीन टेलीविजन में प्राथमिक रंग लाल, हरा एवं नीला का उपयोग किया जाता है।
- **निकट दृष्टि दोष (Myopia):** इस रोग से ग्रसित व्यक्ति नजदीक की वस्तु को देख लेता है, परन्तु दूर स्थित वस्तु को नहीं देख पाता है। इसमें वस्तु का प्रतिबिम्ब रेटिना पर न बनकर रेटिना के आगे बन जाता है। निकट दृष्टि दोष के निवारण के लिए अवतल लेंस का प्रयोग किया जाता है।
- **दूर दृष्टि दोष (Hypermetropia):** इस रोग से ग्रसित व्यक्ति को दूर की वस्तु दिखलाई पड़ती है, निकट की वस्तु दिखलाई नहीं पड़ती है। इस रोग में निकट की वस्तु का प्रतिबिम्ब रेटिना के पीछे बनता है। दूर दृष्टि दोष के निवारण के लिए उत्तल लेंस का प्रयोग किया जाता है।

विद्युत धारा

- किसी चालक में विद्युत आवेश के प्रवाह की दर को विद्युत धारा कहते हैं। विद्युत धारा की दिशा धन आवेश की गति की दिशा की ओर मानी जाती है। इसका S.I. मात्रक एम्पीयर है। यह एक अदिश राशि है।
- **ओम का नियमः** यदि चालक की भौतिक अवस्था जैसे–ताप आदि में कोई परिवर्तन न हो तो चालक के सिरों पर लगाया गया विभवान्तर उसमें प्रवाहित धारा के अनुक्रमानुपाती होता है।
- धातुओं का ताप बढ़ाने पर उनका प्रतिरोध बढ़ता जाता है।
- अर्द्धचालकों का ताप बढ़ाने पर उनका प्रतिरोध घटता जाता है।
- **अमीटर (Ammeter):** विद्युत धारा को एम्पीयर में मापने के लिए आमीटर नामक यंत्र का प्रयोग किया जाता है। एक आदर्श अमीटर का प्रतिरोध शून्य होता है।
- **वोल्टमीटर (Voltameter):** वोल्टमीटर का प्रयोग परिपथ के किन्हीं दो बिन्दुओं के बीच विभवान्तर मापने में किया जाता है।
- **विद्युत फ्यूजः** विद्युत फ्यूज का प्रयोग परिपथ में लगे उपकरणों की सुरक्षा के लिए किया जाता है, यह टिन (63%) और सीसा (37%) की मिश्रधातु का बना होता है। इसका गलनांक कम होता है।
- प्राकृतिक चुम्बक लोहे का ऑक्साइड (Fe_3O_4) है।
- **अतिचालकता (Super Conductivity):** अत्यन्त निम्न ताप पर कुछ पदार्थों का विद्युत प्रतिरोध शून्य हो जाता है, इन्हें ही अतिचालक कहते हैं और इस गुण को अतिचालकता कहते हैं।
- **अर्द्धचालक (Semi Conductor):** ऐसे पदार्थ जिनमें इलेक्ट्रॉनिक संरचना इस प्रकार की होती है कि कहीं इलेक्ट्रॉन मुक्त हो जाता है और कहीं रिक्त बन जाता है, अर्द्धचालक कहलाते हैं। इनकी विद्युत चालकता सामान्य ताप पर चालक व विद्युत रोधी पदार्थों की चालकताओं के मध्य होती है। जर्मेनियम और सिलिकन ऐसे मुख्य पदार्थ हैं।
- **रेडियो सक्रियताः** जिन नाभिकों में प्रोटॉन की संख्या 83 या उससे अधिक होती है, वे अस्थायी होते हैं। स्थायित्व प्राप्त करने के लिए ये नाभिक स्वतः ही अल्फा (α), बीटा (β), गामा (γ) किरणें उत्सर्जित करने लगती हैं। ऐसे नाभिक जिन तत्वों के परमाणुओं में होते हैं, उन्हें रेडियोएक्टिव कहते हैं तथा किरणों की उत्सर्जन की घटना को रेडियो सक्रियता कहते हैं।
- सबसे अधिक वेधन क्षमता γ–किरण (गामा किरण) की होती है।
- सबसे अधिक आयनन क्षमता α–किरण (अल्फा किरण) की होती है।
- **द्रव्यमान ऊर्जा सम्बन्धः** इसके अनुसार द्रव्यमान एवं ऊर्जा एक-दूसरे से स्वतंत्र नहीं है, बल्कि दोनों एक-दूसरे से संबंधित हैं तथा प्रत्येक पदार्थ में उसके द्रव्यमान के कारण ऊर्जा भी होती है। इस सिद्धान्त का प्रतिपादन आइन्सटीन ने किया था जिसे सापेक्षिकता का सिद्धान्त कहा जाता है। अतः किसी वस्तु का द्रव्यमान m एवं प्रकाश का वेग c है, तो इस द्रव्यमान से सम्बद्ध ऊर्जा, $E = mc^2$ होती है।
- **नाभिकीय विखंडन (Nuclear Fission):** वह नाभिकीय प्रतिक्रिया जिसमें कोई एक भारी नाभिक दो भागों में टूटता है, नाभिकीय विखण्डन कहलाता है। इस प्रतिक्रिया के दौरान उत्पन्न ऊर्जा को नाभिकीय ऊर्जा कहते हैं।

- **शृंखला अभिक्रियाः** जब यूरेनियम पर न्यूट्रॉनों की बमबारी की जाती है, तो एक यूरेनियम नाभिक के विखंडन पर बहुत अधिक ऊर्जा व तीन नए न्यूट्रॉन उत्सर्जित होते हैं। ये उत्सर्जित न्यूट्रॉन यूरेनियम नाभिकों के विखंडन की एक शृंखला बन जाती है। इसे ही शृंखला अभिक्रिया कहते हैं।
- नाभिकीय रिएक्टर से सम्बन्धित कुछ महत्वपूर्ण तथ्य–
  - *(i)* रिएक्टर में ईंधन के रूप में यूरेनियम-235 या प्लूटोनियम-239 का प्रयोग किया जाता है।
  - *(ii)* रिएक्टर में मंदक के रूप में भारी जल या ग्रेफाइट का प्रयोग किया जाता है। मंदक रिएक्टर में न्यूट्रॉन की गति को धीमा करता है।
  - *(iii)* रिएक्टर में नियंत्रक छड़ के रूप में कैडमियम या बोरॉन छड़ का उपयोग किया जाता है। इसकी सहायता से नाभिक के विखंडन के दौरान निकलने वाले तीन नए न्यूट्रॉन में से दो को अवशोषित कर लिया जाता है।
- **नाभिकीय संलयन (Nuclear Fusion):** इस प्रक्रिया में दो या दो से अधिक हल्के नाभिक संयुक्त होकर एक भारी नाभिक बनाते हैं तथा अत्यधिक ऊर्जा विमुक्त करते हैं। सूर्य एवं तारों से प्राप्त ऊर्जा एवं प्रकाश का स्रोत नाभिकीय संलयन ही है।

वैज्ञानिक यंत्र व उपकरण

यंत्र/उपकरण	*उपयोग*
• अमीटर	विद्युत धारा को एम्पियर में मापने हेतु प्रयुक्त यंत्र
• अल्टीमीटर	विमानों की ऊँचाई मापने हेतु प्रयुक्त यंत्र
• ऑडियोमीटर	ध्वनि की तीव्रता मापने हेतु प्रयुक्त यंत्र
• एनिमोमीटर	वायु की शक्ति और गति मापने का यंत्र
• एवोमीटर	रेडियो में उत्पन्न दोष का पता लगाने का यंत्र
• एयरोमीटर	वायु तथा गैसों के भार तथा घनत्व मापने का यंत्र
• एक्युमुलेटर	विद्युत ऊर्जा को संचित करने का यंत्र
• एपिकायस्कोप	अपारदर्शी चित्रों को पर्दे पर दिखाने का काम करने वाला उपकरण
• एवन्टिओमीटर	सूर्य किरणों की तीव्रता का निर्धारण करने वाला यंत्र
• ओडोमीटर	वाहनों के पहियों द्वारा तय की गई दूरी को मापने वाला यंत्र
• बैरोमीटर	वायुमंडलीय दाब मापने वाला यंत्र
• बोलोमीटर	ऊष्मीय विकिरण मापने का यंत्र
• क्रेस्कोग्राफ	पौधों की वृद्धि को दर्शाने वाला यंत्र
• कैलोरीमीटर	ऊष्मा को मापने वाला यंत्र
• कार्डियोग्राम	मनुष्य की हृदयगति को मापने वाला यंत्र
• क्रोनोमीटर	पानी के जहाजों में सही समय ज्ञात करने में प्रयुक्त उपकरण
• फेदोमीटर	समुद्र की गहराई मापने वाला यंत्र
• लैक्टोमीटर	दूध की शुद्धता मापने वाला यंत्र
• मैनोमीटर	गैसों का दाब मापने का यंत्र
• पाइरोमीटर	उच्च ताप मापने वाला यंत्र
• फोनोमीटर	प्रकाश की चमक शक्ति ज्ञात करने वाला यंत्र
• पोलीग्राफ	झूठ का पता लगाने वाला यंत्र
• रेनगॉज	वर्षा की मात्रा ज्ञात करने वाला यंत्र
• राडार	दूर से आने वाले वायुयान की गति और दिशा ज्ञात करने वाला यंत्र
• रेडियो माइक्रोमीटर	ऊष्मीय विकिरण को मापने का यंत्र
• टैकोमीटर	वायुयान की गति मापने का यंत्र
• यूडोमीटर	वर्षामापक यंत्र

यंत्र संबंधी आविष्कार

यंत्र	आविष्कारक
• रेल इंजन	जॉर्ज स्टीफेंसन
• थर्मस फ्लास्क	डीवार
• तड़ित चालक	फ्रैंकलिन
• लेंस कैमरा	जीस
• टायर	डनलप
• टेलीविजन	जे.एल. बेयर्ड
• टेलीफोन	ग्राहम बैल
• मोटरकार	ऑस्टिन
• वायुयान	राइट बंधु
• ग्रामोफोन	एडिसन
• ट्रांसफार्मर	फैराडे
• फाउन्टेन पेन	वाटरमैन
• भाप इंजन	जेम्स वाट

यंत्र	आविष्कारक
• क्रेस्कोग्राफ	जे.सी. बोस
• रेडियो	मार्कोनी
• डीजल इंजन	रूडोल्फ डीजल
• टाइप मशीन	शोल्ज
• थर्मामीटर	फॉरेनहाइट
• जेट-इंजन	फ्रैंक व्हीटल
• रेफ्रिजरेटर	हैरीसन एवं कैटलीन
• पावरलूम	कार्ल राइट
• आर्क लैम्प	डेवी
• परमाणु भट्टी	एनरिको फर्मी
• दूरबीन	गैलीलियो
• डायलीसीस मशीन	कोल्फ
• कैलकुलेटर	पास्कल

यंत्र	आविष्कारक
• होलोग्राफी	डॉ. डेनिश गबोर
• टेलीग्राफ	मोर्स
• बेतार टेलीग्राफी	मार्कोनी
• विद्युत बल्ब	एडीसन
• स्पेक्ट्रमदर्शी	बुन्सेन
• राडार	आर.डब्ल्यू. वाटस
• पनडुब्बी	बुशवेल
• साइकिल	मैकमिलन
• पैराशूट	ए.जी. गार्नरिन
• मुद्रण कला	गुटेनबर्ग
• माइक्रोस्कोप	जेनसन एण्ड जेनसन
• सिस्मोमीटर	रॉबर्ट मैलेट
• ई-मेल	रे टॉमलिंसन

प्रसिद्ध विज्ञानिक विज्ञानी एवं उनके आविष्कार

वैज्ञानिक	आविष्कार
• न्यूटन	गति के नियम, सार्वत्रिक गुरुत्वाकर्षण का नियम, परावर्तक दूरदर्शी, अवकलण गणित का आविष्कार, द्विपद प्रमेय का नियम
• गैलीलियो	जड़त्व का नियम, गति के समीकरण एवं दूरदर्शी का निर्माण
• फैराडे	विद्युत चुम्बकीय प्रेरण के नियम, विद्युत अपघट्य के नियम एवं डायनेमो का आविष्कार
• आइन्स्टीन	सापेक्षिकता का विशिष्ट एवं व्यापक सिद्धांत, प्रकाश-विद्युत प्रभाव की व्याख्या, द्रव्यमान और ऊर्जा की तुल्यता ($E = mc^2$), फोटॉन की खोज, द्रव्यमान क्षति का पता
• जी. मार्कोनी	बेतार संदेश, रेडियो तथा बेतार टेलीग्राफी
• जॉन डॉल्टन	परमाणु सिद्धांत का प्रतिपादन
• डॉ. डेनिश गबोर	त्रिविमीय फोटोग्राफी की खोज
• रॉन्टजन	X-किरणों का आविष्कार
• हाइजेनबर्ग	अनिश्चितता का सिद्धांत एवं क्वाण्टम यांत्रिकी का निर्माण
• ऑटो हॉन	परमाणु बम का निर्माण
• एडीसन	फोनोग्राफ, विद्युत बल्ब, चलचित्र टेलीग्राफ
• हेनरी बेक्वेरल	रेडियो सक्रियता की खोज
• जॉन वारडीन	अतिचालकता का सिद्धांत
• एडवर्ड टेलर	हाइड्रोजन बम का निर्माण

☆☆☆☆☆☆

रसायन विज्ञान

विज्ञान की इस शाखा के अन्तर्गत पदार्थों के गुण, संघटन, संरचना तथा उनमें होने वाले परिवर्तनों का अध्ययन किया जाता है। **लेवायसिये** को रसायन विज्ञान का जनक कहा जाता है।

- **पदार्थ (Matter):** दुनिया की कोई भी वस्तु जो स्थान घेरती हो, जिसका द्रव्यमान होता हो और जो अपनी संरचना में परिवर्तन का विरोध करती हो, पदार्थ कहलाती हैं; जैसे–वायु, जल, दूध, लोहा आदि।
- **ठोस (Solid):** ठोस पदार्थ की वह अवस्था है, जिसमें उसके आकार एवं आयतन निश्चित होते हैं, जैसे–ईंट, पत्थर, लोहा, सोना इत्यादि। ठोस पदार्थ के अणुओं में परस्पर आकर्षण बल सबल होता है।
- **द्रव (Liquid):** द्रव पदार्थ की वह अवस्था है, जिसमें उसका आयतन निश्चित होता है, परन्तु आकार अनिश्चित होता है, जैसे–जल, तेल, दूध आदि। द्रव पदार्थ के अणुओं में परस्पर आकर्षण बल ठोस अवस्था की अपेक्षा कमजोर होता है। द्रव पदार्थ का घनत्व गैस से अधिक किन्तु ठोस से कम होता है।
- **गैस (Gas):** गैस पदार्थ की वह अवस्था है, जिसमें उसके आकार और आयतन दोनों अनिश्चित होते हैं, जैसे–वायु, ऑक्सीजन, नाइट्रोजन, हाइड्रोजन आदि। गैस का कोई पृष्ठ तल नहीं होता। गैस के अणुओं में परस्पर आकर्षण बल ठोस एवं द्रव दोनों की अपेक्षा कमजोर होता है। गैसीय पदार्थ का न तो कोई निश्चित आकार होता है और न ही निश्चित आयतन।
- **तत्व (Element):** तत्व वह मौलिक पदार्थ है, जिसे किसी भी भौतिक या रासायनिक विधि द्वारा न तो दो या दो से अधिक सर्वथा भिन्न गुणों वाले पदार्थों में विभाजित किया जा सकता है और न ही दो या दो से अधिक पदार्थों के बीच संयोग कराकर संश्लेषित किया जा सकता है; जैसे–सोना, चाँदी, ऑक्सीजन आदि।

  तत्व दो प्रकार के होते हैं–धातु और अधातु।

  (i) धातु विद्युत और ऊष्मा के सुचालक होते हैं तथा ये ठोस अवस्था में आघातवर्द्धनीय और तन्य होते हैं। तांबा, लोहा, एल्युमिनियम, सोना, चाँदी आदि धातु है।

  (ii) अधातु विद्युत और ऊष्मा के कुचालक होते हैं। अधातु भुरभुरे होते हैं। फॉस्फोरस, गंधक, ऑक्सीजन, ब्रोमीन इत्यादि अधातु हैं।

  (iii) अधिकांश तत्व ठोस रूप में ही पाये जाते हैं। कुछ तत्व द्रव के रूप में भी पाये जाते हैं जैसे–पारा, ब्रोमीन आदि जबकि कुछ तत्व गैसीय अवस्था में पाये जाते हैं; जैसे–हाइड्रोजन, ऑक्सीजन, नाइट्रोजन एवं क्लोरीन आदि।
- **यौगिक (Compound):** यौगिक वह शुद्ध पदार्थ है, जो दो या दो से अधिक तत्वों के निश्चित अनुपात में रासायनिक संयोग से बनता है और जिसे उचित रासायनिक विधियों द्वारा दो या दो से अधिक सर्वथा भिन्न गुणों वाले अवयवों में विभक्त किया जा सकता है। उदाहरण के लिए, जल एक यौगिक है। जल का प्रत्येक अणु हाइड्रोजन के दो परमाणुओं तथा ऑक्सीजन के एक परमाणु से मिलकर बना होता है।
- **मिश्रण (Mixture):** मिश्रण वह अशुद्ध पदार्थ है, जो दो या दो से अधिक शुद्ध पदार्थों (तत्वों या यौगिकों या दोनों) के किसी भी अनुपात में बिना रासायनिक संयोग के मिलने से बनता है तथा जिसके अवयवी पदार्थों को सरल, यांत्रिक या भौतिक विधियों द्वारा पृथक् किया जा सकता है। उदाहरणस्वरूप वायु अनेक गैसों एवं धूलकणों का मिश्रण है, समुद्री जल कई लवणों का जल में मिश्रण है, जिसमें सोडियम क्लोराइड प्रमुख लवण है।
- मिश्रण को दो मुख्य वर्गों में विभक्त किया गया है–

  (i) **समांग मिश्रण:** वह मिश्रण जिसके प्रत्येक भाग में उसके अवयवी पदार्थों का संघटन एवं गुण समान होते हैं, समांग मिश्रण कहलाता है; जैसे– चीनी का जल में विलयन, नमक का जल में विलयन एवं गंधक का कार्बन डाइसल्फाइड में विलयन।

  (ii) **असमांग मिश्रण:** वह मिश्रण जिसके विभिन्न भागों में उसके अवयवी पदार्थों का संघटन एवं गुण एक-से नहीं होते हैं, असमांग मिश्रण कहलाता है। लोहा एवं गंधक का मिश्रण, बालू एवं नमक का मिश्रण एवं खड़िया का जल में मिश्रण असमांग मिश्रण के उदाहरण हैं।

परमाणु संरचना

- **परमाणु (Atom):** किसी पदार्थ का वह सूक्ष्मतम कण जो स्वतंत्र अवस्था में नहीं रह सकता है, परन्तु रासायनिक अभिक्रियाओं में भाग लेता है तथा जिसमें उस पदार्थ के सभी गुण विद्यमान रहते हैं, परमाणु कहलाता है।
- **परमाणु द्रव्यमान (Atomic Mass):** किसी तत्व का परमाणु द्रव्यमान एक संख्या है, जो यह बतलाती है कि उस तत्व के एक परमाणु का द्रव्यमान कार्बन (परमाणु द्रव्यमान = 12) के एक परमाणु के द्रव्यमान के 12वे भाग से कितने गुणा भारी है।
- **मोल (Mole):** मोल किसी पदार्थ के परमाणु, अणु अथवा आयन की निश्चित संख्या को व्यक्त करता है। यह संख्या 6.022×10^{23} है। संख्या 6.022×10^{23} जो मोल को प्रकट करती है, को एवोगाड्रो संख्या भी कहते हैं।
- परमाणु के मौलिक कण–
  (i) **इलेक्ट्रॉन (Electron):** इलेक्ट्रॉन एक ऐसा कण है, जिसका द्रव्यमान लगभग शून्य होता है तथा जिस पर इकाई ऋण आवेश रहता है। इसकी खोज का श्रेय जे. जे. टॉम्सन को है।
  (ii) **प्रोटॉन (Proton):** परमाणु के अन्दर प्रोटॉन एक ऐसा सूक्ष्म कण है, जिसका सापेक्ष द्रव्यमान हाइड्रोजन परमाणु के द्रव्यमान के लगभग बराबर होता है और इस पर इकाई धन आवेश रहता है। इसकी खोज का श्रेय गोल्डस्टीन को है।
- **न्यूट्रॉन (Neutron):** न्यूट्रॉन एक द्रव्यमान प्रोटॉन के द्रव्यमान के लगभग बराबर होता है, लेकिन इस पर कोई आवेश नहीं होता। अर्थात् न्यूट्रॉन एक उदासीन कण है। न्यूट्रॉन की खोज चैडविक ने की थी।
- **परमाणु संख्या (Atomic Number):** किसी तत्व के परमाणु के नाभिक में उपस्थित इकाई धन आवेशों की कुल संख्या या उस तत्व के नाभिक में उपस्थित प्रोटॉनों की कुल संख्या को उस तत्व की परमाणु संख्या कहते हैं।
- **द्रव्यमान संख्या (Mass Number):** किसी तत्व के परमाणु के नाभिक में उपस्थित प्रोटॉन और न्यूट्रॉन की संख्याओं के योगफल को उस परमाणु की द्रव्यमान संख्या कहते हैं। नाभिक में प्रोटॉनों और न्यूट्रॉनों के योगफल को न्यूक्लिऑन कहा जाता है।
- **क्वांटम संख्याएँ (Quantum Numbers):** क्वांटम संख्याएँ वे संख्याएँ हैं, जो किसी इलेक्ट्रॉन की स्थिति तथा उसकी ऊर्जा की जानकारी देता है।
- **समस्थानिक (Isotopes):** एक ही तत्व के वे परमाणु जिनकी परमाणु संख्याएँ समान, किन्तु द्रव्यमान संख्याएँ भिन्न-भिन्न होती हैं, समस्थानिक कहलाते हैं। किसी तत्व के विभिन्न समस्थानिकों की परमाणु संख्या समान होने का कारण यह है कि उनके नाभिक में प्रोटॉनों की संख्या समान होती है, किन्तु उनके नाभिक में न्यूट्रॉनों की संख्या भिन्न-भिन्न होने के कारण उनकी द्रव्यमान संख्याएँ भिन्न-भिन्न होती हैं।
- **समभारिक (Isobars):** वे तत्व जिनकी द्रव्यमान संख्याएँ एक ही किन्तु परमाणु संख्याएँ भिन्न-भिन्न होती हैं, समभारिक कहलाते हैं। समभारिकों की परमाणु संख्या में भिन्नता का कारण है, उन तत्वों के नाभिकों में प्रोटॉनों की संख्या का भिन्न-भिन्न होना।
- **रेडियो सक्रियता (Radioactivity):** रेडियो सक्रिय तत्व स्वतः विखंडित होकर कुछ अदृश्य किरणों का उत्सर्जन करते रहते हैं, तथा यह घटना रेडियो सक्रियता कहलाती है।

समस्थानिक एवं समभारिक में अन्तर

समस्थानिक	*समभारिक*
• किसी तत्व के सभी समस्थानिकों के भौतिक गुण प्रायः भिन्न-भिन्न होते हैं।	• समभारिकों के अधिकांश भौतिक गुण एक-दूसरे से भिन्न होते हैं।
• किसी तत्व के सभी समस्थानिकों के रासायनिक गुण एक जैसे होते हैं।	• समभारिकों के रासायनिक गुण एक-दूसरे से सर्वथा भिन्न होते हैं।
• किसी तत्व के सभी समस्थानिक आवर्त सारणी में एक ही स्थान ग्रहण करते हैं।	• समभारिकों के वे भौतिक गुण एक समान होते हैं, जो परमाणु द्रव्यमान पर निर्भर करते हैं।
• किसी तत्व के सभी समस्थानिकों के परमाणुओं में इलेक्ट्रॉनों की संख्या समान होती है।	

- रेडियो सक्रिय पदार्थों से निकलने वाली अदृश्य किरणों को रेडियो सक्रिय किरणें कहते हैं। रदरफोर्ड ने इन किरणों को क्रमशः अल्फा-किरण (α), बीटा-किरण (β) तथा गामा-किरण (γ) कहा।
- **बॉयल का नियमः** स्थिर ताप पर गैस की नियत मात्रा का आयतन उसके दाब का व्युत्क्रमानुपाती होता है।
- **चार्ल्स का नियमः** स्थिर दाब पर किसी गैस की नियत मात्रा का आयतन उसके परमताप का सीधा अनुपाती होता है।
- **आवोगाद्रो का नियमः** सामान्य ताप एवं दाब पर सभी गैसों के समान आयतन में अणुओं की संख्या समान होती है।
- **विसरणः** घनत्व में अन्तर रहते हुए पृथ्वी के गुरुत्वाकर्षण के विरुद्ध गैसों के आपस में मिलने-जुलने की स्वाभाविक प्रक्रिया विसरण कहलाती है।
- **संयोजकता (Valency):** अपने निकटस्थ अक्रिय गैस की तरह इलेक्ट्रॉनिक व्यवस्था प्राप्त करने में किसी परमाणु द्वारा व्यक्त या ग्रहित इलेक्ट्रॉनों की कुल संख्या को उस परमाणु की संयोजकता कहते हैं।
- **ऑक्सीकरण (Oxidation):** विद्युत ऋणात्मक परमाणु या मूलक का अनुपात बढ़ना या धन आवेश का बढ़ना या इलेक्ट्रॉन का त्याग ऑक्सीकरण कहलाता है।
- **अवकरण (Reduction):** विद्युत धनात्मक परमाणु या मूलकों के अनुपात का बढ़ जाना या धन आवेश का घट जाना या इलेक्ट्रॉन को ग्रहण करना अवकरण कहलाता है।
- **अम्ल (Acid):** अम्ल वे यौगिक पदार्थ हैं, जिनमें एक या एक से अधिक विस्थापनशील हाइड्रोजन परमाणु विद्यमान हो तथा जिन्हें अंशतः या पूर्णतः धातुओं या धातुओं के सदृश आचरण करने वाले मूलकों द्वारा विस्थापित करने पर लवण का निर्माण होता हो, जो क्षारक या क्षार से अभिक्रिया कर लवण एवं जल बनाते हों, जिनके जलीय घोल नीले लिटमस को लाल करते हों तथा जो स्वाद में खट्टे हों। अम्ल विद्युत के सुचालक होते हैं।
- अम्लों के उपयोग–
  - *(i)* खाने के काम में: खट्टे दूध (लैक्टिक अम्ल), सिरका एवं अचार (एसीटिक अम्ल), सोडा वाटर एवं अन्य पेय (कार्बोनिक अम्ल), अंगूर (टार्टरिक अम्ल), सेब (मैलिक अम्ल), नींबू एवं नारंगी (साइट्रिक अम्ल)।
  - *(ii)* खाना पचाने में HCL अम्ल का उपयोग होता है।
  - *(iii)* नाइट्रिक अम्ल का प्रयोग सोना एवं चाँदी के शुद्धिकरण में किया जाता है।
- **अम्लराज (Aqua Regia):** यह 3 : 1 के अनुपात में सान्द्र हाइड्रोक्लोरिक अम्ल एवं सान्द्र नाइट्रिक अम्ल का ताजा मिश्रण होता है।
- यह सोना एवं प्लैटिनम को गलाने में समर्थ होता है।
- **क्षार (Base):** ऐसा यौगिक जो अम्ल से प्रतिक्रिया कर लवण एवं जल देता है, क्षार कहलाता है।

  कुछ प्रमुख क्षारों के उपयोग–
  1. कैल्शियम हाइड्रोक्साइड $|Ca(OH_2|$–
     - (i) घरों में चूना पोतने में,
     - (ii) गारा एवं प्लास्टर बनाने में,
     - (iii) ब्लीचिंग पाउडर बनाने में,
     - (iv) चमड़े के ऊपर के बाल साफ करने में,
     - (v) जल को मृदु बनाने में,
  2. कास्टिक सोडा या सोडियम हाइड्रॉक्साइड (NaOH)–
     - (i) साबुन बनाने में,
     - (ii) पेट्रोलियम साफ करने में,
     - (iii) कपड़ा एवं कागज बनाने में,
     - (iv) दवा बनाने में,
     - (v) कारखानों को साफ करने में,
- मिल्क ऑफ मैग्नेशिया या मैग्नेशियम हाइड्रॉक्साइड $[Mg(OH_2)]$ पेट की अम्लीयता को दूर करने में।
- **लवण (Salt):** अम्ल एवं क्षार की प्रतिक्रिया के फलस्वरूप लवण एवं जल का निर्माण होता है।
- कुल प्रमुख लवणों के उपयोग–
  - *(i)* साधारण नमक या सोडियम क्लोराइड (NaCl) का प्रयोग खाने के रूप में एवं अचार के परिरक्षण में होता है।
  - *(ii)* कास्टिक सोडा या सोडियम हाइड्रॉक्साइड (NaOH) का उपयोग अपमार्जक के चूर्ण बनाने में किया जाता है।
  - *(iii)* खाने का सोडा या सोडियम बाइकार्बोनेट ($NaHCO_3$) का प्रयोग पेट की अम्लीयता को दूर करने एवं अग्निशमन यंत्रों में होता है।
  - *(iv)* धोवन सोडा या सोडियम कार्बोनेट ($Na_2CO_3IH_2O$) का प्रयोग कपड़ा धोने में होता है।
  - *(v)* पोटैशियम नाइट्रेट (KNO_3) का प्रयोग बारूद बनाने में किया जाता है।
- pH स्केल का प्रयोग किसी विलयन की अम्लीयता या क्षारीयता को व्यक्त करने के लिए किया जाता है।
- वर्षा के जल का pH मान जब 5.6 से कम हो जाता है तो वह अम्लीय वर्षा कहलाती है।

- **कार्बन (Carbon):** यह एक अधातु है। इसकी परमाणु संख्या 6 है।
- कार्बन के दो मुख्य अपरूप हैं–
  (i) हीरा, *(ii)* ग्रेफाइट।
- हीरा के प्रमुख गुण निम्नलिखित हैं–
  (i) यह दुनिया का सबसे कठोर पदार्थ है, यह किसी भी द्रव में नहीं घुलता। इस पर अम्ल, क्षार आदि का कोई प्रभाव नहीं पड़ता।
  (ii) यह ताप एवं विद्युत का कुचालक होता है।
  (iii) इसके रवे घनाकार होते हैं।
  (iv) इसका अपवर्तनांक 2.417 होता है, अतः पूर्ण आंतरिक परावर्तन के कारण यह बहुत चमकता है।
  (v) शुद्ध हीरा पारदर्शक एवं रंगहीन होता है।
- ग्रेफाइट के प्रमुख गुण निम्नलिखित हैं–
  (i) इसका आपेक्षिक घनत्व 2.2 होता है।
  (ii) यह विद्युत का सुचालक होता है।
  (iii) ग्रेफाइट का उपयोग पेंसिल बनाने में, परमाणु भट्टी में, इलेक्ट्रोड के रूप में एवं कार्बन आर्क बनाने में किया जाता है।
- **हाइड्रोकार्बन (Hydrocarbon):** कार्बन एवं हाइड्रोजन के यौगिक को हाइड्रोकार्बन कहते हैं। हाइड्रोकार्बन का एक प्राकृतिक स्रोत पेट्रोलियम है।
- **बहुलकीकरण (Polymerisation):** जब एक ही यौगिक के दो अथवा अधिक अणु आपस में संयोग करके एक बड़ा अणु बनाते हैं, तो उसे बहुलकीकरण कहते हैं।
- प्राकृतिक बहुलक के उदाहरण हैं–स्टार्च एवं सेल्यूलोज।
- पॉलीथीन, एथिलीन (C_2H_4) के उच्च ताप एवं उच्च दाब पर बहुलकीकरण के फलस्वरूप प्राप्त होता है। इसका उपयोग तार के ऊपर का आवरण, पैकिंग थैलियाँ बनाने में होता है।
- **बैकेलाइटः** यह फिनॉल तथा फार्मेल्डिहाइड को सोडियम हाइड्रॉक्साइड की उपस्थिति में गरम करके प्राप्त किया जाता है। इसका उपयोग रेडियो, टेलीविजन आदि के केस, बाल्टी आदि बनाने में किया जाता है।
- **प्राकृतिक गैसः** यह पेट्रोलियम के कुओं से निकलती है। इसमें 95% हाइड्रोकार्बन होता है जिसमें 80% मीथेन रहता है।
- घरों में ईंधन के रूप में प्रयुक्त होने वाली द्रवित प्राकृतिक गैस को एल.पी.जी. कहते हैं। यह ब्यूटेन एवं प्रोपेन का मिश्रण होता है।

महत्वपूर्ण कार्बनिक-यौगिक और उनके उपयोग

- एथिलीन – कच्चे फलों को पकाने एवं उसके संरक्षण में मस्टर्ड गैस बनाने में, निश्चेतक के रूप में।
- मीथेन – छापाखाने की स्याही बनाने में, प्रकाश तथा ऊर्जा उत्पादन में।
- एसीटिलीन – निओप्रीन नामक कृत्रिम रबर बनाने में, कच्चे फलों को कृत्रिम रूप से पकाने में।
- पोलीथीन – तारों और केबिलों के विद्युत रोधन में, पाइप, बाल्टी, ग्लास आदि बनाने में।
- एथिल ब्रोमाइड – स्थानीय निश्चेतक के रूप में।
- क्लोरोफार्म – निश्चेतक के रूप में, जीवाणुनाशक होने के कारण जन्तुओं और वनस्पतियों से पदार्थों के संरक्षण में।
- मिथाइल ऐल्कोहल – मेथिलेटेड स्पिरिट बनाने में, कृत्रिम रंग बनाने में, पेट्रोल के साथ मिलाकर इंजनों में ईंधन के रूप में।
- इथाइल ऐल्कोहल – दवाओं के काम आने वाले टिंचर बनाने में, वार्निश तथा पॉलिश बनाने में, शराब तथा अन्य ऐल्कोहलीय पेय बनाने में, कीटाणुनाशक, इत्र तथा सुगंध बनाने में आदि।
- फार्मेल्डिहाइड – फोटोग्राफी की प्लेटों पर जिलेटिन फिल्म को स्थिर रखने में, जीवाणुनाशक के रूप में, अंडे की सफेदी से वाटरप्रूफ कपड़ा बनाने में।
- ग्लिसरॉल – मुहरों की स्याही, जल के रंग, जूतों की पॉलिश तथा श्रृंगार सामग्री बनाने में, पारदर्शक साबुन बनाने में, सूजन आदि में ठंडक पहुँचाने वाले पदार्थ बनाने में आदि।
- एसेटल्डिहाइड – प्लास्टिक बनाने, रंग तथा दवा बनाने, मेटा एसेटल्डिहाइड नामक नींद की दवा बनाने में।
- एसीटोन – कृत्रिम रेशम तथा संश्लेषित रबर बनाने में।
- एसीटिक अम्ल – प्रयोगशाला में अभिकर्मक के रूप में, सिरके के रूप में, अचार, चटनी आदि बनाने में।
- ग्लूकोस – विभिन्न प्रकार की शराब बनाने में, ग्लूकोस के रूप में।
- बेंजीन – विलायक के रूप में, शुष्क धुलाई में, पेट्रोल के साथ मिश्रित कर इंजनों के ईंधन के रूप में आदि।
- टॉईलीन – शुष्क धुलाई में, विलायक के रूप में, विस्फोटक बनाने में।
- क्लोरोबेंजीन – एनीलिन एवं फिनॉल के औद्योगिक निर्माण में।
- ईथर – निश्चेतक के रूप में, विलायक के रूप में, ठंडक पैदा करने में, ऐल्कोहॉल बनाने में।
- कार्बन टेट्राक्लोराइड – अग्निशामक के रूप में।
- गेमेक्सीन – कीटाणुनाशक के रूप में।

कार्बनिक अम्लों के प्राकृतिक स्रोत

अम्ल	प्राकृतिक स्रोत
• साइट्रिक अम्ल	खट्टे फलों में
• लेक्टिक अम्ल	दूध में
• एसीटिक अम्ल	फलों के रसों में
• बेन्जोइक अम्ल	घास, पत्ते एवं मूत्र में
• फार्मिक अम्ल	लाल चीटियों में
• ऑक्जेलिक अम्ल	सारेल का वृक्ष
• टारटेरिक अम्ल	इमली में

- **संपीडित प्राकृतिक गैस (CNG):** इसमें 80 से 90% मात्रा मीथेन गैस की होती है। इसका उपयोग ईंधन के रूप में होता है।
- **गैसोहोल (Gasohol):** पेट्रोल तथा ऐल्कोहॉल के मिश्रण को गैसोहोल कहा जाता है। यह गन्ने के रस से प्राप्त ऐल्कोहल को पेट्रोल में मिलाकर प्राप्त किया जाता है, इसमें पेट्रोल और ऐल्कोहल की मात्रा क्रमशः 10% और 90% होती है।
- **आर.डी.एक्स. (R.D.X.):** आर.डी.एक्स. का पूरा नाम रिसर्च एण्ड डेवलप्ड एक्सप्लोसिव है। इसका रासायनिक नाम साइक्लो ट्राइ मिथाइलीन ट्राईनाइट्रामाइन है। इसमें प्लास्टिक पदार्थ जैसे, पॉली ब्यूटाइन एक्रिलिक अम्ल या पॉलियूरेथेन को मिलाकर प्लास्टिक बान्डेड एक्सप्लोसिव बनाया जाता है।
- **टी.एन.टी. (T.N.T.):** इसका पूरा नाम ट्राइनाइट्रो टॉल्लीन है, जो कि सर्वाधिक प्रयोग में आने वाला विस्फोटक है। यह टॉल्लीन ($C_6H_5CH_3$) के साथ सान्द्र सल्फ्यूरिक अम्ल व सान्द्र नाइट्रिक अम्ल की क्रिया से बनाया जाता है।
- **डायनामाइट (Dynamite):** डायनामाइट एक प्रकार का विस्फोटक है जिसका आविष्कार अल्फ्रेड नोबेल ने किया था। यह नाइट्रोग्लिसरीन या सोडियम नाइट्रेट का प्रयोग करके बनाया जाता है।

रसायन विज्ञान से संबंधित महत्वपूर्ण खोज

खोज	आविष्कारकर्ता
• प्रोटॉन	गोल्डस्टीन
• इलेक्ट्रॉन	थामसन
• न्यूट्रॉन	जेम्स चैडविक
• नाभिक	रदरफोर्ड
• परमाणु क्रमांक	मोसले
• आवर्त सारणी	मैण्डलीफ
• आधुनिक आवर्त सारणी	मोसले
• पॉजिट्रॉन	कार्ल एण्डरसन
• त्रिक नियम	डोबरी नियर
• अपवर्जन सिद्धांत	पाउली
• क्वांटम सिद्धांत	मैक्स प्लान्क
• तरंग यांत्रिकी सिद्धांत	डी. ब्रोग्ली
• क्रमिक रचना नियम	अफबाऊ
• रेडियो सक्रियता	हेनरी बेक्वेरेल
• अनिश्चितता नियम	हाइजेनबर्ग
• वर्ग विस्थापन नियम	सॉडी व फेजेन्स
• द्रव्यमान संरक्षण का नियम	लैवोजियर
• सापेक्षिकता का सिद्धांत	आइन्सटीन
• अष्टक नियम	न्यूलैण्डस
• परमाणु सिद्धांत	जॉन डॉल्टन
• बोर सिद्धांत	नील्स बोर
• समस्थानिक	सॉडी
• भारी जल	यूरे
• प्रकाश विद्युत प्रभाव	आइन्सटीन
• गैसों का विसरण नियम	ग्राहम
• द्रव्यमान ऊर्जा समीकरण	आइन्सटीन
• विद्युत अपघटन का नियम	फैराडे
• सह संयोजकता	लुईस
• pH मापक्रम	लारेन्सन
• हीलियम	लोकेयर
• ऑक्सीजन	शीले एवं प्रीस्टले
• सोडियम/पोटैशियम	डेवी
• रेडियम	क्यूरी दम्पत्ति
• थोरियम	बर्जीलियस
• यूरेनियम	क्लैप्रोथ
• क्लोरीन	शीले
• आर्गन	रैमजे और रैले
• नाइट्रोजन	रदरफोर्ड
• हाइड्रोजन	कैवेण्डिश
• परासरण दाब का नियम	वर्कले

जीव विज्ञान

- **जीव विज्ञान (Biology):** यह विज्ञान की वह शाखा है जिसके अन्तर्गत जीवधारियों का अध्ययन किया जाता है। जीव विज्ञान शब्द का प्रयोग सर्वप्रथम **लैमार्क** एवं **ट्रेबिरेनस** नामक वैज्ञानिकों ने किया था।
- **कोशिका (Cell)**
  - कोशिका शब्द का प्रयोग सर्वप्रथम अंग्रेज वैज्ञानिक रॉबर्ट हुक ने किया था।
  - कोशिका जीवन की सबसे छोटी कार्यात्मक एवं संरचनात्मक इकाई है।
  - कोशिका के अध्ययन के विज्ञान को Cytology कहा जाता है।
  - सबसे लम्बी कोशिका तंत्रिका तंत्र की कोशिका है।

कोशिका सिद्धांत का प्रतिपादन 1838-39 ई० में श्लाइडेन और श्वान ने किया था। इस सिद्धांत के अनुसार–
- प्रत्येक जीव की उत्पत्ति एक कोशिका से होती है।
- प्रत्येक जीव का शरीर एक या अनेक कोशिकाओं का बना होता है।
- प्रत्येक कोशिका एक स्वाधीन इकाई है, तथापि सभी कोशिकाएँ मिलकर काम करती हैं। फलस्वरूप एक जीव का निर्माण होता है।
- कोशिका का निर्माण जिस क्रिया से होता है, उसमें केन्द्रक मुख्य अभिकर्त्ता होता है।

कोशिका दो प्रकार की होती है–

(i) प्रोकैरियोटिक (Procaryotic) एवं

(ii) यूकैरियोटिक (Euocaryotic)

- **प्रोकैरियोटिक कोशिकाः** इस कोशिका में केन्द्रक, हिस्टोन प्रोटीन तथा झिल्लीयुक्त कोशिकांगों का अभाव होता है। केवल DNA का सूत्र ही गुणसूत्र के रूप में पड़ा रहता है। उदाहरणतः, जीवाणु, नीला-हरित शैवाल आदि।
- **यूकैरियोटिक कोशिकाः** इन कोशिकाओं में दोहरी झिल्ली आवरण, केन्द्रक आवरण से घिरा सुस्पष्ट केन्द्रक पाया जाता है, जिसमें DNA व हिस्टोन प्रोटीन के संयुक्त होने से बनी क्रोमैटिन तथा इसके अलावा केन्द्रिका होते हैं।

कोशिका एवं उनके कार्य

कोशिकांग	*आविष्कारकर्त्ता*	*सम्बन्धित कार्य*
• कोशिका भित्ति (Cell Wall)	रॉबर्ट हुक	सेलुलोज से निर्मित, केवल पादप कोशिका में पाया जाता है, कोशिका को निश्चित आकृति एवं आकार बनाए रखने में सहायक होता है।
• कोशिका झिल्ली (Cell Membrane)	–	अर्द्धपारगम्य झिल्ली जिसका मुख्य कार्य कोशिका के अन्दर जाने वाले एवं अंदर से बाहर आने वाले पदार्थों का निर्धारण करना है।
• तारककाय (Centrosome)	बोबेरी	केवल जन्तु कोशिका में पाया जाता है। समसूत्री विभाजन में यह ध्रुव का निर्माण करता है।
• अन्तः प्रदव्यी जालिका (Endoplasmic Reticulum)	पोर्टर	उन सभी वसाओं व प्रोटीनों का संचरण जो कि विभिन्न झिल्लियों, जैसे–कोशिका झिल्ली, केन्द्रक झिल्ली आदि का निर्माण करते हैं।
• राइबोसोम (Ribosome)	राबिन्सन/ब्राउन/ पैलाडे	यह राइबोन्यूक्लिक ऐसिड (RNA) नामक अम्ल व प्रोटीन की बनी होती है। यह प्रोटीन संश्लेषण के लिए उपर्युक्त स्थान प्रदान करती है अर्थात् यह प्रोटीन का उत्पादन स्थल है। स्तनधारियों के लाल रूधिर कण में राइबोसोम व अन्तः प्रदव्यी जालिका नहीं पाई जाती है। लाल रूधिर कण द्वारा प्रोटीन संश्लेषण नहीं होता है।

कोशिकांग	आविष्कारकर्त्ता	सम्बन्धित कार्य
• माइटोक्रॉण्ड्रिया (Mitochondria)	अल्टमैन	यह कोशिका का श्वसन स्थल है। ऊर्जायुक्त कार्बनिक पदार्थों का ऑक्सीकरण माइट्रोकॉण्ड्रिया में होता है, जिससे काफी मात्रा में ऊर्जा प्राप्त होती है। इसलिए माइटोकॉण्ड्रिया को कोशिका का शक्ति केन्द्र कहते हैं। DNA केन्द्रक के अलावा माइटोक्रॉन्ड्रिया हरित लवक में पाया जाता है।
• गॉल्जीकाय (Golgibody)	कैमिलो गॉल्जी	इसमें कोशिका द्वारा संश्लेषित प्रोटीनों व अन्य पदार्थों की पुटिकाओं के रूप में पैकिंग की जाती है। कोशिका के अणुओं का यातायात प्रबंधन। ये कोशिका भित्ति एवं लाइसोसोम का निर्माण भी करते हैं।
• लाइसोसोम (Lysosome)	डी. डुवे	यह सूक्ष्म, गोल, इकहरी झिल्ली से घिरी थैली जैसी रचना होती है। बाहरी पदार्थों का भक्षण एवं पाचन करना। इसमें 24 प्रकार के एन्जाइम पाए जाते हैं। इसे आत्मघाती थैली भी कहा जाता है। स्तनधारियों के लाल रक्तकणिका में लाइसोसोम नहीं पाया जाता है।
• हरित लवक (Chloroplast)	हेकल	यह सिर्फ पादप कोशिका में होता है। यह हरे रंग का होता है क्योंकि इसके अंदर पर्णहरित होता है जिसकी सहायता से पौधा प्रकाश संश्लेषण करता है और भोजन बनाता है।
• अवर्णी लवक (Leucoplast)		यह रंगहीन लवक है। यह पौधे के उन भागों में पाया जाता है जो सूर्य के प्रकाश से वंचित हैं, जैसे जड़ों में, भूमिगत तनों आदि में जहाँ ये भोज्य पदार्थों का संग्रह करता है।
• वर्णी लवक (Chromoplast)		ये रंगीन लवक होते हैं, जो प्रायः लाल, पीले, नारंगी रंग के होते हैं। ये पौधे के रंगीन भाग जैसे पुष्प, फलभित्ति, बीज आदि में पाए जाते हैं।
• रसधानी (Vacuoles)		यह कोशिका की निर्जीव रचना है। इसमें तरल पदार्थ भरा होता है।
• केन्द्रक (Nucleus)	रॉबर्ट ब्राउन	केन्द्रक द्रव्य में धागेनुमा पदार्थ जाल के रूप में बिखरा दिखलाई पड़ता है। इसे क्रोमैटिन कहते हैं, यह प्रोटीन एवं DNA का बना होता है।
• गुणसूत्र (Chromosome)	वाल्डेयर	जननिक लक्षणों का एक पीढ़ी से दूसरी पीढ़ी में स्थानांतरण।

- **केन्द्रिका (Nucleolus):** इसमें राइबोसोम के लिए RNA का संश्लेषण होता है।
- DNA सभी आनुवंशिकी क्रियाओं का संचालन करता है। जीन इसकी इकाई है। यह प्रोटीन संश्लेषण को नियंत्रित करता है।
- DNA से ही RNA का संश्लेषण होता है।

DNA *और* RNA *में अंतर*

DNA

(i) इसमें डीऑक्सीराइबाज शर्करा होती है।
(ii) इसमें बेस एडिनीन, ग्वानीन, थायमीन एवं साइटोसीन होते हैं।
(iii) यह मुख्यतः केन्द्रक में पाया जाता है।

RNA

(i) इसमें शर्करा राइबोज होती है।
(ii) इसमें बेस थायमिन की जगह यूरेसिल होता है।
(iii) यह केन्द्रक एवं कोशिका द्रव्य दोनों में पाया जाता है।

समसूत्री एवं अर्द्धसूत्री विभाजन में अन्तर

समसूत्री विभाजन

- यह विभाजन कायिक कोशिका में होता है।
- इस विभाजन में कम समय लगता है।
- इस विभाजन के द्वारा एक कोशिका से दो कोशिकाएँ बनती हैं।
- संतति कोशिका में जनक जैसी ही गुणसूत्र होने के कारण आनुवंशिक विविधता नहीं होती।
- इसमें गुणसूत्रों के आनुवंशिक पदार्थों में आदांन-प्रदान नहीं होता।
- इसकी प्रोफेज अवस्था छोटी होती है।

अर्द्धसूत्री विभाजन

- यह विभाजन जनन कोशिका में होता है।
- इस विभाजन में अधिक समय लगता है।

- इस विभाजन में एक कोशिका से चार कोशिकाओं का निर्माण होता है।
- संतति कोशिकाओं में जनकों में भिन्न गुणसूत्र होने के कारण आनुवंशिक विविधता होती है।
- इस विभाजन में गुणसूत्रों के बीच आनुवंशिक पदार्थों का आदान-प्रदान होता है।
- इसकी प्रोफेज अवस्था लम्बी होती है।

पादप एवं जन्तु कोशिका में अन्तर

पादप कोशिका

- इसमें कोशिका भित्ति पायी जाती है।
- इसमें लवक पायी जाती है।
- तारककाय अनुपस्थित रहता है।
- रिक्तिका बड़ी होती है।
- इसका आकार लगभग आयताकार होता है।

जन्तु कोशिका

- इसमें कोशिका भित्ति अनुपस्थित होती है।
- इसमें लवक अनुपस्थित होती है।
- तारककाय उपस्थित रहता है।
- रिक्तिका छोटी होती है।
- इसका आकार लगभग वृत्ताकार होता है।

कार्बोहाइड्रेट (Carbohydrate)

- ये प्राणियों के लिए ऊर्जा का प्रमुख स्रोत हैं।
- कार्बोहाइड्रेट कार्बन, हाइड्रोजन तथा ऑक्सीजन से बने कार्बनिक पदार्थ हैं।
- पौधे प्रकाश संश्लेषण द्वारा इनका निर्माण करते हैं।
- कार्बोहाइड्रेट की तीन श्रेणियां हैं–
  - *(i)* मोनोसैकेराइड्स (ग्लूकोज, फ्रक्टोज, गैलेक्टोज)
  - *(ii)* डाइसैकेराइड्स (सुक्रोज, माल्टोज, लैक्टोज)
  - *(iii)* पॉलीसैकेराइड्स (सेलुलोज, स्टार्च, काइटिन, ग्लाइकोजन)
- इसके मुख्य स्रोत आलू, केला, आम, चावल, गेहूँ, मक्का, शर्करा, दूध आदि हैं।

प्रोटीन (Protein)

- यह एक अत्यन्त जटिल एवं नाइट्रोजन युक्त पदार्थ है और अमीनों अम्लों से बना होता है।
- यह मुख्यतः दालों, मछली, अण्डा, पत्तीदार सब्जी, दूध, फल, सोयाबीन, पनीर, दही आदि में पाया जाता है।

विटामिन (Vitamin)

- विटामिन भोजन के जटिल कार्बनिक यौगिक हैं, जो स्वयं ऊर्जा उत्पन्न नहीं करते, परन्तु इनकी सूक्ष्म मात्रा शरीर में उपापचय के लिए आवश्यक है।

वसा या लिपिड्स (Fat or Lipids)

- रासायनिक दृष्टि से लिपिड वसीय अम्लों तथा ग्लिसरॉल के एस्टर या ग्लिसराइड्स होते हैं, इनमें ऑक्सीजन की मात्रा कम होती है।
- यह त्वचा के नीचे जमा होकर शरीर के ताप को बाहर नहीं निकलने देता है।
- इसके प्रमुख स्रोत हैं–मछली का तेल, घी, वनस्पति तेल आदि।

विटामिनों के स्रोत एवं उनकी विशेषताएँ

नाम	स्रोत	कार्यिकी	कमी का प्रभाव
• विटामिन-A (रेटिनॉल)	दूध, मक्खन, अण्डा, यकृत, मछली का तेल।	दृष्टि रंगाओं का संश्लेषण, एपिथीलियसी स्तरों की वृद्धि एवं विकास।	कॉर्निया व त्वचा की कोशिकाओं का शल्कोष्ट, रतौंधी, कुंठित वृद्धि।
• विटामिन-D (कैल्सीफेरॉल)	मक्खन, यकृत, गुर्दे, अण्डे, मछली का तेल, त्वचा और यीस्ट में सूर्य प्रकाश में संश्लेषण।	कैल्शियम व फॉस्फोरस का उपापचय, हड्डियों और दाँतों की वृद्धि।	सूखा रोग, ऑस्टियोमैलेसिया
• विटामिन-E (टेकोफेरॉल)	तेल, गेहूँ, अण्डे की जर्दी, सोयाबीन।	कोशिका कला की सुरक्षा, जननिक एपिथीलियम की वृद्धि, पेशियों की क्रियाशीलता।	जनन क्षमता की कमी, जननांग तथा पेशी की कमजोरी।
• विटामिन-K (नैफ्थोक्विनोन)	हरी पत्तियाँ, अण्डा, यकृत, टमाटर, गोभी, सोयाबीन।	यकृत में प्रोथ्रॉम्बिन का संश्लेषण।	रुधिर का थक्का न होना।

नाम	स्रोत	कार्यिकी	कमी का प्रभाव
• विटामिन-B_1 (थायमीन)	अनाज, फलियाँ, सोयाबीन, दूध, यीस्ट, अण्डे, माँस।	कार्बोहाइड्रेट एवं अमीनों अम्ल उपापचय के लिए आवश्यक एन्जाइम का सह-एन्जाइम।	बेरी-बेरी।
• विटामिन-B_2 (राइबोफ्लैविन)	हरी पत्तियाँ, पनीर, अण्डे, यीस्ट, माँस, यकृत।	उपापचय में महत्वपूर्ण सह-एन्जाइमों का घटक।	कीलोसिस।
• विटामिन-B_3 (निकोटिनिक अम्ल)	मांस, मछली, अण्डे, दूध, मटर, मेवा, फलियाँ।	उपापचय में महत्वपूर्ण सह-एन्जाइमों का घटक।	पेलाग्रा।
• विटामिन-B_5 (पैन्टोथीनिक अम्ल)	अण्डे, दूध, मांस, मूँगफली, गन्ना।	अपचय के सह-एन्जाइम-A का घटक।	वृद्धि कम, चर्म रोग, जनन क्षमता में कमी।
• विटामिन-B_6 (पाइरोडॉक्सिन)	दूध, मांस, मछली, यीस्ट, यकृत, अनाज।	प्रोटीन उपापचय में आवश्यक एन्जाइमों का सह-एन्जाइम।	रक्तक्षीणता, चर्म-रोग, पेशीय ऐंठन।
• विटामिन-H (बायोटिन)	अण्डा, मांस, गेहूँ, मूंगफली, सब्जियाँ, फल।	वसीय एवं अमीनो अम्लों सहित कई अन्य पदार्थों की संश्लेषण अभिक्रियाओं में सह-एन्जाइम।	बालों का झड़ना, चर्म रोग।
• फॉलिक अम्ल समूह	हरी पत्तियाँ, सोयाबीन, फलियाँ, यकृत।	वृद्धि, रुधिराणुओं का निर्माण, DNA का संश्लेषण।	रुधिर क्षीणता, कुंठित वृद्धि।
• विटामिन-B_{12} (सायनोकोबा लएमीन)	मांस, मछली, दूध, अण्डा।	वृद्धि रुधिराणुओं का निर्माण, न्यूक्लिक अम्लों का संश्लेषण।	रुधिरक्षीणता, तंत्रिका तंत्र की गड़बड़ियाँ।
• विटामिन-C (एस्कॉर्बिक अम्ल)	नींबू, संतरा, टमाटर, सब्जियाँ।	हड्डियों के मैट्रिक्स दाँतों के डेन्टीन का निर्माण।	स्कर्वी रोग।

खनिज लवण (Mineral Salts)

- खनिज शरीर की उपापचयी क्रियाओं को नियंत्रित करता है।
- यह शरीर के ऊतकों के निर्माण के लिए कच्चे पदार्थ, एन्जाइमों तथा विटामिनों के लिए आवश्यक है।

महत्वपूर्ण खनिज एवं उनके स्रोत

खनिज तत्व	प्रमुख स्रोत	कमी के प्रभाव
• फास्फोरस	दूध, पनीर, हरी पत्तेदार सब्जियाँ।	दाँत व हड्डियों की दुर्बलता, शरीर की वृद्धि एवं कार्यिकी कुंठित।
• कैल्शियम	दूध, पनीर, अनाज, हरी सब्जियाँ।	दाँत व हड्डियों की दुर्बलता।
• क्लोरीन	खाने वाला नमक।	भूख की कमी, पेशियों की ऐंठन।
• मैग्नीशियम	अनाज, हरी सब्जियाँ।	पेशी तंत्र एवं तंत्रिका तंत्र की कार्यिकी प्रभावित होना।
• सोडियम	खाने वाला नमक।	निम्न रक्तचाप, भूख की कमी, पेशियों की ऐंठन।
• पोटैशियम	मांस, दूध, फल, अनाज, सब्जियाँ।	पेशीय संकुचन एवं तंत्रिका आवेग के संचरण से सम्बन्धित समस्याएँ।
• लौह	यकृत, अंडा, चोकरयुक्त आटे की रोटी, हरी सब्जियाँ, गुड़, सेब, केला।	हीमोग्लोबिन की कमी।
• आयोडीन	मछली, हरी पत्तेदार सब्जियाँ, आयोडीन नमक।	थायरायड ग्रंथि के रोग।
• कोबाल्ट	दूध, पनीर, मांस।	रक्तहीनता।
• मैगनीज	हरी सब्जियाँ, फल, अनाज।	उपास्थि, अस्थि तथा संयोजी ऊतकों की वृद्धि में अनियमितता।
• ताँबा	मांस, मेवा, फलियाँ, हरी सब्जियाँ।	रक्तहीनता संयोजी ऊतकों और रुधिरवाहिनियों की दुर्बलता।

पाचन तंत्र

- मनुष्य का पाचन तंत्र आहारनाल एवं इससे जुड़ी ग्रंथियों का बना होता है। आहारनाल मुखगुहा, ग्रसनी, ग्रासनली, आमाशय छोटी आंत तथा बड़ी आंत की बनी होती है।
- यकृत एवं अग्नाशय आहारनाल से जुड़ी पाचन ग्रंथियाँ हैं।
- टायलिन एन्जाइम लार में उपस्थित होता है जो भोजन में उपस्थित मंड को माल्टोज शर्करा में अपघटित करता है। फिर माल्टेज नामक एंजाइम माल्टोज शर्करा को ग्लूकोज में परिवर्तित कर देता है।
- लाइसोजाइम एन्जाइम भोजन में उपस्थित हानिकारक जीवाणुओं को नष्ट कर देता है।
- आमाशय की भित्ति में उपस्थित जठर ग्रंथियाँ, जठर रस का स्रावण करती हैं। जठर रस में जल के अतिरिक्त श्लेष्म, हाइड्रोक्लोरिक अम्ल, पेप्सिन, जठर, लाइपेंस तथा रेनिन आदि एन्जाइम होते हैं।
- पेप्सिन प्रोटीन को खंडित कर सरल पदार्थों, जैसे– पेप्टोन्स में परिवर्तित कर देता है।
- रेनिन, दूध की धुली हुई प्रोटीन केसीनोजेन को ठोस प्रोटीन कैल्सियम पैराकेसीनेट के रूप में बदल देता है।
- भोजन के पक्वाशय में पहुँचते ही सर्वप्रथम इसमें यकृत से निकलने वाला पित्त रस आकर मिलता है। पित्त रस क्षारीय होता है और यह भोजन को अम्लीय से क्षारीय बना देता है।
- अग्नाशय रस में तीन प्रकार के एन्जाइम होते हैं–
  (i) **ट्रिप्सिन (Trypsin):** यह प्रोटीन एवं पेप्टोन को पॉलीपेप्टाइड्स तथा अमीनो अम्ल में परिवर्तित करता है।
  (ii) **एमाइलेज (Amylase):** यह मांड (starch) को घुलनशील शर्करा में परिवर्तित करता है।
  (iii) **लाइपेज (Lipase):** यह इमल्सीफाइड वसाओं को ग्लिसरीन तथा फैटी एसिड्स में परिवर्तित करता है।
- छोटी आंत में निम्नलिखित एन्जाइम होते हैं–
  (i) **इरेप्सिन:** यह शेष प्रोटीन एवं पेप्टोन को अमीनो अम्ल में परिवर्तित करता है।
  (ii) **माल्टेस:** यह माल्टोस को ग्लूकोज में परिवर्तित करता है।
  (iii) **सुक्रोस:** यह सुक्रोस को ग्लूकोज एवं फ्रुक्टोज में परिवर्तित करता है।
  (iv) **लैक्टेस:** यह लैक्टोस को ग्लूकोज एवं गैलेक्टोस में परिवर्तित करता है।
  (v) **लाइपेज:** यह इमल्सीफाइड वसाओं को ग्लिसरीन तथा फैटी एसिड्स में परिवर्तित करता है।
- **यकृत (Liver)**
  – यह मानव शरीर की सबसे बड़ी ग्रंथि है। यकृत द्वारा ही पित्त स्रावित होता है। यह पित्त आँत में उपस्थित एन्जाइमों की क्रिया को तीव्र कर देता है।
  – यकृत प्रोटीन की अधिकतम मात्रा को कार्बोहाइड्रेट में परिवर्तित कर देता है।
- **पित्ताशय (Gall-bladder):** पित्ताशय नाशपाती के आकार की एक थैली होती है, जिसमें यकृत से निकलने वाला पित्त जमा होता है।
- **अग्नाशय (Pancreas)**
  – यह मानव शरीर की दूसरी सबसे बड़ी ग्रंथि है। यह एक साथ अन्तः स्रावी और बहिःस्रावी दोनों प्रकार की ग्रंथि है।
  – इसमें अग्नाशयी रस निकलता है जिसमें तीनों प्रकार के मुख्य भोज्य पदार्थ (जैसे–कार्बोहाइड्रेट, वसा एवं प्रोटीन) को पचाने वाले एन्जाइम होते हैं।
  – इंसुलिन का स्राव अग्नाशय के एक भाग लैंगर टैंस की द्वीपिका से होता है। यह ग्लूकोज से ग्लाइकोजन बनने की क्रिया को नियंत्रित करता है।
- रक्त परिसंचरण की खोज सन् 1628 ई॰ में विलियम हार्वे ने की थी।
- शरीर से हृदय की ओर रक्त ले जाने वाली रक्तवाहिनी को शिरा (Vein) कहते हैं जबकि हृदय से शरीर की ओर रक्त ले जाने वाली रक्तवाहिनी को धमनी (Artery) कहते हैं। धमनी में शुद्ध रक्त अर्थात् ऑक्सीजनयुक्त रक्त होता है।
- थायरॉक्सिन एवं एड्रीनेलिन स्वतंत्र रूप से हृदय की धड़कन को नियंत्रित करने वाले हार्मोन हैं।
- रक्तदाब मापने वाले यंत्र का नाम स्फिग्मोमेनोमीटर है।
- लसीका में उपस्थित लिम्फोसाइट्स (WBC) हानिकारक जीवाणुओं को भक्षण करके रोगों की रोकथाम गें सहागक होते हैं।

- वृक्कों (Kidneys) का प्रमुख कार्य रक्त के प्लाज्मा को छानकर शुद्ध बनाना तथा अनुपयोगी पदार्थों को जल की कुछ मात्रा के साथ मूत्र के द्वारा शरीर से बाहर निकालना है।
- वृक्क में बनने वाली पथरी कैल्शियम ऑक्जालेट की बनी होती है।
- त्वचा में पायी जाने वाली तेलीय ग्रंथियाँ एवं स्वेद ग्रंथियाँ क्रमशः सीबम एवं पसीने का स्रवण करती हैं।
- यकृत कोशिकाएँ आवश्यकता से अधिक अमीनो अम्लों तथा रुधिर की अमोनिया को यूरिया में परिवर्तित करके उत्सर्जन में मुख्य भूमिका निभाती हैं।
- फेफड़ा दो प्रकार के गैसीय पदार्थ कार्बन डाइऑक्साइड और जलवाष्प का उत्सर्जन करता है। कुछ पदार्थ, जैसे–मसाले, प्याज और लहसुन, जिनमें वाष्पशील घटक होते हैं, का उत्सर्जन फेफड़ों के द्वारा होता है।
- मनुष्य के शरीर में कुल हड्डियों की संख्या 206 होती है।
- शरीर की सबसे बड़ी अस्थि फीमर (जांघ की अस्थि) एवं सबसे छोटी अस्थि स्टेप्स (कान की अस्थि) होती है।
- अन्तःस्रावी तंत्र (Endocrine System)
  (i) **बहिःस्रावी ग्रंथियाँ (Exocrine glands):** यह नलिकायुक्त होती है तथा इनसे एन्जाइम का स्राव होता है जैसे–दुग्ध ग्रंथि, स्वेद ग्रंथि, अश्रु ग्रंथि, श्लेष्म ग्रंथियाँ, लार ग्रंथियाँ इत्यादि।
  (ii) **अन्तःस्रावी ग्रंथियाँ (Endocrine glands):** यह नलिकाविहीन होती है तथा इनसे हार्मोन का स्राव होता है। यह हार्मोन एक प्लाज्मा के द्वारा शरीर के विभिन्न भागों में पहुँचाये जाते हैं, जैसे–पीयूष ग्रंथि, अवटु ग्रंथि, परा-अवटु ग्रंथि आदि।
- पीयूष ग्रंथि कपाल की स्फेनाइड हड्डी में एक गड्ढे में स्थित होती है। इसे मास्टर ग्रंथि के रूप में भी जाना जाता है।
- पीयूष ग्रंथि से निकलने वाले हार्मोन एवं उनके कार्य–
  (i) STH हार्मोन–यह शरीर की वृद्धि, विशेषतया हड्डियों की वृद्धि का नियंत्रण करती है।
  (ii) TSH हार्मोन–यह थाइरॉइड ग्रंथि को हार्मोन स्रावित करने के लिए प्रेरित करता है।
  (iii) ACTH हार्मोन–यह एड्रीनल कार्टेक्स के स्राव को नियंत्रित करता है।
  (iv) GTH हार्मोन–यह जनन अंगों के कार्यों का नियंत्रण करता है।
  (v) LTH हार्मोन–इसका मुख्य कार्य है, शिशु के लिए स्तनों में दुग्ध स्राव उत्पन्न करना।
  (vi) ADH हार्मोन–इसके कारण छोटी-छोटी रक्तधमनियों का संकीर्णन होता है एवं रक्तदाब बढ़ जाता है। यह शरीर में जल संतुलन को बनाए रखने में सहायक होता है।
- **अवटु ग्रंथि (Thyroid gland):** यह मनुष्य के गले में श्वास-नली के दोनों ओर लैरिंक्स के नीचे स्थित रहती है।
- अवटु ग्रंथि से निकलने वाला हार्मोन थाइरॉक्सिन एवं ट्रायोथाइरोनिन है, इसमें आयोडीन अधिक मात्रा में रहता है।
- थाइरॉक्सिन शरीर की सामान्य वृद्धि विशेषतः हड्डियों, बाल इत्यादि के विकास के लिए अनिवार्य है।
- जनन अंगों के सामान्य कार्य थाइरॉक्सिन की सक्रियता पर आधारित होते हैं।
- भोजन में आयोडीन की कमी से घेंघा रोग उत्पन्न हो जाता है।
- एपिनेफ्रीन एवं नॉर एपिनेफ्रीन दोनों एमीनो अम्ल हैं। ये समान रूप से हृदयपेशियों की उत्तेजनशीलता एवं संकुचनशीलता में वृद्धि करते हैं। फलस्वरूप रक्तचाप बढ़ जाता है।
- क्रोध, भय एवं खतरे जैसी उत्तेजनाओं के समय ऐड्रिनेलिन हार्मोन अधिक मात्रा में उत्सर्जित होता है।
- अंडाशय (Ovary) द्वारा एस्ट्रोजेन, प्रोजेस्टेरॉन एवं रिलैक्सिन हार्मोनों का स्राव होता है।
- वृषण (Testes) से निकलने वाले हार्मोन को टेस्टोस्टेरॉन कहते हैं। यह पुरुषोचित लैंगिक लक्षणों के परिवर्द्धन को एवं यौन-आचरण को प्रेरित करता है।
- मनुष्य के श्वसन तंत्र का सबसे महत्वपूर्ण अंग फेफड़ा या फुफ्फुस (Lungs) होता है, जहाँ पर गैसों का आदान-प्रदान होता है।
- **आन्तरिक श्वसनः** शरीर के अन्दर रुधिर एवं उत्तक द्रव्य के बीच गैसीय विनिमय होता है, उसे आन्तरिक श्वसन कहते हैं।
- **बाह्य श्वसनः** फेफड़ों में होने वाले गैसीय विनिमय को बाह्य श्वसन कहते हैं। इसमें जब रुधिर कोशिकाओं में पहुँचता है, तो ऑक्सीजन विमुक्त होता है एवं खाद्य पदार्थों का ऑक्सीकरण होता है जिससे ऊर्जा विमुक्त होती है।
- श्वसन एक अपचयी क्रिया है। इससे शरीर के भार में कमी होती है।

जन्तु जगत का वर्गीकरण

संघ	प्रमुख लक्षण	प्रमुख जीव
• प्रोटोजोआ (Protozoa)	एककोशिकीय शरीर होता है।	अमीबा
• पोरिफेरा (Porifera)	बहुकोशिकीय जन्तु, इनके शरीर पर असंख्य छिद्र पाए जाते हैं।	स्पंज, साइकन, मायोनिया आदि।
• सीलेण्ट्रेटा (Coelenterata)	जलीय द्विस्तरीय प्राणी होते हैं।	हाइड्रा, मूँगा, जेलीफिश, सी एनीमोन।
• प्लैटीहेल्मिन्थीज (Platyhelminthes)	त्रिस्तरीय शरीर होता है परन्तु देहगुहा नहीं होती। ये जन्तु उभयलिंगी होते हैं।	फीता कृमि, प्लेनेरिया, लिवर, फल्यूक आदि।
• एस्केल्मिन्थीज (Ascheleminthes)	लम्बे, बेलनाकार, अखण्डित कृमि। ये जन्तु एकलिंगी होते हैं। वुचेरेरिया द्वारा फाइलेरिया रोग होता है।	एस्केरिस, थ्रेडवर्म, वुचेरेरिया आदि।
• ऐनीलीडा (Annelida)	शरीर लम्बा, पतला, द्विपार्श्व सममित तथा खण्डों में बँटा हुआ होता है। ये जन्तु एकलिंगी एवं उभयलिंगी दोनों प्रकार के होते हैं।	नेरीस, केंचुआ, जोंक आदि।
• आर्थ्रोपोडा (Arthropoda)	शरीर तीन भागों में विभक्त होता है–सिर, वक्ष एवं उदर। इनके पाद संधियुक्त होते हैं। यह प्रायः एकलिंगी होते हैं एवं निषेचन शरीर के अंदर होता है।	केंकड़ा, मक्खी, मच्छर, मधुमक्खी, तिलचट्टा, झींगा मछली, टिड्डी आदि।
• मोलस्का (Mollusca)	शरीर तीन भागों में विभक्त होता है–सिर, अन्तरंग तथा पाद। इनमें कवच सदैव उपस्थित रहता है।	घोंघा, सीपी आदि।
• इकाइनाडर्मेटा (Echinodermata)	इस संघ के सभी जन्तु समुद्री होते हैं। इनमें जल संवहन तंत्र पाया जाता है। पुनरुत्पादन की विशेष क्षमता होती है।	सितारा मछली, समुद्री खीरा, पंखतारा, ब्रिटिल स्टार आदि।
• कॉर्डेटा (Chordata)	इनमें नोटोकॉर्ड उपस्थित होता है।	–
• मत्स्य वर्ग (Pisces)	ये असमतापी जन्तु है। इनमें श्वसन गिल्स के द्वारा होता है।	स्कोलियोडन दरियाई घोड़ा, टारपीडो।
• एम्फीबिया (Amphibia)	ये सभी प्राणी उभयचर होते हैं। यह असमतापी होते हैं। श्वसन क्लोमो, त्वचा एवं फेफड़ों द्वारा होता है।	मेंढ़क।
• सरीसृप (Reptilia)	ये स्थलीय कशेरुकी जन्तु हैं। इनमें दो जोड़ी पाद होते हैं। श्वसन फेफड़ों के द्वारा होता है। इनके अंडे कैल्शियम कार्बोनेट के बने कवच से ढँके रहते हैं।	छिपकली, साँप, कछुआ, घड़ियाल आदि।
• पक्षी (Aves)	इनका अगला पाद उड़ने के लिए पंखों में रूपान्तरित हो जाते हैं। ये समतापी होते हैं।	कौआ, मोर, चिड़िया।
• स्तनधारी वर्ग (Mammalia)	त्वचा पर स्वेद ग्रंथियाँ एवं तेल ग्रंथियाँ पाई जाती हैं। ये सभी जन्तु उच्चतापी एवं नियततापी होते हैं। बाह्य कर्ण उपस्थित होता है।	कंगारू, मनुष्य आदि।

- मानव शरीर में मांसपेशियों की संख्या 639 होती है।
- मानव शरीर की सबसे बड़ी मांसपेशी ग्लूटियस मैक्सीमस (कूल्हे की मांसपेशी) है।
- मानव शरीर की सबसे छोटी मांसपेशी स्टैपिडियस है।
- मानव रक्त एक तरल संयोजी ऊतक है। शरीर में रक्त की मात्रा शरीर के भार का लगभग 7% होती है।
- रक्त एक क्षारीय विलयन है जिसका pH मान 7.4 होता है।
- रक्त में दो प्रकार के पदार्थ पाए जाते हैं–

  (*i*) प्लाज्मा (*ii*) रुधिराणु

(*i*) **प्लाज्माः** यह रक्त का अजीवित तरल भाग होता है। रक्त का लगभग 60% भाग प्लाज्मा होता है। इसका 90% भाग जल, 7% प्रोटीन, 0.9% लवण और 0.1% ग्लूकोज होता है। प्लाज्मा पचे हुए भोजन एवं हार्मोनों का शरीर में संवहन करता है।

(*ii*) **रुधिराणु (Blood Corpuscles):** यह रक्त का शेष 40% भाग होता है। इसे तीन भागों में बाँटते हैं–(*a*) लाल रक्त कण (RBC), (*b*) श्वेत रक्त कण (WBC), (*c*) रक्त बिम्बाणु (Blood Platelets)।

(*a*) **लाल रक्त कण (Red Blood Cell)**

– इनमें केन्द्रक नहीं होता।

– इनका निर्माण अस्थिमज्जा (Bone marrow) में होता है। प्रोटीन, आयरन, विटामिन B_{12} एवं फोलिक अम्ल लाल रक्त कण के निर्माण में सहायक होते हैं।

– इनमें हीमोग्लोबिन होता है, जिसमें हीम (Haem) नामक रंजक होता है, जिसके कारण रक्त का रंग लाल होता है। ग्लोबिन लौह युक्त प्रोटीन है, जो ऑक्सीजन एवं कार्बन डाइऑक्साइड से संयोग करने की क्षमता रखता है।

– हीमोग्लोबिन में पाया जाने वाला लौह यौगिक हीमैटिन है।

– लाल रक्त कणिकाएँ शरीर की प्रत्येक कोशिका में ऑक्सीजन पहुँचाने एवं कार्बन डाइऑक्साइड को वापस लाने का कार्य करती हैं।

(*b*) **श्वेत रक्त कण (White Blood Cell)**

– इनमें केन्द्रक रहता है।

– इनका निर्माण अस्थिमज्जा, लिम्फ नोड और कभी-कभी यकृत एवं प्लीहा में भी होता है।

– इनका मुख्य कार्य शरीर को रोगों के संक्रमण से बचाना है।

– श्वेत रक्त कणों का सबसे अधिक भाग (60-70%) न्यूट्रोफिल्स कणिकाओं का बना होता है। न्यूट्रोफिल्स कणिकाएँ रोगाणुओं तथा जीवाणुओं का भक्षण करती हैं।

(*c*) **रक्त बिम्बाणु (Blood Platelets)**

– यह केवल मनुष्य एवं अन्य स्तनधारियों के रक्त में पाया जाता है।

– इसमें केन्द्रक नहीं होता है। इसका निर्माण अस्थिमज्जा में होता है।

– इसका मुख्य कार्य रक्त के थक्का बनाने में मदद करना है।

- रक्त समूह की खोज कार्ल लैंडस्टीनर ने 1900 ई॰ में की थी।
- मनुष्यों के रक्त में भिन्नता का मुख्य कारण लाल रक्त कण में पायी जाने वाली ग्लाइको प्रोटीन है, जिसे एन्टीजन कहते हैं।
- एण्टीजन दो प्रकार के होते हैं–एण्टीजन A एवं एन्टीजन B। एण्टीजन या ग्लाइकोप्रोटीन की उपस्थिति के आधार पर मनुष्य में चार प्रकार के रुधिर वर्ग होते हैं। जो निम्न हैं–

(*a*) रुधिर वर्ग A — एण्टीजन A उपस्थित होता है।

(*b*) रुधिर वर्ग B — एण्टीजन B उपस्थित होता है।

(*c*) रुधिर वर्ग AB — एण्टीजन A एवं B दोनों उपस्थित होते हैं।

(*d*) रुधिर वर्ग O — दोनों में से कोई एण्टीजन उपस्थित नहीं होता है।

- रक्त समूह O को सर्वदाता रक्त समूह कहते हैं, क्योंकि इसमें कोई एण्टीजन नहीं होता एवं रक्त समूह AB को सर्वग्रहता रक्त समूह कहते हैं, क्योंकि इनमें कोई एण्टीबॉडी नहीं होता है।
- जोहान मेंडल को आनुवंशिकता का पिता कहा जाता है। आनुवंशिकी संबंधी प्रयोग के लिए मेंडल ने मटर के पौधे का चुनाव किया था।
- मेंडल ने आनुवंशिकता से सम्बन्धित तीन नियम प्रस्तुत किए थे–

(*a*) प्रभाविकता का नियम,

(*b*) पृथक्करण का नियम एवं

(*c*) स्वतंत्र अपव्यूहन का नियम।

- गुणसूत्रों में पाए जाने वाले आनुवंशिक पदार्थ को जीनोम कहते हैं। जीन इन्हीं गुणसूत्रों पर पाया जाता है।
- जैव विकास के संबंध में अनेक सिद्धांत प्रतिपादित किये गए हैं, जिनमें लैमार्कवाद एवं उत्परिवर्तनवाद प्रमुख हैं।

(*a*) **लेमार्कवाद (Lamarckism):** लेमार्क के अनुसार, जीवों एवं इनके अंगों में सतत् बड़े होते रहने की प्रवृत्ति होती है। इन जीवों पर वातावरणीय परिवर्तन का सीधा प्रभाव पड़ता है। इसके कारण जीवों में विभिन्न अंगों का उपयोग घटता-बढ़ता रहता है। अधिक उपयोग में आने वाले अंगों का विकास अधिक एवं कम उपयोग में आने वाले अंगों का विकास कम होने लगता है। इसे 'अंगों के कम या अधिक उपभोग का सिद्धांत' भी कहते हैं। इस प्रकार से जीवों द्वारा उपार्जित लक्षणों की वंशगति होती है, जिसके परिणामस्वरूप नयी-नयी जातियाँ बन जाती हैं।

(*b*) **डार्विनवाद (Darwinism):** डार्विनवाद के अनुसार, सभी जीवों में प्रचुर सन्तानोत्पत्ति की क्षमता होती है। अतः अधिक आबादी के कारण प्रत्येक जीव को अपनी आवश्यकताओं की पूर्ति हेतु दूसरे जीवों से जीवनपर्यन्त संघर्ष करना पड़ता है। यह संघर्ष सजातीय, अन्तर्जातीय तथा पर्यावरणीय होते हैं। दो सजातीय जीव आपस में एक-समान नहीं होते। यह विभिन्नताएँ इन्हें इनके जनकों से वंशानुक्रम में मिलती हैं। कुछ विभिन्नताएँ जीवन-संघर्ष के लिए लाभदायक होती हैं, जबकि कुछ अन्य हानिकारक होती हैं। जीवों में विभिन्नताएँ वातावरणीय दशाओं के अनुकूल होने पर वे बहुमुखी जीवन-संघर्ष में सफल होते हैं। उपयोगी विभिन्नताएँ पीढ़ी-दर-पीढ़ी एकत्र होती रहती हैं और लम्बे समय के बाद उत्पन्न जीवधारियों के लक्षण मूल जीवधारियों से इतने भिन्न हो जाते हैं कि एक नई जाति बन जाती है।

☆☆☆☆☆☆

वनस्पति विज्ञान

- विभिन्न प्रकार के पेड़-पौधों तथा उनके क्रियाकलापों के अध्ययन को वनस्पति विज्ञान कहते हैं। **थियोफ्रेस्ट्स** को वनस्पति विज्ञान का जनक कहा जाता है।
- **एकलर** के अनुसार वनस्पति जगत का वर्गीकरण निम्नांकित रूपों में किया जा सकता है–

- पादप
  - अपुष्पोद्भिद वर्ग (Cryptogamae)
    - थैलोफाइटा (Thalophyta)
      - शैवाल (Algae)
      - कवक (Fungi)
      - जीवाणु (Bacteria)
    - ब्रायोफाइटा (Bryophyta)
    - टेरिडोफाइटा (Pteridophyta)
  - पुष्पोद्भिद वर्ग (Phanerogamae)
    - नग्नबीजी (Gymnosperm)
    - आवृतबीजी (Angiosperm)
      - एकबीज पत्री (Monocot)
      - द्विबीज पत्री (Dicot)

अपुष्पोद्भिद् पौधा

इस वर्ग के पौधों में पुष्प तथा बीज नहीं होते। इन्हें निम्नलिखित समूहों में विभक्त किया गया है–

1. थैलोफाइटा

– यह वनस्पति जगत का सबसे बड़ा समूह है।

– इस समूह के पौधों का शरीर सूकाय (Thalus) होता है, अर्थात् पौधे, जड़, तना एवं पत्ती आदि में विभक्त नहीं होते।

***(i)* शैवाल (Algae)**

– शैवाल प्रायः पर्णहरित युक्त, संवहन ऊतक-रहित, आत्मपोषी होते हैं।

– इनका शरीर सूकाय सदृश होता है।

– शैवालों के अध्ययन को फाइकोलॉजी कहते हैं।

– क्लोरेलन शैवाल से क्लोरेलिन नामक प्रतिजैविक एवं लेमिनेरिया से टिंक्चर आयोडीन बनाई जाती है।

***(ii)* कवक (Fungi)**

– कवक पर्णहरित रहित, संकेन्द्रीय, संवह ऊतकरहित थैलोफाइट हैं।

– इनकी कोशिकाभित्ति काइटिन (Chitin) की बनी होती है।

– कवक पौधों में कई प्रकार के गंभीर रोग उत्पन्न करते हैं, जैसे–गेहूँ का ढीला स्मट, सरसों का सफेद रस्ट, गेहूँ का किट्ट रोग, आलू की अंगमारी, मूँगफली का टिक्का रोग, गन्ने का लाल अपक्षय, आलू का मस्सा रोग आदि।

***(iii)* जीवाणु (Bacteria)**

– एण्टोनीवान ल्यूवेनहॉक ने जीवाणु की खोज की थी।

– लुई पाश्चर ने रेबीज के टीके एवं दूध के पाश्चुराइजेशन विधि की खोज की।

– एनाबीना तथा नॉस्टॉक नामक सायनोबैक्टीरिया वायुमंडल की नाइट्रोजन का स्थिरीकरण करते हैं।

– ऐजोटोबैक्टर, एजोसपाइरिलम तथा क्लोस्ट्रीडियम जीवाणु की कुछ जातियाँ स्वतंत्र रूप से मिट्टी में निवास करती हैं व मिट्टी के कणों के बीच स्थित वायु के नाइट्रोजन का स्थिरीकरण करती हैं।

– राइजोबियम तथा ब्रैडीराइजोबियम इत्यादि जीवाणु की जातियाँ लैग्यूमिनोसी के पौधे की जड़ों में रहती हैं और वायुमंडलीय नाइट्रोजन का स्थिरीकरण करती हैं।

विभिन्न कवक व उनसे जनित रोग

कवक	रोग
ऐस्पर्जिलस प्यूमिगेट्स	दमा
एकेरस स्केबीज	खाज
ट्राइकोफायटान लेसकोसय	दाद
टीनिया पेडिस	एथलीट फूट

2. ब्रायोफाइटा

- यह स्थलीय पौधों का समूह है। इस समुदाय को वनस्पति जगत का एम्फीबिया वर्ग भी कहा जाता है।
- इस समुदाय के पौधे मृदा अपरदन को रोकने में सहायता प्रदान करते हैं।

3. टेरिडोफाइटा

- इस समूह के पौधे जंगलों, पहाड़ों एवं नमी युक्त छायादार स्थानों पर अधिकता से पाए जाते हैं।
- पौधा जड़, तना, शाखा एवं पत्तियों में विभेदित रहता है।
- इस समुदाय के पौधों में संवहन ऊतक पूर्ण विकसित होते हैं। परन्तु जाइलम में वेसेल एवं फ्लोएम में सहकोशाएँ नहीं होती हैं।

पुष्पोदभिद्

- इस समूह के पौधे पूर्ण विकसित होते हैं। इस समूह के सभी पौधों में फूल, फल तथा बीज होते हैं। इस समूह के पौधों को दो वर्गों में बाँटा जा सकता है–

(i) **नग्नबीजी**
- इनके पौधे काष्ठीय, बहुवर्षी और लम्बे होते हैं।
- ये मरुद्भिद होते हैं।
- वनस्पति जगत का सबसे ऊँचा पौधा सिकोया सेम्पर विरेंस इसी के अन्तर्गत आता है। इसकी ऊँचाई 120 मी. होती है।
- चीड़, देवदार, सिकोया, स्प्रूस आदि की लकड़ी से फर्नीचर बनते हैं।

(ii) **आवृत्तबीजी**
- इस वर्ग के पौधों में बीज फल के अन्दर होते हैं।
- इनके पौधों में जड़, पत्ती, फूल, फल एवं बीज सभी पूर्ण विकसित होते हैं।
- इस वर्ग के पौधों में बीज में बीजपत्र होते हैं। बीजपत्रों की संख्या के आधार पर पौधों को दो वर्गों में विभाजित किया गया है–

(a) एकबीजपत्री पौधे *(b)* द्विबीजपत्री पौधे

(a) **एकबीजपत्री पौधेः** इन पौधों के बीज में सिर्फ एकबीजपत्र होता है। इस वर्ग के पौधों का उल्लेख निम्नलिखित है–

कुल का नाम	प्रमुख पौधों का नाम
(i) लिलिएसी	प्याज, लहसुन
(ii) पाल्मी	ताड़, नारियल, सुपारी, खजूर
(iii) ग्रेमिनेसी	गन्ना, चावल, गेहूँ, मक्का, बाँस आदि।

(b) **द्विबीजपत्री पौधेः** इन पौधों के बीजों में दो पत्र होते हैं। इस वर्ग के पौधों का उल्लेख निम्नलिखित है–

कुल का नाम	प्रमुख पौधों का नाम
(i) रूटेसी	नींबू, संतरा, चकोत्तरा, मौसम्मी, बेल, कैता
(ii) लेग्यूमिनोसी	इमली, कचनार, बबूल, कत्था, अशोक, दलहन
(iii) क्रूसीफेरी	सरसों, मूली, शलगम
(iv) मालवेसी	भिण्डी, कपास, गुड़हल
(v) रोजेसी	सेब, बादाम, स्ट्रॉबेरी, नाशपाती
(vi) कुकुरबिटेसी	तरबूज, टिण्डा, कद्दू, लौकी, जीरा, ककड़ी, करेला
(vii) सीलेनेसी	मिर्च, बैंगन, आलू, टमाटर, बैलाडोना
(viii) कम्पोजिटी	गेंदा, सूरजमुखी, भृंगराज, डहेलिया

- **जाइलम (Xylem):** यह संवहनी ऊतक है। इसके दो मुख्य कार्य हैं–
  (i) जल एवं खनिज लवणों का संवहन
  (ii) यांत्रिक दृढ़ता प्रदान करना
- पौधे की आयु की गणना जाइलम ऊतक के वार्षिक वलय को गिनकर ही की जाती है। इस विधि को डेन्ड्रोक्रोनोलॉजी कहते हैं।
- **फ्लोएम (Phloem):** यह एक संवहन ऊतक है। इसका मुख्य कार्य पत्तियों द्वारा बनाये गए भोजन को पौधे के अन्य भागों में पहुँचाना है।
- **प्रकाश-संश्लेषण**
  - पौधों में जल, प्रकाश, पर्णहरित तथा कार्बन डाइऑक्साइड की उपस्थिति में कार्बोहाइड्रेट के निर्माण को प्रकाश-संश्लेषण कहते हैं।

$$6CO_2 + 12H_2O \xrightarrow[\text{क्लोरोफिल}]{\text{प्रकाश}} C_6H_{12}O_6 + 6H_2O + 6O_2$$

  - प्रकाश-संश्लेषण के लिए आवश्यक है–कार्बन- डाइऑक्साइड, पानी, क्लोरोफिल एवं सूर्य का प्रकाश।

– पत्ती की कोशिकाओं में जल शिरा से परासरण द्वारा एवं कार्बन डाइऑक्साइड वायुमंडल से विसरण द्वारा जाता है।
– क्लोरोफिल पत्तियों में हरे रंग का वर्णक है। यह प्रकाश-संश्लेषण का केन्द्र होता है।
– क्लोरोफिल के केन्द्र में मैग्नीशियम का एक परमाणु होता है।
– प्रकाश-संश्लेषण की दर लाल रंग के प्रकाश में सबसे अधिक एवं बैंगनी रंग के प्रकाश में सबसे कम होती है।
– प्रकाश-संश्लेषण की क्रिया एक उपचयन एवं अपचयन की अभिक्रिया है। इसमें जल का उपचयन ऑक्सीजन के बनने में तथा कार्बन डाइऑक्साइड का अपचयन ग्लूकोज के निर्माण में होता है।

जीवाणु के द्वारा होने वाले रोग एवं उनके लक्षण

रोग	जीवाणु	प्रभावित अंग	लक्षण
• प्लेग	पाश्चुरेला पेस्टिस	फेफड़े, कांख दोनों पैरों के बीच	बहुत तेज बुखार, शरीर पर गिल्टियां
• क्षय रोग	माइकोबैक्टिरियस ट्यूबरकुलोसिस	फेफड़ा	बार-बार खाँसी के साथ कफ एवं रक्त निकलना
• गोनोरिया	नाइसेरिया गोनोरियाई	मूत्र मार्ग	मूत्र-मार्ग में सूजन
• सिफलिस	ट्रैपोनमा पैलिडम	शिश्न	शिश्न में घाव
• टिटनेस	क्लॉस्ट्रीडियम, टेटेनी	तंत्रिका तंत्र	तेज बुखार, जबड़ा भिंचना एवं शरीर में ऐंठन
• हैजा	विब्रिओ कालेरी	आँत	लगातार दस्त और उल्टियाँ
• डिप्थीरिया	कोरीनी बैक्टीरियम डिप्थीरी	श्वास नली	साँस लेने में कठिनाई एवं दम घुटना
• काली खाँसी	हीमोफिलस परटूसिस	श्वसन तंत्र	लगातार खाँसी आना
• कुष्ठ रोग	माइकोबैक्टिरियम लेप्री	तंत्रिका तंत्र, त्वचा	शरीर पर चकत्ते, तंत्रिकाएँ प्रभावित
• टायफायड	सालमोनेला टाइफी	आँत	तेज बुखार, सिर दर्द
• निमोनिया	डिप्लोकोकस न्यूमोनी	फेफड़ा	तेज बुखार, फेफड़ों में सूजन

परजीवी (*Protozoa*) द्वारा होने वाली बीमारी

बीमारी	परजीवी	प्रभावित अंग	वाहक मच्छर	लक्षण
• काला-जार	लीशमैनिया डोनावानी	अस्थि-मज्जा	बालू-मक्खी	तेज बुखार
• सोने की बीमारी	ट्रिपेनोसोमा	मस्तिष्क	सी-सी मक्खी	बहुत नींद के साथ बुखार
• मलेरिया	प्लाज्मोडियम	तिल्ली एवं लाल रक्त कण	मादा एनोफ्लीज	ठंड के साथ बुखार
• पायरिया	एन्ट अमीबा जिन्जिवेलिस	मसूढ़े	–	मसूढ़ों से रक्तस्राव
• पेचिस	एन्ट अमीबा हिस्टोलिटिका	आँत	–	श्लेष्मा एवं खून के साथ दस्त

टीकाकरण कार्यक्रम

- बीसीजी (बेसिलस काल्मेट्टर-ग्यूरिन): जन्म पर शिशुओं को दिया जाता है। यह तपेदिक से सुरक्षा प्रदान करता है।
- डीपीटी (डिप्थीरिया, परटूसिस और टेटनस टॉक्सोइड): शिशुओं को यह टीका डिप्थीरिया, काली खाँसी एवं टिटनेस रोग से सुरक्षा के लिए दिया जाता है।
- अतिसार (Diarrhoea) रोग आंत में मौजूद एस्केरिस लुम्ब्रीकॉइडीज नामक अंतः परजीवी प्रोटोजोआ से होता है।
- फाइलेरिया रोग फाइलेरिया बैन्क्रोफ्टाई नामक कृमि से होता है। इस कृमि का संचारण क्यूलेक्स मच्छरों के दंश से होता है। इस रोग को हाथीपांव भी कहते हैं।

- दमा रोग मनुष्य के फेफड़ों में ऐस्पर्जिलस फ्यूमिगेटस नामक कवक से होता है। यह एक संक्रामक रोग है।

- **ELISA**: यह HIV वायरस की जाँच करने की प्रणाली है।

विषाणुओं के द्वारा होने वाले रोग एवं उनके लक्षण

रोग	विषाणु	प्रभावित अंग	लक्षण
• पोलियो	पोलियो	गला, रीढ़, नाड़ी संस्थान	ज्वर, बदन में दर्द, रीढ़ की हड्डी एवं आँत की कोशिकाएँ नष्ट हो जाती हैं।
• चेचक	वैरिओला वायरस	सम्पूर्ण शरीर	तेज-बुखार, शरीर पर लाल दाने।
• डेंगू ज्वर	अरबो वायरस	सम्पूर्ण शरीर, विशेषकर सिर, आँख एवं जोड़	बुखार, आँखों, पेशियों, सिर तथा जोड़ों में दर्द।
• एड्स	HIV	प्रतिरक्षा प्रणाली	रोग प्रतिरोधक क्षमता का नष्ट होना।
• इन्फ्लूएंजा	मिक्सो वाइरस	सम्पूर्ण शरीर	सर्दी, छींक, बेचैनी।
• छोटी माता	वैरिसेला वाइरस	सम्पूर्ण शरीर	हल्का बुखार, शरीर पर पित्तिकाएँ।
• खसरा	ओर्बिली वाइरस	सम्पूर्ण शरीर	शरीर पर लाल दाने।
• रेबीज	रैब्डो वाइरस	तंत्रिका तंत्र	जीभ बाहर निकलना एवं पागलपन।
• हर्पीस	हर्पीस	त्वचा	त्वचा में सूजन।

जीव विज्ञान की प्रमुख शाखाएँ

- **एनाटोमी (Anatomy):** जीव विज्ञान की इस शाखा में शरीर की आंतरिक संरचना का अध्ययन किया जाता है।
- **एन्थ्रोपोलॉजी (Anthropology):** विज्ञान की इस शाखा में मानव के विकास, रीति-रिवाज, इतिहास, परम्पराओं से सम्बन्धित विषयों का अध्ययन किया जाता है।
- **कीमोथिरेपी (Chemotheraphy):** चिकित्सा विज्ञान की इस शाखा में रासायनिक यौगिकों से उपचार किया जाता है।
- **क्रायोजेनिक्स (Cryogenics):** यह निम्न ताप के विभिन्न प्रयोगों तथा नियंत्रणों का अध्ययन करने वाला विज्ञान है।
- **इकोलॉजी (Ecology):** यह विज्ञान वनस्पतियों तथा प्राणियों के पर्यावरण या प्रकृति से सम्बन्धों का अध्ययन करता है।
- **एन्टोमोलॉजी (Entomology):** जन्तु विज्ञान की इस शाखा में कीट-पतंगों का अध्ययन किया जाता है।
- **एपीडीमियोलॉजी (Epidemiology):** चिकित्सा विज्ञान की यह शाखा महामारी और उनके उपचार से सम्बन्धित है।
- **एक्स-बायोलॉजी (Ex-biology):** इस विज्ञान के द्वारा पृथ्वी को छोड़कर अन्य ग्रहों व उपग्रहों पर जीवन की संभावनाओं का अध्ययन किया जाता है।
- **जिरोन्टोलॉजी (Gerontology):** विज्ञान की इस शाखा में वृद्धावस्था से सम्बन्धित तथ्यों का अध्ययन किया जाता है।
- **होर्टीकल्चर (Horticulture):** फल-फूल व साग-सब्जी उगाने, बाग लगाने, पुष्प उत्पादन का अध्ययन इस विज्ञान के द्वारा किया जाता है।
- **हाइड्रोपैथी (Hydropathy):** इस विज्ञान में पानी द्वारा रोगों की चिकित्सा होती है।
- **होलोग्राफी (Holography):** यह लेसर पुञ्ज की सहायता से त्रिविमीय चित्र बनाने की विधि है।
- **मीट्रियोलाजी (Metreology):** मौसम की दशाओं में होने वाली क्रियाओं तथा परिवर्तनों का अध्ययन इस विज्ञान के द्वारा किया जाता है।
- **मौरफोलॉजी (Morphology):** विज्ञान की इस शाखा में पृथ्वी पर पाये जाने वाले प्राणियों तथा पौधों की संरचना, रूप, प्रकार आदि का अध्ययन किया जाता है।

- **न्यूरोलॉजी (Neurology):** मानव शरीर की नाड़ियों या तंत्रिकाओं का अध्ययन तथा उपचार इस विज्ञान के द्वारा किया जाता है।
- **ओडोन्टोग्राफी (Odontography):** दाँतों का अध्ययन करने वाली चिकित्सा विज्ञान की यह एक शाखा है।
- **ऑरनिथोलॉजी (Ornithology):** इस विज्ञान में पक्षियों से सम्बन्धित अध्ययन किया जाता है।
- **पोमोलॉजी (Pomology):** विज्ञान की इस शाखा में फलों का अध्ययन किया जाता है।
- **एग्रोस्टोलॉजी (Agrostology):** यह घासों से सम्बन्धित विज्ञान की एक शाखा है।
- **अरबोरीकल्चर (Arbori Culture):** यह वृक्ष उत्पादन सम्बन्धी विज्ञान की एक शाखा है।
- **कॉन्कोलॉजी (Conchology):** विज्ञान की इस शाखा के अन्तर्गत मोलस्क विज्ञान का अध्ययन होता है।
- **इथोलॉजी (Ethology):** विज्ञान की इस शाखा के अन्तर्गत प्राणियों के आचार तथा व्यवहार का अध्ययन होता है।
- **हीलियोथिरेपी (Heliotherapy):** यह सूर्य के प्रभाव से चिकित्सा करने की प्रक्रिया है।
- **हाइड्रोस्टेटिक्स (Hydrostatics):** इस शाखा के अंतर्गत द्रवस्थैतिक का अध्ययन होता है।
- **फाइकोलॉजी (Phycology):** विज्ञान की इस शाखा के अंतर्गत शैवालों का अध्ययन होता है।
- **सेरीकल्चर (Sericulture):** विज्ञान की इस शाखा के अंतर्गत रेशम के कीड़ों के पालन का अध्ययन किया जाता है।
- **हिप्नोलॉजी (Hypnology):** विज्ञान की इस शाखा में नींद का अध्ययन किया जाता है।

भारत के प्रमुख शोध-संस्थान/प्रयोगशालाएँ

- **नई दिल्ली**
  - राष्ट्रीय प्रतिरोधक विज्ञान संस्थान
  - भारतीय कृषि अनुसंधान संस्थान
  - राष्ट्रीय भौतिक प्रयोगशाला
  - भारतीय मौसम विज्ञान
- **कोलकाता**
  - भारतीय पुरातात्विक सर्वेक्षण विज्ञान
  - केन्द्रीय काँच तथा मृत्तिका अनुसंधान संस्थान
  - राष्ट्रीय एटलस तथा विषयक मानचित्रण संगठन
  - केन्द्रीय जूट प्रोद्योगिकी अनुसंधान संस्थान
- **बेंगलुरू**
  - रमन अनुसंधान संस्थान
  - जवाहरलाल नेहरू उन्नत वैज्ञानिक अनुसंधान केन्द्र
- **मुम्बई**
  - टाटा इन्स्टीट्यूट ऑफ फण्डामेण्टल रिसर्च
  - भारतीय भू-चुम्बकीय संस्थान
- **अहमदाबाद**
  - कपड़ा उद्योग संस्थान
- **लखनऊ**
  - औद्योगिक विष-विज्ञान अनुसंधान संस्थान
  - केन्द्रीय औषधि अनुसंधान संस्थान
- **देहरादून**
  - केन्द्रीय वन अनुसंधान संस्थान
  - भारतीय पेट्रोलियम संस्थान
- **ट्राम्बे** – भाभा परमाणु अनुसंधान केन्द्र
- **रुड़की** – केन्द्रीय भवन निर्माण अनुसंधान संस्थान
- **काशरगाड़** – केन्द्रीय नारियल अनुसंधान संस्थान
- **मैसूर** – केन्द्रीय खाद्य प्रौद्योगिकी अनुसंधान संधान
- **शिमला** – केन्द्रीय आलू अनुसंधान संस्थान
- **गाँधीनगर** – प्लाज्मा अनुसंधान संस्थान
- **राजमुन्दरी** – केन्द्रीय तम्बाकू अनुसंधान संस्थान
- **कोयम्बटूर** – केन्द्रीय गन्ना अनुसंधान संस्थान
- **कानपुर** – भारतीय चीनी तकनीकी संस्थान
- **करनाल** – राष्ट्रीय डेयरी अनुसंधान संस्थान
- **कटक** – केन्द्रीय चावल अनुसंधान संस्थान
- **जमशेदपुर** – राष्ट्रीय धातु विज्ञान प्रयोगशाला
- **चण्डीगढ़** – जीवाणु प्रौद्योगिकी संस्थान
- **चेन्नई** – केन्द्रीय चमड़ा अनुसंधान संस्थान
- **भावनगर** – केन्द्रीय नमक और समुद्री रसायन अनुसंधान संस्थान
- **बड़ोदरा** – विद्युत अनुसंधान और विकास संस्थान
- **हैदराबाद** – राष्ट्रीय भू-भौतिकी अनुसंधान संस्थान

वस्तुनिष्ठ प्रश्नावली

भौतिक विज्ञान

1. निम्नलिखित में से कौन-सी मात्रा जड़त्व की माप है?
   A. वेग
   B. त्वरण
   C. द्रव्यमान
   D. भार (वजन)
2. 'क्यूरी' किसकी इकाई का नाम है?
   A. रेडियोएक्टिव धर्मिता
   B. तापक्रम
   C. ऊष्मा
   D. ऊर्जा
3. रॉकेट की कार्य प्रणाली किस सिद्धांत पर आधारित होती है?
   A. संवेग संरक्षण
   B. संहति संरक्षण
   C. ऊर्जा संरक्षण
   D. कोणीय संवेग संरक्षण
4. पदार्थ के संवेग और वेग के अनुपात से कौन-सी भौतिक राशि प्राप्त की जाती है?
   A. वेग
   B. त्वरण
   C. द्रव्यमान
   D. बल
5. तूफान की भविष्यवाणी की जाती है, जब वायुमंडल का दाब–
   A. सहसा बढ़ जाए
   B. क्रमशः बढ़े
   C. सहसा कम हो जाए
   D. क्रमशः कम हो जाए
6. अण्डा मृदु जल में डूब जाता है, किन्तु नमक के सान्द्र घोल में तैरता है, क्योंकि–
   A. अण्डा घोल से नमक का अवशोषण करता है और फैल जाता है।
   B. एल्बुमिन नमक के घोल में घुल जाता है और अंडा हल्का हो जाता है।
   C. नमक के घोल का घनत्व अण्डे के घनत्व से अधिक हो जाता है।
   D. जल का पृष्ठ तनाव अधिक होता है।
7. किसी व्यक्ति को मुक्त रूप से घूर्णन कर रहे घूर्णी मंच पर (कोणीय) चाल कम करने के लिए क्या करना चाहिए?
   A. अपने हाथ एक साथ मिला ले
   B. अपने हाथ ऊपर उठा ले
   C. अपने हाथ बाहर की तरफ फैला दे
   D. हाथ ऊपर उठाकर बैठ जाए
8. यदि एक पेंडुलम से दोलन करने वाली घड़ी को पृथ्वी से चन्द्रमा पर ले जाएँ, तो घड़ी होगी–
   A. सुस्त
   B. तेज
   C. पृथ्वी के समान समय देगी
   D. कार्य करना बन्द कर देगी
9. निम्न में से कौन-सा बल 'क्षयकारी बल' है?
   A. गुरुत्व बल
   B. घर्षण बल
   C. स्थिर वैद्युत बल
   D. चुम्बकीय बल
10. निम्न में से कौन-सा आभासी बल है?
    A. अभिकेन्द्र बल
    B. अपकेन्द्री प्रतिक्रिया बल
    C. अपकेन्द्री बल
    D. प्रबल नाभिकीय बल
11. वाष्प इंजन में उबलते हुए जल का तापमान किस कारण से उच्च हो सकता है?
    A. जल में विलीन पदार्थ होते हैं
    B. बॉयलर के अन्दर निम्न दाब होता है
    C. बॉयलर के अंदर उच्च दाब होता है
    D. अग्नि अत्यधिक उच्च तापमान पर होती है
12. शीतकाल में हैंडपंप का पानी गर्म होता है, क्योंकि–
    A. शीतकाल में हमारा शरीर ठंडा होता है, अतः जल गर्म प्रतीत होता है।
    B. पृथ्वी के भीतर तापमान वायुमंडल के तापमान से अधिक होता है।
    C. पम्पिंग क्रिया से घर्षण पैदा होता है, जिससे जल गर्म हो जाता है।
    D. भीतर से जल बाहर निकलता है और परिवेश में ऊष्मा का अवशोषण कर लेता है।
13. तप्त जल के थैलों में जल का प्रयोग किया जाता है, क्योंकि–
    A. यह सरलता से मिल जाता है
    B. यह सस्ता है और हानिकारक नहीं है
    C. इसकी विशिष्ट ऊष्मा अधिक है
    D. जल को गर्म करना आसान है
14. धातु की चायदानियों में लकड़ी के हैंडल क्यों लगे होते हैं?
    A. लकड़ी ऊष्मा की कुचालक होती है
    B. इससे बिजली का शॉक नहीं लगता है

C. इससे पात्र सुन्दर लगता है

D. इसमें स्वच्छता होती है

15. पानी का घनत्व किस ताप पर अधिकतम होता है?

A. 0°C पर B. 4°C पर

C. –4°C पर D. 100° C पर

16. जब बर्फ को 0°C से 10°C तक गर्म किया जाता है, तो जल का आयतन–

A. समान रूप से बढ़ता है

B. समान रूप से कम होता है

C. पहले बढ़ता है और उसके बाद कम होता है

D. पहले कम होता है और उसके बाद बढ़ता है

17. लोलक घड़ियाँ गर्मियों में सुस्त क्यों हो जाती हैं?

A. गर्मियों के दिन लम्बे होने के कारण

B. कुण्डली में घर्षण के कारण

C. लोलक की लम्बाई बढ़ जाती है जिससे इकाई दोलन में लगा हुआ समय बढ़ जाता है

D. गर्मी में लोलक का भार बढ़ जाता है

18. शीतकाल में कपड़े हमें गर्म रखते हैं क्योंकि–

A. ऊष्मा प्रदान करते हैं।

B. ऊष्मा का विकिरण नहीं करते।

C. वायु को शरीर के सम्पर्क में आने से रोकते हैं।

D. शरीर की ऊष्मा को बाहर जाने से रोकते हैं।

19. काले वस्त्रों के मुकाबले श्वेत वस्त्र शीतल क्यों होते हैं?

A. अपने पास पहुंचने वाले सभी प्रकाश को अवशोषित करते हैं।

B. उनके पास जो भी प्रकाश पहुँचता है उसे वे परावर्तित करते हैं।

C. प्रकाश भेदक नहीं होने देते हैं।

D. सूर्य के प्रकाश को पूर्णतया शीतल कर देते हैं

20. कोई पिंड ऊष्मा का सबसे अधिक अवशोषण करता है, जब वह हो–

A. काला और खुरदुरा B. काला और मसृण

C. सफेद और खुरदुरा D. सफेद और मसृण

21. थर्मामीटरों में आमतौर पर पारद का प्रयोग किया जाता है, क्योंकि इसमें–

A. उच्च तरलता होती है

B. उच्च सघनता होती है

C. उच्च चालकता होती है

D. उच्च विशिष्ट ऊष्मा होती है

22. यदि किसी स्थान के तापमान में सहसा वृद्धि होती है तो आपेक्षिक आर्द्रता–

A. बढ़ती है B. घटती है

C. स्थिर रहती है D. घटती-बढ़ती रहती है

23. वायु में ध्वनि का वेग–

A. तापमान के बढ़ने से घटता है

B. तापमान के घटने से बढ़ता है

C. तापमान पर आश्रित नहीं रहता

D. तापमान के घटने से घटता है

24. ध्वनि का तारत्व (Pitch) किस पर निर्भर करता है?

A. आवृत्ति B. तीव्रता

C. वेग D. आयाम

25. निम्न द्रव्यों में ध्वनि सबसे तेज यात्रा करती है–

A. स्टील में B. वायु में

C. निर्वात में D. जल में

26. प्रकाश का वेग अधिकतम होता है–

A. हीरे में B. निर्वात में

C. पानी में D. कांच में

27. माध्यम के तापमान में वृद्धि के साथ प्रकाश की गति–

A. बढ़ती है B. घटती है

C. वैसी ही रहती है D. सहसा गिर जाती है

28. प्रकाश की किरण को पूर्ण आंतरिक परावर्तन के लिए किससे गुजरना होता है?

A. कांच से जल B. जल से कांच

C. वायु से जल D. वायु से कांच

29. मरीचिका एक उदाहरण है–

A. केवल प्रकाश के अपवर्तन का

B. केवल प्रकाश के पूर्ण आंतरिक परावर्तन का

C. प्रकाश के अपवर्तन और पूर्ण आंतरिक परावर्तन का

D. केवल प्रकाश के परिक्षेपण का

30. हीरा चमकदार दिखायी देता है–

A. परावर्तन के कारण

B. अपवर्तन के कारण

C. सामूहिक आंतरिक परावर्तन के कारण

D. प्रकीर्णन के कारण

31. फ्यूज तार (Fuse wire) किससे बनती है?

A. टिन और तांबे की मिश्रधातु

B. टिन और सीसे की मिश्रधातु

C. टिन और एल्युमिनियम की मिश्रधातु

D. निकेल और क्रोमियम की मिश्रधातु

32. ट्रान्सफार्मर किससे काम करता है?
A. केवल प्रत्यावर्ती धारा से
B. केवल दिष्ट धारा से
C. ए.सी. और डी.सी. दोनों से
D. किसी भी सिग्नल से

33. यदि किसी चुम्बक का तीसरा ध्रुव हो, तो तीसरा ध्रुव कहलाता है–
A. अतिरिक्त ध्रुव B. यादृच्छिक ध्रुव
C. दोषपूर्ण ध्रुव D. परिणामी ध्रुव

34. लेजर (Laser) बीम सदा होती है–
A. अभिसारी बीम
B. अपसारी बीम
C. समान्तर बीम
D. शुरू में समान्तर और बाद में अपसारी

35. कलिज नलिका का प्रयोग क्या उत्पन्न करने के लिए किया जाता है?
A. रेडियो तरंगें B. सूक्ष्म तरंगें
C. एक्स किरणें D. गामा किरणें

36. ट्रांजिस्टर के संविरचन में किस वस्तु का प्रयोग होता है?
A. एल्युमिनियम B. ताम्र
C. सिलिकॉन D. रजत

37. निम्नलिखित कण एक ही गतिज ऊर्जा के साथ चल रहे हैं उनमें से सबसे अधिक संवेग किसका है?
A. इलेक्ट्रॉन B. प्रोटॉन
C. ड्यूट्रॉन D. X-कण

38. पृथ्वी एक बहुत बड़ा चुम्बक है। इसका चुम्बकीय क्षेत्र किस दिशा में विस्तृत होता है?
A. पूर्व से पश्चिम B. पश्चिम से पूर्व
C. उत्तर से दक्षिण D. दक्षिण से उत्तर

39. अवतल लेंस हमेशा किस प्रकार का प्रतिबिम्ब बनाते हैं?
A. वास्तविक प्रतिबिम्ब
B. आभासी प्रतिबिम्ब
C. वस्तु की विशेषता के अनुरूप प्रकार का प्रतिबिम्ब
D. लेंस की वक्रता के अनुरूप प्रकार का प्रतिबिम्ब

40. आवर्द्धक लेंस वास्तव में क्या होता है?
A. समतल-अवतल लेंस B. अवतल लेंस
C. उत्तल लेंस D. बेलनाकार लेंस

41. अबिन्दुकता का दोष दूर करने के लिए निम्नलिखित में से किस लेंस का प्रयोग किया जाता है?
A. सिलिंडरी लेंस B. अवतल लेंस
C. उत्तल लेंस D. द्विफोकसी लेंस

42. बाह्य अंतरिक्ष में से किसी अंतरिक्ष यात्री को आकाश दिखायी देगा?
A. सफेद B. नीला
C. काला D. लाल

43. लेंस की क्षमता का मात्रक होता है–
A. डायोप्टर B. ल्यूमेन
C. लक्स D. जूल

44. 1024 बाइट बराबर है–
A. 1 TB B. 1 GB
C. 1 MB D. 1 KB

45. किसी प्रोग्राम में 'बग' क्या होता है?
A. स्टेटमेंट B. एरर
C. सिग्नेचर D. B और C दोनों

उत्तरमाला

1	2	3	4	5	6	7	8	9	10
C	A	A	C	C	C	C	A	B	C
11	12	13	14	15	16	17	18	19	20
C	B	C	A	B	D	C	D	B	A
21	22	23	24	25	26	27	28	29	30
C	B	D	A	A	B	C	A	C	C
31	32	33	34	35	36	37	38	39	40
C	A	D	B	C	C	A	D	B	C
41	42	43	44	45					
A	C	A	D	A					

रसायन विज्ञान

1. किसी परमाणु का रासायनिक व्यवहार निर्भर करता है, उसकी–

A. न्यूक्लियस में प्रोटॉनों की संख्या पर
B. न्यूक्लियस में न्यूट्रॉनों की संख्या पर
C. न्यूक्लियस के गिर्द घूम रहे इलेक्ट्रॉनों की संख्या पर
D. न्यूक्लियस में न्यूक्लियनों की संख्या पर

2. न्यूक्लियस की द्रव्यमान संख्या–

A. सदा उसके परमाणु क्रमांक से कम होती है
B. सदा उसके परमाणु क्रमांक से अधिक होती है
C. सदा उसके परमाणु क्रमांक के बराबर होती है
D. कभी उसके परमाणु क्रमांक से अधिक और कभी उसके बराबर होती है

3. कार्बन का परमाणु क्रमांक 6 तथा परमाणु भार 12 है। इसके नाभिक में कितने प्रोटॉन होते हैं?

A. 6 B. 12
C. 18 D. शून्य

4. गामा किरणें क्या होती हैं?

A. बाहरी अन्तरिक्ष से आने वाले आवेशित कण
B. बाहरी अन्तरिक्ष से आने वाली अनावेशित उच्च ऊर्जा युक्त किरणें
C. रेडियोसक्रिय पदार्थों द्वारा उत्सर्जित उच्च ऊर्जा युक्त किरणें
D. रेडियोसक्रिय पदार्थों द्वारा उत्सर्जित अनावेशित कण

5. नाभिकीय विखंडन के दौरान श्रृंखला अभिक्रिया को नियंत्रित करने के लिए न्यूट्रॉनों का अवशोषण करने हेतु निम्न में से किसका प्रयोग किया जाता है?

A. बोरॉन B. भारी जल
C. यूरेनियम D. प्लूटोनियम

6. परमाणु शक्ति संयंत्र किस सिद्धान्त पर काम करता है?

A. विखण्डन
B. संलयन
C. तापीय दहन
D. उपर्युक्त तीनों का संयुक्त प्रभाव

7. किसी तत्व के समस्थानिकों के बीच अंतर किनकी भिन्न संख्या की उपस्थिति के कारण होता है?

A. प्रोटॉन B. न्यूट्रॉन
C. इलेक्ट्रॉन D. फोटॉन

8. ऑक्सीजन की धनात्मक (+ve) ऑक्सीकरण संख्या होती है, केवल–

A. OF_2 में B. Cl_2O में
C. H_2O में D. N_2O में

9. कार्बन डेटिंग निम्न की आयु निर्धारण हेतु प्रयुक्त होता है–

A. जीवाश्म B. पौधे
C. चट्टानें D. उपरोक्त में से कोई नहीं

10. लाल लिटमस-पत्र को नीला कर देता है–

A. अम्ल B. भस्म (क्षार)
C. लवण D. इनमें से कोई नहीं

11. किसी एक सामान्य व्यक्ति के रक्त का pH स्तर क्या होता है?

A. 4.0 – 4.5 B. 6.45 – 6.55
C. 7.35 – 7.45 D. 8.25 – 8.35

12. वायु से हल्की गैस है–

A. ऑक्सीजन B. क्लोरीन
C. अमोनिया D. प्रोपेन

13. गैसों के विसरण का नियम किसने प्रतिपादित किया?

A. बॉयल B. चार्ल्स
C. एवोगाड्रो D. ग्राहम

14. उत्प्रेरक एक ऐसा पदार्थ है जो रासायनिक अभिक्रिया के वेग को–

A. घटाता है B. बढ़ाता है
C. परिवर्तित करता है D. इनमें से कोई नहीं

15. कार्बन मोनोऑक्साइड तथा नाइट्रोजन गैस के गैसीय मिश्रण को कहते हैं–

A. कोल गैस B. प्रोड्यूसर गैस
C. जल गैस D. प्राकृतिक गैस

16. निम्नलिखित में से कौन-सा ईंधन न्यूनतम पर्यावरणीय प्रदूषण उत्पन्न करता है?

A. डीजल B. कोयला
C. हाइड्रोजन D. केरोसिन

17. रॉकेट को चलाने में प्रयुक्त ईंधन कहलाते हैं–

A. कोक B. बायोमास
C. प्रणोदक D. कोल गैस

18. कोयले की विभिन्न किस्मों में से किसमें कार्बन की प्रतिशत मात्रा सबसे अधिक होती है?

A. पीट B. बिटुमिनस
C. लिग्नाइट D. एन्थ्रासाइट

19. निम्न में से किसका प्रयोग नोदक या रॉकेटों में ईंधन के रूप में किया जा सकता है?

A. द्रव हाइड्रोजन + द्रव नाइट्रोजन
B. द्रव ऑक्सीजन + द्रव ऑर्गन
C. द्रव नाइट्रोजन + द्रव ऑक्सीजन
D. द्रव हाइड्रोजन + द्रव ऑक्सीजन

20. निम्नलिखित में से कौन किसी वात्या भट्टी में धातुमल के रूप में प्राप्त किया जाता है?

A. कैल्शियम कार्बोनेट B. कैल्शियम सल्फेट
C. कैल्शियम क्लोराइड D. कैल्शियम सिलिकेट

21. विषम पद बताइए–

A. मार्बल B. चॉक
C. चूना-पत्थर D. बुझा-चूना

22. प्लास्टर ऑफ पेरिस का रासायनिक नाम है–

A. कैल्शियम सल्फेट
B. जलयोजित कैल्शियम कार्बोनेट
C. कैल्शियम हाइड्रेट
D. कैल्शियम सल्फेट हेमी हाइड्रेट

23. अग्निशमन वस्त्र किससे बनाये जाते हैं?

A. अभ्रक B. एस्बेस्टॉस
C. टैल्क D. स्टीएटाइट

24. ब्लीचिंग पाउडर निम्नलिखित में से किससे-किसे गुजारकर तैयार किया जाता है?

A. बुझे चूने पर से क्लोरीन
B. बूझे चूने पर से ऑक्सीजन
C. बुझे चूने पर से CO_2
D. बिना बुझे चूने पर से क्लोरीन

25. निम्नलिखित में से कौन-सी धातु स्वतंत्र अवस्था में पायी जाती है?

A. एल्युमिनियम B. सोना
C. लोहा D. सीसा

26. निम्नलिखित में से कौन-सा सर्वोत्तम विद्युत चालक है?

A. तांबा B. लोहा
C. एल्युमिनियम D. चाँदी

27. निम्न में से कौन सामान्य ताप पर द्रव है?

A. सीसा B. पारा
C. निकेल D. टिन

28. किसी अमलगम का एक घटक सदा होता है–

A. आयरन B. कॉपर
C. जिंक D. मरकरी

29. मोनाजाइट बालू में निम्न में से कौन-सा खनिज पाया जाता है?

A. पोटैशियम B. यूरेनियम
C. थोरियम D. सोडियम

30. फोटोग्राफी में निम्नलिखित में से कौन-सा रासायनिक यौगिक प्रयोग किया जाता है?

A. एल्युमिनियम हाइड्राऑक्साइड
B. सिल्वर ब्रोमाइड
C. पोटैशियम नाइट्रेट
D. सोडियम क्लोराइड

31. कठोर स्टील में होता है–

A. 2 से 5% कार्बन B. 0.5 से 1.5% कार्बन
C. 0.1 से 0.4% कार्बन D. 0.01 से 0.04% कार्बन

32. सीमेंट बनाने के लिए किसके मिश्रण को खूब तप्त किया जाता है–

A. चूना-पत्थर और ग्रेफाइट
B. चूना-पत्थर और मृत्तिका
C. चॉक और ग्रेफाइट
D. मृत्तिका और ग्रेफाइट

33. पोर्टलैंड सीमेंट में जिप्सम मिलाने से मदद मिलती है–

A. सीमेंट का सामर्थ्य बढ़ाने में
B. सीमेंट के शीघ्र जमने में
C. सीमेंट को शीघ्र जमने से रोकने के लिए
D. सीमेंट की लागत कम करने में

34. फोटोक्रोमेटिक काँच में किसकी उपस्थिति के कारण काला रंग (गहरा रंग) होने का गुणधर्म होता है?

A. सिल्वर ब्रोमाइड B. सिल्वर ऑक्साइड
C. सिल्वर नाइट्रेट D. सिल्वर क्लोराइड

35. लेंस किससे बनता है?

A. पाइरेक्स काँच B. फ्लिन्ट काँच
C. साधारण काँच D. कोबाल्ट काँच

36. चुम्बक बनाने के लिए निम्नलिखित में से कौन-सी मिश्रधातु का प्रयोग किया जाता है?

A. ड्यूरेलूमिन B. स्टेनलेस स्टील
C. एल्निको D. मैग्नेलियम

37. निम्नलिखित में से कौन-सा विद्युत का चालक है?

A. रबड़ B. शुद्ध जल
C. लवण जल D. बेंजीन

38. रात को पेड़ के नीचे सोने की सलाह नहीं दी जाती है, क्योंकि तब इससे–

A. कार्बन डाइऑक्साइड का मोचन होता है

B. कार्बन मोनोक्साइड का मोचन होता है

C. कम ऑक्सीजन का मोचन होता है

D. अधिक ऑक्सीजन का मोचन होता है

39. सूर्य के विकिरण का पराबैंगनी प्रकाश किसकी परत के कारण पृथ्वी के वायुमंडल में नहीं पहुँच पाता है?

A. ऑक्सीजन B. हाइड्रोजन

C. ओजोन D. हीलियम

40. निम्नलिखित में से प्रमुख ग्रीन हाउस गैस कौन-सी है?

A. कार्बन डाइऑक्साइड B. क्लोरोफ्लोरो कार्बन

C. कार्बन मोनोऑक्साइड D. फ्रिऑन

41. मानव शरीर में प्रचुर मात्रा में कौन-सा तत्व है?

A. कार्बन B. आयरन

C. नाइट्रोजन D. ऑक्सीजन

42. रबड़ के वल्कनीकरण के लिए उसमें मिलाया जाता है–

A. सल्फर B. कार्बन

C. ओजोन D. फॉस्फोरस

43. प्रशीतक फ्रिऑन है–

A. कैल्शियम टेट्राक्लोराइड

B. डाइफ्लोरो डाइक्लोरो मिथेन

C. फ्लुओस्पार और फेल्सफार

D. हाइड्रोफ्लुओसिलिक एसिड

44. बायोडीजल के उत्पादन में निम्नलिखित में से कौन-सी प्रक्रिया अपनायी जाती है?

A. ट्रांसएमिनेशन B. ट्रॉम्प्यूटेशन

C. ट्रांसएस्टरीफिकेशन D. ट्रांस्फ्यूजन

45. ग्लाइकोजन, स्टॉर्च तथा सेलूलोज किसके बहुलक हैं?

A. फ्रक्टोज B. ग्लूकोज

C. लैक्टोज D. माल्टोज

उत्तरमाला

1	2	3	4	5	6	7	8	9	10
C	B	A	C	A	A	B	A	A	B
11	**12**	**13**	**14**	**15**	**16**	**17**	**18**	**19**	**20**
C	C	D	C	B	C	C	D	D	D
21	**22**	**23**	**24**	**25**	**26**	**27**	**28**	**29**	**30**
D	D	B	A	B	B	B	D	C	B
31	**32**	**33**	**34**	**35**	**36**	**37**	**38**	**39**	**40**
B	B	C	A	B	C	C	A	C	C
41	**42**	**43**	**44**	**45**					
D	A	B	C	B					

जीव विज्ञान

1. जन्तु विज्ञान के जनक कहलाते हैं–

A. डार्विन B. लेमार्क

C. अरस्तू D. थियोफ्रेस्टस

2. वनस्पति-विज्ञान के जनक हैं–

A. अरस्तू B. थियोफ्रेस्टस

C. डार्विन D. लीनियस

3. चिकित्साशास्त्र का जनक किसे कहा जाता है?

A. हिपोक्रेटस B. अरस्तू

C. डार्विन D. थियोफ्रेस्टरा

4. बैक्टीरिया में पाया जाने वाला प्रकाश-संश्लेषी आशय कहलाता है–

A. श्वसन मूल B. मध्यकाय

C. वर्णकीलवक D. जीनधर

5. दूध के दही के रूप में जमने का कारण है–

A. माइकोबैक्टीरियम B. स्टैफीलोकोकस

C. लैक्टोबैसिलस D. खमीर (यीस्ट)

6. विषाणु में क्या होता है?

A. प्रोटीन और लिपिड

B. न्यूक्लिक एसिड और प्रोटीन

C. लिपिड और कार्बोहाइड्रेट

D. कार्बोहाइड्रेट और न्यूक्लिक एसिड

7. पेनीसिलीन का आविष्कार किसने किया था?
A. विलियम हार्वे　B. लुई पास्चर
C. ए. फ्लेमिंग　D. एडवर्ड जेनर

8. वनस्पति जगत में निम्नलिखित में से किसको जलस्थलचर (उभयचर) कहते हैं?
A. शैवाल　B. फंगस
C. ब्रायोफाइटा　D. टेरिडोफाइटा

9. प्याज में खाद्य भाग हैं–
A. पत्ता　B. जड़
C. तना　D. पुष्प

10. आभासी फल का उदाहरण है–
A. सेब　B. अमरूद
C. आम　D. टमाटर

11. संसार में सबसे तेज बढ़ने वाला पौधा है–
A. बांस　B. चावल
C. मनीप्लांट　D. टीक

12. पुष्प की सुखाई गई कलियों का प्रयोग मसाले के रूप में किया जाता है–
A. इलायची में　B. दालचीनी में
C. लौंग में　D. केशर में

13. किस वनस्पति खाद्य में अधिकतम प्रोटीन होता है?
A. चना　B. मटर
C. सोयाबीन　D. अरहर

14. निम्नलिखित में से कौन-सी फसल मृदा को नाइट्रोजन से भरपूर कर देती है?
A. आलू　B. सोरघम
C. सूरजमुखी　D. मटर

15. जैव ईंधन किसके बीज से प्राप्त होता है?
A. जामुन　B. जकरांदा
C. जैट्रोफा　D. जूनीपर

16. किस पादप को 'शाकीय भारतीय डॉक्टर' कहते हैं?
A. आंवला　B. आम
C. नीम　D. तुलसी

17. प्रकाश संश्लेषण क्रिया में मुक्त होने वाली ऑक्सीजन कहाँ से आती है?
A. कार्बन डाइऑक्साइड से
B. जल से
C. पर्णहरित के टूटने से
D. वायुमंडल से

18. ऑक्सेनोमीटर का प्रयोग करते हैं–
A. प्रकाश संश्लेषण की दर मापने में
B. वृद्धि के मापने में
C. रसाकर्षण की दर मापने में
D. ऊर्जा ह्रास की दर मापने में

19. संवहनी पौधों में पानी ऊपर किससे जाता है?
A. फ्लोएम टिशू　B. पैरेनकाइमा टिशू
C. मेरिस्टेम　D. जाइलम टिशू

20. कोशिका का ऊर्जा गृह किसको कहा जाता है?
A. गॉल्जीकाय　B. न्यूक्लिओलस
C. माइटोकॉण्ड्रिया　D. राइबोसोम

21. कोशिका में प्रोटीन संश्लेषण कहां होता है?
A. गॉल्जीकाय में　B. माइटोकॉण्ड्रिया में
C. राइबोसोम में　D. सेण्ट्रोसोम में

22. पत्तियों को हरा रंग प्रदान करता है–
A. क्रोमोप्लास्ट　B. क्लोरोप्लास्ट
C. ल्यूकोप्लास्ट　D. टोनोप्लास्ट

23. किसकी उपस्थिति के कारण किसी पादप कोशिका और पशु कोशिका में अंतर पाया जाता है?
A. क्लोरोप्लास्ट　B. कोशिका भित्ति
C. कोशिका कला　D. केन्द्रक (नाभिक)

24. गॉल्जीकाय का प्रमुख कार्य है–
A. श्वसन
B. कोशिका विभाजन शुरू करना
C. पाचक रस उत्पन्न करना
D. स्रावी

25. जीवन का भौतिक आधार है–
A. केन्द्रक　B. प्रोटोप्लाज्म
C. भोजन　D. कोशिका

26. लाइसोसोम कार्य करते हैं–
A. प्रोटीन संश्लेषण में
B. प्रोसेसिंग तथा पैकेजिंग में
C. अन्तः कोशिकीय पाचन में
D. वसा संश्लेषण में

27. प्रोटीन निर्माण का सक्रिय स्थल है–
A. लाइसोसोम　B. राइबोसोम
C. माइटोकॉण्ड्रिया　D. गॉल्जीकाय

28. निम्नलिखित में सबसे छोटी कोशिका है–
A. माइकोप्लाज्मा　B. अमीबा
C. श्वेत रक्त कणिका　D. लाल रक्त कणिका

29. निम्नलिखित पोषकों में से कौन-सा एक पौधों की कोशिका भित्ति का एक संरचनात्मक घटक है?
A. मैंगनीज B. पोटैशियम
C. फॉस्फोरस D. कैल्शियम

30. हाइड्रोफाइट कहते हैं?
A. एक सामुद्रिक जानवर को
B. एक जलीय पौधे को
C. एक पौधीय रोग को
D. एक जड़रहित पौधे को

31. सौर ऊर्जा का सबसे बड़ा यौगिकीकरण कौन है?
A. बैक्टीरिया B. प्रोटोजोआ
C. कवक D. हरे पौधे

32. पृथ्वी का विशालतम पारिस्थितिक तंत्र है–
A. बायोम B. जलमंडल
C. स्थलमंडल D. जीवमंडल

33. एक कृत्रिम पारिस्थितिक तंत्र निरूपित किया जाता है–
A. मत्स्यपालन टंकी द्वारा B. कृषि भूमि द्वारा
C. चिड़ियाघर द्वारा D. जलजीवशाला द्वारा

34. वह वर्णक जो वनस्पति को पराबैंगनी किरणों के दुष्प्रभाव से बचाता है, कौन-सा है?
A. क्लोरोफिल B. कैरोटिनाइड
C. फाइकोसायनिन D. प्लास्टिड

35. ताल पारिस्थितिक तंत्र की स्थिरता निर्भर करती है–
A सूक्ष्मजीवों और मछलियों पर
B. सूक्ष्मजीवों और प्राणिप्लवकों द्वारा
C. मछलियों और सरीसृपों पर
D. उत्पादकों और उपभोक्ताओं पर

36. चारण आहार शृंखला के आधार तल में जीव होते हैं–
A. उत्पादक B. शाकाहारी
C. मांसाहारी D. अपघटक

37. मैंग्रोव वनों पर वैश्विक तापन का क्या प्रभाव होगा?
A. वे अधिक प्रचुरता से पैदा होंगे
B. मैंग्रोव के विशाल क्षेत्र जलमग्न हो जायेंगे
C. कार्बन सिंक्स के रूप में उनकी भूमिका अधिक महत्वपूर्ण हो जायेगी
D. उपर्युक्त A एवं B दोनों

38. रेड डाटा बुक उन जातियों के बारे में जानकारी देती है जो–
A. लुप्त हैं B. संकटापन्न हैं
C. खतरनाक हैं D. विरले हैं

39. भारत में पारिस्थितिक असंतुलन का निम्नलिखित में से कौन-सा एक प्रमुख कारण है?
A. वनोन्मूलन B. मरुस्थलीकरण
C. बाढ़ एवं अकाल D. वर्षा की असमानता

40. जब पादप विविधता को प्राकृतिक आवास में संक्षारित किया जाता है, तो इस संक्षारण को कहते हैं–
A. स्थान-रहित B. स्व-स्थाने
C. जीवे D. पात्रे

उत्तरमाला

1	2	3	4	5	6	7	8	9	10
C	C	A	C	C	B	B	C	C	A
11	**12**	**13**	**14**	**15**	**16**	**17**	**18**	**19**	**20**
A	C	C	D	C	A	B	B	D	C
21	**22**	**23**	**24**	**25**	**26**	**27**	**28**	**29**	**30**
C	B	B	D	B	C	B	A	A	B
31	**32**	**33**	**34**	**35**	**36**	**37**	**38**	**39**	**40**
D	B	D	C	D	A	B	B	A	B

कम्प्यूटर बोध

> **कम्प्यूटर**
>
> यह एक ऐसी इलेक्ट्रॉनिक युक्ति है जो दिए गए निर्देशन समूह के आधार पर सूचना को संसाधित करती है। इस निर्देशन समूह को प्रोग्राम कहते हैं।

आजकल जीवन के हर क्षेत्र में कम्प्यूटरों का प्रयोग होने लगा है। बहुराष्ट्रीय कम्पनियां अपने लाखों कर्मचारियों की वेतन-सारणी तैयार करने तथा अपने उत्पादन व बिक्री के आंकड़ों और अन्य जानकारी का रेकार्ड रखने और उनका विश्लेषण करने में कम्प्यूटरों का सहारा लेती हैं। मौसम विज्ञान विभाग के लोग कम्प्यूटर की सहायता से मौसम की अधिक सही व नपी-तुली भविष्यवाणी तैयार करते हैं। इंजीनियर विमान, कारों और पुलों के डिजाइन तैयार करने में कम्प्यूटरों का इस्तेमाल करते हैं। सुपर बाजारों में बिक्री माल का बिल तैयार करने, भंडार में उपलब्ध वस्तुओं का हिसाब-किताब रखने तथा रेलवे आरक्षण और टिकटों आदि में भी कम्प्यूटरों की सहायता ली जा रही है।

कम्प्यूटर के प्रकार

(a) आकार आधारित

(i) **माइक्रो कम्प्यूटर:** ये वस्तुत: एक ही व्यक्ति द्वारा उपयोग में लाए जाने के कारण व्यक्तिगत कम्प्यूटर (PC) के नाम से जाने जाते हैं।

(ii) **मिनी कम्प्यूटर:** आकार तथा कार्यक्षमता की दृष्टि से ये छोटे होते हैं तथा एक बड़ी मेज पर आ सकते हैं। इन पर एक साथ बीस-तीस टर्मिनल पर कार्य किया जाता है।

(iii) **मेन फ्रेम कम्प्यूटर:** ये बड़े आकार के कम्प्यूटर होते हैं जिनका डिजाइन स्टील के फ्रेम में लगाकर किया जाता है। इसकी मेमोरी उपर्युक्त दोनों से अधिक होती है।

(iv) **सुपर कम्प्यूटर:** ये कम्प्यूटर बहुत अधिक शक्तिशाली होते हैं तथा जटिल संक्रियाओं को भी बहुत शीघ्र गति से करते हैं। इसकी संग्रहण क्षमता भी अधिक होती है।

(b) कार्य पद्धति आधारित

(i) **अंकीय कम्प्यूटर:** इस प्रकार के कम्प्यूटर सभी प्रकार की सूचनाओं को द्विआधारी पद्धति में बदलकर अपना कार्य करते हैं। ये सभी प्रकार की गणनाएं गिनकर या जोड़कर करते हैं।

(ii) **अनुरूप कम्प्यूटर:** इस प्रकार के कम्प्यूटर में किसी भौतिक विधि या राशि को इलेक्ट्रॉनिक परिपथों की सहायता से विद्युत संकेतों में अनुरूपित किया जाता है। यह गिनकर नहीं बल्कि मापकर या नापकर अपना कार्य करता है।

(iii) **संकर कम्प्यूटर:** इस प्रकार के कम्प्यूटर में अंकीय एवं अनुरूप दोनों की विशेषताओं को उपयोग में लाया जाता है। इनका उपयोग स्वचालित उपकरणों में होता है, रोबोट इसी प्रकार का स्वचालित उपकरण है।

(iv) **प्रकाशीय कम्प्यूटर:** इस प्रकार के कम्प्यूटर में एक अवयव को दूसरे से जोड़ने का कार्य ऑप्टिकल फाइबर के तन्तु से किया जा रहा है एवं गणना अवयव प्रकाशीय पद्धति पर बनाए जा रहे हैं। ये पंचम पीढ़ी के कम्प्यूटर हैं।

डाटा प्रॉसेसिंग

कम्प्यूटरों की एक अन्य विशेषता डाटा प्रॉसेसिंग है। मौसम विभाग का वैज्ञानिक संसार में सभी स्थानों से प्राप्त वर्षा की मात्रा, तापमान, आर्द्रता और वायु की रफ्तार व दिशा के संबंध में सारी जानकारी (डाटा) अंकों के रूप में कम्प्यूटरों में फीड कर देता है। कम्प्यूटर सारी जानकारी अपने भीतर इकट्ठा कर लेता है और उसके आधार पर अनेक प्रक्रियायें करके मौसम में आने वाले हर प्रकार के परिवर्तन की जानकारी प्रदान कर सकता है।

हार्डवेयर और सॉफ्टवेयर

सामान्यतया कम्प्यूटर सिस्टम के दो भाग होते हैं—**हार्डवेयर** और **सॉफ्टवेयर**। कम्प्यूटर के मशीनी पुर्जों को अर्थात् उसके भौतिक रूप को **हार्डवेयर** कहा जाता है। जो जानकारी (डाटा) और हिदायतें कम्प्यूटर में फीड की जाती हैं जिनके आधार पर और जिनके अनुरूप कम्प्यूटर क्रियायें करता है, उन्हें **सॉफ्टवेयर** कहा जाता है। जैसा कि पहले बताया गया है कि कम्प्यूटर की भाषा में जानकारी को '**डाटा**' और हिदायतों को '**प्रोग्राम**' कहा जाता है।

हाल के वर्षों में कम्प्यूटरों की दुनिया में एक विस्मयकारी परिवर्तन आया है—कम्प्यूटर की मशीनों और उसके पुर्जों अर्थात् हार्डवेयर का आकार लगातार छोटा होता जा रहा है। आज टेबल पर रखे जाने वाले टाइपराइटर के आकार के आधुनिक कम्प्यूटर की कार्यक्षमता 20 साल पहले के कमरे के आकार के कम्प्यूटरों

की कार्य-क्षमता से कहीं ज्यादा है। कम्प्यूटरों का आकार छोटा करने में '**सिलिकन चिप**' के इस्तेमाल से बड़ी मदद मिली है।

डाटा इकट्ठा रखने और उनकी प्रॉसेसिंग करने की क्षमता की दृष्टि से कम्प्यूटरों की अनेक अलग-अलग किस्में हैं। सबसे शक्तिशाली कम्प्यूटर '**मेनफ्रेम**' नाम से जाने जाते हैं, जिनका प्रयोग बड़े-बड़े उद्योगों और सरकारी संगठनों में किया जाता है। सबसे छोटे कम्प्यूटरों को '**मैक्रोकम्प्यूटर**' कहा जाता है, जिनका प्रयोग घरों में किया जाता है और जिनमें केवल एक सिलिकन चिप होता है, जिसे **मैक्रोप्रॉसेसर** कहते हैं।

बाइनरी कोड

डाटा और हिदायतों को कम्प्यूटर में फीड करने से पहले उन्हें संख्याओं (Numbers) अथवा अंकों (digits) मे कोड करना जरूरी होता है, क्योंकि कम्प्यूटर संख्याओं और अंकों के रूप में मिलने वाली जानकारी को ही प्रॉसेस करता है और इसीलिए इसे **डिजिटल कम्प्यूटर** कहा जाता है। एक और किस्म का कम्प्यूटर होता है, जिसे **एनालॉग कम्प्यूटर** कहते हैं, जिसकी क्रियाविधि अलग किस्म की होती है।

डिजिटल कम्प्यूटर सामान्य अंकों अर्थात् 0 से 9 तक के अंकों का प्रयोग नहीं करता: इसमें केवल दो अंकों 0 और 1 का प्रयोग होता है। इन दोनों अंकों को-विद्युत प्रवाह को 1 के रूप में और विद्युत अप्रवाह को 0 के रूप में-कम्प्यूटर के इलेक्ट्रॉनिक सर्किट में व्यक्त किया जा सकता है। बाइनरी प्रणाली में किसी संख्या को केवल 0 (एक या एक से अधिक) और 1 (एक या एक से अधिक) में ही व्यक्त किया जा सकता है। इस प्रणाली (बाइनरी प्रणाली) में संख्याओं का स्थानीय मान दशमलव संख्या प्रणाली की भांति 10 गुणा नहीं बढ़ता। कम्प्यूटर की भाषा में 1 और 0 दोनों को **बिट** (या बाइनरी और डिजिट का संक्षिप्त रूप है) कहा जाता है। प्रत्येक संख्या, वर्ण (अक्षर) और प्रतीक को आठ बिटों के कोड में व्यक्त किया जाता है। आठ-बिटों की इकाई को **बाइट** कहा जाता है।

प्रोग्रामिंग

गणना का बड़े-से-बड़ा काम कम्प्यूटर झटपट और बड़ी कुशलता से कर डालते हैं। उनकी क्रियाविधि जटिल नहीं होती : वे जोड़ने और घटाने जैसी सरल क्रियाओं से सारे काम करते हैं। उनकी आश्चर्यजनक क्षमता का मुख्य आधार उनकी विलक्षण रफ्तार है। कम्प्यूटर को काम करने का जो आदेश दिया जाता है उसे **प्रोग्राम** कहते हैं। सारा प्रोग्राम अति सरल चरणों की एक श्रृंखला के रूप में होता है।

अलग-अलग किस्म के कामों के लिए कम्प्यूटर की कई भाषायें जैसे बेसिक (BASIC), कोबोल (COBOL), फोर्ट्रान (FORTRAN) और पैस्कल (PASCAL) विकसित की गई हैं। कम्प्यूटर के लिए प्रोग्राम लिखना बड़े कौशल का और समयसाध्य काम होता है। लेकिन आम किस्म के कम्प्यूटरों के लिए तैयार प्रोग्राम मिल जाते हैं, जिन्हें 'पैकेज' कहा जाता है।

- **सॉफ्टवेयर:** कम्प्यूटर के संचालन के लिए निर्मित प्रोग्रामों को सॉफ्टवेयर कहते हैं।
- कम्प्यूटर में प्रयुक्त उच्चस्तरीय भाषाएँ हैं–
  1. फोरट्रॉन, 2. कोबोल, 3. बेसिक, 4. अल्गोल, 5. पास्कल, 6. कोमाल, 7. लोगो, 8. प्रोलॉग तथा 9. फोर्थ।
- कम्प्यूटर के विभिन्न भाग–
  (*i*) **सीपीयू** (CPU): यह सेन्ट्रल प्रोसेसिंग यूनिट का संक्षिप्त रूप है। इसे कम्प्यूटर का मस्तिष्क कहा जाता है।
  (*ii*) **रैम** (RAM): यह रैण्डम एक्सेस मेमोरी का संक्षिप्त रूप है।
  (*iii*) **रोम** (ROM): यह रीड ऑनली मेमोरी का संक्षिप्त रूप है।
  (*iv*) **मदर बोर्ड** (Mother Board): यह सर्किट बोर्ड होता है, जिसमें कम्प्यूटर के प्रत्येक भाग को जोड़ा जाता है।
  (*v*) **सीडी रोम** (CD-ROM): सीडी रोम यानी कॉम्पैक्ट डिस्क छोटे-से आकार में होते हुए भी बहुत बड़ी मात्रा में आंकड़ों एवं चित्रों को ध्वनियों के साथ संग्रहित करने में सक्षम होता है।
  (*vi*) **कम्प्यूटर वायरस** (Computer Virus): यह एक प्रकार का इलेक्ट्रॉनिक कोड है, जिसका उपयोग कम्प्यूटर में समाहित सूचनाओं को समाप्त करने के लिए होता है। कुछ मुख्य कम्प्यूटर वायरस हैं–माइकेल एंजेलो, डार्क एवेंजर, फिलिप, सी ब्रेन, ब्लडी आदि।
  (*vii*) **लैन** (LAN): यह लोकल एरिया नेटवर्क पद्धति है।
  (*viii*) **इंटरनेट** (Internet): दुनिया के विभिन्न स्थानों पर स्थापित टेलिफोन लाइनों अथवा उपग्रहों की सहायता से एक-दूसरे के साथ जुड़े कम्प्यूटर नेटवर्क 'इंटरनेट' कहलाते हैं।

कम्प्यूटर की आन्तरिक क्रिया-विधि

कम्प्यूटर में 'इन-पुट' के माध्यम से प्रोग्राम और डाटा फीड किए जाते हैं। 'इन-पुट' के लिए प्राय: टाइपराइटर के 'की-बोर्ड' जैसा एक की बोर्ड होता है, लेकिन इस की-बोर्ड में टाइपराइटर के की-बोर्ड से अधिक 'की' होती हैं। मेगनेटिक टेप या मेगनेटिक-डिस्क यूनिट के माध्यम से डाटा कम्प्यूटर के भीतर पहुंचता है। ये डिस्क 'फ्लापी' (परिवर्तनशील) या 'कठोर' (अपरिवर्तनशील) हो सकती है। इन्हें रेकार्ड-प्लेयर जैसे ढंग से डिस्क-ड्राइव पर चलाया जाता है। इन-पुट के अन्य तरीकों में देखकर पढ़ने की विधि (आप्टिकल रीडर) भी सम्मिलित है।

कम्प्यूटर में जो प्रोग्राम और डाटा फीड किया जाता है, वह कम्प्यूटर के डाटा-भंडार सर्किट या 'मेमोरी यूनिट' में पहुंचता है। उसके बाद सेन्ट्रल प्रॉसेसिंग यूनिट प्रोग्राम में दी गई हिदायतों के मुताबिक डाटा को लेकर कार्यवाही (क्रिया) आरंभ कर देती है। काम पूरा हो जाने के बाद परिणाम मेमोरी में पहुंच जाता है और वहां से कम्प्यूटर के 'आउट-पुट' उपकरण के माध्यम से बाहर आ जाता है। सेन्ट्रल-प्रॉसेसिंग यूनिट कम्प्यूटर का हृदय है। यहीं पर गणित की सारी प्रक्रियायें होती हैं : यह अन्य यूनिटों पर भी नियंत्रण रखती है। इसके भीतर एक घड़ी होती है, जो सभी क्रियाओं के बीच समय की दृष्टि से तालमेल बैठाती है।

आउट-पुट उपकरण एक तेज रफ्तार वाला प्रिंटर हो सकता है, जो एक सेकण्ड में कई-सौ अंक या अक्षर छाप सकता है, या टेलीविजन के स्क्रीन जैसा वीडियो डिस्प्ले यूनिट हो सकता है। इस वीडियो डिस्प्ले यूनिट पर संख्या, अक्षर या चित्र के रूप में परिणाम अंकित हो जाते हैं।

की-बोर्ड, डिस्क-उपकरण, वीडियो डिस्प्ले यूनिट और प्रिंटर सेन्ट्रल प्रॉसेसिंग यूनिट से अलग और बाहर के उपकरण हैं, जिन्हें **'पेरिफेरल'** कहा जाता है।

कम्प्यूटर शब्दावली

एप्लीकेशन प्रोग्राम: एक ऐसा प्रोग्राम जो कोई निश्चित कार्य ही करता हो; जैसे- वर्ड प्रोसेसिंस या डेटाबेस प्रबंधन अथवा एकाउंटिंग का कार्य करने वाला सॉफ्टवेयर। इनमें वर्ड प्रोसेसिंग के लिए M.S. Word, डेटाबेस प्रबंधन के लिए Visual FOX PRO, डिजायनिंग के लिए Adobe Photoshop अथवा एकाउंटिंग के लिए Tally एवं Busy प्रसिद्ध एप्लीकेशनल प्रोग्राम है।

बिट (Bit): इलेक्ट्रॉनिक डेटा को मापने की एक यूनिट बिट कहलाती है। 8 बिट मिलकर एक बाइट का निर्माण करती है।

बूट (Boot): कम्प्यूटर को कार्यावस्था में लाने के लिए आपरेटिंग सिस्टम द्वारा किया जाने वाला प्रारम्भिक कार्य बूट कहलाता है।

चिप (Chip): प्राय: सिलिकन की बनी हुई यह एक पतली चिप्पी है, जिस पर विशेष प्रक्रिया से सर्किट बनाए जाते हैं।

कम्पाइलर (Compiler): वह प्रोग्राम जो उच्चस्तरीय भाषा को मशीनी भाषा में परिवर्तित करता है, कम्पाइलर कहा जाता है।

कर्सर 'की' (Cursor 'Key'): की-बोर्ड पर पाये जाने वाले वे बटन जिन पर तीर के निशान बने होते हैं, कर्सर 'की' कहलाता है।

एरर मैसेज (Error Message): किसी सॉफ्टवेयर द्वारा किसी गड़बड़ी के बारे में दर्शाया जाने वाला संदेश एरर मैसेज कहलाता है।

फाइल (File): डेटा का वह संग्रह जिसे किसी नाम से सेव किया जाता है, फाइल कहलाता है।

प्रोग्राम (Program): कम्प्यूटर के कार्य निर्देशन के लिए निम्न या उच्चस्तरीय भाषा में लिखे गए आदेशों की शृंखला, कम्प्यूटर प्रोग्राम कहलाता है।

स्मरणीय तथ्य

- चार्ल्स बैबेज (Charles Babbage) को कंप्यूटर के क्षेत्र में उनके योगदान के लिए 'आधुनिक कंप्यूटर' विज्ञान का जनक (Father of Modern Computers) कहा जाता है।
- आधुनिक कंप्यूटर के विकास में सर्वाधिक योगदान अमेरिका के डॉ. वान न्यूमेन (Van Neumann) का है। इन्हें डाटा और अनुदेश (Instructions) दोनों को बाइनरी प्रणाली (0 और 1) में संग्रहित करने का श्रेय दिया जाता है।
- 1947 में बेल लैबोरेटरीज के जॉन वारडीन विलियम शाकले तथा वाल्टर ब्रेटन (Bardeen Shockley and Walter Brattain) ने ट्रांजिस्टर का आविष्कार किया था।
- अर्द्धचालक (Semi Conductor) पदार्थ सिलिकॉन (Si) या जर्मेनियम (Ge) का बना ट्रांजिस्टर एक तीव्र स्विचिंग डिवाइस है।
- इंटीग्रेटेड सर्किट (IC) का विकास 1958 में जैक किल्वी (Jack Kilby) तथा रॉबर्ट नोयी (Robert Noyee) द्वारा किया गया।
- सिलिकॉन की सतह पर बने इस प्रौद्योगिकी को माइक्रो इलेक्ट्रॉनिक्स (Micro Electronics) का नाम दिया गया।

- कंप्यूटर निर्माण उद्योग में अग्रणी होने के कारण भारत का बंगलौर (बेंगलुरू) शहर **सिलिकॉन वैली** (Silicon Valley) के नाम से जाना जाता है।
- ब्ल्यूटूथ (Bluetooth) एक औद्योगिक मानक है जिसकी सहायता से रेडियो तरंगों द्वारा कम दूरी पर बेतार (Wireless) तकनीक द्वारा कंप्यूटर को नेट से जोड़ा जाता है।
- विश्व का सबसे तेज सुपर कंप्यूटर आई बी एम (IBM) का **ब्ल्यू जीन** (Blue Gene) है।
- भारत का सबसे तेज सुपर कंप्यूटर **'एका'** (EKA) है। यह टाटा समूह की 'सी आर एल' (CRL-Computer Research Lab) पुणे द्वारा विकसित किया गया है।
- यूपीसी (UPC-Universal Product Code) जिसका प्रयोग अमेरिका के सुपर स्टोर में उत्पादों पर नजर रखने के लिए किया गया, सर्वाधिक प्रयोग में आने वाला बार कोड है।
- माइकर कोड में 0 से 9 तक संख्याओं और चार चिह्नों का प्रयोग किया जाता है।
- लेजर (LASER-Light Amplification by Stimulated Emission of Radiation) का संक्षिप्त रूप है। इसका आविष्कार **थियोडर मेमैन** ने किया था।
- फोरट्रॉन (FORTRAN) पहली उच्च स्तरीय भाषा (HLL) मानी जाती है। जिसका विकास 1957 में आईबीएम कंपनी के **जॉन बेकस** (John Backus) ने किया था।
- यूनिक्स (Unix) ऑपरेटिंग सिस्टम 'सी' भाषा (C-Language) में लिखा गया पहला महत्वपूर्ण प्रोग्राम है।
- पहला कंप्यूटर नेटवर्क 1981 में तैयार किया गया जिसे **ईथरनेट** (Ethernet) कहा गया।
- इंटरनेट का आरंभ 1969 में अमेरिकी रक्षा विभाग द्वारा अर्पानेट (ARPANET-Advanced Research Project Agency Net) द्वारा किया गया।
- मोजाइक (MOSAIC) इंटरनेट का पहला सफल सॉफ्टवेयर है।
- भारत में इंटरनेट सेवा का प्रारंभ 15 अगस्त, 1995 को हुआ।
- भारत में इंटरनेट उपलब्ध कराने वाली पहली कंपनी विदेश संचार निगम लिमिटेड (VSNL) है।
- भारत में इंटरनेट सेवा प्रारंभ करने वाली निजी क्षेत्र की पहली कंपनी सत्यम् इंफोवे (Satyam Infoway) है।
- भारत की नई इंटरनेट नीति का नाम डाटा इन इंटरनेट डोमेन है।
- एमटीएनएल (MTNL) की ब्रॉडबैंड सेवा का नाम ट्राई बैंड है।
- बीएसएनएल (BSNL) की ब्रॉडबैंड सेवा का नाम डाटा वन है।
- ई-मेल का आविष्कार अमेरिका के वैज्ञानिक आर. टोमलिंसन (R. Tomlinson) ने 1971 में किया था।
- कंप्यूटर को हिन्दी में 'संगणक' कहा जाता है।
- आधुनिक कंप्यूटर की खोज सर्वप्रथम 1946 ई. में की गई थी।
- कंप्यूटर के क्षेत्र में महान क्रांति 1960 ई. में आई।
- विश्व में सर्वाधिक इंटरनेट उपयोग करने वाले देशों में संयुक्त राज्य अमेरिका का प्रथम स्थान है।
- 2 दिसम्बर कंप्यूटर साक्षरता दिवस (Computer Literacy Day) के रूप में मनाया जाता है।
- भारत में नई कंप्यूटर नीति की घोषणा नवम्बर 1984 में की गई थी।
- भारत में निर्मित प्रथम कंप्यूटर **सिद्धार्थ** है। इसका निर्माण इलेक्ट्रॉनिक कॉर्पोरेशन ऑफ इण्डिया के द्वारा किया गया था।
- भारत में कंप्यूटर का प्रथम प्रयोग 16 अगस्त, 1986 को **बेंगलूर के प्रधान डाकघर में** किया गया था।
- भारत का प्रथम कंप्यूटरीकृत डाकघर **नई दिल्ली का** प्रधान डाकघर है।
- भारत का प्रथम प्रदूषण रहित कंप्यूटरीकृत पेट्रोल पम्प मुंबई में है।
- निजी क्षेत्र के अंतर्गत स्थापित होने वाला भारत का प्रथम कंप्यूटर विश्वविद्यालय **राजीव गाँधी कंप्यूटर विश्वविद्यालय** है।
- भारत में प्रथम कंप्यूटर आरक्षण पद्धति नई दिल्ली में लागू की गई थी।
- **द हिन्दू** इंटरनेट पर उपलब्ध होने वाला प्रथम भारतीय समाचार-पत्र है।
- **इंडिया टुडे** इंटरनेट पर उपलब्ध होने वाली प्रथम भारतीय पत्रिका है।
- भारतीय जनता पार्टी भारत की पहली ऐसी राजनीतिक पार्टी है जिसने इंटरनेट पर अपनी वेबसाइट बनायी।
- कंप्यूटर मुख्यतः तीन प्रकार के होते हैं—डिजिटल, एनालॉग एवं हाईब्रिड।

- वह कंप्यूटर जो गणितीय गणना करता है, डिजिटल कंप्यूटर कहलाता है।
- वह कंप्यूटर जो आकलन सिद्धांत के अनुसार करता है, एनालॉग कंप्यूटर कहलाता है।
- एनालॉग एवं डिजिटल संयुक्त कंप्यूटर को हाईब्रिड कंप्यूटर कहते हैं।
- मध्यम आकार के कंप्यूटर को मिनी कंप्यूटर कहते हैं।
- छोटे आकार के कंप्यूटर को माइक्रो कंप्यूटर कहते हैं।
- एक सुपर कंप्यूटर में करीब 40,000 माइक्रो कंप्यूटर जितनी परिकलन क्षमता होती है।
- विश्व का प्रथम सुपर कंप्यूटर 'क्रे के-1एस' (Cray K-1S) था, जो 1979 में बनकर तैयार हुआ था। इसे अमेरिका की क्रे के रिसर्च कंपनी के द्वारा बनाया गया था।
- विश्व के प्रथम इलेक्ट्रॉनिक डिजिटल कंप्यूटर का नाम **एनियक** (ENIAC) है।
- विश्व का सबसे बड़ा कंप्यूटर नेटवर्क Internet है।
- 1 किलो बाइट (KB) 1024 बाइट के बराबर होता है।
- 1 MB या मेगाबाइट (Mega Bite) 1024 KB बराबर होता है।
- 1 GB या गीगाबाइट 1024 MB के बराबर होता है।
- सूचना के आगमन एवं कार्यक्रम की खोज करने के लिए SNOBOL नामक विशिष्ट भाषा का प्रयोग होता है।
- मानव मस्तिष्क और कंप्यूटर में सबसे बड़ा अंतर यह है कि कंप्यूटर की स्वयं की सोचने की क्षमता नहीं होती।
- फ्लॉपी डिस्क का आविष्कार IBM के वैज्ञानिक एलान शुगार्ट (Alan Shugart) ने 1971 में किया था।
- मॉनीटर का आकार मॉनीटर के विकर्ण (Diagonal) की लम्बाई में मापा जाता है।
- प्रथम व्यावसायिक इंटीग्रेटेड चिप का निर्माण फेयर चाइल्ड सेमीकण्डक्टर कॉरपोरेशन (Fair Child Semiconductor Corporation) ने 1961 में किया।
- कैलकुलेटर तथा कंप्यूटर में अंतर यह है कि कंप्यूटर को एक साथ कई निर्देश या निर्देश समूह दिया जा सकता है तथा यह एक साथ कई कार्य कर सकता है। इसके विपरीत कैलकुलेटर को एक समय में एक ही निर्देश दिया जा सकता है।
- सीडीएमए (CDMA-Code Division Multiple Access) मोबाइल नेटवर्क स्थापित करने की व्यवस्था है।
- जीएसएम (GSM-Global System For Mobile Communication) मोबाइल फोन के लिए प्रयुक्त लोकप्रिय मानक है।
- मोटोरोला (Motorola) के डॉ. मार्टिन कूपर (Dr. Martin Cooper) ने मोबाइल फोन का आविष्कार किया।
- बॉब नोयी (Bob Noyee) तथा गार्डन मूरे (Gordon Moore) ने संयुक्त रूप से इंटेल (Intel) नामक कंपनी की स्थापना की।
- डिजिटल कॉम्पैक्ट डिस्क (DCD) का आविष्कार 1965 में जेम्स रसेल (James Russell) ने किया।
- की-बोर्ड की संरचना के निर्माण का श्रेय क्रिस्टोफर लाथम शोल्स (Christopher Latham Sholes) को जाता है।
- पॉप अप (Pop-up) वेब ब्राउजिंग के दौरान स्वयं खुलने वाले विज्ञापन का नाम विण्डो है।
- Beta Release किसी सॉफ्टवेयर या तकनीक की उपयोगिता को परखने के लिए निर्माण के दौरान उसे बाजार में जारी करने को कहा जाता है।
- डॉ. डगलस इंजेलबार्ट (Dr. Douglas Engelbart) ने 1964 में माउस का आविष्कार किया।
- प्रथम वेबसाइट (1989) के निर्माण का श्रेय टिम बर्नर्स ली (Tim Berners Lee) को है। इन्हें World Wide Web का संस्थापक कहा जाता है।
- बिल गेट्स (Bill Gates) तथा पॉल एलेन (Paul Allen) ने मिलकर 1975 में माइक्रोसॉफ्ट कॉरपोरेशन की स्थापना की।
- बिल गेट्स की प्रसिद्ध पुस्तक "The Road Ahead; 1995" में लिखी गई। वर्तमान में वे "Bill and Melinda Gates Foundation" द्वारा सामाजिक कार्यों में लगे हैं।
- भारत के सबीर भाटिया (Sabeer Bhatia) ने फ्री ई-मेल सेवा हॉटमेल (Hotmail) को जन्म दिया।
- ब्ल्यू टूथ एक बेतार तकनीक (Wireless Technology) है जिसके द्वारा मोबाइल फोन के जरिये, कम दूरी में, कंप्यूटर और विभिन्न उपकरणों को जोड़ा जाता है।
- बैंकों में एटीएम (Automatic Teller Machine), वैन (WAN) का एक उदाहरण है।
- Wifi का अर्थ है Wireless Fidelity, इसका उपयोग बेतार तकनीक द्वारा कंप्यूटर के दो उपकरणों के बीच संबंध स्थापित करने के लिए किया जाता है।

- WAP (Wireless Access Point) एक युक्ति है जो विभिन्न संचार माध्यमों को जोड़कर एक बेतार नेटवर्क बनाती है।
- कंप्यूटर के Standby Mode में मॉनीटर तथा हार्ड डिस्क ऑफ हो जाते हैं ताकि ऊर्जा की खपत कम हो। किसी भी बटन को दबाने या माउस क्लिक करने से कंप्यूटर Standby Mode से बाहर आ जाता है।
- ऑप्टिकल माउस (Optical Mouse) में माउस पैड की जरूरत नहीं पड़ती क्योंकि इसमें कोई घूमने वाला भाग नहीं होता।
- Hyper Text एक डाक्यूमेंट है जो उस वेब पेज को दूसरे डाक्यूमेंट के साथ जोड़ता है।
- Blog शब्द Weblog से बना है। Blog किसी व्यक्ति द्वारा निर्मित वेबसाइट है जहाँ वह अपने विचार, अनुभव या जानकारी रख सकता है। इस वेबसाइट को पढ़ने वाले अन्य व्यक्ति भी इस विषय पर अपनी टिप्पणी दे सकते हैं।
- एलन टूरिंग (Alan Turing) को आधुनिक कंप्यूटर विज्ञान का जनक माना जाता है।
- माया (Maya) एक शक्तिशाली त्रिआयामी सॉफ्टवेयर है जिसका प्रयोग चलचित्रों और वीडियो गेम में विशेष प्रभाव डालने के लिए किया जाता है।
- मांया II (Maya II) एक DNA कंप्यूटर है जिसमें सिलिकॉन चिप की जगह DNA थ्रेड का प्रयोग किया गया है।
- विलियन हिगिनबॉथम (William Higgin Botham) ने 1958 में कंप्यूटर के प्रथम वीडियो गेम का निर्माण किया।
- बंगलौर स्थित इंफोसिस टेक्नोलॉजी (Infosys Technology) का प्रारंभ एन. नारायणमूर्ति द्वारा 1981 में किया गया।
- इंटरनेट पर मुफ्त में उपलब्ध विश्व के सबसे बड़े इनसाइक्लोपीडिया वाइकीपेडिया (Wikipedia) की स्थापना **जिमी वेल्स** (Jimmy Wales) ने की थी।
- डेस्कटॉप पब्लिशिंग (DTP) का विकास मैकिन्टोस (Macintosh) कंपनी द्वारा किया गया।
- ब्रिटेन के एलन टूरिंग (Alan Turing) ने सर्वप्रथम कृत्रिम बुद्धिमता (Artificial Intelligence) की विचारधारा रखी, परंतु इस क्षेत्र में अपने योगदान के कारण जॉन मैकार्थी (John McCarthy) को कृत्रिम बुद्धिमत्ता का जनक (Father of Artificial Intelligence) कहा जाता है।
- हैकर (Hacker) वह व्यक्ति है जो इंटरनेट पर इलेक्ट्रॉनिक सुरक्षा व्यवस्था को भेदकर मनोरंजन के लिए या उत्सुकतावश गुप्त सूचनाएं प्राप्त करता है।
- एक्स्ट्रानेट (Extranet) एक व्यक्तिगत नेटवर्क है जो व्यवसाय के लिए इंटरनेट तकनीक और सार्वजनिक संचार व्यवस्था का प्रयोग करता है।
- होम थियेटर एक पर्सनल कंप्यूटर है जिसका प्रयोग मनोरंजन के लिए किया जाता है।
- कंप्यूटर प्लेटफार्म का तात्पर्य कंप्यूटर में प्रयुक्त ऑपरेटिंग सिस्टम से है जो अन्य प्रोग्रामों के क्रियान्वयन के लिए आधार तैयार करता है। एक प्लेटफार्म में चलने वाले प्रोग्राम सामान्यतः दूसरे प्लेटफार्म में नहीं चलते हैं।
- अमेरिका के विंटेन सर्फ (Vinten Cerf) को इंटरनेट का जन्मदाता (Father of the Internet) कहा जाता है।
- नेटीकेट (Netiquette-Net+etiquette), इंटरनेट प्रयोग के समय किये जाने वाले अपेक्षित व्यवहारों और नियमों का समूह है।
- इंटरनेट का संचालन किसी संस्था या सरकार, प्रशासन के नियंत्रण से मुक्त है।
- जीपीआरएस (GPRS-General Pocket Radio Service) वायरलेस द्वारा मोबाइल फोन से इंटरनेट सुविधा के प्रयोग की तकनीक है।

वस्तुनिष्ठ प्रश्नावली

1. कम्प्यूटर :
A. एक उपकरण है, जो गणितीय तार्किक संक्रियायें सम्पन्न करता है
B. एक उपकरण है, जो केवल गणितीय संक्रियायें सम्पन्न करता है
C. एक स्मृति उपकरण है
D. एक गणना उपकरण है

2. 'PC' का अर्थ है :
A. प्राइवेट कम्प्यूटर B. पर्सनल कल्कुलेटर
C. पर्सनल कम्प्यूटर D. प्रोफेशनल कम्प्यूटर

3. 'बाइनरी अंक प्रणाली' में अधिकतम अंक (Digit) कितने होते हैं।
A. 1 B. 10
C. 2 D. 4

4. निम्नलिखित में से कौन-सा 'इनपुट' उपकरण है?
A. मॉनीटर B. प्रिंटर
C. प्लॉटर D. माउस

5. CPU का पूरा नाम है :
A. सेन्ट्रल प्रोग्रामिंग यूनिट
B. सेन्ट्रल प्रोसेसिंग यूनिट
C. सेन्ट्रल प्रोग्रामिंग अण्डरस्टैंडिंग
D. सेन्ट्रल प्रोसेसिंग अण्डरस्टैंडिंग

6. गणना हेतु प्रयोग में लाया गया पहला उपकरण था :
A. ENIAC B. ABACUS
C. एनालिटिकल इंजन D. EDSAC

7. ABACUS का प्रयोग कब शुरू हुआ था?
A. 250 ई. B. 450 ई.
C. 1200 ई.पू. D. 1200 ई.

8. किस अंग्रेज को 'कम्प्यूटर का जनक' कहा जाता है?
A. ब्लेज पास्कल B. लेबनित्ज
C. चार्ल्स बैबेज D. जे.पी. एकर्ट

9. निम्नलिखित में से कौन-सी कम्प्यूटर की सेकेण्डरी मेमोरी है?
A. RAM B. ROM
C. रजिस्टर्स D. फ्लॉपी

10. निम्नलिखित में से कौन पैकेज नहीं है?
A. BASIC B. dBASE
C. वर्ड परफेक्ट D. पेज मेकर

11. कौन-सा बेमेल है?
A. वर्ड स्टार B. वर्ड परफेक्ट
C. DOS Editor D. विण्डो

12. डाटा के समुच्चय (Set) को क्या कहते हैं?
A. फील्ड B. रेकार्ड
C. फाइल D. इनमें से कोई नहीं

13. IBM का पूरा नाम क्या है?
A. इण्टरनेशनल बिजनेस मशीन
B. इण्टर बिजनेस मैकनिज्म
C. इण्टरनेशनल बिजनेस मैनेजमेंट
D. उपरोक्त में से कोई भी नहीं

14. प्रिन्टर :
A. आउटपुट यूनिट है
B. इनपुट यूनिट है
C. उपरोक्त दोनों हैं
D. उपरोक्त में से कोई भी नहीं है

15. फ्लॉपी :
A. इनपुट यूनिट है
B. आउटपुट यूनिट है
C. इनपुट यूनिट और आउटपुट यूनिट दोनों है
D. उपरोक्त में से कोई भी नहीं है

16. कम्प्यूटर की विशेषतायें हैं :
1. तेज रफ्तार 2. स्वचालन
3. कार्यशीलता 4. परिवर्तनशीलता
निम्नलिखित में से कौन-सी विशेषता सही है?
A. 1 और 2 सही हैं
B. 1, 2 और 4 सही हैं
C. 1, 2 और 3 सही हैं
D. उपरोक्त सभी सही हैं

17. 1 बाइट बराबर है :
A. 8 बिट B. 16 बिट
C. 36 बिट D. 64 बिट

18. असंसाधित (Unprocessed) तथ्य को क्या कहा जाता है?
A. डाटा B. डाटम
C. फाइल D. फील्ड

19. कम्प्यूटर :
A. सूचना ग्रहण करता है
B. सूचना को निर्दिष्ट प्रयोजन के लिए अनुकूल बनाता है
C. परिणाम प्रदर्शित करता है
D. उपरोक्त सभी बातें सही हैं

20. डाटा क्या है?
A. संसाधित तथ्य
B. असंसाधित तथ्य
C. अंक और अक्षर
D. उपरोक्त में से कोई भी नहीं

उत्तरमाला

1	2	3	4	5	6	7	8	9	10
A	C	C	D	B	B	A	C	D	A
11	**12**	**13**	**14**	**15**	**16**	**17**	**18**	**19**	**20**
D	A	A	A	C	D	A	B	D	B

☆☆☆☆☆☆

सामान्य सचेतता
(General Awareness)

हमारा भारत

भारत एक दृष्टि में

- **राजधानी**-नई दिल्ली
- **क्षेत्रफल**-32,87,263 वर्ग कि.मी.
- **क्षेत्रफल की दृष्टि से विश्व में स्थान**-सातवां
- **स्थित**-भूमध्य रेखा के उत्तर में 8°4′ और 37°6′ उत्तरी अक्षांश और 68°7′ तथा 97°25′ पूर्वी देशांतर के मध्य
- **विस्तार**-उत्तर से दक्षिण तक 3,214 किमी., पूर्व से पश्चिम तक 2,933 किमी.
- **भूमि सीमा**-15,200 किमी.
- **समुद्री तट**-7,516.6 किमी.
- **सीमावर्ती देश**-उत्तर-पश्चिम में पाकिस्तान और अफगानिस्तान, उत्तर में चीन, नेपाल और भूटान, पूर्व में म्यांमार और बंगलादेश, दक्षिण में मन्नार की खाड़ी और पाक-जलडमरूमध्य श्रीलंका से अलग करते हैं।
- **प्राकृतिक संरचना**-मुख्य भूमि चार भागों में विभक्त–विस्तृत पर्वतीय क्षेत्र, सिंधु और गंगा के मैदान, रेगिस्तानी क्षेत्र, दक्षिणी प्रायद्वीप
- **प्रगुख नदियाँ**–(क) हिमालय समूह : गंगा, यमुना, सिन्धु तथा ब्रह्मपुत्र; (ख) दक्षिणी नदियाँ : कृष्णा, कावेरी, गोदावरी, महानदी, दामोदर, भारत पुष्पा, नर्मदा, ताप्ती, पम्बा, पेरियार, पेण्णार, शरावती, नेत्रवती
- **जलवायु**-ऊष्ण कटिबंधीय चार ऋतुएँ–शीत ऋतु, ग्रीष्म ऋतु, वर्षा ऋतु, शरद ऋतु
- **जीव-जंतु**-लगभग 89,451 किस्म के
- **राष्ट्रीय उद्यान**-106 (जुलाई 2024)
- **वन्य जीव अभ्यारण्य**-573 (जुलाई 2024)
- **राजभाषा**-हिन्दी
- **उच्च न्यायालयों की संख्या**-25

भारत की जनगणना 2011

भारत में जनगणना का विधिवत् कार्य 1881 में आरम्भ हुआ। 2011 की जनगणना (अंतिम) के अनुसार भारत की कुल जनसंख्या 121,08,54,977 थी। जबकि 10 वर्ष पूर्व 2001 में कुल जनसंख्या 102,70,15,247 थी। वर्ष 2011 की जनगणना के प्रमुख तथ्य निम्नलिखित हैं:

- **कुल जनसंख्या**-121,08,54,977
- **पुरुष**-62,32,70,258
- **महिला**-58,75,84,719
- **कुल जनसंख्या में पुरुषों का प्रतिशत**-51.53%
- **कुल जनसंख्या में महिलाओं का प्रतिशत**-48.46%
- **भारत की जनसंख्या का विश्व जनसंख्या में भाग**-17.5%
- **दशकीय वृद्धि दर (2001-2011)**-17.7%
- **सर्वाधिक वृद्धि दर**-मेघालय 27.9%
- **न्यूनतम वृद्धि दर**-नगालैंड–0.6%
- **सर्वाधिक जनसंख्या वाला राज्य**-उत्तर प्रदेश (19,98,12,341)
- **न्यूनतम जनसंख्या वाला राज्य**-सिक्किम (6,10,577)
- **स्त्री-पुरुष अनुपात**-943 : 1000
- **सर्वाधिक लिंगानुपात**-केरल, 1084 : 1000
- **न्यूनतम लिंगानुपात**-हरियाणा 879 : 1000
- **जनसंख्या घनत्व**-382 व्यक्ति प्रति वर्ग किलोमीटर
- **सर्वाधिक घनत्व**-बिहार (1,106)
- **न्यूनतम घनत्व**-अरुणाचल प्रदेश (17)
- **केन्द्रशासित प्रदेशों में सर्वाधिक घनत्व**-दिल्ली (11,320)
- **केन्द्रशासित प्रदेशों में न्यूनतम घनत्व**-अण्डमान निकोबार द्वीप समूह (46)
- **साक्षरता प्रतिशत**-73%
- **पुरुष साक्षरता**-80.9%
- **महिला साक्षरता**-64.6%
- **सर्वाधिक साक्षरता**-केरल (94%)
- **न्यूनतम साक्षरता**-बिहार (61.8%)

भारत के प्रमुख पर्यटन स्थल

पर्यटन स्थल	स्थान एवं राज्य
कन्हेरी की गुफाएँ	मुम्बई (महाराष्ट्र)
एलीफेण्टा की गुफाएँ	मुम्बई (महाराष्ट्र)
अजन्ता की गुफाएँ	छत्रपति संभाजीनगर (महाराष्ट्र)
एलोरा की गुफाएँ	छत्रपति संभाजीनगर (महाराष्ट्र)
कन्दरिया महादेव मन्दिर	खजुराहो (मध्य प्रदेश)
मृगनयनी का महल	ग्वालियर (मध्य प्रदेश)
गोलकुण्डा का किला	हैदराबाद (तेलंगाना)
जूनागढ़ किला	बीकानेर (राजस्थान)
ताजमहल	आगरा (उत्तर प्रदेश)
हजरतबल मस्जिद	श्रीनगर (जम्मू और कश्मीर)
जन्तर-मन्तर	जयपुर (राजस्थान)
नाहरगढ़ का किला	जयपुर (राजस्थान)
भरतपुर का किला	भरतपुर (राजस्थान)
हवा महल	जयपुर (राजस्थान)
उम्मेद भवन महल	जोधपुर (राजस्थान)
आराम बाग	आगरा (उत्तर प्रदेश)
लाल किला	दिल्ली
हुमायूँ का मकबरा	दिल्ली
शालीमार बाग	श्रीनगर
सेंट जॉर्ज किला	चेन्नई (तमिलनाडु)
शेरशाह का मकबरा	सासाराम (बिहार)
फतेहपुर सीकरी	आगरा (उत्तर प्रदेश)
आगरा फोर्ट	आगरा (उत्तर प्रदेश)
पुराना किला	दिल्ली
जहाँगीर महल	आगरा फोर्ट (उत्तर प्रदेश)
अकबर का मकबरा	सिकन्दरा (उत्तर प्रदेश)
अकबर का किला	प्रयागराज (उत्तर प्रदेश)
विजय स्तम्भ	चित्तौड़गढ़ (राजस्थान)
कुतुबमीनार	दिल्ली
अढ़ाई दिन का झोपड़ा	अजमेर (राजस्थान)
प्रिन्स ऑफ वेल्स म्यूजियम	मुम्बई (महाराष्ट्र)
फिरोज शाह कोटला	दिल्ली
बूँदी का किला	बूँदी (राजस्थान)
पिछोला झील	उदयपुर (राजस्थान)
काकरिया झील	अहमदाबाद (गुजरात)
दरगाह अजमेर शरीफ	अजमेर (राजस्थान)
जोधपुर दुर्ग	जोधपुर (राजस्थान)
निशात बाग	जम्मू और कश्मीर
फतेह सागर	उदयपुर (राजस्थान)
जय समन्द	उदयपुर (राजस्थान)
शीश महल	आगरा (उत्तर प्रदेश)

पर्यटन स्थल	स्थान एवं राज्य
खास महल	आगरा (उत्तर प्रदेश)
दीवाने खास	आगरा फोर्ट (उत्तर प्रदेश)
नाखुदा मस्जिद	कोलकाता (प. बंगाल)
बड़ा इमामबाड़ा	लखनऊ (उत्तर प्रदेश)
टीपू का महल	मैसूर (कर्नाटक)
गोलघर	पटना (बिहार)
कोणार्क मन्दिर	पुरी (ओडिशा)
जगन्नाथ मन्दिर	पुरी (ओडिशा)
चौंसठ योगिनी मन्दिर	खजुराहो (मध्य प्रदेश)
चेन्ना केशव मन्दिर	वैलूर (कर्नाटक)
लक्ष्मण मन्दिर	छतरपुर (मध्य प्रदेश)
दिलवाड़ा का जैन मन्दिर	माउण्ट आबू (राजस्थान)
हर मन्दिर	पटना (बिहार)
स्वर्ण मन्दिर	अमृतसर (पंजाब)
काली का मन्दिर	कोलकाता (प. बंगाल)
बाँके बिहारी मन्दिर	वृन्दावन (उत्तर प्रदेश)
लक्ष्मी नारायण मन्दिर	दिल्ली
द्वारकाधीश का मन्दिर	मथुरा (उत्तर प्रदेश)
शेरशाही मस्जिद	पटना (बिहार)
मक्का मस्जिद	हैदराबाद (तेलंगाना)
चरार-ए-शरीफ	श्रीनगर (जम्मू और कश्मीर)
पत्थर मस्जिद	जम्मू और कश्मीर
जामा मस्जिद	दिल्ली
मोती मस्जिद	दिल्ली
विलियम फोर्ट	कोलकाता (प. बंगाल)
बीबी का मकबरा	छत्रपति संभाजीनगर (महाराष्ट्र)
चश्मा शाही	जम्मू और कश्मीर
एतमादुद्दौला का मकबरा	आगरा (उत्तर प्रदेश)
कोच्चि का किला	केरल
सफदरजंग का मकबरा	दिल्ली
जन्तर-मन्तर	दिल्ली
विवेकानन्द रॉक मैमोरियल	कन्याकुमारी (तमिलनाडु)
वैलूर मठ	कोलकाता (प. बंगाल)
लक्ष्मण झूला	ऋषिकेश (उत्तराखंड)
शान्ति निकेतन	पश्चिम बंगाल
साबरमती आश्रम	अहमदाबाद (गुजरात)
गेटवे ऑफ इंडिया	मुम्बई (महाराष्ट्र)
जिम कार्बेट पार्क	नैनीताल (उत्तराखंड)
विक्टोरिया मैमोरियल	कोलकाता
सनसेट प्वॉइण्ट	माउण्ट आबू (राजस्थान)
चार मीनार	हैदराबाद (तेलंगाना)
काँचीपुरम का मन्दिर	चेन्नई (तमिलनाडु)
सहेलियों की बाड़ी	उदयपुर (राजस्थान)

विभिन्न राज्यों/संघ शासित प्रदेशों में मिलने वाली जनजातियां

ेश	जनजातियां
तर प्रदेश, उत्तराखंड	बुक्सा, थारू, बिड़कोल, भोटिया, खरवार, जौनसारी, राजी
श्चिम बंगाल, बिहार, झारखंड	संथाल, भुइया, कोरबा, उरांव, हो, विरहोर, असुर, मुंडा, कोल
जस्थान	मीणा, भील, गरासिया, सहरिया, सांसी, दमोर, मेव, मेरात, कोली
ण्डमान-निकोबार द्वीप समूह	ओंग, सोपन, आरबा, अण्डमानी, निकोबारी
माचल प्रदेश, जम्मू एवं कश्मीर, द्दाख	बकरवाल, गद्दी, गुर्जर, लाहौल लांबा, पंगवाला, किन्नर
सम, अरुणाचल प्रदेश, ागालैंड, मेघालय, मणिपुर	गुरूंग, रियांग, चकमा, मिनीपोंग, पासी, ग्लोंग, सिंगपो, रेंगमा, सेंगमा, यांग, नागा, गारो
जोरम	खासी
ुजरात	टोड़िया, भील, डाफर, रैवारी, पटेलिया, डूबला, कथोड़ी, सिद्दीस
रल	कडर, इरुला, मुथुवन, कनिक्कर, मलनकुरावन, मलयारायन, मलावेतन, मलायन, मन्नान, उल्लातन, यूराली, पनियां, पुलायन, मल्लार, कुरुम्बा
मिलनाडु, ओडिशा	जुवांग, खोंड, गोंड, बड़गा, बोंडो, जुआंग, परजा, भूमिज
ाराष्ट्र, आन्ध्र प्रदेश, तेलंगाना	भील, गोंड, अगरिया, असुरा, भारिया, कोया, वर्ली, कोली, डुका, बैगा, गडावास, कामर, खडिया, खोंडा, कोल, कोलम, कोरबा, मुन्डा
य प्रदेश, छत्तीसगढ़	कोरकू, भील, बैगा, गोंड, अगरिया, भारिया, कोरबा, कोल, उरांव, प्रधान, नगेशिया, हल्वा, भतरा, माड़िया, सहरिया, कमार, कंवर
ुरा	लुभाई, माग, हलम, खशिया, भूटिया, मुन्डा, संथाल, भील, जमनिया, रियांग, उचाई
ाटक	गौडालू, हक्की, पिक्की, इरुगा, जेनु, कुरुव, मलाईकुड, भील, गोंड, टोडा, वर्ली, चेन्चू, कोया, अर्नादन, चेरवा, होलेया, कोरमा
ाब	गद्दी, स्वांगला, भोट

विशेष दर्जा प्राप्त राज्य

राज्य	विशेष दर्जा प्राप्त करने का वर्ष	राज्य	विशेष दर्जा प्राप्त करने का वर्ष
असम	1969	त्रिपुरा	1972
नगालैंड	1969	सिक्किम	1975-76
हिमाचल प्रदेश	1971	मिजोरम	1986-87
मणिपुर	1972	अरुणाचल प्रदेश	1986-87
मेघालय	1972	उत्तराखंड	2001-02

भारत में प्रथम

नोबेल पुरस्कार प्राप्तकर्ता	**1. साहित्यः** रवीन्द्रनाथ टैगोर (1913) **2. भौतिकीः** सी॰वी॰ रमन (1930) **3. शान्तिः** मदर टेरेसा (1979) **4. अर्थशास्त्रः** अमर्त्य सेन (1998)

स्वतंत्र भारत के प्रथम एवं अंतिम भारतीय गवर्नर जनरल	चक्रवर्ती राजगोपालाचारी
महिला राष्ट्रपति	प्रतिभा पाटिल
महिला राज्यपाल	श्रीमती सरोजिनी नायडू
सुप्रीम कोर्ट की महिला न्यायाधीश	श्रीमती मीरा साहिब फातिमा बीबी
महिला प्रधानमंत्री	श्रीमती इंदिरा गांधी
महिला मुख्यमंत्री	श्रीमती सुचेता कृपलानी
संयुक्त राष्ट्र महासभा की महिला अध्यक्ष	श्रीमती विजयालक्ष्मी पंडित (1954)
अंतर्राष्ट्रीय न्यायालय के भारतीय अध्यक्ष	डॉ॰ नगेन्द्र सिंह
इंगलिश चैनल तैरकर पार करने वाली भारतीय महिला	आरती गुप्ता
इंगलिश चैनल तैरकर पार करने वाला भारतीय पुरुष	मिहिर सेन
ब्रिटिश पार्लियामेंट के भारतीय सदस्य	दादा भाई नौरोजी
फील्ड मार्शल	एस॰एच॰एफ॰जे॰ मानेकशा
विक्टोरिया क्रॉस विजेता	खुदादाद खां
एवरेस्ट शिखर पर चढ़ने वाला भारतीय	शेरपा तेंजिंग (29 मई, 1953)
एवरेस्ट पर चढ़ने वाली भारतीय महिला	कु॰ बचेन्द्रीपाल (23 मई, 1984)
एवरेस्ट पर दो बार विजय प्राप्त करने वाली भारतीय महिला	संतोष यादव (10 मई, 1992; 10 मई, 1993)
भारतीय अंतरिक्ष यात्री (पुरुष)	राकेश शर्मा (3 अप्रैल, 1984)
भारतीय अंतरिक्ष यात्री (महिला)	कल्पना चावला (19 नवम्बर, 1997)
भारत रत्न से विभूषित महिला	श्रीमती इंदिरा गांधी
संयुक्त राष्ट्र संघ की महासभा में हिन्दी में भाषण देने वाला प्रथम भारतीय	अटल बिहारी वाजपेयी
भारतीय महिला मिस यूनिवर्स	कु॰ सुष्मिता सेन
भारतीय महिला मिस वर्ल्ड	रीता फारिया
समाचार-पत्र	बंगाल गजट (27 जनवरी, 1780)
डाक टिकट	1852
तार लाइन	1851 (कलकत्ता-डायमंड हार्बर)
रेल	16 अप्रैल, 1853 (बम्बई-थाणे)
विद्युत रेल	1925 (बम्बई-कुर्ला)
उपग्रह	आर्यभट्ट (1975)
रॉकेट	रोहिणी (1967)
आणविक रियेक्टर	अप्सरा (1956)
आणविक बिजलीघर	तारापुर आणविक बिजलीघर (1969)
भारतीय वायु सेना की महिला पायलट	हरित कौर देओल
फास्ट ब्रीडर आणविक रियेक्टर	कलपक्कम
बिना ऑक्सीजन एवरेस्ट की चोटी पर पहुंचने वाला भारतीय	फु दोरजी (1987)
मेट्रो रेलवे	कोलकाता (1984)

फिल्म (मूक)	राजा हरिश्चन्द्र (1913)
फीचर फिल्म (बोलती हुई)	आलम आरा (1931)
इंडियन नेशनल कांग्रेस की प्रथम महिला अध्यक्ष	श्रीमती एनी बेसेंट
इंडियन नेशनल कांग्रेस के प्रथम अध्यक्ष	व्योमेशचन्द्र बनर्जी (1888)
आई॰सी॰एस॰ में सफल होने वाला प्रथम भारतीय	सत्येन्द्र नाथ टैगोर
चीफ ऑफ डिफेंस स्टाफ (CDS)	जनरल बिपिन रावत

भारत में सबसे बड़ा/लम्बा/ऊँचा आदि

बसे ऊंची चोटी*-के-2

र्वाधिक आबादी वाला शहर-मुम्बई

बसे लम्बी नदी-गंगा (2525 कि॰मी॰)

बसे बड़ा राज्य (क्षेत्रफल में)-राजस्थान

बसे बड़ा राज्य (आबादी में)-उत्तर प्रदेश

बसे लम्बा पुल (सड़क)-असम में लोहित नदी पर भूपेन हजारिका सेतु (9.15 कि॰मी॰)

र्वाधिक जनसंख्या घनत्व वाला राज्य-बिहार (1,106 प्रति वर्ग कि॰मी॰)

र्वाधिक साक्षर राज्य-केरल (साक्षरता लगभग 94%)

सबसे बड़ा अजायबघर-इण्डिया म्यूजियम, कोलकाता

सबसे लम्बा बांध-हीराकुड (ओडिशा)

सबसे लम्बी सुरंग (सड़क)-डॉ. श्यामा प्रसाद मुखर्जी सुरंग (जम्मू–कश्मीर 9.28 किमी.)

सबसे लम्बी सुरंग (रेलवे)-जम्मू–कश्मीर में खारी और सम्बेर सेक्शन के मध्य T-50 सुरंग (12.77 किमी.)

सबसे बड़ा चिड़ियाघर-अरिगनार अन्ना जूलॉजिकल पार्क, चेन्नई, तमिलनाडु

सबसे लम्बी सड़क-राष्ट्रीय राजमार्ग (NH)-44 (3745 किमी.)

सबसे ऊंची मीनार-कुतुबमीनार, दिल्ली (72.5 मी॰)

सबसे बड़ी मस्जिद-जामा मस्जिद, दिल्ली

बहादुरी के लिए सबसे बड़ा पुरस्कार-परमवीर चक्र

सबसे बड़ा रेगिस्तान-थार (राजस्थान)

सबसे बड़ा डेल्टा-सुन्दरवन डेल्टा, (75,000 वर्ग कि॰मी॰)

सबसे बड़ा गुम्बज-गोल गुम्बज (बीजापुर-42 मी॰ व्यास)

सबसे ऊँचा दरवाजा-बुलंद दरवाजा (फतेहपुर सीकरी : 176 फीट)

सबसे बड़ी मीठे पानी की झील-वुलर झील (जम्मू–कश्मीर)

सबसे लम्बा प्लेटफार्म-श्री सिद्धारूढ़ा स्वामी जी रेलवे स्टेशन (हुब्बल्लि, कर्नाटक 1507 मी. लम्बा)

सर्वाधिक वर्षा (वार्षिक औसत)-चेरापूंजी के निकट मासिनराम (12,000 मि॰मी॰)

झरना, सबसे ऊँचा-कुंचिकल (कर्नाटक : 455 मी.)

सबसे बड़ा पशुओं का मेला-सोनपुर (बिहार)

सबसे बड़ा गुफा मंदिर-कैलाश मंदिर (एलोरा)

सबसे अधिक वन क्षेत्रफल वाला राज्य-मध्य प्रदेश

सबसे बड़ी कृत्रिम झील-गोविन्द सागर (भाखड़ा)

---

* विश्व की सबसे ऊंची चोटी मांउट एवरेस्ट है जो नेपाल में है। के-2 विश्व की दूसरी सबसे ऊँची और भारत की सबसे ऊँची (8611 मी॰) चोटी है।

✧✧✧✧✧

राष्ट्रीय प्रतीक

राष्ट्रीय ध्वज

भारत का राष्ट्रीय ध्वज **तिरंगा** है। यह आयताकार तीन पट्टियों से बना है। इसमें सबसे ऊपर केसरिया, मध्य में श्वेत और नीचे हरा रंग है। केसरिया शक्ति, श्वेत शांति और हरा समृद्धि का प्रतीक माना जाता है। झण्डे की लम्बाई-चौड़ाई का अनुपात 3 : 2 है। श्वेत पट्टी के मध्य नीले रंग का एक चक्र है। चक्र में 24 तीलियाँ हैं। झण्डा फहराने के संबंध में भारत सरकार ने कुछ नियम बनाए हैं जिनका पालन करना अति आवश्यक है। संविधान सभा ने इसे 22 जुलाई 1947 को अंगीकार किया था।

राजचिह्न

भारत का राजचिह्न सारनाथ में अशोक निर्मित सिंह स्तम्भ की अनुकृति है। इस चिह्न में चार सिंह हैं, जो एक दूसरे के विपरीत दिशा में घूम कर बैठे हुए हैं। इन चार में से केवल तीन सिंह दिखाई देते हैं, चौथा पीछे की ओर छिपा हुआ है और दिखाई नहीं देता। नीचे चौरस पट्टी के मध्य में उभरी हुई नक्काशी में एक चक्र है, जिसके दाईं ओर एक सांड़ और बाईं ओर एक घोड़ा है। नीचे मुण्डकोपनिषद से लिया गया सूत्र 'सत्यमेव जयते' देवनागरी लिपि में लिखा गया है। इसका अर्थ है 'सत्य की ही विजय होती है'। सरकार ने राजचिह्न को 26 जनवरी 1950 को स्वीकृत किया।

राष्ट्र गीत

श्री बंकिम चन्द्र चटर्जी द्वारा रचित गीत 'वन्दे मातरम्' को राष्ट्र गान के समकक्ष स्थान दिया गया है। उनके विख्यात उपन्यास 'आनन्द मठ' से उद्धृत यह गीत राष्ट्रीय आन्दोलन में एक महान प्रेरणा-स्रोत रहा है। इस गीत को सबसे पहले 1896 में भारतीय राष्ट्रीय कांग्रेस के अधिवेशन में गाया गया था।

राष्ट्र गान

रवीन्द्र नाथ टैगोर के गीत 'जन गण मन' को 24 जनवरी, 1950 को राष्ट्र गान के रूप में स्वीकार किया गया। यह गीत 'भारत-विधाता' शीर्षक से सर्वप्रथम 'तत्व-बोधिनी' पत्रिका के जनवरी 1912 के अंक में प्रकाशित हुआ था। यह गीत पहली बार 27 दिसम्बर 1911 को भारतीय कांग्रेस के कलकत्ता (कोलकाता) अधिवेशन में गाया गया था। पूरे गीत के 5 पद हैं। इसमें से प्रथम पद को राष्ट्र गान स्वीकार किया गया है। इसे गाने का निर्धारित समय लगभग 52 सेकण्ड है।

राष्ट्रीय पंचांग

सरकारी कार्यों में प्रयोग हेतु राष्ट्रीय पंचांग 22 मार्च, 1957 से अपनाया गया है। यह पंचांग शक संवत् पर आधारित है। 78 ई. में प्रारम्भ हुए शक संवत् का पहला महीना चैत्र है और वर्ष 365 दिन का है। इस पंचांग के दिन स्थायी रूप से ग्रेगेरियन कैलेंडर से सम्बद्ध दिनों के अनुरूप बैठते हैं। इस प्रकार सामान्य वर्षों में इस पंचांग का पहला दिन 22 मार्च के दिन आता है और लौंद (लीप) वर्ष में 21 मार्च के दिन।

राष्ट्रीय पंचांग के माह इस प्रकार हैं: 1. चैत्र, 2. बैशाख, 3.ज्येष्ठ, 4. आषाढ़, 5. श्रावण, 6. भाद्रपद, 7. आश्विन, 8. कार्तिक, 9. मार्गशीर्ष, 10. पौष, 11. माघ, 12. फाल्गुन।

राष्ट्रीय पशु : बाघ (पैंथरा टाइग्रिस-लिन्नायस)

राष्ट्रीय पक्षी : मोर (पावो क्रिस्टेटस)

राष्ट्रीय पुष्प : कमल

हमारी पृथ्वी

पृथ्वी सूर्य के अलावा आठ अन्य ग्रहों बुध, शुक्र, पृथ्वी, मंगल, बृहस्पति, शनि, यूरेनस और नेपच्यून वाले सौर मण्डल का एक सदस्य ग्रह है। ग्रहों के पास अपना स्वयं का प्रकाश नहीं होता और शुक्र और यूरेनस के अलावा सभी ग्रह अपनी धुरी पर पश्चिम से पूर्व की ओर परिक्रमा करते हैं। अनेक उपग्रह संबंधित ग्रह की परिक्रमा करते हैं। अंतरिक्ष में हजारों पुच्छल तारे और करोड़ों उल्काएं भी मौजूद हैं। पृथ्वी का एक ही उपग्रह है 'चन्द्रमा'। बुध और शुक्र का कोई भी उपग्रह नहीं है। सूर्य से पृथ्वी की औसत दूरी $1{,}496 \times 10^8$ कि.मी. है। पृथ्वी सूर्य का तीसरा सबसे निकट और पांचवाँ सबसे बड़ा ग्रह है।

पृथ्वी : तथ्य और आँकड़े

पृथ्वी का द्रव्यमान	5.882×10^{21} टन
पृथ्वी का घनत्व	पानी की अपेक्षा 5.517 गुणा
पृथ्वी का आयतन	1.083×10^{11} घन किमी.
भूमध्यरेखीय परिधि	4.007×10^4 किमी.
ध्रुवीय व्यास	12,714 किमी.
विषुवतीय व्यास	12,756 किमी.
ध्रुवीय परिधि	4.0×10^4 किमी.
अनुमानित आयु	लगभग 4600 करोड़ वर्ष
भू-पृष्ठ	148,951,000 वर्ग किमी.
जलीय सतह	361,150,000 वर्ग किमी.
भू-सतह का सबसे उच्च बिन्दु	माउंट एवरेस्ट (8,848 मीटर)
भू-सतह का सबसे निम्न बिन्दु	मृत सागर का तट (समुद्र तल से 396 मीटर नीचे)
महासागर की सर्वाधिक गहराई	फिलीपींस के पूर्व में प्रशान्त महासागर में मेरियाना ट्रेंच (समुद्र तल से 11,033 मीटर नीचे)

सौरमण्डल

सबसे बड़ा ग्रह	बृहस्पति (Jupiter)
सबसे छोटा ग्रह	बुध (Mercury)
पृथ्वी का उपग्रह	चन्द्रमा (Moon)
सूर्य के सबसे निकट ग्रह	बुध (Mercury)
सूर्य से सबसे दूर स्थित ग्रह	वरुण (Neptune)
पृथ्वी के सबसे निकट स्थित ग्रह	शुक्र (Venus)
सबसे अधिक चमकीला ग्रह	शुक्र (Venus)
सबसे अधिक चमकीला तारा	साइरस (Dog Star)
सबसे अधिक ठण्डा ग्रह	वरुण (Neptune)
सबसे अधिक गर्म ग्रह	शुक्र (Venus)
रात्रि में लाल दिखाई देने वाला ग्रह	मंगल (Mars)
सबसे बड़ा उपग्रह	गैनीमेड (Gannymede)
सबसे छोटा उपग्रह	डिमोस (Deimos)
नीला ग्रह	पृथ्वी (Earth)
भोर का तारा	शुक्र (Venus)
साँझ का तारा	शुक्र (Venus)
पृथ्वी की बहन	शुक्र (Venus)
हरा ग्रह	वरुण (Neptune)
विशाल लाल धब्बे वाला ग्रह	बृहस्पति (Jupiter)

पृथ्वी का आकार : पृथ्वी का आकार पूर्णरूप से वृत्तीय नहीं है बल्कि अंडाकार है। ऐसा इस वजह से है क्योंकि यह ध्रुवों पर चपटी और विषुवत पर उभरी हुई है। पृथ्वी का ध्रुवीय व्यास विषुवतीय व्यास से 42 किलोमीटर छोटा है। अतः पृथ्वी अंडाकार है।

पृथ्वी की गतियाँ : पृथ्वी अपनी धुरी पर किसी लट्टू की भांति घूमती है और 24 घंटे में एक चक्कर पूरा कर लेती है जबकि सूर्य की परिक्रमा करने में उसे 365 दिन, 5 घंटे, 45 मिनट और 46 सेकेंड लगते हैं। पृथ्वी की दैनिक गति के कारण रात और दिन होते हैं जबकि वार्षिक गति (परिक्रमा) के कारण ऋतु परिवर्तन होता है। पृथ्वी गैर-ज्योतिर्मय वृत्त है। पृथ्वी का जो भाग सूर्य के सामने आ जाता है वहाँ दिन होता है और जो भाग सूर्य के सामने नहीं होता वहाँ रात होती है। पृथ्वी का आवर्तन पश्चिम से पूर्व की तरफ होता है। इसी कारणवश हमें यह प्रतीत होता है कि सूर्य, चन्द्रमा और तारे विपरीत दिशा में घूम रहे हैं।

(1738) Gen. Awar.(H)–2

आवर्तन के प्रभाव : (क) दिन और रात होते हैं। (ख) देशांतर और समय में अंतर आ जाता है। (ग) वायु और तरंगों की दिशा में परिवर्तन होता है। (घ) दिन में दो बार समुद्र में लहरें उठती हैं।

परिक्रमा के प्रभाव : पृथ्वी दीर्घवृत्तीय कक्षा में सूर्य की परिक्रमा करती है। पृथ्वी को एक बार सूर्य का चक्कर लगाने में 365.25 दिन लग जाते हैं। एक सामान्य वर्ष 365 दिन का होता है जबकि चार वर्षों में 5 घंटे 45 मिनट और 46 सेकेंड एक दिन बना देते हैं और हर चौथा वर्ष अधि वर्ष (लीप ईयर) बन जाता है, जिसमें 366 दिन होते हैं। ऋतु में परिवर्तन मुख्यतः परिक्रमण की वजह से ही होता है।

21 जून : इस समय उत्तरी गोलार्द्ध में ग्रीष्मकाल होता है जबकि दक्षिणी गोलार्द्ध में शरदकाल होता है। दोपहर में सूर्य की सीधी किरणें कर्क रेखा पर पड़ती हैं।

22 दिसम्बर : इस समय उत्तरी गोलार्द्ध में शरदकाल और दक्षिणी गोलार्द्ध में ग्रीष्मकाल होता है। दोपहर में सूर्य की सीधी किरणें मकर रेखा पर पड़ती हैं।

सम्पात : 21 मार्च और 23 सितम्बर को पृथ्वी का प्रत्येक भाग सूर्य के सामने आ जाता है और सूर्य ठीक भूमध्य रेखा के ऊपर होता है। इन अवस्थाओं में पृथ्वी के प्रत्येक भाग में रात और दिन बराबर होते हैं। 21 मार्च को वसन्त सम्पात (Vernal equinox) और 23 सितम्बर को शरद सम्पात (Autumnal equinox) कहते हैं।

चट्टानों का रूपान्तरण

मूल चट्टान	रूपान्तरित चट्टान
शैल	स्लेट
चूना पत्थर	संगमरमर
चॉक तथा डोलोमाइट	संगमरमर
बलुआ पत्थर	क्वार्ट्जाइट
ग्रेनाइट	नीस
बेसाल्ट	सिस्ट
स्लेट	फाइलाइट
कांग्लोमरेट	क्वार्ट्जाइट

वायुमण्डल की संरचना

मण्डल	ऊँचाई (किमी)	विशेष तथ्य
क्षोभमण्डल	0-18	मौसमी घटनाएँ होती हैं।
समतापमण्डल	18-50	वायु परिवहन होता है तथा ओजोन परत पाई जाती है।
मध्यमण्डल	50-80	ऊँचाई के साथ तापमान में गिरावट होती है।
आयनमण्डल	80-640	विद्युत आवेशित कण पाए जाते हैं। रेडियो तरंगें इसी मण्डल से वापस पृथ्वी पर लौटती हैं।
बाह्यमण्डल	640 किमी से ऊपर	तापमान 5000°C होता है।

✧✧✧✧✧

विश्व बोध

विभिन्न देशों के राष्ट्रीय प्रतीक

देश	प्रतीक
ऑस्ट्रेलिया	कंगारू
फ्रांस	लिली
ईरान	गुलाब
जापान	गुलदाउदी
यूनाइटेट किंगडम	गुलाब
कनाडा	सफेद लिली
जर्मनी	कार्न फ्लावर
आयरलैंड	तीन पत्ती वाली घास
पाकिस्तान	अर्द्धचंद्र
यू.एस.ए.	सुनहरी छड़ी
डेनमार्क	वुलिन
भारत	सिंह स्तम्भ
इटली	सफेद लिली
स्पेन	बाज

शहरों, राज्यों एवं देशों के परिवर्तित नाम

पुराना नाम	परिवर्तित नाम
एबिसीनिया	इथियोपिया
अंगोरा	अंकारा
औरंगाबाद	संभाजी नगर
बनारस	वाराणसी
बड़ौदा	बड़ोदरा
बताविया	जकार्ता
बसुतोलैण्ड	लिसोथो
बेचुआनालैण्ड	बोत्सवाना
बॉम्बे	मुम्बई
ब्रिटिश गुयाना	गुयाना
बर्मा	म्यांमार
कालीकट	कोझीकोड
कलकत्ता	कोलकाता
केप केनवरल	केप केनेडी
काउनपुर	कानपुर
सेंट्रल प्रोविंसेज	मध्य प्रदेश

पुराना नाम	परिवर्तित नाम
अपर बोल्टा	बुर्कीना फासो
जुबुलपोर	जबलपुर
लियोपोलदविले	किन्हास
मेडागास्कर	मालागासी
मद्रास	चेन्नई
मलाया	मलेशिया
जुलन्धर	जालंधर
मंयुक्यो	मंचूरिया
मैसोपोटामिया	इराक
सिलोन	श्रीलंका
क्रिस्टिना	ओस्लो
जायरे	कांगो (डेमोक्रेटिक रिपब्लिक)
कांस्टेटिनपोल	इस्तान्बूल
डाका	ढाका
डहोमे	बेनिन
डच ईस्ट इंडीज	इंडोनेशिया
डच गुयाना	सूरीनाम
लोर सेई	पूर्वी तिमोर
एलिस आइसलैंड	तुवालू
फार्मोसा	ताइवान
गौहाटी	गुवाहाटी
गोल्ड कोस्ट	घाना
हालैण्ड	नीदरलैण्ड
रोडेशिया	जिम्बाब्वे
सैगोन	हो चिन मिन्ह सिटी
सेलिसबरी	हरारे
सैंडविच आइसलैंड	हवाईअन द्वीप
तंजानिका व जंजीबार	तंजानिया
सियाम	थाईलैंड
सिमला	शिमला
साउथ वेस्ट अफ्रीका	नामीबिया
स्पेनिस गुयाना	विषुवतीय गुयाना
न्यू हेब्रिडस	वनुआतु
उत्तरी रोडेशिया	जाम्बिया
न्यासालैण्ड	मालावी

पुराना नाम	परिवर्तित नाम
पंजिम	पणजी
पीकिंग	बीजिंग
पर्शिया	ईरान
पूना	पुणे
तंजौर	तंजावुर
यूनाइटेड प्रोविंसेज	उत्तर प्रदेश
यू.एस.एस.आर.	सीआईएस
विशाखापट्नम	विशाखापत्तनम
यूगोस्लाविया	सर्बिया
बंगलौर	बेंगलुरु
इलाहाबाद	प्रयागराज
उत्तरांचल	उत्तराखंड
पांडिचेरी	पुडुचेरी
पूर्वी पाकिस्तान	बांग्लादेश
रंगून	यंगून
उड़ीसा	ओडिशा
तुर्की	तुर्किए
फैजाबाद	अयोध्या

महत्त्वपूर्ण सीमा रेखाएं

- **डूरंड लाइन :** यह भारत और अफगानिस्तान के बीच सीमा के विभाजन को परिलक्षित करती थी। इसका सीमांकन सर मोर्टीमर डूरंड ने 1896 में किया था। अब यह पाकिस्तान और अफगानिस्तान के बीच की सीमा रेखा है।
- **हिंडेनवर्ग लाइन :** यह वह रेखा है जहां से विश्व युद्ध के दौरान जर्मनी की सेना वापस लौट गई थी। यह रेखा पोलैण्ड और जर्मनी के बीच की सीमा रेखा है।
- **मैकमोहन रेखा :** यह भारत और चीन के बीच सीमा रेखा है जिसका सीमांकन सर हेनरी मैकमोहन ने किया था।
- **मैगिनोट रेखा :** यह फ्रांस और जर्मनी के बीच सीमा रेखा है।
- **रेडक्लिफ रेखा :** यह भारत और पाकिस्तान के बीच सीमा रेखा है जिसका सीमांकन सर सिरिल रेडक्लिफ ने किया था।
- **17वां पैरेलल :** यह उत्तरी एवं दक्षिणी वियतनाम के बीच की सीमा रेखा है।
- **38वां पैरलल :** यह उत्तर और दक्षिण कोरिया के बीच सीमा रेखा है।
- **49वां पैरलल :** यह यू.एस. और कनाडा के बीच सीमा रेखा है।
- **अदूर निसे रेखा :** यह रेखा पोलैण्ड और पूर्वी जर्मनी के बीच की सीमा रेखा है जो द्वितीय विश्व युद्ध में खींची गई थी।
- **सिंगफ्रेड रेखा :** प्रथम विश्व युद्ध में फ्रांस और जर्मनी के बीच की सीमा रेखा।

विश्व के प्रमुख जल प्रपात

जल प्रपात	स्थान	ऊँचाई (मी॰)
एंजिल	वेनेजुएला	979 (यह कैरो नदी पर स्थित संसार का सबसे ऊँचा जल प्रपात है।)
योसेमाइट	कैलिफोर्निया	739
दक्षिण-मर्डाल्फोसेन	नार्वे	655
तुगेला	द॰ अफ्रीका	614
कुकवेनन	वेनेजुएला	610
सूथरलैंड	न्यूजीलैंड	580
रिब्बोन	कैलिफोर्निया	491
ग्रेट-कामारना	गुयाना	488
कुंचिकल	भारत	455
डेल्ला	कनाडा	440
गवार्नी	फ्रांस	422
नियाग्रा	कनाडा एवं अमेरिका की सीमा	120

विश्व की प्रमुख नहरें

नाम	स्थिति	स्थान
ईरी	ईरी झील और मिशीगन झील को जोड़ती है।	अमेरिका
सू नहर	सुपीरियर झील और ह्यूरन झील को जोड़ती है।	अमेरिका
कील नहर	उत्तरी सागर को बाल्टिक सागर से जोड़ती है।	जर्मनी
पनामा नहर	कैरीबियन सागर और प्रशांत महासागर	पनामा
स्वेज नहर	लाल सागर और भूमध्य सागर	मिस्र
मैनचेस्टर नहर	मैनचेस्टर एवं लिवरपूल के बीच	ग्रेट ब्रिटेन

विश्व की प्रमुख नदियाँ

नाम	उद्गम स्थल	गिरने का स्थान	लम्बाई (किमी)	प्रमुख स्थान
नील (विश्व की सबसे लम्बी नदी)	विक्टोरिया झील	भूमध्य सागर	6670	आस्वान बाँध व नासिर झील स्थित है।
अमेजन (आयतन की दृष्टि से विश्व की सबसे बड़ी नदी)	एण्डीज पर्वत	अटलांटिक महासागर	6448	
मिसीसिपी मिसौरी	अलास्का झील	मैक्सिको की खाड़ी	6300	पक्षीपाद डेल्टा बनाती है।
यांग्टिसीक्यांग	तिब्बत का पठार	चीन सागर	5494	
ह्वांग हो	कुललुन पर्वत	चीन की खाड़ी	4840	
कांगो/जायरे	लुआलिया और लुआपुआ का संगम	अटलाण्टिक महासागर	4800	विषुवत् रेखा को दो बार काटती है।
अमूर	शिल्का रूस, आरगून का संगम	टार्टइ स्ट्रेट	4510	चीन और रूस की सीमा बनाती है।
वोल्गा	बल्डाई पठार	कैस्पियन सागर	3700	यूरोप की सबसे लम्बी नदी
डेन्यूब	ब्लैक फॉरेस्ट	काला सागर	2820	बेलग्रेड, बुखारेस्ट, बुडापेस्ट और वियना शहर स्थित है।
सेंट लारेंस	आण्टेरियो झील	सेंट-लॉरेंस की खाड़ी	3058	नियाग्रा जल प्रपात स्थित है।
कोलोरेडो	ग्रैण्ड कंट्री	कैलीफोर्निया की खाड़ी	2333	ह्यूबर बाँध स्थित
नाइजर	गिनी	गिनी की खाड़ी	4800	तेल नदी कहलाती है।
मेकांग	तिब्बत का पठार	दक्षिण चीन सागर	4023	द.पू. एशिया की सबसे लम्बी नदी।
सिन्धु	मानसरोवर झील के पास	अरब सागर	3180	
ब्रह्मपुत्र	मानसरोवर झील	बंगाल की खाड़ी	2900	
डार्लिंग-मर्रे	ऑस्ट्रेलिया आल्परा	हिन्द महासागर	3720	ऑस्ट्रेलिया की सबसे बड़ी नदी।

विश्व की प्रमुख झीलें

झील का नाम	भौगोलिक क्षेत्र	क्षेत्रफल (वर्ग.किमी.)	विशेष तथ्य
कैस्पियन सागर	पूर्व सोवियत संघ तथा ईरान	3,94,299	खारे पानी की सबसे बड़ी झील
सुपीरियर झील	संयुक्त राज्य अमेरिका एवं कनाडा	82,414	ताजे पानी की सबसे बड़ी झील
विक्टोरिया झील	केन्या, युगाण्डा तथा तंजानिया	69,485	
अरल सागर झील	कजाकिस्तान एवं उज्बेकिस्तान	64,457	
ह्यूरन झील	संयुक्त राज्य अमेरिका तथा कनाडा	59,600	
मिशीगन झील	संयुक्त राज्य अमेरिका	57,800	
बैकाल झील	रूस	31,500	यह सबसे गहरी (1940 मी.) झील है।

ग्रेट बेरियर झील	कनाडा	31,080	
ग्रेट स्लेव झील	कनाडा	28,438	
विनीपेग झील	कनाडा	24,341	
ओण्टेरियो झील	सं.रा. अमेरिका तथा कनाडा	19,529	
टिटिकाका	पेरू-बोलीविया	9,065	यह विश्व की सबसे ऊँची (3811 मी.) झील है।
आयर झील	ऑस्ट्रेलिया	9,583	

विश्व की प्रमुख खाड़ियाँ

खाड़ी	क्षेत्रफल (वर्ग.किमी.)	खाड़ी	क्षेत्रफल (वर्ग.किमी.)
मैक्सिको की खाड़ी	15,44,000	हडसन की खाड़ी	12,33,000
अरब की खाड़ी	2,38,000	सेंट लॉरेन्स की खाड़ी	2,37,000
कैलिफोर्निया की खाड़ी	1,62,000		

महासागरों की प्रमुख जलधाराएं

जलधारा का नाम	प्रकृति	विशेष विवरण	महासागर का नाम
• उत्तरी विषुवतीय जलधारा	उष्ण अथवा गर्म		अटलांटिक महासागर
• गल्फस्ट्रीम धारा	उष्ण	हेटेरस अंतरीप तक इसे फ्लोरिडा धारा कहते हैं।	अटलांटिक महासागर
• कनारी धारा	ठंडी		अटलांटिक महासागर
• फ्लोरिडा की धारा	उष्ण		अटलांटिक महासागर
• लेब्राडोर की धारा	ठंडी		अटलांटिक महासागर
• बैंगुला की धारा	ठंडी		अटलांटिक महासागर
• फाकलैंड की धारा	ठंडी		अटलांटिक महासागर
• विपरीत भूमध्यरेखीय जलधारा	गर्म	इसे गिनी की धारा भी कहते हैं।	अटलांटिक महासागर
• उत्तरी भूमध्यरेखीय जलधारा	गर्म		प्रशांत महासागर
• क्यूरोसीवो जलधारा	गर्म	जापानी लोग इसे काली धारा भी कहते हैं।	प्रशांत महासागर
• कैलिफोर्निया जलधारा	ठंडी		प्रशांत महासागर
• पूर्वी ऑस्ट्रेलिया की जलधारा	गर्म	इसे न्यू साउथवेल्स की धारा के नाम से भी जाना जाता है।	प्रशांत महासागर
• अलास्का धारा	गर्म		प्रशांत महासागर
• दक्षिणी विषुवतीय जलधारा	गर्म		हिन्द महासागर
• मोजाम्बिक धारा	गर्म		हिन्द महासागर
• अगुलहास धारा	गर्म		हिन्द महासागर
• पश्चिमी ऑस्ट्रेलिया की धारा	ठंडी		हिन्द महासागर
• ग्रीष्मकाल मानसून प्रवाह	गर्म		हिन्द महासागर
• शीतकालीन मानसून प्रवाह	परिवर्तनशील		हिन्द महासागर

विश्व की प्रमुख जनजातियाँ

जनजाति	सम्बन्धित क्षेत्र/देश
माओरी	न्यूजीलैंड
बुशमैन	कालाहारी मरुस्थल (बोत्सवाना)
वेद्दा	श्रीलंका
बद्दू	अरब
आइनू	जापान
यूकाधिर	साइबेरिया
एस्कीमो	ग्रीनलैंड, कनाडा
मसाई	पूर्वी अफ्रीका
बोरो	ब्राजील
सेमांग	मलेशिया
जूलू	नेटाल (दक्षिण अफ्रीका)
खिरगीज	मध्य एशिया
रेड इंडियन	उ॰ अमेरिका
पिग्मीज	कांगो बेसिन
नीग्रो	मध्य एशिया
याइ	टुण्ड्रा प्रदेश

विश्व की प्रमुख भौगोलिक खोजें

1. **क्रिस्टोफर कोलम्बस**—प॰ द्वीप समूह (1492), द॰ अमेरिका (1498 ई॰)
2. **जॉन कैवेट**—न्यूफाउण्डलैण्ड (1497 ई॰)
3. **कोपरनिकस**—सौरमंडल (1540 ई॰)
4. **केपलर** ग्रहों की गति नियम (1600 ई॰)
5. **मैगलन**—विश्व का भ्रमण, अटलांटिक के दक्षिण से प्रशांत महासागर की खोज (1519 ई॰)
6. **वास्को-डि-गामा**—केप ऑफ गुड होप होकर भारत आगमन (1498 ई॰)
7. **कैप्टन कुक**—हवाई द्वीप समूह (1770 ई॰)
8. **फ्रिड्टजौफ नानसेन**—ग्रीनलैंड एवं उत्तरी ध्रुव का पहाड़ी भाग (1888 ई॰)
9. **आर. एमण्डसन**—दक्षिणी ध्रुव पर पहुँचने वाला प्रथम व्यक्ति (1911 ई॰)
10. **रॉबर्ट पियरे**—उत्तरी ध्रुव की खोज (1909 ई॰)

विश्व के प्रसिद्ध स्थान

1. झुकी हुई मीनार : पीसा (इटली)
2. मर्डेका पैलेस : जकार्ता (इण्डोनेशिया)
3. रेड स्क्वायर, क्रेमलिन : मास्को
4. स्फिंक्स, पिरामिड : मिस्र
5. पोर्सलिन टावर : नानकिंग (चीन)
6. लोवर, एफिल टावर : पेरिस (फ्रांस)
7. पोटाला : ल्हासा (तिब्बत)
8. श्वेत डेगेन पैगोडा : यंगून
9. ओपेरा हाउस : सिडनी
10. ब्राडवे स्ट्रीट, स्टेच्यू ऑफ लिबर्टी, एंपायर स्टेट बिल्डिंग : न्यूयार्क (सं. रा. अमेरिका)
11. अल अक्सा, वेलिंग वाल, टेंपल माउंट : जेरूसलम (इजरायल)

विश्व के प्रमुख भौगोलिक उपनाम

उपनाम	देश/स्थान
एण्टीलीज का मोती	क्यूबा
गगनचुम्बी इमारतों का नगर	न्यूयॉर्क (सं.रा.अमेरिका)
एटरनल सिटी (होली सिटी)	रोम
क्वेकर सिटी	फिलाडेल्फिया
चीन का शोक	ह्वांगहो नदी (पीली नदी)
निरंतर-बाही झरनों का शहर	क्विटो (इक्वेडोर)
शुगर बाऊल ऑफ द वर्ल्ड	क्यूबा
सात पहाड़ियों का नगर	रोम (इटली)
पर्ल ऑफ दी ऑरियण्ट	सिंगापुर
गार्डन सिटी	शिकागो
पूर्व का मोती	श्रीलंका
लैंड ऑफ मॉर्निंग काम	कोरिया
लैंड ऑफ थाउजेण्ड लेक्स	फिनलैंड
भूमध्यसागर का द्वार	जिब्राल्टर
लैंड ऑफ दी थाउजैंड एलीफैन्ट्स	लाओस
स्वर्णिम पैगोडा का देश	म्यांमार
सिटी ऑफ गोल्डन गेट	सैन फ्रांसिस्को
क्वीन ऑफ एड्रियाटिक	वेनिस (इटली)
पिलर्स ऑफ हरक्यूलिस	स्ट्रेट ऑफ जिब्राल्टर
श्वेत शहर	बेलग्रेड
पूर्व का मैनचेस्टर	ओसाका (जापान)
लिली का देश	कनाडा
होली लैंड	जेरूसलम (इजरायल)
सूर्योदय का देश	जापान
कॉकपिट ऑफ यूरोप	बेल्जियम

उपनाम	देश/स्थान
आंसुओं का प्रवेश द्वार	बाब-अल-मंडब जलडमरूमध्य
लैंड ऑफ मिडनाइट सन	नार्वे
अरब सागर की रानी	कोच्चि (भारत)
लैंड ऑफ ह्वाइट एलीफैंट्स	थाइलैंड
दक्षिण का ब्रिटेन	न्यूजीलैंड
वेनिस ऑफ द वर्ल्ड	स्टॉकहोम (स्वीडन)
स्मारकों की नगरी	वियना (ऑस्ट्रिया)
पवनचक्कियों की भूमि	नीदरलैण्ड
आइलैंड ऑफ क्लोव्ज	जंजीवार (तंजानिया)
नील नदी का देश	मिस्र
एमराल्ड द्वीप	आयरलैंड
लैंड ऑफ थंडरवोल्ट	भूटान
मोतियों का द्वीप	बहरीन

नदियों के तट पर बसे विश्व के प्रमुख नगर

नगर	नदी
लन्दन (इंग्लैंड)	टेम्स
कैन्टन (चीन)	सीक्यांग
मास्को (रूस)	मस्कोवा
न्यूयार्क (सं.रा.अ.)	हडसन
बर्लिन (जर्मनी)	स्प्री
बेलग्रेड	डेन्यूब
पेरिस (फ्रांस)	सीन
बुडापेस्ट (हंगरी)	डेन्यूब
पर्थ (ऑस्ट्रेलिया)	स्वान
वाशिंगटन	पोटोमेक
बगदाद (इराक)	टाइग्रिस
वियाना (ऑस्ट्रिया)	डेन्यूब
आस्वान (मिस्र)	नील
टोकियो (जापान)	अराकावा
सेंट लुईस (अमेरिका)	मिसिसिपी
शंघाई (चीन)	यांग्टिसीक्यांग
रोम (इटली)	टाइबर
यंगून (म्यांमार)	इरावदी
प्राग	वितावा
ओटावा (कनाडा)	सेंट लारेंस
सिडनी (ऑस्ट्रेलिया)	डार्लिंग
मैड्रिड (स्पेन)	मैजेनसेस
लिस्बन	टेगस
लिस्बन (पुर्तगाल)	टंगस
अंकारा (तुर्किए)	किजिल
लाहौर (पाकिस्तान)	रावी
मॉण्ट्रियल (कनाडा)	सेंट लारेंस
कराची (पाकिस्तान)	सिंधु
बोन (जर्मनी)	राइन
डबलिन (आयरलैंड)	लीफें
काहिरा (मिस्र)	नील
दिल्ली (भारत)	यमुना
ब्यूनस आयर्स (अर्जेंटीना)	लाप्लाटा
शिकागो (सं.रा.अ.)	शिकागो
लिवरपुल (इंग्लैंड)	मर्सी
ब्रिस्टल (इंग्लैंड)	एवन्
बसरा (इराक)	दजला एवं फरात
कीव (यूक्रेन)	नीपर

विश्व के प्रमुख घास के मैदान

घास के मैदान	सम्बन्धित देश/क्षेत्र
पम्पास	अर्जेन्टीना
प्रेयरी	अमेरिका
वेल्ड	दक्षिण अफ्रीका
डाउन्स	ऑस्ट्रेलिया
केन्टरबरी	न्यूजीलैण्ड
स्टेपी	सेंट्रल एशिया और ईस्टर्न यूरोप, रूस, यूक्रेन, चीन, उज्बेकिस्तान, तुर्कमेनिस्तान

प्रमुख देशों में स्थानान्तरित कृषि

कृषि	देश
चेन्ना	श्रीलंका
कैगिन	फिलीपीन्स
लैडान	इण्डोनेशिया एवं मलेशिया
रोका	ब्राजील
तमाराइ	थाइलैण्ड
कोनुको	वेनेजुएला

✧✧✧✧✧

संयुक्त राष्ट्र संघ

स्थापना	:	24 अक्टूबर, 1945
संस्थापक सदस्य	:	50
मुख्यालय	:	न्यूयार्क
वर्तमान सदस्य संख्या	:	193 (इस संगठन का सदस्य बनने वाला अन्तिम देश दक्षिण सूडान है)।
ध्वज	:	ध्वज की पृष्ठभूमि हल्की नीली है और उस पर श्वेत रंग से राष्ट्र संघ का प्रतीक बना हुआ है।
कार्यकारी भाषाएँ	:	अंग्रेजी तथा फ्रेंच
अन्य मान्यता प्राप्त भाषाएँ	:	रशियन, अरबी, स्पेनिश तथा चीनी।

संयुक्त राष्ट्र संघ के लक्ष्य और उद्देश्य

संयुक्त राष्ट्र के कार्यों को तीन भागों में विभाजित किया जा सकता है, यथा–सुरक्षा, कल्याण और मानव अधिकार। संयुक्त राष्ट्र संघ के सदस्य-राष्ट्रों से चार कर्त्तव्यों के पालन की अपेक्षा की जाती है कि–(क) वे अपने विवादों को शांतिपूर्वक ढंग से निपटायेंगे, (ख) वे सैन्यबल का प्रयोग नहीं करेंगे, (ग) घोषणा-पत्र के पालन में सहायता करेंगे और (घ) आक्रामक की सहायता नहीं करेंगे। संयुक्त राष्ट्र संघ–जाति, भाषा, लिंग और धर्म का विचार किए बिना सब मनुष्यों के मानवीय अधिकारों को मान्यता देता है।

संयुक्त राष्ट्र संघ के प्रमुख अंग

प्रमुख अंग 6 हैं–**1.** साधारण महासभा, **2.** सुरक्षा परिषद्, **3.** आर्थिक व सामाजिक परिषद्, **4.** अंतर्राष्ट्रीय न्यायालय, **5.** प्रन्यास परिषद्, **6.** सचिवालय

प्रमुख अंतर्राष्ट्रीय संगठनों के मुख्यालय और स्थापना वर्ष

अंतर्राष्ट्रीय संगठन	मुख्यालय	स्थापना वर्ष
संयुक्त राष्ट्र संघ (UNO)	न्यूयार्क	1945
अंतर्राष्ट्रीय मुद्रा कोष (IMF)	वाशिंगटन डी.सी	1945
विश्व स्वास्थ्य संगठन (WHO)	जेनेवा	1948
खाद्य एवं कृषि संगठन (FAO)	रोम	1945
अंतर्राष्ट्रीय श्रम संगठन (ILO)	जेनेवा	1919
यूनेस्को (UNESCO)	पेरिस	1946
अंतर्राष्ट्रीय न्यायालय	हेग	1945
विश्व डाक संघ (UPU)	बर्न	1874
अंतर्राष्ट्रीय नागरिक उड्डयन संगठन (ICAO)	मांट्रियल	1947

अंतर्राष्ट्रीय संगठन	मुख्यालय	स्थापना वर्ष
सं॰ रा॰ औद्यो॰ विकास संगठन (UNIDO)	वियना	1966
अंतर्राष्ट्रीय परमाणु ऊर्जा अभिकरण (IAEA)	वियना	1957
अंतर्राष्ट्रीय वित्त निगम (IFC)	वाशिंगटन डी.सी.	1956
सं॰ रा॰ विकास कार्यक्रम (UNDP)	न्यूयॉर्क	1965
यूनिसेफ (UNICEF)	न्यूयॉर्क	1946
अंतर्राष्ट्रीय समुद्री संगठन (IMO)	लंदन	1948
विश्व मौसम विज्ञान संगठन (WMO)	जेनेवा	1950
अंतर्राष्ट्रीय दूर संचार संघ (ITU)	जेनेवा	1865
अरब लीग	काहिरा	1945
राष्ट्रमंडल (Commonwealth)	लंदन	1931
विश्व व्यापार संगठन (WTO)	जेनेवा	1995
अंतर्राष्ट्रीय विकास संघ (IDA)	वाशिंगटन डी.सी.	1960
अंतर्राष्ट्रीय पुनर्निर्माण एवं विकास बैंक (विश्व बैंक) (IBRD)	वाशिंगटन डी.सी.	1944
विश्व बौद्धिक संपदा संगठन (WIPO)	जेनेवा	1967
मुस्लिम राष्ट्रों का संघ (OIC)	जेद्दा	1969
यूरोपियन संघ	ब्रुसेल्स	(1958 में स्थापित EEC का परिवर्तित रूप)
रेडक्रास	जेनेवा	1863
इंटरपोल (INTERPOL)	लियोन	1923
एशियाई विकास बैंक (ADB)	मनीला	1966
उत्तरी अटलांटिक संधि संगठन (NATO)	ब्रुसेल्स	1949
आसियान (ASEAN)	जकार्ता	1967
BRICS बैंक	शंघाई	2014
संयुक्त राष्ट्र व्यापार एवं विकास सम्मेलन (UNCTAD)	जेनेवा	1964
जी-15	जेनेवा	1989
दक्षेस (SAARC)	काठमांडू	1985

✧✧✧✧✧

भारत का भूगोल

प्रसिद्ध पर्वत शिखर

पर्वत शिखर	समुद्र तल से ऊंचाई (मीटर में)
1. K-2	8,611 पाकिस्तान के कब्जे में
2. कंचनजंगा	8,598
3. नंगा पर्वत	8,126
4. गशेर ब्रुम	8,068 पाकिस्तान के कब्जे में
5. ब्रॉड पीक	8,047 पाकिस्तान के कब्जे में
6. डिस्तगिल सर	7,885 पाकिस्तान के कब्जे में
7. माशेर ब्रुम (पूर्वी)	7,821
8. नंदा देवी	7,817
9. माशेर ब्रुम (पश्चिम)	7,806 पाकिस्तान के कब्जे में
10. राकापोशी	7,788 पाकिस्तान के कब्जे में

भारत के प्रमुख दर्रे

दर्रे	राज्य/केन्द्रशासित प्रदेश
काराकोरम	लद्दाख
माना	उत्तराखण्ड
जोजिला	लद्दाख
नीति	उत्तराखण्ड
पीरपंजाल	जम्मू-कश्मीर
नाथूला	सिक्किम
बनिहाल	जम्मू-कश्मीर
जैलेप्ला	सिक्किम
बुर्जिल	जम्मू-कश्मीर
बोम्डिला	अरुणाचल प्रदेश
शिपकी	हिमाचल प्रदेश
यांग्याप	अरुणाचल प्रदेश
रोहतांग	हिमाचल प्रदेश
दिफू	अरुणाचल प्रदेश
बड़ालाचा	हिमाचल प्रदेश
तुजु	मणिपुर
लिपुलेख	उत्तराखण्ड

पश्चिमी घाट के दर्रे

दर्रा	ऊं. (मी.)	स्थिति
थालघाट	580	नासिक एवं मुम्बई के बीच का संपर्क मार्ग
भोरघाट	520	मुम्बई एवं पुणे के बीच का संपर्क मार्ग
पालघाट	530	कोयंबटूर एवं कोचीन के बीच का संपर्क मार्ग
सिनकोट	280	तिरुवनंतपुरम एवं मदुरै के बीच का संपर्क मार्ग

प्रमुख जल–अन्तराल

नाम	अवस्थिति
8° चैनल	मालदीव व मिनीकॉय के मध्य
9° चैनल	लक्षद्वीप व मिनीकॉय के मध्य
10° चैनल	छोटा अंडमान व कारनिकोबार के मध्य
ग्रैण्ड चैनल	सुमात्रा (इंडोनेशिया) व निकोबार के मध्य
पाक स्ट्रेट	तमिलनाडु व श्रीलंका के मध्य
डुंकन पास	दक्षिण अंडमान व लघु अंडमान के मध्य
पाक खाड़ी	तमिलनाडु व श्रीलंका के मध्य
कोको स्ट्रेट	काको द्वीप (म्यांमार) व उ. अंडमान के मध्य
मन्नार खाड़ी	द.पू. तमिलनाडु व श्रीलंका के मध्य
लक्षद्वीप सागर	लक्षद्वीप व मालाबार तट के मध्य

भारत की महत्वपूर्ण झीलें

झीलें	राज्य/केन्द्रशासित प्रदेश
चिल्का	ओडिशा
कोलेरू, पुलीकट	आन्ध्र प्रदेश
लोकटक	मणिपुर
सुकना	चण्डीगढ़
लोनार	महाराष्ट्र
निजाम सागर	तेलंगाना
उमियम झील	मेघालय
नैनीताल, भीमताल	उत्तराखंड
वुलर, डल	जम्मू-कश्मीर
पुल्ह झील	उत्तर प्रदेश
अष्टमुदी	केरल
परशुराम कुण्ड	अरुणाचल प्रदेश
पोगांग शो	लद्दाख

भारत की प्रमुख नदियाँ

नदी	उद्गम	मुहाना	लम्बाई (किमी.)	विशेष तथ्य
सिन्धु	मानसरोवर झील (तिब्बत)	अरब सागर	3100 (भारत में 1114)	सतलज, रावी, व्यास, झेलम इसकी सहायक नदियाँ हैं। लद्दाख में यह नदी गिलगित गॉर्ज का निर्माण करती है।
सतलज	राक्षसताल	चिनाब	1450 (भारत में 1050)	भाखड़ा, नांगल व नाथपा झांकरी बाँध।
गंगा	गंगोत्री के पास गोमुख से	बंगाल की खाड़ी	2525	देव प्रयाग में भागीरथी अलकनंदा से मिलती है और संयुक्त धारा का नाम गंगा हो जाता है। फरक्का बाँध एवं भागीरथी पर टिहरी बाँध।
यमुना	यमुनोत्री के पास बंदरपूंछ से	गंगा	1376	चम्बल, बेतवा, केन सहायक नदियाँ हैं।
चम्बल	महूँ (जानपाव पहाड़ी)	यमुना	1050	गाँधीनगर, राणासागर तथा जवाहर सागर बाँध स्थित है।
गण्डक	धौलाधार पर्वत	गंगा	300	त्रिवेणी के पास बाँध
सोन	अमरकंटक पहाड़ी	गंगा	784	बाणसागर व रिहन्द बाँध
ब्रह्मपुत्र	मानसरोवर झील (तिब्बत)	बंगाल की खाड़ी	2900 (भारत में 916)	ब्रह्मपुत्र नदी अरुणाचल प्रदेश में दिहांग, तिब्बत में शांग-पो और बांग्लादेश में 'जमुना' के नाम से प्रसिद्ध।
नर्मदा	अमरकंटक	अरब सागर	1290	इंदिरा सागर, महेश्वर, सरदार सरोवर बाँध। डेल्टा के बजाए एश्चुअरी बनाती है।
ताप्ती	मुलताई (बैतूल)	खम्भात की खाड़ी	720	काकरापार व ऊकाई बाँध / यह नदी डेल्टा के बजाए एश्चुअरी बनाती है।
महानदी	सिहावा के समीप	बंगाल की खाड़ी	890	हीराकुड, तिरकपाड़ा बाँध स्थित है, डेल्टा बनाती है।
कृष्णा	पश्चिमी घाट की पहाड़ी (महाबलेश्वर के पास)	बंगाल की खाड़ी	1290	शैलम तथा नागार्जुन सागर बाँध स्थित है। डेल्टा बनाती है।
गोदावरी	त्रयम्बक गाँव की पहाड़ी	बंगाल की खाड़ी	1450	दक्षिण की गंगा कहा जाता है। एनीकट बाँध स्थित है। डेल्टा बनाती है।
कावेरी	ब्रह्मगिरि की पहाड़ी	बंगाल की खाड़ी	760	शिवसमुद्रम जल प्रपात स्थित है। डेल्टा बनाती है।
तुंगभद्रा	कर्नाटक के पश्चिमी घाट	कृष्णा	331	कुमुदवती, वर्धा, मगारी आदि सहायक नदियाँ हैं।
माही	विन्ध्याचल पर्वत	खम्भात की खाड़ी	533	वनकवोरी बाँध।

भारत के महत्वपूर्ण जल प्रपात

जल प्रपात	ऊँचाई (मी.)	नदी	राज्य
कुंचिकल	455	वरही	कर्नाटक
दूधसागर	310	मांडवी	गोवा
गरसोप्पा	260	शरावती	कर्नाटक
येन्ना	183	नर्मदा	मध्य प्रदेश
रकीमकुण्ड	168	गायघाट	बिहार
केवटी	98	महाना	मध्य प्रदेश

नदियों के किनारे बसे प्रमुख नगर

नगर	नदी	नगर	नदी
दिल्ली	यमुना	गुवाहाटी	ब्रह्मपुत्र
आगरा	यमुना	जबलपुर	नर्मदा
बद्रीनाथ	अलकनंदा	कोटा	चम्बल
प्रयागराज	गंगा, यमुना	कटक	महानदी
हरिद्वार	गंगा	नासिक	गोदावरी
कानपुर	गंगा	श्रीरंगपट्टनम	कावेरी
पटना	गंगा	जौनपुर	गोमती
श्रीनगर	झेलम	हैदराबाद	मूसी
अयोध्या	सरयु	मथुरा	यमुना
सूरत	ताप्ती	जमशेदपुर	स्वर्णरेखा
कोलकाता	हुगली	भागलपुर	गंगा
लखनऊ	गोमती	वाराणसी	गंगा
उज्जैन	क्षिप्रा		

प्रमुख बहुउद्देशीय नदी घाटी परियोजनाएँ

परियोजना का नाम	नदी	लाभान्वित राज्य
दामोदर घाटी परियोजना	दामोदर	झारखंड, पश्चिम बंगाल
टिहरी बाँध परियोजना	भागीरथी	उत्तराखंड
नागार्जुन सागर परियोजना	कृष्णा	आन्ध्र प्रदेश, तेलंगाना
कोसी परियोजना	कोसी	बिहार तथा नेपाल
हीराकुड बाँध परियोजना	महानदी	ओडिशा
व्यास परियोजना	व्यास	राजस्थान, पंजाब, हरियाणा, हिमाचल प्रदेश
चम्बल परियोजना	चम्बल	राजस्थान, मध्य प्रदेश
मयूराक्षी परियोजना	मयूराक्षी	पश्चिम बंगाल
तुंगभद्रा परियोजना	तुंगभद्रा	आन्ध्र प्रदेश, कर्नाटक
गण्डक परियोजना	गण्डक	बिहार, नेपाल
फरक्का परियोजना	गंगा, भागीरथी	पश्चिम बंगाल
काकरापारा परियोजना	ताप्ती	गुजरात
नागपुर शक्तिगृह परियोजना	कोराडी	महाराष्ट्र
इन्दिरा गाँधी नहर परियोजना	सतलज	राजस्थान, पंजाब तथा हरियाणा
रिहन्द परियोजना	रिहन्द	उत्तर प्रदेश
महानदी डेल्टा परियोजना	महानदी	ओडिशा
कुण्डा परियोजना	कुण्डा	तमिलनाडु
इडुक्की परियोजना	पेरियार	केरल
कोयना परियोजना	कोयना	महाराष्ट्र
सतलज परियोजना	चिनाब	जम्मू-कश्मीर
रंजीत सागर बाँध परियोजना	रावी	पंजाब
नाथपा-झाकरी परियोजना	सतलज	हिमाचल प्रदेश
शरावती परियोजना	शरावती	कर्नाटक
नर्मदा सागर परियोजना	नर्मदा	मध्य प्रदेश, गुजरात
जवाहर सागर परियोजना	चम्बल	राजस्थान
तुलबुल परियोजना	झेलम	जम्मू कश्मीर
सरदार सरोवर परियोजना	नर्मदा	गुजरात, मध्य प्रदेश, महाराष्ट्र एवं राजस्थान
दुलहस्ती परियोजना	चिनाब	जम्मू-कश्मीर
तिलैया परियोजना	बराकर	झारखंड

कृषि क्रांतियाँ

क्रांति	क्षेत्र
हरित क्रांति	खाद्यान्न उत्पादन
लाल क्रांति	टमाटर उत्पादन
श्वेत क्रांति	दुग्ध उत्पादन
गोल क्रांति	आलू उत्पादन
भूरी क्रांति	उर्वरक उत्पादन
रजत क्रांति	अंडा उत्पादन
नीली क्रांति	मत्स्य उत्पादन
सुनहरी क्रांति	बागवानी उत्पादन
पीली क्रांति	तिलहन उत्पादन
गुलाबी क्रांति	झींगा उत्पादन

राष्ट्रीय उद्यान और अभयारण्य

मार्च 2025 तक हमारे देश में 106 राष्ट्रीय उद्यान और 573 वन्यजीव अभयारण्य हैं। कुछ महत्त्वपूर्ण अभयारण्यों और उद्यानों के नाम नीचे दिए गए हैं।

- कान्हा राष्ट्रीय उद्यान (म.प्र.)
- शिवपुरी राष्ट्रीय उद्यान (म.प्र.)
- जलदापाड़ा अभयारण्य (प. बंगाल)
- काजीरंगा अभयारण्य (असम)
- मानस अभयारण्य (असम)
- हजारीबाग राष्ट्रीय उद्यान (झारखंड)
- पलामू राष्ट्रीय उद्यान (झारखंड)
- डालमा वन्य जीव अभयारण्य (झारखंड)
- सेमलीपाल राष्ट्रीय पार्क (ओडिशा)
- वनकटना वन्य जीव अभयारण्य (उ.प्र.)
- भरतपुर वन्य जीव अभयारण्य (राजस्थान)
- डर्राह वन्य जीव अभयारण्य (राजस्थान)
- कॉर्बेट राष्ट्रीय उद्यान (उत्तराखंड)
- चन्द्रप्रभा अभयारण्य (उ.प्र.)
- डाचीगाम अभयारण्य (जम्मू-कश्मीर)
- दुधवा राष्ट्रीय उद्यान (उ.प्र.)
- नन्दा देवी कस्तूरी मृग वन (उत्तराखंड)
- माउंट आबू वन्य जीव अभयारण्य (राजस्थान)
- रणथम्भौर वन्य जीव अभयारण्य (राजस्थान)
- सरिस्का क्रीड़ा अभयारण्य (राजस्थान)
- रंगथिट्टू पक्षी अभयारण्य (कर्नाटक)
- बांदीपुर अभयारण्य (कर्नाटक)
- डंडेली अभयारण्य (कर्नाटक)
- महावीर अभयारण्य (गोवा-कर्नाटक सीमा)
- पेरियार अभयारण्य (केरल)
- वेदान्त-गाल पक्षी अभयारण्य (तमिलनाडु)
- गिरि वन (गुजरात)
- बोरीवल्ली राष्ट्रीय उद्यान (महाराष्ट्र)
- मोलेम क्रीड़ा अभयारण्य (गोवा)
- कोट्टीगांव क्रीड़ा अभयारण्य (गोवा)
- नागजीरा वन्य जीव अभयारण्य (महाराष्ट्र)
- वान्धवगढ़ राष्ट्रीय उद्यान (मध्य प्रदेश)
- घाट प्रभा पक्षी अभयारण्य (कर्नाटक)
- खगचन्दजेन्दा राष्ट्रीय उद्यान (सिक्किम)
- पेंच राष्ट्रीय उद्यान (महाराष्ट्र)
- रोहिया राष्ट्रीय उद्यान (हिमाचल प्रदेश)
- सुल्तानपुर सरोवर पक्षी अभयारण्य (हरियाणा)
- तोदोवा राष्ट्रीय उद्यान (महाराष्ट्र)
- मुदमलाई अभयारण्य (तमिलनाडु)
- नगर होल अभयारण्य (कर्नाटक)
- नाल सरोवर पक्षी अभयारण्य (गुजरात)
- बोंडला क्रीड़ा अभयारण्य (गोवा)
- तनसा झील वन्य जीव अभयारण्य (महाराष्ट्र)
- बनारघट्टा राष्ट्रीय उद्यान (कर्नाटक)
- ईराविकुलम राजमल्ली राष्ट्रीय उद्यान (केरल)

भारत के प्रसिद्ध पर्वतीय स्थल

स्थान	राज्य/केन्द्रशासित प्रदेश
अल्मोड़ा	उत्तराखंड
माउण्ट आबू	राजस्थान
चेरापूंजी	मेघालय
मसूरी	उत्तराखंड
कोडईकनाल	तमिलनाडु
नैनीताल	उत्तराखंड
डलहौजी	हिमाचल प्रदेश
ऊटकमंड	तमिलनाडु
दार्जिलिंग	पश्चिम बंगाल
पंचमढ़ी	मध्य प्रदेश
गुलमर्ग	जम्मू और कश्मीर
रानीखेत	उत्तराखंड
कसौली	हिमाचल प्रदेश
शिलांग	मेघालय
महाबलेश्वर	महाराष्ट्र
शिमला	हिमाचल प्रदेश

✧✧✧✧✧

रक्षा

भारत की रक्षा सेनाओं का सर्वोच्च कमाण्डर भारत का राष्ट्रपति होता है। भारत की सशस्त्र सेनाओं में तीन मुख्य सेवाएं हैं–थल सेना, नौ सेना और वायु सेना। तीनों सेनाओं के प्रमुख क्रमशः थल सेनाध्यक्ष, नौ सेनाध्यक्ष और वायु सेनाध्यक्ष होते हैं।

सेना में कमीशंड पद (Commissioned Ranks)

थल सेना

1. जनरल
2. लेफ्टिनेंट जनरल
3. मेजर जनरल
4. ब्रिगेडियर
5. कर्नल
6. लेफ्टिनेंट कर्नल
7. मेजर
8. कैप्टन
9. लेफ्टिनेंट

वायु सेना

1. एयर चीफ मार्शल
2. एयर मार्शल
3. एयर वाइस मार्शल
4. एयर कॉमोडोर
5. ग्रुप कैप्टन
6. विंग कमाण्डर
7. स्क्वाड्रन लीडर
8. फ्लाइट लेफ्टिनेंट
9. फ्लाइंग ऑफिसर

नौ सेना

1. एडमिरल
2. वाइस एडमिरल
3. रियर एडमिरल
4. कॉमोडोर
5. कैप्टन
6. कमाण्डर
7. लेफ्टिनेंट कमाण्डर
8. लेफ्टिनेंट
9. सब लेफ्टिनेंट

थल सेना कमाण्ड :

कमाण्ड	मुख्यालय
पश्चिमी कमाण्ड	चांडी मंदिर (चंडीगढ़)
पूर्वी कमाण्ड	कोलकाता
उत्तरी कमाण्ड	ऊधमपुर
दक्षिणी कमाण्ड	पुणे
मध्य कमाण्ड	लखनऊ
द.प. कमाण्ड	जयपुर
ट्रेनिंग कमाण्ड	शिमला

जल सेना कमाण्ड :

कमाण्ड	मुख्यालय
पूर्वी कमाण्ड	विशाखापट्टनम
दक्षिणी कमाण्ड	कोच्चि
पश्चिमी कमाण्ड	मुम्बई

वायु सेना कमाण्ड :

कमाण्ड	मुख्यालय
पूर्वी कमाण्ड	शिलांग
पश्चिमी कमाण्ड	नई दिल्ली
केन्द्रीय कमाण्ड	प्रयागराज
दक्षिणी कमाण्ड	तिरुअनंतपुरम
द.-प. कमाण्ड	गांधीनगर
ट्रेनिंग कमाण्ड	बेंगलुरु
मेन्टेनेन्स कमाण्ड	नागपुर

थल सेना प्रशिक्षण संस्थान :

कमाण्ड	मुख्यालय
नेशनल डिफेन्स एकेडमी (NDA)	खड़कवासला
नेशनल डिफेन्स कॉलिज	नई दिल्ली
इंडियन मिलिट्री एकेडमी (IMA)	देहरादून
डिफेन्स सर्विस स्टाफ कॉलिज	विलिंग्टन
इन्फेनटरी स्कूल	महू
आर्म्ड सेण्टर	अहमदनगर
आर्टीलरी स्कूल	देवलाली

वायु सेना प्रशिक्षण संस्थान :

कमाण्ड	मुख्यालय
एयर फोर्स एडमिनिस्ट्रेटिव कॉलिज	कोयम्बटूर
एयर फोर्स एकेडमी	हैदराबाद
पैराटूपर ट्रेनिंग स्कूल	आगरा
एयर फोर्स टेक्निकल कॉलिज	जलाहली (बेंगलुरु)
एलीमेन्ट्री फ्लाइंग स्कूल	बिदर

नौ सेना प्रशिक्षण संस्थान :

कमाण्ड	मुख्यालय
आइ.एन.एस. चिल्का	भुवनेश्वर
आइ.एन., बेन्दुरथी	कोच्चि
आइ.एन.एस. तसिरकार्स	विशाखापट्टनम
इण्डियन नेवल एकेडमी	कोच्चि
आइ.एन.एस. शिवाजी	लोनावाला

आंतरिक सुरक्षा के संगठन

संगठन	स्थापना वर्ष	मुख्यालय
असम राइफल्स	1835	शिलांग
केन्द्रीय रिजर्व पुलिस बल	1939	नई दिल्ली
भारत-तिब्बत सीमा पुलिस	1962	नई दिल्ली
सीमा सुरक्षा बल (BSF)	1965	नई दिल्ली
केन्द्रीय औद्योगिक सुरक्षा बल	1969	नई दिल्ली
तट रक्षक बल	1978	नई दिल्ली
राष्ट्रीय सुरक्षा गार्ड	1984	नई दिल्ली

रक्षा स्टाफ प्रमुख (सीडीएस)

देश में उच्चतर रक्षा प्रबंधन में सुधार लाने के लिए सेवा प्रमुख समतुल्य वेतन और अतिरिक्त सुविधाओं वाले रक्षा स्टाफ प्रमुख (सीडीएस) का पद गठित किया गया है जो फोर स्टार वाले जनरल रैंक का है। रक्षा स्टाफ प्रमुख (चीफ ऑफ डिफेंस स्टाफ) रक्षा मंत्रालय में बनाये गए सैन्य मामलों के विभाग (डीएमए) के भी मुखिया हैं और इसके सचिव के रूप में कार्य करते हैं। जनरल विपिन रावत ने 1 जनवरी, 2020 से 08 दिसम्बर, 2021 तक देश के प्रथम सीडीएस के रूप में कार्य किया। जनरल अनिल चौहान ने 30 सितम्बर, 2022 से देश के दूसरे सीडीएस के रूप में पदभार संभाला।

✧✧✧✧✧

कला एवं साहित्य

भारत के प्रमुख चित्रकार एवं उनकी कृतियां

अवनीन्द्र नाथ टैगोर	शाहजहाँ का ताज को देखना, बुद्ध और सुजाता, कमल के पत्ते पर अश्रुकण, वन साम्राज्ञी, औरंगजेब का बुढ़ापा, भारतमाता आदि।
गगनेन्द्र नाथ टैगोर	माँ से विदा लेते चैतन्य, कल्कि अवतार आदि।
राजा रवि वर्मा	दुष्यन्त को प्रेम-पत्र लिखती शकुन्तला, नायर लेडी, शकुन्तला वियोग आदि।
नन्द लाल बोस	उमा की तपस्या, घायल बकरी को ले जाते भगवान बुद्ध, कृष्णार्जुन, उड़ीसा की एक दुकान, प्रणाम, बसन्त, गोपिनी आदि।
के० वेंकटप्पा	हनुमान द्वारा लंका दहन, स्वर्ण मृग, राम और मृग तृष्णा आदि।
जॉर्ज कीट	कृष्ण जन्म, कर्ण जन्म, यम मार्कण्डेय, निराभरण गोपियाँ आदि।
भवेश चन्द्र सन्याल	आश्रयहीन लड़की, गोल मार्केट के भिखारी आदि।
मनीषी डे	नारी-श्रृंगार, पनघट की ओर, बंगाली शरणार्थी।
अमृता शेरगिल	एलिफेन्ट्स बाथिंग इन ग्रीन पुल, हिल साईड, भारतीय लड़कियाँ आदि।
नारायण श्रीधर बेन्द्रे	स्टेशन पर यात्री, बुद्ध पूजा आदि।
देवी प्रसाद राय चौधरी	लेपचा कुमारी, भौटिया आदि।
शोभा सिंह	हीर-रांझा
सतीश गुजराल	काला चांद

संगीत

भारत में चार प्रकार के संगीत-साज मिलते हैं—तंतु या तार वाले, समीर या वायु वाले, अवनाद अथवा थाप से संचालित होने वाले और घन जिसमें घंटियाँ, मंजीरे, घड़ियाल आदि शामिल हैं। तंतु या तार वाले सामान्य साज हैं जैसे—वीणा, सितार, सारंगी, सरोद, दिलरुबा, इसराज, एकतारा, तानपुरा और मयूरी। वायु संचालित साज हैं शहनाई, बाँसुरी, नादस्वरम, निनकिर्नस और पोंगी। थाप अथवा संघात से संचालित होने वाले साज हैं: तबला, मृदंग, ढोलक, पखावज, घटाम तथा कंजीरा-मंजीरा। करतल, जल तरंग आदि अन्य भारतीय साज हैं। गायन के क्षेत्र में विष्णु नारायण भातखण्डे, बेगम अख्तर, बड़े गुलाम अली, हीराबाई बरोडकर, भीमसेन जोशी, केसरभाई केलकर, ओंकारनाथ ठाकुर, सिद्धेश्वरी देवी, त्यागराज, विष्णु दिगंबर पलुसकर, पंकज मलिक, एम.एस. सुब्बालक्ष्मी, पंडित जसराज, गंगूभाई हंगल, मल्लिकार्जुन मंसूर, डागर बंधु, डी.के. जयरामन, के.जे. यशुदास, गुलाम मुस्तफा खान, कुमार गंधर्व, के.एल. वसंधा कुमारी, किशोरी अमोनकर, गिरिजा देवी, वी.के. नारायण स्वामी दीक्षित, तानसेन, श्यामा शास्त्री, स्वाति तिरूनल आदि साजपरक संगीत के कुछ दिग्गज कलाकार रहे हैं।

साजपरक संगीत के कुछ दिग्गज कलाकार निम्न हैं:–

बाँसुरी—हरि प्रसाद चौरसिया, पन्नालाल घोष, टी.आर. महालिंगम, एन. रमानी, विजय राघव राव, रघुनाथ सेठ, राजेन्द्र कुलकर्णी

जंजीरा—वी. नागराजन

घटाम—टी.एच. विनयाकरम

गिटार—पंडित विष्णु मोहन भट्ट, मोहन भट्ट, बृजभूषण कालरा, श्रीकृष्ण नलिन

हारमोनियम—पुरुषोत्तम वालावाकर, एम. धौलपुरी

मृदंग—पालघात आर. रघु, यू.एस. वर्मन

पखावज—गोविन्द राव, अनोखे लाल, कंठी महाराज

रूद्रवीणा—जिया मोहिउद्दीन डागर, असद अली खान

संतूर—शिव कुमार शर्मा, तरुण भट्टाचार्य

सितार—पंडित रविशंकर, बिलायत खान, देबू चौधरी, अब्दुल हलीम, जफर खान

सरोद—अली अकबर खान, अमजद अली खान, अलाउद्दीन खान, सरेन रानी, बज नारायण, मुकेश शर्मा, चंदन राय

शहनाई—बिस्मिल्ला खान, सुरबहार इमरत खान, दयाशंकर जगन्नाथ

वायलिन—लालगुडी जयारमण, एल. सुब्रह्मण्यम, एम.एस. गोपालकृष्णन, एस. सुब्रह्मण्यम, वी.जी. जोग, एन. राजन

तबला—अल्लारखा खां, गुदई महाराज, जाकिर हुसैन, लतीफ खाँ, किशन महाराज आदि।

नृत्य

- **भरतनाट्यम :** इस नृत्य शैली का ताल्लुक तमिलनाडु से है। यह कर्नाटक संगीत के साथ किया जाने वाला एकांतिक नृत्य है। अपने शुद्ध रूप में यह नृत्य शरीर की विभिन्न हलचलों, कोणों व घुमाव के जरिए लय-ताल का एक बेहतरीन नमूना पेश करता है।
- **ओडिसी :** इसकी उत्पत्ति ओडिशा में हुई है। यह नृत्य भरतनाट्यम के समानांतर है। 'गीत-गोविन्द' नामक काव्य की संरचना इस नृत्य शैली के काव्य तथा संगीत घटकों पर हावी रही है।
- **मणिपुरी :** यह मणिपुर का लयबद्ध नृत्य है। यह राधा-कृष्ण और गोपियों की अवधारणा के इर्द-गिर्द संकेद्रित रही है। नगाड़ों और मंजीरों पर बजने वाले कई प्रकार के ताल इस नृत्य के साथ-साथ चलते हैं।
- **कत्थक :** यह उत्तरी भारत का एक विशिष्ट शहरी नृत्य है। पूर्व में इसे दरबारों से जुड़ी नृत्य परंपरा के रूप में लिया जाता था। इस नृत्य के दौरान गायन चलता रहता है, मृदंग बजते रहते हैं तथा एक और कलाकार साज बजाता रहता है। कलाकारों का यह समूह सुर-ताल का आकर्षक नजारा पेश करता है।
- **कथकली :** यह केरल की शास्त्रीय नृत्य नाटिका है। अपने स्वरूप में यह नृत्य वर्णात्मक होने के बजाय नाट्यरूप में होता है। यह नृत्य महाकाव्यों के मिथकीय घटनाओं पर आधारित होता है जिसे अतिनाटकीय अंदाज में प्रस्तुत किया जाता है। नाटकीय कथा आँखों और भौहों के संचालन से, हाथों की भाव-भंगिमाओं से तथा शरीर के विशिष्ट संचालन से आगे बढ़ती है।
- **कुचिपुड़ी :** इस नृत्य का अभ्युदय आंध्र प्रदेश में हुआ माना जाता है। पारंपरिक रूप से यह नृत्य-नाटिका मंदिरों से संबद्ध रही है।

विभिन्न राज्यों के कुछ महत्वपूर्ण लोक-नृत्य :

- **महाराष्ट्र :** तमाशा, दही हण्डी, गोफ, दीपक, डिंडी
- **गुजरात :** गरबा, रासलीला, तिप्पनी, डांडिया
- **ओडिशा :** छऊ, माया शवरी, दलचाई
- **राजस्थान :** घूमर, कठपुतली, तेरा ताली
- **मध्य प्रदेश/छत्तीसगढ़ :** लोटा नृत्य, जवारा
- **हिमाचल प्रदेश :** दशहरा नृत्य, हिकत, नेतियो
- **पंजाब :** गिद्धा, भांगड़ा, पणिहारी
- **उत्तर प्रदेश/उत्तराखंड :** रासलीला, नौटंकी, थाली, धुरंग, झुमेला, हुड़का बोल, कजरी
- **नगालैण्ड :** बांस नृत्य, केदोहोह
- **असम :** बिहू, केली गोपाल, सतरिया
- **पश्चिम बंगाल :** कीर्तन, कालत्री, असुरबध, वृता, काली नाच
- **बिहार/झारखंड :** छऊ, मगही, दुर्गा नृत्य
- **तमिलनाडु :** तेरुकलथु, कबलतम, कर्गम, पुली वेशम
- **केरल :** मोहिनी अट्टम, पदायुनी
- **कर्नाटक :** यक्षगान, कुजीता, कोडवास
- **जम्मू-कश्मीर/लद्दाख :** दुम्हल, हिकत, चाकरी
- **त्रिपुरा :** हजागिरि
- **आंध्र प्रदेश/तेलंगाना :** डंडारिया, बंजारा, घण्टा मरदाला
- **गोवा :** गोडे मोदनी, ढकनी
- **मेघालय :** नोंगकरेम, बांग्ला
- **मणिपुर :** ढोल चोलम, बसंत रस
- **हरियाणा :** धमचाल, लहूर, भांगड़ा, गिद्दा
- **झारखड :** सरहुल, सोहराई

शास्त्रीय नृत्य के कुछ प्रख्यात कलाकार :

- **भरतनाट्यम :** यामिनी कृष्णमूर्ति, रुक्मिणी देवी अरुण्डेल, स्वप्न सुन्दरी, सोनल मानसिंह, वैजयंती माला, मृणालिनी साराभाई, चंद्रलेखा, इंद्राणी, राम गोपाल, बाल सरस्वती
- **कथकली :** गोपीनाथ, के.के. नायर, कुंजुकुरुप, टी.के. चंदू, शांताराव, उदयशंकर
- **कुचिपुड़ी :** स्वप्न सुंदरी, राजा रेड्डी, राधा रेड्डी, शोभा नायर, वेदांतम सत्यनारायण, विम्पत्ति चिन्ना सत्यम
- **कत्थक :** बिरजू महाराज, गोपीकृष्ण, शंभू महाराज, सितारा देवी, उमा शर्मा, दुर्गा लाल, शोभना नारायण
- **मणिपुरी :** उदय शंकर, दरोहरा झावेरी, चैतम्बि सिंह, बिपिन सिंह, सूर्यमुखी
- **ओडिसी :** केलुचरण महापात्र, इंद्राणी रहमान, माधवी मुद्गल, प्रोतिमा बेदी, संयुक्ता पाणिग्रही, सोनल मानसिंह, देवू दास, प्रियवंदा मोहन्ती, मिनाती दास

✧✧✧✧✧

महत्वपूर्ण दिवस

दिवस	महत्व
9 जनवरी	प्रवासी दिवस
15 जनवरी	थल सेना दिवस
25 जनवरी	भारतीय पर्यटन दिवस
26 जनवरी	भारतीय गणतंत्र दिवस
30 जनवरी	शहीद दिवस, विश्व कुष्ठ निवारण दिवस (महात्मा गाँधी की पुण्य तिथि)
1 फरवरी	तटरक्षक दिवस, डाक जीवन बीमा दिवस
4 फरवरी	विश्व कैंसर दिवस
20 फरवरी	विश्व सामाजिक न्याय दिवस
21 फरवरी	विश्व मातृभाषा दिवस
22 फरवरी	पल्स पोलियो दिवस
28 फरवरी	राष्ट्रीय विज्ञान दिवस (रमन प्रभाव की स्मृति में)
8 मार्च	अन्तर्राष्ट्रीय महिला दिवस
15 मार्च	विश्व उपभोक्ता अधिकार दिवस, विश्व विकलांगता दिवस
21 मार्च	विश्व वानिकी दिवस, विश्व रंगभेद उन्मूलन दिवस
22 मार्च	विश्व जल दिवस
23 मार्च	शहीद दिवस, विश्व मौसम विज्ञान दिवस
24 मार्च	विश्व तपेदिक दिवस
7 अप्रैल	विश्व स्वास्थ्य दिवस
18 अप्रैल	विश्व विरासत दिवस
22 अप्रैल	विश्व पृथ्वी दिवस
1 मई	मई दिवस (अन्तर्राष्ट्रीय श्रम दिवस)
8 मई	विश्व रेडक्रॉस दिवस
9 मई	अन्तर्राष्ट्रीय थैलीसीमिया दिवस
11 मई	राष्ट्रीय प्रौद्योगिकी दिवस
24 मई	कॉमनवेल्थ दिवस
31 मई	धूम्रपान विरोध दिवस

दिवस	महत्व
1 जून	अन्तर्राष्ट्रीय बाल दिवस
5 जून	विश्व पर्यावरण दिवस
14 जून	वर्ल्ड ब्लड डोनर डे
20 जून	शरणार्थी दिवस
21 जून	विश्व योग दिवस
11 जुलाई	विश्व जनसंख्या दिवस
6 अगस्त	विश्व शांति दिवस, हिरोशिमा दिवस
10 अगस्त	अंतर्राष्ट्रीय युवा दिवस
29 अगस्त	राष्ट्रीय खेल दिवस
5 सितम्बर	शिक्षक दिवस
8 सितम्बर	विश्व साक्षरता दिवस
14 सितम्बर	हिन्दी दिवस
16 सितम्बर	विश्व ओजोन दिवस
21 सितम्बर	अन्तर्राष्ट्रीय शांति दिवस
27 सितम्बर	विश्व पर्यटन दिवस
2 अक्टूबर	गाँधी जयन्ती / अन्तर्राष्ट्रीय अहिंसा दिवस
3 अक्टूबर	विश्व पर्यावास दिवस
5 अक्टूबर	विश्व आवास दिवस
9 अक्टूबर	विश्व डाक दिवस
16 अक्टूबर	विश्व खाद्य दिवस
17 अक्टूबर	विश्व गरीबी उन्मूलन दिवस
20 अक्टूबर	राष्ट्रीय एकता दिवस, विश्व सांख्यिकी दिवस
14 नवम्बर	विश्व मधुमेह दिवस
19 नवम्बर	अन्तर्राष्ट्रीय नागरिक दिवस
26 नवम्बर	विश्व पर्यावरण संरक्षण दिवस
1 दिसम्बर	विश्व एड्स दिवस
10 दिसम्बर	अन्तर्राष्ट्रीय मानवाधिकार दिवस
18 दिसम्बर	अन्तर्राष्ट्रीय प्रवास दिवस
29 दिसम्बर	विश्व जैव विविधता दिवस

✧✧✧✧✧

खेल जगत

खेलों से जुड़ी शब्दावली

- **एथलेटिक्स:** ऐली, स्ट्रॉम, बैटन, बेंड, ब्लाइंड पास, बॉक्स, सर्किल, क्लियरेंस, क्रासबार, हीट्स, फाल्स स्टार्ट, फ्लॉप स्टाइल, फाउल, हर्डलेस, लेन, लैप, डेकाथलॉन, हैप्टेथलॉन, मैराथन, पेंटाथलोन, स्क्रैच, शॉट पुट, स्प्रिंट, स्टार्टिंग ब्लॉक स्टेपल चेज, स्ट्रैंडल, टाई, जोन।
- **बैडमिंटन:** एश, एली, बैक हैण्ड, ब्लाक, कैरी, चैकिंग द स्मैस, कोर्ट, क्रास कोर्ट, डबल हिट, ड्राप शाट, फाल्ट, फोरहैण्ड, फ्रेम, गेम प्वाइंट, किल, लोब, लव, नेट, रैकेट, रैली, सर्व, शार्ट सर्व, शटल (बर्ड भी कहते हैं) साइड आउट, अंडर हैंड।
- **बेसबॉल:** आर्म थ्रोअर, एराउंड द हार्न, बल्क, बाल, बाल हॉक, बेस ओपन बेस रनर, बैट, बैटर, कैचर, काक्ड आर्म, क्रास फायर, डाउनर, होम, हाट कार्नर, इनफील्ड फ्लाई, की स्टोन सैक, लेट अप, पेग, पिंच हिटर, पॉपी, पंच, रबर, इनअप, सिंकर, स्लाइडर, थ्री फुट लाइन।
- **बास्केट बॉल:** बैक डोर, बैंग बोर्ड, बैंक शाट, बाउंस पास, चार्ज, चेस्ट पास, कार्नर प्लेयर, कट, डेड बॉल, डबल फाउल, ड्रिबल, फेक, फील्ड गोल, फाउल, फ्री थ्रो, गोल, हेल्ड बॉल, जम्प बॉल, पायवोट, रिवाइंड, रिस्ट्रेनिंग सर्कल, टी, टैक्नीकल फाउल, थ्रो इन।
- **बिलियर्डस एंड स्नूकर:** एंगल, राउण्ड द टेबल, बल्क, बॉल, ब्रेक, ब्रिज, केनन, क्यू बॉल, कॉप, फॉलो, हजार्ड, पाकेट, पॉट, पिरामिड, रेडबॉल, रेस्ट्स, रन, सेट अप, शार्ट स्विग, टेबल।
- **बॉक्सिंग:** स्प्रॉन, अटैक, ब्लैक पेडल, बैक हैंड पंच, ब्लाकिंग, बोली, बाउट, बट, चॉप, कम्बीनेशन, कट, डाइव, एलबोइंग, फर्स्ट ब्लड, फ्लोर, फुल काउंट, ग्लोब्स, हीलिंग, होल्डिंग, हुक, जब, माउथपीस, पंच, रिंग, स्कोरिंग, सेकेण्ड, स्पॉट, वार्निंग।
- **क्रिकेट:** ऑल राउण्डर, ऐशेज, बैकफुट, बेल्स, बॉल, बैट, बैटिंग, बैट्समैन, बीमर, बाउंसर, बाउण्ड्री, बॉलर, बॉलिंग क्रीज, बाई, कॉट एण्ड बोल्ड, कॉल, कैच, कॉट बिहाइंड, सेंचुरी, क्लीन बोल्ड, कवर प्वाइंट, क्रास बैट, कट, कटर, डेड बॉल, एक्स्ट्राज, फास्ट मीडियम, फॉलोआन, फ्रंट फुट, फुलटॉस, ग्लास, गुगली, गार्ड, गिल्ली, हाफ वॉली, हैट्रिक, हिट विकेट, हुक, इनस्वींगर, लेटकट, लेग ब्रेक, लेग साइड, मेडन, मिड ऑफ, मिड ऑन, मिड विकेट, नाइट वाचमैन, प्वाइंट, ओपनर, ओवर, ओवर थ्रो, ओवर द विकेट, पिच, पुल-राउण्ड द विकेट, स्क्वायर कट, स्क्वायर लेग, स्वीप, टॉस, अम्पायर, विकेट कीपर, यार्कर।
- **गोल्फ:** एश, एड्रेस, एयर शॉट, एप्रोन, अवे, बॉल मार्क, ब्रिडी, बोगी, बाई, चिप, क्लब, कप, ड्राइव, ईगल, फ्लफ्फ, हाल्वड्, हैण्डीकैप, हजार्ड, होल, ऑनर, हुक, जिग्गर, लाई, पार, पिन, पुट, रन, स्लाइस, स्टांस, स्विंग, टी, वेज।
- **हॉकी:** बैकपास, बुली, कैरिंग द बॉल, सेंटर फारवर्ड, चार्जिंग, कार्नर, डी, डिफेंडर, ड्रिबलिंग, फ्लिक, फारवर्ड, फाउल, फ्रीहिट, फुल बैक्स, गोल, हाब्स, हिट, हुकिंग, इंटरसेप्टिंग, लांग कार्नर, शार्ट पेनल्टी स्ट्रोक, पुश, रिवर्स स्टिक, स्कूप, सिक्सटीन यार्ड हिट, स्टिक, स्ट्राइकिंग सर्कल, टैकलिंग, थ्रू पास, ट्रैपिंग, ट्वेन्टी फाइव यार्ड लाइन, अंडरकटिंग।
- **सॉकर:** बाईसाईकिल किक, बाड़ी सर्व, बाक्स या पेनल्टी एरिया, कैरिंग, चेस्टिंग, क्लीयरिंग, कार्नर किक, कार्नर फ्लैग, क्रास, क्रास ओवर, डी, डायरेक्ट फ्री किक, डाइव, डबल फाउल, ड्रिवल, ड्राप वॉल, एक्स्ट्रा टाइम, फिनिशिंग, फ्लैंक, फाउल, गोल किक, गोल पोस्ट, गोल्स, हॉफ वॉली, हैट्रिक, हैडिंग, इनडायरेक्ट फ्री किक, इंटरसेप्सन, किक ऑफ, लाइंस मैन, लिंक मैन, लोब, मार्किंग, न्यूटमैग, ऑफ साइड, पास, पेनल्टी स्पॉट, रिवर्स पास, सीजर्स किक, शैडो मार्किंग, साइड लाइंस, स्ट्राइकर, स्वीपर, टेंकल, थ्रोइन, ड्रिपिंग, विंगर, येलो कार्ड।
- **स्क्वैश:** एंगल, बोर्ड कोर्ट, कट लाइन, ड्राइव, फुट फाउल्ट, हॉफ कोर्ट लाइन, हैमर, हैंड इन, किल, निक, पेनल्टी प्वाइंट, रैली, सर्विस बाक्स, सेट, शार्ट लाइन, वॉली, वेल्स।
- **स्वीमिंग:** बैकस्ट्रोक, बटरफ्लाई, ब्रेस्ट स्ट्रोक, कैसल, क्राउल, फाल्स स्टार्ट, फ्री स्टाइल, किकिंग, लेग, मेडले रिले, पुल, टच।

- **टेबल टेनिस:** एश, बैकहैण्ड, शॉट, ब्लेड, ब्लॉक शॉट, ड्यूस, ड्राप शॉट, गेम, ग्रिप, रैली, सर्विस, स्मैश, टॉप स्पिन, रिवर्स सेंटर लाइन।
- **टेनिस:** एश, एडवांटेज, बैक कोर्ट, बैक हैण्ड, बॉल ब्वाय या बॉल गर्ल, ब्रेक, बाई, सेंट्रल लाइन, चिप, चाप, कोर्ट, डेड, ड्यूस, डबल फाल्ट, डाउन द लाइन, ड्राप शॉट, ड्राप वॉली, इरर, फेस या रैकेट, फाउल्ट, फोर कोर्ट, फ्रेम, गेम, गेम प्वाइंट, ग्राउंड स्ट्रोक, लेट, लाइन बॉल, लोब, लव, मैच प्वाइंट, नेट, नेट बॉल, ओवर हैड, स्मैश, पासिंग शॉट, रैली रिटायर, रिटर्न, सर्व, सर्विस, सेट, सेटप्वाइंट, शार्ट बाल, स्मैश, स्ट्रोक, टॉस, अंडरहैंड, वॉली।
- **वॉलीबॉल:** एश, एड ऑन, बैकलाइन, ब्लॉक, बॉडी फाउल, कैरिंग द बॉल, चेस्टपास, कवर, क्रास कोर्ट शाट, ड्यूस, डिग, डबल हिट, फुट फाउल्ट, गेम प्वाइंट, किल, हेल्ड, बॉल, मल्टीपल टचेज, नेट, ओवर नेट, प्वांइट, पावर सर्व, सर्व, सेट, साइड आउट, स्मैश, स्पाइकर टाइम आउट।

खेल के मैदान की माप

- **बैडमिंटन कोर्ट** : 20 फीट × 44 फीट (युगल); 17 फीट × 44 फीट (एकल)
- **बेसबॉल** : डायगोनल बेस में से निकटतम आधार के बीच की दूरी 90 फीट और 127 फीट 3⅜ इंच होती है। पिचर के सर्किल और बॉलर के बीच 60½ फीट की दूरी होती है।
- **बास्केटबॉल कोर्ट** : 85 फीट × 46 फीट।
- **बिलियडर्स टेबल** : 12 फीट × 6 फीट 1½ इंच।
- **बॉक्सिग रिंग** : 20 फीट वर्ग।
- **क्रिकेट** : दोनों विकेट 22 गज की दूरी पर होते हैं। बॉल का व्यास लगभग 9 से.मी. और वजन 5½ से 5¾ ओंस होता है।
- **हैंडबॉल कोर्ट** : 126 से 147 फीट लम्बा और 60 से 73 फीट चौड़ा।
- **हॉकी का मैदान** : 100 गज × 55 गज।
- **रग्बी मैदान** : यह मैदान अंडाकार होता है जिसकी अधिकतम लम्बाई 150 से 200 गज और अधिकतम चौड़ाई 120 से 170 गज होती है।
- **रोविंग** : एकल नौका चालन हेतु नौका की लम्बाई 27 फीट और युगल के लिए 34 फीट होती है। कॉक्स्ड जोड़ा 35 फीट, काक्सलेस फोर 44 फीट, कॉक्स्ड फोर 45 फीट और कॉक्स्ड एट 62 फीट होता है।
- **फुटबॉल मैदान** : 100 से 130 गज लम्बा और 50 से 100 गज चौड़ा।
- **स्क्वैश कोर्ट** : 32 फीट × 21 फीट, कट लाइन 6 फीट का और टिन 19 इंच का होता है।
- **स्वीमिंग पुल** : 50 मीटर लम्बा।
- **टेबल टेनिस** : टेबल 9 फीट × 5 फीट का होता है तथा नेट की ऊंचाई 6 इंच होती है।
- **टेनिस कोर्ट** : एकल के लिए 78 फीट × 27 फीट और युगल के लिए 78 फीट × 36 फीट।
- **वालीबॉल कोर्ट** : 18 मीटर × 9 मीटर।
- **मैराथन दौड़** : 26 मील 385 गज।

ओलंपिक

प्राचीन काल में अपने नागरिकों को स्वस्थ एवं फिट बनाए रखने के लिए यूनानवासी प्रतियोगी खेल स्पर्द्धाओं का आयोजन करते थे। जौस देवता के सम्मान में प्रथम ओलम्पिक खेलों का आयोजन ओलम्पस माउंट में ईसा पूर्व 776 में किया गया था। इसके बाद 394 ईस्वी जबकि यूनानी सभ्यता का पतन हो गया, प्रत्येक 4 वर्षों के अंतराल के बाद ओलम्पिक खेलों का आयोजन किया जाता रहा। आधुनिक समय में फ्रांस के धनकुबेर पियरे डी कुबर्टिन ने आधुनिक खेलों को पुनर्जीवित किया। प्रथम आधुनिक ओलम्पिक खेल का आयोजन 1896 में एथेंस (यूनान) में किया गया। इसके बाद से विश्व युद्धों को छोड़कर प्रत्येक 4 वर्ष के अंतराल पर ओलम्पिक खेलों का आयोजन होता रहा है। ओलम्पिक खेलों का ध्वज श्वेत रंग का है जिस पर 5 रंगीन छल्ले बने हैं। प्रत्येक रिंग एक महादेश का प्रतिनिधित्व करता है। एक ही वर्ष में ग्रीष्मकालीन और शीतकालीन ओलंपिक खेलों का आयोजन किया जाता है।

एशियाई खेल

द्वितीय विश्व युद्ध के पश्चात् अनेकों एशियाई देशों ने स्वतंत्रता प्राप्त की। ओलंपिक खेलों की तर्ज पर प्रत्येक चार वर्षों बाद एशियाई खेलों के आयोजन की योजना बनायी गई। भारत ने 1951 में नई दिल्ली में प्रथम एशियाई खेलों का आयोजन किया।

राष्ट्रमंडल खेल

राष्ट्रमंडल खेल भी प्रत्येक चार वर्ष बाद आयोजित किए जाते हैं उसी वर्ष में जिसमें एशियाई खेल आयोजित होते हैं। सभी राष्ट्रमंडल देश (ब्रिटेन के पूर्व उपनिवेश) इसमें भाग ले सकते हैं। प्रथम राष्ट्रमंडल खेल 1930 में हैमिल्टन (कनाडा) में आयोजित हुआ जिसे ''ब्रिटिश अम्पायर गेम'' के नाम से जाना गया। 1954 में इनका नाम बदलकर ''ब्रिटिश अम्पायर एण्ड कॉमनवेल्थ गेम्स'' कर दिया गया। 1970 में एक बार फिर इनका नाम परिवर्तन कर 'ब्रिटिश कॉमनवेल्थ गेम्स' किया गया। वर्ष 1978 से इन्हें कामनवेल्थ गेम्स अथवा राष्ट्रमंडल खेलों के नाम से जाना जा रहा है।

प्रमुख खेल एवं उससे संबंधित जानकारी

क्रिकेट : क्रिकेट खेल का जन्मदाता इंग्लैंड को माना जाता है। दुनिया का पहला क्रिकेट क्लब हैम्बल्डन में 1760 के दशक में बना और मेरिलबॉन क्रिकेट क्लब (MCC) 1787 में।

हॉकी : हॉकी का पहला संगठित क्लब 1861 में स्थापित 'ब्लैकहीथ एबी एण्ड क्लब' (इंग्लैंड) है। हॉकी की सर्वोच्च संस्था 'फेडरेशन इंटरनेशल दि हॉकी' (एफ. आई. एच.) है, जिसकी स्थापना 1884 ई. में की गयी थी। हॉकी का पहला अन्तर्राष्ट्रीय मैच 26 जून, 1895 को राइल में वेल्स एवं आयरलैंड के बीच खेला गया। ओलम्पिक में सर्वाधिक आठ बार हॉकी का खिताब भारत ने जीता है।

फुटबॉल : फुटबॉल का जन्म इंग्लैंड में हुआ। 1857 ई. में इंग्लैंड में विश्व का पहला फुटबॉल क्लब 'शेफील्ड फुटबॉल क्लब' का गठन हुआ। भारत में फुटबॉल अंग्रेजों के द्वारा लाया गया और भारत का पहला फुटबॉल क्लब 'डलहौजी क्लब' था।

टेबल टेनिस : इस खेल का जन्मदाता इंग्लैंड है। 'इंटरनेशनल टेबल टेनिस एसोसिएशन' की स्थापना 1926 ई. में की गयी थी। टेबल टेनिस विश्व चैम्पियनशिप का मैच पहली बार 1927 ई. में हुआ।

लॉन टेनिस : आधुनिक संदर्भ में इस खेल का विकास इंग्लैंड में हुआ। टेनिस की सर्वोच्च संस्था इंटरनेशनल टेनिस फेडरेशन (I.T.F.) की स्थापना 1913 ई. में पेरिस में की गई।

बास्केटबॉल : इस खेल का आविष्कार जेम्स स्मिथ ने सन् 1891 में अमेरिका में किया। इसके अन्तर्राष्ट्रीय संघ की स्थापना सन् 1932 में फेडरेशन इंटरनेशनल डे बास्केटबॉल एसोसिएशन (FIBA) के नाम से हुई। भारत में प्रथम बास्केटबॉल खेल सन् 1930 में खेला गया। इसका पहला विश्व चैम्पियन मैच 1950 ई. में आयोजित हुआ।

बैडमिंटन : आधुनिक बैडमिंटन का विकास संभवत: इंग्लैंड में हुआ था। इसकी सर्वोच्च संस्था इंटरनेशनल बैडमिंटन फेडरेशन की स्थापना 1934 में की गयी थी। विश्व बैडमिंटन चैम्पियनशिप की शुरुआत 1977 ई. में हुई थी।

पोलो : आमतौर से यह माना जाता है कि पोलो का जन्म फारस में हुआ था। फारस में 525 ई.पू. में 'पुलु' के नाम से यह खेल खेला जाता था। कुछ लोगों का मानना है कि पोलो का जन्म भारत के मणिपुर में हुआ।

एथलेटिक्स : पहला ओलंपिक जो ई.पू. 8वीं सदी में हुआ था उसमें यह एक मात्र खेल था। ई.पू. 8वीं शताब्दी में होमर द्वारा लिखित इलियड में पैदल दौड़ का वर्णन मिलता है। एथलेटिक्स इंग्लैंड में ईसा बाद 12वीं सदी में प्रारंभ हुई।

कुश्ती : ई.पू. 708 में यूनानियों ने अपने ओलंपिक में कुश्ती को शामिल कर लिया था। कुल मिलाकर कुश्ती के 50 प्रकार हैं। ओलंपिक में ग्रीको रोमन और फ्री स्टाइल कुश्ती आर्मेचर होती है।

शतरंज : सामान्यत: ऐसा माना जाता है कि भारत में यह खेल ईसा बाद 7वीं सदी में शुरू हुआ।

गोल्फ : आधुनिक गोल्फ का खेल सर्वप्रथम स्कॉटलैंड में शुरू हुआ। आधुनिक गोल्फ में पुरुषों के ग्रैंड स्लैम में चार टूर्नामेंट होते हैं। मास्टर ओपन, यूनाइटेड स्टेट्स ओपन, ब्रिटिश ओपन और प्रोफेशनल गोल्फर्स एसोसिएशन ऑफ अमेरिका (पी.जी.ए.) चैम्पियनशिप।

वाटर पोलो : यह खेल सन् 1860 ई. में इंग्लैंड में शुरू हुआ। इस खेल को शुरू करने का श्रेय मुख्यत: ग्लासगो के विलियम विल्सन को जाता है।

बेसबॉल : यह खेल 19वीं सदी के मध्य में अमेरिका में विकसित हुआ। ऐसा माना जाता है कि इसकी खोज अबनेर डबलडे ने सन् 1839 ई. में की। इस खेल के नियमों को एलेक्जेंडर कार्टराइट ने लिखा।

तैराकी : द फेडरेशन इंटरनेशनल डी नेशनल एमैच्योर (FINA) तैराकी एवं अन्य सभी गैर-पेशेवर जल-क्रीड़ाओं को संचालित करती है।

स्पोर्ट्स से जुड़े प्रमुख खिलाड़ी

- **एथलेटिक्स :** कार्ल लुईस, मौरिस ग्रीन, माइकल जानसन, लिंडफोर्ड क्रिस्टी, जैकी जायनर, मेरियन जोंस, बेन जानसन, कैल्विन स्मिथ, जेसी ओवंस, सर्गेई बुबका, सेबेस्टियन को, मिल्खा सिंह, पीटी उषा, उसैन बोल्ट, ज्योतिर्मय सिकदर।
- **बॉक्सिंग :** कैसियस क्ले (मोहम्मद अली), जो फ्रेजर, माइक टायसन, लैरी टोलम्स, फैंक ब्रूनो, हेनरी कूपर, आर्ची मूर, इवांडर होलीफील्ड, विजेंद्र कुमार, एम.सी. मैरीकॉम।
- **बैडमिंटन :** प्रकाश पादुकोण, सैय्यद मोदी, दिनेश खन्ना, जेमी पोलसन, नंदू नाटेकर, लिम स्वीकिंग, सायना नेहवाल।
- **बिलियर्ड :** गीत सेठी, माइकल फरेरा, पंकज आडवाणी।
- **शतरंज :** बोरिस स्पॉस्की, गैरी कास्परोव, अंतोली कार्पोव, विक्टर कोरकोनी, विश्वनाथन आनंद, कोनेरू हम्फी, प्रवीण थिप्से, रोहिणी खादिलकर, सूर्य शेखर गांगुली, गुकेश डी.।
- **क्रिकेट :** सुनील गावस्कर, बिशन सिंह बेदी, कपिल देव, मुहम्मद अजहरुद्दीन, सचिन तेंदुलकर, जी.आर. विश्वनाथ, लाला अमरनाथ, अजित वाडेकर, वी एस चंद्रशेखर, ईएएस प्रसन्ना, एस. वेंकटराघवन, डान ब्रैडमेन, रिचर्ड हैडली, गैरी सोबर्स, इयान बाथम, विवियन रिचर्डस, क्लाइव लायड, इमरान खान, ज्योफ बायकाट, टोनी ग्रेग, वसीम अकरम, हनीफ मोहम्मद, रिची बेनो, माल्कम मार्शल, माइकल होल्डिंग, ग्रेग चैपल, जावेद मियांदाद, विजय मांजरेकर, फैंकवारेल, बिल लॉरी, क्लाइब राइस, विराट कोहली, मार्क टेलर, जीएल गारनर, अर्जुन राणातुंगा, अरविन्द डीसिल्वा, सौरव गांगुली, विनोद कांबली, नयन मोंगिया, अजित अगरकर, जैक कालिस, इयान हिली, जान ट्राइकास, क्रेग मैकडरमोट, ब्रायन मैकलिमन, डब्ल्यू आर हैमंड, सनत जयसूर्या, ब्रायन लारा, एंडी फ्लावर, बी.वी.एस. लक्ष्मण, राहुल द्रविड़, डेनियल विटोरी, वीरेन्द्र सहवाग, एम. एस. धोनी, युवराज सिंह, रिकी पोन्टिंग।
- **हॉकी :** ध्यान चंद, अशोक कुमार, अजित सिंह, परगट सिंह, प्रीतपाल सिंह, जफर इकबाल, शंकर लक्ष्मण, चारू चार्ल्सवर्थ, बलबीर सिंह, टेरी वाल्स, किशनलाल, धनराज पिल्लै।
- **फुटबॉल :** पेले, डियागो माराडोना, फ्रेंज बेकनबोर, सोक्रेट्स, रूड गुलिट, गैरी लिनेकर, कोरेका, पी सी बनर्जी, अरुणलाल घोष, युनी गोस्वामी, इंदर सिंह, डावर सूकर, रोनाल्डो, रिवाल्डो, डिसचैम्पस, ओलिवर कॉन, लुईस फिगो, वाइचुंग भूटिया।
- **टेनिस (लान) :** ब्योन बोर्ग, जिमी कानर्स, जान मैकनरो, इवान लेंडल, पीट सम्प्रास, मार्टिना नवरातिलोवा, स्टेफी ग्राफ, स्टीफन एडबर्ग, आंद्रे अगासी, माइकल चांग, रमेश कृष्णन, बोरिस बेकर, लिएण्डर पेस, महेश भूपति, विजय अमृतराज, आनंद अमृतराज, जयदीप मुखर्जी, राड लीवर, राय इमर्सन, नरेश कुमार, प्रेमजीत लाल, मार्टिना हिंगिस, मेरी पियर्स, सेरेना विलियम्स, वीनस विलियम्स, सानिया मिर्जा, सोमदेव वर्मन, रोजर फेडरर, राफेल नडाल, मारिया शरापोवा।
- **गोल्फ :** ग्रेग नारमेन, निक प्राइस, जीव मिलखा सिंह, एस. चौधरी, आर.के. पीतांबर, विक्रमजीत सिंह, अर्जुन अटवाल।
- **जिम्नास्टिक :** नादिया कोमानिय, एल लेतीनीना, वी. कस्लावस्का, ई.जेबो, डब्ल्यू. किंम, वाई मा, श्रूसोनोवा, डेनिएला सिलीवास, ए ब्रेगलिया, वी युकारिन, एन एंद्रियानोव, सर्गेई स्पिट्ज।
- **स्वीमिंग :** आरती गुप्ता, अरुण कुमार शा, वैद्यनाथ, डाउन फ्रेजर, मिहिर सेन, आरती शाहा, मार्क स्पिट्ज, माइकल फेल्प्स।
- **कुश्ती :** दारा सिंह, भीमसेन, मुख्तार सिंह, सुदेश कुमार, चांदगी राम, सुशील कुमार।
- **निशानेबाजी:** अंजली भागवत्, राज्यवर्धन सिंह राठौर, समरेश जंग, अभिनव बिंद्रा, गगन नारंग।

विश्व के प्रसिद्ध कप और ट्राफियाँ

✦ अमेरिकन कप	याच रेसिंग
✦ एशेज	क्रिकेट (इंग्लैंड बनाम आस्ट्रेलिया)
✦ कनाडा कप	गोल्फ (विश्व चैम्पियनशिप)
✦ कोलम्बो कप	सॉकर
✦ चैम्पियन ट्राफी	हाकी (पुरुष) विश्व की 6 श्रेष्ठ टीमों के मध्य
✦ डेविस कप	लान टेनिस (पुरुष)
✦ डर्बी	घोड़ा दौड़ (इंग्लैंड)
✦ इंदिरा गांधी गोल्फ कप	हॉकी (महिला) (भारत)
✦ जुलस रिमेट कप	सॉकर—विश्व कप (पुरुष)
✦ किंग्स कप	एयर रेसेज (इंग्लैंड)
✦ मर्डेका	सॉकर (पुरुष)(मलेशिया)
✦ प्रिंस ऑफ वेल्स कप	गोल्फ (इंग्लैंड)
✦ रोथमेंस कप	क्रिकेट
✦ रायडर कप	गोल्फ (इंग्लैंड)
✦ स्वेथलिंग कप	विश्व टेबल टेनिस (पुरुष)
✦ थामस कप	विश्व बैडमिंटन (पुरुष)
✦ उबेर कप	विश्व बैडमिंटन (महिला)
✦ वाकर कप	गोल्फ (इंग्लैंड)
✦ विटमैन कप	लान टेनिस (महिला)
✦ विम्बलडन कप	लान टेनिस (इंग्लैंड)

कप और ट्राफियाँ—भारत

- आगा खाँ कप — हॉकी (मुंबई)
- ऑल इंडिया महाराजा रणजीत सिंह गोल्ड कप — हॉकी
- बर्ना बेलक कप — टेबल टेनिस (पुरुष)
- बेटन कप — हॉकी (पुरुष)
- मुंबई गोल्ड कप — हॉकी
- बर्दवान ट्राफी — वेट लिफ्टिंग
- सीके नायडू ट्राफी — क्रिकेट
- डीसीएम ट्राफी — फुटबॉल
- ध्यान चंद ट्राफी — हॉकी
- डॉ. बीसी राय ट्राफी — राष्ट्रीय जूनियर फुटबॉल
- दिलीप ट्राफी — क्रिकेट
- डूरंड कप — फुटबॉल
- एजरा कप — पोलो
- आईएफए शील्ड — फुटबॉल
- ईरानी कप — क्रिकेट
- देवधर ट्राफी — क्रिकेट
- जयलक्ष्मी कप — राष्ट्रीय महिला टेबल टेनिस
- कुप्पुस्वामी नायडू ट्राफी — हॉकी
- लेडी रतन टाटा ट्राफी — हॉकी
- मौलाना आजाद ट्राफी — अंतर विश्वविद्यालय खेल
- मुरुगप्पा गोल्ड कप — हॉकी
- राष्ट्रीय लीग — फुटबॉल
- नेहरू कप — हॉकी
- ओबेदुल्ला गोल्ड कप — हॉकी
- राधामोहन कप — पोलो
- राजकुमारी चैलेंज कप — जूनियर गर्ल्स टेबल टेनिस
- रामानुजम ट्राफी — जूनियर ब्वाय टेबल टेनिस
- रंगास्वामी कप — राष्ट्रीय पुरुष हॉकी
- रणजी ट्राफी — राष्ट्रीय पुरुष क्रिकेट
- रोवर्स कप — फुटबॉल
- संतोष ट्राफी — राष्ट्रीय पुरुष फुटबॉल
- सुब्रतो कप — अंतर स्कूल फुटबॉल
- वेलिंगटन ट्राफी — नौकाचालन

प्रसिद्ध खेल मैदान एवं उनसे सम्बन्धित खेल

खेल-मैदान	खेल	स्थान
इन्द्रप्रस्थ स्टेडियम	इन्डोर गेम	दिल्ली
जवाहरलाल नेहरू स्टेडियम	एथलेटिक्स	दिल्ली
अरुण जेटली स्टेडियम	क्रिकेट	दिल्ली
अम्बेडकर स्टेडियम	फुटबॉल	दिल्ली
शिवाजी स्टेडियम	हॉकी	दिल्ली
नेशनल स्टेडियम	हॉकी	दिल्ली
वानखेडे स्टेडियम	क्रिकेट	मुम्बई
ब्रेबोर्न स्टेडियम	क्रिकेट	मुम्बई
ईडन गार्डन	क्रिकेट	कोलकाता
ग्रीन पार्क स्टेडियम	क्रिकेट	कानपुर
कीनन स्टेडियम	क्रिकेट	जमशेदपुर
नेहरू (चेपक) स्टेडियम	क्रिकेट	चेन्नई
वाराबती स्टेडियम	क्रिकेट	कटक
इप्सम	डर्बी घुड़दौड	ब्रिटेन
हेडिंग्ले मैनचेस्टर	क्रिकेट	ब्रिटेन
लार्ड्स, ओवल, लीड्स	क्रिकेट	ब्रिटेन
ब्लैक हीथ	रग्बी फुटबॉल	लन्दन
विम्बलडन	लॉन टेनिस	लन्दन
वेम्बले स्टेडियम	फुटबॉल	लन्दन
ब्रुकलैण्ड	फुटबॉल	इंग्लैंड
टिबंकहम	रग्बी फुटबॉल	इंग्लैंड
पटनी मार्टलेक	नौका दौड़	इंग्लैंड
टेंट ब्रिज	क्रिकेट	इंग्लैंड
एण्ट्री	घुड़दौड़	इंग्लैंड
व्हाइट सिटी	कुत्तों की दौड	इंग्लैंड
हरलिघम	पोलो	इंग्लैंड
पर्थ, ब्रिस्बेन, मेलबोर्न	क्रिकेट	आस्ट्रेलिया
यांकी स्टेडियम	बॉक्सिंग	न्यूयार्क
ब्रूकलिन	बेसबॉल	न्यूयार्क
फोरस्ट हिल	टेनिस	न्यूयार्क
नरेन्द्र मोदी स्टेडियम	क्रिकेट	अहमदाबाद

✧✧✧✧✧

पुरस्कार एवं सम्मान

राष्ट्रीय पुरस्कार

✦ **भारत रत्न**–यह भारत का सर्वोच्च असैनिक सम्मान है। यह कला, साहित्य, विज्ञान एवं खेलकूद के क्षेत्र में अतिविशिष्ट सेवाओं तथा सार्वजनिक क्षेत्र में उत्कृष्टतम योगदान के लिए प्रदान किया जाता है। सरकारी सेवाओं में लगे व्यक्तियों को यह पुरस्कार नहीं दिया जाता है।

✦ **पद्म विभूषण**–यह अलंकरण सभी क्षेत्रों में उल्लेखनीय योगदान के लिए दिया जाता है। सरकारी सेवाओं में लगे व्यक्ति भी इसके पात्र माने जाते हैं।

✦ **पद्म भूषण**–सभी क्षेत्रों में उल्लेखनीय योगदान के लिए यह उपाधि प्रदान की जाती है। सरकारी सेवाओं में रत व्यक्ति भी इसे पाने के हक़दार हैं।

✦ **पद्म श्री**–विविध क्षेत्रों में उत्तम कार्य करने के उपलक्ष्य में यह उपाधि प्रदान की जाती है। सरकारी सेवा में लगे लोगों को भी इस उपाधि से अलंकृत किया जा सकता है।

शौर्य पदक

✦ **परमवीर चक्र**–शत्रु के समक्ष दृढ़ता से वीरता-प्रदर्शन के फलस्वरूप दिया जाने वाला यह सबसे बड़ा पुरस्कार है। यह अत्यन्त वीरतापूर्ण कार्य जल, थल तथा नभ में से किसी भी सेना के कर्मचारी द्वारा किये जाने पर दिया जाता है।

✦ **महावीर चक्र**–यह दूसरा सर्वोच्च पदक है जो शत्रु के समक्ष अद्वितीय शौर्य प्रदर्शन के फलस्वरूप प्रदान किया जाता है। इस प्रकार का वीरतापूर्ण कार्य थल, जल एवं नभ सेनाओं में से किसी के भी द्वारा किया गया हो सकता है।

✦ **वीर चक्र**–यह तीसरी श्रेणी का सेना पदक है जो शत्रु के समक्ष वीरता-प्रदर्शन करने के उपलक्ष्य में प्रदान किया जाता है। यह पदक जल, थल और नभ सेना के किसी भी वर्ग के कर्मचारी को वीरतापूर्ण कार्य के लिए प्राप्त हो सकता है।

✦ **अशोक चक्र**–यह ऐसा पदक है जो जल, थल और नभ कहीं पर भी उत्कृष्ट वीरतापूर्ण कार्य करने अथवा आत्म-बलिदान होने के फलस्वरूप प्रदान किया जाता है। लेकिन इस प्रकार का काम शत्रु के समक्ष होना आवश्यक नहीं। गुणों के आधार पर इस पदक के तीन वर्ग हैं– प्रथम, द्वितीय तथा तृतीय। द्वितीय पदक का नाम कीर्ति चक्र तथा तृतीय पदक का नाम शौर्य चक्र है।

अन्य राष्ट्रीय पुरस्कार/सम्मान

✦ **ज्ञानपीठ पुरस्कार**–यह पुरस्कार सांस्कृतिक एवं साहित्यिक संस्था 'भारतीय ज्ञानपीठ' द्वारा वर्ष 1965 से प्रदान किया जाता है। प्रत्येक वर्ष यह पुरस्कार संविधान की आठवीं अनुसूची में सम्मिलित 22 भारतीय भाषाओं और अंग्रेजी में से चयनित भारतीय लेखकों को प्रदान किया जाता है। इस पुरस्कार से पुरस्कृत साहित्यकार को 21 लाख रुपए नकद, एक स्मृति चिह्न, एक प्रशस्ति-पत्र तथा वाग्देवी (सरस्वती) की प्रतिमा प्रदान की जाती है।

✦ **दादा साहब फाल्के पुरस्कार**–इस पुरस्कार की स्थापना भारतीय फिल्म उद्योग के संस्थापक दादा साहब फाल्के की याद में भारत सरकार के सूचना एवं प्रसारण मंत्रालय द्वारा की गई है। इस पुरस्कार की धनराशि 15 लाख रुपए है।

✦ **जमनालाल बजाज पुरस्कार**–यह पुरस्कार रचनात्मक सामाजिक कार्य क्षेत्र में महत्त्वपूर्ण योगदान, ग्रामीण विकास हेतु विज्ञान एवं प्रौद्योगिकी के उपयोग तथा महिलाओं एवं बच्चों के उत्थान व कल्याण कार्यों हेतु प्रदान किया जाता है। इन पुरस्कारों के तहत 10-10 लाख की पुरस्कार राशि अब प्रदान की जाती है।

✦ **सरस्वती सम्मान**–15 लाख रुपये का यह पुरस्कार उत्कृष्ट साहित्यिक कृति पर दिया जाता है।

✦ **व्यास सम्मान**–के. के. बिड़ला फाउंडेशन द्वारा स्थापित यह पुरस्कार किसी एक साहित्यिक कृति को प्रदान किया जाता है। इसके तहत एक प्रशस्ति पत्र तथा 4 लाख रुपये की धनराशि प्रदान की जाती है।

✦ **मेजर ध्यानचंद खेल रत्न पुरस्कार**–1992 में स्थापित यह पुरस्कार भारत सरकार द्वारा खेलों में सराहनीय प्रदर्शन करने वाले खिलाड़ियों को प्रदान किया जाता है। इसमें 25 लाख रुपये की धनराशि, एक पदक और एक प्रशस्ति पत्र प्रदान किया जाता है। पहले इस पुरस्कार का नाम राजीव गांधी खेल रत्न पुरस्कार था।

- **अर्जुन पुरस्कार**–1961 में स्थापित यह पुरस्कार भारत सरकार द्वारा विभिन्न खेलों में विशेष उपलब्धि प्राप्त करने वाले खिलाड़ियों को प्रदान किया जाता है। इसमें अर्जुन की काँस्य प्रतिमा, प्रशस्ति पत्र तथा 15 लाख रुपये की धनराशि और समारोह परिधान प्रदान किया जाता है।
- **द्रोणाचार्य पुरस्कार**–1985 में स्थापित यह पुरस्कार भारत सरकार द्वारा खेल प्रशिक्षकों द्वारा की गयी उत्कृष्ट सेवाओं के लिए प्रदान किया जाता है। यह पुरस्कार दो वर्गों आजीवन और नियमित में प्रदान किया जाता है। आजीवन वर्ग में 15 लाख रुपये तथा नियमित वर्ग में 10 लाख रुपये, गुरु द्रोणाचार्य की प्रतिमा, प्रशस्ति पत्र, तथा समारोह परिधान प्रदान किया जाता है।

अंतर्राष्ट्रीय पुरस्कार

- **नोबेल पुरस्कार**–इस पुरस्कार का प्रवर्तन सन् 1901 में डाइनामाइट के आविष्कारक अल्फ्रेड बर्नहर्ड नोबेल (1833-1896 ई॰) द्वारा व्यक्त की गई इच्छा के परिणामस्वरूप किया गया था। नोबेल पुरस्कार प्रति वर्ष रसायन शास्त्र, भौतिकी, साहित्य, चिकित्सा, शान्ति-प्रोत्साहन और अर्थशास्त्र (अर्थशास्त्र के लिए यह पुरस्कार 1969 से दिया जाना शुरू किया गया) के क्षेत्र में दिये जाते हैं। निम्न भारतीय अब तक इस पुरस्कार से सम्मानित किए जा चुके हैं: *(i)* डॉ॰ रवीन्द्रनाथ टैगोर (1913) उनकी कृति 'गीतांजलि' के लिए, *(ii)* डा॰ सी॰ वी॰ रमन (1930) भौतिकी के लिए, *(iii)* मदर टेरेसा (1979) शान्ति के लिए, *(iv)* प्रो॰ अमर्त्य सेन (1998) अर्थशास्त्र के लिए और *(v)* कैलाश सत्यार्थी (2014) शान्ति के लिए। इसके अलावा भारतीय मूल के चार लोगों सुब्रमण्यन चंद्रशेखर (भौतिक विज्ञान), हर गोविंद खुराना (चिकित्सा विज्ञान), वेंकटरामन रामकृष्णन (रसायन विज्ञान) और अभिजीत बनर्जी (अर्थशास्त्र) को भी यह पुरस्कार मिल चुका है।
- **रेमन मैग्सेसे पुरस्कार**–एशिया महाद्वीप का सबसे बड़ा पुरस्कार फिलीपीन्स के भूतपूर्व राष्ट्रपति की स्मृति में वर्ष 1957 से प्रदान किया जाता है। इसमें एक स्वर्ण पदक तथा पचास हजार डॉलर प्रदान किये जाते हैं। इसे एशिया का नोबेल पुरस्कार भी कहा जाता है।
- **शान्ति, निःशस्त्रीकरण व विकास के लिए इन्दिरा गांधी पुरस्कार**–1986 में स्थापित यह पुरस्कार भारत सरकार द्वारा अन्तर्राष्ट्रीय शान्ति, निरस्त्रीकरण एवं विकास के क्षेत्र में उल्लेखनीय योगदान हेतु प्रदान किया जाता है। पुरस्कार राशि 25 लाख रुपये नगद व साथ में एक स्मृति-चिन्ह दिया जाता है।
- **महात्मा गांधी अन्तर्राष्ट्रीय पुरस्कार**–एक करोड़ रु॰ की राशि का यह पुरस्कार भारत सरकार का सर्वोच्च असैनिक अन्तर्राष्ट्रीय पुरस्कार है जो 1995 में शुरू किया गया था। यह पुरस्कार अहिंसा के जरिए सामाजिक, आर्थिक और राजनीतिक परिवर्तन के लिए काम करने वाले व्यक्ति को दिया जाता है।
- **मैन बुकर पुरस्कार**–ब्रिटेन की संस्था बुकर मैकोनल कंपनी एंड पब्लिशर्स एसोसिएशन के द्वारा यह पुरस्कार 1969 में स्थापित हुआ। यह प्रतिवर्ष किसी लेखक को अंग्रेजी भाषा की उत्कृष्ट रचना हेतु प्रदान किया जाता हैं। इसकी पुरस्कार राशि 50,000 पाउण्ड है।
- **ऑस्कर पुरस्कार**–संयुक्त राज्य अमेरिका की 'नेशनल एकेडमी ऑफ मोशन पिक्चर आर्ट्स एण्ड साइंसेज' द्वारा फिल्म जगत का अत्यन्त प्रतिष्ठित यह पुरस्कार प्रतिवर्ष प्रदान किया जाता है।

प्रमुख देशों के सर्वोच्च सम्मान

देश	सर्वोच्च सम्मान
भारत	भारत रत्न
पाकिस्तान	निशान-ए-पाकिस्तान
कुवैत	मुबारक अल कबीर पदक
सऊदी अरब	शाह अब्दुल अजीज पदक
अर्जेन्टीना	द ऑर्डर ऑफ सॉन मार्टिन
निकारागुआ	आगस्टोसीजर सैण्डिनो ऑर्डर
हंगरी	द ऑर्डर ऑफ वैनर
वियतनाम	द ऑर्डर ऑफ द गोल्डेन स्टार
ब्रिटेन	मेम्बर ऑफ ब्रिटिश एम्पायर, विक्टोरिया क्रॉस
जापान	ऑर्डर आफ मौलोवनिश सन
डेनमार्क	आर्डर ऑफ द डैने ब्रोग
फ्रांस	लेजेण्ड ऑफ ऑनर
अमेरिका	प्रेसिडेंशियल मेडल ऑफ फ्रीडम
जर्मनी	पोर ली मैरिट आयरन क्रॉस
नीदरलैण्ड्स	नीदरलैण्ड्स लॉयन

✧✧✧✧✧

कम्प्यूटर ज्ञान

कम्प्यूटर : एक परिचय

- कंप्यूटर एक ऐसी इलेक्ट्रॉनिक युक्ति है जो दिए गए निर्देशन समूह के आधार पर सूचना को संसाधित करती है। इस निर्देशन समूह को प्रोग्राम कहते हैं। कंप्यूटर का हिन्दी रूपांतर 'संगणक' है।
- कंप्यूटर के विकास की दिशा में प्रथम प्रयास 19वीं शताब्दी में चार्ल्स बैवेज ने किया था, इसलिए उन्हें कम्प्यूटर का पितामह कहा जाता है। विश्व के प्रथम कम्प्यूटर मार्क-I का विकास वर्ष 1944 में हार्वर्ड विश्वविद्यालय में किया गया था।
- भारत में बना पहला कम्प्यूटर सिद्धार्थ है।
- कंप्यूटर में प्रयुक्त उच्चस्तरीय भाषाएं—फोरट्रॉन, कोबोल, बेसिक, अल्गोल, पास्कल, कोमाल, लोगो, प्रोलॉग तथा फोर्थ हैं। कंप्यूटर की भाषा में जानकारी को 'डाटा' और हिदायतों को 'प्रोग्राम' कहा जाता है।

कम्प्यूटर के प्रकार

- **माइक्रो कम्प्यूटर :** ये वस्तुतः एक ही व्यक्ति द्वारा उपयोग में लाए जाने के कारण व्यक्तिगत कम्प्यूटर (PC) कहलाते हैं।
- **मिनी कम्प्यूटर :** आकार तथा कार्यक्षमता की दृष्टि से ये छोटे होते हैं तथा एक बड़ी मेज पर आ सकते हैं। इन पर एक साथ बीस-तीस टर्मिनल पर कार्य किया जाता है।
- **मेन फ्रेम कम्प्यूटर :** ये बड़े आकार के कम्प्यूटर होते हैं जिनका डिजाइन स्टील के फ्रेम में लगाकर किया जाता है। इसकी मेमोरी उपर्युक्त दोनों से अधिक होती है।
- **सुपर कम्प्यूटर :** ये कम्प्यूटर बहुत अधिक शक्तिशाली होते हैं तथा जटिल संक्रियाओं को भी बहुत शीघ्र गति से करते हैं। इसकी संग्रहण क्षमता भी अधिक होती है।

कम्प्यूटर के मुख्य घटक

कंप्यूटर के मुख्य रूप से चार घटक होते हैं–

- **हार्डवेयर :** हार्डवेयर कम्प्यूटर के वे घटक होते हैं, जिन्हें हम देख और छू सकते हैं। हार्डवेयर के अंतर्गत सेन्ट्रल प्रोसेसिंग यूनिट (CPU), डीवीडी ड्राइव, मॉनीटर, की-बोर्ड, मॉउस, स्पीकर्स आदि आते हैं।
- **सॉफ्टवेयर :** सॉफ्टवेयर कंप्यूटर के उन घटकों को कहा जाता है जिन्हें हम देख और छू नहीं सकते हैं किन्तु उनकी सहायता से कंप्यूटर के द्वारा वांछित परिणाम प्राप्त कर सकते हैं। ये निर्देशों के समुच्चय होते हैं, जिनके द्वारा कंप्यूटर एक या एक से अधिक कार्यों को सम्पन्न करता है।
- **ऑपरेटिंग सिस्टम :** कंप्यूटर के हार्डवेयर रिसोर्सेज जैसे मेमोरी, प्रोसेसर तथा इनपुट-आउटपुट डिवाइसेस को व्यवस्थित करने के लिए बनाए गए सॉफ्टवेयर को ऑपरेटिंग सिस्टम कहते हैं।
- **एप्लीकेशन प्रोग्राम :** उन सॉफ्टवेयर्स को एप्लीकेशन प्रोग्राम कहा जाता है जिनकी सहायता से हम कंप्यूटर को दिए गए किसी निश्चित आदेश का पालन करवाते हैं। उदाहरण के तौर पर वर्ड प्रोसेसर्स जैसे कि एमएस ऑफिस, एकाउंटिंग सॉफ्टवेयर्स, टैली आदि।

कम्प्यूटर के मुख्य कार्य

कंप्यूटर मुख्य रूप से चार प्रकार के कार्य करता है :

(1) डाटा का संकलन तथा निवेशन
(2) डाटा का संचयन
(3) डाटा संसाधन
(4) डाटा/इन्फॉर्मेशन का निर्गमन या पुनर्निर्गमन

कम्प्यूटर के विभिन्न भाग

- **सीपीयू (CPU):** यह सेन्ट्रल प्रोसेसिंग यूनिट का संक्षिप्त रूप है। यह कम्प्यूटर का सबसे प्रमुख भाग है, जो कि निर्देशों का उपयोग कर संपूर्ण कंप्यूटर प्रणाली को संचालित करता है। इसे कम्प्यूटर का मस्तिष्क कहा जाता है।
- **रैम (RAM):** यह रैण्डम एक्सेस मेमोरी का संक्षिप्त रूप है। यह कम्प्यूटर की मेन मेमोरी का एक महत्वपूर्ण हिस्सा होता है। कम्प्यूटर में संप्रेषित सभी डाटा रैम में ही जमा होते हैं।
- **रोम (ROM):** यह रीड ऑनली मेमोरी का संक्षिप्त रूप है। रोम स्थायी स्मृति है, जो कम्प्यूटर के निर्माण के समय ही स्थापित कर दी जाती है। इसमें मौजूद डाटा को केवल पढ़ा जा सकता है।
- **मदर बोर्ड (Mother Board):** यह सर्किट बोर्ड होता है, जिसमें कम्प्यूटर के प्रत्येक भाग को जोड़ा जाता है।

- **सीडी रोम (CD-ROM):** सीडी रोम यानी कॉम्पैक्ट डिस्क छोटे-से आकार में होते हुए भी बहुत बड़ी मात्रा में आंकड़ों एवं चित्रों को ध्वनियों के साथ संग्रहित करने में सक्षम होता है।
- **कम्प्यूटर वायरस (Computer Virus):** यह एक प्रकार का इलेक्ट्रॉनिक कोड है, जिसका उपयोग कम्प्यूटर में समाहित सूचनाओं को समाप्त करने के लिए होता है। कुछ मुख्य कम्प्यूटर वायरस हैं—माइकेल एंजेलो, डार्क एवेंजर, फिलिप, सी ब्रेन, ब्लडी आदि।

इन्टरनेट

- दुनिया के विभिन्न स्थानों पर स्थापित टेलिफोन लाइनों अथवा उपग्रहों की सहायता से एक-दूसरे के साथ जुड़े कम्प्यूटर नेटवर्क 'इंटरनेट' कहलाते हैं।
- ई-मेल, ईलर्निंग, ई-कॉमर्स, वर्ल्ड वाइड वेब इंटरनेट की सेवाएं हैं।

नेटवर्किंग

- इसका अर्थ विभिन्न कम्प्यूटरों को आपस में जोड़ना है, जिसमें ये सर्वर से जुड़े होते हैं। प्रत्येक कम्प्यूटर का अपना प्रोसेसर होता है। नेटवर्किंग के अनेक लाभ हैं जैसे—डाटा का आदान-प्रदान, फाइलों का स्थानान्तरण फ्लॉपीज के बिना सम्भव होना, चिकित्सा, अभियन्त्रण आदि में स्पष्ट लाभ, डाटा, सुरक्षा, कम स्मृति संग्राहक का उपयोग आदि।
- नेटवर्किंग के मुख्यतः तीन प्रकार होते हैं—
  लैन : स्थानीय क्षेत्र (लोकल एरिया) नेटवर्क
  मैन : महानगर क्षेत्र (मेट्रोपोलिटन एरिया)
  वैन : व्यापक क्षेत्र (वाइड एरिया) नेटवर्क

कंप्यूटर का आधुनिक विकास

- **स्मार्ट फोन** : यह एक ऐसा मोबाइल फोन है, जिसमें कंप्यूटर की क्षमता तथा फोन की सभी सुविधा एक साथ उपलब्ध है।
- **आई पैड (i-Pad):** यह टैबलेट है, जिसे Apple द्वारा डिजाइन तथा विकसित किया गया है।
- **टैबलेट** : यह एक प्रकार का लैपटॉप पीसी है जिसमें आकर्षक टूल्स तथा टच-स्क्रीन लगा होता है।
- **ब्लूटूथ** : यह एक वायरलैस तकनीक है, जिसका प्रयोग कम दूरी पर डाटा आदान-प्रदान के लिए किया जाता है।

जैविक कम्प्यूटर

- यह एक ऐसा कम्प्यूटर है, जिनमें इनपुट और आउटपुट दोनों ही जीवन्त हैं। डीएनए प्रयुक्त यह नैनो कंप्यूटर जीवित प्रणाली से संचालित है। इसमें डीएनए चिप का प्रयोग होता है। इजराइल स्थित वेजमान इंस्टीट्यूट ऑफ साइंस के वैज्ञानिक इहुड शोप्रियो के नेतृत्व में पहला जैविक कंप्यूटर तैयार किया गया है।

कम्प्यूटर शब्दावली

- **एप्लीकेशन प्रोग्राम** : एक ऐसा प्रोग्राम जो कोई निश्चित कार्य ही करता हो जैसे—वर्ड प्रोसेसिंग या डेटाबेस प्रबंधन अथवा एकाउंटिंग का कार्य करने वाला सॉफ्टवेयर। इनमें वर्ड प्रोसेसिंग के लिए M.S. Word, डेटाबेस प्रबंधन के लिए Visual FOX PRO, डिजायनिंग के लिए Adobe Photoshop अथवा एकाउंटिंग के लिए Tally एवं Busy प्रसिद्ध एप्लीकेशनल प्रोग्राम है।
- **बिट (Bit):** इलेक्ट्रॉनिक डेटा को मापने की एक यूनिट बिट कहलाती है। 8 बिट मिलकर एक बाइट का निर्माण करती है।
- **बूट (Boot):** कम्प्यूटर को कार्यावस्था में लाने के लिए आपरेटिंग सिस्टम द्वारा किया जाने वाला प्रारम्भिक कार्य बूट कहलाता है।
- **चिप (Chip):** प्रायः सिलिकन की बनी हुई यह एक पतली चिप्पी है, जिस पर विशेष प्रक्रिया से सर्किट बनाए जाते हैं।
- **कम्पाइलर (Compiler):** वह प्रोग्राम जो उच्चस्तरीय भाषा को मशीनी भाषा में परिवर्तित करता है, कम्पाइलर कहा जाता है।
- **कर्सर 'की' (Cursor 'Key'):** की-बोर्ड पर पाये जाने वाले वे बटन जिन पर तीर के निशान बने होते हैं, कर्सर 'की' कहलाता है।
- **एरर मैसेज (Error Message):** किसी सॉफ्टवेयर द्वारा किसी गड़बड़ी के बारे में दर्शाया जाने वाला संदेश एरर मैसेज कहलाता है।
- **फाइल (File):** डेटा का वह संग्रह जिसे किसी नाम से सेव किया जाता है, फाइल कहलाता है।
- **प्रोग्राम (Program):** कम्प्यूटर के कार्य निर्देशन के लिए निम्न या उच्चस्तरीय भाषा में लिखे गए आदेशों की शृंखला, कम्प्यूटर प्रोग्राम कहलाता है।

✧✧✧✧✧

सामान्य विज्ञान

विज्ञान की विविध शाखाएं

नाम	अध्ययन	नाम	अध्ययन
एरोनॉटिक्स	वैमानिकी का अध्ययन	फिलाटेली	टिकट संग्रह कला
एनाटोमी	मानव शरीर की रचना	हार्टीकल्चर	बागवानी
आर्कियोलॉजी	पुरातत्व अध्ययन	सीस्मोलॉजी	भूकंप का अध्ययन
एकॉस्टिक	ध्वनि से संबंधित अध्ययन	ऑस्टोलॉजी	हड्डियों का अध्ययन
एस्ट्रोनामी	खगोल अध्ययन	जेनेटिक्स	आनुवंशिकी का अध्ययन
एण्टोमोलॉजी	कीटाणुओं का अध्ययन	जूलॉजी	जन्तु विज्ञान
एस्ट्रोफिजिक्स	ग्रह-मंडल का अध्ययन	बायलॉजी	प्राणी विज्ञान
कैलिस्थेनिक्स	व्यायाम विद्या का अध्ययन	जिओलॉजी	भूगर्भ की बनावट का अध्ययन
क्रोनोलॉजी	ऐतिहासिक क्रम का अध्ययन	पैथॉलाजी	रोगों का अध्ययन
बॉटनी	वनस्पति का अध्ययन	फिजिक्स	भौतिक विज्ञान
केमिस्ट्री	रसायन का अध्ययन	बायोकेमिस्ट्री	प्राणी का रासायनिक अध्ययन
सेरामिक्स	चीनी के बर्तनों के निर्माण का अध्ययन	युजेनिक्स	नस्ल सुधार का अध्ययन
इकोलॉजी	जीव एवं पर्यावरण संबंधों का अध्ययन	एटिमोलॉजी	शब्द व्युत्पत्ति का अध्ययन
एन्टोमोलॉजी	कीट-पतंगों का अध्ययन		

आविष्कार और आविष्कारक

आविष्कार	आविष्कारक	देश	सन्
वायुयान	ओरविल और विलबर राइट	अमेरिका	1903
बॉल-पाइंट	जॉन जे॰ लाउड	अमेरिका	1888
बैरोमीटर	इवेंजलिस्ता टौरीसेली	इटली	1644
बाईसिकिल	कर्कपैट्रिक मैकमिलन	इंग्लैंड	1839-40
बाईफोकल लेंस	बेन्जामिन फ्रैंकलिन	अमेरिका	1780
बनसेन बर्नर	आर॰ विल्हेम वोन बनसेन	जर्मनी	1855
कार (पेट्रोल)	कार्ल बेन्ज	जर्मनी	1888
सीमेंट (पोर्टलैंड)	जोरोफ एसाडिन	इंग्लैंड	1824
सिनेमा	निकोलस और जीन लूमियर	फ्रांस	1895
क्लॉक (मैकेनिकल)	आई.सिंग और लियांग लिंग-तसान	चीन	1725
डीजल इंजन	रूडोल्फ डीजल	जर्मनी	1895
डायनेमो	हाइपोलाइट पिक्सी	फ्रांस	1832
इलैक्ट्रिक लैम्प	थॉमस अल्वा एडिसन	अमेरिका	1879
सेफ्टी पिन	वाल्टर हन्ट	अमेरिका	1849
सिलाई मशीन	बार्थलेमी थिम्मोनियर	फ्रांस	1829
जहाज (भाप)	जे.सी॰ पेरियर	फ्रांस	1775

जहाज (टरबाइन)	होन॰ सर सी॰ पारसंस	इंग्लैंड	1894
स्लाइड रूल	विलियम ऑग्ट्रेड	इंग्लैंड	1621
भाप का इंजन	जेम्स वॉट	इंग्लैंड	1765
स्टेनलेस स्टील	हैरि ब्रियरले	इंग्लैंड	1913
समुद्री जहाज	डेविड बुशनेल	अमेरिका	1776
टैंक	सर अर्नस्ट स्विनटन	इंग्लैंड	1914
टेलीग्राफ	एम॰ लम्मोंड	फ्रांस	1787
टेलीग्राफ कोड	सैमुअल एफ॰ बी॰ मोर्स	अमेरिका	1837
टेलीफोन (परफैक्टेड)	अलेक्जैण्डर ग्राहम बेल	अमेरिका	1876
टेलीस्कोप	हेन्स लिप्परशे	नीदरलैंड्स	1608
टेलीविजन (मैकेनिकल)	जे॰एल॰ बेयर्ड	इंग्लैंड	1926
टेलीविजन (इलेक्ट्रॉनिक)	पी॰टी॰ फार्न्सवर्थ	अमेरिका	1927
थर्मामीटर	गैलिलियो गैलिली	इटली	1593
ट्रांसफार्मर	माइकल फैराडे	इंग्लैंड	1831
ट्रांजिस्टर	बरडीन, शोकले तथा ब्राट्टेन	अमेरिका	1948
टाइपराइटर	पेलेग्रिन टेर्री	इटली	1808
कपड़ा धोने की मशीन (विद्युत)	हर्ले मशीन कम्पनी	अमेरिका	1907
घड़ी	बारथोलोम्यू मैनफ्रेडी	इटली	1462

माप/तौल की इकाइयां

वॉट	बिजली की शक्ति की इकाई
ओम	विद्युत प्रतिरोध
हर्ट्ज	तरंगों की आवृत्ति
डाइन	बल की सापेक्ष इकाई
कैलोरी	ऊष्मा की इकाई
कूलम्ब	विद्युत की मात्रा
एम्पियर	विद्युत धारा
नॉट	समुद्र पोतों की गति
बार	वायुमंडलीय दाब की इकाई
डेसीबल	सापेक्ष ध्वनि की तीव्रता
एंगस्ट्रम	प्रकाश तरंगों की लम्बाई
कैरेट	बहुमूल्य पत्थर की तौल
फैदम	समुद्र की गहराई की इकाई
न्यूटन	बल
कैन्डला	ज्योति तीव्रता
प्रकाश वर्ष	आकाश के ग्रहों आदि की दूरी की इकाई

चिकित्सा विज्ञान संबंधी आविष्कार

रफ-बैटिन	इन्सुलिन (डायबिटीज के उपचार के लिए)
ब्रह्मचारी यू.एन.	काल-ज्वर बुखार की चिकित्सा
डॉ. क्रिश्चियन बर्नार्ड	हृदय प्रत्यारोपण
जी. डोमाग	सल्फा ड्रग्स
राबर्ट कोच	हैजे का टीका
डॉ. पाल मुलर	डी.डी.टी.
आइजकमेन	बेरी-बेरी की चिकित्सा
आर्थर बर्ग तथा जेम्स वाटसन	आर.एन.ए.
जेम्स वाटसन तथा क्रिक	डी.एन.ए.
ड्रेसर	एस्प्रिन
रेबी	क्लोरोक्वीन (कुनैन)
हरगोविन्द खुराना	कृत्रिम जीन
फिनले	टेरामाइसिन
ल्यूवेनहॉक	बैक्टीरिया
रोबर्थ	टायफायड के जीवाणु
रीड	पीले बुखार की चिकित्सा
फिन्सेन	अल्ट्रा वायलेट रेंज द्वारा चिकित्सा
पाल एरिक	सिफलिस की चिकित्सा
सर अलेक्जेंडर फ्लेमिंग और फ्लोरे	पेन्सिलिन
विलियम हार्वे	रक्त परिवहन (संचरण)
कार्ल लैंडस्टीनर	रक्त-आधान

हैनीमेन	होम्योपैथी की स्थापना
फंक	विटामिन
मैकुलन	विटामिन 'ए'
मैकुलन	विटामिन 'बी'
यूज़ोक्ट होल्कट	विटामिन 'सी'
एफ.जी. हॉपकिन्स	विटामिन 'डी'
एडवर्ड जेनर	चेचक का टीका
राबर्ट कोच	टी.बी. की चिकित्सा
लेनेक	स्टेथॉस्कोप
लार्डजोसेफ लिस्टर	एण्टीसेप्टिक द्वारा चिकित्सा
लुई पाश्चर	हाइड्रोफोबिया की चिकित्सा
डॉ. रोनेल्ड रॉस	मलेरिया की चिकित्सा
डॉ. जोन्स इ. साल्क	एण्टी पोलियो वैक्सीन
सर जेम्स हैरीसन	क्लोरोफार्म की खोज
वैक्समैन	स्ट्रेप्टोमाइसिन
हैनीमेन	होम्योपैथी

विटामिन की कमी से होने वाले रोग

विटामिन	रोग	स्रोत
विटामिन A	रतौंधी	गाजर, दूध, अंडा
विटामिन B_{12}	अरक्तता	कलेजी, अंडा
विटामिन B_1	बेरी-बेरी	दाल, अंडा, मूंगफली
विटामिन C	स्कर्वी	संतरा, टमाटर
विटामिन B_2	मुँह की त्वचा	कलेजी, दूध, मांस
विटामिन D	सूखा रोग	सूर्य का प्रकाश,
विटामिन B_6	एनीमिया और होंठ फटना	कलेजी, दूध, मांस मछली का तेल
विटामिन E	बांझपन	हरी सब्जियाँ, दूध, कलेजी
विटामिन B_3	पेलाग्रा	मछली, अंडा
विटामिन K	रक्त का थक्का जमने में कमी	हरी सब्जी

प्रमुख बीमारियों द्वारा प्रभावित अंग

बीमारी	प्रभावित अंग
निमोनिया	फेफड़े
टायफाइड	आँत
डिप्थीरिया	श्वसन नलिका
सिफलिस	जनन अंग
मेनिनजाइटिस	मस्तिष्क
आर्थ्राइटिस	जोड़ों की सूजन
एग्जीमा	चमड़ी
पीलिया	यकृत
अतिसार	आँत का अग्रभाग
सुजाक, श्वेत प्रदर	मूत्र मार्ग
प्लूरिसी	छाती
पायरिया	दाँत तथा मसूड़े
गठिया या ट्यूमैटिज्म	जोड़ों में
टिटनेस	तंत्रिका तंत्र, मांसपेशी
कुष्ठ	त्वचा, तंत्रिकाएं
हैजा	आँत, आहार नाल
रिकेट्स	हड्डियाँ
गोइटर (गण्डमाला)	थाइराइड ग्रंथि
काली खाँसी	श्वसन तंत्र
बॉट्यूलिज्म	तंत्रिका-तंत्र
एड्स	सम्पूर्ण शरीर
प्लेग	फेफड़े, लाल रक्त कणिकाएं
रेबीज या हाइड्रोफोबिया	तंत्रिका तंत्र
खसरा	सम्पूर्ण शरीर
कालाजार	रुधिर, प्लीहा व अस्थि मज्जा
हरपीस	त्वचा, श्लेष्मकेला
क्षय रोग	शरीर का कोई भी अंग, विशेषकर फेफड़े
केटेरेक्ट, ग्लाइकोमा, ट्रेकोमा, मायोपिया	आँख
चेचक	सम्पूर्ण शरीर, विशेषकर चेहरा तथा हाथ-पैर

प्रमुख पाचक एन्जाइम एवं उनके कार्य

पाचक एन्जाइम	स्रोत	कार्य
टाइलिन	लार ग्रन्थि	स्टार्च का माल्टोस में परिवर्तन
एमाइलेज	लार ग्रन्थि, अग्न्याशय	पॉलीसैकेराइड का डाइसैकेराइड में परिवर्तन
पेप्सिन	आमाशय	प्रोटीन को पेप्टाइड खण्डों में तोड़ना
ट्रिप्सिन एवं काइमोट्रिप्सिन	अग्न्याशय	प्रोटीन एवं पॉलीपेप्टाइड को पेप्टाइड खण्डों में तोड़ना
लाइपेस	अग्न्याशय	ट्राइग्लिसराइड को वसीय अम्ल एवं मोनोग्लिसराइड में तोड़ना

मानव शरीर से सम्बन्धित महत्वपूर्ण तथ्य

तथ्य	स्थिति/मात्रा
अस्थियों की कुल संख्या	206
सबसे छोटी अस्थि	स्टेपीज (मध्य कर्ण में)
सबसे लम्बी अस्थि	फीमर (जंघा में)
कशेरुकाओं की कुल संख्या	33
पेशियों की कुल संख्या	+639
सबसे लम्बी पेशी	सारटोरियस
बड़ी आँत की लम्बाई	1.5 मी (4.9 फीट)
छोटी आँत की लम्बाई	6.25 मी (20 फीट)
यकृत का भार (पुरुष में)	1.4-1.8 किग्रा
यकृत का भार (महिला में)	1.2-1.4 किग्रा
सबसे बड़ी ग्रन्थि	यकृत
सर्वाधिक पुनरुद्भवन की क्षमता	यकृत में
सबसे कम पुनरुद्भवन की क्षमता	मस्तिष्क में
शरीर का सबसे कठोर भाग	दाँत का इनेमल
सबसे बड़ी लार ग्रन्थि	पैरोटिड ग्रन्थि
शरीर का सामान्य तापमान	98.4°F (37°C)
शरीर में रुधिर की मात्रा	5.5 ली
हीमोग्लोबिन की औसत मात्रा (पुरुष में)	13.16 g/dl
हीमोग्लोबिन की औसत मात्रा (महिला में)	11.5-14 g/dl
श्वेत रुधिर कोशिकाओं (WBCs) की संख्या	5000-10000/cu mm
सबसे छोटी श्वेत रुधिर कोशिका	लिम्फोसाइट
सबसे बड़ी श्वेत रुधिर कोशिका	मोनोसाइट कोशिका
श्वेत रुधिर कोशिकाओं का जीवनकाल	120 दिन
लाल रुधिर कोशिकाओं (RBCs) का जीवनकाल	2-5 दिन
रुधिर का थक्का बनने का समय	3-6 मिनट
सर्वग्राही रुधिर वर्ग	AB
सर्वदाता रुधिर वर्ग	O
सामान्य रुधिर दाब	120/80 Hg
वयस्क में हृदय गति	72 बार प्रति मिनट

श्वसन अंग और उसके उदाहरण

श्वसन अंग	उदाहरण
फेफड़े	मनुष्य, मेंढक, पक्षी, छिपकली, पशु इत्यादि
त्वचा	मेंढक, केंचुआ
गिल्स	टैडपोल, मछली प्रॉन
श्वसन नाल	कीट
शरीर सतह	अमीबा, युग्लीना

जन्तु विज्ञान से सम्बन्धित महत्वपूर्ण तथ्य

विशेषता	नाम

- सबसे बड़ी स्तनी–**नीली व्हेल**
- सबसे विशाल स्थलीय स्तनी–**हाथी**
- सबसे बड़ी अस्थि–**फीमर (जंघा में)**
- सबसे बड़ा अण्डा–**शतुरमुर्ग**
- सबसे बड़ा शिरा–**इन्फीरियर वेना केवा**
- सबसे बड़ा स्थलीय पक्षी–**शतुरमुर्ग**
- विशालतम जीवित सरीसृप–**टर्टिल**
- विश्व में सबसे विषैला सर्प–**ऑस्ट्रेलिया का पेनिन्सुलर टाइगर सर्प**
- सबसे लम्बा स्तनी–**जिराफ**
- सबसे छोटी चिड़िया–**हमिंग बर्ड**
- दाँत रहित स्तनी–**चींटीखोर**
- शरीर का सबसे व्यस्त अंग–**यकृत**
- शरीर का सबसे भारी अंग–**यकृत**
- सबसे भारी कशेरुका–**लुम्बर**
- सबसे मजबूत पेशी–**जबड़े की पेशी**
- सबसे पुराना प्राइमेट–**लीमर**
- सबसे पुरानी स्तनी–***एकिडना***
- सबसे पुराना कपि–**गिब्बन**
- सबसे विषैला भारतीय सर्प–**किंग कोबरा**
- विषैली छिपकली–***हीलोडर्मा***
- विषैली मछली–**स्टोन मछली**
- अण्डा देने वाली स्तनी–***एकिडना,* डक बिल्ड प्लेटीपस**
- सबसे छोटा स्तनी–**छछुँदर**
- सबसे तेज दौड़ने वाला जन्तु–**चीता**
- सबसे बड़ा सर्प–**पाइथन**
- घोंसला बनाने वाला साँप–**किंग कोबरा**

✧✧✧✧✧

वस्तुनिष्ठ प्रश्नोत्तर

1. मोहनजोदड़ो और हड़प्पा के प्राचीन नगर अब कहाँ स्थित हैं?
A. भारत में B. पाकिस्तान में
C. बांग्लादेश में D. तिब्बत में

2. सिन्धु सभ्यता से प्राप्त मुहरें निम्नलिखित में से किससे बनी थीं?
A. लाजवर्द B. कांस्य
C. रजत D. स्टेटाइट

3. निम्नलिखित में से कौन-सा वेद गद्य एवं पद्य में रचित है?
A. ऋग्वेद B. यजुर्वेद
C. सामवेद D. अथर्ववेद

4. ऋग्वैदिककालीन आर्यों के युद्ध के देवता कौन थे?
A. मंगल B. इन्द्र
C. रुद्र D. शिव

5. महावीर स्वामी को किस स्थान पर ज्ञान प्राप्त हुआ?
A. ऋजुपालिका नदी के तट पर
B. पुनपुन नदी के तट पर
C. गंगा नदी के तट पर
D. कोसी नदी के तट पर

6. अशोक के अभिलेखों को पढ़ने का प्रथम श्रेय प्राप्त है–
A. विल्किन्स को B. विलियम जोन्स को
C. जेम्स विलियम को D. जेम्स प्रिंसेप को

7. किसने भारत में सर्वप्रथम स्वर्ण सिक्के को चलाया था?
A. कुषाण B. मौर्य
C. हिन्द यवन D. गुप्त

8. गुप्तकाल में प्रमुख गणितज्ञ एवं खगोलशास्त्री था–
A. वराहमिहिर B. आर्यभट्ट
C. रामानुजाचार्य D. उपर्युक्त सभी

9. निम्नलिखित का काल क्रम है–
1. हल्दीघाटी युद्ध
2. बैरम खाँ का पतन
3. असीरगढ़ की विजय
4. अबुल फजल की हत्या
A. 1, 2, 3, 4 B. 3, 2, 4, 1
C. 1, 4, 2, 3 D. 2, 4, 3, 1

10. विदेशी आक्रमणकारियों को ऐतिहासिक क्रम में लिखिए–
1. मुहम्मद-बिन-कासिम 2. मुहम्मद गोरी
3. महमूद गजनवी 4. चंगेज खाँ
A. 1, 3, 4, 2 B. 4, 3, 2, 1
C. 1, 3, 2, 4 D. 4, 2, 3, 1

11. किस शासक के दरबार में सर्वाधिक हिन्दू पदाधिकारी थे?
A. अकबर B. शाहजहाँ
C. जहाँगीर D. औरंगजेब

12. किस शासक ने सिंचाई कर लगाया था?
A. मुहम्मद तुगलक B. फिरोज तुगलक
C. अलाउद्दीन खिलजी D. सिकन्दर लोदी

13. कबीर की मृत्यु किस स्थान पर हुई?
A. प्रयाग B. काशी
C. मगहर D. मथुरा

14. अंग्रेजों ने सर्वप्रथम अपना व्यापारिक कारखाना लगाया था–
A. मुम्बई में B. हुगली में
C. सूरत में D. बंगलौर में

15. भारतीय राष्ट्रीय कांग्रेस के प्रथम मुस्लिम अध्यक्ष थे–
A. बदरुद्दीन तैयबजी
B. मौलाना अबुल कलाम आजाद
C. सर सैयद अहमद खाँ
D. मो. जिन्ना

16. ऑल इण्डिया ट्रेड यूनियन के प्रथम अध्यक्ष थे–
A. लाला लाजपत राय B. एम.एन. जोशी
C. स्वामी सदानन्द D. बाल गंगाधर तिलक

17. भारत में सर्वप्रथम टेलीग्राफ व्यवस्था प्रारम्भ हुई थी–
A. 1850 में B. 1853 में
C. 1854 में D. 1856 में

18. असहयोग आन्दोलन वापस ले लिया गया था–
A. रौलट एक्ट के बाद
B. प्रथम विश्व युद्ध के बाद
C. जलियाँवाला बाग हत्याकाण्ड के बाद
D. चौरी-चौरा घटना के बाद

19. क्रिप्स मिशन को किसने 'उत्तर तिथिय चैक' की संज्ञा दी?
A. महात्मा गांधी B. पं. जवाहर लाल नेहरू
C. राजेन्द्र प्रसाद D. मोतीलाल नेहरू

20. थियोसोफिकल सोसाइटी का अन्तर्राष्ट्रीय मुख्यालय है–
A. अड्यार B. सैनफ्रांसिस्को
C. न्यूयार्क D. जेनेवा

21. सत्यशोधक समाज की स्थापना किसने की थी?
A. गोपाल कृष्ण गोखले B. महादेव गोविन्द रानाडे
C. ज्योतिबा फूले D. गोपाल हरि देशमुख

22. तैमूर ने किसके शासनकाल में भारत पर आक्रमण कियाथा?
A. बलबन
B. इल्तुतमिश
C. फिरोजशाह तुगलक
D. नासिरुद्दीन महमूदशाह तुगलक

23. समुद्रगुप्त ने अपने दक्षिण अभियान में किस वेंगी शासक को हराया था?
A. नंदी वर्मन B. हस्ती वर्मन
C. देव वर्मन D. नीरू वर्मन

24. मुहम्मद-बिन-तुगलक द्वारा अपनाया गया सांकेतिक मुद्रा किस धातु का बना हुआ था?
A. कांसा B. पीतल और तांबा
C. चाँदी D. लोहा

25. अकबर के शासन काल में मुगल सेना का सेनापति कौन था?
A. राजा मान सिंह B. टोडरमल
C. भगवंत दास D. फकीर अजीउद्दीन

26. इनमें से दिल्ली के सिंहासन पर बैठने वाला पहला अफगान शासक कौन था?
A. सिकन्दर लोदी B. शेरशाह
C. बहलोल लोदी D. इनमें से कोई नहीं

27. महमूद गवाँ का सम्बन्ध निम्नलिखित में किस दक्षिण राज्य से था?
A. बीजापुर B. वारंगल
C. काकतीय D. बहमनी

28. राष्ट्रीय कांग्रेस ने किस वर्ष "पूर्ण स्वराज्य" का प्रस्ताव पारित किया?
A. 1929 में B. 1916 में
C. 1924 में D. 1930 में

29. कांग्रेस तथा मुस्लिम लीग के बीच लखनऊ समझौता कब हुआ था?
A. 1906 में B. 1916 में
C. 1924 में D. 1929 में

30. सुभाष चन्द्र बोस के राजनीतिक गुरु कौन थे?
A. चित्तरंजन दास B. अरविन्द घोष
C. महात्मा गांधी D. बाल गंगाधर तिलक

31. पाकिस्तान के प्रथम प्रधानमंत्री कौन थे?
A. मुहम्मद अली जिन्ना
B. लियाकत अली खाँ
C. फीरोज खाँ नून
D. मौलाना मुहम्मद अली

32. भारतीय स्वतंत्रता के समय ब्रिटेन का प्रधानमंत्री कौन था?
A. लॉर्ड एटली B. विंस्टन चर्चिल
C. रैम्से मैक्डोनाल्ड D. रॉबर्ट वॉलपोल

33. 15 अगस्त, 1947 से 26 जनवरी, 1950 तक भारत का राजनीतिक दर्जा क्या था?
A. ब्रिटिश उपनिवेश
B. ब्रिटिश न्यास क्षेत्र
C. ब्रिटिश संरक्षण प्रदेश
D. ब्रिटिश राष्ट्रमंडल का एक अधिराज्य

34. किस वायसराय ने 1878 में भारतीय भाषाओं के समाचार-पत्रों पर अंकुश लगाया था?
A. लॉर्ड रिपन B. लॉर्ड नार्थबुक
C. लॉर्ड लिटन D. लॉर्ड एलगिन

35. निम्नलिखित में से किस अधिवेशन में राष्ट्रीय कांग्रेस के नरम एवं गरम दलों का पुनः विलय हो गया?
A. लाहौर (1929) B. पुणे (1917)
C. लखनऊ (1916) D. मद्रास (1915)

36. मुस्लिम लीग द्वारा "प्रत्यक्ष कार्यवाही दिवस" कब मनाया गया था?
A. 24 मार्च, 1946 B. 30 मार्च, 1946
C. 17 जून, 1946 D. 16 अगस्त, 1946

37. सिन्धु घाटी सभ्यता के लोग किस धातु से परिचित नहीं थे?
A. लोहा B. चाँदी
C. ताँबा D. सोना

38. सिन्धु घाटी सभ्यता का वह नगर कौन-सा है जहाँ बृहत् स्नानागार (Great Bath) के अवशेष मिले हैं?
A. लोथल B. मोहनजोदड़ो
C. कालीबंगा D. हड़प्पा

39. विक्रम संवत् कब-से प्रारम्भ हुआ?
A. 38 ई.पू. B. 58 ई.पू.
C. 78 ई.पू. D. 87 ई.पू.

40. पंचमार्क सिक्के सर्वाधिक रूप से किस धातु के बने थे?
A. सोना B. चाँदी
C. ताँबा D. काँच

41. निम्नलिखित में से कौन-सा ग्रह सबसे कम समय में सूर्य का चक्कर लगाता है?
A. शुक्र B. बुध
C. पृथ्वी D. शनि

42. पृथ्वी के अलावा किस आकाशीय पिंड पर जीवन की सम्भावना है, क्योंकि वहाँ का पर्यावरण जीवन के लिए अनुकूल है–
A. बृहस्पति
B. मंगल
C. यूरोपा-बृहस्पति का चन्द्रमा
D. चन्द्रमा-पृथ्वी का चन्द्रमा

43. दो ग्रह जिनके उपग्रह नहीं हैं, वे हैं–
A. पृथ्वी एवं बृहस्पति B. बुध एवं शुक्र
C. बुध एवं शनि D. शुक्र एवं मंगल

44. मानक समय क्या होता है?
A. किसी देशान्तर का सूर्य के अनुसार समय
B. ग्रीनविच औसत का समय
C. देश के लगभग बीच से गुजरने वाले देशान्तर का स्थानीय समय
D. उपर्युक्त में से कोई नहीं

45. रात और दिन होने की प्रक्रिया में कौन-सा तथ्य सही है?
A. पृथ्वी का अक्ष का 66½° अंश का झुका होना
B. पृथ्वी का सूर्य के चारों ओर परिक्रमण
C. पृथ्वी का अपनी (अक्ष) धुरी पर घूमना
D. उपर्युक्त में से कोई नहीं

46. ओजोन पर्त अवस्थित है–
A. क्षोभमंडल में B. क्षोभसीमा में
C. समतापमंडल में D. प्रकाशमंडल में

47. विली-विली है–
A. एक प्रकार का वृक्ष जो शीतोष्ण कटिबंध में उगता है
B. एक प्रकार की हवा जो मरुस्थल में चलती है
C. उत्तर-पश्चिम आस्ट्रेलिया का उष्णकटिबंधीय चक्रवात
D. लक्षद्वीप समूह के निकट सामान्यतः पाई जाने वाली मछली का एक प्रकार

48. चावल की खेती के लिए आदर्श जलवायु परिस्थितियाँ हैं–
A. 100 सेमी. से ऊपर वर्षा और 25°C से ऊपर ताप
B. फसल की पूरी अवधि के लिए ठण्डी और नम जलवायु
C. 100 सेमी. से कम वर्षा व 25°C से कम ताप
D. पूरी फसल अवधि में कुछ गरम और शुष्क जलवायु

49. सदाबहार वर्षा वन पाए जाते हैं–
A. आस्ट्रेलिया में B. ब्राजील में
C. कनाडा में D. फ्रांस में

50. सूची-I तथा सूची-II को सुमेलित कीजिए तथा सूचियों के नीचे दिए गए कूट का प्रयोग कर सही उत्तर चुनिए–

सूची-I (अग्रणी उत्पादक देश)	**सूची-II (पदार्थ)**
(*a*) चीन	1. प्राकृतिक रबड़
(*b*) भारत	2. दूध
(*c*) सउदी अरब	3. लौह-अयस्क
(*d*) थाइलैण्ड	4. पेट्रोलियम

कूट :

	(*a*)	(*b*)	(*c*)	(*d*)
A.	1	2	3	4
B.	4	3	2	1
C.	3	2	4	1
D.	2	3	1	4

51. किस घास के मैदान में वृक्ष नहीं पाए जाते हैं?
A. लैनॉस B. पम्पास
C. सवाना D. स्टेपी

52. माओरी जनजाति का निवास स्थान है–
A. इंग्लैण्ड B. न्यूजीलैण्ड
C. ग्रीनलैण्ड D. आयरलैण्ड

53. क्षेत्रफल की दृष्टि से भारत का सबसे बड़ा राज्य है–
A. बिहार B. पंजाब
C. राजस्थान D. उत्तर प्रदेश

54. पश्चिमी घाटों के मालाबार तट पर स्थित माहे निम्नलिखित में से किसका भाग है?

A. केरल B. महाराष्ट्र
C. पुदुचेरी D. तमिलनाडु

55. निम्नलिखित में से कहाँ प्राचीन चट्टानें पाई जाती हैं?

A. अरावली B. हिमालय
C. शिवालिक D. उपर्युक्त सभी

56. भारत में 'मरुस्थल की राजधानी' किसे कहते हैं?

A. उदयपुर B. जैसलमेर
C. जयपुर D. पालामऊ

57. 'मानसून प्रस्फोट' से क्या तात्पर्य है?

A. वर्षा की कृत्रिम वैज्ञानिक प्रक्रिया
B. आकाश में बादलों का गलत सघन रूप में आच्छादित होना
C. मेघाच्छन्न मौसम, जिसमें एक लम्बे समय तक वर्षा होती रहे
D. मानसून के समय विद्युत चमकने, बादल गरजने के साथ तीव्र मूसलाधार वर्षा

58. भारत में उगाई जाने वाली अधिकतर कॉफी की किस्म है–

A. ओल्ड चिक्स B. कुर्ग्स
C. अरेबिका D. केन्ट्स

59. सूची-I को सूची-II से सुमेलित कीजिए तथा सूचियों के नीचे दिए गए कूट का प्रयोग कर सही उत्तर चुनिए–

सूची-I	**सूची-II**
(*a*) कोयम्बटूर	1. तेलशोधन
(*b*) राउरकेला	2. रेल डिब्बा
(*c*) कपूरथला	3. लौह-इस्पात
(*d*) बरौनी	4. सूती वस्त्र

कूट :

	(*a*)	(*b*)	(*c*)	(*d*)
A.	4	3	2	1
B.	1	2	3	4
C.	2	3	4	1
D.	4	2	3	1

60. 'दचिगाम अभयारण्य' स्थित है :

A. जम्मू-कश्मीर में
B. महाराष्ट्र में
C. हिमाचल प्रदेश में
D. उत्तराखण्ड में

61. पक्की सड़कों की कुल लम्बाई का सर्वाधिक हिस्सा निम्नलिखित में से किस प्रांत में है?

A. पंजाब B. महाराष्ट्र
C. उत्तर प्रदेश D. बिहार

62. भारत का सुदूर दक्षिण-बिन्दु कौन है?

A. कन्याकुमारी
B. लक्षद्वीप
C. रामेश्वरम्
D. ग्रेट निकोबार स्थित इंदिरा प्वाइंट

63. 'हजार झीलों की भूमि' किसे कहा जाता है?

A. स्वीडन B. फिनलैण्ड
C. डेनमार्क D. फ्रांस

64. नागार्जुन सागर बाँध किस नदी पर बनाया गया है?

A. कृष्णा (आन्ध्र प्रदेश)
B. गोदावरी (महाराष्ट्र)
C. कृष्णा (कर्नाटक)
D. गोदावरी (गुजरात)

65. निम्नलिखित में से किस प्रदेश में काली मिट्टी वाले क्षेत्र में सबसे अधिक खेती होती है?

A. बिहार B. उत्तर प्रदेश
C. महाराष्ट्र D. गुजरात

66. भू-वैज्ञानिकों की दृष्टि में भारत में सबसे पुरानी पर्वतमालाएँ कौन-सी हैं?

A. विन्ध्य B. सतपुड़ा
C. हिमालय D. अरावली

67. निम्नलिखित में से कौन-सी नदी समुद्र में नहीं मिलती है?

A. गंगा B. यमुना
C. नर्मदा D. गोदावरी

68. मानसून निवर्तन से अधिकतम वर्षा कहाँ पर होती है?

A. मुम्बई B. चेन्नई
C. दिल्ली D. कोलकाता

69. प्राचीन भारतीयों को वर्मा (म्यांमार) किस नाम से ज्ञात था?

A. सुवर्णभूमि B. सुवर्णद्वीप
C. यवद्वीप D. मलयमण्डलम्

70. चीन का शोक है:

A. लिन पियाओ B. सिकियांग
C. ह्वांगहो D. सैंग हो

71. चाय की खेती निम्नलिखित में से किसका उदाहरण है?
A. बृहत् (Extensive) कृषि
B. सघन (Intensive) कृषि
C. जीविकोपार्जन (Subsistence) कृषि
D. रोपण (Plantation) कृषि

72. मानचित्र में समुद्र तल से समान ऊँचाई वाले स्थानों को दर्शाने वाली रेखाओं को कहते हैं–
A. आइसोनेफ B. कंटूर रेखा
C. आइसोबार D. आइसोहेल

73. ब्राजील स्थित अमेजन बेसिन के वन कहलाते हैं–
A. पम्पास B. सेल्वास
C. कैम्पोस D. लानोस

74. किस महासागर में द्वीपों की संख्या सर्वाधिक है?
A. प्रशान्त महासागर में
B. हिन्द महासागर में
C. उत्तरी अटलाण्टिक महासागर में
D. दक्षिण अटलाण्टिक महासागर में

75. लूनी नदी किस राज्य में प्रवाहित होती है?
A. महाराष्ट्र B. बिहार
C. पंजाब D. राजस्थान

76. सम दिवारात्रि (Equinox) कब होता है?
A. 21 जून
B. 22 दिसम्बर
C. 21 मार्च एवं 22 सितम्बर
D. 21 जून एवं 22 दिसम्बर

77. दक्षिणी अमरीका के वृक्ष रहित घास के मैदान को क्या कहते हैं?
A. पम्पास B. डाउन्स
C. प्रेगरीज D. लानोस

78. मिट्टी का वैज्ञानिक एवं क्रमबद्ध अध्ययन कहलाता है–
A. विश्व रचना विज्ञान B. भौतिक भूगोल
C. मृत्तिका विज्ञान D. इनमें से कोई नहीं

79. गोबी रेगिस्तान कहाँ है?
A. पश्चिमी अफ्रीका में B. दक्षिणी अमरीका में
C. दक्षिणी आस्ट्रेलिया में D. मंगोलिया में

80. भारत निम्नलिखित में से किस संगठन का सदस्य नहीं है?
A. जी-15 B. आसियान
C. यूएनओ D. राष्ट्रमंडल

81. भारत की संविधान सभा का प्रथम अधिवेशन कब शुरूहुआ?
A. 10 जून, 1946 B. 9 दिसम्बर, 1946
C. 19 दिसम्बर, 1947 D. 30 जून, 1949

82. भारतीय संविधान सभा के किस अनुच्छेद में देवनागरी लिपि में हिन्दी को भारत की राजकीय भाषा के रूप में मान्यता दी गई है?
A. अनुच्छेद 343 B. अनुच्छेद 345
C. अनुच्छेद 348 D. अनुच्छेद 347

83. भारत के संविधान में अंतर्राष्ट्रीय शान्ति और सुरक्षा की अभिवृद्धि का उल्लेख है–
A. संविधान की उद्देशिका में
B. राज्य की नीति के निर्देशक तत्वों में
C. मूल कर्त्तव्यों में
D. नवीं अनुसूची में

84. सूची-I को सूची-II से सुमेलित कीजिए तथा सूचियों के नीचे दिए गए कूट का प्रयोग कर सही उत्तर चुनिए–

सूची-I	सूची-II
(a) अन्तर्राज्यीय परिषद्	1. अनुच्छेद 315
(b) वित्त आयोग	2. अनुच्छेद 280
(c) प्रशासनिक अधिकरण	3. अनुच्छेद 263
(d) संघ लोक सेवा आयोग	4. अनुच्छेद 323(ए)

कूट :

	(a)	*(b)*	*(c)*	*(d)*
A.	2	4	3	1
B.	3	2	1	4
C.	1	2	4	3
D.	3	2	4	1

85. राष्ट्रपति के उम्मीदवार के लिए क्या आवश्यक नहीं है?
A. आयु 35 वर्ष हो
B. पढ़ा-लिखा हो
C. सांसद चुने जाने की योग्यता रखता हो
D. देश का नागरिक हो

86. सर्वसम्मति से निर्वाचित भारत के राष्ट्रपति थे–
A. एस. राधाकृष्णन B. वी.वी. गिरि
C. एन. संजीवारेड्डी D. ज्ञानी जैल सिंह

87. संसद/विधान सभा के किसी सदस्य की सदस्यता तब समाप्त समझी जाती है, यदि वह बिना सदन को सूचित किए अनुपस्थित रहता है–
A. 60 दिन B. 90 दिन
C. 120 दिन D. 150 दिन

88. किस सभा का सभापति उसका सदस्य नहीं होता है?

A. राज्य सभा B. लोक सभा
C. विधान सभा D. विधान परिषद्

89. शिक्षा का विषय–

A. संघीय सूची में B. राज्य सूची में
C. समवर्ती सूची में है D. अवशिष्ट विषयों में है

90. सूची-I को सूची-II से सुमेलित कीजिए तथा सूचियों के नीचे दिए गए कूट का प्रयोग कर सही उत्तर चुनिए–

सूची-I (स्थापना वर्ष)	**सूची-II (राज्य)**
(*a*) 1960	1. सिक्किम
(*b*) 1962	2. गोआ
(*c*) 1975	3. महाराष्ट्र
(*d*) 1987	4. नागालैण्ड

कूट :

	(*a*)	(*b*)	(*c*)	(*d*)
A.	2	4	3	1
B.	3	4	1	2
C.	4	3	1	2
D.	3	4	2	1

91. प्रथम पंचायती राजव्यवस्था का उद्घाटन पं. जवाहर लाल नेहरू द्वारा 2 अक्टूबर, 1959 को किया गया था–

A. साबरमती में B. वर्धा में
C. नागौर में D. सीकर में

92. निम्नलिखित विधेयकों में से किसी एक का भारतीय संसद के दोनों सदनों द्वारा अलग-अलग विशेष बहुमत से पारित होना आवश्यक है?

A. साधारण विधेयक
B. धन विधेयक
C. वित्त विधेयक
D. संविधान संशोधन विधेयक

93. भाषा के आधार पर राज्यों के गठन हेतु राज्य पुनर्गठन आयोग की स्थापना कब की गई थी?

A. 1856 B. 1956
C. 1957 D. 1960

94. पंचायतों के निर्वाचन में चुनाव लड़ने के लिए उम्मीदवार की न्यूनतम आयु कितनी होनी चाहिए?

A. 21 वर्ष B. 18 वर्ष
C. 25 वर्ष D. 30 वर्ष

95. भारतीय संविधान के किस अनुच्छेद के तहत् जीवन रक्षा तथा व्यक्तिगत स्वतंत्रता का प्रावधान है?

A. अनुच्छेद 20 B. अनुच्छेद 21
C. अनुच्छेद 22 D. अनुच्छेद 23

96. संविधान निर्माण का कार्य पूरा करके संविधान सभा ने संविधान को कब स्वीकार किया?

A. 15 अगस्त, 1947 को B. 26 जनवरी, 1950 को
C. 26 नवम्बर, 1949 को D. 24 जनवरी, 1950 को

97. निम्नलिखित में से किस संविधान संशोधन के अनुसार राष्ट्रपति निर्वाचन के निर्वाचक मण्डल में पुडुचेरी तथा दिल्ली विधान सभा के निर्वाचित सदस्यों को भी रखा गया है?

A. 71वाँ B. 42वाँ
C. 73वाँ D. इनमें से कोई नहीं

98. भारतीय संविधान के किस भाग को उसकी 'आत्मा' की संज्ञा दी जाती है?

A. मौलिक अधिकारों को
B. राज्य के नीति-निर्देशक सिद्धान्तों को
C. संविधान की प्रस्तावना को
D. अनुसूचियों को

99. भारत की संचित निधि से धन का व्यय निम्नलिखित में से किस माध्यम से किया जा सकता है?

A. संसद की अनुमति से
B. नीति आयोग की अनुमति से
C. भारत के नियंत्रक एवं महालेखा परीक्षक की अनुमति से
D. राष्ट्रपति की अनुमति से

100. नीति आयोग की स्थापना हुई–

A. 26 नवम्बर, 1950 B. 15 जून, 1950
C. 1 जनवरी, 2015 D. 15 जनवरी, 1950

101. भारत में संविधान के किस अनुच्छेद में अस्पृश्यता समाप्त की गई है?

A. अनुच्छेद 42 B. अनुच्छेद 15
C. अनुच्छेद 14 D. अनुच्छेद 17

102. वह रिट, जो भारत में उच्च न्यायालय अथवा सर्वोच्च न्यायालय द्वारा किसी व्यक्ति अथवा व्यक्ति समुदाय को आदेश देती है कि वह अपना कर्त्तव्य पालन करे, है–

A. बन्दी प्रत्यक्षीकरण रिट
B. उत्प्रेक्षण रिट
C. परमादेश रिट
D. इनमें से कोई नहीं

103. संविधान में जोड़ी गई दसवीं अनुसूची किससे सम्बन्धित है?
A. मिजोरम राज्य के लिए विशेष प्रावधानों से
B. दल-बदल के आधार पर अयोग्यता सम्बन्धी प्रावधानोंसे
C. सिक्किम के स्तर से सम्बन्धित शर्तों से
D. उपर्युक्त में से किसी से नहीं

104. राज्यसभा के सदस्यों की कुल संख्या .... हो सकती है।
A. 240 B. 260
C. 241 D. 250

105. सर्वोच्च न्यायालय के न्यायाधीशों की नियुक्ति के पूर्व मुख्य न्यायाधीश से विचार-विमर्श करना राष्ट्रपति के लिए–
A. बाध्यकारी है
B. बाध्यकारी नहीं है
C. विवेक का प्रश्न है
D. संविधान इस विषय पर मौन है

106. निम्नलिखित में से कौन-सा पदाधिकारी संसद के किसी भी सदन की कार्यवाही में भाग ले सकता है?
A. भारत का मुख्य न्यायाधीश
B. भारत का महान्यायवादी (एटॉर्नी जनरल)
C. भारत का रक्षा सचिव
D. भारत का गृह सचिव

107. भारत में वस्तु एवं सेवा कर (GST) किस वर्ष से लागू हुआ है?
A. 2016 B. 2017
C. 2018 D. 2019

108. भारतीय संविधान की कौन-सी विशेष व्यवस्था इंग्लैंड से ली गई है?
A. संसदीय प्रणाली B. संघीय प्रणाली
C. मूल अधिकार D. सर्वोच्च न्यायपालिका

109. संविधान के किस संशोधन द्वारा सम्पत्ति के अधिकार को मूल अधिकारों की श्रेणी से निकाल दिया गया है?
A. 42वें संशोधन B. 44वें संशोधन
C. 48वें संशोधन D. 24वें संशोधन

110. भारत के राष्ट्रपति की मर्जी तक निम्नलिखित में से कौन अपने पद पर रह सकता है?
A. सर्वोच्च न्यायालय के न्यायाधीश
B. चुनाव आयुक्त
C. राज्यपाल
D. लोकसभा अध्यक्ष

111. निम्न में से किसका उपयोग ऊँचाई नापने के लिए होता है?
A. बैरोमीटर B. प्लानोमीटर
C. अल्टीमीटर D. हाइड्रोमीटर

112. फ्लक्स घनता और चुम्बकीय क्षेत्र की क्षमता का अनुपात किसी माध्यम में होता है उसका–
A. चुम्बक की घनता B. ग्रहणशीलता
C. सम्बन्धित व्याकता D. पारगम्यता

113. ध्वनि तरंगें हैं–
A. अनुदैर्ध्य
B. अनुप्रस्थ
C. आंशिक लम्बवत्, आंशिक अनुदैर्ध्य
D. कभी-कभी अनुदैर्ध्य, कभी-कभी अनुप्रस्थ

114. कैमरे में किस प्रकार का लेन्स उपयोग में लाया जाता है?
A. उत्तल B. अवतल
C. वर्तुलाकार D. समान मोटाई का

115. एक स्वतंत्र रूप से लटका हुआ चुम्बक सदा ठहरता है (स्थिर होता है) वह दिशा है–
A. पूर्व-उत्तर B. उत्तर-पश्चिम
C. उत्तर-दक्षिण D. दक्षिण-पश्चिम

116. प्रकाश संश्लेषण में पौधे कौन-सी गैस का अवचूषण करते हैं?
A. CO_2 B. O_2
C. N_2 D. H_2

117. विद्युत मात्रा की इकाई है–
A. ऐम्पियर B. ओम
C. वोल्ट D. कूलॉम

118. 1 किग्रा. राशि का वजन है–
A. 1 न्यूटन B. 10 न्यूटन
C. 9.8 न्यूटन D. 9 न्यूटन

119. एक्स-रे के आविष्कारक थे–
A. आइन्स्टीन B. डब्ल्यू.एच. ब्रॅग
C. रॉन्जन D. हेनरी बेकरेल

120. नाड़ी गति द्वारा डॉक्टर ज्ञात करता है–
A. रक्तचाप B. साँस गति
C. हृदय की धड़कन D. उपर्युक्त में से कोई नहीं

121. निम्न में से कौन आवेश की इकाई नहीं है?
A. फैराडे B. फ्रैंकलीन
C. कुलम्ब D. एम्पीयर/सेकण्ड

122. मानव शरीर में क्रोमोसोम की संख्या होती है–
A. 46 B. 48
C. 49 D. 50

123. एक प्रकाशवर्ष इससे सर्वाधिक समीप है–
A. 10^8 मीटर B. 10^{12} मीटर
C. 10^{16} मीटर D. 10^{20} मीटर

124. हवाई जहाज के 'ब्लैक बॉक्स' का क्या रंग होता है?
A. काला B. लाल
C. बैंगनी D. नारंगी

125. निम्नांकित में से कौन एक कीट के शरीर से निकलास्राव है?
A. मोती B. मूँगा
C. लाख D. गोंद

126. निम्नांकित में से कौन-सी धातु किसी नगर की वायु को, जहाँ बहुत अधिक संख्या में मोटर कारें आदि हों, प्रदूषित करती है?
A. कैडमियम B. क्रोमियम
C. सीसा D. ताँबा

127. परमाणु के नाभिक में होते हैं–
A. इलेक्ट्रॉन तथा न्यूट्रॉन B. इलेक्ट्रॉन तथा प्रोट्रॉन
C. प्रोट्रॉन तथा न्यूट्रॉन D. प्रोट्रॉन तथा रेडान

128. निम्नांकित में कौन कठोरतम है?
A. सोना B. हीरा
C. लोहा D. टंगस्टन

129. शरीर के किस भाग में पित्त का निर्माण होता है?
A. यकृत B. तिल्ली
C. पित्ताशय की थैली D. पैन्क्रियाज

130. एन्जाइम मूलतः क्या है?
A. वसा B. शर्करा
C. प्रोटीन D. विटामिन

131. मानव शरीर में सबसे छोटी ग्रन्थि कौन है?
A. एड्रीनल B. थाइरॉइड
C. पैन्क्रियाज D. पिट्यूटरी

132. रेफ्रीजरेटर में थर्मोस्टेट का कार्य है–
A. तापमान को कम करना
B. हिमायन ताप को बढ़ाना
C. एक समान तापमान को बनाए रखना
D. गलनांक को घटाना

133. सूर्य की ऊर्जा उत्पन्न होती है–
A. आयनन द्वारा
B. नाभिकीय संलयन द्वारा
C. नाभिकीय विखण्डन द्वारा
D. ऑक्सीकरण द्वारा

134. द्रव क्रिस्टल प्रयुक्त होते हैं–
A. कलाई घड़ियों में B. प्रदर्शन युक्तियों में
C. पॉकेट कैलकुलेटरों में D. उपर्युक्त सभी में

135. निम्नांकित में से कौन-सा उर्वरक मृदा में सर्वाधिक अम्ल छोड़ता है?
A. यूरिया
B. अमोनियम सल्फेट
C. अमोनियम नाइट्रेट
D. कैल्सियम अमोनियम नाइट्रेट

136. खाद्य पदार्थों के संरक्षण हेतु निम्नांकित में से कौन-सा प्रयुक्त होता है?
A. सोडियम कार्बोनेट B. एसीटिलीन
C. बेंजोइक अम्ल D. सोडियम क्लोराइड

137. कृष्ण-छिद्र सिद्धान्त को प्रतिपादित किया था–
A. सी.वी. रमन ने B. एच.जे. भाभा ने
C. एस. चन्द्रशेखर ने D. हरगोविन्द खुराना ने

138. साइनोकोबालमिन है–
A. विटामिन सी B. विटामिन बी-2
C. विटामिन बी-6 D. विटामिन बी-12

139. निम्नांकित जोड़ों में किसका सुमेल है?
A. निमोनिया-फेफड़े
B. मोतिया बिन्द-थायराइड ग्रन्थि
C. पीलिया-आँख
D. मधुमेह-यकृत

140. दूध उदाहरण है–
A. एक शिलिषि का B. एक पायस का
C. एक निलम्बन का D. एक फेन का

141. भारत के राष्ट्रीय ध्वज में केसरिया, सफेद और हरे रंग की तीन–
A. आड़ी पट्टियाँ हैं
B. खड़ी पट्टियाँ हैं
C. एक दूसरे को काटती हुई पट्टियाँ हैं
D. तिरछी पट्टियाँ हैं

142. हमारे राष्ट्रीय ध्वज की लम्बाई और चौड़ाई का अनुपात–

A. 2 : 3 है B. 3 : 4 है

C. 4 : 3 है D. 3 : 2 है

143. भारत के राष्ट्रीय ध्वज के बीच में एक गोल चक्र है; यह चक्र–

A. तीनों रंग की पट्टियों पर है

B. केसरिया रंग की पट्टी पर है

C. सफेद रंग की पट्टी पर है

D. हरे रंग की पट्टी पर है

144. किसी भाषा को किसी राज्य की राजभाषा के रूप में अंगीकार करने का अधिकार किसे है?

A. राष्ट्रपति B. संसद

C. राज्य विधान सभा D. राजभाषा आयोग

145. हमारे राष्ट्रीय ध्वज में तीन पट्टियाँ हैं; उनमें सबसे नीचे वाली पट्टी किस रंग की है?

A. केसरिया B. सफेद

C. हरे D. इनमें से कोई नहीं

146. हमारे राष्ट्रगान 'जन-गण-मन' में कुल कितने पद हैं?

A. तीन B. पाँच

C. चार D. दो

147. राष्ट्र गीत 'वन्देमातरम्', 'आनन्दमठ' नामक ग्रंथ से लिया गया है, जिसके लेखक हैं–

A. बंकिम चन्द्र चटर्जी B. रवीन्द्र नाथ टैगोर

C. व्योमेश चन्द्र बनर्जी D. सुरेन्द्रनाथ बनर्जी

148. हमारे राजचिह्न में ऊपर चार सिंह बने हैं (तीन दिखाई पड़ते हैं) और उनके नीचे देवनागरी लिपि में 'सत्यमेव जयते' लिखा है। यह 'सत्यमेव जयते' कहाँ से उद्धृत किया गया है?

A. भगवद्गीता रो B. गुण्डक उपनिषद से

C. ऋग्वेद से D. स्कन्द पुराण से

149. भारत का राष्ट्रीय पंचांग–

A. शक् संवत् पर आधारित है

B. हिजरी संवत् पर आधारित है

C. विक्रमी संवत् पर आधारित है

D. विक्रमांक-चालुक्य संवत् पर आधारित है

150. भारत का राष्ट्रीय पशु है–

A. गाय B. हाथी

C. अश्व D. बाघ

151. होमगार्ड का गठन कब हुआ था?

A. 1972 B. 1962

C. 1968 D. 1965

152. स्थल सेना के निम्नलिखित पदों में सबसे छोटा कौन-सा है?

A. लेफ्टीनेंट B. ब्रिगेडियर

C. कर्नल D. कैप्टन

153. प्रादेशिक सेना का गठन कब हुआ था?

A. 1949 B. 1957

C. 1962 D. 1972

154. प्रादेशिक सेना में भर्ती होने के लिए क्या आयु होनी चाहिए?

A. 21 से 30 वर्ष B. 21 से 35 वर्ष

C. 18 से 35 वर्ष D. 20 से 35 वर्ष

155. एन.सी.सी. में कितने डिवीजन हैं?

A. चार B. पांच

C. तीन D. दो

156. एयरफोर्स अकादमी कहां है?

A. बेलगाम B. कोयम्बटूर

C. हैदराबाद D. सिकन्दराबाद

157. असम राइफल्स का मुख्यालय कहाँ है?

A. इंफाल B. आइजोल

C. दिसपुर D. शिलांग

158. हर साल 7 दिसम्बर को भारत में मनाया जाता है–

A. वायु सेना दिवस

B. झंडा दिवस

C. नौसेना दिवस

D. कोस्ट गार्ड दिवस

159. भारत में नौसेना दिवस किस दिन मनाया जाता है?

A. 8 अक्टूबर B. 15 जनवरी

C. 21 दिसम्बर D. 7 दिसम्बर

160. भारत की सेना के प्रथम भारतीय सेनापति थे–

A. जनरल के.एम. करियप्पा

B. फील्ड मार्शल मानेकशा

C. जनरल राजेन्द्र सिंह

D. उपरोक्त में से कोई भी नहीं

161. वीटो का अधिकार–
A. संयुक्त राष्ट्र के सभी सदस्यों को प्राप्त है
B. सुरक्षा परिषद् के सभी सदस्यों को प्राप्त है
C. सुरक्षा परिषद् के सभी स्थायी सदस्यों को प्राप्त है
D. सुरक्षा परिषद् के सभी अस्थायी सदस्यों को प्राप्त है

162. संयुक्त राष्ट्र संघ का मुख्यालय कहाँ है–
A. वाशिंगटन B. न्यूयार्क
C. बोस्टन D. शिकागो

163. संयुक्त राष्ट्र संघ का ध्वज किस रंग का है?
A. हल्के नीले रंग का
B. हल्के गुलाबी रंग का
C. गहरे केसरिया रंग का
D. आधा हल्के रंग का और आधा केसरिया रंग का

164. संयुक्त राष्ट्र संघ की बैठकों में आमतौर से काम-काज किस भाषा में होता है?
A. अंग्रेजी B. रूसी
C. फ्रेंच D. अंग्रेजी और फ्रेंच

165. अंतर्राष्ट्रीय न्यायालय का मुख्यालय कहाँ है?
A. हेग B. जेनेवा
C. रोम D. बर्न

166. राष्ट्रमंडल के सदस्य वे देश हैं, जो–
A. ब्रिटेन के अधीन हैं
B. ब्रिटेन से आर्थिक सहायता पाते हैं
C. पहले ब्रिटेन के अधीन थे किन्तु अब स्वाधीन हैं
D. ब्रिटेन से अस्त्र-शस्त्र प्राप्त करते हैं

167. सार्क (दक्षिण एशियाई सहयोग संगठन) में कितने देश सदस्य हैं?
A. पांच B. छः
C. आठ D. सात

168. निम्नलिखित देशों में से कौन-सा देश सार्क (SAARC) का सदस्य नहीं है?
A. भारत B. पाकिस्तान
C. बांग्लादेश D. म्यांमार

169. गुट निरपेक्ष देशों का पहला शिखर सम्मेलन किस वर्ष हुआ था?
A. 1955 में B. 1961 में
C. 1983 में D. 1976 में

170. गुट निरपेक्ष आन्दोलन के सदस्य देश–
A. शक्तिशाली देशों के गुटों से दूर रहते हैं
B. परस्पर एक-दूसरे की रक्षा के लिए वचनबद्ध हैं
C. एक दूसरे को सैनिक सहायता देते हैं
D. एक सैनिक संधि के सदस्य हैं

171. जमनालाल बजाज पुरस्कार किस क्षेत्र में सराहनीय योगदान के लिए प्रदान किया जाता है?
A. शांति व निःशस्त्रीकरण B. कृषि
C. रचनात्मक कार्य D. साहित्य

172. भारत वर्ष में प्रथम रेमन मैग्सेसे पुरस्कार विजेता कौन था?
A. सी.डी. देशमुख B. जय प्रकाश नारायण
C. डॉ. वर्गीज कुरियन D. आचार्य विनोबा भावे

173. भारतीय ज्ञानपीठ पुरस्कार किसे प्रदान किया जाता है?
A. उत्कृष्ट हिन्दी कविता के लिए
B. भारतीय साहित्य में उत्कृष्ट योगदान के लिए
C. हिन्दी साहित्य में उत्कृष्ट योगदान के लिए
D. भारतीय दर्शन की उत्कृष्ट समीक्षा के लिए

174. अध्यापकों के लिए राष्ट्रीय पुरस्कारों की घोषणा कब की जाती है?
A. 14 नवम्बर B. 5 सितम्बर
C. 30 जनवरी D. 26 जनवरी

175. निम्नलिखित में से किस विषय पर नोबेल पुरस्कार नहीं दिया जाता है?
A. चिकित्सा B. गणित
C. अर्थशास्त्र D. रसायन शास्त्र

176. बुकर पुरस्कार किस क्षेत्र में प्रदान किया जाता है?
A. कल्पना साहित्य लेखन
B. औषधि
C. साहस के कार्य
D. विज्ञान

177. हर गोविन्द खुराना को नोबेल पुरस्कार किस क्षेत्र में योगदान के लिए मिला था?
A. चिकित्सा शास्त्र B. भौतिक शास्त्र
C. अर्थशास्त्र D. शांति

178. सर्वोच्च शौर्य पुरस्कार 'परमवीर चक्र' के प्रथम विजेता कौन थे?
A. मेजर ध्यान सिंह B. के. गुरुवचन सिंह
C. मेजर शैतान सिंह D. मेजर सोमनाथ शर्मा

179. धन्वन्तरि पुरस्कार किस क्षेत्र में विशिष्ट योगदान के लिए दिया जाता है?
A. संगीत B. नृत्य
C. दर्शन D. चिकित्सा

180. कलिंग पुरस्कार किस क्षेत्र में दिया जाता है?
A. साहित्य के क्षेत्र में
B. विज्ञान के क्षेत्र में
C. सामाजिक कल्याण के लिए किए गए कार्य के लिए
D. अन्तर्राष्ट्रीय शान्ति एवं सद्भावना के लिए

181. नोबेल पुरस्कार का आरम्भ कब से हुआ?
A. सन् 1901 से B. सन् 1905 से
C. सन् 1896 से D. सन् 1934 से

182. अर्थशास्त्र के लिए नोबेल पुरस्कार कब से आरम्भ हुआ?
A. सन् 1969 ई. से
B. सन् 1939 ई. से
C. सन् 1901 ई. से
D. सन् 1935 ई. से

183. निम्नलिखित किस अफ्रीकी नेता को भारत-रत्न से सम्मानित किया गया है?
A. होस्नी मुबारक B. जोमो केन्योटा
C. अनवर सादात D. नेल्सन मंडेला

184. विज्ञान को सर्वसुलभ व सर्वोपयोगी बनाने में सर्वाधिक योगदान देने वाले व्यक्ति को भारतीय नाम वाले किस अन्तर्राष्ट्रीय पुरस्कार से सम्मानित किया जाता है?
A. कालिंजर पुरस्कार
B. कलिंग पुरस्कार
C. मानवता पुरस्कार
D. ऐसा कोई पुरस्कार नहीं है

185. नेहरू पुरस्कार कौन-सी संस्था प्रदान करती है?
A. इंडियन कौंसिल ऑफ कल्चरल रिलेशन्स
B. इंडो-सोवियत कल्चरल सोसाइटी
C. भारतीय राष्ट्रीय कांग्रेस
D. भारतीय ज्ञानपीठ

186. वीरता का सर्वोच्च सम्मानसूचक पदक जो शत्रु के सामने असीम शौर्य और अदम्य साहस दिखाने या आत्म-बलिदान करने पर भेंट किया जाता है, उसका क्या नाम है?
A. चक्रव्यूह B. अशोक चक्र
C. महावीर चक्र D. परमवीर चक्र

187. प्रथम मरणोपरान्त 'भारत-रत्न' अलंकरण किसे प्रदान किया गया था?
A. के. कामराज नाडार B. आचार्य विनोबा भावे
C. लाल बहादुर शास्त्री D. एम.जी. रामचन्द्रन

188. निम्नलिखित में से कौन-सा पुरस्कार केवल एशियावासियों को दिया जाता है?
A. नेहरू सद्भावना पुरस्कार
B. पुलित्जर पुरस्कार
C. इन्दिरा गांधी शान्ति पुरस्कार
D. मैग्सेसे पुरस्कार

189. अर्जुन पुरस्कार कब से प्रारम्भ हुए?
A. 1961 ई. से B. 1962 ई. से
C. 1963 ई. से D. 1964 ई. से

190. ऑस्कर अवॉर्ड जीतने वाले पहले भारतीय थे–
A. नरगिस दत्त B. शशि कपूर
C. सत्यजीत रे D. भानु अथैया

191. अपर कट शब्द किस खेल में प्रयोग किया जाता है?
A. टेनिस B. वॉलीबॉल
C. क्रिकेट D. बॉक्सिंग

192. निम्नलिखित में से कौन-सा कप/ट्रॉफी फुटबॉल से सम्बन्धित नहीं है?
A. मर्डेका कप B. डूरण्ड कप
C. सन्तोष ट्रॉफी D. दिलीप ट्रॉफी

193. फिनिस शब्द का प्रयोग किस खेल में होता है?
A. शतरंज B. ब्रिज
C. बिलियर्ड्स D. रग्बी

194. एक दिवसीय क्रिकेट तथा टेस्ट मैचों में सर्वाधिक रन बनाने का रिकॉर्ड किसके नाम है?
A. सौरभ गांगुली B. सचिन तेन्दुलकर
C. डॉन ब्रैडमैन D. ब्रायन लारा

195. निम्नलिखित में से कौन-सी अन्तर्राष्ट्रीय टेनिस खेल प्रतियोगिता घास के मैदान पर खेली जाती है?
A. यू.एस. ओपन B. फ्रेंच ओपन
C. विम्बलडन D. ऑस्ट्रेलियाई ओपन

196. 'विम्बलडन ट्रॉफी' का सम्बन्ध किस खेल से है?
A. पोलो (इंग्लैंड) से B. समुद्री दौड़ से
C. घुड़दौड़ से D. टेनिस से

197. निम्नलिखित में से किस पदक का सम्बन्ध हॉकी से नहीं है?
A. आगा खां कप B. वर्दवान ट्रॉफी
C. ध्यानचन्द ट्रॉफी D. बम्बई गोल्ड कप

198. 'रिवर्स स्विंग' एवं 'बीमर' नामक शब्दावलियां किस खेल से संबंधित हैं?
A. नौकायन B. क्रिकेट
C. फुटबॉल D. हॉकी

199. निम्नलिखित में से किस ट्रॉफी का सम्बन्ध हॉकी से है?
A. सिन्धिया गोल्ड कप B. संतोष ट्रॉफी
C. रोहिंगटन बेरिया ट्रॉफी D. सुब्रतो मुखर्जी ट्रॉफी

200. 'ज्यूल्स रिमेट ट्रॉफी का सम्बन्ध किस खेल से है?
A. फुटबॉल (विश्व) से B. गोल्फ से
C. हॉकी (भारत) से D. लॉन टेनिस (विश्व) से

201. 'मर्डेका' का सम्बन्ध किस खेल से है?
A. फुटबाल (विश्व) से
B. फुटबाल (भारत) से
C. फुटबाल (एशिया) से
D. क्रिकेट (आस्ट्रेलिया-इंग्लैंड) से

202. प्रथम ओलम्पिक खेल ओलम्पिया (ग्रीस) में कब खेले गए थे?
A. 233 ई.पू. में B. 1500 ई.पू. में
C. 500 ई.पू. में D. 776 ई.पू. में

203. 394 ई. में रोम के बाद एक सम्राट ने ओलम्पिक खेलों को बंद कर दिया था। इसको पुनः किसने शुरू किया?
A. मि. स्पोर्ट्समैन ने
B. बैरन पीयरे डी कोबर्टिन ने
C. जनरल फ्रेंको ने
D. अब्राहम लिंकन ने

204. सर्वप्रथम आधुनिक ओलिम्पिक ध्वज कब फहराया गया?
A. 1896 में B. 1908 में
C. 1920 में D. 1924 में

205. ग्रैंड स्लेम निम्नलिखित में से किस खेल से सम्बन्धित है?
A. फुटबॉल B. टेनिस
C. हॉकी D. पोलो

206. प्रथम आधुनिक ओलम्पिक खेल कब और कहां खेले गए?
A. रोम, 1894 ई. में B. मैड्रिड, 1840 ई. में
C. लिस्बन, 1800 ई. में D. एथेन्स, 1896 ई. में

207. फीफा विश्व कप फुटबॉल-2022 का विजेता कौन है?
A. ब्राजील B. अर्जेन्टीना
C. फ्रांस D. इटली

208. भारत में खेल सम्बन्धी दो राष्ट्रीय इंस्टीट्यूट हैं। एक नेताजी सुभाष बोस के नाम से पटियाला में है, दूसरा किसके नाम से ग्वालियर में है?
A. राणा प्रताप B. पृथ्वीराज चौहान
C. शिवाजी D. रानी लक्ष्मीबाई

209. सबसे बड़े मैदान में खेला जाने वाला खेल कौन-सा है?
A. हॉकी B. क्रिकेट
C. पोलो D. कबड्डी

210. लॉन टेनिस जाल की ऊँचाई कितनी होती है?
A. 2 फुट 6 इंच B. 3 फुट 6 इंच
C. 4 फुट D. 2 फुट 2 इंच

211. 'ए सूटेबल ब्वाय' पुस्तक का लेखक कौन है?
A. खुशवंत सिंह B. अरुण शोरी
C. विक्रम सेठ D. उपरोक्त में से कोई नहीं

212. 'कैन्टरबरी टेल्स' पुस्तक का लेखक कौन है?
A. ज्योफरी चासर B. लियो टॉलस्टाय
C. गुन्नार मिर्डल D. विलियम शेक्सपियर

213. निम्नलिखित में से कौन-सी पुस्तक प्रेमचन्द द्वारा रचित नहीं है?
A. गोदान B. गबन
C. प्रेम पचीसी D. आनंदमठ

214. बांग्लादेश की लेखिका तस्लीमा नसरीन को किस पुस्तक से ख्याति मिली?
A. शर्म B. लज्जा
C. नारी स्वातंत्र्य D. अबला

215. 'पावर्टी एण्ड अन-ब्रिटिश रूल इन इण्डिया' का लेखक कौन है?
A. लाला लाजपत राय
B. लाला हरदयाल
C. विनायक दामोदर सावरकर
D. दादाभाई नौरोजी

216. 'मुद्राराक्षस' ग्रंथ का लेखक कौन है?
A. विशाखदत्त B. कालिदास
C. भारवि D. माघ

217. 'माई प्रेसिडेंशल ईयर्स' पुस्तक का लेखक कौन है?
A. ज्ञानी जैल सिंह B. वी.वी. गिरि
C. आर. बेंकटरमन D. डॉ. शंकर दयाल शर्मा

218. 'जय सोमनाथ' किसकी कृति है?
A. के.एम. मुंशी B. वृन्दावन लाल वर्मा
C. अमृत लाल नागर D. मदन मोहन मालवीय

219. वर्शिपिंग फाल्स गॉड्स पुस्तक के लेखक हैं–
A. विक्रम सेठ B. अरुण शौरी
C. सलमान रुश्दी D. खुशवन्त सिंह

220. निम्नलिखित पुस्तकों में से कौन-सी पुस्तक सलमान रुश्दी की है?
A. दि वर्ल्ड ऑफ फतवाज
B. दि मूर्स लास्ट साई
C. दि अदर हॉफ
D. फूल्स पैराडाइज

221. मार्ग्रेट थैचर द्वारा रचित पुस्तक है–
A. लांग वॉक टु फ्रीडम B. दि पाथ टु पावर
C. इमेज एंड इमेजिनेशन D. 10 डाउनिंग स्ट्रीट

222. 'फ्रीडम एट मिडनाइट' के लेखक कौन हैं?
A. जवाहरलाल नेहरू तथा डॉ. राजेन्द्र प्रसाद
B. एम.ओ. मथाई तथा फ्रैंक मोरेस
C. मैक्सिम गोर्की तथा दोस्तोवस्की
D. लैरी कॉलिन्स और डोमिनिक लापियर

223. 'अंकल टॉम्स केबिन' के लेखक का क्या नाम है?
A. एच.बी. स्टोव B. एडम स्मिथ
C. टॉल्स्टॉय D. थामस मूर

224. 'वार एण्ड पीस' और 'अन्ना कैरेनिना' दोनों एक ही अन्तर्राष्ट्रीय ख्याति प्राप्त लेखक की कृतियाँ हैं; उस लेखक का क्या नाम है?
A. ओलीवर गोल्डस्मिथ B. श्वेतलाना
C. लुई ब्रोमफील्ड D. लियो टाल्स्टॉय

225. नीरज चोपड़ा का संबंध किस खेल से है?
A. हॉकी B. क्रिकेट
C. फुटबॉल D. भाला फेंक

226. 'दास कैपिटल' के लेखक कौन हैं?
A. शेक्सपियर B. कौटिल्य
C. कर्नल जॉन हण्ट D. कार्ल मार्क्स

227. 'मदर' के लेखक का क्या नाम है?
A. मैक्सिम गोर्की B. पर्ल एस. बक
C. कैथराइन मेयो D. टी.एस. इलियट

228. 'कलम का सिपाही' में किसकी जीवनी प्रस्तुत की गई है?
A. शरतचन्द्र B. प्रेमचन्द
C. राहुल सांकृत्यायन D. जोश मलीहाबादी

229. 'झण्डा ऊँचा रहे हमारा' गीत किस कवि की रचना है?
A. श्यामलाल गुप्त 'पार्षद' B. मैथिलीशरण गुप्त
C. सोहनलाल द्विवेदी D. रामधारी सिंह 'दिनकर'

230. 'आइने अकबरी' का लेखक कौन था?
A. इब्न बतूता B. अकबर
C. अबुल फजल D. अकबर मुरादाबादी

231. कम्प्यूटर–
A. एक उपकरण है जो गणितीय और तार्किक संक्रियायें सम्पन्न करता है
B. एक उपकरण है, जो केवल गणितीय संक्रियायें सम्पन्न करता है
C. एक स्मृति उपकरण है
D. एक गणना उपकरण है

232. 'PC' का अर्थ है–
A. प्राइवेट कम्प्यूटर B. पर्सनल कल्कुलेटर
C. पर्सनल कम्प्यूटर D. प्रोफेसनल कम्प्यूटर

233. 'बाइनरी अंक प्रणाली' में अधिकतम अंक (digit) कितने होते हैं?
A. 1 B. 10
C. 2 D. 4

234. निम्नलिखित में से कौन-रा 'इनपुट' उपकरण है?
A. मॉनीटर B. प्रिंटर
C. प्लॉटर D. माउस

235. CPU का पूरा नाम है–
A. सेन्ट्रल प्रोग्रामिंग यूनिट
B. सेन्ट्रल प्रोसेसिंग यूनिट
C. सेन्ट्रल प्रोग्रामिंग अण्डरस्टैंडिंग
D. सेन्ट्रल प्रोसेसिंग अण्डरस्टैंडिंग

236. गणना हेतु प्रयोग में लाया गया पहला उपकरण था
A. ENIAC B. ABACUS
C. एनालिटिकल इंजन D. EDSAC

237. ABACUS का प्रयोग कब शुरू हुआ था?

A. 250 ई. B. 450 ई.पू.
C. 1200 ई.पू. D. 1200 ई.

238. किस अंग्रेज को 'कम्प्यूटर का जनक' कहा जाता है?

A. ब्लेज पास्कल B. लेबनित्ज
C. चार्ल्स बैबेज D. जे.पी. एकर्ट

239. निम्नलिखित में से कौन-सी कम्प्यूटर की सेकेण्डरी मेमोरी है?

A. RAM B. ROM
C. रजिस्टर्स D. फ्लॉपी

240. निम्नलिखित में से कौन पैकेज नहीं है?

A. BASIC B. dBASE
C. वर्ड परफेक्ट D. पेज मेकर

241. कौन-सा बेमेल है?

A. वर्ड स्टार B. वर्ड परफेक्ट
C. DOS Editor D. विण्डो

242. डाटा के समुच्चय (Set) को क्या कहते हैं?

A. फील्ड B. रेकार्ड
C. फाइल D. इनमें से कोई नहीं

243. Keyboard है?

A. इनपुट यूनिट है
B. आउटपुट यूनिट है
C. इनपुट यूनिट और आउटपुट यूनिट दोनों हैं
D. उपरोक्त में से कोई भी नहीं है

244. प्रिंटर–

A. आउटपुट यूनिट है
B. इनपुट यूनिट है
C. उपरोक्त दोनों हैं
D. उपरोक्त में से कोई भी नहीं है

245. फ्लॉपी–

A. इनपुट यूनिट है
B. आउटपुट यूनिट है
C. इनपुट यूनिट और आउटपुट यूनिट दोनों हैं
D. उपरोक्त में से कोई भी नहीं है

246. कम्प्यूटर की विशेषताएं हैं–

1. तेज रफ्तार 2. स्वचालन
3. कार्यशीलता 4. परिवर्तनशीलता

निम्नलिखित में से कौन-सी विशेषता सही है?

A. 1 और 2 सही हैं B. 1, 2 और 4 सही हैं
C. 1, 2 और 3 सही हैं D. उपरोक्त सभी सही हैं

247. 1 बाइट बराबर है–

A. 8 बिट B. 16 बिट
C. 36 बिट D. 64 बिट

248. असंसाधित तथ्य को क्या कहा जाता है?

A. डाटम B. डाटा
C. फाइल D. फील्ड

249. कम्प्यूटर–

A. सूचना ग्रहण करता है
B. सूचना को निर्दिष्ट प्रयोजन के लिए अनुकूल बनाता है
C. परिणाम प्रदर्शित करता है
D. उपरोक्त सभी बातें सही हैं

250. डाटा क्या है–

A. संसाधित तथ्य
B. असंसाधित तथ्य
C. अंक और अक्षर
D. उपरोक्त में से कोई भी नहीं

251. 'जीने की कला' (आर्ट ऑफ लिविंग) के प्रतिपादक और प्रचारक कौन हैं?

A. महर्षि महेश योगी B. श्री श्री रवि शंकर
C. स्वामी चिन्मयानंद D. भगवान रजनीश

252. डंकन पैसेज निम्नलिखित में से किसके बीच स्थित है?

A. दक्षिणी और लिटिल अंडमान
B. उत्तरी और दक्षिणी अंडमान
C. उत्तरी और मध्य अंडमान
D. अंडमान और निकोबार

253. निम्नलिखित में से किस शहर को 'इलेक्ट्रॉनिक सिटी' के रूप में जाना जाता है?

A. गुरुग्राम B. जयपुर
C. बेंगलुरु D. हैदराबाद

254. रासायनिक रूप से 'मिल्क ऑफ मैग्नेशिया' क्या होता है?

A. मैग्नीशियम कार्बोनेट
B. सोडियम बाइकार्बोनेट
C. कैल्सियम हाइड्रॉक्साइड
D. मैग्नीशियम हाइड्रॉक्साइड

255. वन अनुसंधान संस्थान कहाँ स्थित है?
A. देहरादून में B. भोपाल में
C. लखनऊ में D. दिल्ली में

256. निम्नलिखित कलाकारों और उनके कला-रूपों के मेल मिलाइए–

कलाकार	**कला-रूप**
(*a*) पन्नालाल घोष	1. चित्रकला
(*b*) पंडित भीमसेन जोशी	2. कर्नाटक संगीत (कंठ संगीत)
(*c*) अंजलि ईला मेनन	3. बाँसुरी
(*d*) मदुराई मणि अय्यर	4. हिन्दुस्तानी संगीत (कंठ संगीत)

कूट :

	(*a*)	(*b*)	(*c*)	(*d*)
A.	1	3	2	4
B.	2	1	4	3
C.	3	4	1	2
D.	4	2	3	1

257. त्वचा का रंग किसके कारण होता है?
A. एन्जाइम B. एपीडरमिस
C. हारमोन्स D. मेलानिन

258. किस क्षेत्र में अधिकांश मौसम सम्बन्धी गतिविधियाँ होती हैं?
A. आयनमंडल B. क्षोभमंडल
C. समतापमंडल D. क्षोभसीमा

259. निम्नलिखित में से वह पर्वत श्रेणी कौन-सी है जो भारत में सबसे पुरानी है?
A. हिमालय B. विंध्याचल
C. अरावली D. सहयाद्रि

260. निमज्जित वस्तु का पता लगाने के लिए किस उपकरण का प्रयोग किया जाता है?
A. राडार B. सोनार
C. क्वासार D. पल्सार

उत्तरमाला

1	**2**	**3**	**4**	**5**	**6**	**7**	**8**	**9**	**10**
B	D	B	B	A	D	C	B	A	C
11	**12**	**13**	**14**	**15**	**16**	**17**	**18**	**19**	**20**
D	B	C	C	A	A	B	D	A	A
21	**22**	**23**	**24**	**25**	**26**	**27**	**28**	**29**	**30**
C	D	B	B	C	C	D	A	B	A
31	**32**	**33**	**34**	**35**	**36**	**37**	**38**	**39**	**40**
B	A	D	C	C	D	A	B	B	B
41	**42**	**43**	**44**	**45**	**46**	**47**	**48**	**49**	**50**
B	B	B	C	C	C	C	A	B	C
51	**52**	**53**	**54**	**55**	**56**	**57**	**58**	**59**	**60**
D	B	C	C	A	B	D	C	A	A
61	**62**	**63**	**64**	**65**	**66**	**67**	**68**	**69**	**70**
B	D	B	A	C	D	B	B	A	C
71	**72**	**73**	**74**	**75**	**76**	**77**	**78**	**79**	**80**
D	B	B	A	D	C	A	C	D	B
81	**82**	**83**	**84**	**85**	**86**	**87**	**88**	**89**	**90**
B	A	B	D	B	C	A	A	C	B
91	**92**	**93**	**94**	**95**	**96**	**97**	**98**	**99**	**100**
C	D	B	A	B	C	D	C	A	C
101	**102**	**103**	**104**	**105**	**106**	**107**	**108**	**109**	**110**
D	C	B	D	A	B	B	A	B	C

111	112	113	114	115	116	117	118	119	120
C	B	A	A	C	A	D	C	C	C
121	**122**	**123**	**124**	**125**	**126**	**127**	**128**	**129**	**130**
D	A	C	D	C	C	C	B	A	C
131	**132**	**133**	**134**	**135**	**136**	**137**	**138**	**139**	**140**
D	C	B	D	B	C	C	D	A	B
141	**142**	**143**	**144**	**145**	**146**	**147**	**148**	**149**	**150**
A	D	C	C	C	B	A	B	A	D
151	**152**	**153**	**154**	**155**	**156**	**157**	**158**	**159**	**160**
B	A	A	C	C	C	D	B	C	A
161	**162**	**163**	**164**	**165**	**166**	**167**	**168**	**169**	**170**
C	B	A	D	A	C	C	D	B	A
171	**172**	**173**	**174**	**175**	**176**	**177**	**178**	**179**	**180**
C	D	B	B	B	A	A	D	D	B
181	**182**	**183**	**184**	**185**	**186**	**187**	**188**	**189**	**190**
A	A	D	B	A	D	C	D	A	D
191	**192**	**193**	**194**	**195**	**196**	**197**	**198**	**199**	**200**
D	D	B	B	C	D	B	B	A	A
201	**202**	**203**	**204**	**205**	**206**	**207**	**208**	**209**	**210**
C	D	B	B	B	D	B	D	C	B
211	**212**	**213**	**214**	**215**	**216**	**217**	**218**	**219**	**220**
C	A	D	B	D	A	C	A	B	B
221	**222**	**223**	**224**	**225**	**226**	**227**	**228**	**229**	**230**
B	D	A	D	D	D	A	B	A	C
231	**232**	**233**	**234**	**235**	**236**	**237**	**238**	**239**	**240**
A	C	C	D	B	B	A	C	D	A
241	**242**	**243**	**244**	**245**	**246**	**247**	**248**	**249**	**250**
D	A	A	A	C	D	A	B	D	B
251	**252**	**253**	**254**	**255**	**256**	**257**	**258**	**259**	**260**
B	A	C	D	A	C	D	B	C	B

✧✧✧✧✧

मध्य प्रदेश

सामान्य ज्ञान

मध्य प्रदेश : एक दृष्टि में

स्थिति	:	मध्य प्रदेश 21°04′ उत्तर से 26°49′ उत्तरी अक्षांश तथा 74°1′ पूर्व से 82°48′ पूर्वी देशांतर तक विस्तृत है।
विस्तार	:	प्रदेश की पूर्व से पश्चिम की लम्बाई 870 किमी. तथा उत्तर से दक्षिण की लम्बाई 605 किमी. है।
सीमाएं	:	मध्य प्रदेश की सीमा को देश के 5 राज्यों–उत्तर प्रदेश, राजस्थान, गुजरात, महाराष्ट्र, छत्तीसगढ़ की सीमाएं स्पर्श करती हैं। प्रदेश के पूर्व में छत्तीसगढ़, पश्चिम में गुजरात एवं राजस्थान, उत्तर में उत्तर प्रदेश तथा दक्षिण में महाराष्ट्र स्थित हैं।
क्षेत्रफल	:	3,08,000 वर्ग किमी.
राजधानी	:	भोपाल
राजकीय भाषा	:	हिन्दी
जनसंख्या	:	7,26,26,809 (2011 की जनगणना के अनुसार)
❖ पुरुष	:	3,76,12,306
❖ महिला	:	3,50,14,503
जनसंख्या की दृष्टि से देश में स्थान	:	पाँचवाँ
राजकीय वृक्ष	:	बरगद का वृक्ष (वट वृक्ष या बड़ वृक्ष)
राजकीय फल	:	आम
राजकीय पशु	:	ब्रांडेरी बारहसिंगा
राजकीय गीत	:	सुख का दाता सबका साथी

- राजकीय पक्षी : दूधराज
- राजकीय दिवस : 1 नवम्बर
- विधानमण्डल : एक सदनात्मक
- लोक सभा सदस्यों की संख्या : 29
- राज्य सभा सदस्यों की संख्या : 11
- विधान सभा सदस्यों की संख्या : 230
- राजकीय प्रतीक : एक वृत्त में बरगद का पेड़
- राजकीय फसल : सोयाबीन
- राजकीय पुष्प : सफेद लिली
- राजकीय नृत्य : राई
- राजकीय खेल : मलखम्ब
- संभाग : 10 (चम्बल, भोपाल, ग्वालियर, उज्जैन, इन्दौर, सागर, रीवा, जबलपुर, नर्मदापुरम (होशंगाबाद) और शहडोल)
- जिले (सितम्बर 2025 तक) : 55 (पांढुर्ना और मैहर क्रमशः 54वें तथा 55वें नवीनतम जिले हैं)
- राजस्व ग्राम : 53,738 (जनगणना-2011)
- मध्य प्रदेश लोक सेवा आयोग कार्यालय : इन्दौर
- उच्च न्यायालय : जबलपुर (ग्वालियर तथा इन्दौर में खण्डपीठ)
- दस लाख से अधिक जनसंख्या वाले नगर : इन्दौर, भोपाल, जबलपुर और ग्वालियर (2011)
- सर्वाधिक जनसंख्या वाला जिला : इन्दौर (32,76,697) (2011)
- न्यूनतम जनसंख्या वाला जिला : हरदा (5,70,465) (2011)
- लिंगानुपात : 931 महिलाएं प्रति हजार पुरुष (2011)
- जनसंख्या घनत्व : 236 व्यक्ति प्रति वर्ग किमी. (2011)
- साक्षरता : 69.3 प्रतिशत (2011)
  - पुरुष : 78.7 प्रतिशत
  - महिला : 59.2 प्रतिशत

- प्रथम राज्यपाल : डॉ. बी. पट्टाभि सीतारमैया
- प्रथम मुख्यमंत्री : पं. रविशंकर शुक्ल
- प्रथम मुख्य सचिव : एच. एस. कामथ

मध्य प्रदेश में प्रथम, सबसे बड़ा, सबसे लम्बा और सबसे छोटा

- प्रदेश की सबसे ऊंची चोटी : धूपगढ़, (1350 मीटर), पचमढ़ी
- प्रदेश का सबसे अधिक वर्षा वाला क्षेत्र : पचमढ़ी, महादेव श्रेणी
- ग्रीष्म ऋतु में ठण्डा स्थान : पचमढ़ी
- प्रदेश का सबसे निचला क्षेत्र : नर्मदा-सोन घाटी
- प्रदेश के प्रथम मुख्यमंत्री : पं. रविशंकर शुक्ल
- प्रदेश का सबसे बड़ा नगर : इन्दौर
- प्रदेश का सबसे पहला राष्ट्रीय उद्यान : कान्हा
- प्रदेश की सबसे लम्बी नदी : नर्मदा
- प्रदेश का सबसे ऊंचा जलप्रपात : बहूटी जलप्रपात (198 मीटर)
- प्रदेश के पहले रेलमार्ग का निर्माण : इलाहाबाद (प्रयागराज)-जबलपुर रेलमार्ग (1867 ई.)
- प्रदेश का पहला आकाशवाणी केन्द्र : इन्दौर (1955)
- प्रदेश का सर्वाधिक जनसंख्या घनत्व वाला जिला : भोपाल (855)
- प्रदेश के प्रथम महाधिवक्ता : एम. अधिकारी
- प्रदेश की सबसे लम्बी नहर : महानदी नहर
- प्रदेश का पहला विश्वविद्यालय : हरिसिंह गौर विश्वविद्यालय, सागर (1946)
- प्रदेश का पहला मेडिकल कॉलेज : गजराज चिकित्सा महाविद्यालय, ग्वालियर (1946)
- प्रदेश का पहला इंजीनियरिंग कॉलेज : श्री गोविन्द राम सेक्सरिया इंस्टिट्यूट।
- प्रदेश का पहला समाचार पत्र : ग्वालियर अखबार (1940)
- प्रदेश की पहली क्रिकेट टीम : पारसी क्लब, इन्दौर (1890)
- प्रदेश की पहली महिला मुख्यमंत्री : उमा भारती
- प्रदेश का सबसे बड़ा मेला : कुम्भ मेला, उज्जैन
- अनुसूचित जातियों में सबसे अधिक जनसंख्या वाली जाति : चमार
- अनुसूचित जनजातियों में से सबसे अधिक जनसंख्या वाली जाति : भील
- प्रदेश का सबसे अधिक साक्षर जिला : जबलपुर
- प्रदेश का सबसे कम साक्षर जिला : अलीराजपुर
- प्रदेश के प्रथम मुख्य न्यायाधीश : श्री एम. हिदायतुल्ला
- प्रदेश के प्रथम राज्यपाल : डा. बी. पट्टाभि सीतारमैया
- प्रदेश विधान सभा के प्रथम अध्यक्ष : पं. कुंजीलाल दूबे
- प्रदेश का सबसे बड़ा रेलवे जंक्शन : इटारसी
- प्रदेश का सबसे बड़ा कोयला भण्डार : सोहागपुर
- प्रदेश का सबसे लम्बा पुल : तवा नदी पर (नर्मदापुरम के पास 1322.56 मीटर)
- प्रदेश का एकमात्र हिल स्टेशन : पचमढ़ी
- प्रदेश के प्रथम उप-मुख्यमंत्री : वीरेन्द्र कुमार सकलेचा
- विधानसभा में विरोधी दल के प्रथम नेता : विश्वनाथ तामस्कर
- प्रदेश में सबसे अधिक सिनेमाघर : इन्दौर

मध्य प्रदेश के महत्वपूर्ण तथ्य

- भारत के ठीक मध्य में स्थित होने के कारण इसे 'मध्य प्रदेश' नाम दिया गया है। इसे 'भारत का हृदय प्रदेश' भी कहा जाता है।
- मध्य भारत में मन्दसौर जिले की मानपुरा तहसील के सुनेल टप्पा को छोड़कर सम्पूर्ण मध्य भारत, सम्पूर्ण पूर्व भोपाल राज्य, सम्पूर्ण पूर्व विंध्याचल प्रदेश, महाकौशल के 96 हिन्दी भाषी जिले व राजस्थान के कोटा जिले का सिरोंज उपखण्ड मिलाकर नए मध्य प्रदेश का निर्माण हुआ।
- मध्य प्रदेश की सीमा न तो समुद्र को स्पर्श करती है और न ही किसी अन्य देश की सीमा को।
- मध्य प्रदेश में खदानों से 21 प्रकार के खनिज निकाले जाते हैं।
- मध्य प्रदेश को पर्यटकों का स्वर्ग कहा जाता है। सांची के स्तूप, खजुराहो के मन्दिर, भेड़ाघाट की संगमरमरी चट्टानें, चचाई, चित्रकूट, धुंआधार जैसे जलप्रपात, कान्हा, किसली, बांधवगढ़ जैसे अभयारण्य, शिवपुरी तथा जावरा में दुर्लभ खरमौर एवं गौरवर्ण मध्य प्रदेश के सुरम्य दर्शनीय स्थल हैं।
- मध्य प्रदेश के जबलपुर नगर में 15 देशी तथा 13 विदेशी भाषाओं के (सर्टिफिकेट और डिप्लोमा) अध्ययन की व्यवस्था है।
- एच.बी.जे. गैस पर आधारित पेट्रोकेमिकल्स कॉम्प्लेक्स तथा नाइट्रोजन खाद संयंत्र विजयपुर (गुना) में स्थापित हुआ है।
- मथुरा रिफाइनरी पर आधारित पेट्रोकेमिकल्स उद्योग मुरैना जिले में है।
- मध्य प्रदेश में 'दुग्ध विकास परियोजना' को 'ऑपरेशन फ्लड-2' नाम दिया गया है।
- एशिया के प्रथम और विश्व के तीसरे 'लेसर किरण परमाणु ऊर्जा अनुसंधान केन्द्र' की स्थापना इन्दौर के 'सुखनिवास' क्षेत्र में 19 फरवरी, 1984 को की गई। 125 करोड़ की लागत से 1100 एकड़ क्षेत्र में इस परमाणु केन्द्र ने वर्ष 1986 से कार्य शुरु कर दिया है।
- मध्य प्रदेश में 'इण्डियन नेशनल ट्रस्ट फॉर आर्ट एण्ड कल्चर' (इन्टेल) नाम से एक नए न्यास का गठन किया गया है।
- मध्य प्रदेश में सफेद शेर रीवा में स्थित 'बांधवगढ़ राष्ट्रीय उद्यान' में पाए जाते हैं।
- प्रदेश में स्थित आयाकट विकास प्राधिकरणों का उद्देश्य सिंचाई क्षमता का पूरा-पूरा उपयोग करना है। चम्बल तथा नर्मदापुरम संभागों का गठन आयाकट कार्य को सरलता से पूरा करने के लिए किया गया है।
- एशिया का प्रथम शारीरिक शिक्षा प्रशिक्षण महाविद्यालय ग्वालियर में है। इसका नाम है—लक्ष्मीबाई कॉलेज ऑफ फिजिकल एजूकेशन। इसके अतिरिक्त शिवपुरी तथा रीवा में भी शारीरिक प्रशिक्षण महाविद्यालय हैं।
- मध्य प्रदेश में वनोपजों की वृद्धि हेतु 'पंचवन योजना' 1976 में लागू की गई थी।
- विश्व का दूसरा तथा देश का पहला आदिवासी संचार शोध केन्द्र प्रदेश के झाबुआ में है।
- प्रदेश का सबसे बड़ा सौर संयंत्र भोपाल में स्थित है।
- देवास में 10 रु. से अधिक मूल्य के नोट छापे जाते हैं।
- भारत का सबसे बड़ा 'सोयाबीन संयंत्र' उज्जैन में है।
- भारत का पहला तैरता रंगमंच ग्वालियर के बैजाताल में है।
- मध्य प्रदेश का पहला एक्सप्रेस हाइवे इन्दौर-भोपाल के बीच बनाया गया है।

- राज्य में खुली जेल की स्थापना गुना जिले में मुंगावली नामक स्थान पर की गई है।
- मध्य प्रदेश के शिक्षा विभाग में सर्वाधिक कर्मचारी काम करते हैं।
- डाबरा में मध्य प्रदेश की सबसे बड़ी शक्कर मिल है।
- मध्य प्रदेश भारत के सकल क्षेत्रफल का 9.37 प्रतिशत है।
- प्रदेश का प्रथम 'यूनानी चिकित्सा महाविद्यालय' बुरहानपुर में स्थापित किया गया था।
- मध्य प्रदेश के पीथमपुर को 'भारत का डेट्रायट' कहा जाता है।
- सन् 2011 की जनगणना के अनुसार मध्य प्रदेश की जनसंख्या 7,26,26,809 है। इसमें 3,76,12,306 पुरुष एवं 3,50,14,503 स्त्रियां हैं।
- प्रदेश में वर्ष 2005 से राजीव गांधी ग्रामीण विद्युतीकरण योजना शुरू की गई है।
- मध्य प्रदेश का पहला रत्न परिष्कृत केन्द्र जबलपुर में स्थापित हुआ।
- प्रदेश के वनों में सबसे अधिक सागौन के वन हैं।
- भारत के लगभग 41 प्रतिशत सागौन के वृक्ष मध्य प्रदेश में हैं।
- शिवपुरी जिले का 'करेरा अभयारण्य' मध्य भारत की लुप्तप्राय सोन चिड़िया का संरक्षण केन्द्र है।
- बधाई नृत्य बुन्देलखण्ड के लोक नृत्यों में सर्वश्रेष्ठ है। इस नृत्य में लोच लचक के साथ मुद्राएं होती हैं।
- मध्य प्रदेश में सबसे अधिक क्षेत्र में गेहूँ की फसल बोई जाती है।
- प्रदेश में तिलहन उत्पादन में पहला स्थान सोयाबीन का है, जबकि दलहन उत्पादन में पहला स्थान चने का है।
- खेलों में सराहनीय कार्य करने वाले आयोजक, खेल प्रशासक, लेखक, प्रकाशक, उद्घोषक आदि को 'विश्वामित्र पुरस्कार' से सम्मानित किया जाता है।
- मध्य प्रदेश में एशिया की सबसे बड़ी भूमिगत मैंगनीज खदान भर्वेली (बालाघाट) में है।
- सामाजिक तथा शैक्षिक रूप से पिछड़े वर्गों को मध्य प्रदेश शासन द्वारा शासकीय नौकरियों तथा व्यावसायिक पाठ्यक्रम में आरक्षण का प्रावधान किया गया है।
- भारत में मध्य प्रदेश झारखंड के बाद लाख का द्वितीय बड़ा उत्पादक राज्य है।
- मध्य प्रदेश वनों का शत-प्रतिशत राष्ट्रीयकरण करने वाला प्रथम राज्य है।
- हिन्दी भाषा में गजेटियर प्रकाशित करने वाला मध्य प्रदेश देश का प्रथम राज्य है।
- मध्य प्रदेश में वनोपज का राष्ट्रीयकरण किया गया है। इसके अन्तर्गत तेंदूपत्ता, गोंद, हर्रा, टिम्बर, खैर, साल-बीज आदि वनोपजें शामिल हैं।
- मध्य प्रदेश के राष्ट्रीय उद्यानों में सर्वाधिक संख्या में पाया जाने वाला जीव चीतल है।
- मध्य प्रदेश का सर्वाधिक तांबा उत्पादक जिला छिन्दवाड़ा है।
- चम्बल राष्ट्रीय घड़ियाल अभयारण्य मुरैना में स्थित है।
- मध्य प्रदेश भारत का एकमात्र हीरा उत्पादक राज्य है।
- केन्द्रीय वन एवं पर्यावरण मंत्रालय द्वारा पचमढ़ी को देश का दसवां तथा मध्य प्रदेश का प्रथम बायोस्फीयर रिजर्व क्षेत्र घोषित किया गया है। यहां जैव सम्पदा और सूक्ष्म जीवन का संवर्द्धन किया जाएगा।
- प्रदेश में निर्धनता रेखा से नीचे के परिवारों के वयस्क परिजनों को दुर्घटना बीमा का लाभ पहुँचाने के उद्देश्य से विवेकानन्द समूह बीमा योजना वर्ष 2006 से प्रारम्भ की गई है।
- मानसिक और शारीरिक रूप से नि:शक्त लोगों को समाज की मुख्यधारा से जोड़ने एवं उन्हें हर दृष्टि से सक्षम बनाने के लिए मध्य प्रदेश सरकार द्वारा दीन दयाल समर्थ योजना वर्ष 2004 से प्रारम्भ की गई है।

वस्तुनिष्ठ प्रश्नोत्तर

1. मध्य प्रदेश की भौगोलिक स्थिति क्या है?
A. 21°04′-26°49′ उत्तरी अक्षांश तथा 74°1′-82° 48′ पूर्वी देशान्तर के मध्य
B. 13°-24°30′ उत्तरी अक्षांश तथा 59°-74°30′ पूर्वी देशान्तर के मध्य
C. 16°-26°30′ उत्तरी अक्षांश तथा 62°-77°30′ पूर्वी देशान्तर के मध्य
D. 19°-30°30′ उत्तरी अक्षांश तथा 64°-72°30′ पूर्वी देशान्तर के मध्य

2. देश के पांच राज्यों से मध्य प्रदेश की सीमा मिलती है। बताइए निम्न में से किस राज्य की सीमा मध्य प्रदेश को नहीं छूती है?
A. उत्तर प्रदेश B. राजस्थान
C. पश्चिम बंगाल D. गुजरात

3. मध्य प्रदेश का एकीकरण किस वर्ष हुआ था?
A. 1954 B. 1955
C. 1956 D. 1959

4. मध्य प्रदेश का क्षेत्रफल कुल कितना वर्ग किमी. है?
A. 3,02,772 वर्ग किमी.
B. 3,08,000 वर्ग किमी.
C. 4,43,446 वर्ग किमी.
D. 4,43,967 वर्ग किमी.

5. मध्य प्रदेश में जिलों की संख्या 55 (सितम्बर 2025 तक) है। मध्य प्रदेश कितने संभागों में विभाजित है?
A. 12 B. 13
C. 14 D. 10

6. मध्य प्रदेश का कुल क्षेत्रफल देश के कुल क्षेत्रफल का कितना प्रतिशत है?
A. 11.38 प्रतिशत B. 9.37 प्रतिशत
C. 7.83 प्रतिशत D. 8.66 प्रतिशत

7. मध्य प्रदेश की सीमा का अधिकांश भाग किस राज्य से मिला हुआ है?
A. महाराष्ट्र B. उत्तर प्रदेश
C. राजस्थान D. गुजरात

8. वर्ष 2011 की जनगणना के अनुसार मध्य प्रदेश की जनसंख्या क्या है?
A. 60,685,318 B. 82,348,618
C. 59,385,118 D. 7,26,26,809

9. विदिशा किस नदी के तट पर है?
A. रावी B. सोन
C. बेतवा D. केन

10. तवा, देनवा, शक्कर निम्न में से किस नदी की सहायक नदियाँ हैं?
A. चम्बल B. नर्मदा
C. क्षिप्रा D. ताप्ती

11. मध्य प्रदेश के आदिवासी क्षेत्रों में किस योजना के तहत सचल औषधालयों की स्थापना की गई है?
A. जीवन रेखा B. जीवन संगम
C. जीवन धारा D. जीवन ज्योति

12. 'पूर्वाग्रह' नामक मासिक पत्रिका किस संस्था द्वारा प्रकाशित की जाती है?
A. मध्य प्रदेश कला परिषद्
B. कालिदास अकादमी
C. भारत भवन
D. मध्य प्रदेश फिल्म विकास निगम

13. मध्य प्रदेश में आदिवासी लोक कला अकादमी की स्थापना किस वर्ष हुई?
A. 1957 B. 1980
C. 1965 D. 1985

14. मध्य प्रदेश के किस नगर से होकर कर्क रेखा गुजरती है?
A. भोपाल B. धार
C. खण्डवा D. जबलपुर

15. द नेशनल न्यूजप्रिंट एंड पेपर मिल्स, नेपानगर किस जिले में स्थित है?
A. खण्डवा B. बैतूल
C. खरगौन D. देवास

16. मध्य प्रदेश का सर्वप्रथम पूर्ण साक्षर जिला कौन-सा है?
A. जबलपुर B. रतलाम
C. इन्दौर D. विदिशा

17. भारत राज्य वन सर्वेक्षण रिपोर्ट 2023 के अनुसार देश में सर्वाधिक वन क्षेत्रफल किस राज्य में है?

A. राजस्थान B. उत्तर प्रदेश
C. मध्य प्रदेश D. अरुणाचल प्रदेश

18. निम्न में से कौन मध्य प्रदेश में हैंडलूम की साड़ियों के लिए प्रसिद्ध है?

A. ओमकारेश्वर B. उज्जैन
C. महेश्वर D. चित्रकूट

19. मध्य प्रदेश के बीच से गुजरने वाली कर्क रेखा किस नदी के समानान्तर होकर गुजरती है?

A. ताप्ती B. नर्मदा
C. गोदावरी D. महानदी

20. मध्य प्रदेश की किस जनजाति में घोटुल प्रथा पायी जाती है?

A. मतरा B. मुड़िया
C. बिसोन D. दोरला

21. मध्य प्रदेश के भोपाल जिले के किस गांव को पूर्णत: सौर ऊर्जा पर आधारित बनाया गया है?

A. शाजपुर B. पिपरिया गांव
C. कस्तूरबा ग्राम D. पीथमपुर

22. निम्न में से कौन सी नदी पचमढ़ी के महादेव पर्वत से निकल कर नर्मदा नदी में मिलती है?

A. हसदो नदी B. बैनगंगा नदी
C. तवा नदी D. बनास नदी

23. बताइए निम्न में से कौन-सा युग्म असत्य है?

A. कृषि कॉम्पलैक्स - छिंदवाड़ा
B. हाई टेक कॉम्पलेक्स - ग्वालियर
C. चर्म कॉम्पलैक्स - देवास
D. इलेक्ट्रॉनिक्स कॉम्पलैक्स - इन्दौर

24. मध्य प्रदेश के किस विश्वविद्यालय का नाम बदल कर सुप्रसिद्ध क्रांतिकारी मौलाना बरकतुल्ला के नाम पर रखा गया है?

A. भोपाल विश्वविद्यालय
B. जीवाजी विश्वविद्यालय
C. देवी अहिल्या विश्वविद्यालय
D. विक्रम विश्वविद्यालय

25. निम्नलिखित में से किस क्षेत्र की खान से हीरा निकाला जाता है?

A. झिलमिली B. बिलोधी
C. मझगवाँ D. सिंगरौली

26. समारोह और उनके आयोजन स्थल का कौन-सा जोड़ा असत्य है?

A. ध्रुपद संगीत समारोह - भोपाल
B. अलाउद्दीन खां संगीत समारोह - देवास
C. कालिदास समारोह - उज्जैन
D. तानसेन समारोह - ग्वालियर

27. मध्य प्रदेश के किस भाग में वार्षिक तापान्तर अधिक रहता है?

A. पूर्वी B. उत्तरी
C. पश्चिमी D. दक्षिणी

28. अमरकंटक को .... के नाम से भी जाना जाता है।

A. सतपुरा B. तीर्थराज
C. अवन्ती D. पुष्कर

29. फासिल राष्ट्रीय उद्यान मध्य प्रदेश के किस जिले में है?

A. डिण्डोरी B. धार
C. सीधी D. सिवनी

30. 2011 की जनगणना के अनुसार मध्य प्रदेश में साक्षरता का प्रतिशत कितना है?

A. 75.32 B. 69.30
C. 78.24 D. 80.11

31. मध्य प्रदेश की उत्तरी सीमा चंबल नदी द्वारा बनती है। इस प्रदेश की दक्षिणी सीमा किस नदी से बनती है?

A. नर्मदा B. गोदावरी
C. ताप्ती D. महानदी

32. गध्य प्रदेश सरकार द्वारा राज्य के आदिवासी क्षेत्र में चलायी जा रही 'कल्पवृक्ष' नामक योजना का प्रमुख उद्देश्य क्या है?

A. अनुसूचित जाति के पुरुषों के लिए रोजगार योजना
B. अनुसूचित जाति की महिलाओं के लिए रोजगार योजना
C. अनुसूचित जनजाति के पुरुषों के लिए रोजगार योजना
D. अनुसूचित जनजाति की महिलाओं के लिए रोजगार योजना

33. मध्य प्रदेश की रेलवे लाइनें निम्न में से किसके अंतर्गत नहीं पड़ती हैं ?

A. मध्य रेलवे B. पश्चिमी रेलवे
C. पूर्वी रेलवे D. दक्षिणी-पूर्वी रेलवे

34. कठोरता की दृष्टि से हीरे के बाद कोरण्डम का स्थान है। यह खनिज मध्य प्रदेश के किस जिले में सर्वाधिक मात्रा में पाया जाता है ?

A. सीधी B. पन्ना
C. शहडोल D. दमोह

35. 'विन्ध्य का पठार' मध्य प्रदेश के किस प्राकृतिक प्रभाग को कहा जाता है ?

A. बघेलखण्ड का पठार B. रीवा का पठार
C. बुन्देलखण्ड का पठार D. मध्य भारत का पठार

36. 'मध्य प्रदेश की जीवन-रेखा' नाम से निम्न में से कौन सी नदी विख्यात है ?

A. गोदावरी B. महानदी
C. ताप्ती D. नर्मदा

37. पांढुर्णा को किस जिले से अलग करके वर्ष 2023 में नया जिला बनाया गया है?

A. गुना B. धार
C. राजगढ़ D. छिन्दवाड़ा

38. मध्य प्रदेश द्वारा प्रदत्त कालिदास सम्मान निम्न में से किन क्षेत्रों में दिया जाता है ?

(*a*) शास्त्रीय संगीत (*b*) शास्त्रीय नृत्य
(*c*) रंगकर्म (*d*) रूपंकर कला

A. (*a*) (*b*) (*c*) (*d*) B. (*b*) (*c*) (*d*)
C. (*a*) (*b*) (*c*) D. (*a*) (*b*)

39. भरोतिया और नाहर किस जनजाति की उपजातियाँ हैं?

A. बैगा B. कोरकू
C. भील D. गोंड

40. निम्न में से कौन सा जोड़ा बेमेल है ?

A. उदयगिरि की गुफाएं - विदिशा
B. जहाज महल - मांडव
C. भर्तृहरि की गुफाएं - उज्जैन
D. ज्योतिर्लिंग - अमरकंटक

41. मध्य प्रदेश उच्च न्यायालय जबलपुर में स्थित है। इसके दो खंडपीठ हैं। एक खंडपीठ इन्दौर में है, दूसरा कहां स्थित है ?

A. जबलपुर B. भोपाल
C. सागर D. ग्वालियर

42. प्राकृतिक गैस पर आधारित देश का प्रथम उर्वरक संयंत्र मध्य प्रदेश के विजयपुर नामक स्थान में स्थित है। यह किस जिले में स्थित है ?

A. गुना B. शाजापुर
C. राजगढ़ D. सीहोर

43. मध्य प्रदेश का राज्यवृक्ष 'बरगद' है और राज्य पक्षी 'दूधराज' है। प्रदेश का राज्य पशु कौन-सा है ?

A. चीता B. बारहसिंगा
C. सांभर D. तेंदुआ

44. अमरकंटक की पहाड़ी से निम्न में से कौन-सी दो नदियां निकलती हैं ?

(*a*) सोन (*b*) क्षिप्रा
(*c*) महानदी (*d*) नर्मदा

A. (*a*) (*b*) B. (*a*) (*d*)
C. (*c*) (*d*) D. (*b*) (*d*)

45. मध्य प्रदेश के किस दुर्ग (किले) को 'भारत का जिब्राल्टर' की संज्ञा प्रदान की गयी है ?

A. ग्वालियर B. चन्देरी
C. मन्दसौर D. मांडू

46. 8 वीं से 12वीं शताब्दी के मध्य चंदेलों द्वारा खजुराहो में निर्मित 85 मन्दिरों में से अब कितने मन्दिर बचे हुए हैं ?

A. 29 B. 13
C. 16 D. 22

47. मध्य प्रदेश में पंचायती राज व्यवस्था का कौन-सा ढांचा अपनाया गया है ?

A. एक-स्तरीय B. दो-स्तरीय
C. तीन-स्तरीय D. चार-स्तरीय

48. देश में सफेद शेर मध्य प्रदेश के किस राष्ट्रीय उद्यान में पाए जाते हैं ?

A. बांधवगढ़ राष्ट्रीय उद्यान
B. कांकेर राष्ट्रीय उद्यान
C. माधव राष्ट्रीय उद्यान
D. पेंच राष्ट्रीय उद्यान

49. निम्न में से कौन सा जोड़ा सुमेलित नहीं है ?

A. उज्जैन - क्षिप्रा B. विदिशा - बेतवा
C. पचमढ़ी - तवा D. देवास - इन्द्रावती

50. निम्न में से कौन बेमेल है ?

A. बाण सागर बांध – सोन नदी

B. बारना बांध – नर्मदा नदी

C. गांधी सागर बांध – चम्बल नदी

D. राजघाट बांध – बेतवा नदी

51. मध्य प्रदेश उत्सव प्रति वर्ष नई दिल्ली में आयोजित किया जाता है। इसका आयोजन किस वर्ष से शुरू किया गया है ?

A. 1976 B. 1981

C. 1983 D. 1987

52. निम्न में से कौन–सा बेमेल है ?

A. दुग्धधारा – अमरकंटक

B. भेड़ा जलप्रपात – जबलपुर

C. चचाई जलप्रपात – रीवा

D. कपिलधारा – भानगढ़

53. वर्ष 2011 की जनगणना के अनुसार मध्य प्रदेश के किन नगरों की जनसंख्या 10 लाख से ऊपर थी ?

(*a*) इन्दौर (*b*) ग्वालियर

(*c*) जबलपुर (*d*) भोपाल

A. (*b*) (*d*) (*c*) B. (*a*) (*b*) (*c*)

C. (*a*) (*b*) (*c*) (*d*) D. (*a*) (*c*) (*d*)

54. मध्य प्रदेश में बिड़ला म्यूजियम कहाँ स्थित है?

A. ग्वालियर B. राजगढ़

C. भोपाल D. उज्जैन

55. मध्य प्रदेश के किस स्थान में ग्रामोदय विश्वविद्यालय, जो पूरे विश्व में अपने ढंग का प्रथम विश्वविद्यालय है, की स्थापना की गई है ?

A. सांची B. मांडव

C. चित्रकूट D. उज्जैन

56. निम्न में से कौन–सा राजवंश इंदौर पर शासन करता था?

A. सिंधिया B. होल्कर

C. मराठा D. मालवा

57. मध्य प्रदेश के किस नगर को 'मध्य भारत की मुंबई' की संज्ञा प्रदान की जाती है ?

A. भोपाल B. इन्दौर

C. जबलपुर D. राजगढ़

58. मध्य प्रदेश के किस स्थान में जैन धर्मावलम्बियों का तीर्थ बावनगजा स्थित है ?

A. नागदा B. चन्देरी

C. बड़वानी D. खैरागढ़

59. मध्य प्रदेश में सर्वाधिक पाया जाने वाला खनिज कौन–सा है ?

A. अभ्रक B. डोलोमाइट

C. बाक्साइट D. मैंगनीज

60. किसने ओरछा के चतुर्भुज मंदिर का निर्माण करवाया?

A. बुंदेला राजपूत B. राजा विक्रमादित्य

C. सतपुड़ा राजा D. राजा भोज

61. मध्य प्रदेश के किस स्थान में प्रदेश का प्रथम पर्यटन नगर बनाया गया है ?

A. शिवपुरी B. मन्दसौर

C. सिवनी D. खण्डवा

62. मध्य रेलवे का प्रमुख जंक्शन इटारसी प्रदेश के किस जिले में स्थित है ?

A. खंडवा B. देवास

C. नर्मदापुरम D. बैतूल

63. मध्य प्रदेश में बालाघाट का मलाजखंड क्षेत्र किस खनिज का उत्पादन करता है ?

A. चूना पत्थर B. तांबा

C. मैंगनीज D. बाक्साइट

64. निम्न में से कौन–सा जोड़ा बेमेल है ?

A. बेलाडीला – लौह अयस्क उत्पादन

B. भीमबेटका – मैंगनीज उत्पादन

C. मझगंवा – हीरा उत्पादन

D. अमलाई – कागज उत्पादन

65. वर्ष 2001-11 के दौरान इन्दौर मध्य प्रदेश का सर्वाधिक जनसंख्या वृद्धि वाला जिला रहा। इस दिशा में दूसरा स्थान किस जिले का था ?

A. रीवा B. छिंदवाड़ा

C. झाबुआ D. जबलपुर

66. निम्न सिंचाई परियोजनाएं मध्य प्रदेश और उसके निकटवर्ती राज्य की संयुक्त परियोजनाएं हैं। निम्न में से कौन–सा जोड़ा बेमेल है ?

A. सबनाई परियोजना – ओडिशा

B. राजघाट परियोजना – उत्तर प्रदेश

C. साकेदाना परियोजना – गुजरात

D. बाघ परियोजना – महाराष्ट्र

67. मध्य प्रदेश में कुल राष्ट्रीय उद्यान और अभयारण्य प्रदेश के कुल वन के लगभग कितने प्रतिशत भाग में हैं?

A. 10.5 प्रतिशत B. 25.04 प्रतिशत
C. 3.51 प्रतिशत D. 9.0 प्रतिशत

68. ग्रामीण क्षेत्रों की भूमिहीन निर्धन महिलाओं की सहायता के लिए मध्य प्रदेश में कौन-सी योजना चलाई जा रही है?

A. आयुष्मती योजना B. वात्सल्य योजना
C. कल्पतरु योजना D. ग्राम्य योजना

69. मध्य प्रदेश सरकार द्वारा चलाया जा रहा अंत्योदय कार्यक्रम किस नाम से जाना जाता है?

A. श्यामा प्रसाद अंत्योदय कार्यक्रम
B. अहिल्या अंत्योदय कार्यक्रम
C. दीनदयाल अंत्योदय कार्यक्रम
D. हार्डिगांवकर अंत्योदय कार्यक्रम

70. मध्य प्रदेश की कौन सी सिंचाई परियोजना राज्य की प्रथम अंतरघाटी परियोजना है?

A. देजला-देवड़ा सिंचाई परियोजना
B. चोरल सिंचाई परियोजना
C. सिंहपुर बैराज परियोजना
D. काली सरार सिंचाई परियोजना

71. 'आपकी सरकार आपके द्वार' नामक योजना पूरे मध्य प्रदेश में कब से लागू की गई है?

A. 15 मई, 1989 B. 1 नवम्बर, 1989
C. 1 जनवरी, 1991 D. 20 अप्रैल, 1991

72. नर्मदा सागर परियोजना के अंतर्गत नर्मदा सागर बांध खरगौन जिले में कहां स्थित है?

A. नोहटा B. पुनासा
C. जतारा D. शाडोरा

73. निम्न में से मध्य प्रदेश में मुख्यमंत्री पद पर लगातार सर्वाधिक काल तक कौन बने रहे?

A. रविशंकर शुक्ल B. दिग्विजय सिंह
C. प्रकाशचंद्र सेठी D. शिवराज सिंह चौहान

74. मध्य प्रदेश की कौन-सी जनजाति अपने को राजपूत मानती है?

A. कंवार B. हलवा
C. बेगा D. कोरकू

75. पुरी (ओडिशा) के कोणार्क मन्दिर की भांति मध्य प्रदेश के उमरी व मढ़खेरा में भी सूर्य मन्दिर हैं। ये स्थान किस जिले में स्थित हैं?

A. उज्जैन B. विदिशा
C. टीकमगढ़ D. मन्दसौर

76. आदिवासी कला, लोक कला और पारंपरिक कला के क्षेत्र में मध्य प्रदेश सरकार द्वारा कौन-सा सम्मान प्रदान किया जाता है?

A. इकबाल सम्मान B. कालिदास सम्मान
C. तुलसी सम्मान D. तानसेन सम्मान

77. भोपाल के निकट मंडीद्वीप में देश का प्रथम ऑप्टिकल फाइबर का कारखाना किस देश के सहयोग से स्थापित किया गया है ?

A. जर्मनी B. इटली
C. जापान D. स्वीडन

78. निम्न जोड़ों में से कौन-सा बेमेल है?

A. छेरता लोकनृत्य - मुड़िया जनजाति
B. बिमला लोकनृत्य - कोल जनजाति
C. गवर लोकनृत्य - कोल जनजाति
D. गोंपो लोकनृत्य - गोंड जनजाति

79. 2001 की जनगणना की तुलना में 2011 की जनगणना के अनुसार मध्य प्रदेश में लिंगानुपात (1000 पुरुषों पर महिलाओं की संख्या) में कितनी वृद्धि हुई है?

A. 11 B. 15
C. 18 D. 8

80. मालवा के पठार के अंतर्गत निम्न में से कौन शामिल नहीं है?

A. भड़ौच का पठार B. सागर पठार
C. झालवाड़ा उच्चभूमि D. सीधवाड़ा का पठार

81. महाकालेश्वर का मन्दिर कहां है?

A. उज्जैन B. चंदेरी
C. भड़ौच D. मन्दसौर

82. मध्य प्रदेश में पूर्व के भोपाल राज्य को कब मिलाया गया था?

A. 15 अगस्त, 1947 B. 26 जनवरी, 1950
C. 1 नवम्बर, 1956 D. 28 फरवरी, 1968

83. मध्य प्रदेश की सर्वाधिक ऊंची चोटी धूपगढ़ (1350 मीटर) निम्नलिखित में से किस भाग में स्थित है ?

A. रीवा-पन्ना पठार B. सतपुड़ा-मैकाल श्रेणी
C. मध्य उच्च प्रदेश D. पूर्वी पठार

84. मध्य प्रदेश में चम्बल नदी का उद्‌गम स्थल जानापाव निम्नलिखित में से किस क्षेत्र में स्थित है ?

A. बुन्देलखण्ड का पठार B. रीवा-पन्ना का पठार
C. मध्य उच्च प्रदेश D. सतपुड़ा-मैकाल श्रेणी

85. ताप्ती नदी का उद्‌गम स्थल निम्नलिखित में से कौन-सा है ?

A. राजपीला B. अमरकंटक
C. जानापाव D. मुल्ताई

86. वर्ष 2025 में कौन मध्य प्रदेश का नौवां बाघ अभयारण्य बना है?

A. बगदरा बाघ अभयारण्य
B. बोरी बाघ अभयारण्य
C. माधव बाघ अभयारण्य
D. ओरछा बाघ अभयारण्य

87. शीतकाल में मध्य प्रदेश का सर्वाधिक ठण्डा स्थान निम्नलिखित में से कौन-सा है ?

A. जबलपुर B. मन्दसौर
C. ग्वालियर D. पचमढ़ी

88. मध्य प्रदेश में जलोढ़ मिट्टी का क्षेत्र कौन-सा है ?

A. मालवा का पठार
B. मध्य प्रदेश का उत्तरी-पश्चिमी भाग
C. नर्मदा घाटी
D. पूर्वी बघेलखण्ड क्षेत्र

89. मध्य प्रदेश के किस जिले में मृदा अपरदन की समस्या सबसे अधिक है ?

A. जबलपुर B. मुरैना
C. भोपाल D. खण्डवा

90. खरमौर पक्षी के लिए विख्यात मध्य प्रदेश का प्रमुख राष्ट्रीय उद्यान है-

A. कान्हा B. सैलाना
C. माधव D. बांधवगढ़

91. मध्य प्रदेश में सर्वाधिक सोयाबीन उत्पादक क्षेत्र कौन-सा है ?

A. रीवा-पन्ना का पठार B. मालवा
C. बुन्देलखण्ड D. नर्मदा घाटी

92. मध्य प्रदेश के प्रथम मुख्यमंत्री कौन थे ?

A. पं. रविशंकर शुक्ल B. डॉ. शंकरदयाल शर्मा
C. कैलाश नाथ काटजू D. पं. द्वारिका प्रसाद शुक्ल

93. राज्य पुनर्गठन आयोग के अध्यक्ष थे :

A. डॉ. एम. हिदायतुल्ला B. डॉ. फजल अली
C. डॉ. के. एम. पणिक्कर D. पं. हृदयनाथ कुंजरू

94. निम्नलिखित में से किस वृक्ष से गोंद प्राप्त होती है?

A. बबूल B. सागौन
C. खैर D. छाबड़ा

95. मध्य प्रदेश में तेंदू-पत्ता सर्वाधिक निम्नलिखित में से किस उद्योग में प्रयुक्त होता है ?

A. लाख उद्योग B. बीड़ी उद्योग
C. गोंद उद्योग D. चमड़ा रंगने का उद्योग

96. उस लेखा का नाम क्या है जिससे मध्य प्रदेश शासन के अनपेक्षित व्यय को पूरा किया जाता है?

A. लोक लेखा B. आकस्मिक लेखा
C. संचित लेखा D. आवर्ती व्यय खाता

97. मध्य प्रदेश की निम्नलिखित नदियों में से कौन-सी नदी उत्तर से दक्षिण की ओर बहती है ?

A. चम्बल B. काली सिन्ध
C. केन D. उपर्युक्त में से कोई नहीं

98. निम्नलिखित में से कौन सा नगर नर्मदा नदी के किनारे नहीं बसा है ?

A. नर्मदापुरम B. नरसिंहपुर
C. मण्डला D. बुरहानपुर

99. मध्य प्रदेश में औसत वार्षिक वर्षा में असमानता का प्रमुख कारण क्या है?

A. वनों का असमान वितरण
B. समुद्र तल से ऊंचाई
C. राज्य की भौतिक बनावट
D. समुद्र तट से दूरी

100. निम्नलिखित में से कौन-सा नगर चम्बल नदी के किनारे बसा है ?

A. मऊ B. मुरैना
C. भिण्ड D. रतलाम

101. गोविन्द वल्लभ पंत सागर का विस्तार उत्तर प्रदेश व आधा मध्य प्रदेश दोनों राज्यों में है। यह मध्य प्रदेश के किस जिले में है ?

A. सीधी B. रीवा
C. जबलपुर D. शहडोल

102. मध्य प्रदेश में लौह अयस्क उत्पादित करने वाला निम्नलिखित में से कौन-सा जिला है ?

A. बालाघाट B. रीवा
C. सीधी D. बैतूल

103. मध्य प्रदेश में मैंगनीज उत्पादित करने वाला निम्नलिखित में से कौन-सा क्षेत्र है ?

A. रीवा B. पन्ना
C. छिंदवाड़ा D. जबलपुर

104. मध्य प्रदेश का प्रथम पर्यावरण न्यायालय कहाँ पर स्थित है?

A. जबलपुर B. भोपाल
C. ग्वालियर D. इन्दौर

105. ओंकारेश्वर का द्वीप स्वाभाविक रूप से किस आकार का है?

A. ओम B. वृत्त
C. घोड़े की नाल D. अर्द्ध वृत्त

106. मध्य प्रदेश में संगमरमर निम्नलिखित में से किस स्थान पर अधिक उत्पादित होता है

A. छिंदवाड़ा B. ग्वालियर
C. बैतूल D. जबलपुर

107. सिवनी जिले में स्वतंत्रता संग्राम किसने प्रारम्भ किया था ?

A. गुप्तेश्वर सिंह B. गणेश कुमार सिंह
C. बिपिन बिहारी सिंह D. जटार

108. मध्य प्रदेश में खुला विश्वविद्यालय स्थित है :

A. मुरैना B. भोपाल
C. छतरपुर D. मन्दसौर

109. रातापानी बाघ अभयारण्य (टाइगर रिजर्व) किस जिले में स्थित है?

A. उज्जैन B. खण्डवा
C. रायसेन D. नर्मदापुरम

110. मध्य प्रदेश की कौन-सी परियोजना उत्तर प्रदेश के सहयोग से बनी है ?

A. केन बहुउद्देश्यीय परियोजना
B. पेंच परियोजना
C. कुरनाला परियोजना
D. चम्बल घाटी परियोजना

111. मध्य प्रदेश की उर्मिल परियोजना निम्नलिखित में से किस राज्य के सहयोग से बनी है ?

A. ओडिशा B. उत्तर प्रदेश
C. बिहार D. महाराष्ट्र

112. भारत हैवी इलैक्ट्रीकल्स लि. की स्थापना मध्य प्रदेश के किस नगर में की गई है ?

A. जबलपुर B. इन्दौर
C. भोपाल D. ग्वालियर

113. नेशनल न्यूजप्रिंट एवं पेपर कारखाने का निर्माण मध्य प्रदेश के किस नगर में हुआ है ?

A. मन्दसौर B. नेपानगर
C. देवास D. नर्मदापुरम

114. लाला हरदौल की कहानी मध्य प्रदेश के किस स्थान में प्रसिद्ध है?

A. खजुराहो B. महेश्वर
C. उज्जैन D. ओरछा

115. मध्य प्रदेश के किस स्थान पर सोयाबीन के तेल का उत्पादन होता है ?

A. पीथमपुर B. मण्डीद्वीप
C. मक्सी D. पीलू खेड़ी

116. मध्य प्रदेश के उद्योग व उनके केन्द्रों के जोड़ों में गलत जोड़ा बताएं।

A. रेलवे कोच फैक्ट्री - भोपाल
B. भारत एल्यूमीनियम कम्पनी - मन्दसौर
C. भारत हैवी इलैक्ट्रिकल्स - भोपाल
D. नेशनल न्यूजप्रिंट एवं पेपर - नेपानगर

117. मध्य प्रदेश में चर्म उत्पादन हेतु कारखाने की स्थापना कहां हुई ?

A. इन्दौर B. सीधी
C. ग्वालियर D. सागर

118. मध्य प्रदेश के औद्योगिक दृष्टि से उन्नत जिलों में कौन-सा जिला शामिल नहीं है ?

A. भोपाल B. सागर
C. इन्दौर D. जबलपुर

119. मध्य प्रदेश में भैरवगढ़ के कलात्मक वस्त्र छपाई का केन्द्र निम्नलिखित में से कौन-सा जिला है?
A. दमोह B. भोपाल
C. उज्जैन D. बालाघाट

120. मध्य प्रदेश में महेश्वर की रेशमी साड़ियों के लिए निम्नलिखित में से कौन-सा जिला विख्यात है?
A. मुरैना B. इन्दौर
C. खरगौन D. उज्जैन

121. मध्य प्रदेश में विश्वविख्यात चन्देरी की साड़ियां निम्नलिखित में से कहां बनाई जाती हैं?
A. जबलपुर B. शहडोल
C. टीकमगढ़ D. देवास

122. मध्य प्रदेश के किस नगर का प्राचीन नाम अवन्ति है?
A. इन्दौर B. उज्जैन
C. विदिशा D. दतिया

123. मध्य प्रदेश के प्रसिद्ध जलप्रपातों में निम्नलिखित में से कौन-सा नहीं है?
A. चचाई B. धुंआधार
C. टौंस जलप्रपात D. बोग्रा

124. मध्य प्रदेश के जलप्रपात व उनसे सम्बन्धित नदियों के जोड़े नीचे दिए गए हैं। इनमें से गलत जोड़ा बताइए।
A. धुंआधार - नर्मदा नदी
B. चचाई - बीहड़ नदी
C. भालकुण्ड - बेतवा नदी
D. कपिलधारा - ताप्ती नदी

125. मध्य प्रदेश में चांदनी तापीय विद्युत केन्द्र निम्नलिखित में से किस स्थान पर स्थापित हुआ है?
A. अमरकंटक B. भोपाल
C. नेपानगर D. सीधी

126. कान्हा टाइगर रिजर्व के आधिकारिक शुभंकर का क्या नाम है?
A. भूरसिंह B. शेर खान
C. बरसिंह D. बघीरा

127. नर्मदा नदी का उद्गम स्थल है?
A. अमरकंटक B. इन्दौर
C. जबलपुर D. भोपाल

128. मध्य प्रदेश में जनसंख्या की दृष्टि से सबसे बड़ा नगर निम्नलिखित में से कौन-सा है?
A. ग्वालियर B. भोपाल
C. इन्दौर D. उज्जैन

129. मध्य प्रदेश के किस प्रसिद्ध व्यक्तित्व को 'बुलेट' कहा जाता है?
A. विजयाराजे सिंधिया B. आचार्य केशवदास
C. अनिल काकोडकर D. शंकर लक्ष्मण

130. सिक्यूरिटी पेपर मिल कहां है?
A. देवास B. नेपानगर
C. नर्मदापुरम D. अमलाई

131. राष्ट्रीय पत्रकारिता विश्वविद्यालय संस्थान, भोपाल की स्थापना कब की गई?
A. 16 जनवरी, 1991 को B. 16 जनवरी, 1990 को
C. 17 मार्च, 1991 को D. 17 मार्च, 1990 को

132. भागोरिया नृत्य किस जिले के आदिवासियों का है?
A. झाबुआ B. खण्डवा
C. मण्डला D. बालाघाट

133. मध्य प्रदेश के किस पुलिस महाविद्यालय में अपराध अनुसंधान का प्रशिक्षण दिया जाता है?
A. इन्दौर B. रीवा
C. जबलपुर D. सागर

134. मध्य प्रदेश के निम्नलिखित में से किस जिले में ब्रजभाषा नहीं बोली जाती है?
A. मुरैना B. ग्वालियर
C. दतिया D. भिण्ड

135. मध्य प्रदेश पुलिस का ध्येय वाक्य (आदर्श वाक्य) क्या है?
A. शांति सेवा न्याय B. सेवा में सदैव तत्पर
C. देश भक्ति जनसेवा D. सेवा सुरक्षा शांति

136. मध्य प्रदेश सरकार द्वारा दिए जाने वाले पुरस्कारों/सम्मानों में कौन-सा सम्मिलित नहीं किया जा सकता है?
A. कालिदास सम्मान B. तानसेन सम्मान
C. आर्यभट्ट सम्मान D. तुलसी सम्मान

137. मध्य प्रदेश की बहुप्रतीक्षित 'नर्मदा सागर' परियोजना कब प्रारम्भ हुई?
A. 18 नवम्बर, 1987 B. 19 नवम्बर, 1987
C. 17 नवम्बर, 1987 D. 20 नवम्बर, 1987

138. 'भोपाल ट्रेजेडी' नामक पुस्तक के रचयिता हैं :
A. डेविड वियर B. एम. अरुण सुब्रह्मण्यम
C. एन.के. चोपड़ा D. खुशवंत सिंह

139. 'करमा नृत्य' किस जाति से सम्बन्धित है ?
A. भील B. गोंड
C. मारिया D. कोल

140. मध्य प्रदेश के पहले वित्त आयोग का गठन किस वर्ष किया गया था?
A. 1988 B. 1982
C. 1992 D. 1995

141. मध्य प्रदेश का 'राज्य वृक्ष' क्या है ?
A. बरगद B. पीपल
C. शीशम D. बबूल

142. मध्य प्रदेश का खेल-कूद साप्ताहिक समाचार पत्र 'खेल हलचल' कहां से प्रकाशित होता है ?
A. भोपाल B. ग्वालियर
C. इन्दौर D. जबलपुर

143. निम्न में से किस जिले का गठन वर्ष 2023 में किया गया है?
A. मऊगंज B. मैहर
C. पांढुर्णा D. इनमें से सभी का

144. 'राष्ट्रीय रामलीला मेला' मध्य प्रदेश के किस नगर में आयोजित किया जाता है ?
A. भोपाल B. बालाघाट
C. राजगढ़ D. शिवपुरी

145. नर्मदा घाटी विकास निगम किस वर्ष गठित किया गया ?
A. 1980 में B. 1981 में
C. 1982 में D. 1983 में

146. ग्वालियर स्थित एशिया के प्रथम शारीरिक प्रशिक्षण महाविद्यालय का क्या नाम है ?
A. सिन्धिया कॉलेज ऑफ फिजिकल एजूकेशन
B. लक्ष्मीबाई कॉलेज ऑफ फिजिकल एजूकेशन
C. जवाहरलाल नेहरू कॉलेज ऑफ फिजिकल एजूकेशन
D. महात्मा गांधी कॉलेज ऑफ फिजिकल एजूकेशन

147. मध्य प्रदेश का प्रथम यूनानी चिकित्सा महाविद्यालय कहां स्थापित किया गया था?
A. ग्वालियर B. कांकेर
C. बुरहानपुर D. नर्मदापुरम

148. कर्क रेखा मध्य प्रदेश के किस भाग से गुजरती है?
A. पूर्वी भाग B. पश्चिमी भाग
C. दक्षिणी भाग D. मध्य भाग

149. डॉ. हरि सिंह गौर राज्य पुरस्कार मध्य प्रदेश सरकार द्वारा किस क्षेत्र में दिया जाता है?
A. सामाजिक विज्ञान B. इंजीनियरिंग विज्ञान
C. आधारभूत विज्ञान D. चिकित्सा विज्ञान

150. मध्य प्रदेश सरकार लोक कलाओं के लिए निम्नलिखित में से कौन-सी फैलोशिप प्रदान करती है ?
A. अमृता शेरगिल फैलोशिप
B. चक्रधर फैलोशिप
C. श्रीकांत वर्मा फैलोशिप
D. अलाउद्दीन खां फैलोशिप

151. वर्ष 2011 की जनगणना के अनुसार मध्य प्रदेश में किस अनुसूचित जनजाति की जनसंख्या सर्वाधिक है?
A. गोंड B. भील
C. कोल D. सहरिया

152. मध्य प्रदेश में किस जिले की जनसंख्या में अनुसूचित जनजातियों का सर्वाधिक प्रतिशत है ?
A. छिंदवाड़ा B. मण्डला
C. अलीराजपुर D. भिण्ड

153. जय विलास महल कहाँ स्थित है?
A. भोपाल B. इन्दौर
C. जबलपुर D. ग्वालियर

154. वास्तुकला की प्रमुख पुस्तक 'समरांगण सूत्र' के लेखक कौन हैं?
A. श्री हर्ष B. हेमचन्द्र
C. क्षेमेन्द्र D. राजा भोज

155. मध्य प्रदेश के किस क्षेत्र का लोक नाट्य 'काठी' है?
A. बघेलखंड B. निमाड़
C. मालवा D. बुंदेलखंड

156. 'नौरता' मध्य प्रदेश के किस क्षेत्र में अविवाहित लड़कियों द्वारा किया जाने वाला नृत्य है?
A. बघेलखंड B. चित्रकूट
C. मालवा D. बुंदेलखंड

157. निम्नलिखित में से कौन मध्य प्रदेश का मुख्यमंत्री नहीं रहा है?
A. कैलाश नाथ काटजू B. द्वारका प्रसाद मिश्र
C. कमलनाथ D. भगवत दयाल शर्मा

158. मध्य प्रदेश में भारत की जनसंख्या का कितने प्रतिशत निवास करते हैं?
A. 6.00 B. 6.88
C. 6.35 D. 4.82

159. मध्य प्रदेश में 2011 की जनगणना के अनुसार जनसंख्या घनत्व क्या है?
A. 100 B. 236
C. 149 D. 174

160. 2011 की जनगणना के अनुसार मध्य प्रदेश का देश में जनसंख्या की दृष्टि से कौन-सा स्थान है?
A. प्रथम B. द्वितीय
C. पांचवाँ D. आठवां

161. सतपुड़ा राष्ट्रीय उद्यान किसलिए प्रसिद्ध है?
A. कृष्णमृगों हेतु
B. पक्षियों हेतु
C. शेरों हेतु
D. सांप व रेंगने वाले प्राणियों हेतु

162. मकबूल फिदा हुसैन का संबंध निम्नलिखित में से किससे था?
A. संगीत B. रंगमंच
C. चित्रकला D. बाँसुरी वादन

163. भारत के प्रथम 'पर्यटन नगर' का निर्माण प्रदेश में कहां किया गया है?
A. भोपाल B. ग्वालियर
C. शिवपुरी D. खण्डवा

164. महात्मा गांधी चित्रकूट ग्रामोदय विश्वविद्यालय किस वर्ष स्थापित किया गया?
A. 1985 B. 1991
C. 1983 D. 1989

165. इन्दौर में स्थापित किए गए भाभा परमाणु केन्द्र के प्रथम औद्योगिक केन्द्र का क्या नाम है?
A. टाइगर B. कैट
C. लाइफ D. प्रोग्रेस

166. रानी लक्ष्मीबाई की समाधि किस नगर में है?
A. ग्वालियर B. झांसी
C. इन्दौर D. शिवपुरी

167. मध्य प्रदेश के वनों में सबसे अधिक पेड़ किसके पाए जाते हैं?
A. साल B. शीशम
C. सागौन D. आम

168. कान्हा-किसली किस वर्ष राष्ट्रीय उद्यान बना था?
A. 1953 B. 1954
C. 1955 D. 1956

169. मध्य प्रदेश में सिंचाई का सबसे प्रमुख साधन क्या है?
A. नलकूप B. नहरें
C. रहट D. कुएं

170. मध्य प्रदेश में विधानसभा सीटों की कुल संख्या कितनी है?
A. 220 B. 400
C. 300 D. 230

171. मध्य प्रदेश में वह कौन सा स्थान है जहां जनश्रुतियों के अनुसार ब्रह्मा, विष्णु और महेश ने बाल अवतार लिया था?
A. अमरकंटक B. महेश्वर
C. चित्रकूट D. ओंकारेश्वर

172. मध्य प्रदेश में बाघ की गुफाएं किस स्थान के समीप हैं?
A. धार B. रायसेन
C. राजगढ़ D. विदिशा

173. मध्य प्रदेश में पर्यटकों का प्रमुख आकर्षण का केन्द्र खजुराहो के मन्दिर निम्नलिखित में से किस जिले में हैं?
A. विदिशा B. पन्ना
C. रीवा D. छतरपुर

174. मध्य प्रदेश में स्थित खजुराहो के मन्दिरों का निर्माण किस वंश के शासकों ने कराया था?
A. चोल B. पल्लव
C. चन्देल D. चालुक्य

175. निम्नलिखित का मेल कराएं:
(*a*) तानसेन का मकबरा 1. विदिशा
(*b*) सांची के स्तूप 2. ग्वालियर
(*c*) महाकालेश्वर 3. खण्डवा
(*d*) ओंकारेश्वर 4. उज्जैन

	(*a*)	(*b*)	(*c*)	(*d*)
A.	1	2	3	4
B.	4	3	2	1
C.	2	1	4	3
D.	1	4	2	3

176. निम्नलिखित में से कौन बेमेल है ?
A. अजयगढ़ B. गिन्नौरगढ़
C. बांधवगढ़ D. मुक्तागिरि

177. निम्नलिखित में से कौन-सा स्थान सम्राट अशोक से सम्बन्धित है ?
A. भर्तृहरि गुफाएं B. सांची
C. मोतीमहल D. बावनगजा

178. मालवा का पठार मध्य प्रदेश के किस भाग में है ?
A. दक्षिणी-पूर्वी भाग B. उत्तरी-पश्चिमी भाग
C. पूर्वी-उत्तरी भाग D. मध्य भाग

179. बघेलखंड क्षेत्र के बसदेवा निम्नलिखित में से कौन-से पौराणिक पात्र/देवता के बारे में गाते हैं?
A. श्रवण कुमार B. शिव
C. कृष्ण D. अर्जुन

180. मध्य प्रदेश में पत्रकारिता विश्वविद्यालय की कहां स्थापना की गई है ?
A. इन्दौर B. उज्जैन
C. भोपाल D. जबलपुर

181. 'ऑल इंडिया टाइगर एस्टीमेशन 2022' के अनुसार भारत के किस राज्य को टाइगर राज्य के रूप में मान्यता प्राप्त हुई है?
A. उत्तर प्रदेश B. मध्य प्रदेश
C. असम D. राजस्थान

182. 2011 की जनगणना के अनुसार मध्य प्रदेश में पुरुष साक्षरता का प्रतिशत क्या है ?
A. 68.11 B. 78.70
C. 75.12 D. 80.21

183. 2011 की जनगणना के अनुसार 2001 की तुलना में मध्य प्रदेश के जनसंख्या घनत्व में कितनी बढ़ोत्तरी हुई है ?
A. 25 B. 40
C. 35 D. 28

184. निम्नलिखित में से किस स्थान के निकट (लगभग 2 किमी. दूर) दो प्रमुख नदियों का उद्‌गम है ?
A. महू B. अमरकंटक
C. ग्वालियर D. छिंदवाड़ा

185. आदिम जनजाति कोरकू मध्य प्रदेश के किस भाग में मुख्यत: पाई जाती है ?
A. दक्षिणी B. उत्तर-पश्चिमी
C. पूर्वी D. उत्तर-पूर्वी

186. 2011 की जनगणना के अनुसार मध्य प्रदेश में किस जिले का जनसंख्या घनत्व सर्वाधिक था ?
A. इन्दौर B. भोपाल
C. जबलपुर D. भिण्ड

187. मध्य प्रदेश की जनसंख्या में 2001-2011 के दशक में कितने प्रतिशत की वृद्धि हुई है ?
A. 23.50 B. 20.30
C. 27.52 D. 36.69

188. मध्य प्रदेश में ऐशबाग स्टेडियम कहाँ स्थित है?
A. इन्दौर B. सतना
C. जबलपुर D. भोपाल

189. मध्य प्रदेश के किस स्थान पर जोगेश्वरी देवी का मेला आयोजित होता है ?
A. चन्देरी (गुना) B. घोघरा (सीधी)
C. पोरसा (मुरैना) D. माण्डेर (ग्वालियर)

190. प्रसिद्ध ध्रुपद गायक कुमार गन्धर्व किस स्थान से संबंधित थे?
A. खण्डवा B. ग्वालियर
C. मैहर D. देवास

191. मध्य प्रदेश के निम्नलिखित जिलों में से किसमें बुन्देली भाषा प्रयोग नहीं की ज़ाती है ?
A. रीवा B. गुना
C. दतिया D. शिवपुरी

192. मध्य प्रदेश में किस नदी पर बोधघाट जलविद्युत परियोजना स्थित है ?
A. नर्मदा नदी B. महानदी
C. बेतवा नदी D. इन्द्रावती नदी

193. मध्य प्रदेश साहित्य परिषद् द्वारा अखिल भारतीय महाराज वीरसिंह देव पुरस्कार किस विधा के लिए दिया जाता है?
A. कविता B. समाज विज्ञान
C. आलोचना D. उपन्यास

194. मध्य प्रदेश में ओरछा किस नदी के किनारे बसा हुआ है?
A. सोन B. बेतवा
C. तवा D. पार्वती

195. नर्मदा नदी के शुद्धिकरण के अंतर्गत निम्नलिखित में से कौन सा स्थान नहीं शामिल है ?
A. अमरकंटक B. नर्मदापुरम
C. ओंकारेश्वर D. महेश्वर

196. नर्मदा की 41 सहायक नदियां हैं। इन सभी नदियों का जल किसमें गिरता है?
A. बंगाल की खाड़ी B. खम्भात की खाड़ी
C. कच्छ की खाड़ी D. मन्नार की खाड़ी

197. मध्य प्रदेश फिल्म विकास निगम की स्थापना कब की गई थी?
A. 1972 B. 1980
C. 1981 D. 1986

198. मध्य प्रदेश की प्रमुख अकादमियों व उनके स्थापना वर्षों के युग्मों में कौन सा गलत है?

अकादमी	*स्थापना वर्ष*
A. उर्दू अकादमी	1976
B. कालिदास अकादमी	1974
C. संगीत अकादमी	1978
D. सिन्धी अकादमी	1983

199. मध्य प्रदेश में स्थित 'भारत भवन' किस से सम्बन्धित है?
A. ललित कला B. प्रदर्शनकारी कला
C. साहित्य D. उपर्युक्त सभी

200. मध्य प्रदेश के भोपाल नगर में स्थित रवीन्द्र भवन क्या है?
A. विशाल संग्रहालय B. विशाल भवन
C. विशाल सभागृह D. इनमें से कोई नहीं

201. मध्य प्रदेश प्रशासन सुगम संगीत के क्षेत्र में कौन सा पुरस्कार/सम्मान प्रदान करता है?
A. कालिदास सम्मान B. इकबाल सम्मान
C. लता मंगेशकर पुरस्कार D. तुलसी सम्मान

202. मध्य प्रदेश के किस विश्वविद्यालय से सर्वाधिक महाविद्यालय सम्बद्ध हैं?
A. अवधेश प्रताप सिंह विश्वविद्यालय, रीवा
B. देवी अहिल्या विश्वविद्यालय, इन्दौर
C. विक्रम विश्वविद्यालय, उज्जैन
D. डॉ. हरि सिंह गौर विश्वविद्यालय, सागर

203. मध्य प्रदेश के कुछ जिलों में शिक्षा के प्रसार हेतु 'गांव घर' स्थापित किए गए हैं। इनका सम्बन्ध किस प्रकार की शिक्षा से है?
A. ग्रामीण शिक्षा B. जनजाति शिक्षा
C. नारी शिक्षा D. प्रौढ़ शिक्षा

204. मध्य प्रदेश में संस्कृत विश्वविद्यालय कहाँ स्थित है?
A. भोपाल B. इंदौर
C. उज्जैन D. जबलपुर

205. राज्य में ऋतु वेधाशाला किस नगर में स्थित है?
A. जबलपुर B. उज्जैन
C. इन्दौर D. भोपाल

206. मध्य प्रदेश का पिन कोड किस अंक से प्रारम्भ होता है?
A. 2 B. 3
C. 4 D. 5

207. मध्य प्रदेश का उच्च न्यायालय जबलपुर में स्थित है। उच्च न्यायालय की खंडपीठें राज्य के किस जिले में स्थित हैं?
A. इन्दौर B. ग्वालियर
C. A और B में D. उज्जैन

208. बुरहानपुर जिला, किस जिले से अलग होकर बना है?
A. रायसेन B. इन्दौर
C. रीवा D. खरगौन

209. मध्य प्रदेश के निम्नलिखित राज्यपालों में से किसका कार्यकाल सबसे कम रहा?
A. डॉ. वी. पट्टाभि सीतारमैया
B. श्री के.सी. रेड्डी
C. श्री एन.एन. वान्चू
D. श्रीमती सरला ग्रोवर

210. मध्य प्रदेश राज्य निर्वाचन आयोग का गठन किया गया :
A. 1 फरवरी, 1994
B. 1 मार्च, 1994
C. 1 अप्रैल, 1994
D. 1 मई, 1994

211. मध्य प्रदेश शासन द्वारा प्रकाशित 'मध्य प्रदेश सन्देश' का प्रकाशन कहां से होता है?
A. रतलाम B. भोपाल
C. इन्दौर D. ग्वालियर

212. नरसिंहपुर जिला किसका प्रमुख उत्पादक है?
A. संतरा B. केला
C. गन्ना D. अनानास

213. इन्दौर में मेट्रो रेल सेवा की शुरुआत किस वर्ष हुई?
A. 2021 B. 2025
C. 2022 D. 2024

214. मध्य प्रदेश में चल रही सिंचाई परियोजना व नदियों के युग्मों में से कौन-सा जोड़ा गलत है ?
A. राजघाट परियोजना - बेतवा नदी
B. सम्राट अशोक सागर - हलाली नदी
C. माही परियोजना - सिन्धु नदी
D. बाण सागर परियोजना - सोन नदी

215. मध्य प्रदेश की सिंचाई परियोजना व उनसे सम्बन्धित जिलों के युग्मों में से कौन-सा गलत है ?
A. कोलार परियोजना - सीहोर
B. थांवर परियोजना - मण्डला
C. कोलार परियोजना - सतना
D. पेंच परियोजना - छिंदवाड़ा

216. मध्य प्रदेश की नर्मदा घाटी विकास परियोजना में निम्न में से कौन सी परियोजना शामिल नहीं है ?
A. इन्दिरा सागर परियोजना
B. ओंकारेश्वर परियोजना
C. रविशंकर सागर परियोजना
D. महेश्वर सागर परियोजना

217. भोपाल गैस कांड किस तिथि को हुआ था?
A. 4 नवम्बर, 1984 B. 31 अक्टूबर, 1984
C. 3 दिसम्बर, 1984 D. 2 दिसम्बर, 1984

218. मध्य प्रदेश के मानचित्र पर सम वर्षा रेखाओं की बनावट किस प्रकार की है?
A. लहरदार B. मोड़दार
C. गोलाकार D. रेखीय

219. जबलपुर की लोकप्रिय और प्रमुख रबी फसल है?
A. तिल B. हरी मटर
C. जौ D. सरसों

220. मध्य प्रदेश की किस नदी में वर्षपर्यन्त जल बना रहता है ?
A. सोन नदी B. केन नदी
C. नर्मदा नदी D. उपर्युक्त सभी में

221. मध्य प्रदेश में 'बोधी' संगठन किस कार्य को सम्पन्न करता है ?
A. बांधों का डिजाइन बनाना
B. जलाशयों के रख-रखाव की योजना बनाना
C. जल संसाधनों को दीर्घायु बनाना
D. उपर्युक्त तीनों

222. 'मध्य प्रदेश राज्य कृषि उद्योग विकास निगम' की स्थापना किस वर्ष की गई थी ?
A. 21 मार्च, 1969 B. 26 जनवरी, 1956
C. 12 फरवरी, 1962 D. 2 अक्टूबर, 1972

223. मध्य प्रदेश का राज्य दिवस वर्ष के किस दिन मनाया जाता है ?
A. 1 जुलाई B. 31 जून
C. 15 मार्च D. 1 नवम्बर

224. वर्ष 2011 की जनगणना के अनुसार भारत और मध्य प्रदेश का औसत घनत्व क्रमश: 382 और 236 व्यक्ति प्रति वर्ग किमी. है। औसत घनत्व की दृष्टि से मध्य प्रदेश का देश में क्या स्थान है ?
A. दसवां B. बारहवां
C. तेइसवां D. तेरहवां

225. मध्य प्रदेश के किस शहर में अखिल भारतीय स्तर का फुटबाल टूर्नामेंट 'नई दुनिया ट्राफी' का आयोजन हर वर्ष किया जाता है ?
A. भोपाल B. इन्दौर
C. जबलपुर D. ग्वालियर

226. मध्य प्रदेश की नई औद्योगिक नीति के अंतर्गत किन उद्योगों को 'थर्स्ट सेक्टर' श्रेणी के अंतर्गत रखा गया है ?
A. इलेक्ट्रॉनिक्स B. आटोमोबाईल्स
C. पेट्रोकेमिकल्स D. उपर्युक्त सभी

227. मध्य प्रदेश में पहली बार राष्ट्रपति शासन कब लागू किया गया ?
A. 4 अगस्त, 1970
B. 30 अप्रैल, 1977
C. 17 फरवरी, 1980
D. 6 अक्टूबर, 1983

228. लोकसभा में मध्य प्रदेश के 29 प्रतिनिधि हैं। राज्य सभा में मध्य प्रदेश के प्रतिनिधियों की संख्या कितनी है ?
A. 11 B. 12
C. 13 D. 14

229. ध्रुपद संगीत का जन्म मध्य प्रदेश के किस नगर में हुआ ?
A. मैहर B. भोपाल
C. खण्डवा D. ग्वालियर

230. स्तंभ 'अ' (नदियां) एवं स्तंभ 'ब' (नदियों पर निर्मित बांध) को सुमेलित कीजिए।

स्तंभ 'अ'	*स्तंभ 'ब'*
(*a*) चंबल	1. बाणसागर बांध
(*b*) बेतवा	2. बरगी बांध
(*c*) नर्मदा	3. राजघाट बांध
(*d*) सोन	4. गांधी सागर बांध

	(*a*)	(*b*)	(*c*)	(*d*)
A.	3	2	4	1
B.	4	3	2	1
C.	4	2	1	3
D.	2	3	4	1

231. निम्नांकित में से कौन-सा जोड़ा बेमेल है?

A. दशपुर - मन्दसौर B. गोपाचल - ग्वालियर
C. महिष्मती - मंडला D. मेलसा - विदिशा

232. मध्य प्रदेश का कौन सा राष्ट्रीय उद्यान बत्तीस पहाड़ियों से घिरा हुआ है?

A. कान्हा राष्ट्रीय उद्यान B. फासिल राष्ट्रीय उद्यान
C. माधव राष्ट्रीय उद्यान D. बांधवगढ़ राष्ट्रीय उद्यान

233. भोपाल स्थित भारत भवन को 6 भागों में विभाजित किया जा सकता है। उसके एक भाग 'अनहद' का सम्बन्ध निम्न में से किससे है?

A. खुला रंगमंच
B. ललित कलाओं का संग्रह
C. शास्त्रीय एवं लोक संगीत सामग्री का संग्रह
D. ग्राफिक्स, मूर्ति शिल्प एवं चित्रकला से सम्बन्धित कर्मशाला

234. मध्य प्रदेश के बड़वानी में किस धर्म के अनुयायियों का तीर्थस्थल बावनगजा स्थित है?

A. बौद्ध B. हिन्दू
C. जैन D. मुस्लिम

235. स्तंभ 'अ' एवं स्तंभ 'ब' को सुमेलित कीजिए?

स्तंभ 'अ'	*स्तंभ 'ब'*
(*a*) मलाजखंड	1. लौह अयस्क
(*b*) सिंगरौली	2. हीरा
(*c*) बैलाडिला	3. तांबा
(*d*) मझगवां	4. कोयला

	(*a*)	(*b*)	(*c*)	(*d*)
A.	2	4	1	3
B.	3	2	4	1
C.	2	3	1	4
D.	3	4	1	2

236. मध्य प्रदेश का पहला आम बजट 10 जनवरी, 1957 को किसने विधानसभा में पेश किया?

A. मिश्री लाल गंगवाल B. कुंजीलाल दुबे
C. रजनी शर्मा D. सुभाष चन्द्र शर्मा

237. मध्य प्रदेश की पहली अंतरघाटी परियोजना कौन-सी है?

A. काली सरार सिंचाई परियोजना
B. देजला-देवड़ा सिंचाई परियोजना
C. सिंहपुर बैराज परियोजना
D. चोरल सिंचाई परियोजना

238. मध्य प्रदेश में हर 12वें साल कुम्भ मेला कहां लगता है?

A. ओंकारेश्वर B. सांची
C. उज्जैन D. चित्रकूट

239. मध्य प्रदेश की सीमा कितने प्रदेशों के साथ जुड़ी हुई है?

A. 6 B. 7
C. 9 D. 5

240. इन्दौर में स्थित लेसर किरण एरमाणु ऊर्जा अनुसंधान केन्द्र ने वर्ष 1986 से कार्य करना शुरू किया। यह एशिया का पहला और विश्व का.......लेसर किरण परमाणु ऊर्जा अनुसंधान केन्द्र है?

A. दूसरा B. तीसरा
C. चौथा D. पांचवां

241. बम्बई हाई से प्राप्त प्राकृतिक गैस पर आधारित देश के प्रथम उर्वरक संयंत्र का निर्माण मध्य प्रदेश के विजयपुर में किया गया है। यह किस जिले में स्थित है?

A. सीहोर B. शाजापुर
C. गुना D. राजगढ़

242. नर्मदा सागर बांध मध्य प्रदेश में पुनासा के निकट स्थित है। यह स्थान किस जिले में है?

A. खरगौन B. धार
C. झाबुआ D. खण्डवा

243. मध्य प्रदेश राज्य किस खनिज की दृष्टि से समृद्ध नहीं है?

A. लौह-अयस्क B. पेट्रोलियम
C. कोयला D. मैंगनीज अयस्क

244. उज्जैन नगर किस नदी के किनारे बसा है?

A. क्षिप्रा नदी B. शिवना नदी
C. नर्मदा नदी D. ताप्ती नदी

245. मध्य प्रदेश में लोक अदालत की शुरुआत 13 अप्रैल, 1986 को हुई। राज्य में लोक अदालत का आयोजन सर्वप्रथम कहां हुआ?

A. छिंदवाड़ा B. शहडोल
C. मुरैना D. बिलासपुर

246. निम्न परियोजनाएं मध्य प्रदेश की संयुक्त परियोजनाएं हैं। निम्न में से कौन-सा जोड़ा बेमेल है?

A. चंबल घाटी परियोजना - राजस्थान
B. राजघाट बांध परियोजना - उत्तर प्रदेश
C. काली सागर परियोजना - महाराष्ट्र
D. कुरनाला परियोजना - गुजरात

247. मध्य प्रदेश में सुन्दर महल पर्यटन स्थल कहाँ स्थित है?

A. मांडू B. ओरछा
C. खजुराहो D. सीधी

248. निम्नलिखित समारोह एवं उनके आयोजन स्थल का कौन-सा जोड़ा बेमेल है?

A. तानसेन समारोह - ग्वालियर
B. ध्रुपद संगीत समारोह - भोपाल
C. कालिदास समारोह - उज्जैन
D. अलाउद्दीन खां संगीत समारोह - देवास

249. प्राचीन काल में अभेद्य किला किसे माना जाता था?

A. असीरगढ़ का किला B. ग्वालियर का किला
C. अजयगढ़ का किला D. उपर्युक्त में से कोई नहीं

250. मध्य प्रदेश में सर्वाधिक शासकीय कर्मचारी किस विभाग में है?

A. विद्युत B. पुलिस
C. स्वास्थ्य D. शिक्षा

251. स्तंभ 'अ' (मध्य प्रदेश सरकार द्वारा प्रदत्त पुरस्कार) एवं स्तंभ 'ब' (सम्बन्धित क्षेत्र) को सुमेलित कीजिए?

स्तंभ 'अ'	*स्तंभ 'ब'*
(*a*) लता मंगेशकर पुरस्कार	1. कला के क्षेत्र में सृजनात्मक श्रेष्ठता
(*b*) जवाहरलाल नेहरू पुरस्कार	2. सुगम संगीत के क्षेत्र में सृजनात्मक श्रेष्ठता
(*c*) तानसेन सम्मान	3. शास्त्रीय संगीत के क्षेत्र में उत्कृष्टता, सृजनात्मकता एवं निष्ठा
(*d*) कालिदास सम्मान	4. आधारभूत विज्ञान, तकनीकी विकास एवं इंजीनियरिंग विज्ञान

	(*a*)	(*b*)	(*c*)	(*d*)
A.	3	2	1	4
B.	1	2	3	4
C.	2	3	4	1
D.	2	4	3	1

252. चिड़ीखो झील कहाँ स्थित है?

A. नरसिंहगढ़ B. ब्यावर
C. कुरावर D. सागर

253. बाघ की गुफाएं किसलिए प्रसिद्ध हैं?

A. बाघों के लिए
B. प्राचीन मूर्तियों के लिए
C. भूल-भुलैया के लिए
D. शैल चित्रों के लिए

254. मध्य प्रदेश का एकमात्र स्टॉक एक्सचेंज इन्दौर में है। इसे किस वर्ष स्थापित किया गया?

A. 1930 B. 1937
C. 1948 D. 1954

255. मध्य प्रदेश के किस जिले में गन कैरिज फैक्ट्री स्थित है?

A. उज्जैन B. ग्वालियर
C. भोपाल D. जबलपुर

256. खण्डवा और राजगढ़ निम्न में से किस फसल के मुख्य उत्पादक हैं?

A. केला B. नींबू
C. संतरा D. पपीता

257. निम्नलिखित में से कौन से स्थान में तापीय विद्युत केन्द्र स्थित नहीं है?

A. चांदनी B. सतपुड़ा
C. अमरकंटक D. पेंच

258. मध्य प्रदेश के किन जिलों में रंगीन संगमरमर पाया जाता है?

A. बैतूल, छिंदवाड़ा, सिवनी, नरसिंहपुर
B. जबलपुर, राजगढ़, रीवा, ग्वालियर
C. भिण्ड, मुरैना, दतिया, शिवपुरी
D. छतरपुर, सागर, सीधी, मन्दसौर

259. निम्नलिखित में से कौन-सा कार्य 'क्रीड़ा परिषद्' नहीं करती है?

A. राज्य में खेलकूद के संवर्धन एवं विकास हेतु योजना बनाना

B. युवकों का चरित्र निर्माण करना
C. खेलकूद संगठनों में सामंजस्य स्थापित करना
D. राज्य में सांस्कृतिक कार्यक्रमों को बढ़ावा देना

260. निम्नलिखित में से कौन मध्य प्रदेश में टेबल टेनिस की प्रसिद्ध राष्ट्रीय महिला खिलाड़ी है?
A. मोहिनी तपड़िया B. रीता जैन
C. रजनी शर्मा D. देवरस

261. मध्य प्रदेश में बैडमिंटन के लिए इनडोर स्टेडियम निम्नलिखित शहरों में से कहां नहीं है?
A. भोपाल B. जबलपुर
C. इन्दौर D. सागर

262. मध्य प्रदेश की निम्नलिखित में से कौन-सी प्रतियोगिता क्रिकेट से सम्बन्धित है?
A. एम.पी. जैन कप B. राधेश्याम अमरबाल कप
C. यश कप D. देवी शील्ड प्रतियोगिता

263. मध्य प्रदेश की निम्नलिखित में से कौन-सी प्रतियोगिता बैडमिंटन से सम्बन्धित नहीं है?
A. गुलाब राम चड्ढा कप
B. राजेन्द्र सिंह कप
C. मास्टर खांडेकर चैलेंज शील्ड
D. रजनी शर्मा कप

264. मध्य प्रदेश के लगभग .... लोगों को आधिकारिक तौर पर अनुसूचित जनजातियों के रूप में वर्गीकृत किया जाता है?
A. 1/5 B. 1/2
C. 1/3 D. 1/4

265. मध्य प्रदेश का सबसे बड़ा रेलवे जंक्शन कौन सा है?
A. इटारसी B. कटनी
C. भूसावल D. रतलाम

266. निम्नलिखित में से कौन सा शहर मालवा के पठार क्षेत्र में नहीं बसा है?
A. उज्जैन B. इन्दौर
C. देवास D. जबलपुर

267. मध्य प्रदेश में यातायात के साधन किस प्राकृतिक क्षेत्र में अधिक हैं?
A. सतपुड़ा-मालवा श्रेणी B. रीवा-पन्ना पठार
C. मालवा का पठार D. बुंदेलखंड का पठार

268. निम्नलिखित में से किस प्राकृतिक भाग में खजुराहो स्थित है?
A. बुंदेलखंड का पठार B. विंध्य पर्वत श्रेणियां
C. नर्मदा का कछार D. रीवा-पन्ना का पठार

269. निम्नलिखित में से कौन-सा जोड़ा गलत है?
A. मध्य भारत का पठार - मुरैना, भिण्ड, ग्वालियर, गुना
B. बुंदेलखंड का पठार - छतरपुर, पन्ना, टीकमगढ़, दतिया
C. नर्मदा-सोन घाटी - जबलपुर, नर्मदापुरम, खण्डवा, नरसिंहपुर
D. बघेलखंड का पठार - रीवा, टीकमगढ़, सागर, सतना

270. निम्नलिखित में से किस क्षेत्र में गर्मियों में बहुत गर्मी तथा सर्दियों में बहुत ठंड पड़ती है?
A. मध्य भारत का पठार B. बुंदेलखण्ड का पठार
C. रीवा-पन्ना का पठार D. नर्मदा-सोन घाटी

271. मालवा के पठार की नदियां निम्नलिखित में से कौन-कौन-सी हैं?
A. क्षिप्रा, चंबल, काली सिंध
B. केन, महानदी, सोन
C. बेतवा, बैनगंगा, धसान
D. कुंवारी नदी, महानदी, तवा

272. विंध्य शैल समूह के अंतर्गत निम्नलिखित में से कौन-सा क्षेत्र आता है?
A. मालवा का पठार B. मध्य भारत का पठार
C. बघेलखंड का पठार D. इनमें से कोई नहीं

273. मध्य प्रदेश का सबसे अधिक निचला क्षेत्र कौन सा है?
A. बुन्देलखंड का पठार B. नर्मदा-सोन घाटी
C. बघेलखंड का पठार D. मालवा का पठार

274. मध्य प्रदेश के मध्य उच्च प्रदेश का उत्तरी भाग कैसा है?
A. विस्तृत त्रिभुजाकार B. चौकोर
C. गोल D. सपाट

275. न अधिक गर्मी, न अधिक ठंड और न अधिक वर्षा वाला क्षेत्र मध्य प्रदेश में कौन-सा है?
A. मालवा का पठार B. बुन्देलखंड का पठार
C. बघेलखंड का पठार D. नर्मदा-सोन घाटी

276. मध्य प्रदेश में शीत लहर का प्रकोप किस क्षेत्र में अधिक रहता है?
A. उत्तरी भाग B. दक्षिणी भाग
C. दक्षिणी-पश्चिमी भाग D. दक्षिणी-पूर्वी भाग

277. तवा बांध परियोजना मध्य प्रदेश के किस जिले में स्थित है?
A. खंडवा B. देवास
C. नर्मदापुरम D. छिंदवाड़ा

278. बारना नदी की नहरों से किस जिले में सिंचाई को जाती है?
A. रायसेन B. सीहोर
C. भोपाल D. दमोह

279. मध्य प्रदेश, उत्तर प्रदेश तथा बिहार—इन तीनों राज्यों की संयुक्त परियोजना किस बांध पर आधारित है?
A. सोन नदी के बाणसागर बांध पर
B. रिहन्द नदी के रिहन्द बांध पर
C. कर्मनाशा नदी के बैतूल बांध पर
D. उपर्युक्त में से कोई नहीं

280. मध्य प्रदेश में गेहूं की पैदावार किन क्षेत्रों में अधिकतम होती है?
A. उत्तरी तथा पश्चिमी क्षेत्र
B. बघेलखंड का पठारी क्षेत्र
C. दक्षिणी क्षेत्र
D. मध्य क्षेत्र

281. महू में सैनिक विद्रोह कब भड़का था?
A. 1 जुलाई, 1857 B. 18 जुलाई, 1857
C. 28 जुलाई, 1957 D. 1 अगस्त, 1857

282. तंदुला एवं सुखा नदियों के संगम पर दो बांध बनाकर निकाली गई नहर का नाम क्या है?
A. तंदुला नहर B. शिवनगर नहर
C. टेकारी नहर D. राजपुर नहर

283. बेतवा घाटी विकास योजना के अंतर्गत निकाली गई नहर का क्या नाम है?
A. हलाली नहर B. सिंगापुर नहर
C. पनचानपुर नहर D. लंगटपुर नहर

284. नर्मदा-सोन घाटी में मुख्यत: किस प्रकार की चट्टानें मिलती हैं?
A. दक्कन ट्रैप B. चूना पत्थर
C. ग्रेनाइट नीस D. संगमरमर

285. खनिज की दृष्टि से कौन-सा प्राकृतिक क्षेत्र सर्वाधिक धनी है?
A. नर्मदा-सोन घाटी B. रीवा-पन्ना का पठार
C. सतपुड़ा-मैकाल श्रेणी D. इनमें से कोई नहीं

286. बघेलखंड क्षेत्र में मुख्यत: कौन-सा खनिज मिलता है?
A. कोयला B. बॉक्साइट
C. मैंगनीज D. उपर्युक्त सभी

287. मध्य प्रदेश के किस भाग में खनिज सम्पदा अधिक है?
A. मध्य भाग B. पूर्वी-दक्षिणी भाग
C. उत्तरी भाग D. पश्चिमी भाग

288. भारत की सर्वाधिक बड़ी भूमिगत मैंगनीज की खान कहां है?
A. भर्वेली (बालाघाट) में B. सीधी में
C. सिवनी जिले में D. छिंदवाड़ा के पास

289. विख्यात तांबा क्षेत्र मलाजखंड किस जिले में स्थित है?
A. बालाघाट B. सिवनी
C. छिंदवाड़ा D. नरसिंहपुर

290. चूना पत्थर का सर्वाधिक उत्खनन मध्य प्रदेश के किस जिले में होता है?
A. जबलपुर B. ग्वालियर
C. सीधी D. धार

291. पन्ना में किस नदी द्वारा बनाए गए ढेर से हीरे प्राप्त होते हैं?
A. भागेन नदी B. मोरहर नदी
C. यमुना नदी D. पन्ना नदी

292. मध्य प्रदेश में कौन-सा राष्ट्रीय उद्यान सबसे पहले स्थापित किया गया था?
A. कान्हा किसली B. फासिल, डिण्डोरी
C. माधव D. वन विहार, भोपाल

293. मध्य प्रदेश में बाघ के शिकार पर पूर्ण प्रतिबंध कब लगा?
A. सन् 1969 में B. सन् 1970 में
C. सन् 1971 में D. सन् 1972 में

294. मन्दसौर का किला किस नदी के किनारे स्थित है?
A. शिवना नदी B. क्षिप्रा नदी
C. ताप्ती नदी D. महानदी

295. निम्नलिखित में से कौन सा नगर महाकाव्य काल का नहीं है?
A. उज्जयनी B. विराटपुरी
C. महिष्मती D. भोपाल

296. प्राचीन काल में मध्य प्रदेश, आंध्र प्रदेश तथा पूर्वी महाराष्ट्र का भाग किस नाम से जाना जाता था?
A. दंडकारण्य क्षेत्र B. मध्य देश
C. सौराष्ट्र प्रदेश D. उपर्युक्त में से कोई नहीं

297. महाकवि कालिदास का संबंध किस शहर से था?
A. उज्जैन B. इन्दौर
C. विराटपुरी D. महिष्मती

298. प्राचीन काल में मध्य प्रदेश की कौन-सी नदी घाटी सभ्यता का केन्द्र रही?
A. नर्मदा घाटी B. सोन घाटी
C. महानदी घाटी D. उपर्युक्त सभी

299. 15वीं सदी में ग्वालियर पर किस वंश के शासक का अधिकार था?
A. तोमर वंश B. नाग वंश
C. शुंग वंश D. कुषाण वंश

300. तांत्या टोपे को मध्य प्रदेश के किस स्थान पर फांसी दी गई थी?
A. ग्वालियर B. शिवपुरी
C. शिवनगर D. सागर

301. प्रसिद्ध उदयगिरि गुफा कहां है?
A. विदिशा B. धार
C. नर्मदापुरम D. जबलपुर

302. चौथी-पांचवीं शताब्दी में चंद्रगुप्त विक्रमादित्य द्वितीय ने किस नगर, जो अभी भी मध्य प्रदेश में है, को अपनी राजधानी बनाया था?
A. विदिशा B. ग्वालियर
C. भोपाल D. उज्जयिनी

303. भोपाल की विशाल झील किस राजा ने बनवाई थी?
A. राजा भोज B. होशंगशाह
C. दलपत शाह D. महिषयंत

304. मालवा के शासक राजा भोज ने अपनी राजधानी किस स्थान पर बनवाई थी?
A. नर्मदापुरम B. भोपाल
C. धार D. विदिशा

305. कला के क्षेत्र में मध्य प्रदेश में सृजनात्मक श्रेष्ठता के लिए कौन-सा पुरस्कार दिया जाता है?
A. रजनी शर्मा पुरस्कार B. कालीदास सम्मान
C. अहिल्या बाई पुरस्कार D. उपर्युक्त में से कोई नहीं

306. मध्य प्रदेश का जवाहरलाल नेहरू पुरस्कार किस उल्लेखनीय कार्य के लिए प्रदान किया जाता है?
A. सामाजिक सेवा के लिए
B. शिक्षा के विकास में अभूतपूर्व योगदान के लिए
C. आधारभूत विज्ञान एवं तकनीकी विकास के लिए
D. साहित्य में उल्लेखनीय योगदान के लिए

307. 'विक्रम पुरस्कार' किस कार्य हेतु दिया जाता है?
A. खेलकूद में प्रोत्साहन के लिए
B. वीरता के लिए
C. सरकारी कर्मचारियों को ईमानदारी के लिए
D. उपर्युक्त में से कोई नहीं

308. मध्य प्रदेश में प्रति वर्ष अखिल भारतीय शास्त्रीय नृत्य कहां आयोजित किया जाता है?
A. खजुराहो B. भोपाल
C. इन्दौर D. ग्वालियर

309. निम्नलिखित में से मध्य प्रदेश की ललित कलाआ का प्रतीक चिन्ह कौन-सा नहीं है?
A. बौद्ध स्तूप B. शैव मन्दिर
C. खजुराहो की मूर्तियां D. नृत्य करती हुई महिला

310. मध्य प्रदेश में नाट्यकला अकादमी कहां स्थापित है?
A. इन्दौर B. उज्जैन
C. भोपाल D. ग्वालियर

311. मध्य प्रदेश शासन द्वारा सुगम संगीत के लिए दिए जाने वाले 2 लाख रुपए के राष्ट्रीय पुरस्कार का नाम बताइए?
A. तानसेन सम्मान
B. लता मंगेशकर पुरस्कार
C. उस्ताद अलाउद्दीन खाँ पुरस्कार
D. रजनी शर्मा पुरस्कार

312. साहित्य सृजन के लिए मध्य प्रदेश सरकार द्वारा कौन-सी फेलोशिप दी जाती है?
A. मुक्तिबोध फेलोशिप
B. अमृता शेरगिल फेलोशिप
C. रजनी शर्मा फेलोशिप
D. के.बी. फेलोशिप

313. हिन्दी काव्य में छायावाद के प्रवर्तक कवि कौन माने जाते हैं?
A. त्रिभुवन पांडे B. लोचन प्रसाद पांडे
C. दिनेश पांडे D. मुकुटधर पांडे

314. पुरस्कृत पुस्तक 'काला जल' तथा 'शाल वनों के द्वीप' के लेखक कौन हैं?

A. गुलशेर खान 'शानी' B. उदय शंकर सिंह
C. अरुण कुमार सिंह D. उपेन्द्र सिंह

315. हिन्दी आलोचना के क्षेत्र में मध्य प्रदेश को सम्मानजनक स्थान दिलाने वाले प्रमुख साहित्यकारों के नाम हैं :

A. डॉ. बलदेव प्रसाद मिश्र, लोचन प्रसाद पांडे, डॉ. इसाक 'अश्क'
B. गुप्तेश्वर सिंह, राम नरेश सिंह, सुदामा मिस्त्री, राजेन्द्र महतो
C. डॉ. नागेन्द्र सिंह, इन्दू खत्री, जय प्रकाश राय, श्रीमती रीता सिंह
D. उपर्युक्त सभी

316. 'गोंडी ग्रामर' (गोंड आदिवासियों की भाषा) के रचयिता कौन थे?

A. सुधीर सिंह B. ग्रियर्सन तथा चेट्रन विशप
C. मेजर बेट्टी D. उपर्युक्त सभी

317. वह कौन सा क्षेत्र है, जहां गोंड आदिवासी रहते हैं?

A. विंध्य-सतपुड़ा पर्वत श्रेणियां
B. मध्य भारत का पठार
C. बुंदेलखंड का पठार
D. मालवा का पठार

318. कोरकू जनजाति मध्य प्रदेश में कहां-कहां पाई जाती है?

A. खण्डवा, नर्मदापुरम, बैतूल, छिंदवाड़ा
B. जबलपुर, सागर, रीवा, सीधी
C. सतना, पन्ना, छतरपुर, टीकमगढ़
D. शहडोल, रायसेन, मुरैना, मण्डला

319. मध्य प्रदेश की अंतर्राष्ट्रीय ख्याति प्राप्त महिला क्रिकेट खिलाड़ी कौन है?

A. राजेश्वरी ढोलकिया B. सरिता शर्मा
C. रेखा सिंह D. अल्का सिंह

320. स्निग्धा मेहता किस खेल की अंतर्राष्ट्रीय ख्याति प्राप्त खिलाड़ी हैं?

A. हॉकी B. टेबल टेनिस
C. बैडमिंटन D. वॉलीबाल

321. मध्य प्रदेश के एकमात्र आदिवासी मुख्यमंत्री कौन थे, जो मात्र तेरह दिनों तक ही इस पद पर रहे?

A. श्री भगवन्तराव मण्डलोई
B. डॉ. कैलाशनाथ काटजू
C. राजा नरेशचन्द्र
D. श्री वीरेन्द कुमार सकलेचा

322. मध्य प्रदेश में डाकतार सर्किल का प्रारंभिक मुख्यालय कहां था?

A. नागपुर B. भोपाल
C. जबलपुर D. सागर

323. मध्य प्रदेश का कौन-सा भाग उद्योग-धन्धों की दृष्टि से अधिक विकसित है?

A. बघेलखंड B. बुंदेलखंड
C. मध्य भाग D. पूर्वी पठार

324. निम्नलिखित में से कौन-सा जिला उद्योगों की दृष्टि से सर्वाधिक विकसित है?

A. बालाघाट B. राजगढ़
C. रतलाम D. जबलपुर

325. मध्य प्रदेश में नोट छापने का कारखाना कहां स्थित है?

A. नर्मदापुरम B. भोपाल
C. छतरपुर D. रीवा

326. करेंसी छापाखाना कहां स्थित है?

A. देवास B. रतलाम
C. ग्वालियर D. उज्जैन

327. मध्य प्रदेश का सबसे बड़ा उद्योग कौन-सा है?

A. कपड़ा उद्योग B. लोहा-इस्पात उद्योग
C. लाह उद्योग D. चीनी उद्योग

328. मध्य प्रदेश में सबसे अधिक कपड़ा मिलें कहां स्थित हैं?

A. इन्दौर B. उज्जैन
C. ग्वालियर D. रतलाम

329. मध्य प्रदेश के किस स्थान की साड़ियां प्रसिद्ध हैं?

A. उज्जैन B. ग्वालियर
C. चंदेरी D. भोपाल

330. उत्तर पूर्वी रेलवे का वैगन वर्कशॉप कहां स्थित है?

A. भोपाल B. जबलपुर
C. कटनी D. उपर्युक्त सभी स्थानों पर

331. मध्य प्रदेश में सार्वजनिक उद्योगों को वित्तीय सहायता देने तथा नए उद्योगों को प्रोत्साहन देने का कार्य कौन-सी संस्था करती है?

A. मध्य प्रदेश औद्योगिक विकास निगम
B. मध्य प्रदेश उद्योग विकास सहायता केन्द्र
C. मध्य प्रदेश सरकारी उद्योग विकास केन्द्र
D. उपर्युक्त सभी

332. रक्षा उत्पादन (युद्ध उपकरण व अस्त्र-शस्त्र) कारखाना किस शहर में है?
A. नीमच B. महू
C. जबलपुर D. लोहंडीगुडा

333. मध्य प्रदेश का सबसे बड़ा बायोगैस संयंत्र कहां स्थित है?
A. भदभदा (भोपाल के समीप)
B. मऊगंज (रीवा के समीप)
C. पनचानपुर (खंडवा के समीप)
D. टेकारी (जबलपुर के समीप)

334. मुंबई-दिल्ली रेलमार्ग पर निम्नलिखित में से कौन-सा स्टेशन नहीं पड़ता है?
A. मनमाड B. खंडवा
C. बीना D. जबलपुर

335. मध्य प्रदेश का सर्वाधिक भाग किस रेलवे से लाभान्वित होता है?
A. मध्य रेलवे B. पश्चिमी रेलवे
C. उत्तरी रेलवे D. उत्तरी-पूर्वी रेलवे

336. मध्य प्रदेश में आकाशवाणी व्यावसायिक विज्ञापन सेवा कब प्रारम्भ हुई?
A. सन् 1973 में B. सन् 1975 में
C. सन् 1977 में D. सन् 1980 में

337. मध्य प्रदेश उच्च न्यायालय में न्यायाधीशों की स्वीकृत कार्मिक संख्या क्या है?
A. 53 B. 41
C. 47 D. 52

338. 2011 की जनगणना के अनुसार राज्य में लिंगानुपात के घटते क्रम वाले जिलों का सही युग्म है:
A. झाबुआ, डिण्डोरी, भिण्ड
B. बालाघाट, मण्डला, अलीराजपुर
C. मण्डला, झाबुआ, दतिया
D. डिण्डोरी, मण्डला, भिण्ड

339. मध्य प्रदेश में 'बुक बैंक योजना' का मुख्य कार्य क्या है?
A. इसके तहत हरिजन तथा आदिवासी छात्रों को पुस्तकें मुफ्त दी जाती हैं
B. इसके तहत गरीब छात्रों को पुस्तकें मुफ्त दी जाती हैं?
C. इसके तहत हरिजन बस्तियों में पुस्तकालय की व्यवस्था की जाती है
D. उपर्युक्त सभी

340. मध्य प्रदेश में वित्त निगम का मुख्यालय किस जिले में स्थित है?
A. इन्दौर B. जबलपुर
C. रीवा D. ग्वालियर

341. मध्य प्रदेश की निम्नलिखित में से कौन सी प्रतियोगिता बैडमिंटन से सम्बन्धित नहीं है?
A. गुलाब राम चड्ढा कप
B. राजेन्द्र सिंह कप
C. मास्टर खांडेकर चैलेंज शील्ड
D. राम नरेश सिंह कप

342. मध्य प्रदेश में क्रिकेट हेतु किस क्लब या संगठन की स्थापना सबसे पहले की गई?
A. पारसी क्लब B. के.बी. क्लब
C. गणेश क्लब D. त्रिभुवन क्लब

343. मध्य प्रदेश में आय के निम्नलिखित साधनों में से कौन-सा साधन पंचायतों से संबंधित नहीं है?
A. राजस्व वसूली B. पशु पंजीयन
C. प्रकाश कर D. बाजार शुल्क

344. भोपाल संभाग में निम्नलिखित में से कौन-सा जिला शामिल नहीं है?
A. विदिशा B. सीहोर
C. बैतूल D. नर्मदापुरम

345. मध्य प्रदेश में 'पुलिस यातायात प्रशिक्षण संस्थान' कहां स्थापित है?
A. भोपाल B. सागर
C. रीवा D. खंडवा

346. भारतीय आरक्षी सेवा (मध्य प्रदेश सेवा संवर्ग) की प्रथम महिला अधिकारी कौन हैं?
A. श्रीमती सुरेन्द्र दीवान B. सुश्री आशा गोपाल
C. सुश्री अंजू बघेल D. श्रीमती किरण जैन

347. निम्नलिखित में से प्राचीन गुफाओं वाले पर्यटन का स्थान कौन-सा नहीं है?
A. बाघ गुफाएं B. उदयगिरि
C. कंवरा गुफाएं D. मांडू

348. मध्य प्रदेश में अजन्ता के समान गुफाएं कौन-सी हैं?

A. बाघ गुफाएं B. कंवरा गुफाएं

C. जोगीमारा गुफाएं D. भर्तृहरि गुफाएं

349. शाहजहां के बड़े लड़के दारा ने अपने भाई औरंगजेब के साथ लड़ाई में पराजित हो, निम्नलिखित में से किस किले में आश्रय लिया था?

A. ओरछा का किला B. धार का किला

C. गिन्नौरगढ़ का किला D. रायसेन का किला

350. बांधवगढ़ का किला कहां है?

A. कटनी-बिलासपुर रेलमार्ग पर

B. झांसी-मानिकपुर रेलमार्ग पर

C. बीना-कोटा रेलमार्ग पर

D. इटारसी-भुसावल रेलमार्ग पर

351. निम्नलिखित में से जैनियों का तीर्थस्थल कौन सा है?

A. सांची B. मुक्तागिरि

C. अमरकंटक D. चित्रकूट

352. 'महिष्मति' नामक प्राचीन तीर्थस्थल अब किस नाम से जाना जाता है?

A. महेश्वर B. शिवनगर

C. राजपुर D. बनिया

353. बौद्ध कला के उत्कृष्ट नमूने मध्य प्रदेश में कहां देखने को मिलते हैं?

A. सांची B. पचमढ़ी

C. भोपाल D. रतलाम

354. सम्राट जहांगीर ने अपने विश्राम के लिए एक सुंदर महल मध्य प्रदेश में बनवाया था। वह कहां स्थित है?

A. अजयगढ़ B. रायसेन

C. असीरगढ़ D. शिवपुरी

355. 'भारत के किलों का रत्न' मध्य प्रदेश के किस किले को कहा जाता है?

A. ग्वालियर किले को B. रायसेन के किले को

C. अजयगढ़ के किले को D. धार के किले को

356. माण्डला किले के चारों ओर किस नदी का घेरा है?

A. नर्मदा नदी B. सोन नदी

C. महानदी D. चम्बल नदी

357. एकमात्र ऐसे स्थान का नाम बताइए जहां बौद्धकालीन शिल्प कला के सभी नमूने विद्यमान हैं?

A. सांची B. खजुराहो

C. मुक्तागिरि D. असीरगढ़

358. मध्य प्रदेश में 'पर्यटकों का स्वर्ग' किस स्थान को कहा जाता है?

A. पचमढ़ी (नर्मदापुरम) B. खजुराहो

C. सांची D. ग्वालियर

359. अद्भुत शिल्प कला के लिए विख्यात खजुराहो किस जिले में स्थित है?

A. छतरपुर B. टीकमगढ़

C. शिवपुरी D. सतना

360. मध्य प्रदेश में वह कौन-सा पर्यटन स्थल है, जहां पहाड़ी से सूर्यास्त का दृश्य अति मनोहारी दिखता है?

A. अमरकंटक (मैकाल की पहाड़ियों में)

B. धूपगढ़ (पचमढ़ी)

C. सनसेट पॉइंट (मांडवगढ़)

D. उपर्युक्त तीनों

361. शारदा देवी, आल्हा-ऊदल तथा संगीतज्ञ उस्ताद अलाउद्दीन खां की नगरी निम्नलिखित में से कौन-सी है?

A. ग्वालियर B. बैहर

C. मैहर D. नरवर

362. हेलियोडोरस का प्रसिद्ध स्तंभ कहां स्थित है?

A. नसरुल्लागंज में B. बेगमगंज में

C. विदिशा में D. देवास में

363. सन् 1833 में रामगढ़ के किस राजा ने अंग्रेजों के विरुद्ध युद्ध किया?

A. देवनाथ सिंह B. रामबदन सिंह

C. कामता सिंह D. कमला सिंह

364. महू में सैनिकों का विद्रोह कब भड़का था?

A. 1 जुलाई, 1857 B. 1 जून, 1857

C. 12 मई, 1857 D. 11 अप्रैल, 1857

365. सन् 1857 के स्वतंत्रता संग्राम के समय रानी अवन्तिबाई ने अंग्रेजों से किस स्थान पर टक्कर ली थी?

A. छतरपुर B. खैरी

C. जैतिया D. शिवपुरी

366. सन् 1930 में बैतूल जिले में घोड़ाडोंगरी क्षेत्र में 'जंगल सत्याग्रह' का नेतृत्व किसने किया था?

A. गंजन सिंह कोरकू B. स्वामी इसनानंद
C. भवानी प्रसाद तिवारी D. मास्टर बाल सिंह

367. रतलाम में 'स्त्री सेवा दल' की स्थापना कब की गई?

A. सन् 1935 में B. सन् 1931 में
C. सन् 1941 में D. सन् 1942 में

368. ग्वालियर रियासत का 'भारत छोड़ो आन्दोलन' कहां से प्रारम्भ हुआ था?

A. विदिशा B. मुरैना
C. शिवपुरी D. भिण्ड

369. मध्य प्रदेश में नमक बनाकर 'नमक सत्याग्रह' किसने शुरू किया?

A. दुर्गा शंकर मेहता B. उमर शंकर सिंह
C. गौरी शंकर सिंह D. सुभाष चन्द्र शर्मा

370. गांधी जी ने 'अवज्ञा आन्दोलन' की शुरुआत मध्य प्रदेश के किस स्थान से और कब की थी?

A. 1938 ई. (उज्जैन) B. 1939 ई. (जबलपुर)
C. 1940 ई. (इन्दौर) D. 1941 ई. (विदिशा)

उत्तरमाला

1	2	3	4	5	6	7	8	9	10
A	C	C	B	D	B	B	D	C	B
11	**12**	**13**	**14**	**15**	**16**	**17**	**18**	**19**	**20**
D	C	B	A	A	C	C	C	B	B
21	**22**	**23**	**24**	**25**	**26**	**27**	**28**	**29**	**30**
C	C	B	A	C	B	B	B	A	B
31	**32**	**33**	**34**	**35**	**36**	**37**	**38**	**39**	**40**
B	D	C	A	C	D	D	A	A	D
41	**42**	**43**	**44**	**45**	**46**	**47**	**48**	**49**	**50**
D	A	B	C	A	D	C	A	D	B
51	**52**	**53**	**54**	**55**	**56**	**57**	**58**	**59**	**60**
B	D	C	C	C	B	B	C	D	A
61	**62**	**63**	**64**	**65**	**66**	**67**	**68**	**69**	**70**
A	C	C	B	C	C	C	A	C	B
71	**72**	**73**	**74**	**75**	**76**	**77**	**78**	**79**	**80**
A	B	D	D	C	C	C	C	A	A
81	**82**	**83**	**84**	**85**	**86**	**87**	**88**	**89**	**90**
A	C	B	C	D	C	D	B	B	B
91	**92**	**93**	**94**	**95**	**96**	**97**	**98**	**99**	**100**
B	A	B	A	B	B	C	D	C	A
101	**102**	**103**	**104**	**105**	**106**	**107**	**108**	**109**	**110**
A	A	C	B	A	D	D	B	C	A
111	**112**	**113**	**114**	**115**	**116**	**117**	**118**	**119**	**120**
B	C	B	D	B	B	C	B	C	C
121	**122**	**123**	**124**	**125**	**126**	**127**	**128**	**129**	**130**
C	B	D	D	C	A	A	C	D	C
131	**132**	**133**	**134**	**135**	**136**	**137**	**138**	**139**	**140**
A	A	D	C	C	C	A	B	B	D
141	**142**	**143**	**144**	**145**	**146**	**147**	**148**	**149**	**150**
A	A	D	A	B	B	C	D	A	B

151	152	153	154	155	156	157	158	159	160
B	C	D	D	C	D	D	A	B	C
161	**162**	**163**	**164**	**165**	**166**	**167**	**168**	**169**	**170**
A	C	C	B	B	A	C	C	D	D
171	**172**	**173**	**174**	**175**	**176**	**177**	**178**	**179**	**180**
C	A	D	C	C	D	B	A	A	C
181	**182**	**183**	**184**	**185**	**186**	**187**	**188**	**189**	**190**
B	B	B	B	A	B	B	D	A	D
191	**192**	**193**	**194**	**195**	**196**	**197**	**198**	**199**	**200**
A	D	D	B	A	B	C	C	D	C
201	**202**	**203**	**204**	**205**	**206**	**207**	**208**	**209**	**210**
C	D	D	C	C	C	C	B	A	A
211	**212**	**213**	**214**	**215**	**216**	**217**	**218**	**219**	**220**
B	C	B	C	C	C	C	B	B	D
221	**222**	**223**	**224**	**225**	**226**	**227**	**228**	**229**	**230**
A	A	D	D	B	D	B	A	D	B
231	**232**	**233**	**234**	**235**	**236**	**237**	**238**	**239**	**240**
C	D	B	C	D	A	D	C	D	B
241	**242**	**243**	**244**	**245**	**246**	**247**	**248**	**249**	**250**
C	A	B	A	D	D	B	D	A	D
251	**252**	**253**	**254**	**255**	**256**	**257**	**258**	**259**	**260**
D	A	D	A	D	A	D	A	D	B
261	**262**	**263**	**264**	**265**	**266**	**267**	**268**	**269**	**270**
D	D	D	A	A	D	C	A	D	A
271	**272**	**273**	**274**	**275**	**276**	**277**	**278**	**279**	**280**
A	B	C	A	A	A	C	A	A	A
281	**282**	**283**	**284**	**285**	**286**	**287**	**288**	**289**	**290**
A	A	A	A	C	A	B	A	A	A
291	**292**	**293**	**294**	**295**	**296**	**297**	**298**	**299**	**300**
A	A	B	A	D	A	A	A	A	B
301	**302**	**303**	**304**	**305**	**306**	**307**	**308**	**309**	**310**
A	D	B	C	B	C	A	A	D	B
311	**312**	**313**	**314**	**315**	**316**	**317**	**318**	**319**	**320**
B	A	D	A	A	B	A	A	A	B
321	**322**	**323**	**324**	**325**	**326**	**327**	**328**	**329**	**330**
C	A	A	D	A	A	A	A	C	A
331	**332**	**333**	**334**	**335**	**336**	**337**	**338**	**339**	**340**
A	C	A	D	A	B	A	B	A	A
341	**342**	**343**	**344**	**345**	**346**	**347**	**348**	**349**	**350**
D	A	A	D	A	B	D	A	B	A
351	**352**	**353**	**354**	**355**	**356**	**357**	**358**	**359**	**360**
B	A	A	A	A	A	A	A	A	D
361	**362**	**363**	**364**	**365**	**366**	**367**	**368**	**369**	**370**
C	C	A	A	B	A	B	A	A	B